LE PLATEAU DE KHORAT
Pages 268-281
LA VALLÉE DU MÉKONG
Pages 282-303
Nong Khai
Loei
Udon Thani
Mukdahan
Khon Kaen
L'ISAN
Ubon Ratchathani
Khorat
DE BANGKOK À SURAT THANI
Pages 324-341
LA RÉGION DE PATTAYA
Pages 312-323
Chanthaburi
Ko Chang
THAÏLANDE
BANGKOK
Pages 70-155
0
100 km
attani
Yala
Narathiwat

GUIDES VOIR

THAÏLANDE

GUIDES VOIR

THAÏLANDE

hachette
TOURISME

hachette TOURISME

HACHETTE TOURISME
43, quai de Grenelle, 75905 Paris Cedex 15

DIRECTION
Nathalie Pujo

DIRECTION ÉDITORIALE
Cécile Petiau

RESPONSABLE DE COLLECTION
Catherine Laussucq

ÉDITION
Émilie Lézénès et Adam Stambul

TRADUIT ET ADAPTÉ DE L'ANGLAIS PAR :
Dominique Brotot, Anthony Moinet et Valérie Montagnon-Feugeas
avec la collaboration de Caroline Bon

MISE EN PAGES (PAO)
Anne-Marie Le Fur

CRÉATION GRAPHIQUE COUVERTURE
Laurent Muller

CE GUIDE A ÉTÉ ÉTABLI PAR :
Philip Cornwel-Smith, Andrew Forbes, Tim Forsyth,
Rachel Harrison, David Henley, John Hoskin, Gavin Pattison,
Jonathan Rigg, Sarah Rooney, Ken Scott

DK

Publié pour la première fois en Grande-Bretagne
en 1997, sous le titre :
Eyewitness Travel Guides : Thailand

IMPRIMÉ ET RELIÉ EN CHINE PAR SOUTH CHINA PRINTING CO LTD

DÉPÔT LÉGAL : septembre 2010
ISBN : 978-2-01-244571-0
ISSN : 1246-8134
Collection 32 – Édition 01
NO DE CODIFICATION : 24-4571-6

Aussi soigneusement qu'il ait été établi,
ce guide n'est pas à l'abri des changements
de dernière heure. Faites-nous part de vos remarques
et informez-nous de vos découvertes personnelles
par e-mail : **voir@hachette-livre.fr**

SOMMAIRE

Lakshman et Sita, personnages du Ramakien

***Cho fas*, Wat Tan Pao de Chiang Mai**

◁ **Les *chedi* du Wat Chong Klang se reflètent dans le lac de Chong Kham à Mae Hong Son**

Hat Maenam, une plage de Ko Samui dans le golfe de Thaïlande

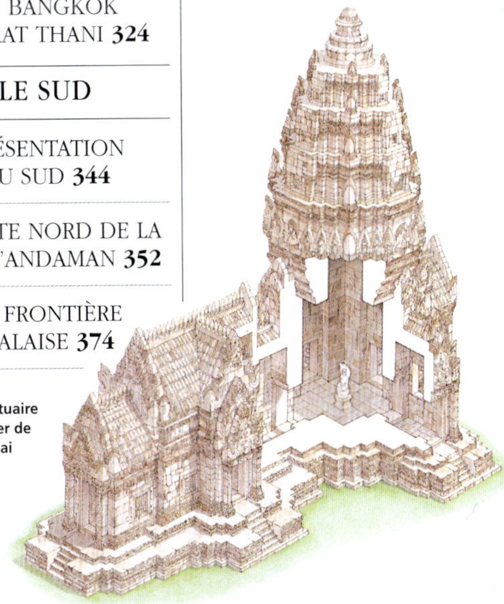

Sanctuaire khmer de Phimai

COMMENT UTILISER CE GUIDE

Ce guide vous aidera à profiter au mieux de votre séjour en Thaïlande. L'introduction, *Présentation de la Thaïlande*, situe le pays dans son contexte historique et culturel. Dans les cinq grands chapitres régionaux et dans celui consacré à *Bangkok*, textes, plans et illustrations présentent les principaux sites et monuments. Des sujets aussi variés que l'architecture, l'artisanat, le sport ou la faune y sont abordés. *Les Bonnes adresses* conseillent hôtels et restaurants et les *Renseignements pratiques* vous faciliteront la vie quotidienne, des moyens de transport aux questions de sécurité.

BANGKOK

Nous avons divisé le centre de Bangkok en cinq quartiers. À chacun correspond un chapitre qui s'ouvre sur une liste des monuments présentés. Des numéros les situent clairement sur un plan. Ils correspondent à l'ordre dans lequel ceux-ci sont décrits en détail dans le chapitre. Une section *En dehors du centre* complète la présentation de la ville.

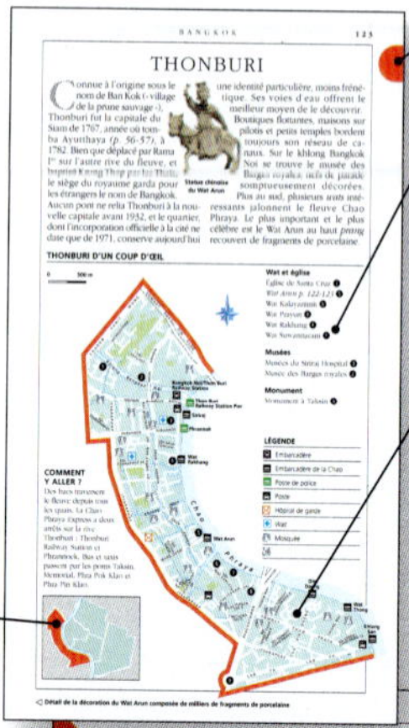

Un repère rouge signale toutes les pages concernant Bangkok.

Le quartier d'un coup d'oeil donne une liste par catégories des centres d'intérêt : *wat* et palais, musées, monuments, parcs, marchés, etc.

1 Plan général du quartier

Des numéros désignent sur ce plan les monuments et sites de chaque quartier. Ceux-ci apparaissent aussi sur les plan de l'atlas des rues (p. 148-155).

Une carte de localisation indique la situation du quartier dans le centre-ville.

2 Plan du quartier pas à pas

Il offre une vue aérienne détaillée du quartier.

Des étoiles signalent les sites à ne pas manquer.

Le meilleur itinéraire de promenade apparaît en rouge.

3 Renseignements détaillés

Chaque site de Bangkok a sa rubrique et ses informations pratiques telles qu'adresses et heures d'ouverture. La légende des symboles utilisés se trouve en fin de volume sur le rabat de couverture.

LA THAÏLANDE RÉGION PAR RÉGION

Ce guide divise la Thaïlande (hors Bangkok) en dix régions et consacre à chacune un chapitre débutant par une *carte régionale* où sont recensés les localités et les sites les plus intéressants.

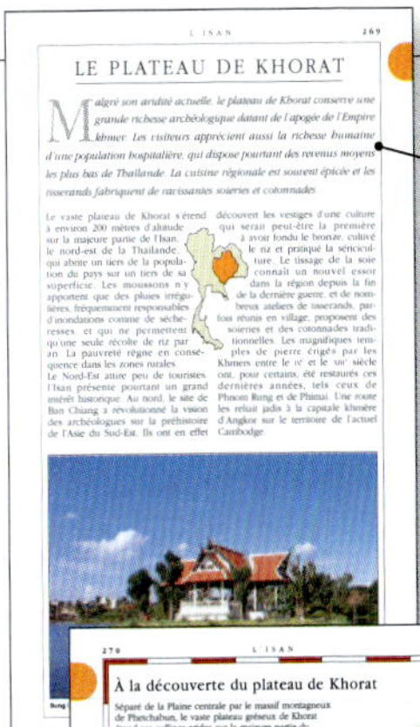

1 Introduction
Elle présente les principaux attraits touristiques de chacune des régions du guide et décrit ses paysages et ses caractéristiques en montrant l'empreinte de l'histoire.

Un repère de couleur correspond à chaque région. le premier rabat de couverture en donne la liste complète.

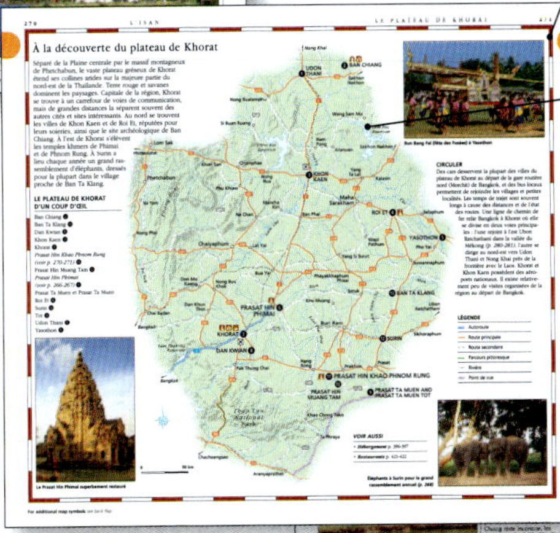

2 Carte régionale
Elle offre une vue de toute la région et de son réseau routier. Des numéros situent les principaux centres d'intérêt. Des informations pour visiter la région en voiture, en bus ou en train sont fournies.

3 Renseignements détaillés
Les localités et sites importants sont décrits individuellement dans l'ordre de la numérotation de la carte régionale. Les notices présentent en détail ce qu'il y a d'intéressant à visiter.

Des encadrés approfondissent des sujets spécifiques.

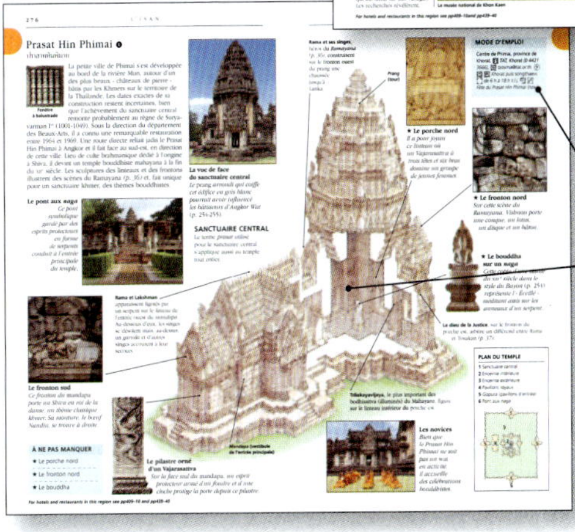

Un mode d'emploi, vous aide à organiser votre visite.

4 Principaux sites
Deux pleines pages, ou plus, leur sont réservées. La représentation des édifices historiques en dévoile l'intérieur. Des plans pas à pas des villes les plus intéressantes en détaillent les monuments.

PRÉSENTATION DE LA THAÏLANDE

DÉCOUVRIR LA THAÏLANDE

Le vaste choix d'activités et d'attractions qu'offre la Thaïlande en a fait la première destination touristique du Sud-Est asiatique. Des plages ensoleillées du Sud aux collines tribales du Nord, le pays regorge de paysages merveilleux, dont certains ont été regroupés en parcs naturels. Bangkok, Chiang Mai et Phuket offrent un choix inégalé de temples, de marchés, de boutiques, de plages et de restaurants. Les sportifs peuvent s'adonner à la plongée sous-marine, au kayak et à l'escalade, sans oublier les randonnées à dos d'éléphant et le trekking. Ce chapitre propose un condensé de tout ce qu'offrent les régions de la Thaïlande.

La fleur de lotus, symbole de pureté

Prières au sanctuaire d'Erawan *(p. 118)*, à l'ombre du métro aérien

BANGKOK

- **Les temples rutilants**
- **Les marchés flottants**
- **Les centres commerciaux**
- **La vie nocturne**

Bangkok est une ville de contrastes : les gratte-ciels y côtoient les baraques en tôle ondulée et les temples recouverts de mosaïques jouxtent les boutiques futuristes. Les principaux sites sont le **Grand Palais** et le **Temple du Bouddha d'Émeraude Wat Phra Kaeo** *(p. 80-85)*, véritables bijoux artistiques et architecturaux. Pour vous imprégner de l'atmosphère de la ville, prenez un bateau depuis la rive occidentale de la Chao Phraya River *(p. 74-75)* et partez à la découverte des canaux. La visite d'un marché flottant est un must à Bangkok : c'est ainsi que l'on faisait ses courses autrefois. Vous pourrez aussi être intéressé par le Bangkok moderne, en passant des heures dans les centres commerciaux et les marchés à la recherche d'une bonne affaire *(p. 138-139)*. À la tombée de la nuit, la capitale se métamorphose, offrant un choix pléthorique de restaurants, de lieux où écouter de la musique, de cabarets et de discothèques.

LE SUD DE LA PLAINE CENTRALE

- **Les ruines d'Ayutthaya**
- **Les parcs de Khao Yai et d'Erawan**
- **Le chemin de fer de la mort à Kanchanaburi**
- **La frontière birmane et les Trois Pagodes**

Surnommée « le bol de riz de la Thaïlande », la plaine méridionale se consacre principalement à l'agriculture. Les principales attractions culturelles sont l'ancienne cité d'**Ayutthaya** *(p. 176-181)*, qui fut la capitale du Siam pendant quatre siècles. Les ruines du temple du Wat Phra Si Sanphet et du Wat Phra Mahathat donnent une idée de son ancienne splendeur. Il est possible de visiter Ayutthaya en une journée en partant de Bangkok, même s'il est intéressant de s'attarder un peu pour explorer la région. Plus au nord, la ville de **Lop Buri** *(p. 174-175)* possède des monuments intéressants, comme le palais du roi Narai. Les collines qui bordent la plaine abritent de magnifiques parcs naturels : le **parc national de Khao Yai** *(p. 184-185)* à l'est et le **parc national d'Erawan** *(p. 169)* à l'ouest, où des eaux bleu émeraude se précipitent du haut des grandes falaises calcaires. La très agréable ville de **Kanchanaburi** *(p. 170-171)* abrite le célèbre pont de la rivière Kwai. Elle est aussi réputée pour ses musées, son cimetière et les

La cascade d'Erawan, dans le parc du même nom

◁ Les spectaculaires falaises de calcaire et les eaux turquoises des îles Phi Phi en mer d'Andaman

Un moine priant au Wat Si Chum, dans le parc de Sukhothai

parcs naturels qui la jouxtent. Les plus téméraires s'aventureront jusqu'à la **Passe des Trois Pagodes** *(p. 168)*, qui mène à la Birmanie.

LE NORD DE LA PLAINE CENTRALE

- **Les superbes temples restaurés de Sukhothai**
- **Kamphaeng Phet et Si Satchanalai-Chalieng**
- **L'influence birmane à Mae Sot**
- **Ornithologie dans le sanctuaire d'Umphang**

Le principal site de la région est l'ancienne ville de **Sukhothai** *(p. 194-195)*, qui fut la capitale du Siam, avant Ayutthaya. Bien préservées, ses ruines abritent plus de 40 temples. Elles sont réparties dans un parc historique et on les visite beaucoup depuis que l'architecture de cette période a été considérée comme étant le sommet de l'art thaïlandais. Les villes voisines de **Kamphaeng Phet** *(p. 192-193)* au sud-ouest et de **Si Satchnalai** *(p. 198-199)* au nord possèdent de nombreux monuments anciens et d'immenses bouddhas en pierre. **Phitsanulok** *(p. 201)*, la principale ville de la région, est célèbre pour son bouddha du Wat Phra Si Rattana Mahathat. Plus petite et plus intéressante, la ville frontalière de **Mae Sot** *(p. 190)* révèle une forte influence birmane, tant architecturale que culinaire. Non loin de là, le sanctuaire ornithologique d'**Umphang** *(p. 191)* abrite la plus grande cascade de Thaïlande : Thi Lo Su.

LA RÉGION DE CHIANG MAI

- **Chiang Mai, l'irrésistible**
- **Le magnifique Wat Phra That Lampang Luang**
- **Trek dans les zones tribales**
- **Doi Inthanon, point culminant de la Thaïlande**

Le Nord-Ouest de la Thaïlande doit son succès touristique à ses nombreuses attractions et activités. L'atmosphère de l'ancienne ville fortifiée de **Chiang Mai** *(p. 224-227)* est fascinante, avec ses ruines et ses douves autour de la vieille ville. Les nombreux temples, parmi lesquels le **Wat Phra That Doi Suthep** *(p. 222-223)* et son artisanat local participent aussi à son succès. Datant du XVe siècle, le plus célèbre temple de la région est le **Wat Phra That Lampang Luang** *(p. 234-235)*, situé près de Lampang. Les spécialités de la région sont le trekking dans les collines et les sports d'aventure comme l'escalade, le rafting, le kayak, le VTT et les balades à dos d'éléphant. Les massages, les cours de cuisine et de méditation ont également beaucoup de succès. Plusieurs parcs de la région proposent des séjours dans des bungalows rustiques, et des excursions dans les collines. Encerclant le point culminant du pays, le **parc national de Doi Inthanon** *(p. 230-231)* est un paradis pour les ornithologues.

LE TRIANGLE D'OR

- **Le Triangle d'or**
- **L'ancienne cité de Chiang Saen**
- **Les peintures murales du Wat Phumin**

Chiang Rai *(p. 250-251)*, la plus grande ville la région, est le point de départ des excursions dans le **Triangle d'or** *(p. 246-247)*. La qualité du réseau routier permet d'en visiter les principaux sites. Le village de **Sop Ruak** *(p. 248)* accueille de nombreux cars de touristes venus prendre en photo la triple frontière entre la Thaïlande, la Birmanie et le Laos. Hyperactive, la ville frontalière de **Mae Sai** *(p. 246)* occupe le point le plus septentrional du pays. À l'est, **Chiang Saen** *(p. 248-249)* abrite les ruines d'un temple vieux de plus de 700 ans et **Nan** *(p. 254-255)* possède un musée fascinant ainsi que le ravissant **Wat Phumin** *(p. 256-257)*, célèbre pour ses peintures murales du XIXe siècle, très bien préservées.

Sentier dans les forêts du parc national de Doi Inthanon

LE PLATEAU DE KHORAT

- **Les temples khmers de Phimai et Phnim Rung**
- **Le musée archéologique de Ban Chiang**
- **Le festival des fusées de Yasothon**

Plus difficile d'accès, le Nord-Est offre un mélange fascinant de temples khmers, de festivals colorés et d'artisanat de la soie. Séjournez à **Khorat** *(p. 274-275)* pour visiter les temples khmers de **Phimai** *(p. 276-277)* et de **Phnom Rung** *(p. 280-281)*, tous deux restaurés. Au nord du plateau, la minuscule **Ban Chiang** *(p. 272)* abrite l'un des plus beaux sites archéologiques de l'Asie du Sud-Est. Le musée national possède une précieuse collection de bronze et de céramique qui date de la période entre 2100 av. J.-C. et 200 apr. J.-C. **Surin** *(p. 279)* est célèbre pour son artisanat de la soie et pour son **festival des éléphants** *(p. 50)*, qui a lieu chaque année en novembre et qui donne aux hommes des ethnies Suay l'occasion de démontrer leurs talents de dompteurs. Le **festival des fusées** *(p. 48)* à **Yasothon** *(p. 274)* est tout aussi spectaculaire : au mois de mai, on y fait exploser des fusées artisanales pour s'assurer une bonne saison des pluies.

Pots en céramique typiques de Ban Chiang

Masques colorés du festival des esprits de Phi Ta Khon, à Dan Sai

LA VALLÉE DU MÉKONG

- **À la frontière du Laos**
- **Escalade du Phu Kradung**
- **Le Wat Phra That Phanom**
- **Festival de Phi Ta Khon**

La fertile vallée qui borde la rivière du Mékong est l'endroit idéal pour découvrir la vie des campagnes thaïlandaises et du Laos. **Vientiane** *(p. 294-295)*, la capitale du Laos, se trouve à une courte distance de **Nong Khai** *(p. 292-293)*, en traversant la rivière. La région abrite plusieurs parcs nationaux qui se révèlent parfaits pour le trekking, en particulier celui de **Phu Kradung** *(p. 286-287)*, au nord-ouest, un haut plateau cerné de chutes d'eau. Les monuments religieux qui bordent le Mékong témoignent de la forte influence du Laos voisin, comme au **Wat Phra That Phanom** *(p. 297)* et la décoration tout en or de sa stupa. Comme dans le plateau de Khorat, les festivals sont l'occasion pour les habitants de la région d'exprimer leur sens inné de la fête. Celui de **Phi Ta Khon** *(p. 49)*, qui se déroule à Dan Sai près de **Loei** *(p. 289)* au mois de juin, voit les jeunes garçons se déguiser en esprits, revêtir des masques colorés et effrayants pour provoquer les spectateurs avec espièglerie.

LA RÉGION DE PATTAYA

- **Les deux visages de Pattaya**
- **Les bijoux de Chanthaburi**
- **Les plages de Koh Samet**
- **Plongée sous-marine à Ko Chang**

Pattaya *(p. 317)* est célèbre pour sa vie nocturne. Elle possède davantage de bars que n'importe quelle autre ville de province thaïlandaise. Elle convient également aux familles grâce à son grand choix d'activités - sports nautiques en tête - sans oublier ses nombreux restaurants. **Chanthaburi** *(p. 320-321)* est une ville multiethnique connue pour ses mines de pierres précieuses. Le week-end, le quartier des bijoutiers attire des acheteurs venus du monde entier. La région possède trois parcs naturels peu visités *(p. 319 à 321)*, dont la végétation luxuriante abrite une faune abondante. Les îles de **Ko Samet** *(p. 318-319)* et de **Ko Chang** *(p. 322-323)* offrent de nombreuses opportunités de baignade. Les superbes plages de la côte est de Ko Samet ont tendance à se couvrir de monde le week-end, étant donnée la proximité de Bangkok. Ko Chang, la deuxième plus grande île de Thaïlande, se prête bien à la plongée sous-marine, aux sports nautiques et aux randonnées (belles cascades à l'intérieur de l'île).

DE BANGKOK À SURAT THANI

- **Les plages de sable blanc à Ko Samui**
- **Le parc national maritime d'Anthong**
- **Les attractions de Phetchaburi**
- **Les parcs naturels**

Si les plages sont l'attraction principale de la région, celle de **Ko Samui** *(p. 336-338)*, avec son sable incroyablement fin, remporte la vedette. Les îles voisines de **Ko Pha Ngan** *(p. 339)* et de **Ko Tao** *(p. 341)* sont toutes deux célèbres : la première pour ses fêtes de nuits de pleine lune, la seconde pour la plongée sous-marine. Non loin, un archipel d'îles constitue le célèbre **parc national maritime d'Angthong** *(p. 340-341)*. Sur la terre ferme, **Hua Hin** *(p. 331)* fut la toute première station balnéaire de Thaïlande, popularisée par la famille royale dans les années 1920. Au nord de Hua Hin, **Cha-am** *(p. 330-331)* attire chaque week-end de nombreux habitants de Bangkok, bien que ses plages soient moins attractives que celles des îles. Au nord de la péninsule, **Phetchaburi** *(p. 328-330)* est l'une des plus anciennes villes du pays. Elle abrite des temples superbement préservés. Les parcs nationaux de **Kaeng Krachan** *(p. 330)*, le plus grand du pays, et de **Khao Sam Roi Yot** *(p. 332)*, ce qui signifie « le parc aux 300 sommets » en référence à ses pics de calcaire émergeant de l'eau, mérite aussi le détour.

LA CÔTE NORD DE LA MER D'ANDAMAN

- **Les joies de Phuket**
- **Plongée sous-marine à Ko Surin et Ko Similan**
- **Escalade à Kabri**
- **Trekking dans les parcs**

Les visiteurs affluents sur l'île de **Phuket** *(p. 358-363)*, qui fourmille de villages de vacances luxueux, de restaurants internationaux, de boutiques et de plages superbes. Célèbre pour ses pics de calcaire qui émergent de la mer, la **baie de Phangnga** *(p. 364-367)* se trouve à une demi-journée de là. Phuket ravira aussi les plongeurs, attirés par **Ko Similain** et **Ko Surin** *(p. 357)*, où se trouvent certains des meilleurs spots de plongée de l'île. Cette région offre beaucoup d'autres activités pour les amateurs de soleil. **Ko Phi Phi** *(p. 372-373)* est aussi réputée, mais parfois bondée. **Krabi** *(p. 371)* attire une clientèle plus jeune, particulièrement des amateurs d'escalade venus gravir les parois calcaires de Railay *(p. 466)*. Non loin de là, le **parc national de Khao Phanom Bencha** *(p. 370)*

Pics de calcaire émergeant de la baie de Phangnga

abrite de spectaculaires chutes d'eau. Le parc le plus impressionnant de la région est celui de **Khao Sok** *(p. 356)*. En plus de ses magnifiques paysages qui se découvrent aisément à pied, vous pourrez aussi louer un bateau pour visiter les alentours du barrage de Rachabrapha.

Une plage dorée de l'île de Ko Samui

LA FRONTIÈRE MALAISE

- **Le Wat Phra Mahathat à Nakhon Si Thammarat**
- **La vieille ville de Songkhla**
- **Les îles adamantines de Trang**
- **Les plages désertes de Tarutao**

L'extrémité sud du pays est culturellement très différente du reste de la Thaïlande. L'islam y côtoie le bouddhisme et, ces dernières années, l'activité des séparatistes a rendu la région moins sûre, bien qu'aucun touriste n'ait encore été pris pour cible. Les villes de **Nakhon Si Thammarat** *(p. 378-379)* et de **Songkhla** *(p. 384-385)* attirent les visiteurs avec leurs musées et leurs temples, comme le **Wat Phra Mahathat** *(p. 378)*, un temple sacré. Non loin de **Trang** *(p. 380-381)*, l'archipel des îles de **Ko Muk** et de **Ko Kradan** *(p. 380)* est un havre de paix. Plus au sud, le **parc national maritime de Tarutao** *(p. 386)* abrite quelques-uns des meilleurs spots de plongée du monde, loin de la civilisation.

La Thaïlande dans son environnement

Située au cœur de l'Asie du Sud-Est entre la mer de Chine et l'océan Indien, la Thaïlande occupe une superficie de 513 000 km², mais ses 64 millions d'habitants vivent en majorité dans la fertile Plaine centrale et dans la capitale, Bangkok. D'épaisses forêts croissent sur les montagnes du Nord et de la chaîne qui marque à l'ouest la frontière avec la Birmanie. Au nord-est s'étend un plateau aux sols pauvres que drainent des affluents du Mékong, le puissant fleuve qui sépare à l'est la Thaïlande du Laos puis traverse le Cambodge pour se jeter dans le golfe de Thaïlande. Nombre des plus belles plages bordent, dans le Sud, la longue péninsule qui rejoint la Malaisie.

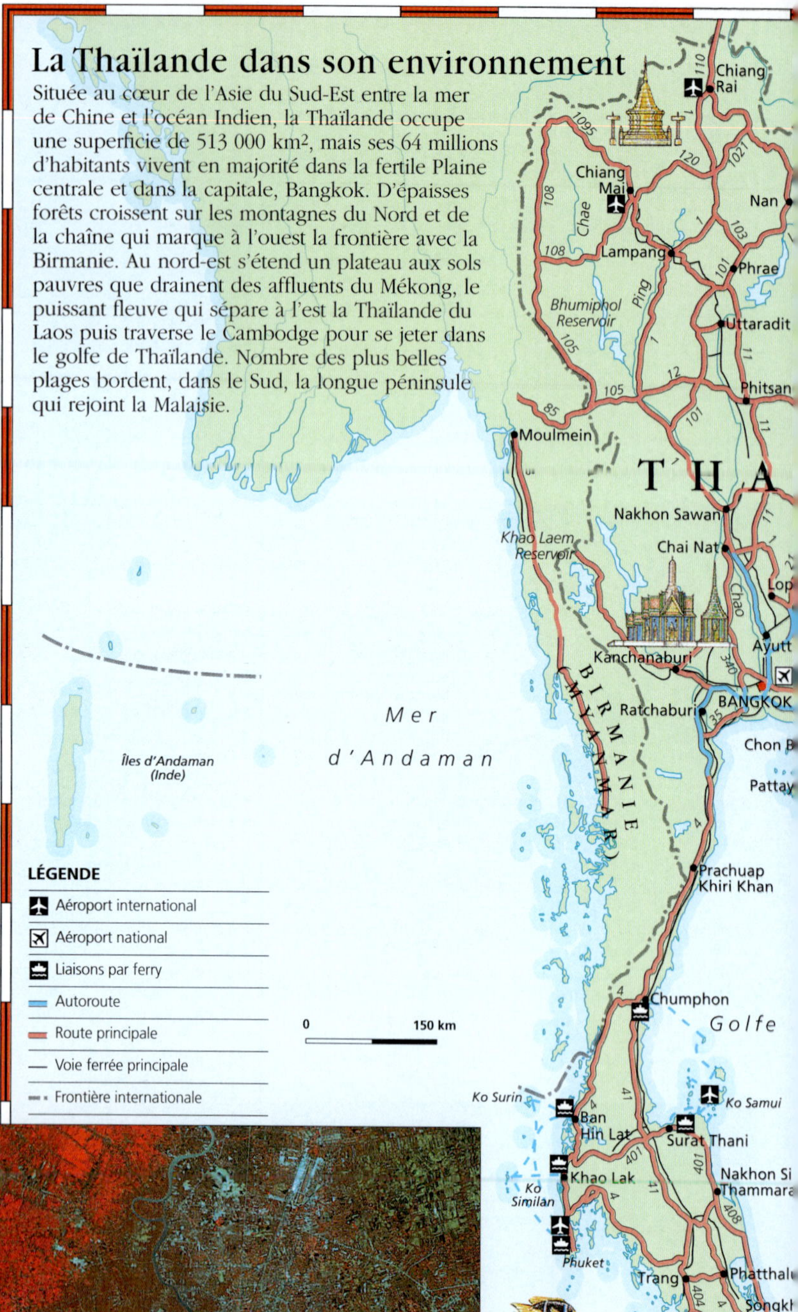

Image satellite de l'agglomération de Bangkok

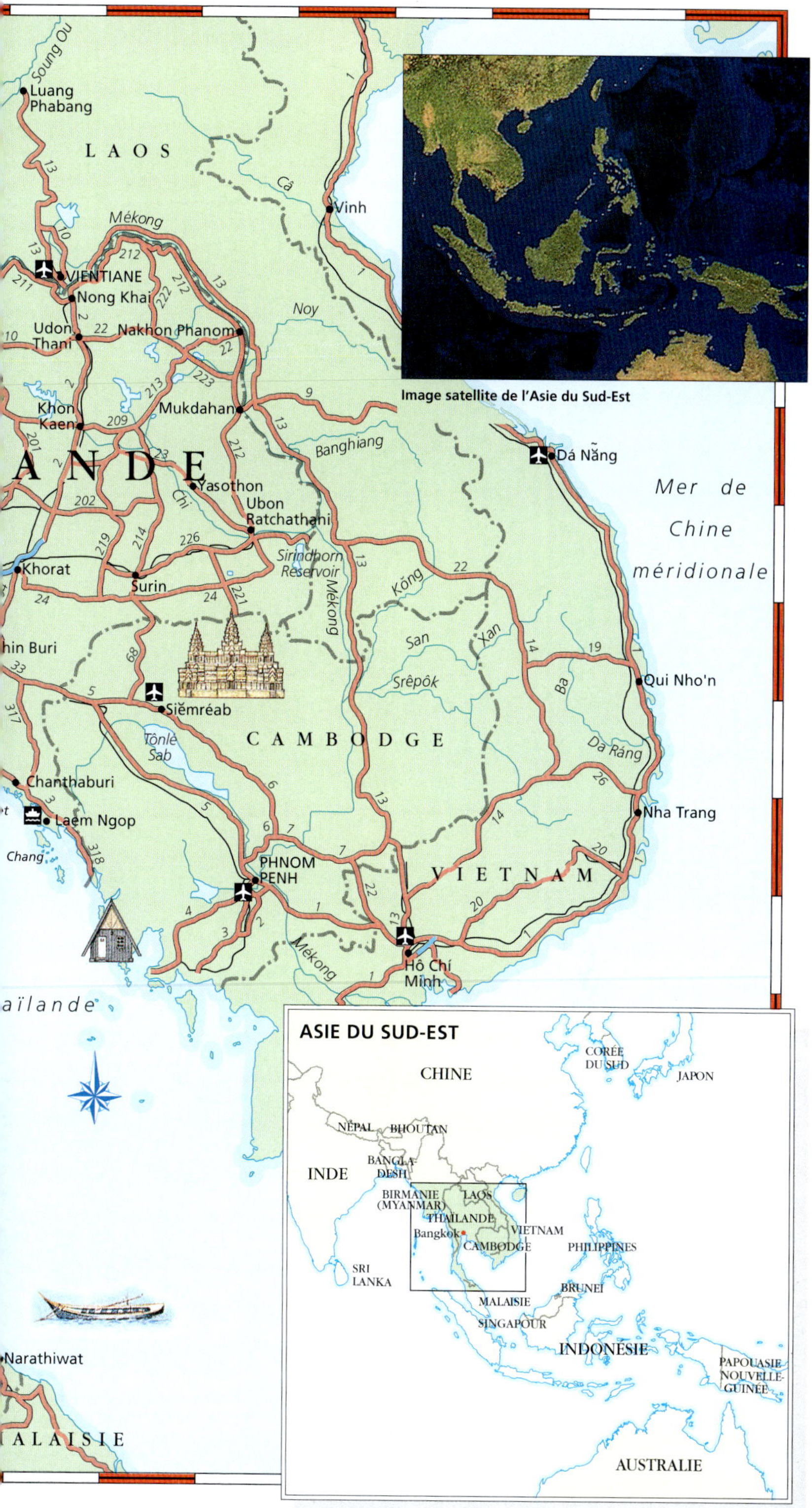

Image satellite de l'Asie du Sud-Est

Le Nord de la Thaïlande

Hormis dans quelques régions frontalières isolées, un bon réseau routier dessert le Nord montagneux, le plateau du Nord-Est et la Plaine centrale. Le train relie Bangkok à Chiang Mai et à la Plaine centrale. Bangkok, Chiang Mai et Chiang Rai possèdent un aéroport international. De nombreuses autres villes importantes sont également desservies par des vols intérieurs.

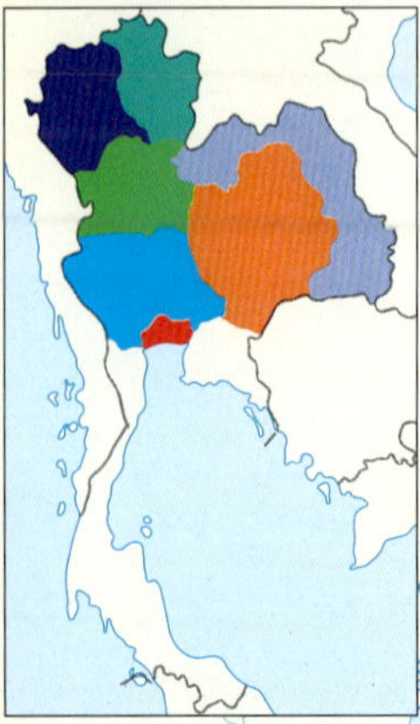

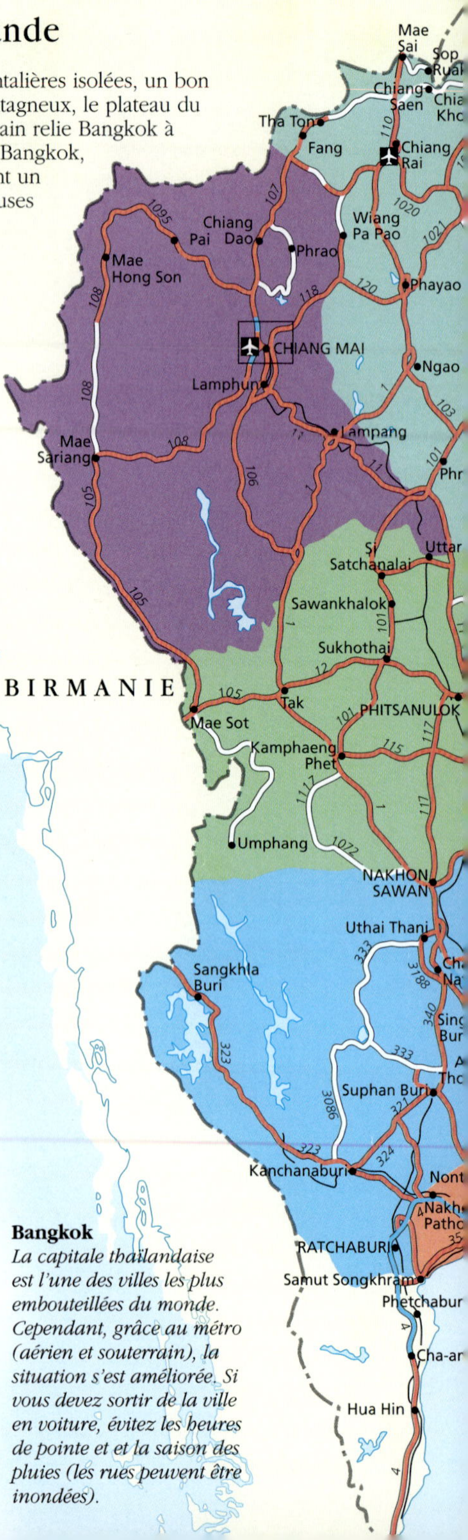

Bangkok

La capitale thaïlandaise est l'une des villes les plus embouteillées du monde. Cependant, grâce au métro (aérien et souterrain), la situation s'est améliorée. Si vous devez sortir de la ville en voiture, évitez les heures de pointe et la saison des pluies (les rues peuvent être inondées).

Chiang Mai
Chiang Mai possède un bon réseau routier et ferré qui relient Bangkok et le reste du pays. L'aéroport et l'intérieur de la ville sont desservis par l'autoroute. Attention, la circulation peut y être très dense aux heures de pointe.

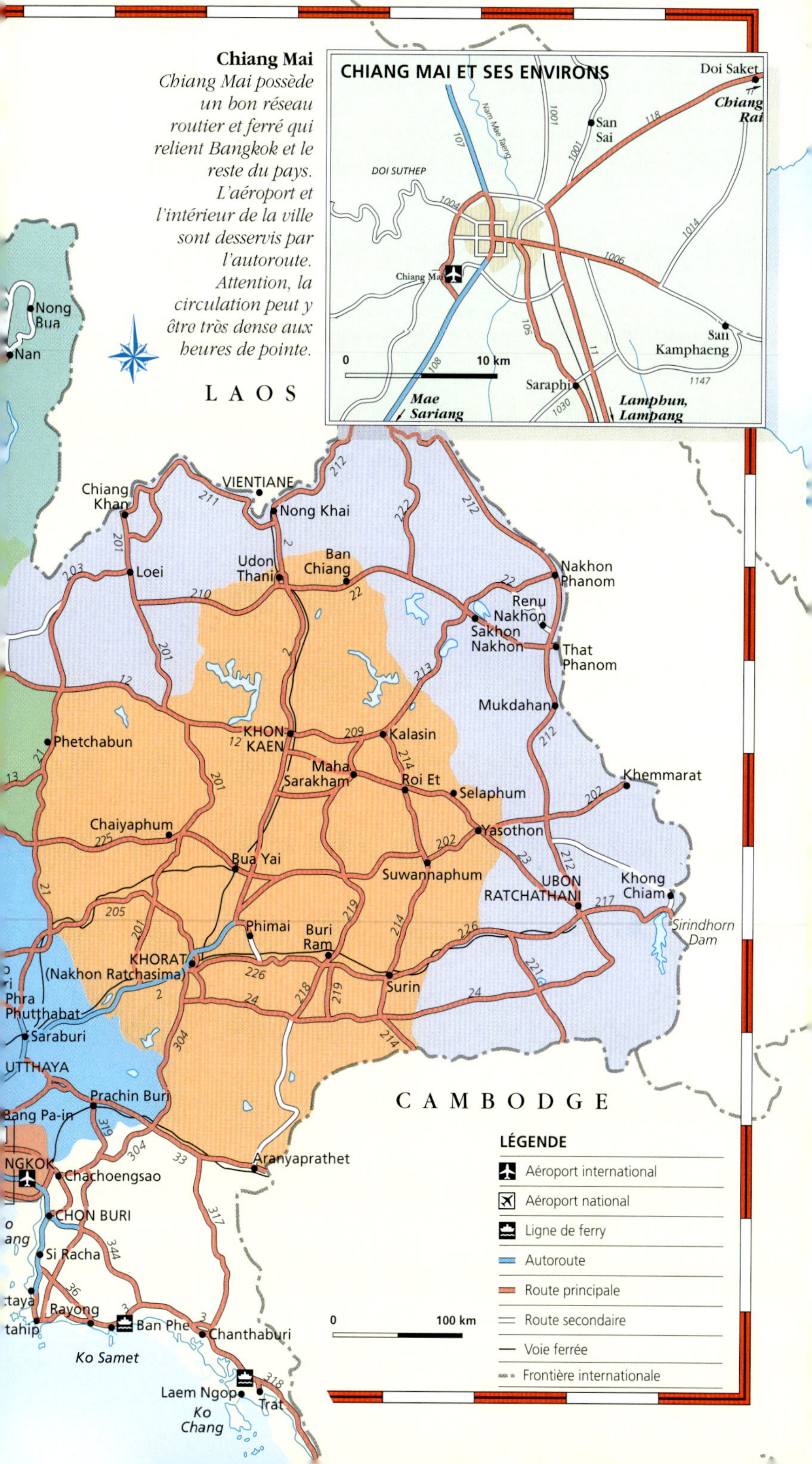

Le Sud de la Thaïlande

Ses plages magnifiques et ses îles paradisiaques constituent une des grandes attractions touristiques de la Thaïlande. De bonnes routes desservent les régions côtières depuis la frontière cambodgienne à l'est jusqu'à la Malaisie au sud, ainsi que le long de la mer d'Adaman à l'ouest. Des cars climatisés assurent des navettes régulières entre les principales villes. Depuis Bangkok, le chemin de fer offre des liaisons souvent directes avec la plupart des localités du littoral occidental du golfe de Thaïlande. Sur la côte orientale, le train s'arrête à Sattahip. Des ferries permettent de rejoindre les plus grandes îles et il est possible d'acheter à Bangkok des billets combinant les trajets en train, en car et en bateau. Plusieurs villes sont desservies par des vols intérieurs, et Ko Samui, Phuket et Hat Yai possèdent un aéroport international.

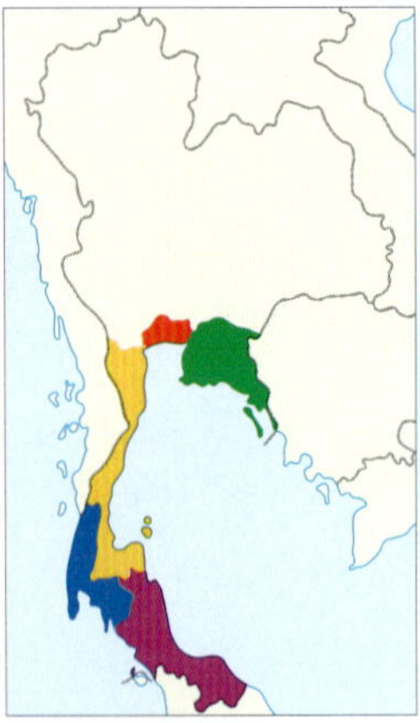

LÉGENDE DES RÉGIONS

- La région de Pattaya
- Bangkok
- De Bangkok à Surat Thani
- Côte nord de la mer d'Andaman
- La frontière malaise

LES DISTANCES ENTRE LES VILLES

10 = Distance en kilomètres

	Bangkok	Chiang Mai	Chiang Rai	Khorat	Nakhon Si Thammarat	Phitsanulok	Phuket	Songkhla	Trat	Ubon Ratchathani
CHIANG MAI	695									
CHIANG RAI	785	180								
KHORAT	260	775	870							
NAKHON SI THAMMARAT	780	1475	1565	1040						
PHITSANULOK	375	335	415	455	1155					
PHUKET	860	1560	1645	1120	336	1240				
SONGKHLA	950	1645	1735	1210	161	1325	495			
TRAT	315	1010	1100	330	1095	690	1175	1265		
UBON RATCHATHANI	590	935	1015	335	1375	600	1455	1540	905	
UDON THANI	565	770	850	305	1345	435	1425	1515	880	400

UNE IMAGE DE LA THAÏLANDE

Les paysages tropicaux de la Thaïlande ne sont pas les seuls à attirer chaque année des millions de visiteurs. Riche d'un long passé au carrefour des grandes civilisations asiatiques, le pays a su préserver une personnalité affirmée tout en se lançant dans une rapide industrialisation. Tour à tour frénétique et sereine, spectaculaire et subtile, elle reste en permanence séduisante.

Habitant un fertile pays de mousson à mi-chemin entre l'Inde et la Chine, les deux civilisations qui ont façonné l'Asie du Sud-Est, les Thaïs possèdent depuis toujours l'art d'assimiler les influences extérieures sans jamais renoncer à leur originalité. Ainsi, bien qu'ils soient originaires du sud de la Chine, leur phonétique diffère grandement de celle de tous les dialectes chinois. De même, leur écriture dérive d'un ancien alphabet de l'Inde du Sud mais se révèle bien distincte. Aujourd'hui, la Thaïlande fait partie de l'Ansea mais c'est avant tout un souci d'indépendance qui a marqué l'histoire politique d'un pays qui, contrairement à la plupart de ses voisins – le Myanmar (Birmanie), le Laos, le Cambodge et la Malaisie – a su éviter la colonisation européenne. Cette identité obstinément défendue repose, depuis l'époque de Sukhothai (XIIIe-XIVe siècles) qui vit prospérer le premier grand État thaï, sur deux piliers fondamentaux : le bouddhisme theravada et la royauté. Les couleurs du drapeau moderne thaïlandais *(thong trai rong)* reflètent d'ailleurs cette réalité. Le rouge symbolise la nation, le blanc le bouddhisme et le bleu la monarchie. Malgré son nom, Prathet

Tuk-tuk

Bateaux de pêche *koriae* en Thaïlande du Sud

◁ Jeunes hommes en procession dans le vieux Sukhothai pour la fête annuelle de Loy Krathong

Thai (« Pays du peuple thaï »), la Thaïlande n'est pas habitée uniquement par des Thaïs. Ceux-ci ne représentent en effet qu'environ 80 % d'une population de 64 millions d'individus. Si les tribus montagnardes forment les minorités ethniques les plus connues, c'est la communauté chinoise qui est la plus importante, et la mieux intégrée. Elle détient les principaux leviers de l'économie et cet ascendant a parfois suscité des mouvements xénophobes. En 1939, une vague de nationalisme a mené à l'abandon de l'ancien nom du pays, « Siam », sous la houlette du Premier ministre Phibun Songkram.

Bangkok, immense métropole moderne en constante évolution

La Thaïlande se divise en quatre principales régions aux topographies contrastées et il existe de subtiles différences entre les peuples et les dialectes de la Plaine centrale, du Nord, du Nord-Est et du Sud.

Montagneux et boisé, le Nord est resté longtemps isolé, et des tribus montagnardes essaient d'y maintenir un mode de vie ancestral malgré la modernisation générale de la société et le développement du tourisme. Dans le Sud, l'isthme de Kra propose 2 500 km de côtes que séparent, entre le golfe de Thaïlande et la mer d'Andaman, des forêts pluviales et des plantations de caoutchoucs. L'Islam et la culture malaise y exercent une grande influence. Entre ces deux extrêmes, la Plaine centrale, berceau de la civilisation thaïe, étend son réseau de rivières et de canaux irriguant les rizières. Près de l'embouchure du Chao Phraya, la capitale, Bangkok, s'étale un peu plus chaque année. C'est une des cités les plus polluées et les plus encombrées du monde, même si la splendeur que lui donnèrent les premiers rois de la dynastie régnante des Chakri reste visible.

Le Nord-Est du pays, occupé par le plateau de Khorat, l'Isan, est la région la plus pauvre, que borde à l'est le Mékong marquant la frontière avec le Laos. Des communautés rurales traditionnelles, souvent de souche lao-thaïe, y survivent avec une agriculture de subsistance.

Pêcheur sur le Mékong à la frontière avec le Laos

DÉVELOPPEMENT ÉCONOMIQUE

L'agriculture est longtemps restée le pilier de l'économie thaïlandaise mais, depuis le milieu des années 1980, une politique volontariste et un climat international

Vendeur de nouilles au marché flottant Damnoen Saduak près de Ratchaburi

favorable aux investissements étrangers ont déclenché une rapide industrialisation, entraînant pendant plusieurs années une croissance de plus de 10 %. Les matières premières viennent au premier rang des importations. Le riz garde une grande place dans les exportations, mais textiles, électronique, équipement mécanique, joaillerie et conserves de produits de la mer en représentent une part toujours plus importante.

Musulman du Sud de la Thaïlande

Dix ans après le crash de 1997, la Thaïlande s'est remise d'aplomb. Bangkok grouille de chantiers de bureaux, de centres commerciaux et d'appartements luxueux. Avec 13,8 millions de visiteurs en 2006, le tourisme continue d'être la plus importante source de devises étrangères du pays (ce chiffre a baissé de 20 % en 2008 en raison des troubles politiques). Bangkok et les stations balnéaires attirent la majorité des visiteurs ; puis viennent Chiang Mai et le Nord. Les hôtels et les spas de luxe thaïlandais comptent parmi les meilleurs du monde. La Tourist Authority of Thaïland (TAT) a relancé « l'Année de la Thaïlande », qui avait déjà eu beaucoup de succès en 1998.

Cette réussite économique n'a pas eu que des conséquences bénéfiques. Bangkok, où se sont concentrées les activités commerciales, a connu une croissance anarchique et, demeure, avec une population de 7 millions d'habitants en constante augmentation, en permanence au bord de l'asphyxie. La répartition des richesses pose elle aussi problème. Si la pauvreté a reculé, l'écart des revenus entre les citadins et les paysans des régions les plus isolées s'est considérablement accru. L'éducation peine à suivre le rythme du développement économique. Former une génération capable d'entretenir la croissance au XXIe siècle est un des défis majeurs du pays.

L'environnement a subi de nombreux dommages au cours des cinquante dernières années. Ainsi, la couverture forestière est passée de 70 % de la superficie du pays à environ 20 % actuellement. Chasse et destruction des habitats naturels ont provoqué la disparition de plusieurs espèces animales, et certaines restent menacées malgré les mesures prises depuis les années 1970 pour préserver une faune et une flore exceptionnelles.

Les éléphants ne sont pas si rares à Bangkok

SOCIÉTÉ ET POLITIQUE

Malgré les tensions accompagnant la modernisation, la société thaïe reste relativement stable. Bien qu'il n'existe pas de système de castes, une stricte hiérarchie sociale, dont le roi occupe le sommet, régit les rapports quotidiens. Le statut de chacun dépend de la richesse et des relations de sa famille... et de son sexe. Les femmes n'ont guère voix au chapitre dans la société malgré leur importance dans la vie économique, qu'elles travaillent aux champs ou dans des bureaux. Les personnes âgées sont très respectées, tant au sein de la famille que de la société.

Les statues du Bouddha se comptent par milliers en Thaïlande

Le *wai*, salut traditionnel qui fait joindre les mains près du menton, est ainsi toujours à l'initiative du plus jeune ou de la personne de statut inférieur. D'autres règles de bienséance prédominent dans toutes les classes. Ainsi, même si les Thaïs manifestent une grande tolérance envers les cultures étrangères, ils éprouvent de la gêne devant des gens manifestant leurs émotions, la colère en particulier. Et ils risquent de s'offusquer en cas de manque de respect envers le roi ou la religion. Le crime de lèse-majesté demeure d'ailleurs passible de prison. Constitutionnelle depuis 1932, la monarchie reste presque aussi révérée qu'à l'époque où les souverains étaient *chakravatin* (« roi des rois »). Accédant au trône en 1946, le roi actuel, Bhumibol Adulyadej (Rama IX), est le plus ancien souverain régnant du monde, et son influence dépasse largement ses prérogatives officielles purement protocolaires.

Guirlande de jasmin, un ornement très prisé

Comme ses prédécesseurs, il s'est plié pendant sa jeunesse à la coutume de se retirer temporairement dans un monastère, une pratique encore très répandue dans l'ensemble de la population masculine. Car il n'existe pas de frontière stricte entre sacré et profane, et la communauté monastique bouddhiste (*sangha*), qui est forte de quelque 250 000 membres, joue un rôle central dans la vie sociale. Les moines conduisent les nombreux rituels, grandes fêtes rythmant l'année ou simples bénédictions quotidiennes, et se transforment souvent dans les campagnes en maîtres d'école, une profession qui jouit d'une immense considération en Thaïlande. Il n'en va pas de même des politiciens. Les bonds et rebonds de l'économie des années 1980 et 1990

Femmes et enfants lisu en habits traditionnels colorés

Moines psalmodiant en pali, langue du bouddhisme theravada

ont mis la société thaï à rude épreuve. Si le sens de la famille élargie reste important, il l'est surtout pour l'idéologie conservatrice. Au cours des dernières années, la société thaï s'est considérablement fragmentée. Les jeunes quittent leurs villages de plus en plus tôt pour aller travailler à la ville, d'où ils envoient de l'argent à leurs familles.

ARTS ET CULTURE

Traditionnellement, les arts plastiques sont en Thaïlande presque exclusivement dédiés au bouddhisme theravada. Le *wat* offre donc le cadre naturel où admirer l'architecture recherchée, les innombrables images du Bouddha, les peintures murales, les sculptures sur bois, les reliefs en stuc, les décors de mosaïque et les panneaux laqués ou incrustés de nacre créés au fil des siècles par des artistes presque toujours anonymes.

Cho fas ornant un toit du Grand Palais de Bangkok

La littérature et les formes de théâtre dansé classiques comme le *khon* et le *lakhon* ont pour principale source d'inspiration le Ramakien, version thaïe de l'épopée sacrée hindoue du *Ramayana*. Le grand poète du XIXe siècle, Suthorn Phu, a cependant laissé une œuvre originale. Le cinéma thaï est en pleine expansion. En 2002 (année du lancement du Bangkok International Film Festival), *Sud Sanaeha*, qui raconte l'histoire d'amour entre une thaïlandaise et un immigré birman, a été selectionné au Festival de Cannes, ainsi que le film *Ploy*, en 2008.

Danseurs de *lakhon* près d'un sanctuaire

Des orchestres traditionnels, *piphat,* continuent d'accompagner les rencontres de boxe thaïe (*muay thaï*), le sport national.

Parmi les autres activités de loisir appréciées figurent le *takraw,* sorte de volley-ball où les joueurs peuvent utiliser les pieds, et les joutes de cerfs-volants.

De nombreuses festivités donnent lieu à des réjouissances exubérantes rythmées par le changement des saisons et le calendrier religieux, les Thaïs cherchant en permanence dans la vie son aspect *sanuk*, « amusant ».

Un pays de moussons

La première richesse des Thaïs

Le cycle climatique imposé par le régime des moussons détermine la croissance du riz qui, pour les Thaïs, assure depuis des siècles santé, richesse et bonheur. Les habitants du royaume se définissant en majorité comme *chao na*, riziculteurs, les moussons régissent en fait le cycle même de la vie, comme l'attestent de nombreuses croyances et pratiques. Avant la plantation, on honore la déesse du riz afin qu'elle favorise, pendant la saison pluvieuse, la « grossesse » de la semence qui contient un esprit *(kwan)*. Le mot « irrigation », *chon prathan*, se traduit littéralement par « don d'eau ».

La Plaine centrale, *inondée pendant la saison pluvieuse, offre d'excellentes conditions à la riziculture.*

Le Bouddha *prend dans certains* wats *du Nord une posture inhabituelle, les deux mains le long du corps pointées vers le sol, celle de l'« appel de la pluie ».*

Bottes de plants

La transplantation a lieu quand la saison pluvieuse a gorgé les sols d'eau.

Songkran, *le nouvel an lunaire, marque en avril la fin imminente de la saison fraîche et sèche. Il se célèbre avec force aspersions d'eau.*

LES SAISONS DES MOUSSONS

Le mot « mousson » vient de l'arabe *mawsim* (saison) et désigne des vents saisonniers de l'Asie du Sud. En Thaïlande, après les pluies apportées par la mousson du sud-ouest, viennent la saison chaude puis la saison sèche et tempérée liée à la mousson du nord-est.

La mousson du sud-ouest *souffle de l'océan Indien de juin à octobre. De violentes averses ont lieu presque tous les jours. La côte orientale reste plus sèche.*

Inondation à Bangkok en fin de saison pluvieuse

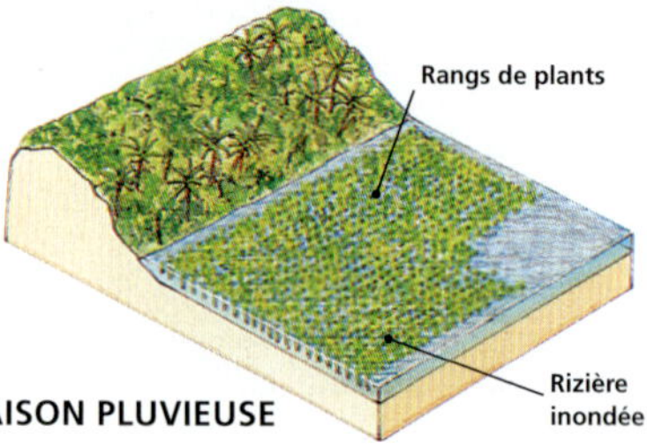

Rangs de plants

Rizière inondée

SAISON PLUVIEUSE

Des machines *ont remplacé les animaux dans de nombreuses exploitations, mais le travail dans les rizières demeure éprouvant.*

La principale récolte de riz *dans les basses terres a lieu au milieu de la saison fraîche. Elle mobilise familles et villages entiers et se fait encore souvent à la faucille.*

Le battage *a généralement lieu sur place dans les rizières. Une fois séparés de la balle, les grains sèchent au soleil.*

TRANSPLANTATION

La plupart des variétés de riz exigent des terrains inondés pour se développer. Les grains sont souvent semés en pépinières, à l'irrigation plus facile à contrôler, puis les jeunes pousses replantées à la main dans les rizières.

La mousson du nord-est, *venue d'Asie centrale, souffle de novembre à mars, créant un temps relativement frais et sec, bien qu'il pleuve souvent sur la côte est.*

Entre les deux moussons, *la terre se réchauffe, créant une zone de basse pression. Quand les hautes pressions de l'océan Indien la repoussent, le cycle recommence.*

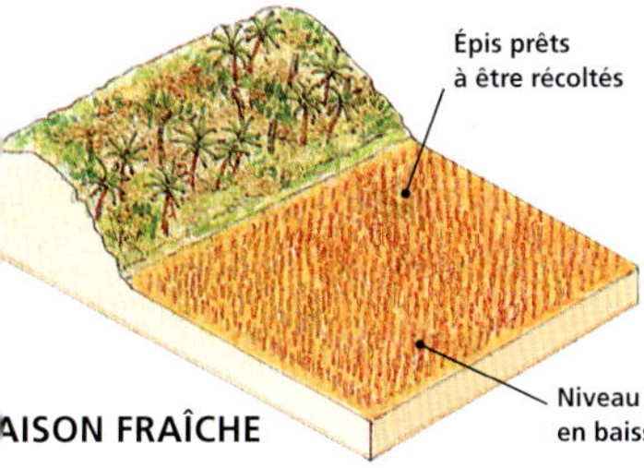

AISON FRAÎCHE

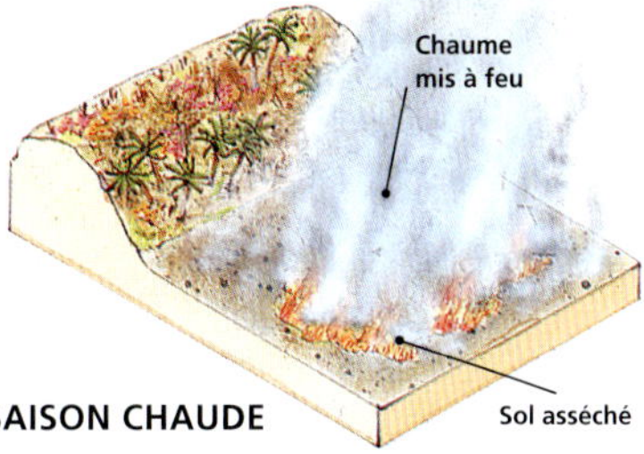

SAISON CHAUDE

Paysages et faune de Thaïlande

Perruche verte

La Thaïlande s'étend du sud du tropique du Cancer jusqu'à environ 1 000 km de l'équateur. Une topographie variée et un climat clément lui valent une faune et une flore d'une grande diversité. Une dense forêt de mousson pousse sur les reliefs calcaires du Nord. Elle devient plus aérée dans le Nord-Est et la Plaine centrale. Forêts côtières et pluviales dominent dans le Sud et au bord du golfe de Thaïlande. La déforestation, l'industrie et le tourisme menacent toutefois de nombreux habitats naturels, et plusieurs espèces animales risquent l'extinction *(p. 219)*. Cette situation a entraîné la création de nombreux parcs nationaux. Le premier, Khao Yai *(p. 184-185)*, a ouvert en 1962.

Cocotiers sur l'île de Ko Samui dans le golfe de Thaïlande

FORÊT DE MOUSSON D'ALTITUDE

Elle se compose de feuillus, à feuilles persistantes ou caduques, tels que lauriers, chênes et châtaigniers. Mousses, fougères et orchidées épiphytes, poussant sur d'autres plantes, abondent.

Chez l'atlas, *la femelle est encore plus grande que le mâle.*

Le serow, *une race d'antilope, devient de plus en plus rare en Thaïlande du Nord.*

La civette des palmiers, *animal nocturne, vit aussi bien en forêt que près des humains.*

FORÊT AÉRÉE

Les arbres les plus fréquents appartiennent à la famille des diptérocarpacées, indigène à l'Asie du Sud-Est. Des buissons serrés tapissent souvent le sol.

Le cerf sambar *s'aperçoit dans la Plaine centrale et dans le Nord-Est.*

Le gibbon, *singe extrêmement agile, vit surtout à la limite sud du plateau du Nord-Est.*

Le sanglier, *très chassé dans le passé, se nourrit principalement d'herbe.*

FLEURS DE THAÏLANDE

Les fleurs, en Thaïlande, reflètent par leur diversité celle des habitats. Le pays abrite quelque 1 300 espèces d'orchidées. Très recherchées, elles sont devenues rares dans la nature. D'autres fleurs servent en cuisine ou à des fins médicinales.

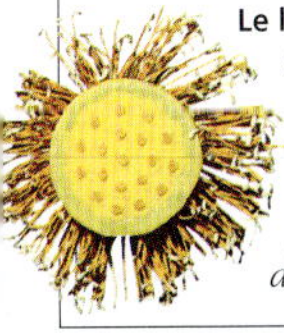

Le lotus *a une tige et un fruit comestibles. D'autres nénuphars ne servent qu'à la décoration.*

La mauve, *proche de l'hibiscus, est répandue en Asie du Sud-Est.*

Les népenthacées *sont carnivores. Leur sève dissout les insectes capturés dans une urne.*

Les orchidées (p. 220), *prisées pour leur beauté, proviennent surtout du Nord.*

MARÉCAGES

Rivières, canaux, lacs et étangs, l'eau est partout en Thaïlande, mais le défrichement n'a laissé subsister de forêts de marécages que dans le Sud.

L'entelle sombre, *l'une des quatre espèces d'entelles de la Thaïlande, vit dans la péninsule.*

Certains échassiers *possèdent des pattes permettant de marcher sur la végétation flottante.*

Le tantale asiatique *vient se reproduire dans les marais de Thaïlande. Sa face vire alors au rose.*

FORÊT CÔTIÈRE

En transportant les graines d'arbres, les courants marins ont créé dans toute l'Asie du Sud-Est des bandes de forêts caractéristiques. Tourisme et défrichage les menacent en Thaïlande.

La tortue verte, *la seule tortue de mer nocturne herbivore, se nourrit d'algues.*

Les lézards, *fréquents dans les îles, mangent parfois souris et petits oiseaux en plus des insectes.*

Le roulroul *habite la forêt côtière dans le Sud.*

Le bouddhisme en Thaïlande

Moine et drapeaux thaïs

Au moins 90 % de la population thaïlandaise pratique le bouddhisme theravada, dont la doctrine reste fidèle à une interprétation primitive des enseignements du Bouddha, contrairement à l'école mahayana du nord de l'Inde et de l'Himalaya. En se répandant en Asie du Sud-Est à partir du IIIe siècle av. J.-C., il a toutefois intégré dans la pratique de nombreuses influences hindoues, tantriques et mahayana, l'adoration d'images du Bouddha en particulier, tout en s'accommodant de croyances animistes. Pilier de la nation, avec la royauté, la religion et ses rituels colorés, notamment ceux d'acquisition de mérites *(p. 129)*, marquent tous les aspects de la vie quotidienne des Thaïlandais.

Le roi Bhumibol *se retira un temps, comme la majorité des Thaïlandais, dans un monastère. Pour son peuple, bouddhisme et monarchie sont des pouvoirs unis.*

La plupart des garçons *passent, généralement à l'adolescence, quelques mois dans un monastère. Ils y gagnent des mérites pour leur famille. Peu de Thaïlandaises deviennent nonnes.*

Siddhartha part en quête de l'illumination.

Appliquer des feuilles d'or *sur les images du Bouddha ou sur les décorations murales est une manière très répandue d'acquérir des mérites. Ces feuilles d'or sont vendues dans tous les temples.*

HISTOIRE DU BOUDDHA

Né en Inde au VIe siècle av. J.-C., le prince Siddhartha Gautama renonça à ses richesses pour partir en quête de la vérité. Après avoir atteint l'illumination, il enseigna la voie menant à la cessation de la douleur. De nombreuses peintures évoquent ses vies antérieures *(jataka)*.

Les familles pieuses *demandent la bénédiction d'un moine aux moindres occasions : lorsqu'un enfant prend son nom, aux mariages, à l'achat d'une maison ou d'une voiture neuve ou simplement après avoir effectué un don au* wat. *Les enfants s'imprègnent des règles du bouddhisme dès le plus jeune âge.*

La méditation *se pratique aussi en marchant. Ici, le moine le plus âgé conduit la file qui fait le tour du temple dans le sens des aiguilles d'une montre. Méditer sur la nature de l'existence est une des principales voies à suivre pour arriver un jour à l'illumination comme le Bouddha (l'« Éveillé »).*

Vishnu fait partie de la trinité brahmanique.

Enluminure thaïe (v. 1900)

Des créatures divines *(deva)* portent le prince.

Incantations en langue pali

Un anneau de jasmin, *dans une voiture ou un temple, symbolise la beauté des enseignements du Bouddha, puis, en fanant, l'aspect éphémère de toute vie.*

La cérémonie de crémation *marque le passage de cette vie à la prochaine réincarnation. La taille du bûcher reflète le statut social du défunt. Chulalongkorn* (p. 66-67) *eut des funérailles particulièrement grandioses.*

Les tatouages rituels, *une vieille tradition hindoue, sont supposés agir comme talismans et protéger des forces hostiles.*

LES PRINCIPES DE BASE DU BOUDDHISME

Pour les bouddhistes, l'existence humaine est une suite de réincarnations marquées par la *dukkha*, l'insatisfaction causée par le désir. Les actes accomplis pendant chacune de ces vies (tolérance et non-violence) influencent la suivante, un concept exprimé par le terme de *karma* et symbolisé par la « roue de la loi ». Le but ultime du dévot est d'échapper au cycle des renaissances en atteignant le *nirvana*, l'extinction de tout désir. Pour ce faire, sa pratique s'appuie sur trois piliers : la morale, la méditation et la sagesse. Il reste libre de se rendre au temple selon ses désirs.

La « roue de la loi » sur le drapeau thaï du bouddhisme

Le *wat*

Le *wat* réunit à l'intérieur d'une enceinte plusieurs édifices et sert à la fois de monastère, de temple et de centre communautaire. Il en existe environ 30 000 en Thaïlande, pour la plupart fondés par de riches mécènes et entretenus par les fidèles qui acquièrent ainsi des mérites *(p. 129)*. Chaque période de l'histoire a apporté des modifications à l'architecture des *wat*, et l'implantation et le style des bâtiments peuvent grandement varier bien que leur disposition et leurs fonctions obéissent à des règles établies.

Le *mondop*, *construction de plan carré coiffée d'une flèche, comme ici au Wat Phra Kaeo* (p. 80-83), *ou d'un toit cruciforme, renferme un objet de culte ou des textes sacrés.*

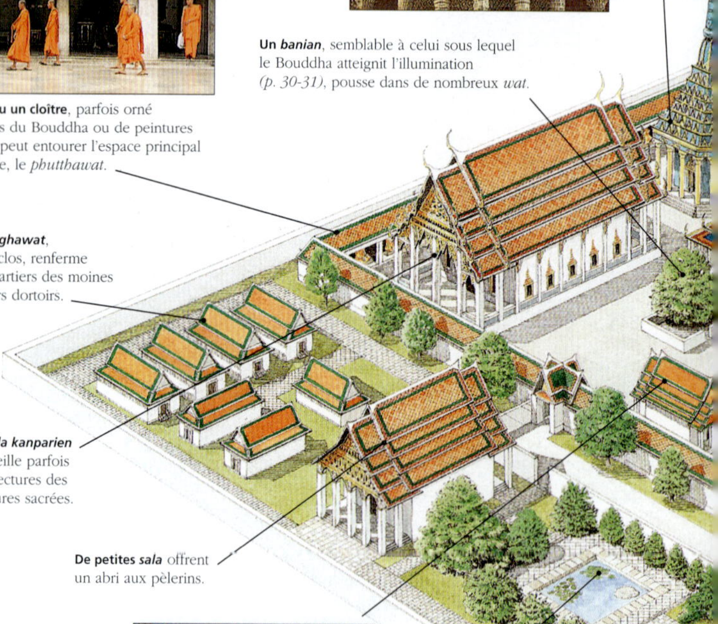

Un *banian*, semblable à celui sous lequel le Bouddha atteignit l'illumination *(p. 30-31)*, pousse dans de nombreux *wat*.

Un mur ou un cloître, parfois orné de statues du Bouddha ou de peintures murales, peut entourer l'espace principal du temple, le *phutthawat*.

Le *sanghawat*, un enclos, renferme les quartiers des moines et leurs dortoirs.

La *sala kanparien* accueille parfois des lectures des écritures sacrées.

De petites *sala* offrent un abri aux pèlerins.

Bassin ornemental

La *ho trai*, *ou bibliothèque, abrite les écritures sacrées. Ces édifices relativement rares présentent des tailles et des styles variés. La* ho trai *du Wat Pakman de Bangkok est typique d'un sanctuaire de ville. À la campagne, elles reposent parfois sur des pilotis ou sont entourées d'eau pour protéger les textes saints des insectes.*

WAT IMPORTANTS

Les *wat* dont le nom commence par Rat-, Racha- ou Maha- ont été fondés par des membres de la famille royale ou contiennent des objets hautement révérés (au nom souvent précédé de « Phra »). La Thaïlande compte environ 180 de ces grands temples dont ce *wat* imaginaire offre une image typique. Ceux de moindre importance comprennent moins de bâtiments et parfois pas de *wihan*.

Le *chedi* *abrite une relique telle qu'un cheveu ou un fragment d'os du Bouddha ou les cendres d'un roi. De nombreux* wat *furent fondés autour d'un* chedi *sacré.*

Le *wihan* *ressemble beaucoup au* bot *mais possède généralement une taille supérieure et n'est pas délimité par des* bai semas. *Il peut y en avoir plusieurs. Celui du Wat Rachabophit* (p. 91) *mêle plusieurs styles architecturaux.*

Des images du Bouddha dans le cloître marquent la séparation entre le monde profane et le *wat*.

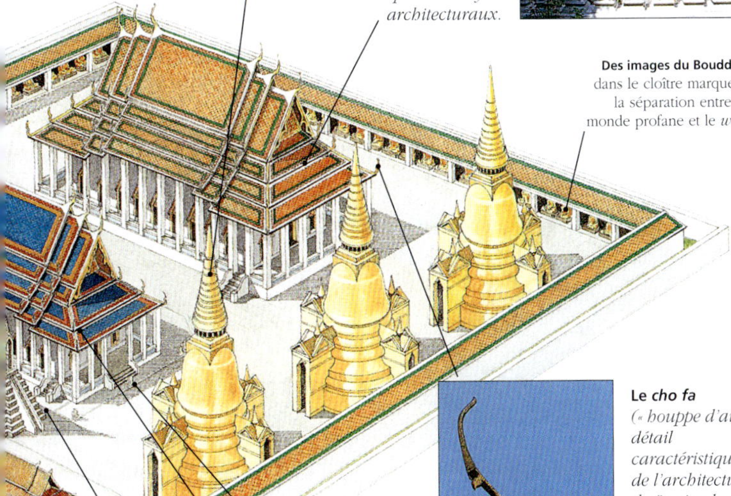

Le *cho fa* *(« houppe d'air »), détail caractéristique de l'architecture thaïe, tiendrait sa forme d'une silhouette hautement stylisée de Garuda, oiseau de la mythologie hindoue.*

Des *bai sema* (pierres de bornage) délimitent le sol consacré du *bot*.

Le *bot* *(ou* ubosot*) est la chapelle des ordinations des moines. Il ressemble à un* wihan *mais est entouré de* bai semas. *Il fait habituellement face à l'est et contient souvent le principal bouddha du* wat *comme ici au Wat Suthat* (p. 90-91) *de Bangkok.*

Entrée du *wat*

Le *ho rakang* *abrite les gongs appelant les moines à la prière. Celui du Wat Rakhang est particulièrement élaboré* (p. 125).

Architecture religieuse

L'état de conservation des sanctuaires religieux bâtis en Thaïlande sur une période de plus de onze siècles dépend de leurs matériaux de construction. Élevés en pierre, les temples khmers sont relativement complets lorsqu'ils ont connu une restauration. En revanche, il ne reste souvent que des fondations et des piliers des *wihan* et des *bot (p. 32-33)* des *wat* des ères de Sukhothai et d'Ayutthaya, bien que certains édifices tels que *chedi* et *mondop* aient subsisté. Il subsiste beaucoup de beaux monuments des époques du Lan Na et de Rattanakosin.

Fronton doré d'un *wihan*, Wat Saket *(p. 87)*

KHMER (DU IXe AU XIIIe SIÈCLE)

Les Khmers *(p. 264-265)* construisirent dans le Nord-Est des temples en pierre, ou *prasat,* qui possèdent pour la plupart des escaliers ou des ponts bordés de *naga* (serpents) sculptés menant à un sanctuaire central, généralement dominé par un *prang* (tour) et décoré de reliefs illustrant des mythes hindous. Les deux plus importants sont le Prasat Hin Khao Phnom Rung *(p. 280-281)* et le Prasat Hin Phimai *(p. 276-277)*.

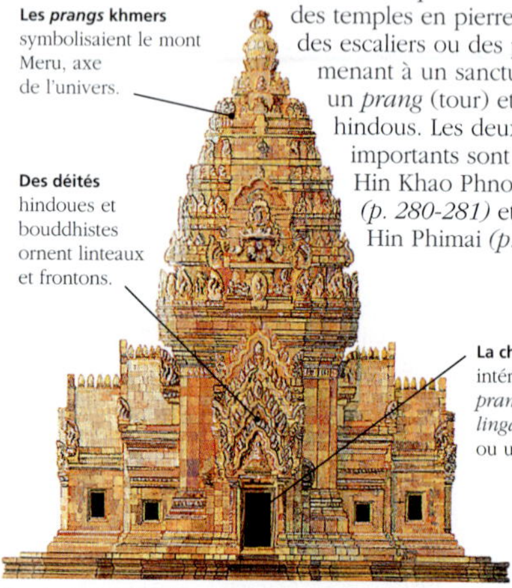

Sanctuaire central du Prasat Hin Khao Phnom Rung

***Naga* en antéfixe sur le *prang* du Prasat Hin Khao Phnom Rung**

SUKHOTHAI (DU MILIEU DU XIIIe AU XVe SIÈCLE)

Un art typiquement thaï se développa pour la première fois dans les cités de Sukhothai *(p. 194-197)* et Si Satchanalai *(p. 198-200)*. Parmi des ruines khmères, le roi Si Intharathit *(p. 58)* et ses successeurs bâtirent des *wihan* et des *bot* pour accueillir des statues du Bouddha. Des *chedi* en forme de cloche d'inspiration sri lankaise *(p. 198)* les complétèrent. Dans de nouveaux temples comme le Wat Mahathat *(p. 196-197)* apparut le *chedi* en bouton de lotus.

Mondop* abritant un bouddha au Wat Si Chum *(p. 195)

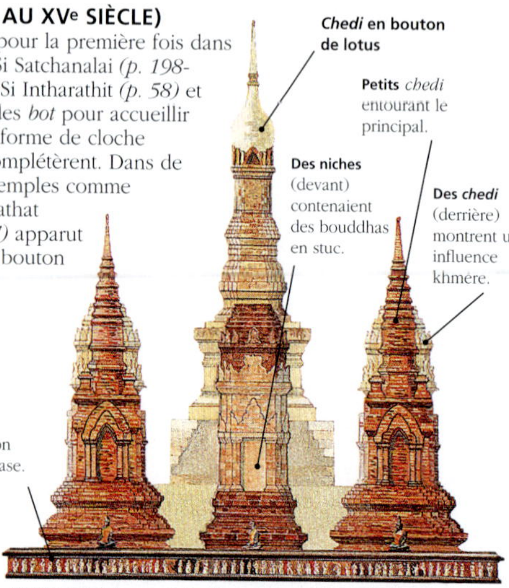

Six (illustrés) des neuf *chedi* au cœur du Wat Mahathat

AYUTTHAYA (DU MILIEU DU XIVe À LA FIN DU XVIIIe SIÈCLE)

Les architectes d'Ayutthaya *(p. 176-181)* apportèrent de subtiles modifications à des éléments tels que les *prang* khmers ou les *chedi* de style sri lankais pour construire des sanctuaires à la décoration élaborée. Peu de *bot* et de *wihan* survécurent au sac birman de 1767 *(p. 60)* à l'exception du Wat Na Phra Men *(p. 180)*.

Wihan de l'ère d'Ayutthaya du Wat Na Phra Men

Une spirale en cône couronne le *chedi*.

Dans ce *chedi*, une entrée donne sur la chambre des reliques.

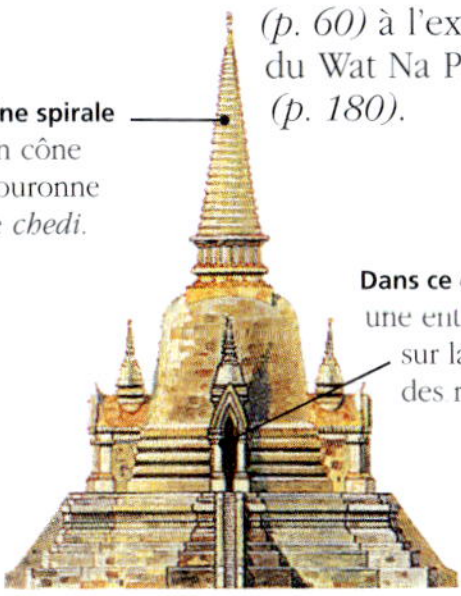

Chedi de style sri lankais du Wat Phra Si Sanphet *(p. 178-179)*

Des bouddhas occupent les niches du *prang*.

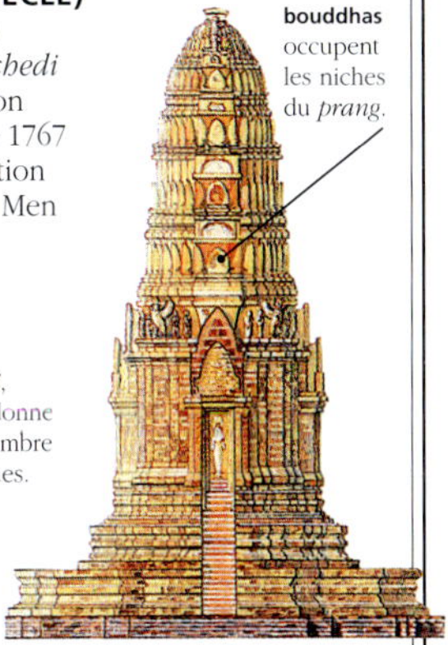

Prang en forme d'épi de maïs du Wat Ratchaburana *(p. 176)*

LAN NA (DU MILIEU DU XIIIe AU XIXe SIÈCLE)

Les édifices religieux bâtis à cette période dans le Nord *(p. 62-63)* s'inspirèrent de l'architecture de Dvaravati *(p. 56-57)* puis des styles sukhothai, indien et sri lankais. Hélas, il subsiste peu de monuments des XIVe et XVe siècles, l'âge d'or de l'art du Lan Na. Les *wat* des XVIIIe et XIXe siècles, comme à Chiang Mai *(p. 224-227)*, possèdent souvent des sculptures sur bois, des *hang hong* dorés et des peintures murales.

Chedi de plan carré du Wat Chiang Man, Chiang Mai

Hang hong, Wat Pan Tao, Chiang Mai

Pignons sculptés et dorés

Ligne de toit basse

Wihan du Lan Na du Wat Phra Sing à Chiang Mai

RATTANAKOSIN (DE LA FIN DU XVIIIe SIÈCLE À AUJOURD'HUI)

Après le sac d'Ayutthaya, les Thaïs tentèrent de recréer leur passé perdu, et les premiers *bot* et *wihan* bâtis dans la nouvelle capitale, Bangkok, en particulier au Wat Phra Kaeo *(p. 82-83)*, ressemblaient à ceux détruits dans l'ancienne cité. Les édifices devinrent ensuite plus imposants et plus élaborés. Au XIXe siècle, ils incorporèrent des éléments occidentaux comme au Wat Benchamabophit *(p. 106-107)* et au Wat Rachabophit *(p. 91)*. Le style de Rattanakosin est aussi appelé style de Bangkok.

Vitrail de style occidental, Wat Benchamabophit

Des *hang hong* dorés mettent en valeur les couleurs des tuiles du toit.

Huit *bai sema* entourent le bot.

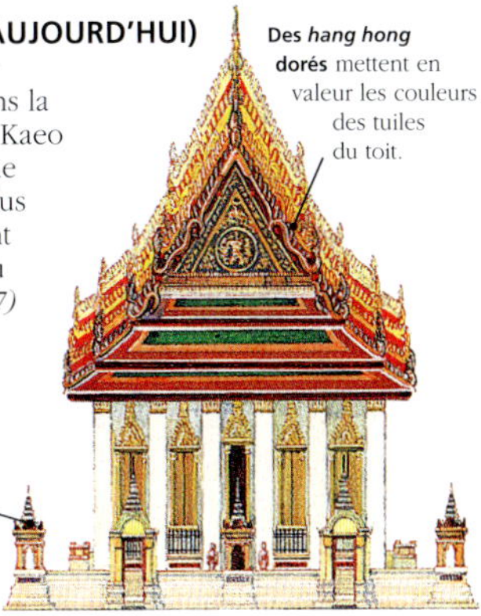

Bot rattanakosin du Wat Suhat *(p. 90-91)*

Les maisons thaïes traditionnelles

C'est dans les zones rurales que l'on trouve le plus souvent les maisons thaïes traditionnelles, bien qu'il en existe des versions plus imposantes dans les villes. Généralement élevées sur pilotis, pour se protéger des crues, et préservées des violentes pluies tropicales par des toits à forte pente, ces habitations répondent aux exigences du climat tropical. Les matériaux, bois, bambou et feuilles séchées, apportent fraîcheur et aération. Adultes et enfants dorment fréquemment ensemble dans la pièce centrale, siège des esprits des ancêtres.

Maison dans une plantation

MAISONS DU NORD

Le Nord connaît des températures relativement fraîches, et les fenêtres y sont plus petites que dans le reste du pays. La cuisine et les aires de séjour communiquent pour tirer le meilleur parti de la chaleur disponible. L'inclinaison des murs extérieurs renforce la solidité de la charpente. Dans les zones les plus rurales, certaines maisons conservent des toits de chaume.

Kalae **décoratif, un trait traditionnel des maisons du Nord**

Maisons traditionnelles du Nord bâties en teck

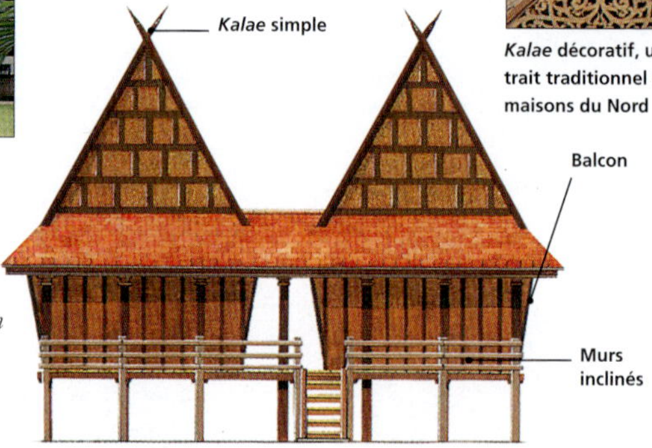

Des pilotis *supportent la construction, qui comporte habituellement un balcon courant tout le long de la maison et des* kalae *simples ou décoratifs.*

MAISONS DE LA PLAINE CENTRALE

Dans la chaude Plaine centrale, la vie s'organise pendant la majeure partie de l'année autour de la grande aire ouverte, parfois commune à plusieurs habitations, qui constitue la particularité dominante de nombreuses maisons traditionnelles. Certaines possèdent aussi des balcons couverts sur les côtés. Les murs à panneaux de bois sont un ajout relativement récent.

Pignon à panneaux de bois

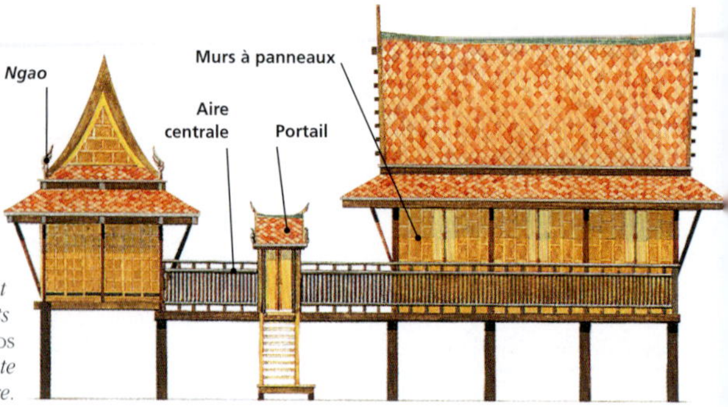

Les pignons *possèdent souvent des éléments décoratifs appelés* ngaos *dont l'origine remonte à l'architecture khmère.*

MAISONS SUR L'EAU

Les *khlong* du Bangkok de jadis *(p. 127)* portaient de nombreuses habitations et boutiques flottantes, et on vit encore sur les rivières dans la Plaine centrale. Les maisons sur l'eau sont parfois amarrées à des poteaux, mais peuvent aussi simplement reposer sur des radeaux qui leur permettent de s'élever en période de crue.

Maisons flottantes, Sangkhla Buri *(p. 168)*

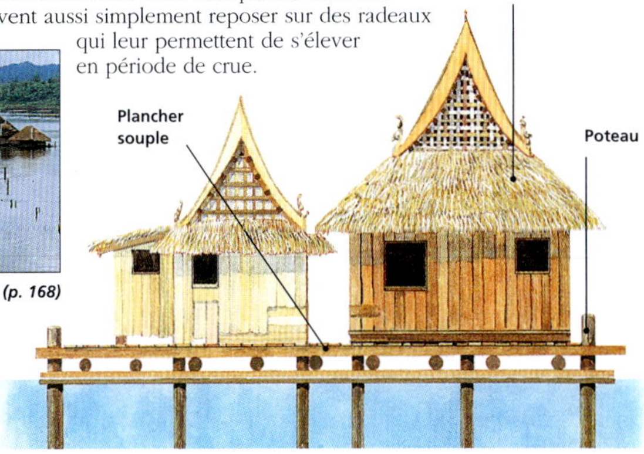

Les maisons *proches de la rive, bien que souvent amarrées, possèdent des planchers souples qui bougent avec l'eau.*

MAISONS ROYALES

Les demeures royales marient les styles architecturaux des temples et des habitations thaïes et les influences occidentales. Principal matériau de construction, le teck leur donne leur riche couleur rouge caractéristique. Frontons et encadrements ouvragés, parfois dotés d'ornements en bronze doré, décorent habituellement portes et fenêtres.

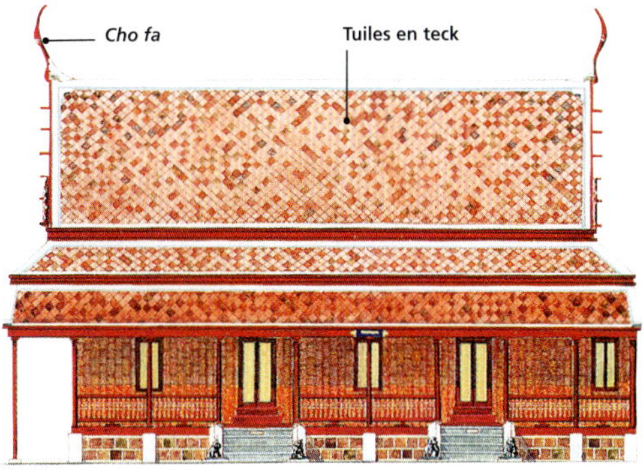

Fenêtre du palais du prince de Lampang *(p. 137)*

Le pavillon rouge *du Musée national* (p. 88-89), *construit en teck comme son nom l'évoque, offre un exemple typique de maison royale.*

MAISONS D'ESPRITS

Suivre les enseignements du bouddhisme theravada *(p. 30-31)* n'empêche pas les Thaïlandais de croire aux esprits, en particulier à ceux des lieux sur lesquels ils bâtissent maisons ou édifices commerciaux. Se concilier leur bienveillance, ou au moins leur neutralité, impose avant toute nouvelle construction d'élever sur un pilier une maison d'esprits, ou *phra phum*, parfois extrêmement élaborée. Pour garantir que les occupants à qui elle est destinée la préféreront bien à celle des humains, cette demeure doit impérativement ne pas recevoir l'ombre du bâtiment principal. Des offrandes de nourriture, de fleurs et d'encens, quotidiennes de préférence, contribuent également à assurer aux seigneurs des lieux un séjour agréable.

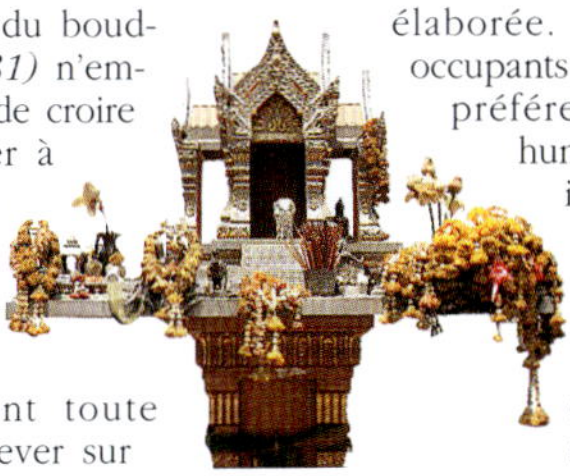

Maison d'esprits

La cuisine thaïe : un art

Melon finement sculpté

Justement réputé pour sa qualité et sa diversité, l'art culinaire thaï l'est aussi pour le raffinement de sa présentation. Une fleur taillée dans une carotte ou une ciboule sculptée ornent souvent les plats les plus simples, tandis qu'un grand dîner de cuisine « royale » dans un restaurant de luxe s'accompagne de somptueuses compositions de légumes et de fruits ciselés. Le riz demeure la base de l'alimentation, mais une vaste palette de viandes, de fruits de mer, de produits frais et d'aromates lui apporte d'innombrables et subtiles saveurs. Les Thaïlandais mangent n'importe où et à n'importe quelle heure, et toutes sortes d'établissements servent à tout moment. Le repas pris en commun garde néanmoins une grande importance sociale, et la nourriture joue un rôle central dans toutes les fêtes, familiales ou communautaires.

La fête de la plantation du riz, *dans le Nord, est l'occasion de préparer et de déguster des plats très variés.*

La cuisine royale thaïe, *s'inspirant des spécialités jadis servies uniquement à la cour, se caractérise par des techniques sophistiquées de cuisson et une décoration raffinée. Elle utilise des ingrédients qui sont (ou étaient) chers, telle la glace.*

SCULPTURE SUR FRUITS ET LÉGUMES

Dans les restaurants, fruits et légumes ciselés ajoutent au raffinement de nombreux plats. Des ciboules se transforment en chrysanthèmes, des carottes et des piments deviennent des fleurs délicates et des tomates prennent comme par magie l'aspect de roses. Cet art était jadis réservé aux femmes de la cour royale. La plupart des chefs thaïs en possèdent aujourd'hui les rudiments, mais peu ont l'habileté et l'expérience nécessaires à la maîtrise des techniques les plus sophistiquées. Les sculpteurs les plus talentueux jouissent d'une grande estime.

Le *kanthoke*, *traditionnel en Thaïlande du Nord, réunit les convives autour d'une table circulaire pour partager des spécialités accompagnées de riz gluant.*

Démonstration de sculpture sur légumes

Des écoles de cuisine *permettent à de futurs chefs comme à des amateurs d'acquérir les bases de l'art culinaire thaï. Les plus célèbres se trouvent à Bangkok* (p. 464).

Le *miang kham*, *en-cas associant gingembre, noix de coco, citrons, oignons rouges, crevettes séchées et arachides, est ici présenté avec un souci du détail typique d'une culture pour laquelle un plat doit paraître aussi beau qu'il est bon.*

La betterave, chère, est parfois remplacée par de la carotte teintée.

Le riz, *base de l'alimentation, possède aussi en Thaïlande une signification spirituelle* (p. 26-27). *Des brahmanes font ici une offrande de riz dans un temple de Bangkok.*

Les *luk chub*, *délicieux bonbons ressemblant à de minuscules légumes, sont de fabrication difficile et de coût élevé mais ils valent la peine d'être goûtés.*

Un repas en commun, *comme il s'en tient dans de nombreux* wats *le dimanche, a servi de sujet à cette peinture murale du* XIXe *siècle. Bien que les Thaïs adorent se nourrir d'en-cas à toute heure, s'asseoir pour prendre un repas complet, parfois à l'extérieur* (suan ahan) *dans un pavillon ou un jardin, reste un acte social important. Quant aux mariages et aux funérailles, ils sont toujours accompagnés de boissons et de nourriture pour tous les invités.*

Le Ramakien

Version thaïe du *Ramayana* indien, le Ramakien aurait pris forme après l'occupation d'Angkor par les Thaïs au XVe siècle. Vaste épopée sacrée, il relate les aventures de Rama, parangon de vertu et roi idéal, opposé au démon Tosakan, personnage tragique d'une grande dignité. Source d'inspiration de la peinture et du théâtre classique, le Ramakien a une influence majeure sur l'ensemble de la culture du pays. Tous les rois de la dynastie Chakri eurent Rama parmi leurs noms, et Ayutthaya *(p. 176-181)* fut baptisée d'après le royaume fictif d'Ayodhya.

Hun krabok **(marionnettes à baguettes) dans une scène du Ramakien**

Rama, *excellent archer comme le montre ce bas-relief du Wat Pho* (p. 92-93), *gagna la main de Sita en bandant un arc qu'aucun autre prétendant ne put seulement soulever.*

Les édifices et les chars sont de style thaï, bien que le récit se déroule en Inde et au Sri Lanka.

Des armées de singes accompagnent Rama à Longka.

L'HISTOIRE

Rama, héritier du trône d'Ayodhya et incarnation de Vishnu, doit aux intrigues de sa belle-mère d'être envoyé en exil pour quatorze ans. Sa femme, Sita, et son frère, Lakshman, l'accompagnent dans la forêt. Tosakan, le roi démon de Longka (Sri Lanka), enlève Sita et l'emmène sur son île dans l'espoir de la séduire et de l'épouser. Les frères le poursuivent, et Hanuman, le dieu singe blanc, leur propose de les aider. Ensemble, ils gagnent à leur cause deux rois singes, Sukrip et Chompupan, possédant chacun une puissante armée. Ils marchent ensemble vers le sud jusqu'à la côte. Les armées de singes construisent une chaussée de pierre au-dessus de la mer jusqu'à Longka qu'ils assiègent. De nombreuses batailles sont gagnées contre les démons de Tosakan qui, tous ses champions défaits, combat Rama. Celui-ci le tue, couronne son allié, Piphek, roi de Longka, et rentre avec Sita régner sur Ayodhya.

Wat Phra Kaeo : Hanuman se sert de sa queue comme d'un pont

Rama triomphe de nombreux démons *pendant son exil dans la forêt. Certains reconnaissent sa nature divine, et sa bénédiction leur évite la punition de renaître sous une forme maléfique.*

Les pièces de théâtre d'ombres *nang yai* (p. 383), *fondées sur le Ramakien, datent au moins du XVe siècle. Devenue rare en Thaïlande, cette forme d'art reste plus pratiquée au Cambodge.*

La mer, rétrécie sans souci de perspective, permet de voir les deux pays de l'histoire.

Rama, sur son char, domine sa suite comme il convient à un roi.

PEINTURES MURALES DU WAT PHRA KAEO

Une série de 178 peintures murales datant de la fin du XVIIIe siècle relate le Ramakien au Wat Phra Kaeo *(p. 80-83)*. Dans cette scène, Hanuman aide Rama à sauver Sita en édifiant par des moyens surnaturels une chaussée de pierre franchissant la mer jusqu'à Longka.

Hanuman trouve Sita *prisonnière du roi démon de Longka : Tosakan. Il lui donne la bague de Rama et lui annonce sa libération proche.*

PRINCIPAUX PERSONNAGES

Les nombreux épisodes du Ramakien mettent en scène des centaines de personnages, mais la trame de l'épopée repose sur les interactions entre cinq figures prééminentes (ci-dessous).

Rama, *avatar de Vishnu souvent représenté avec un visage vert, a pour but de vaincre la race des démons dont la puissance menace les dieux.*

Sita, *fille de l'épouse de Tosakan et incarnation de la déesse Lakshmi, reste fidèle à Rama pendant sa captivité.*

Lakshman, *frère cadet de Rama qu'il accompagne en exil dans la forêt, apparaît souvent doré.*

Hanuman, *le singe blanc fils du dieu du vent, est totalement dévoué à Rama mais trouve le temps de courtiser le beau sexe.*

Tosakan, *le roi démon de Longka dont le nom signifie « dix cous », s'appelle Ravanna dans le Ramayana.*

Théâtre et musique thaïs

Danseuse classique thaïe

Les deux principales formes d'art dramatique thaïes sont le *khon* et le *lakhon*. Joué à partir du XVe siècle devant la cour royale, le *khon* relate des épisodes du Ramakien *(p. 40-41)*. Plus gracieux, le *lakhon*, jadis réservé lui aussi à la cour, utilise en outre des éléments des jakatas *(p. 30)*. Les interprètes de *khon* et de *lakhon* exécutent des mouvements de danse lents et stylisés sur la musique d'un *piphat*, orchestre pouvant comprendre plus de 20 musiciens.

Les élèves, *dont la formation commence à un jeune âge et inclue une série de mouvements appelée « alphabet de la danse »* (mae bot), *apprennent en imitant leur professeur.*

Masque blanc d'Hanuman *(p. 41)*

Ganesh, le dieu éléphant

Les masques de *khon* *sont traités comme des objets sacrés dotés de pouvoirs surnaturels.*

Les gestes restent gracieux, même pour lever une épée contre un ennemi.

Les somptueux costumes s'inspirent des tenues traditionnelles de la cour.

Des interprètes de *khon* et de *lakhon* *dansent parfois près de sanctuaires à la demande de fidèles qui ont vu un vœu exaucé.*

UNE REPRÉSENTATION DE *KHON*

C'est dans les restaurants réservés aux touristes que les visiteurs ont le plus de chance d'assister à une représentation de *khon*, forme d'art mimée accessible aux étrangers. Les démons et les singes portent des masques, et les humains et les divinités des couronnes.

INSTRUMENTS DE LA MUSIQUE CLASSIQUE THAÏE

Peinture d'un orchestre *mahori*

La musique classique thaïe date de l'époque de Sukhothai. Il n'existait à l'origine pas de notation et chaque musicien, qui adopte la personnalité de son instrument comme un acteur, apporte des variations sur la mélodie de base fixée par le compositeur. Contrairement au *piphat* qui accompagne pièces de théâtre et matchs de boxe *(p. 44)*, un orchestre *mahori* comprend des cordes.

***Ranat* (xylophone)**

Les lames donnent des sons différents selon que le xylophone est plat ou courbe.

Le **likay***, forme de théâtre dansé très populaire, est une version satirique de* lakhon. *La trame dérive d'anciennes légendes mais les acteurs improvisent plaisanteries et commentaires d'actualité.*

Les troupes de **khon** *et de* **lakhon** *ont aujourd'hui pour siège le département des Beaux-Arts de Bangkok.*

De longs doigtiers *accentuent les gracieux mouvements des mains dans le* lakhon *et les « danses des ongles » du Nord.*

Cette peinture murale *du Wat Benchamabophit de Bangkok montre une scène de* khon *où Erawan, éléphant d'Indra, descend sur terre.*

Le maquillage, jadis une épaisse couche blanche, accentue les expressions des acteurs qui ne portent pas de masque.

Les marionnettes à baguettes du *hun krabok*, *très rarement joué aujourd'hui, sont actionnées par des fils cachés sous le costume.*

***Khong wong lek* (petit cercle de gongs)**

De petits gongs soutiennent la mélodie de base du morceau.

***Chake* (« crocodile »)**

La caisse en bois est incrustée d'ivoire.

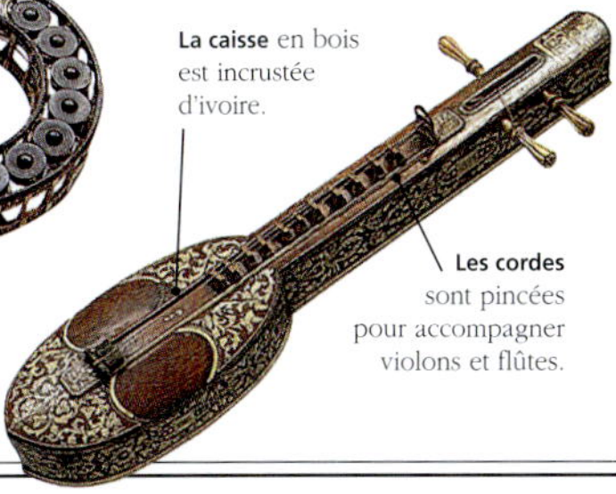

Les cordes sont pincées pour accompagner violons et flûtes.

Un orchestre *piphat mon* *joue à des funérailles.*

La boxe thaïlandaise

Nai Khanom Dtom

Le premier document évoquant la boxe thaïlandaise *(muay thai)* date de 1411, mais elle a probablement évolué à partir d'un art martial plus ancien, le *krabi-krabong*. En 1744, Nai Khanom Dtom devint le premier boxeur célèbre du pays en vainquant dix guerriers birmans.

La fréquence des accidents entraîna l'interdiction du *muay thai* dans les années 1920, levée en 1937 lorqu'il se dota des règles modernes. Le rituel continue de jouer un grand rôle dans un sport qu'ont inspiré les récits de batailles du Ramakien (p. 40-41).

Dans la salle *règne une ambiance survoltée, les spectateurs pariant souvent de fortes sommes. Les places pour les rencontres entre boxeurs célèbres s'arrachent longtemps à l'avance.*

Ce manuscrit *représentant un combat date du début du XXe siècle.*

Phone Kingphet, *premier champion du monde de boxe thaïe, se prépara à ses nombreuses rencontres à l'étranger dans le climat frais du parc national du Phu Kra-dung* (p. 286-287).

La tenue d'entraînement varie selon les camps.

Les pieds restent nus à l'entraînement mais des protections de chevilles sont autorisées au combat.

Un orchestre *piphat* *accompagne le match. La musique est douce pendant la cérémonie d'ouverture, mais elle prend un rythme plus soutenu au début du combat. Évoluant en force et en tempo avec l'intensité des échanges, elle ajoute à la tension de la rencontre.*

TYPES DE COUPS

Chaque coup porté à l'adversaire, sauf à l'aine, donne droit à des points. Mordre et frapper avec la tête sont interdits. Un K.O. conclut parfois le match.

Le coup de coude *asséné de haut en bas en plein saut demande un effort physique, mais donne un bel avantage.*

Des amulettes (p. 78) *portées autour d'un ou des deux biceps procurent protection au boxeur pendant le combat. Elles consistent en un brassard contenant une icône de Bouddha ou une herbe porte-bonheur.*

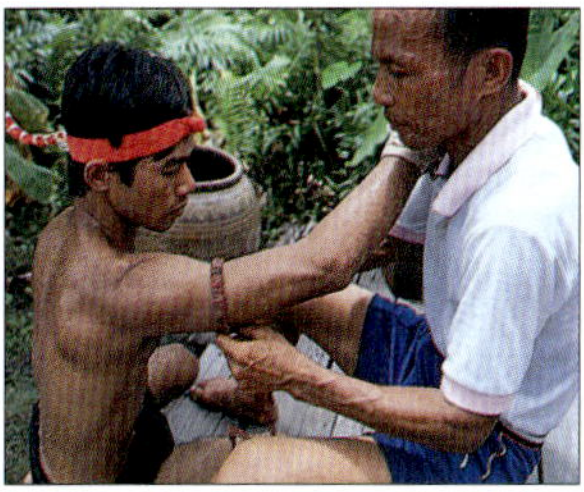

OÙ VOIR DE LA BOXE THAÏE ?

À Bangkok, les matchs ont lieu à Lumphini *(p. 461)* les mar., ven. et sam. et à Ratchadamnoen *(p. 461)* les lun., mer., jeu. et dim. Plusieurs chaînes de télévision retransmettent de la boxe thaïe. Pour les autres villes, s'adresser aux salles.

Des bandelettes protègent les poings à l'entraînement. Jusqu'en 1937, on utilisait souvent au combat du chanvre garni de verre pilé.

Le *wrai kru*, *un salut rituel, ouvre le* ram muay, *cérémonial en l'honneur de l'esprit de la boxe et de l'entraîneur (*kru*) dont les boxeurs prennent souvent le nom en signe d'hommage.*

Avant le match, *le boxeur exécute une lente danse solennelle (*ram muay*) dont les mouvements diffèrent selon son camp, mais qui inclue généralement des balancements des bras censés attirer dans son corps la puissance de la terre, de l'air, du feu et de l'eau.*

BOXE THAÏE CONTRE BOXE ANGLAISE

En boxe thaïlandaise, ou *kick boxing*, les combattants ne portent pas que des coups avec les poings, mais aussi, entre autres, avec les pieds et les coudes. Les matchs comportent cinq reprises de trois minutes. Les boxeurs professionnels, qui commencent leur entraînement parfois dès 6 ans, se retirent vers 25 ans. Plusieurs ont remporté des titres de boxe anglaise.

Les coups de genoux *peuvent avoir un effet dévastateur, surtout quand le boxeur abaisse en même temps la tête de son adversaire.*

Un coup de pied *porté au cou, comme ici, peut mettre hors de combat un concurrent. Frapper avec la plante du pied au visage est considéré comme une grave insulte à l'adversaire.*

Les coudes, *comme les genoux, jouent un rôle décisif. Les coups de poing sont ceux qui se révèlent les plus faibles.*

Les fêtes en Thaïlande

Phi Ta Kon, fête à Dan Sai et Loei

Marques de dévotion religieuse ou célébrations du passage des saisons, les rites et festivités annuels font depuis toujours partie intégrante de la vie des Thaïlandais. Une inscription du XIIIe siècle indique d'ailleurs : « Qui veut se réjouir le fait, qui veut rire le fait. » Cette devise continue d'être appliquée lors des nombreuses fêtes ayant lieu chaque mois. Les plus importantes, comme Songkran, concernent toute la nation, prenant leur dimension la plus exubérante à Bangkok et dans les grandes villes, mais chaque région possède ses réjouissances locales. Soumises au calendrier lunaire, les dates de nombreuses manifestations varient d'une année sur l'autre.

Parade pour la cérémonie du Labour royal, Bangkok

BANGKOK

Pour Songkran, le Nouvel An thaï célébré dans tout le pays du 12 au 14 avril *(p. 48)*, les festivités se déroulent à Bangkok, à Sanam Luang, où un bouddha révéré est baigné lors de rituels destinés à acquérir des mérites. Cette fête de purification prend partout un tour très ludique, tout le monde s'aspergeant d'eau. En mai, offrandes et processions aux chandelles autour des principaux temples commémorent la Visakha Bucha *(p. 49)*, la naissance, l'illumination et la mort de Bouddha tenues pour avoir eu lieu le même jour de l'année. En mai également, la cérémonie du Labour royal *(p. 48)*, d'origine brahmanique, marque à Sanam Luang le début de la saison de plantation du riz. Les bœufs utilisés pour tracer les sillons prédisent la future récolte en choisissant entre plusieurs sortes de nourriture. Artistes de rue, attractions et processions aux chandelles rendent en novembre la fête de la Montagne d'Or *(p. 50)* très attrayante. En décembre, l'anniversaire du roi Bhumibol *(p. 51)* donne lieu, sur la Place royale, à un spectaculaire salut au drapeau.

PLAINE CENTRALE

En mars, de nombreux pèlerins se rassemblent au temple de la Sainte Empreinte du Pied dominant Saraburi pour la grande fête de Phra Phuttabat *(p. 48)*, que rythment représentations musicales et théâtrales. La nuit de la pleine lune de novembre, Loy Krathong, célébré dans tout le pays, prend son aspect le plus magique parmi les ruines du vieux Sukhothai *(p. 195)*. Lors de cette fête en l'honneur de Mae Kongkha, la déesse des cours d'eau, de petits bateaux en forme de lotus chargés d'offrandes emportent sur les rivières, les lacs et les canaux les péchés de l'année précédente. La Semaine du pont de la rivière Kwaï (fin novembre-début décembre) donne lieu à Kanchanaburi à des spectacles son et lumière et à des expositions historiques. Des trains d'époque sont remis en circulation.

NORD

Célèbre pour ses ombrelles peintes à la main, Bo Sang organise chaque année en janvier une fête des ombrelles, l'occasion pour les meilleurs artistes de rivaliser de talent et pour les beautés locales de participer à l'élection de « Miss Bo Sang ». En février, le festival des Fleurs de Chiang Mai pare la ville de couleurs. La manifestation comprend des défilés de chars, la réalisation de compositions flottantes, la vente de produits artisanaux et un concours de beauté. Fin mars ou début avril, Mae Hong Son s'anime pour la fête de Poi Sang Long,

Artiste au travail pendant la foire des ombrelles de Bo Sang

Jeunes novices à la fête de Poi Sang Long, Mae Hong Son

célébration bouddhiste qui culmine avec une grande ordination collective de jeunes Shan. Les novices paradent en ville vêtus comme des princes, avant d'enfiler d'austères robes de moine en signe de renoncement aux biens de ce monde.

ISAN

Cette région est réputée pour ses festivités inconnues ailleurs. En mai, a lieu pendant deux jours à Yasothon la fête des Fusées (Bun Bang Fai), sans doute la plus excitante des célébrations régionales de Thaïlande. Ponctuée d'intenses réjouissances, elle a pour but d'assurer de bonnes pluies pendant la saison de culture du riz qui commence. À cette occasion, d'énormes fusées de fabrication artisanale sont mises à feu.
Dans la province de Loei, à Dan Sai et Loei, la fête des Phi Ta Khon *(p. 289)* fait revivre chaque année en juin une légende bouddhique. De jeunes gens, déguisés en fantômes aux masques grimaçants, accompagnent une statue du Bouddha dans les rues de la ville pour obtenir des mérites et appeler la pluie.
À Ubon Ratchathani, une fête des Bougies marque en juillet le « début de la retraite des pluies », ou Khao Phansa *(p. 49)*, célébré dans tout le pays. D'immenses sculptures en cire d'abeille sont offertes aux temples où elles brûleront pendant toute la saison pluvieuse. La « fin de la retraite des pluies », ou Ok Phansa, donne lieu en octobre à Nakhon Phanom, au bord du Mékong, à la fête des bateaux illuminés. Des radeaux portant des constructions en bambou éclairées par des lampes à huile partent à la dérive à la nuit tombée.

Fêtard couvert de boue à Dan Sai

GOLFE DE THAÏLANDE

Importante station balnéaire, Pattaya organise pendant une semaine en avril un festival à l'ambiance de carnaval, caractérisé par des réjouissances modernes telles que corsos fleuris, concours de beauté et feux d'artifice.
L'une des fêtes aquatiques les plus colorées de Thaïlande se déroule fin octobre au sud de Bangkok, à Bang Phli. À l'occasion d'Ok Phansa, la fin du carême bouddhique ou « retraite des pluies », un bouddha traverse la ville sur le canal Khlong Samrong, au milieu d'une foule animée qui jette des boutons de lotus sur la statue, jusqu'à ce que l'offrande florale n'en laisse émerger que la tête. Les autres manifestations incluent des régates, des combats de boxe livrés sur des perches surplombant le canal et des représentations de *likay (p. 39)*.

Actes de mortification lors du festival végétarien de Phuket

SUD

Pendant la dernière semaine de septembre, la fête de Narathiwat rend hommage à la culture locale avec de la musique et des danses folkloriques, des concours de roucoulements de colombes et des régates de *korlae*, bateaux de pêche peints de couleurs vives *(p. 388)*. Peu de célébrations sont aussi spectaculaires que la festival végétarien de Phuket (fin septembre-début octobre, *p. 360)* qui marque le début du carême taoïste. Pendant neuf jours, les Chinois pieux ne mangent pas de viande et font des offrandes aux temples. Au milieu du crépitement des pétards, les processions donnent lieu à des actes de mortification.

LA THAÏLANDE AU JOUR LE JOUR

Ce sont les moussons et le rythme qu'elles imposent à la culture du riz, ainsi que le calendrier religieux, qui régissent les manifestations annuelles en Thaïlande. La plupart des célébrations religieuses sont bouddhistes et dépendent souvent du cycle lunaire. Les fêtes peuvent aussi être liées à un changement climatique, la fin des pluies par exemple, ou une activité agricole en rapport. Au début de la saison pluvieuse *(p. 26-27)*, les riziculteurs repiquent les plants cultivés en pépinière. Commence ensuite la période où, traditionnellement, les jeunes gens se retirent dans un monastère pour quelques semaines. Les épis mûrissent pendant la saison fraîche puis, après la récolte, la vie ralentit dans les villages pendant la saison chaude. Presque chaque semaine de l'année donne lieu à des réjouissances quelque part dans le pays.

Célébration de Loy Krathong, Sukhothai

SAISON CHAUDE

Températures élevées et fort taux d'humidité rendent le climat peu agréable, en particulier en avril. Les champs sont déserts, les cours d'eau à leur plus bas niveau, et la violence de la lumière estompe les paysages. Compte tenu de la chaleur, rien d'étonnant à ce que les Thaïlandais célèbrent leur nouvel an, Songkran, en s'aspergeant d'eau.

Jeux d'eau à Chiang Mai pendant la fête de Songkran

MARS

ASEAN Barred Ground Dove Fair (*4e sem.*), Yala. Concours de roucoulements de tourterelles qui attire des colombophiles de tous les pays de la région.

Fête de Phra Phutthabat (*1re ou 2e sem.*), Saraburi. Pèlerinage annuel au temple de la Sainte Empreinte du Pied *(p. 172)*.

Temple de la Sainte Empreinte du Pied lors de Phra Phutthabat

Phra That Chaw Hae Fair (*3e sem.*). Procession colorée de citadins vêtus du costume traditionnel du Lanna.

Poi Sang Long (*fin mars-déb. avr.*), Mae Hong Song. Ordination collective de jeunes garçons vêtus comme des princes en mémoire des origines du Bouddha.

AVRIL

Chakri Day (*6 avr.*). Le jour de la commémoration de la fondation de la dynastie Chakri par Rama Ier est le seul où le public peut accéder au Panthéon royal du Wat Phra Kaeo de Bangkok. Il abrite les statues des anciens rois.

Songkran (*du 12 au 14-15 avr.*). Le nouvel an lunaire est fêté dans tout le pays mais il est particulièrement joyeux à Chiang Mai *(p. 236)*.

Festival de Pattaya (mi-avr.). Pendant une semaine, défilés de chars, concours de beauté et feux d'artifice.

Fête de Phnom Rung (*pleine lune d'avr.*). Procession puis spectacle son et lumière au Prasat Hin Khao Phnom Rung *(p. 280-281)*.

MAI

Fête du Couronnement (*5 mai*). Commémoration du couronnement du roi Bhumibol.

Cérémonie du Labour royal (déb. mai), Bangkok. Un rituel ouvrant officiellement à Sanam Luang la saison de plantation du riz.

Bun Bang Fai (*2e sem.*), Nord-Est. Très exubérante à *Yasothon (p. 274)*, la fête des Fusées doit garantir des pluies abondantes.

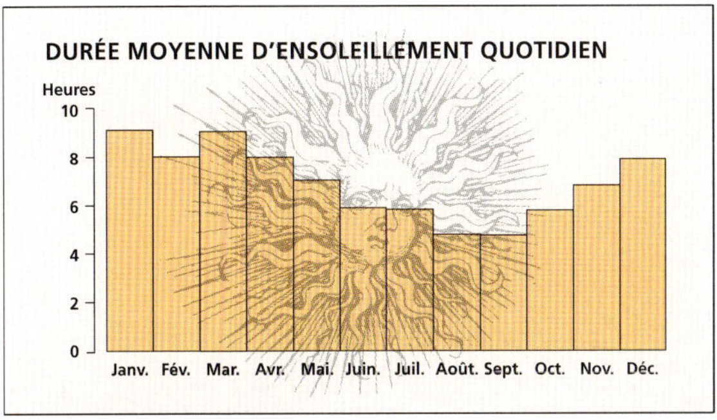

Ensoleillement
Même pendant la saison pluvieuse, le soleil brille presque tous les jours et mieux vaut s'en protéger. Crèmes solaires, chapeaux et lunettes de soleil sont hautement recommandés. Boire beaucoup d'eau réduit les risques de déshydratation.

Célébration de Visakha Bucha au Wat Benchamabophit de Bangkok

Visakha Bucha (*pleine lune de mai*). L'anniversaire de la naissance, de l'illumination et de la mort du Bouddha donne lieu dans les temples à des prêches et des offrandes.

SAISON PLUVIEUSE

L'activité reprend dans les campagnes où les pluies amollissent le sol prêt aux labours. Elle s'apaise une fois les plants de riz repiqués et commence alors le trimestre de la « retraite des pluies ». Traditionnellement, les jeunes gens revêtent alors pour un temps la robe safran des moines, un acte de dévotion que tout homme est supposé faire au moins une fois dans sa vie, afin d'acquérir des mérites dont bénéficieront ses parents. Les cérémonies d'ordination organisées dans tout le pays allient piété religieuse et intenses réjouissances.

JUIN

Phi Ta Khon (*mi-fin juin*), Loei. Une fête propre à la ville de Dan Sai et à la province de Loei. Des « fantômes » masqués font revivre une légende du prince Vessandon, l'avant-dernière incarnation du Bouddha *(p. 289)*.

JUILLET

Asanha Bucha (*pleine lune de juil.*). La deuxième des trois principales célébrations bouddhistes commémore le premier sermon du Bouddha.

Khao Phansa (*pleine lune de juil.*). Le début de la « retraite des pluies ». Pendant cette période de trois mois, aussi appelée carême bouddhique, les moines restent dans leurs temples pour se consacrer à l'étude et à la méditation, et les jeunes gens reçoivent une ordination temporaire.

Fête des bougies (*pleine lune de juil.*), Ubon Ratchathani dans le Nord-Est. Une fête sans équivalent appelée ici Khao Phansa. Sculptées par des villageois de toute la province, d'immenses bougies, certaines hautes de plusieurs mètres, sont exposées sur des chars dans la ville avant d'être offertes aux temples *(p. 302-303)*.

Adolescent en tenue d'ordination

AOÛT

Anniversaire de sa Majesté la Reine (*12 août*). En l'honneur de la reine Sirikit, des décorations parent les rues. Les plus élaborées se voient à Bangkok, le long de Ratchadamnoen Klang et autour du Grand Palais où des lampions colorés ornent les artères et les édifices administratifs.

Défilé lors de la fête des Bougies d'Ubon Ratchathani

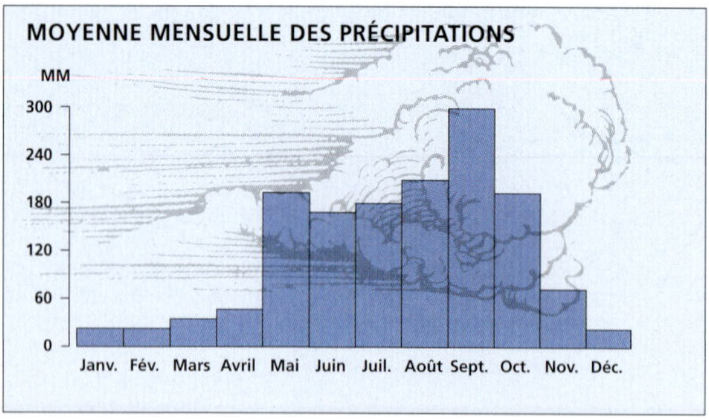

Précipitations
Il tombe jusqu'à 2 400 mm de pluie chaque année dans la péninsule méridionale tandis que le Nord et le Centre n'en reçoivent que 1 300 mm. Dans de nombreux endroits, des averses torrentielles se déclenchent presque chaque jour pendant la saison pluvieuse, généralement de juin à octobre.

SEPTEMBRE

Foire de Nakhon Pathom (« Fruits et nourriture », *1re sem.*). Autour du plus grand temple bouddhiste de Thaïlande, le *chedi* Phra Pathom, ont lieu des réprésentations de théâtre populaire, défilés de chars floraux et démonstrations culinaires.
Régates de Phichit (*sept.*), Nan. Des pirogues traditionnelles qui s'affrontent pendant la foire régionale de Nan.
Foire de Narathiwat (*der. sem.*). Pour découvrir la culture du Sud.

OCTOBRE

Festival végétarien (*déb. oct.*), provinces de Trang et de Phuket *(p. 360)*.
Chulalongkorn Day (*23 oct.*), Bangkok. Près de la place Royale, commémoration de la mort du roi Rama V (Chulalongkorn) au pied de sa statue équestre.
Fête de la Réception du lotus (*fin oct.*), Bang Phli *(p. 47)*. Les fidèles couvrent de boutons de lotus une statue du Bouddha pour célébrer la fin des pluies.

Mangues exposées à Nakhon Pathom

Ok Phansa (*pleine lune d'oct.*). Dans tout le pays, la célébration de la réapparition de Bouddha sur terre, après une saison passée à prêcher au ciel, marque la fin de la « retraite des pluies » ou carême bouddhique.
Krathin (*commence à la pleine lune d'oct.*). Pendant un mois, les moines reçoivent de nouvelles robes.
Régates du Lan Na *(fin oct.)*, Nan *(p. 255)*.
Fête des bateaux illuminés *(pleine lune d'oct.)*, Nakhon Phanom. Des radeaux chargés d'offrandes partent à la dérive sur le Mékong *(p. 296)*. Fêtes en ville.

Régates à Nan dans le Nord

SAISON FRAÎCHE

Le ciel s'éclaircit et l'air devient d'une tiédeur agréable. La nature présente après les pluies son aspect le plus vert, cours d'eau et cascades ont leur plus haut débit. C'est en général la meilleure saison pour visiter la Thaïlande. De nombreuses fêtes célébrant la fin de la période pluvieuse offrent un moment de détente avant la récolte du riz en décembre et janvier, les mois les plus frais.

NOVEMBRE

Fête de la Montagne d'Or (*1re sem.*), Bangkok. La plus grande fête de temple au pied de la Montagne d'Or.
Rassemblement des éléphants (*3e sem.*), Surin. Cette manifestation annuelle *(p. 278)* qui réunit plus de 150 pachydermes permet de découvrir les nombreux rôles que peuvent remplir les éléphants.
Semaine du pont de la rivière Kwaï (*fin nov.-déb. déc.*), Kanchanaburi. La commémoration de la construction du célèbre pont.
Loy Krathong (*pleine lune de nov.*) Particulièrement vivante à Sukhothai *(p. 195)*, l'une des fêtes nationales les plus appréciées des Thaïlandais. Pour remercier Mae Khongkha, la déesse des eaux, ils lâchent le soir sur les rivières, les lacs et les étangs des offrandes portées par des *krathong*.

MOYENNE MENSUELLE DES TEMPÉRATURES

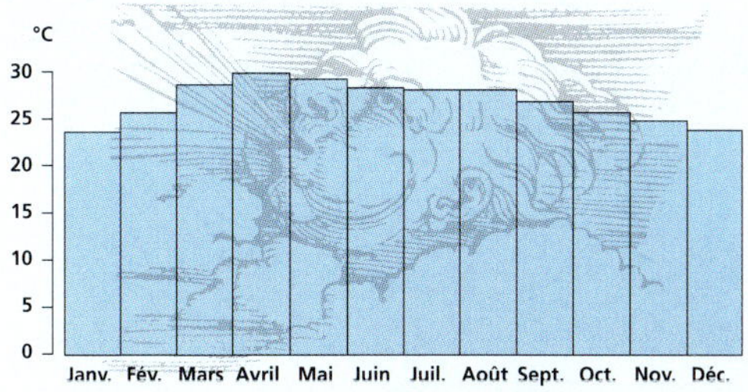

Températures
En particulier dans le Sud, les visiteurs venus de régions tempérées trouveront la Thaïlande chaude et humide toute l'année, son climat désagréable en avril et mai, et plaisant en novembre et décembre. Plus sec dans le Nord, le temps peut aussi être assez froid la nuit.

DÉCEMBRE

Salut au drapeau (*3 déc.*), place Royale, Bangkok. Une cérémonie très impressionnante par son déploiement d'apparat. Présidée par le souverain et son épouse, elle offre l'occasion aux membres du corps d'élite de la Garde royale, vêtus d'uniformes colorés, de prêter allégeance au monarque et de défiler devant la famille royale.

Anniversaire de Sa Majesté le Roi (*5 déc.*). Dans tout le pays, les édifices gouvernementaux et de nombreux bâtiments privés se parent de décorations colorées. Le soir, la foule qui se presse autour de Sanam Luang témoigne du profond respect qu'éprouvent les Thaïlandais envers leur souverain.

Soldats en uniforme d'apparat lors du salut au drapeau de Bangkok

JANVIER

Nouvel An chinois (*janv.-fév.*). Cette fête est très suivie pendant trois jours par les Thaïlandais d'origine chinoise.

Fête des Ombrelles (*mi-janv.*), Bo Sang, province de Chiang Mai. Peintures sur ombrelles en papier *(p. 228).*

Fête du mémorial Don Chedi (*fin janv.*), province de Suphan Buri. Évocation de la victoire du roi Naresuan d'Ayutthaya sur les Birmans.

FÉVRIER

Festival des Fleurs (*1re sem.*), Chiang Mai. Corsos de chars fleuris et compositions florales flottantes.

Saison des cerfs-volants, (*fév.-avr.*), Sanam Luang, Bangkok. Expositions bigarrées et concours de cerfs-volants.

Makha Bucha (*pleine lune de fév.*). La troisième fête la plus importante du calendrier bouddhiste. Processions aux chandelles dans les temples.

JOURS FÉRIÉS

Jour de l'an (1er janv.)
Makha Bucha (pleine lune de fév. ou mars)
Chakri Day (6 avr.)
Nouvel An thaï Songkran (du 13 au 15 avr.)
Fête du Travail (1er mai)
Anniversaire du couronnement (5 mai)
Cérémonie du Labour royal (début mai)
Visakha Bucha (pleine lune de mai)
Asanha Bucha et Khao Phansa (pleine lune de juil.)
Anniv. de la reine (12 août)
Chulalongkorn Day (23 oct.)
Anniv. du roi (5 déc.)
Jour de la Constitution (10 déc.)
Dernier jour de l'année (31 déc.)

Anniversaire du roi au Wat Phra Kaeo

HISTOIRE DE LA THAÏLANDE

Les découvertes faites dans le nord-est de la Thaïlande indiquent que l'on y pratiquait déjà la culture du riz vers 3000 av. J.-C. et la céramique et la fonte du bronze mille ans plus tard. Venu du Yunnan en Chine du Sud, le peuple thaï émigra dans la région au cours du premier millénaire de notre ère. D'autres ethnies, fortement influencées par la culture et la religion indiennes, l'occupaient déjà, tels les Môns qui créèrent le royaume de Dvaravati (VIe-XIe siècle apr. J.-C.) et les Khmers (IXe-XIIIe siècle), dont Angkor *(p. 264)* était la capitale. Au sud s'imposa le royaume de Srivijaya (VIIe-XIIIe siècle) de Sumatra. Les premiers royaumes thaïs – dans le Nord celui du Lan Na et dans la Plaine centrale celui de Sukhothai, qui introduisit le bouddhisme theravada – commencèrent à prendre de l'importance vers le XIIe siècle. Les écoliers thaïlandais apprennent aujourd'hui que l'histoire de leur pays commence avec Sukhothai qui eut un très grand roi : Ramkamhaeng (1279-1298).

Tablette votive d'Ayutthaya

Thaï lui aussi, le royaume d'Ayutthaya conquiert Sukhothai au XIVe siècle et prend, à son apogée, le contrôle de la majeure partie de l'actuelle Thaïlande. Sa capitale compte près d'un million d'habitants quand s'y installent aux XVIe et XVIIe siècles les premiers Européens. Les Birmans la détruisent en 1767 et elle se déplace plus au sud sur le fleuve Chao Phraya. Rama Ier la déplace à nouveau, à Krung Thep (Bangkok), en fondant, en 1782, la dynastie des Chakri. Ses successeurs, les rois Chulalongkorn et Mongkut, modernisent le pays au XIXe siècle et réussissent, en jouant des rivalités entre France et Angleterre, à lui éviter la colonisation. La révolution, qui met fin en 1932 à la monarchie absolue, ouvre la voie à une longue succession de coups d'État militaires.

Depuis les années 1980, le pays a connu un essor économique rapide et spectaculaire. Toutefois, fin 1996, la conjoncture favorable s'est brusquement retournée. Tous les moteurs du succès se sont grippés, et Bangkok a découvert l'urgence d'une adaptation du système financier mais également éducatif, s'accompagnant d'une démocratisation de la vie politique.

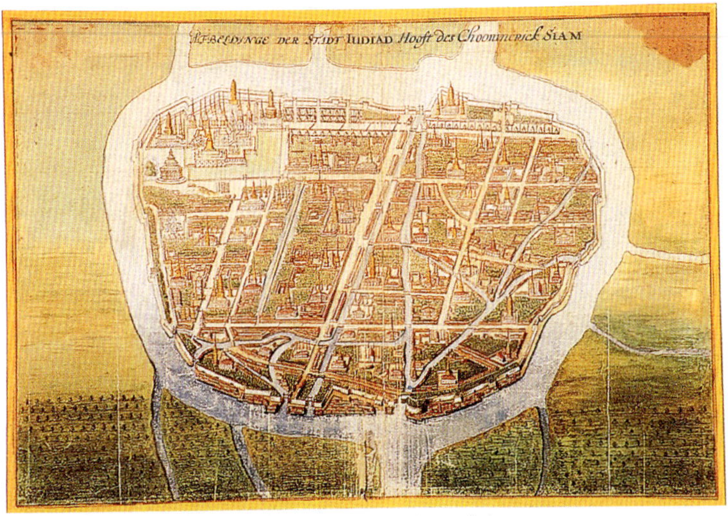

Plan hollandais de la ville d'Ayutthaya datant probablement du XVIIe siècle

◁ **Paravent de la fin du XVIIIe siècle (période Chakri)**

La Thaïlande préhistorique

Bijou de Ban Chiang

Vers 40000 av. J.-C., des chasseurs-cueilleurs occupaient déjà le territoire de l'actuelle Thaïlande, vivant dans des campements semi-permanents et fabriquant des outils de bois et de pierre. La découverte de balles de grains dans des grottes du Nord pourrait signifier que l'agriculture commença à se développer vers 9000 av. J.-C. La culture du riz débuta vers 3000 av. J.-C. À partir de cette date, une culture de l'âge du bronze, la première du monde selon certains historiens, produisit à Ban Chiang des poteries et des objets en métal élaborés.

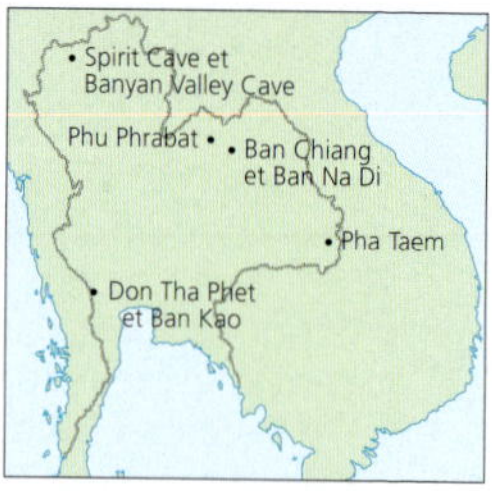

SITES PRÉHISTORIQUES

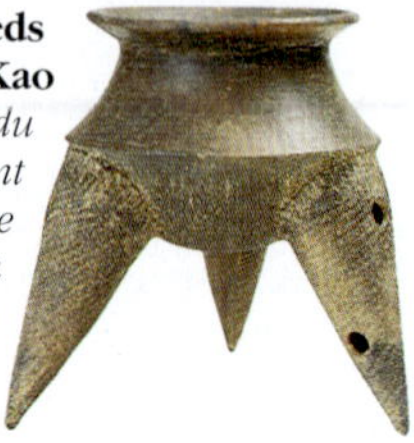

Pot à trois pieds de Ban Kao
Des artisans du néolithique façonnèrent vers 2100 av. J.-C. cette poterie trouvée à Ban Kao (p. 170) *dans la Plaine centrale.*

Lame de hache en bronze
Les plus vieux objets en bronze de Ban Chiang, comme cette lame, dateraient d'environ 2100 av. J.-C.

Ce pot noir et blanc, gravé à la corde, possède un style nouveau : un bord évasé et un dessin géométrique légèrement plus complexe.

Rebord moulé

De la corde pressée contre l'argile créait un motif noir et blanc.

Pied d'argile

Moules en argile
Ces moules confirment que les objets de bronze étaient bien fondus à Ban Chiang.

POTERIE DE BAN CHIANG

Les pots trouvés à Ban Chiang *(p. 272)* datent de 2100 av. J.-C. à 200 apr. J.-C. Jusqu'à leur découverte en 1966, on pensait que cette région n'avait pas eu de grande culture à l'époque préhistorique. Les pots démontrèrent que les peuples indigènes pouvaient au contraire produire des objets sophistiqués.

CHRONOLOGIE

40000 av. J.-C. Chasseurs-cueilleurs dans l'actuelle Thaïlande

Pointe de lance en bronze

6000 av. J.-C. Premières poteries de Spirit Cave

3000 av. J.-C. Domestication d'animaux (porcs, chiens, poules et bovidés)

2100-1500 av. J.-C. Objets de bronze et poteries gravées à la corde créés à Ban Chiang

1000 av. J.-C. Peintures rupestres à Pha Taem *(p. 298)*

50000 av. J.-C. | 5000 av. J.-C. | 4000 av. J.-C. | 3000 av. J.-C. | 2000 av. J.-C. | 10

3500 av. J.-C. Paille de riz laissée dans la Banyan Valley Cave - début de la riziculture

9000-7000 av. J.-C. La balle de grains laissée dans des grottes du Nord pourrait indiquer le début de l'agriculture

2000 av. J.-C. Pots d'argile et de bronze créés à Ban Kao

1000 av. J.-C. Animaux de bronze fondus à Don Tha Phet

Coq de l'âge du fer
Les objets en bronze et en fer découverts à Don Tha Phet, près de Kanchanaburi (p. 170)*, comprenaient ce coq fabriqué vers 1000 av. J.-C.*

Peintures rupestres
Des descendants des premiers habitants de Ban Chiang exécutèrent probablement ces peintures de Pha Taem.

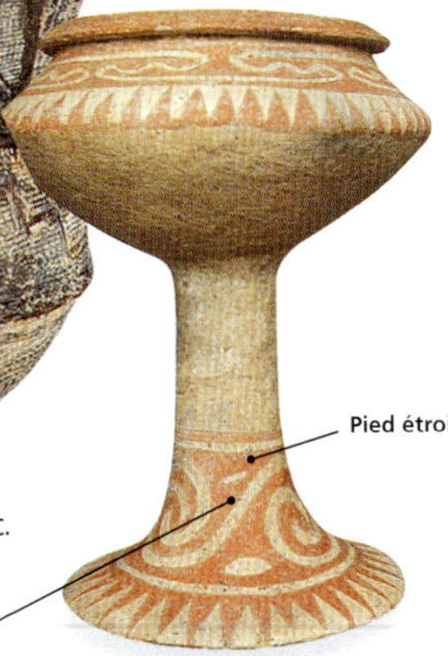

La trame géométrique est faite à la peinture, plutôt qu'à la corde.

Pied étroit

300 av. J.-C. - 1 apr. J.-C.

Des dessins couleur rouille se détachaient d'un fond beige.

300 av. J.-C.-200 apr. J.-C.

OÙ VOIR LA THAÏLANDE PRÉHISTORIQUE ?

À Ban Chiang *(p. 272)* se visitent des sites funéraires et le Musée national de Bang Chiang. Le Musée national de Bangkok *(p. 88-89)* abrite d'autres objets de cette époque. Ban Kao *(p. 170)* recèle également des sites funéraires et un musée. On peut voir des peintures rupestres à Pha Taem *(p. 298)* et au parc historique de Phu Phrabat *(p. 295)*.

Dans les sites funéraires *de Ban Chiang, des pots entouraient les morts.*

Bracelets de bronze
Les artisans de Ban Chiang ne fabriquaient pas que des objets utilitaires mais aussi des bijoux. Ces bracelets remontent sans doute à l'apogée de cette culture du bronze, vers 300-200 av. J.-C.

500 av. J.-C. Bronzes fabriqués à Ban Na Di

Ier-VIe siècle apr. J.-C. Le royaume indianisé de Funan exerce une influence culturelle sur la région de la Plaine centrale

1 apr. J.-C.	100	200	300	400

Ier siècle apr. J.-C. Des marchands indiens commencent à arriver dans la péninsule *(p. 346-347)*

Pot de Ban Chiang (300 av. J.-C.- 200 apr. J.-C.)

IIIe-Ve siècle. Le royaume de Dan Sun, dans le Sud, commerce avec des marchands indiens

Sculpture en calcaire de Vishnu (IVe siècle apr. J.-C.)

Les premiers États

Tablette votive de Srivijaya

Dans les derniers siècles avant notre ère, des missionnaires hindous et bouddhistes pénétrèrent en Asie du Sud-Est. Pendant le millénaire suivant, des royaumes indianisés émergèrent. Celui de Dvaravati (VIe-XIe siècle) prospéra dans l'actuelle Thaïlande, celui de Srivijaya (VIIe-XIIIe siècle) exerça depuis Sumatra son influence sur la péninsule *(p. 346-347)* et l'Empire khmer (IXe-XIIIe siècle) s'imposa depuis le Cambodge *(p. 264-265)*. Les Thaïs émigrèrent du sud de la Chine dès le XIe siècle.

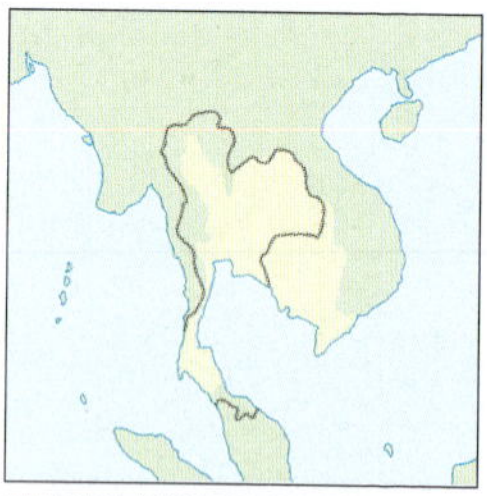

EMPIRE KHMER EN 960

Étendue de l'empire khmer

Bouddha volant *(VIIIe-IXe siècle)*
Cette sculpture dvaravati montre le Bouddha sur le dos de Panaspati, chimère du bœuf Nandin, monture de Shiva, et d'un garuda (oiseau mythologique).

Vishnu, endormi sur le *naga*, rêve d'un nouvel univers.

Relief sur pierre
Les artistes de Dvaravati excellèrent dans l'art du bas-relief. Celui-ci associe des icônes hindouistes et bouddhistes au Wat Suthat (p. 90).

Le *naga* (serpent) symbolise l'infinitude.

Bas-relief dvaravati
Cette œuvre, trouvée dans une grotte près de Saraburi, représente Brahma, Vishnu, le Bouddha et des créatures volantes.

CHRONOLOGIE

Début du VIe siècle Le peuple môn, déjà initié au bouddhisme par des missionnaires indiens, fonde la culture de Dvaravati

VIIe siècle La civilisation de Srivijaya s'étend depuis Sumatra

VIIIe siècle Le peuple thaï habite des vallées élevées du Laos, du Vietnam du Nord et du Sud de la Chine

Monnaie dvaravati

500 | **600** | **700** | **800**

Stuc dvaravati

VIIe siècle Chamadevi, de Lopburi, devient reine du royaume de Dvaravati

661 Fondation légendaire de Haripunchai à Lamphun *(p. 229)*, dans le Nord, par des bouddhistes

IXe siècle Fondation de l'Empire khmer à Angkor

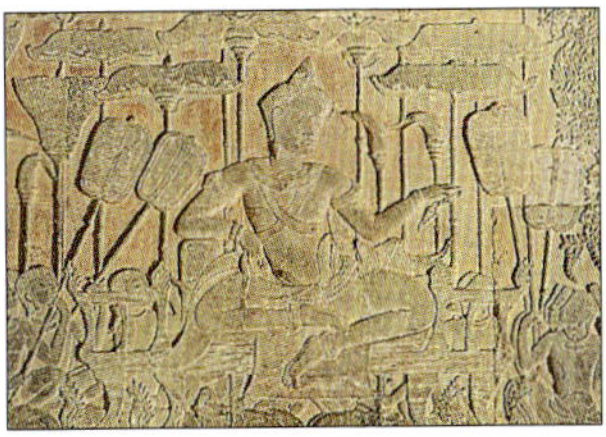

Devaraja
Ce bas-relief khmer, l'un des nombreux à orner Angkor Wat (p. 264-265), *représente le dieu-roi* (ou devaraja) *Suryavarman II (1113-1150).*

OÙ VOIR LES PREMIERS ÉTATS ?

Le Musée national de Bangkok *(p. 88-89)* et plusieurs musées nationaux de province ont des pièces dvaravati, srivijaya et khmères. Le Wat Chama Thewi à Lamphun *(p. 229)* a deux *chedis* du style de dvaravati. Le Phra Boromathat Chaiya *(p.333)* offre le meilleur exemple de temple de l'époque de Srivijaya. Les sites khmers de Thaïlande incluent le Prasat Hin Phimai *(p. 276-277)* et le Prasat Hin Khao Phnom Rung *(p. 280-281).*

Le Prasat Hin Phimai *date principalement du règne de Suryavarman Ier au XIe siècle.*

Lion en terre cuite *(VIIIe siècle)*
L'art gupta d'Inde influença la représentation dvaravati, tel ce lion de Phetchaburi (p. 328-329).

Le Créateur, Brahma, assis sur un lotus issu du nombril de Vishnu, a pour tâche de réaliser son rêve.

Bouddha de Srivijaya
Ce bouddha, l'un des plus remarquables de la période de Srivijaya, fut découvert à Chaiya (p. 333) *dans la péninsule.*

LINTEAU KHMER

Les Khmers construisirent des temples richement sculptés dans tout leur vaste empire et il en subsiste beaucoup dans le nord-est de la Thaïlande. Les personnages représentés étaient principalement hindous *(p. 41)* malgré quelques apports du bouddhisme Mahayana. Ce linteau du Prasat Hin Khao Phnom Rung *(p. 280-281)* illustre un mythe hindou de la création.

XIe-XIIIe siècle Lopburi devient une importante capitale provinciale de l'Empire khmer

1001-1002 Règne d'Udayadityavarman qui envahit Haripunchai (Lamphun) après avoir attaqué Lopburi

1229-1243 Règne d'Indravarman II

1115-1155 Lopburi essaie de se soustraire au contrôle khmer

900 | **1000** | **1100** | **1200**

Xe-XIIe siècle Srivijaya mène des guerres ruineuses contre l'État de Chola en Inde

XIe-XIIe siècle La population thaïe augmente dans l'actuelle Thaïlande alors sous contrôle khmer

Bouddha de Lopburi

1113-1150 Règne de Suryavarman II

1181-1220 Règne de Jayavarman VII, le plus puissant et le plus novateur des rois khmers

Le royaume de Sukhothai

Pièce de Sukhothai

Le premier véritable État fondé sur le territoire de la Thaïlande par les Thaïs, que les Khmers appelaient « Siam », vit le jour avec la fondation de la cité de Sukhothai *(p. 194-197)* dans la Plaine centrale. Son plus grand souverain, Ramkamhaeng, en fit un royaume puissant et le bouddhisme theravada inspira un art original caractérisé par une architecture novatrice et une grande maîtrise de la fonte du bronze. Sukhothai n'était toutefois plus qu'un pouvoir local en 1320.

SUKHOTHAI EN 1300

☐ *Royaume de Sukhothai*

Ramkamhaeng (v. 1279-1298)
Ce relief moderne représente le plus illustre souverain de Sukhothai. Il étendit le territoire du royaume et négocia des traités avec les États voisins.

Inscription n° 1 (1292)
Ramkamhaeng aurait inventé l'alphabet thaï et l'aurait utilisé pour écrire l'histoire de Sukhothai sur cette stèle.

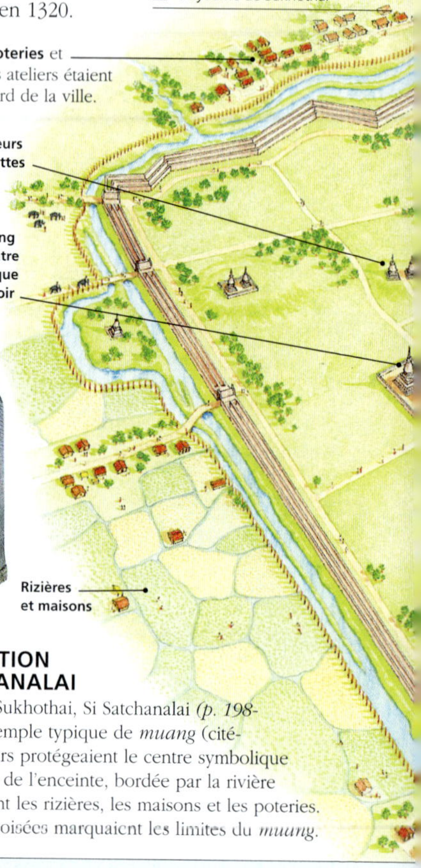

Décoration de toit (XIVe siècle)
La céramique servait aussi au décor des édifices.

RECONSTITUTION DE SI SATCHANALAI

Ville satellite de Sukhothai, Si Satchanalai *(p. 198-200)* offre un exemple typique de *muang* (cité-État) thaï. Les murs protégeaient le centre symbolique du pouvoir. Hors de l'enceinte, bordée par la rivière Yom, se trouvaient les rizières, les maisons et les poteries. Des montagnes boisées marquaient les limites du *muang*.

CHRONOLOGIE

v. les années 1240 Si Intharathit est le premier roi connu de Sukhothai

v. 1270-1279 Règne de Ban Muang ; Sukhothai n'est encore qu'une puissance locale

1287 Ramkamhaeng noue des alliances avec les États du Lan Na *(p. 62-63)* et de Phayao

1240 — 1260 — 1280

1283 Selon la légende, Ramkamhaeng modifie l'écriture sri lankaise pour créer l'alphabet thaï

1294 Ramkamhaeng en campagne dans le sud, près de Phetchaburi

Le roi Ramkamhaeng

Ardoise gravée
Cette gravure du XIVe siècle montre le Bouddha incarné sous forme de cheval. Elle fait partie d'une série découverte au Wat Si Chum (p. 195).

Poterie Sangkhalok
Le nom Sangkhalok donné à la poterie de l'école de Sukhothai dérive de Sawankhalok, nom que prit Si Satchanalai, site de nombreux fours (p. 160-161), *pendant la période d'Ayutthaya.*

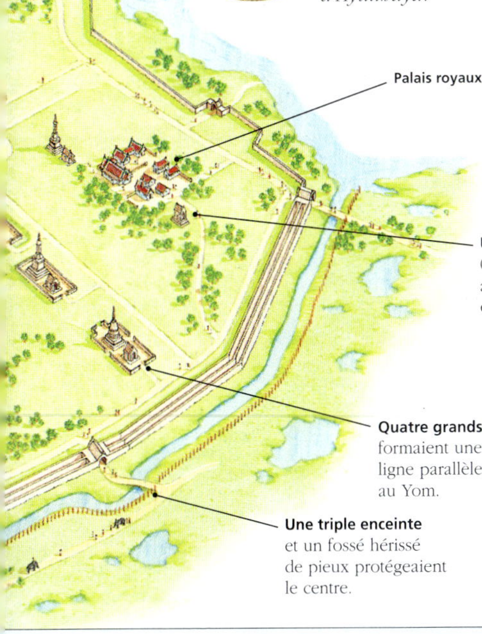

OÙ VOIR LE ROYAUME DE SUKHOTHAI ?

Sukhothai *(p. 194-197)*, Si Satchanalai *(p. 198-200)* et Kamphaeng Phet *(p. 192-193)* sont les principaux sites. Les œuvres d'art se trouvent au Musée national de Bangkok *(p. 88-89)*, à celui de Ramkamhaeng *(p. 194-195)*, au Musée national Sawankha Woranayok *(p. 200)* et à celui de Kamphaeng Phet *(p. 192)*.

Le Wat Sa Si (p. 195) *n'est que l'un des douzaines de* wat *du parc historique de Sukhothai.*

Bouddha en marche
Les artistes de Sukhothai créèrent des statues, tel ce bouddha marchant du XIVe siècle, d'une grande spiritualité.

1298 Mort de Ramkamhaeng

Fin du XIIIe siècle Des Chinois nomment Sukhothai le Siam

Sculpture de Sukhothai (XIVe-XVe siècle)

Coupe Sangkhalok (XIVe-XVe siècle)

1346-1347 Règne de Ngua Nam Thom

1300 | **1320** | **1340**

1298-1346 Règne de Lo Thai, successeur de Ramkamhaeng ; l'Empire décline

1321 Tak, qui faisait partie de Sukhothai, passe sous le contrôle du Lan Na ; Sukhothai n'est plus qu'un petit État parmi d'autres

1347-1368 Règne de Maha Thammaracha Ier

Le royaume d'Ayutthaya

Bouddha ayutthaya

Au milieu du XIVe siècle, Ayutthaya devint le plus puissant État du Siam au détriment de Sukhothai, incorporée dans le nouvel empire en 1438. Au milieu du XVIe siècle, le royaume contrôle toute la Plaine centrale et, à son apogée, la majorité du territoire de l'actuelle Thaïlande. Une dynastie de trente-trois rois entreprend des réformes militaires, législatives et administratives. Les arts sont florissants, et des liens diplomatiques se nouent avec l'Europe *(p. 162-163)*. Toutefois, les Birmans saccagent la capitale en 1767.

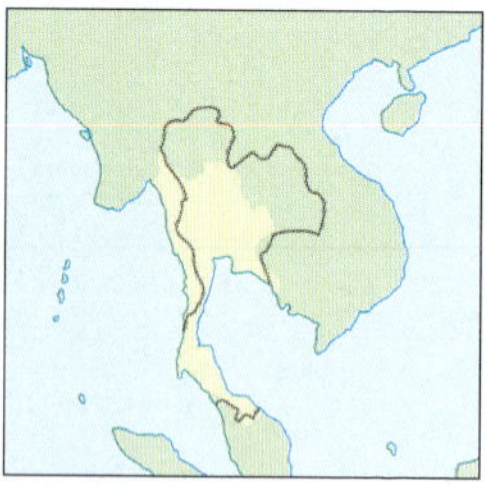

AYUTTHAYA EN 1540

Royaume d'Ayutthaya

Peintures murales (XVe siècle)
Peu de fresques ont survécu. Celles-ci ornent le Wat Ratchaburana d'Ayutthaya (p. 176-181).

Éléphant en or
Les orfèvres d'Ayutthaya acquirent une grande maîtrise. Cet éléphant incrusté de pierres précieuses provient du Wat Ratchaburana.

Tablette votive
Les tablettes de terre cuite de la période d'Ayutthaya montrent souvent le Bouddha en gloire sous un naga *(serpent).*

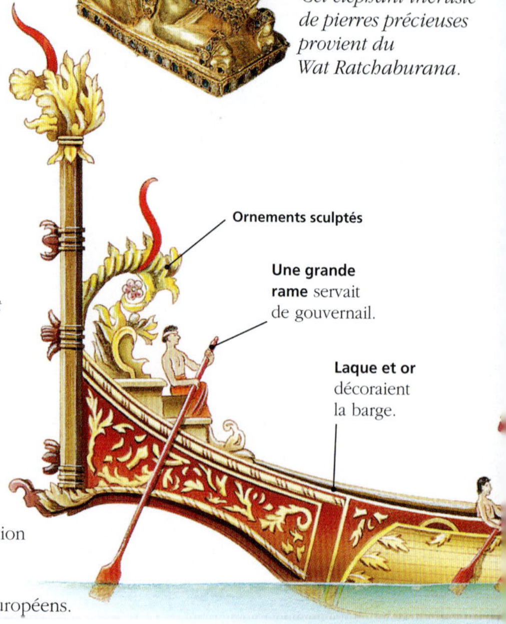

RECONSTITUTION D'UNE BARGE ROYALE

Les barges royales impressionnèrent les premiers étrangers *(farang)* qui vinrent à Ayutthaya. Cette reconstitution s'inspire de gravures françaises qui illustraient certaines des premières descriptions de la capitale par des Européens.

CHRONOLOGIE DU ROYAUME D'AYUTTHAYA

1351 Fondation d'Ayutthaya dont Ramathibodi Ier devient roi

1350

1388-1395 Ramesuan prend Chiang Mai au Lan Na *(p. 62-63)*

1400

1409-1424 Règne d'Intharacha

1424-1448 Borommaracha II prend Angkor

1448-1488 Règne de Borrommatrailokanat qui introduit d'importantes réformes législatives et administratives

1450

1491-1529 Règne de Ramathibodi II

1500

1507-1515 Ayutthaya en guerre avec le Lan Na

Monnaie d'Ayutthaya

Cabinet laqué et doré
Incrustées d'or, les portes de ce chef-d'œuvre d'ébénisterie sont ornées d'un motif de feuillage. D'autres meubles de ce genre portent des scènes des jataka *ou de représentations d'Européens.*

Panneau de porte
Découverte au Wat Huntra d'Ayutthaya, cette sculpture sur bois date du XVIIe ou du XVIIIe siècle.

OÙ VOIR AYUTTHAYA ?

La ville d'Ayutthaya, dans le sud de la Plaine centrale, recèle des ruines parmi les plus spectaculaires du pays *(p. 176-181)*. Le Musée national Chao Sam Phraya *(p. 178)* et le Musée national de Bangkok *(p. 88-89)* présentent des objets de cette période.

Le Wat Chai Watthanaram
(1630) bâti par Prasat Thong

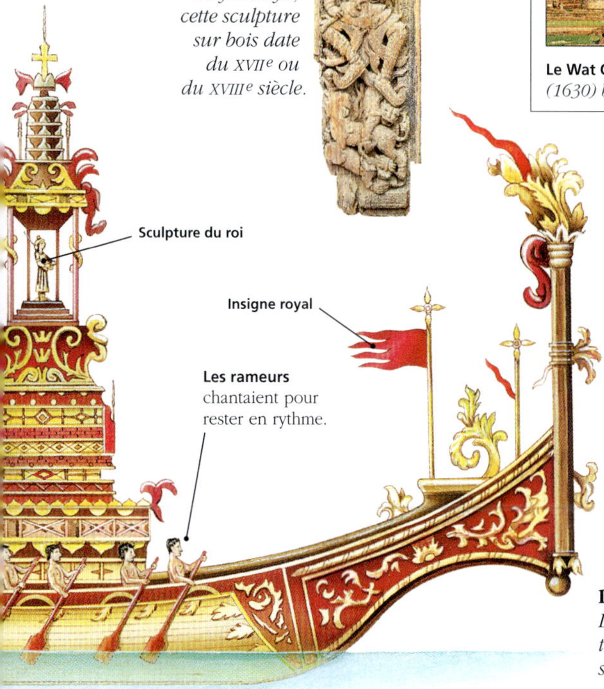

Deva (XVIIIe siècle)
Des « anges » sculptés tels que celui-ci servaient lors des cérémonies religieuses.

1585-1587 Naresuan bat deux fois les Birmans

1555 Naissance de Naresuan

Soldat d'Ayutthaya

1593 Naresuan bat les Birmans à Nong Sarai *(p. 62-63)*

1660 Narai échoue au Lan Na à prendre Chiang Mai et Lampang aux Birmans

1685 Première mission française à Ayutthaya

1766 L'armée birmane prend Chiang Mai et assiège Ayutthaya

1550 | **1600** | **1650** | **1700** | **1750**

1564 Birmans ahissent oyaume utthaya

1608 1re mission diplomatique siamoise en Europe

1569-1590 Ayutthaya sous domination birmane

1662 Narai envahit la Birmanie

1688 La mort de Narai entraîne une « révolution » à Ayutthaya

Le roi Narai

1767 Sac d'Ayutthaya, la capitale se déplace à Thonburi

Le Lan Na et les royaumes birmans

Urne du Lan Na

Fondé dans les montagnes du Nord en même temps que Sukhothai, le royaume du Lan Na dura six siècles. Son premier souverain, Mengrai, étendit sa domination jusqu'en Birmanie et le Lan Na connut un âge d'or pendant les règnes de Ku Na et Tilok. Les guerres avec les Birmans et Ayutthaya aux XVIe et XVIIe siècles entraînèrent sa décadence, et les Birmans, qui avaient été chassés par les armées d'Ayutthaya, reprirent la capitale, Chiang Mai, en 1615. Ils la gardèrent plus d'un siècle, jusqu'à sa reconquête par Taksin en 1775. Le Lan Na conserva encore son autonomie jusqu'en 1892.

LE LAN NA EN 1540

Royaume du Lan Na

Porte dorée
Cette porte du Wat Phra That Lampang Luang (p. 234-235) *est l'un des plus vieux objets du royaume du Lan Na visible en Thaïlande.*

Éléphant de bronze
Cette sculpture du XVIe siècle faisait fonction de présentoir à offrandes.

Naresuan, sur son éléphant, combat le prince-héritier birman.

Les soldats d'Ayutthaya portent leur casque traditionnel.

BATAILLE DE NONG SARAI (1593)

Tentant de dominer la totalité du Siam, les Birmans envahirent Ayutthaya en 1564. Cette peinture du XIXe siècle montre la bataille de Nong Sarai où Naresuan (1590-1605), en les vainquant, assura l'indépendance de son royaume. Ayutthaya chassa les Birmans du Nord en 1598, mais ils le reprirent au XVIIe siècle.

Bouddha de bronze
(XIVe ou XVe siècle)
C'est dans les statues de Bouddha que l'art classique du Lan Na fut à son apogée. Il entra en déclin après la conquête birmane du Nord.

CHRONOLOGIE DU LAN NA ET DES ROYAUMES BIRMANS

1250 | 1300 | 1350 | 1400 | 1450 | 1500

1259-1317 Règne de Mengrai ; unification des principautés du Nord

1262 Fondation de Chiang Rai *(p. 250-251)*

1281 Mengrai conquiert Haripunchai *(p. 229)*

1289 Mengrai étend le pouvoir du Lan Na en Birmanie

1292 Fondation de Chiang Mai

1355-1385 Le règne de Ku Na inaugure une période de stabilité

1369 Ku Na invite un moine de Sukhothai adepte du bouddhisme sri lankais *(p. 198)* à créer un monastère à Chiang Mai

1441-1482 Règne de Tilok

1442-1443 Ayutthaya envoie une armée contre le Lan Na

1456-1457 Guerre entre Ayutthaya et le Lan Na pour le contrôle du nord de la Plaine centrale

Le roi Mengrai

Maquette de *wihan*
En bronze, cette maquette de wihan, *un objet répandu en Thaïlande, date du* XVIII*e ou du* XIX*e siècle. Son socle est une réplique exagérée des plates-formes portant de nombreux édifices religieux du Lan Na.*

OÙ VOIR LA THAÏLANDE DU LAN NA ET DES BIRMANS ?

Les musées nationaux de Chiang Mai, Lamphun *(p. 229)* et Bangkok ont des exemples d'art du Lan Na et on voit des édifices de cette période à Chiang Mai *(p. 224-227)*, Chiang Khong *(p. 249)*, Lamphun et Lampang *(p. 236)*. Mae Hong Son *(p. 216-217)* et Phrae *(p. 258-259)* abritent des bâtiments d'influence birmane.

La *ho trai* *(bibliothèque) du Wat Phra Sing à Chiang Mai est une remarquable construction de la fin du royaume du Lan Na.*

Danseuse birmane
Des témoignages de l'occupation birmane, telle cette peinture murale de Chiang Mai (p. 224-227)*, restent visibles dans certains* wats *du Nord.*

Les soldats birmans ont de simples foulards autour de la tête.

Monnaie du Lan Na
Des anneaux de bronze servirent de monnaie aux XVII*e et* XIX*e siècles.*

Sculpture sur bois
Le fronton du wihan *du* XIX*e siècle du Wat Pan Tao* (p. 225) *offre un exemple typique de sculpture sur bois de l'école du Lan Na.*

1558 1re conquête birmane de Chiang Mai

1590 La victoire de Nong Sarai rend son indépendance à Ayutthaya

1660 Échec d'une tentative de Narai de reprendre le Nord aux Birmans

Boîte du XIXe siècle

1550	1600	1650	1700	1750	1800

1615 Les Birmans reprennent contrôle du Lan Na

1598 Naresuan chasse temporairement les Birmans du Nord

1727 Le général Thip se déclare roi de Lampang après avoir vaincu les Birmans

1776 Taksin de Thonburi et Kawila de Lampang reprennent Chiang Mai

Bouddha du Lan Na (XVe-XVIIe siècle)

Les débuts de la dynastie Chakri

Tenue de cour, v. 1850

Après la destruction d'Ayutthaya, un général, Taksin, établit une nouvelle capitale à Thonburi, sur la rive ouest du Chao Phraya, en face du site de l'actuelle Bangkok. Il devient roi en 1768 et, en dix ans, le Siam retrouve son influence régionale. Un autre général, Chao Phraya Chakri, dépose Taksin en 1782 puis prend la couronne sous le nom de Rama Ier. Son descendant, le roi Mongkut (Rama IV), modernisera le pays en l'ouvrant aux influences étrangères et en passant des accords commerciaux avec les puissances occidentales.

LE SIAM EN 1809

Territoires siamois

Les premiers Chakri
Les règnes de Rama Ier, Rama II, un érudit, et Rama III, un grand marchand, ouvrirent une ère de stabilité de la monarchie.

Les *khlongs* sont d'importantes voies de circulation.

Le Grand Palais *(p. 80-85)*, fondé au XVIIIe siècle, est déjà vaste en 1864.

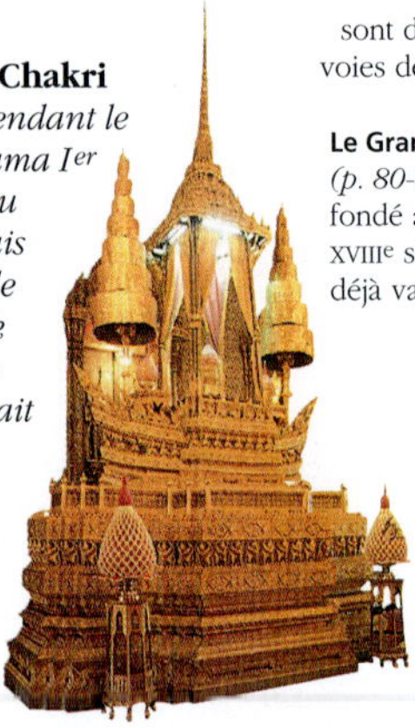

Trône des Chakri
Construit pendant le règne de Rama Ier et installé au Grand Palais (p. 80-85), *le trône Busok Mala Maha Piman servait lors des grandes cérémonies officielles.*

Sir John Bowring
Le Siam évita l'annexion en signant des traités commerciaux avec les puissances coloniales, tel le Bowring Treaty (1855) avec les Anglais.

CHRONOLOGIE

1768 Taksin commence à rétablir la puissance siamoise

Peinture du Ramakien

1782 Rama Ier renverse Taksin et déplace la capitale

1783 Le Wat Phra Kaeo est entrepris

1785 Invasion birmane repoussée

1797 Rama Ier transcrit le Ramakien *(p. 40-41)*

1800 Les Birmans sont chassés du Siam

1805 Rama Ier nomme un comité de juges pour réformer la loi siamoise

1808-1824 Règne de Rama II

1813 Le Siam se retire du Cambodge, laissant la prédominance au Vietnam

1770 | 1780 | 1790 | 1800 | 1810

Étiquette thaïe *(1855)*
Rama V (p. 66-67) *abolit officiellement la prosternation devant un supérieur, encore pratiquée au milieu du XIXe siècle.*

OÙ VOIR LA THAÏLANDE DES PREMIERS CHAKRI ?

Bangkok regroupe presque tous les plus beaux édifices, du style de Rattanakosin *(p. 35)*, début de la dynastie. Le plus ancien est le *bot* du Wat Phra Kaeo *(p. 80)*. Parmi les autres construits à cette époque figurent le *bot* et le *wihan* du Wat Suthat *(p. 90-91)*, le Wat Pho *(p. 92-93)* et Phra Nakhon Khiri de Phetchaburi *(p. 330)*.

Le Wat Suthat, *bâti au début du XIXe s. par Rama Ier, renferme le plus haut* wihan *de Bangkok.*

Thonburi, sur la rive occidentale, reste encore une petite ville.

Mongkut
(1851-1868)
Avant de monter sur le trône, Mongkut, ici à côté de son épouse favorite, voyagea beaucoup à l'étranger.

BANGKOK (KRUNG THEP) EN 1864

Rama Ier déplaça la capitale siamoise, alors située à Thonburi, sur la rive orientale du Chao Phraya, plus facile à défendre des Birmans. Son nom officiel compte 43 syllabes, une indication des ambitions que nourrissait le roi pour sa nouvelle ville. Les deux premiers mots, « Krung Thep », signifient « cité des anges ».

Peinture murale du roi Mongkut
Mongkut est représenté ici en train d'observer, depuis son palais, une éclipse dans un télescope.

1824-1851 Règne de Rama III

Pièce Chakri

Années 1840 Le Siam domine au Cambodge

1855 Signature du Bowring Treaty

1820 | 1830 | 1840 | 1850 | 1860

Signature du
urney Treaty,
d commercial
limité

1827 L'armée siamoise dévaste Vientiane

Années 1830 Le Siam entre en guerre au Cambodge pour défendre le bouddhisme face aux Vietnamiens

Rama IV (1851)

1868 Mort de Mongkut (Rama IV). Âgé de 15 ans, Chulalongkorn accède au trône sous le contrôle d'un régent

Le règne de Chulalongkorn

Rama V vêtu à l'occidentale

Chulalongkorn (1868-1910), ou Rama V, fut sans doute le plus grand des rois de la dynastie Chakri. Il poursuivit la modernisation du pays commencée par son père, Mongkut, abolissant l'esclavage et entreprenant de nombreuses réformes économiques. Celles-ci indisposèrent les ministres les plus âgés, les « conservateurs » (*bua boran*), qui provoquèrent la crise du Palais de devant en 1875. S'il dut céder à la France et à l'Angleterre des territoires en Birmanie, au Laos, au Cambodge et en Malaisie, Chulalongkorn réussit aussi à préserver l'indépendance de son pays.

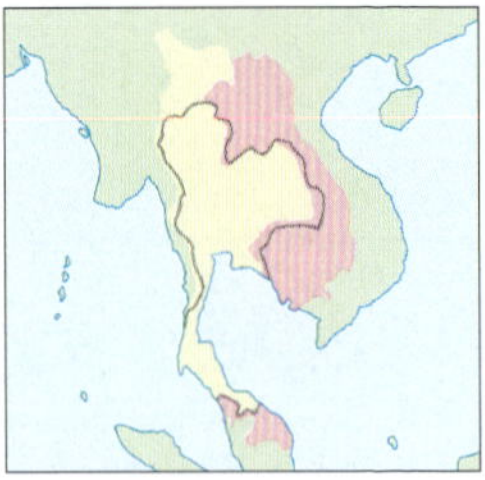

LE SIAM EN 1909

Territoires siamois

Territoires cédés

Rama V
Chulalongkorn (Rama V) monta sur le trône à l'âge de 15 ans sous la conduite d'un régent. Une excellente éducation thaïe et occidentale l'avait préparé à la tâche de réformer le Siam.

Vie sur les *khlongs*
Au tournant du siècle, Bangkok était surnommée la « Venise de l'Orient » (p. 125).

Les soldats assistaient à la cérémonie en uniformes coloniaux.

Les tambours portaient des coiffures traditionnelles.

Danseurs classiques à la cour
De nombreuses traditions, telle la danse classique, restèrent inchangées, mais une nouvelle technologie, la photographie, permit d'en fixer l'image.

CHRONOLOGIE

1874 Chulalongkorn (Rama V) introduit des réformes auxquelles s'opposent les conservateurs ou *bua boran*

1874 Un haut commissaire thaï est envoyé gouverner le Lan Na

1875 Crise du Palais de devant. Face aux conservateurs, Chulalongkorn doit atténuer certaines réformes

1885 Le prince Devawongse devient ministre des Affaires étrangères

1887 Le prince Devawongse assiste à Londres au 50e anniversaire de la reine Victoria ; il étudie les modes de gouvernement européens en vue d'une réforme au Siam

1888 Introduction d'un nouveau système administratif centralisé

1870 | 1875 | 1880 | 1885

Détail de céramique, Wat Rachabophit

Crise franco-siamoise
Pour assurer son emprise sur l'Indochine, la France imposa en 1893 sa souveraineté sur le Laos alors contrôlé par le Siam. Cette caricature oppose le « loup » français à l'« agneau » siamois.

Le corps de Chulalongkorn brûla sur cette tour funéraire.

CRÉMATION DE CHULALONGKORN

Les funérailles de Chulalongkorn furent l'occasion à Bangkok en 1910 d'une impressionnante cérémonie officielle. Le peuple de Thaïlande continue aujourd'hui de commémorer ce grand réformateur par une fête nationale *(p. 50)*.

OÙ VOIR LA THAÏLANDE DE CHULALONGKORN ?

L'architecture religieuse connut peu de changements à la fin du XIXe siècle. Rama V laissa toutefois sa marque sur quelques bâtiments de Bangkok. Le Wat Benchamabophit *(p. 106-107)* présente un mélange éclectique de styles chinois, italien et khmer, tandis que le Wat Rachabophit *(p. 89)* marie des motifs occidentaux et thaïs.

Au Wat Rachabophit, *Rama V fit décorer l'intérieur dans un style italianisant.*

Modernisation
Chulalongkorn encouragea de nombreux progrès. Les voitures apparurent au début du XXe siècle.

1893 Les Français prennent le contrôle du Laos ; crise franco-siamoise

Cannonière française

1910 Mort de Chulalongkorn et avènement de son fils Vajiravudh (Rama VI)

1907 Cession du Cambodge à la France

0 | 1895 | 1900 | 1905 | 1910

1892 ...tion de ...uveaux ...nistères

1893 Des canonnières françaises remontent le Chao Phraya

1905 Abolition de l'esclavage après des années de réformes progressives

1909 Cession à l'Angleterre de la souveraineté sur les États malais de Kelantan, Perlis, Terengganu et Kedah

La Thaïlande moderne

Drapeau thaïlandais

Depuis le coup d'État en 1932 qui imposa une monarchie constitutionnelle, d'autres n'ont cessé de se succéder au Siam puis au Prathet Thai (Thaïlande), nom que prend le pays en 1939 sous Phibul Songkram. Par crainte du communisme, pendant la guerre du Vietnam, la Thaïlande apporte son soutien logistique aux Américains. Membre de l'ANSEA (Association des nations du Sud-Est asiatique) depuis 1967, elle fait partie aujourd'hui des « tigres » de l'Asie du Sud-Est, mais la démocratisation politique fait défaut.

L'ANSEA EN 2008

Pays membres de l'ANSEA

Le roi Vajiravudh
Le fils de Chulalongkorn, Vajiravudh (1910-1925), en opposition avec les conseillers de son père, créa en 1911 sa propre unité militaire : les Tigres sauvages.

Democracy Monument
Manifestants et policiers s'affrontèrent en 1992 près de ce monument bâti en 1939 pour célébrer la révolution de 1932.

BANGKOK MODERNE

Avec une population sans doute proche des 10 millions d'habitants (officiellement 7,5 millions), Bangkok a grandi encore plus vite que l'économie thaïlandaise et dans une quasi-anarchie qui explique son manque d'infrastructures. Les traditions y gardent leur importance ; le bicentenaire de la ville, en 1982, et l'anniversaire des 50 ans de règne de Bhumibol, en 1996, n'auraient pu se fêter sans barges royales.

CHRONOLOGIE

1911 Création de l'unité d'élite des Tigres sauvages

1917 Le Siam envoie 1 800 hommes se battre au côté des Alliés

Phibun Songkram

1920

1925 Couronnement de Prajadhipok

1930

1932 Révolution : le Siam devient une monarchie constitutionnelle

1934-1938 Lutte d'influence entre Phibun Songkram (conservateur) et Pridi Phanomyong (progressiste)

1935 Prajadhipok abdique, Ananda Mahidol devient roi

1938 Phibun Songkram devient Premier ministre

1939 Songkram change le nom du Siam

1940

1940 La France occupée, les Thaïs envahissent le Laos et le Cambodge

1941 Songkram capitule devant les Japonais; Pridi Phanomyong organise la résistance

1946 Pridi Phanomyong forme un gouvernement

1946 Meurtre de Mahidol ; Bhumibol est roi

1950

1959 Un coup d'État met Sarit Thanarat au pouvoir ; début de l'ère de modernisation appelée *samai pattana*

19

Embouteillages
Bangkok a la réputation d'être très embouteillée. Heureusement, les métros aérien et souterrain aident à améliorer la situation.

Le roi Bhumibol
Révéré par son peuple, Bhumibol (Rama IX) incarne la stabilité dont le pays manque en politique. Son autorité dépasse largement le peu de prérogatives que lui laisse théoriquement la constitution.

OÙ VOIR LA THAÏLANDE MODERNE ?

En dehors des palais et des *wat*, la plupart des édifices bâtis au XXe siècle, très fonctionnels, manquent souvent d'intérêt.
Les années 1980 et 1990 ont toutefois vu la construction de quelques immeubles plus aventureux *(p. 121)*. Les hôtels de luxe modernes incorporent parfois des touches traditionnelles.

Le Robot Building *de Bangkok fut dessiné par Sumet Jumsai dans les années 1980.*

Tourisme
Le terrible tsunami de 2004 et l'occupation de l'aéroport de Bangkok par des antigouvernementaux fin 2008 n'ont pas affecté le tourisme.

Chasseur américain

964 La Thaïlande accepte
ı création de bases américaines

1967 La Thaïlande participe à la création de l'Association des nations du Sud-Est asiatique

1973-1976 Manifestations étudiantes ; gouvernement civil instable

1976 Un massacre à l'université de Thammasat pousse de nombreux étudiants vers le PCT *(p. 288)*

Annés 1980 Le PCT exsangue. La Thaïlande en forte croissance économique

1988 Élections pleinement démocratiques

1992 Le massacre de manifestants à Bangkok entraîne des élections démocratiques

1997 Effondrement de l'économie thaïe

Bhumibol

2004 Le 26 décembre, un tsunami frappe la côte ouest, faisant 5 300 victimes

2006 Un coup d'État renverse le Premier ministre Thaksin Shinawatra

2008 Retour du pays au régime civil

1970 | 1980 | 1990 | 2000 | 2010

BANGKOK

Présentation de Bangkok

Statue de garde au Wat Arun

Bordant le fleuve Chao Phraya à 20 km de son embouchure, la capitale de la Thaïlande est une cité exubérante et excitante. Fondée en 1782 par Rama Ier, qui lui donna un nom de plus de 150 lettres que les Thaïs résument en Krung Thep (« Cité des anges »), elle n'a qu'un peu plus de deux siècles mais compte plus de 7,5 millions d'habitants. Si elle apparaît souvent comme une image caricaturale des dangers de l'expansion urbaine incontrôlée, c'est aussi une ville qui, grâce à sa vie nocturne, ses boutiques, ses restaurants, ses *wat*, ses musées, ses palais et ses parcs a quelque chose à offrir à chacun.

Le Musée national (p. 88-89) *contient des trésors, telle cette tête de bouddha (VIe ou VIIIe siècle).*

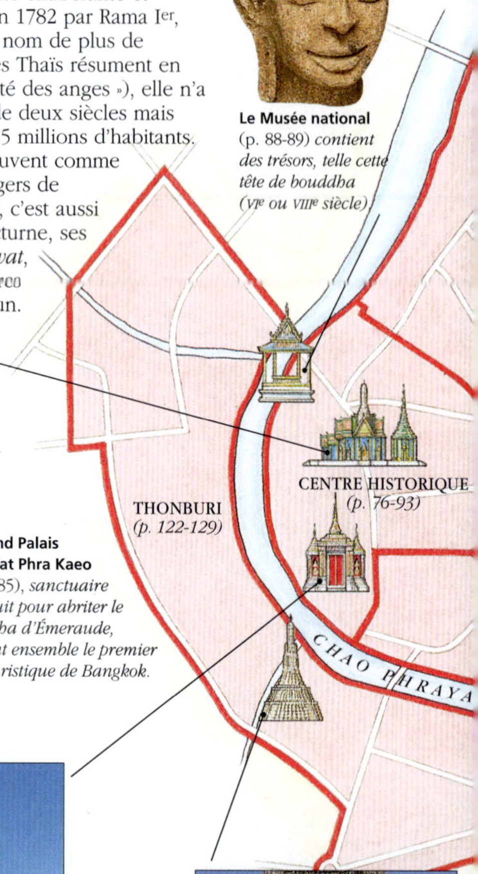

Le Grand Palais et le Wat Phra Kaeo (p. 80-85), *sanctuaire construit pour abriter le Bouddha d'Émeraude, forment ensemble le premier site touristique de Bangkok.*

Le Wat Pho (p. 92-93), *dont l'origine remonte au XVIe siècle, abrite un institut de massage très respecté et un centre d'enseignement et de médecine traditionnelle.*

Le Wat Arun (p. 124-125), *le temple de l'Aube, dresse dans le ciel des* prang *d'influence khmère ornés de milliers de fragments de porcelaine.*

◁ Les *prang* ciselés du Grand Palais et du Wat Phra Kaeo se détachent sur le ciel de Bangkok

Le parc de Dusit (p. 102-103) *aux allées ombragées offre, avec ses musées, le palais Vimanmek et le zoo voisin, de quoi remplir une journée de visite.*

La maison de Jim Thompson (p. 118-119) *réunit six habitations anciennes en teck, magnifiquement décorées.*

Chinatown (p. 94-99) *est un quartier plein de couleurs et de senteurs, avec ses ruelles envahies d'étals et de boutiques comme ce bazar d'articles religieux.*

Le vieux quartier des étrangers (p. 112-113) *a conservé quelques édifices de l'époque coloniale comme l'ambassade du Portugal.*

AGGLOMÉRATION DE BANGKOK

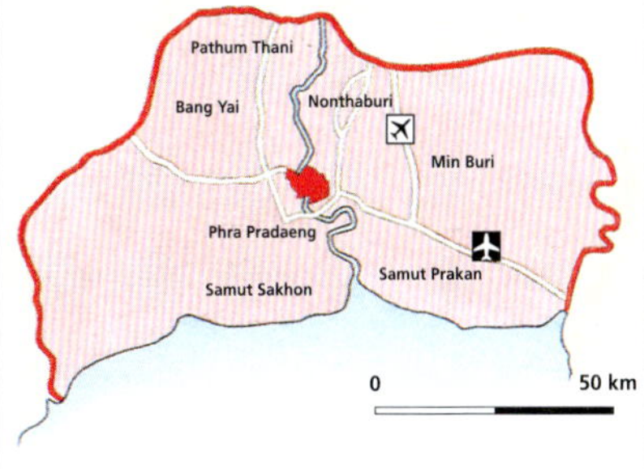

Bangkok au fil de l'eau

Les deux grandes rivières du Nord, le Ping et le Nan, se rejoignent à Nakhon Sawan dans la Plaine centrale. Elles forment le Chao Phraya (« rivière des rois »), le principal fleuve de Thaïlande qui arrose Bangkok quelques kilomètres avant de se jeter dans le golfe de Thaïlande. La partie représentée ici est en fait un canal construit au XVIe siècle pour couper l'immense méandre qu'ont remplacé le khlong Bangkok Noi et le khlong Bangkok Yai. La descente du canal permet d'apercevoir les monuments, les temples et les bâtiments coloniaux qui se dressent à proximité de ses rives, et de retrouver le parfum du Bangkok de jadis.

Bateau typique du Chao Phraya servant au transport de marchandises

Le Wat Buddhaisawan du Musée national (p. 88-89) *abrite Phra Buddha Sing, l'un des bouddhas les plus vénérés du pays après le Bouddha d'Émeraude. Le musée présente de fabuleuses collections illustrant chaque époque de l'histoire thaïe par des œuvres d'art religieux et des objets liés aux coutumes et à la vie quotidienne.*

LES BATEAUX DU CHAO PHRAYA

Le Chao Phraya reste une importante voie de circulation, pour les marchandises comme pour les passagers, et d'innombrables embarcations l'empruntent : péniches à riz, barques chargées de fruits et de légumes ou bacs reliant les deux rives. La Chao Phraya Express offre un des moyens les plus aisés, et le moins cher, de découvrir Bangkok depuis son fleuve. L'atlas des rues (plans 1-2 et 5-6) en indique les arrêts. De très nombreux bateaux « longue queue » font aussi fonction de bus ou peuvent être loués pour explorer les *khlong* de la ville.

« Longue queue » *(long-tail boat)* sur le Chao Phraya

Le Wat Rakhang (p. 125), *peu visité, recèle de belles peintures murales des années 1920.*

Pour les hôtels et les restaurants de la ville, voir p. 398-402 et p. 428-432

Le Wat Phra Kaeo (p. 80-83), *immense complexe religieux aux édifices somptueusement décorés, abrite la statue la plus sacrée de Thaïlande : le Bouddha d'Émeraude.*

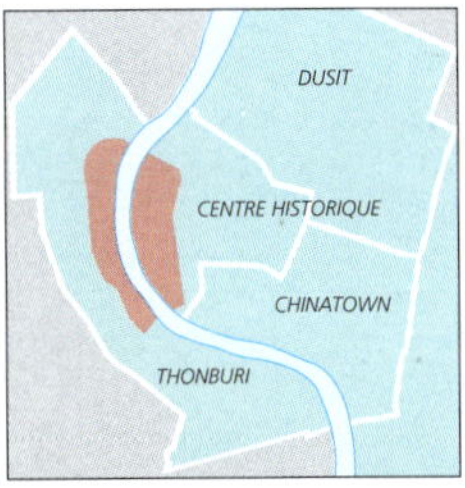

CARTE DE SITUATION

Voir l'atlas des rues, plans 1 et 5

Sanam Luang (« champ des rois »), site des cérémonies nationales, est l'un des rares espaces ouverts de Bangkok.

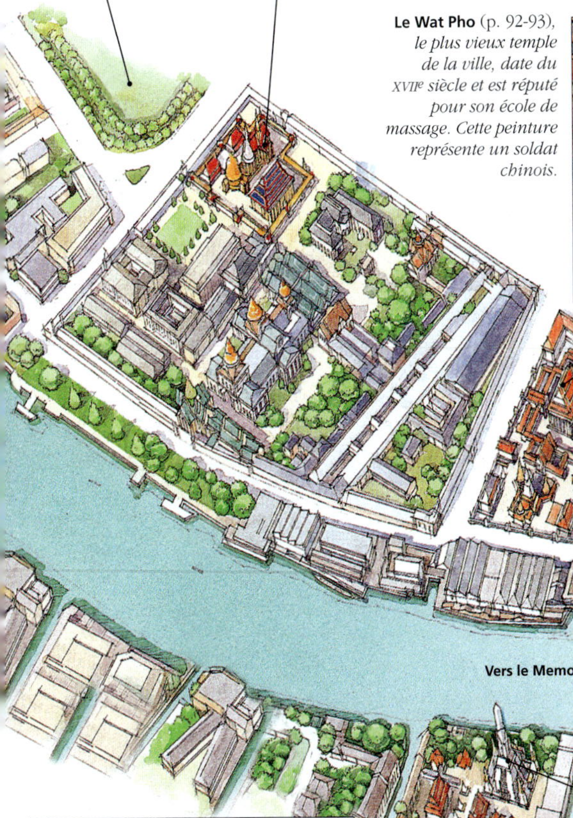

Le Wat Pho (p. 92-93), *le plus vieux temple de la ville, date du* XVIIe *siècle et est réputé pour son école de massage. Cette peinture représente un soldat chinois.*

Le Memorial Bridge *enjambe la rivière Chao Phraya, reliant Thonburi à la partie sud de la ville.*

Au Wat Arun (p. 126-127) *couvert de bouts de porcelaine, ce bouddha orne l'extérieur du principal* bot.

LE CENTRE HISTORIQUE

Bouddhas prêts au départ

Le centre de la capitale que fonda Rama Ier en 1782 *(p. 64-65)* sur la rive orientale du Chao Phraya, plus facile à défendre des Birmans, a conservé des vestiges de remparts entre la Montagne d'Or et le Wat Rachanadda. Malgré l'éparpillement de la ville, il reste le cœur spirituel et historique de Bangkok. Il abrite nombre des plus beaux exemples d'architecture de Rattanakosin de Thaïlande, en particulier le Grand Palais qui renferme le Wat Phra Kaeo, écrin de la statuette la plus vénérée du pays : le Bouddha d'Émeraude. Au sud se trouve le Wat Pho, fondé au XVIe siècle tandis qu'au nord s'étend Sanam Luang où se déroulent les cérémonies royales. Le Musée national borde cette place. Il possède les plus riches collections d'art du Sud-Est asiatique. Deux universités bouddhistes occupent des sanctuaires voisins : le Wat Mahathat, et le Wat Bowonniwet réputé pour ses peintures murales mêlant styles occidentaux et thaïs.

LE CENTRE HISTORIQUE D'UN COUP D'ŒIL

Wat

Grand Palais et Wat Phra Kaeo p. 80-85 ❶
Wat Bowonniwet ❺
Wat Mahathat ❷
Wat Pho p. 92-93 ⓮
Wat Rachabophit ⓬
Wat Rachanadda ❼
Wat Rachapradit ⓭
Wat Saket et Montagne d'Or ❽
Wat Suthat et Balançoire géante ⓫

Musée et galerie

Galerie nationale ❹
Musée national p. 88-89 ❸

Rue et quartier

Bamrung Muang Road ❿
Village du bol d'aumône ❾

Monument

Democracy Monument ❻

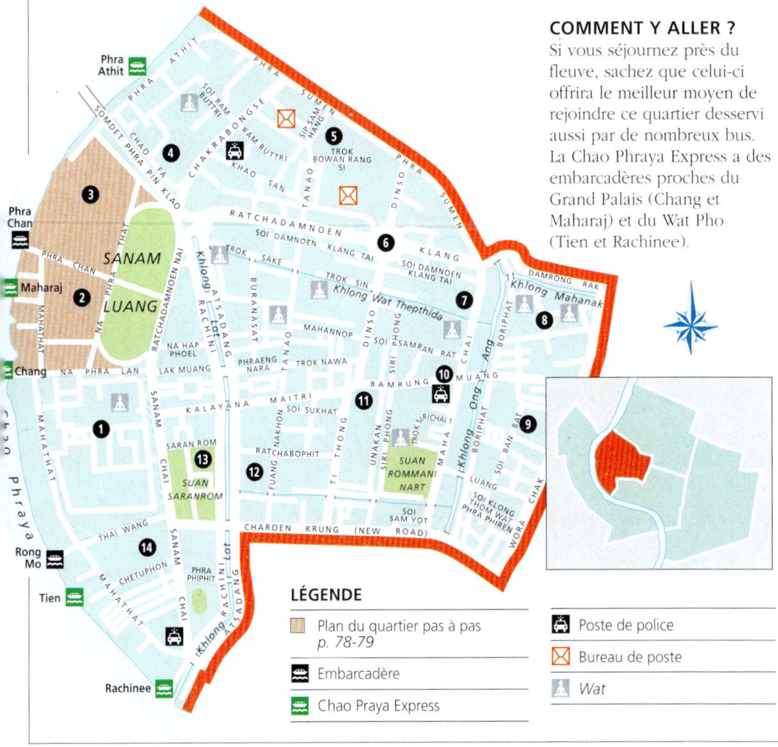

COMMENT Y ALLER ?

Si vous séjournez près du fleuve, sachez que celui-ci offrira le meilleur moyen de rejoindre ce quartier desservi aussi par de nombreux bus. La Chao Phraya Express a des embarcadères proches du Grand Palais (Chang et Maharaj) et du Wat Pho (Tien et Rachinee).

LÉGENDE

- Plan du quartier pas à pas *p. 78-79*
- Embarcadère
- Chao Praya Express
- Poste de police
- Bureau de poste
- *Wat*

◁ **Décor élaboré du toit du pavillon Aphonphimok du Grand Palais**

Autour de Sanam Luang pas à pas

สนามหลวง

Un monument à Sanam Luang

Le Musée national et le Wat Mahathat, un grand centre d'études bouddhiques, bordent Sanam Luang, l'un des rares espaces dégagés de Bangkok. C'est sur cette esplanade que se déroule traditionnellement la crémation des rois et que la cérémonie du Labour royal *(p. 48)* ouvre la saison de plantation du riz. On vient aussi y faire voler des cerfs-volants. Le Grand Palais et le Lak Muang (pilier de la cité) donnent à Sanam Luang une importance spirituelle qui est favorable à la chance. Un marché aux amulettes rassemble d'ailleurs, dans les rues voisines, augures et vendeurs de lotions, de potions et de talismans censés apporter fortune, amour ou protection contre les mauvais esprits.

CARTE DE SITUATION

Voir l'atlas des rues, plan 1

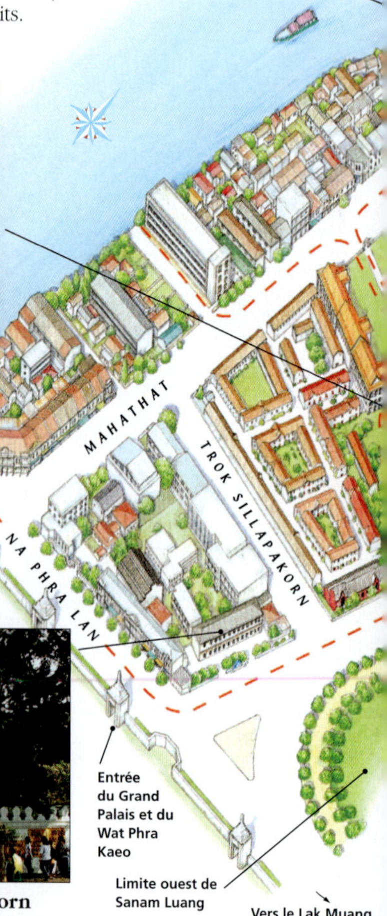

Wat Mahathat

L'université bouddhique de ce temple du XVIIIe siècle, plus intéressant pour son atmosphère que pour ses édifices, programme des cours de méditation ❷

Université des beaux-arts de Silpakorn

La plus célèbre école d'art de Bangkok dresse sa façade sur Sanam Luang. Elle organise régulièrement d'excellentes expositions. Des panneaux en donnent le détail près de l'entrée.

LES AMULETTES THAÏES

Les Thaïs appartiennent à un peuple hautement superstitieux, et très rares sont ceux qui ne portent pas un quelconque talisman. Vendues sur des marchés spécialisés, souvent près de sites spirituellement favorables, les amulettes prennent d'innombrables formes. Bien qu'elles possèdent en majorité une nature religieuse (minuscules images du Bouddha ou copies de statues sacrées), l'aspect de certaines découle directement de leur fonction, tels les phallus miniatures destinés à écarter l'impuissance.

Sélection de talismans vendus autour de Sanam Luang

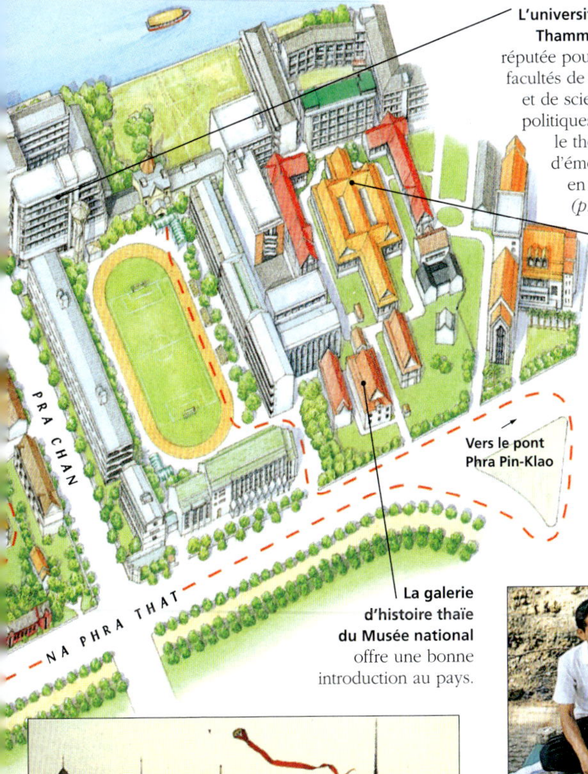

L'université de Thammasat, réputée pour ses facultés de droit et de sciences politiques, fut le théâtre d'émeutes en 1976 *(p. 69)*.

La galerie d'histoire thaïe du Musée national offre une bonne introduction au pays.

★ Musée national
Cet immense musée présente de riches collections d'art de toutes les périodes de l'histoire thaïe ❸

Diseur de bonne aventure
Les Thaïs font grand cas des prédictions des augures et viennent interroger ceux qui officient près du Wat Phra Kaeo.

★ Cerfs-volants de Sanam Luang
Le roi Chulalongkorn (1868-1910) aimait faire voler des cerfs-volants et autorisa la pratique de ce sport sur la place Royale. Des concours s'y déroulent entre février et avril.

À NE PAS MANQUER

★ Cerfs-volants de Sanam Luang

★ Musée national

Grand Palais et Wat Phra Kaeo ❶

พระบรมมหาราชวังและวัดพระแก้ว

Détail du Phra Mondop

Entrepris en 1782 pour marquer la fondation de la nouvelle capitale, abriter le Bouddha d'Émeraude (Phra Kaeo) et donner une résidence au roi, ce vaste complexe, entouré d'une enceinte de deux kilomètres, faisait jadis office de ville à l'intérieur de la ville. Bien que la famille royale réside aujourd'hui à Dusit, le Wat Phra Kaeo reste le temple le plus sacré de Thaïlande – les visiteurs doivent se couvrir les genoux et les talons avant de pénétrer dans le temple.

La silhouette du Wat Phra Kaeo vue de Sanam Luang

★ *Bot* du Bouddha d'Émeraude
Les fidèles font leurs offrandes à la statue sacrée à l'entrée du plus important bâtiment du temple.

Huit *prang* bordent le côté est du *wat*.

★ Galerie du Ramakien
Dans le cloître, 178 panneaux illustrent, dans le sens des aiguilles d'une montre, la totalité du Ramakien.

CHRONOLOGIE

1782 Fondation officielle de la nouvelle capitale

1783 Le Wat Phra Kaeo, la salle du trône Dusit et le Phra Maha Monthien sont entrepris

1809 Rama II introduit des détails chinois

Années 1840 Le harem forme une ville dans la ville

1855 Nouveaux édifices où se mêlent styles orientaux et occidentaux

1880 Chulalongkorn implique 26 demi-frères dans la rénovation du Wat Phra Kaeo

1925 Rama VII s'installe dans le palais Chitrlada de Dusit. Le Grand Palais reste réservé aux occasions spéciales

1932 Célébrations du 150e anniversaire de la dynastie Chakri

1982 Rénovation du complexe

1750 | 1800 | 1850 | 1900 | 1950

Ornements dorés
Exemple caractéristique de la richesse ornementale du wat, *112* garuda *(oiseau servant de monture à Vishnu) portant des* naga *(serpents) décorent l'extérieur du* bot.

MODE D'EMPLOI

Na Phra Lan Rd. **Plan** 1 C5. *1, 3, 25, 33, 39, 53.* *Chang, Tien.* *t.l.j. 8h30-15h30.* *cérémonies particulières.* *palais Vimanmek inclus.* dans le *bot*. **www**.palaces.thai.net

Apsonsi
Cette créature mythologique, mi-femme mi-lion, est l'une des superbes statues dorées de la terrasse supérieure du Wat Phra Kaeo.

WAT PHRA KAEO

Situé à l'intérieur de l'enceinte du Grand Palais, le sanctuaire le plus sacré de Thaïlande n'abrite pas, contrairement aux autres *wats*, de communauté monastique.

GRAND PALAIS ET WAT PHRA KAEO

1 Entrée
2 Wat Phra Kaeo
3 Salle du trône Dusit
4 Pavillon Aphonphimok
5 Salle du trône Chakri
6 Palais intérieur
7 Phra Maha Monthien
8 Jardins Siwalai
9 Chapelle de Rama IV
10 Palais Boromphiman
11 Salle d'audience

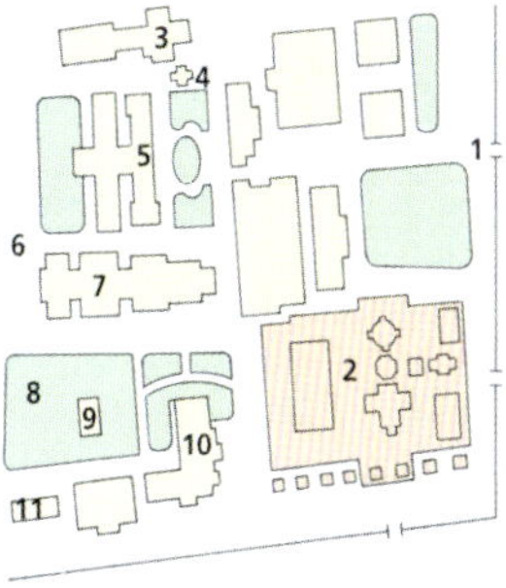

LÉGENDE
- Wat Phra Kaeo
- Bâtiment
- Pelouse

À NE PAS MANQUER

★ *Bot* du Bouddha d'Émeraude

★ Galerie du Ramakien

À la découverte du Wat Phra Kaeo

Garde du *chedi*

Quand Rama Ier établit la capitale à Bangkok en 1782, il décida de construire un temple royal comme en possédaient les capitales précédentes. La fondation de ce sanctuaire symbolisait aussi celle de la dynastie Chakri, et il devait dépasser par la splendeur de son architecture ses prédécesseurs de Sukhothai et d'Ayutthaya. Le résultat de cette ambition porte le nom officiel de Wat Phra Si Rattana Sasadaram, mais est universellement appelé le Wat Phra Kaeo, ou temple du Bouddha d'Émeraude, à cause de la statuette sacrée, apportée du Wat Arun en 1785, qu'abrite son *bot*.

Le Bouddha d'Émeraude couronnant l'autel paré d'or du *bot*

LE *BOT* ET LES BÂTIMENTS PÉRIPHÉRIQUES

Édifice le plus sacré de l'enceinte du palais, le *bot* du Wat Phra Kaeo fut érigé pour servir de reliquaire à l'image du Bouddha la plus révérée de Thaïlande : le **Bouddha d'Émeraude**. Des incrustations de nacre ornent les portes extérieures et les fenêtres, et une frise de *garuda* (oiseaux mythologiques) en bronze doré court le long du socle de marbre supportant le bâtiment. Des lions de pierre de style cambodgien, ou *singha*, gardent l'escalier de l'entrée principale.

À l'intérieur, une vitre protège le Bouddha d'Émeraude assis sur un trône symbolisant le chariot céleste au sommet d'un autel en bois recouvert d'or. Sculptée dans du jade vert, l'icône surprend par sa petitesse : 66 cm de hauteur. La statuette daterait de l'école du Lan Na du XVe siècle. Le roi, ou un prince agissant en son nom, change trois fois par an lors d'une cérémonie solennelle la parure qu'elle porte : une couronne et des diamants l'été ; un châle d'or l'hiver, et une robe et une coiffe de moine pendant la saison des pluies. Des peintures exécutées pendant le règne de Rama III (1824-1851) ornent les murs. Elles illustrent les thèmes classiques de l'art thaï : le Traiphum (cosmologie bouddhiste), la victoire du Bouddha sur Mara, le dieu de la mort, et des scènes des vies antérieures du Bouddha : les *jataka*. Abris destinés à la contemplation, douze *sala* (petits pavillons) ouverts entourent le sanctuaire. Au sud-est se trouve **la chapelle du Bouddha Gandharara**, bâtie au XIXe siècle. Elle renferme un Bouddha en appel de la pluie utilisé pendant la cérémonie du Labour royal *(p. 46)*. La cloche, dans le beffroi voisin, ne sonne qu'en de grandes occasions.

LA TERRASSE SUPÉRIEURE

Cette terrasse surélevée porte quatre constructions dont la plus frappante, le ***chedi* Phra Si Rattana**, à l'ouest, fut édifiée par Mongkut (Rama IV) pour abriter un fragment du sternum du Bouddha. Son successeur, Chulalongkorn, ajouta les carreaux dorés de l'extérieur. Rama Ier fit bâtir le **Phra Mondop** voisin pour abriter les écritures saintes. Cette bibliothèque est fermée au public mais possède un extérieur superbe orné, aux quatre angles, de copies de bouddhas javanais du IXe siècle dont les originaux se trouvent aujourd'hui dans le musée proche de l'entrée du palais. Des monuments

Anges gardiens en or ornant le mur du Phra Mondop

L'une des 178 peintures murales de la galerie du Ramakien

commémoratifs rendent hommage à tous les membres de l'actuelle dynastie Chakri *(p. 64-65)*, et des statues de bronze représentent les éléphants blancs *(p. 106)* des cinq premiers règnes. Au nord du *mondop*, on découvre la maquette d'Angkor Wat que commanda Rama IV, à une époque où la Thaïlande contrôlait le Cambodge *(p. 264-265)*, pour montrer à son peuple la gracieuse splendeur de l'architecture khmère du XIIe siècle. Construit en 1855 par Rama IV, le **Panthéon royal** devait recevoir le Bouddha d'Émeraude, mais le roi le trouva trop petit. Le bâtiment, qui n'ouvre que le 6 avril pour le Chakri Day *(p. 48)*, renferme des statues grandeur nature des membres de la dynastie.

LA TERRASSE NORD

Construit à l'origine par Rama Ier à la fin du XVIIIe siècle pour abriter le Bouddha Nak (litt.: alliage d'or, d'argent et de cuivre), sauvé des Birmans à Ayutthaya, le premier Ho Phra Nak fut démoli par Rama III. Il érigea l'actuelle construction pour recevoir les cendres de membres mineurs de la famille royale. Le Bouddha Nak déménagea dans le **Wihan Yot** voisin, en forme de croix grecque décoré de porcelaine chinoise. Sur la terrasse nord se trouve aussi la **Ho Phra Monthien Tham**, la bibliothèque auxiliaire bâtie par le frère de Rama Ier. Les panneaux de porte incrustés de nacres proviennent du Wat Borom Buddharam d'Ayutthaya. À l'intérieur, de délicats cabinets renferment les saintes écritures bouddhiques.

Personnage du Ramakien ornant un *chedi*

LES *PRANG*, LES *YAKSHA* ET LA GALERIE DU RAMAKIEN

Fermant l'enceinte du temple, la **galerie du Ramakien** offre sur ses murs l'illustration la plus complète de Thaïlande de l'épopée inspirée du *Ramayana* indien *(p. 40-41)*. Elle occupe 178 panneaux séparés par des piliers de marbre qui portent des vers relatant les aventures du roi Rama et de son allié, le singe Haruman. Exécutées à la fin du XVIIIe siècle, ces peintures murales doivent, à cause de l'humidité, être régulièrement restaurées. Le récit commence en face du Wihan Yot et se suit dans le sens des aiguilles d'une montre. Un couple de *yaksha* (démons) garde chaque entrée de la galerie. Installés pendant le règne de Rama II pour protéger le Bouddha d'Émeraude des mauvais esprits, ils représentent des personnages du Ramakien. Tosakan, le roi démon, apparaît en vert. Parés de porcelaine chinoise, les huit *prang*, de couleurs différentes, bordant l'est du *wat* symbolisent les huit composants du bouddhisme, en particulier le Bouddha, le *dharma* (doctrine), la *sangha* (communauté monastique) et les *bhiksuni* (femmes bouddhistes).

LA LÉGENDE DU BOUDDHA D'ÉMERAUDE

En 1434, la foudre qui s'abat dans le nord de la Thaïlande sur le *chedi* du Wat Phra Kaeo de Chiang Rai *(p. 250-251)* met à jour une petite statue de stuc. Le sage du temple la garde dans sa cellule, et le plâtre, en s'écaillant, révèle un bouddha de jade. Apprenant la découverte, le roi de Chiang Mai envoie un convoi d'éléphants chercher la statuette, mais l'éléphant qui la porte refuse de prendre la route de la capitale. L'escorte y voit un présage bénéfique et gagne alors Lampang. Le Bouddha d'Émeraude aboutit finalement en 1552 au Wat Pha Kaew de Vientiane *(p. 294-295)*, au Laos. Le général Chakri, futur Rama Ier, prend la ville en 1778 et décide de rapporter l'effigie en Thaïlande. Elle reste au Wat Arun *(p. 124-125)* pendant quinze ans puis une grande procession sur le fleuve l'accompagne le 5 mars 1785 jusqu'à son lieu de séjour actuel dans le temple royal.

Le petit Bouddha d'Émeraude du *bot*

À la découverte du Grand Palais

Garde démoniaque

Construit en même temps que le Wat Phra Kaeo, le Grand Palais resta officiellement la résidence royale de 1782 à 1946, bien que, depuis Chulalongkorn (Rama V), les souverains thaïlandais et leur famille habitent le palais Chitrlada *(p. 106)*. Le Grand Palais connut de nombreux ajouts et transformations. La plupart de ses bâtiments sont aujourd'hui inoccupés, mais certains abritent quelques administrations, tel le ministère des Finances. La salle du trône Dusit et l'Amarin Winachai Hall accueillent des cérémonies officielles.

DUSIT MAHA PRASAT

La salle du trône Dusit au plan cruciforme, où se déroulent les célébrations de la fête du Couronnement *(p. 48)*, fut à l'origine construite à l'image de la Sanphet Maha Prasat *(p. 178-179)*, l'un des plus majestueux édifices d'Ayutthaya avant sa destruction par les Birmans. Couronnée d'une spirale somptueusement décorée, elle offre l'un des plus beaux exemples d'architecture du début de l'école de Rattanakosin *(p. 35)* et abrite un chef-d'œuvre de l'art thaï : le trône en teck incrusté de nacre de Rama Ier, lorsqu'il donnait audience dans la Dusit Maha Prasat. Le souverain arrivait en palanquin et la première marche se trouve à hauteur d'épaule. Sa structure simple, ses proportions parfaites et son élégante décoration en mosaïque font du bâtiment une des grandes réussites de l'architecture thaïe. Il inspirait Chulalongkorn (Rama V) au point que celui-ci en commanda une réplique pour le palais d'été de Bang Pa-in *(p. 181)*.

LE PAVILLON APHONPHIMOK

Le roi Mongkut (Rama IV) fit construire ce petit pavillon en bois pour pouvoir échanger sa tenue de ville contre ses habits de cour

Dusit Maha Prasat couronnée d'une spirale élégante

CHAKRI MAHA PRASAT

Rama V commanda en 1882 la construction du plus important des bâtiments du Grand Palais, aussi connu sous le nom de salle du trône du Grand Palais, pour célébrer le centenaire du règne des Chakri, un anniversaire qui inspira la luxueuse décoration. Dessiné dans le style néoclassique par l'architecte britannique John Chinitz, l'édifice possède une toiture traditionnelle thaïe en harmonie avec celles du reste de l'enceinte. L'étage supérieur du hall central abrite les cendres des anciens souverains de la dynastie.

Au rez-de-chaussée, le monarque donne audience aux ambassadeurs et accueille les chefs d'État étrangers. Dans la salle où le trône Niello se dresse devant l'emblème des Chakri, un disque et un trident, des peintures évoquent d'anciennes missions diplomatiques, telle la réception à Londres par la reine Victoria de l'ambassadeur de Rama IV. Une longue salle ornée de portraits de membres de la dynastie Chakri conduit du hall central à l'aile est où le roi reçoit ses invités. Dans l'aile ouest se trouve la salle de réception personnelle de la reine. Des portraits des principales épouses de Rama IV, Rama V et Rama VII jalonnent la salle reliant cette aile au hall central.

Statue près de Chakri Maha Prasat

LES BÂTIMENTS DU PHRA MAHA MONTHIEN

Situé à l'est de la Chakri Maha Prasat, ce groupe d'édifices reliés entre eux forme la « Grande résidence du palais ». Élevé au XVIIIe siècle, le bâtiment le plus au nord, l'**Amarin Winichai Hall**, abrite le trône Busabok Mala de Rama Ier, en forme de bateau. Lors des audiences, deux rideaux le dissimulaient pendant que le roi y prenait place. Une fanfare accompagnait leur ouverture et l'apparition du souverain qui, vêtu d'une ample robe dorée, paraissait flotter sur la « proue » du siège. Deux ambassadeurs britanniques eurent droit à cet accueil en grande pompe au XIXe siècle : John Crawfurd

Salle somptueuse conduisant à l'aile ouest de la Chakri Maha Prasat

reçu par Rama II et Sir John Bowring se présentant devant Rama IV. Le hall sert désormais à des cérémonies officielles telles que le discours d'anniversaire du roi.

Un portail que seuls peuvent franchir le souverain, la reine ou leurs enfants le relie au **Phaisan Thaksin Hall**. Rama Ier venait dîner là en privé avec sa famille, des amis ou des membres de la cour. En 1809, une cérémonie Borom Rachaphisek y marqua le couronnement de Rama II. L'autel principal porte Phra Siam Thewathirat, une divinité protectrice hautement vénérée placée là par Rama IV.

Le troisième édifice est le **Chakraphat Phiman Hall** qu'habitèrent les trois premiers monarques de la dynastie. Il reste de coutume pour les rois nouvellement couronnés d'y passer une nuit dans le cadre de leur avènement.

LE PALAIS INTÉRIEUR

Derrière un portail, à gauche de la Chakri Maha Prasat, se trouve l'entrée du Palais intérieur fermé au public. Jusqu'au règne de Rama VII, seules des femmes de la famille royale, épouses, concubines et filles, habitaient dans ce harem. Même les fils du roi, unique adulte de sexe masculin autorisé à vivre dans ces murs, devaient le quitter à la puberté. Le palais fonctionnait comme une véritable petite ville avec son propre gouvernement, ses lois et même ses cellules. Sous la stricte autorité d'une « directrice de l'intérieur », une petite armée de femmes en uniforme maintenait l'ordre. Au XIXe siècle, Rama III fit rénover les constructions originelles en bois devenues trop exiguës, et Rama V commanda pour ses favorites de fantastiques petits pavillons victoriens. Son successeur, Rama VI, n'eut qu'une épouse, et le harem, laissé pratiquement à l'abandon, tomba en décrépitude. Un des bâtiments reste toutefois en activité : l'école pour jeunes filles de la haute société. Elles y apprennent le tressage de fleurs, la cuisine royale et l'étiquette.

LES JARDINS SIWALAI

Souvent fermés pour cause de réception officielle, ces superbes jardins s'étendent à l'est du Palais intérieur et renferment le **Phra Buddha Ratana Sathan**, chapelle personnelle construite par Rama IV. Du marbre gris pare ce pavillon orné de mosaïques en verre blanc et bleu. En marbre également, les *bai sema* (bornes sacrées) portent les insignes de Rama V, de Rama II, qui fit aménager les jardins, et de Rama IV. De style néoclassique, le **palais Boromphiman**, bâti par Rama V pour servir de demeure au prince héritier (le futur roi Vajiravudh), eut comme résidents temporaires les rois Rama VII, Rama VIII et Rama IX (Bhumibol). Il accueille désormais les dignitaires étrangers en visite.

LA SALLE D'AUDIENCE

Visible depuis l'extérieur de l'enceinte du palais, la Phra Thinang Sutthaisawan Prasat se trouve entre les portes Thewaphithak et Sakchaisit. Rama Ier la fit construire pour accorder audience pendant les cérémonies royales et assister au dressage de ses éléphants. Rama III renforça l'édifice en bois avec des briques, et l'ensemble reçut des éléments décoratifs, comme la spirale de la toiture et les motifs en fer forgé.

Phra Buddha Ratana Sathan orné de mosaïques des jardins Siwalai

Entrée de l'université bouddhiste du Wat Mahathat

Wat Mahathat ❷

วัดมหาธาตุ

3 Maharaj Rd. **Plan** 1 C5.
Tél. *0 2972 9473.* *AC : 203, 506.*
Chang Maharaj. *t.l.j.*

Ce vaste *wat (p. 32-33)*, fondé en 1700, présente plus d'intérêt pour son atmosphère que pour son architecture. Le *bot* et le *wihan* furent reconstruits entre 1844 et 1851. Le *mondop*, qui vaut au sanctuaire son nom de « temple de la Grande Relique », possède un toit cruciforme rare à Bangkok. Centre national de la secte monastique Mahanikai, le Wat Mahathat abrite une des deux universités bouddhistes de la ville. Elle propose des cours de méditation à 7 h, 13 h et 18 h dans la section 5. Dans l'enceinte du temple se tient un marché de plantes médicinales. Le week-end, de nombreux étals proposent des produits divers.

Musée national ❸

พิพิธภัณฑ์สถานแห่งชาติ

Voir p. 88-89.

Galerie nationale ❹

หอศิลป์แห่งชาติ

4 Chao Fa Rd. **Plan** 2 D4. ***Tél.*** *0 2282 2639.* *AC : 506.* *Phra Athit.* *mer.-dim. 9h-16h.* *j.f.*
www.thailandmuseum.com

Fondée en 1977, la principale galerie d'art de Bangkok occupe l'ancienne Monnaie et connut des débuts difficiles avant son agrandissement en 1989. Elle présente surtout des œuvres modernes, thaïes et internationales, et accueille des expositions temporaires provenant de toute l'Asie, lesquelles sont souvent plus intéressantes que sa collection permanente. La galerie Visual Dhamma *(p. 136)* propose aussi de l'art moderne. Le *Bangkok Post* donne le détail des expositions.

Sculpture moderne à la Galerie nationale

Wat Bowonniwet ❺

วัดบวรนิเวศน์

248 Phra Sumen Rd. **Plan** 2 E4.
Tél. *0 2281 5052.* *12, 15, 56, AC : 511 (Express).* *t.l.j. 8h-17h.*

Niché dans un parc paisible et arboré, ce temple, fondé au milieu du XIXe siècle par Rama III, présente les influences chinoises caractéristiques de ce règne. Deux chapelles symétriques encadrent le *chedi* central. Proche de Phra Sumen Road, la plus intéressante abrite des peintures murales attribuées au moine Khrua In Khong, qui se trouva confronté aux idées européennes à la cour de Mongkut où il était peintre. Il reste célèbre pour avoir introduit la perspective à l'occidentale dans les fresques religieuses thaïes.

Bien que Khrua In Khong ne se soit jamais rendu à l'Ouest, certaines peintures paraissent occidentales. Elles illustrent toutefois les mêmes allégories que les œuvres traditionnelles thaïes. Ainsi, le médecin soignant un aveugle peut s'interpréter comme une évocation du pouvoir d'illumination du bouddhisme. Le principal bouddha, Phra Buddha Chinasara, offre un superbe exemple d'art sukhothai.

Avant de monter sur le trône, le roi Mongkut fit retraite au Wat Bowonniwet où il exerça les fonctions de père supérieur. Il fonda la stricte secte Tammayut qui a toujours le sanctuaire pour siège. De nombreux rois ont suivi son exemple en choisissant ce *wat* pour y faire retraite, notamment Bhumibol (Rama IX), le souverain actuel. Le temple abrite également la deuxième université religieuse de Thaïlande. De l'autre côté de la rue se trouve une librairie bouddhiste.

Peinture murale de style occidental du Wat Bowonniwet

Democracy Monument ❻

อนุเสาวรีย์ประชาธิปไตย

Ratchadamnoen Klang. **Plan** 2 E4. *AC : 503, 509, 511.* *t.l.j.*

Œuvre du sculpteur Corrado Feroci, « père » italien de l'art moderne thaïlandais, qui sera naturalisé sous le nom thaï de Silpa Bhirasi, ce monument construit en 1939 commémore la révolution de 1932 *(p. 68)*. Ses éléments font référence à l'instauration de la monarchie le 24 juin. Les quatre tours des ailes mesurent ainsi 24 m, les 75 canons évoquent l'année 2475 de l'ère bouddhiste (1932), et le piédestal abritant une copie de la constitution, a une hauteur de 3 m, juin étant le troisième mois du calendrier thaï. En 1992, le monument fut au centre des manifestations.

Édifice central du Democracy Monument (1939)

Wat Rachanadda ❼

วัดราชนัดดา

Maha Chai Rd. **Plan** 2 E4. *2, 44, 59 ; AC : 79, 503, 511.* *t.l.j. 9h-16h.*

Datant du règne de Rama III, ce sanctuaire souvent appelé Wat Ratchanaddaram possède un intéressant monastère. Ce dernier, conçu à l'origine comme un *chedi*, évolua en un lieu de méditation inspiré d'un temple sri lankais du IIIe siècle av. J.-C., aujourd'hui

Cellule de méditation du Wat Rachanat

en ruine. Des passages, courant du nord au sud et de l'est à l'ouest, traversent chaque étage. Les cellules de méditation se trouvent aux intersections. La cour du temple accueille le meilleur marché aux amulettes de Bangkok. De l'autre côté de la rue, derrière les anciens murs de la ville, s'étend le village des colombes où sont vendues les tourterelles participant aux concours de roucoulements.

Wat Saket et la Montagne d'Or ❽

วัดสระเกศและภูเขาทอง

Chakkaphatdi Phong Rd. **Plan** 2 F5. *8, 15, 37, 47, 49 ; AC : 38, 543.* *t.l.j. 7h30-17h30.* *Fête de la Montagne d'Or (nov.).*

Fondé par Rama Ier à la fin du XVIIIe siècle, le Wat Saket est l'un des plus anciens temples de la ville. Les visiteurs s'y rendent surtout pour grimper sur la colline artificielle haute de 76 m, surmontée d'une tour dorée. Construite par Rama III, la première Montagne d'Or, image du mont Meru, ciel des 33 dieux pour les bouddhistes, s'affaissa et il fallut attendre le règne de Chulalongkorn (Rama V) pour disposer des moyens techniques nécessaires à sa consolidation. Le *chedi* du sommet abriterait une relique du Bouddha offerte à Rama V par le vice-roi des Indes. Un escalier circulaire bordé de curieux monuments et tombeaux y conduit. La vue panoramique offerte par la galerie permet de découvrir le Grand Palais, le Wat Pho et le Wat Arun. Édifice octogonal, le Mahakan Fort est l'une des quatorze tours de guets originelles des remparts de la cité. Pendant le XIXe siècle, les environs du Wat Saket servaient de lieu de crémation, et les corps des pauvres y demeuraient parfois à la merci des vautours et des chiens. La fête qui s'y déroule à la pleine lune de novembre n'a toutefois rien de macabre, avec ses bateleurs, ses musiciens, ses éventaires colorés et odorants et une procession aux flambeaux sur la Montagne d'Or.

La colline artificielle de la Montagne d'Or

Musée national ❸

พิพิธภัณฑสถานแห่งชาติ

Tambours Bencharong

Le Musée national possède une des plus riches collections d'Asie du Sud-Est et offre une magnifique introduction aux arts, aux coutumes et à l'histoire thaïs. Édifiés à la fin du XVIIIe siècle, deux de ses bâtiments, le palais Wang Na et la chapelle Buddhaisawan, sont en eux-mêmes des œuvres d'art. La chapelle abrite une statue vénérée, Phra Buddha Sihing, et le palais un ensemble éclectique d'objets allant d'armes anciennes à des marionnettes de théâtre d'ombre. Deux ailes modernes, principalement consacrées aux arts et à la sculpture, les complètent. On peut également visiter des galeries dédiées à l'histoire et à la préhistoire, et une exposition de chariots funéraires. Les visites guidées gratuites (en français, le mercredi et le jeudi à 9 h 30) se révèlent fort utiles.

Portes de la salle du trône
Ces portes en laque noire et or du palais Wang Na datent du XIXe siècle et révèlent une forte influence chinoise.

Phra Buddha Sihing
Cette statue, l'une des plus sacrées de Thaïlande après le Bouddha d'Émeraude, date probablement du XIIIe siècle. Rama Ier la rapporta de Chiang Mai en 1787.

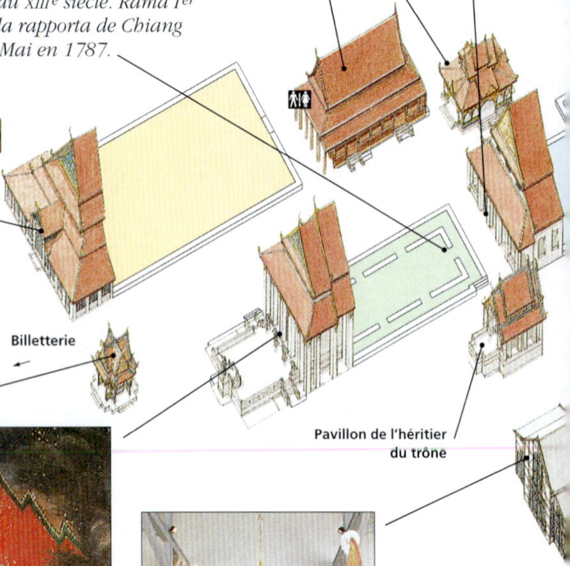

La galerie d'histoire thaïe abrite la stèle de Ramkamhaeng (XIIIe siècle), gravée des premiers écrits en caractères thaïs connus.

★ Chapelle Buddhaisawan
Certaines des plus belles peintures murales de l'école de Rattanakosin ornent ce superbe édifice bâti en 1787.

★ Galerie des chariots funéraires
Ces chars somptueusement décorés, tel Racharot Noi (1795), servent aux processions funéraires des rois.

Pour les hôtels et les restaurants du quartier, voir p. 400-401 et p. 428

★ Roue de la loi dvaravati
Cette sculpture du VIIIe *siècle symbolise le premier sermon du Bouddha dans un bois de Sarnath en Inde.*

Lion de pierre de Lopburi
*Cette statue (*XIIe-XIIIe *siècle) gardait l'entrée d'un temple, les lions étant des protecteurs des enseignements bouddhistes.*

★ Bouddha sukhothai
Or et laque rouge ajoutent à l'élégance de cette effigie du XIVe *siècle.*

Tête de bouddha de l'école d'Ayutthaya
(XVe-XVIe siècle)
Ce bronze haut de 150 cm témoigne de la maîtrise acquise dans l'art de la fonderie à l'époque d'Ayutthaya.

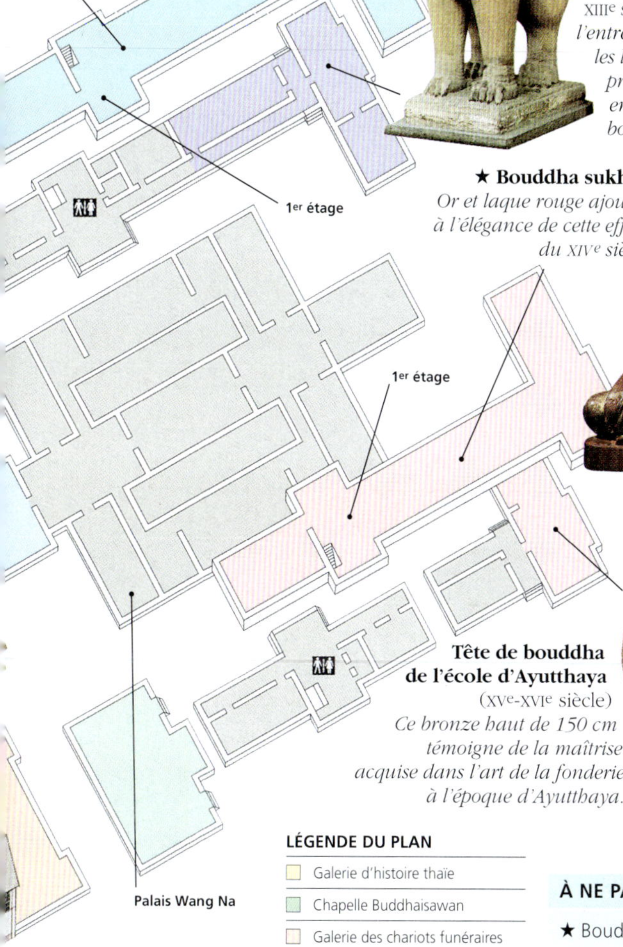

MODE D'EMPLOI

1 Na Phra That Rd. **Plan** 1 C4. ***Tél.*** *0 2224 1333.* *15, 19, 32, 39, 53, 59, 70 ; AC : 506, 507, 508.* *Phra Athit.* *mer.-dim. 9h-16h.* *j.f.*

SUIVEZ LE GUIDE !

La collection occupe plusieurs bâtiments autour du palais Wang Na. Dans les deux ailes (qui possèdent deux niveaux), les expositions d'art suivent l'ordre chronologique en commençant dans l'aile gauche (sud). Près de l'entrée sur Na Phra That Road, la billetterie propose guides et plans.

LÉGENDE DU PLAN

- Galerie d'histoire thaïe
- Chapelle Buddhaisawan
- Galerie des chariots funéraires
- Salle du trône
- Arts et artisanats divers
- Arts khmer, hindou et de Lopburi
- Demeure du roi Pin Klao
- Arts de Dvaravati, de Srivijaya et de Lop Buri, galerie de Ban Chiang et sculptures javanaises
- Arts du Lan Na, de Sukhothai, d'Ayutthaya et de Rattanakosin

À NE PAS MANQUER

★ Bouddha sukhotha

★ Chapelle Buddhaisawan

★ Galerie des chariots funéraires

★ Roue de la loi dvaravati

Bol d'aumône chauffé pour acquérir sa patine

Le village du bol d'aumône (Ban Bat) ❾

บ้านบาตร

Bamrung Muang Rd., Soi Ban Bat. **Plan** 2 F5. *AC : 508.*

Déjà utilisés il y a deux mille cinq cents ans, les bols d'aumône servent toujours aux moines bouddhistes, ou aux laïcs en retraite temporaire, à mendier le matin leur nourriture *(p. 129)*. Ils sont fabriqués au Ban Bat (litt. : village du bol du moine) depuis la fin du XVIIIe siècle. Ce village s'étendait jadis jusqu'au Wat Saket *(p. 87)* mais ne comprend plus maintenant que quatre maisons et de petits ateliers. Si vous n'arrivez pas à le retrouver dans le labyrinthe de *sois*, sa production est vendue au Wat Suthat. La fabrication de chaque bol nécessite huit feuilles de métal symbolisant les huit rayons de la roue du dharma. L'artisan martèle la première pour en faire le bord puis crée une armature en forme d'étoile avec les trois suivantes. Quatre pièces triangulaires complètent les côtés. Soudé dans un four, le bol est ensuite mis en forme, poli puis de nouveau passé au feu pour prendre un fini évoquant l'émail. Le dédale de ruelles proche de la petite salle des fêtes recèle un sanctuaire construit avec de vieux soufflets chinois.

Bamrung Muang Road ❿

ถนนบำรุงเมือง

Plan 2 F5. *AC : 508.*

Bamrung Muang, comme Charoen Krung *(p. 114)*, resta une piste à éléphants jusqu'au XXe siècle où elle devint l'une des premières voies pavées de Thaïlande. Entre Maha Chai Road et la Balançoire géante, elle offre un aperçu du commerce florissant qu'alimente l'acquisition de mérites. Robes monastiques, chandelles votives et bouddhas de toutes formes et dimensions emplissent en effet les boutiques qui la bordent. Les moines viennent y acquérir les objets nécessaires aux rites, les laïcs des offrandes ou les composants d'autels domestiques. Ces articles religieux sont tentants mais n'ont pas vocation à servir de souvenirs : il faut une autorisation d'exportation pour sortir une image du Bouddha du pays *(p. 475)*.

Wat Suthat et la Balançoire géante ⓫

วัดสุทัศน์และเสาชิงช้า

Bamrung Muang Rd. **Plan** 2 E5. *10, 12, 19, 35, 42, 56, 96.* *t.l.j. 8h30-16h (wihan sam. et dim.).*

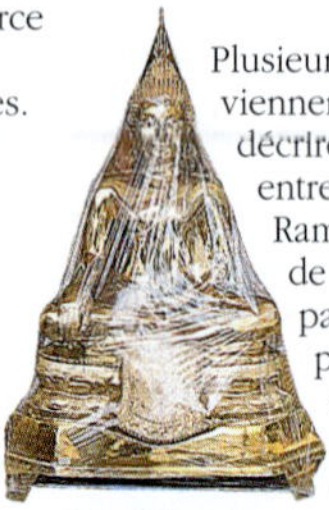

Bouddha prêt à emporter

Plusieurs superlatifs viennent à l'esprit pour décrire le Wat Suthat entrepris en 1807 par Rama Ier et achevé près de trente ans plus tard par Rama III. Il possède le plus grand *wihan* de Bangkok, son architecture offre un magnifique exemple du style de Rattanakosin *(p. 35)*, et son bouddha central, haut de huit mètres, est l'un des plus grands bronzes de Sukhothai

Vue du Wat Suthat depuis le portail de son *wihan*

(p. 58-59) à avoir survécu. Rapporté à Bangkok par Rama Ier, il date du XIVe siècle. Les peintures murales qui ornent l'immense *wihan* font partie des plus réputées de Thaïlande. D'une richesse de détail étonnante, elles illustrent le Traiphum (cosmologie bouddhiste). Les portes en teck de l'édifice méritent également attention. Celle que sculpta Rama II se trouve désormais au Musée national. Cent cinquante six bouddhas dorés bordent la galerie entourant le *wihan*. Sur la place devant le Wat Suthat se dressait un portique rouge appelé la Balançoire géante, qui servait lors de cérémonies brahmaniques. Il se trouve aujourd'hui au temple Devasathan Brahmin.

Sculptures ornant l'avant-toit du *bot* du Wat Rachapradit

Wat Rachabophit ⓬

วัดราชบพิตร

Fuang Nakhon Rd. **Plan** 2 D5
Tél. *0 2222 3930. 🚌 2, 60 ; AC : 501, 502, 512. ⛴ Thien.*
◯ t.l.j. 8h-20h.

De forme circulaire, le Wat Rachabophit marie avec harmonie architectures occidentale et asiatique. Sa construction commença pendant le règne de Chulalongkorn (Rama V) en 1869 et se poursuivit pendant plus de vingt ans. Des carreaux de porcelaine spécialement commandés en Chine parent tout le sanctuaire qui s'organise autour d'un *chedi* doré de style sri lankais dominant la terrasse d'une hauteur de 43 m. À l'intérieur du *wat*, quatre bouddhas font face aux points cardinaux. Une galerie circulaire dessert le *bot*, au nord, le *wihan*, au sud, et deux *wihan* moins importants à l'est et à l'ouest, une disposition inhabituelle pour un temple thaï.
Les incrustations de nacre qui ornent les 10 portes et les 28 fenêtres du *bot* s'inspirent des insignes de cinq ordres royaux. Les moulure de l'entrée représentent le sceau de Chulalongkorn.
Les gardes sculptés et peints des portes ont un aspect distinctement *farang* (européen), et l'intérieur possède une décoration de style Renaissance étonnante ici. Un cimetière royal, rarement visité par les étrangers, s'étend parallèlement au khlong Lot. Les monuments dédiés aux membres de la famille de Chulalongkorn associent librement éléments khmers, thaïs et européens.

***Farang*, Wat Rachabophit**

Wat Rachapradit ⓭

วัดราชประดิษฐ

Saran Rom Rd. **Plan** 2 D5.
Tél. *0 2223 8215. 🚌 1, 3, 6, 9, 43, 60 ; AC : 501, 512. ⛴ Thien.*
◯ t.l.j. 5h-22h.

Situé dans l'angle nord-ouest des anciens jardins du palais Saranrom, devenu le ministère des Affaires étrangères, ce temple paisible demeure méconnu des touristes. Mongkut (Rama IV) le fit édifier au milieu du XIXe siècle et son goût pour une architecture où se rencontrent Est et Ouest se manifeste dans le choix des matériaux de construction. Du marbre gris couvre le principal *wihan*. Les peintures de l'intérieur datent de la fin du XIXe siècle et illustrent les fêtes du calendrier lunaire thaï. Parmi les scènes représentées figurent les préparatifs de la cérémonie de la Balançoire géante, la célébration de Loy Krathong et l'observation par Mongkut d'une éclipse de la lune *(p. 65)*. Dans l'enceinte se dressent d'autres édifices remarquables, en particulier de gracieux pavillons, des *prang* de style khmer et un *chedi* de marbre gris. À proximité du Wat Rachapradit se trouve un petit sanglier doré qui rappelle la reine Saowapha Phongsi, compagne de Chulalongkorn, née l'année du porc.

LA BALANÇOIRE EN ACTION

Rama Ier éleva la « Balançoire géante », Sao Ching Cha, en 1784. Incarnation humaine du balancement du dieu Shiva dans le ciel, des équipes de quatre moines se balançaient lors de cérémonies brahmaniques jusqu'à 25 m de hauteur pour tenter d'attraper avec les dents un sac rempli d'or. Le nombre d'accidents mortels entraîna l'arrêt de la fête en 1935.

Jeunes brahmanes en action sur Sao Ching Cha

Wat Pho ⓮

วัดโพธิ

Garde *farang*

Portant le nom officiel de Wat Phra Chetuphon, le plus ancien et le plus important temple de Bangkok est aussi le premier centre d'enseignement thaïlandais. Contrairement au Grand Palais *(p.80-85)*, il garde une grandeur pleine de vie bien qu'il soit délabré. Le sanctuaire originel date du XVIe siècle, mais Rama Ier le reconstruisit entièrement et l'agrandit en 1781. Rama III édifia en 1832 la chapelle du grand Bouddha couché et transforma le temple en lieu d'éducation. Le Wat Pho abrite une école de médecine traditionnelle dont fait partie son célèbre institut de massage. Le monastère, juste à côté, compte quelque 300 moines.

Wihan
Quatre wihan *entourent le* bot *principal.*

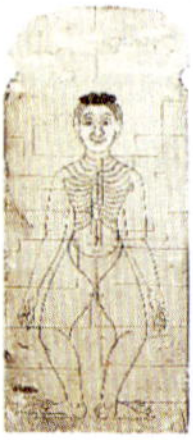

★ Pavillon de médecine
À l'intérieur de ce pavillon, devenu une boutique de souvenirs, des plaques gravées montrent les points de massage.

★ Bouddha couché
Fait de brique et de plâtre doré, et long de 46 m, il emplit tout le wihan.

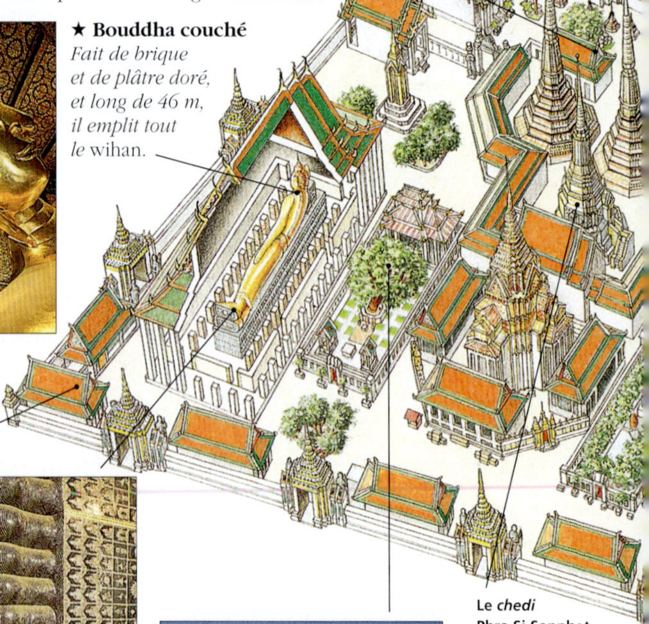

De petits édifices sont ici réservés aux enfants.

Pieds du Bouddha couché
Les délicates incrustations de nacre ornant les plantes de pied de l'immense statue représentent les 108 lakshana, *les marques de bon augure du vrai Bouddha.*

Le *chedi* Phra Si Sanphet renferme les vestiges d'un bouddha sacré.

Arbre de Bodhi
Selon la légende, cet arbre aurait pour orig une bouture du bania sous lequel le Boudd médita.

Décor en céramique
Ce motif en porcelaine pare le Chedi Phra Si Sanphet.

MODE D'EMPLOI

Sanan Chai Rd. **Plan** 5 C1. ***Tél.*** *0 2226 0335.* *AC : 25, 32, 44, 60, 508.* *Thien, Chang, Rachinee.* *t.l.j. 8h30-17h.* **Inst. de massage *Tél.*** *0 26 22 3550 1.* *t.l.j. 8h30-18h.*

***Bot* principal**
Il abrite un bouddha de bronze en méditation sauvé d'Ayutthaya par le frère de Rama Ier. Des scènes du Ramakien (p. 40-41) *ornent l'extérieur de la base et les portes intérieures.*

Montagne miniature
Sur cette minuscule montagne de pierre (il en existe plusieurs dans l'enceinte), les statues d'ermites nus prennent les différentes positions du massage curatif.

Des *farang*, caricatures d'Européens avec leurs barbes, leurs gros nez et leurs chapeaux hauts de forme, gardent les portails intérieurs de l'enceinte.

À NE PAS MANQUER

★ Bouddha couché

★ Pavillon de médecine

MASSAGE TRADITIONNEL

Lié à l'acupuncture chinoise et au yoga indien, le massage traditionnel thaï *(nuat paen boran)* remonterait à l'époque du Bouddha. Le Wat Pho dirige depuis les années 1960 l'école la plus respectée de Bangkok. Ses masseurs sont spécialisés dans les étirements des membres et du torse destinés à soulager des maux allant de la tension nerveuse aux virus. Les visiteurs peuvent s'inscrire pour une séance ou dans le cadre d'un cours de dix ou quinze jours en thaï ou en anglais.

Entre les mains d'un masseur au Wat Pho

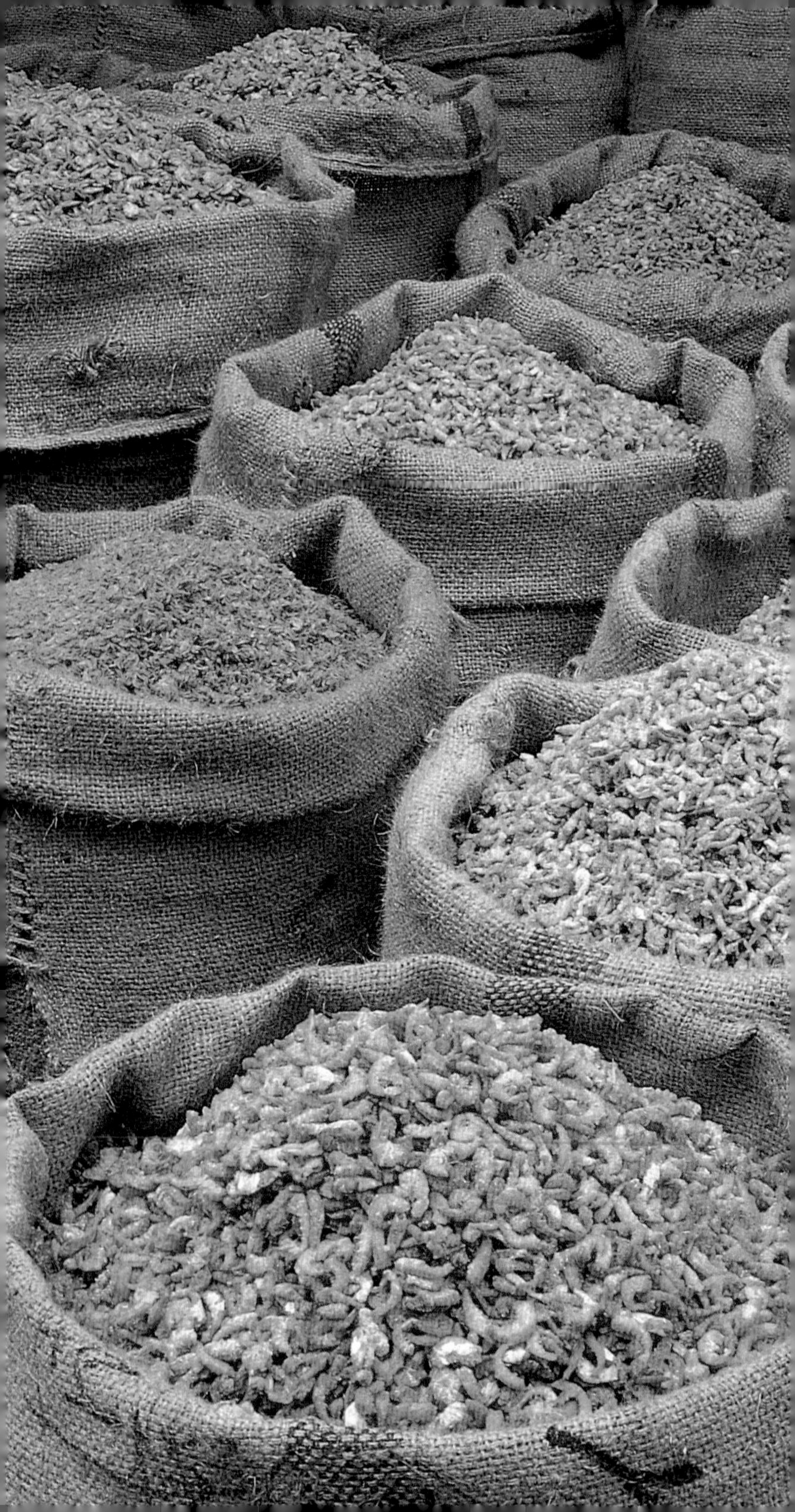

CHINATOWN

La population chinoise de Bangkok vivait à l'origine à l'emplacement de l'actuel centre historique. Elle dut se déplacer quand Rama Ier décida en 1782 de fonder, à cet endroit, sa nouvelle capitale. Les Chinois ont depuis investi le quartier entourant Yaowarat Road et Sampeng Lane qu'habite également désormais une petite communauté indienne. Jadis centre financier de la ville, Chinatown reste un endroit animé, affairé, odorant et bruyant. Entre les deux grandes artères toujours embouteillées de Yaowarat Road et de Charoen Krung Road, éventaires et bazars emplissent un véritable labyrinthe de ruelles. Les étals les plus accessibles bordent Sampeng Lane et le Soi Isara Nuphap, mais il existe plusieurs autres marchés, dont ceux du Pak Khlong, de Nakorm Kasem et de Phahurat. Près de la gare Hua Lamphong, le Wat Traimit abrite un impressionnant bouddha d'or pur. De nombreux sanctuaires chinois sont disséminés aux environs. Beaucoup renferment des autels dédiés à des cultes variés : confucianisme, taoïsme, bouddhisme mahayana et animisme. Restaurants et stands de nouilles fréquentés par des joueurs de mah-jong en tricot de peau offrent partout la possibilité de parer à un petit creux.

Peinture moderne d'une marchande de Chinatown

CHINATOWN D'UN COUP D'ŒIL

Wat

Wat Traimit 4

Marchés

Marché Pak Khlong 1
Marché Phahurat 2
Nakorn Kasem 3

Bâtiment historique

Gare Hua Lamphong 5

COMMENT Y ALLER ?

À pied depuis la gare Hua Lamphong et l'arrêt Ratchawong de la Chao Phraya Express, ainsi qu'en bus le long de Charoen Krung Road.

◁ Sacs de crevettes séchées sur l'un des nombreux marchés odorants de Chinatown

Le centre de Chinatown pas à pas

เยาวราช

Khanom dao, une friandise

Depuis le quai Ratchawong, suivre Soi Isara Nuphap permet de traverser le cœur de Chinatown, quartier intense avec ses odeurs âcres, ses couleurs bigarrées et son animation frénétique. Après Songwat Road, bordée par de vieux immeubles en bois, les grossistes en épices dominent. Une fois dépassé le marché aux tissus de Sampeng Lane, conserves et aliments frais envahissent les trottoirs. Il faut ensuite traverser Yaowarat Road où voisinent bijouteries et herboristeries traditionnelles. Les étals de nourriture deviennent alors majoritaires, avant de céder la place, de l'autre côté de Charoen Krung Road, aux vendeurs d'articles religieux.

Marché Kao
Toutes sortes de produits frais sont vendues au « Vieux marché » qui existe depuis la fin du XVIIIe siècle.

Orfèvrerie Tang To Kang
Cet immeuble de sept étages, où subsiste ce vieux filtre à eau, date de la fin du XIXe siècle.

Sanchao Kuan Oo
Les offrandes de légumes faites devant une tête de cheval dorée dans ce temple portent chance au jeu.

0 100 m

LÉGENDE

Quai du Chao Phraya Express

Songwat Road
Malgré les camions desservant le quai de Ratchawong, Songwat Road garde quelque chose du Chinatown du XIXe siècle grâce à ses vieux immeubles en bois, tel cet entrepôt en face de Soi Thanam San Chao.

Pour les hôtels et les restaurants du quartier, voir p. 398 et p. 428

★ Leng Noi Yee
Ce temple bouddhiste, dont la salle principale abrite plusieurs statues dorées de l'« Éveillé », renferme aussi des autels taoïstes et confucéens.

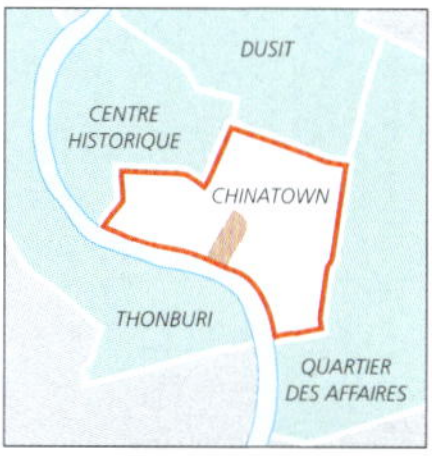

CARTE DE SITUATION
Voir l'atlas des rues, plan 6

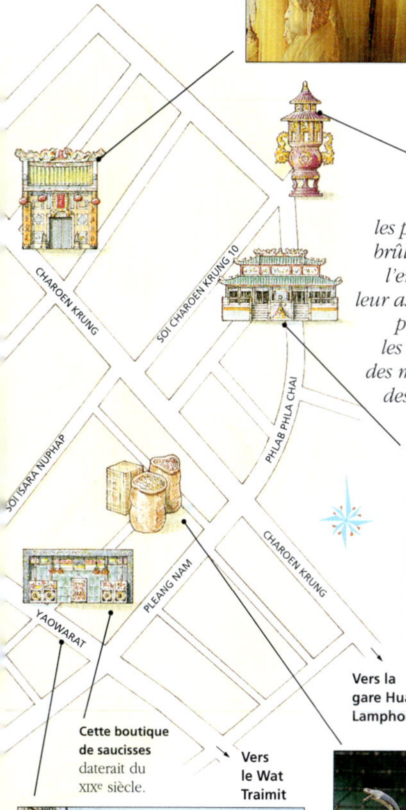

Cette boutique de saucisses daterait du XIXe siècle.

Sanchao Dtai Honk Kong
Dans ce temple, les parents de défunts brûlent des « billets de l'enfer » (p. 99) *pour leur assurer un au-delà plus confortable, et les dévots acquièrent des mérites en libérant des oiseaux en cage.*

Li Thi Miew
De terribles dragons protègent ce temple situé dans une cour. À l'intérieur, de la fumée d'encens s'enroule autour de déités taoïstes.

★ Yaowarat Road
Orfèvres, herboristes, cafés et restaurants se serrent de part et d'autre de cette artère, l'une des principales voie de circulation du quartier.

Marché Mai
À défaut d'avoir l'âge du marché Kao, le « Marché neuf » reste un bon endroit où flâner au milieu d'articles courants ou exotiques.

À NE PAS MANQUER

★ Leng Noi Yee

★ Yaowarat Road

Vaste choix de piments au marché Pak Khlong

Marché Pak Khlong ❶

ตลาดปากคลอง

Maharaj Rd. **Plan** 5 C2. *AC : 501, 512.* *Rachinee, Pak Khlong.* *t.l.j.*

Ouvert 24 h sur 24, ce marché de gros alimente la capitale thaïlandaise en fruits et légumes. Il propose aussi le plus vaste choix de fleurs du pays. À l'aube, roses, orchidées, jasmin et même tulipes de Hollande couvrent les étals. C'est vers 9 h que les éventaires offrent la plus grande variété. Les visiteurs peuvent acheter des bouquets ou des arrangements floraux dans des corbeilles.

Marché Phahurat ❷

ตลาดพาหุรัด

Phahurat Rd. **Plan** 6 D1. *6, 37, 82, 88 ; AC : 3, 82.*

Les odeurs de Bombay flottent sur ce marché à prédominance indienne. Le bazar principal, qui déborde sur Phahurat Road et Chak Phet Road, est spécialisé dans les textiles et l'habillement. Les vendeurs du rez-de-chaussée proposent de tout, de la nappe au sari de mariage, ceux de l'étage se consacrent aux accessoires indiens traditionnels tels que sandales et bijoux. Les rues environnantes regorgent de délicieux restaurants et stands de samossas. À quelques pas de Chak Phet Road se trouve un temple sikh : Siri Guru Singh Sabha.

Nakorn Kasem ❸

นครเกษม

Charoen Krung Rd. **Plan** 6 E1. *AC : 501, 507.*

On ne vend plus comme autrefois d'objets volés sur le « Marché aux voleurs », mais il réunit une collection hétéroclite de boutiques proposant des articles métalliques, des instruments de musique et des antiquités d'authenticité très variable. Non loin, le marché Saphan Han, un endroit couvert spécialisé dans l'appareillage électrique, s'étend sur les deux rives du khlong Ong Ang. Des stands de nouilles embaument tout le quartier.

Wat Traimit ❹

วัดไตรมิตร

Tri Mit Rd. **Plan** 6 F2. *1, 4, 11, 25, 53, 73 ; AC : 501, 507.* *t.l.j. 9h-17h.*

Fréquenté par des fidèles appartenant à la communauté chinoise, le Wat Traimit est aussi appelé le temple du Bouddha d'Or car il abrite la plus grande statue du Bouddha en or pur du monde. Haute de trois mètres, cette œuvre de l'école de Sukhothai date du XIIIe siècle et pèse plus de cinq tonnes et demie. On doit sa découverte, en 1955, au hasard. Des ouvriers de l'East Asiatic Company mirent au jour ce qui ressemblait à un simple bouddha en stuc. L'effigie resta au Wat Praimit pendant vingt ans sous un abri de fortune. Le jour où on décida de l'installer dans un cadre plus permanent, elle tomba de la grue qui la déplaçait et le plâtre révéla le précieux métal qu'il dissimulait, sans doute pour protéger la sculpture des pilleurs birmans, une pratique courante à l'époque du royaume d'Ayutthaya *(p. 60-61).*

Le Wat Traimit abrite un bouddha en or pur de 3 m de haut

Gare Hua Lamphong ❺

สถานีหัวลำโพง

Rama IV Rd. **Plan** 7 A2. ***Tél.*** *0 2223 3786.* *4, 21, 25, 29, 34, 40, 48, 109 ; AC : 501, 507, 529.*

Le rail se développa en Thaïlande à l'instigation du roi Chulalongkorn (Rama V), champion de la modernisation, et la première ligne, privée, relia en 1891 Paknam à Hua Lamphong. Cette gare historique reste aujourd'hui la plus importante de la capitale, et des trains en partent vers le nord, le nord-est, la Plaine centrale et le sud. L'autre gare de la ville, Bangkok Noi, ne dessert que le sud du pays.

Les Chinois en Thaïlande

Les premiers Chinois à s'installer au Siam arrivèrent au XIIe siècle pour commercer. Rama Ier encouragea leur immigration à la fin du XVIIIe siècle et au début du XIXe pour qu'ils contribuent à reconstruire l'économie après des années de guerre avec les Birmans *(p. 64)*. Tout en conservant leurs traditions et leurs croyances, ils s'intégrèrent si bien à la société thaïe qu'au milieu du XIXe siècle la moitié des habitants de Bangkok étaient Chinois ou métis. Malgré des périodes de réaction xénophobe à son égard, la communauté chinoise contrôle aujourd'hui presque tous les échanges commerciaux en Thaïlande.

Guerrier sur le toit d'un temple de Chinatown

Le temple Leng Noi Yee de Bangkok, *aux gables vernissés surmontés de dragons, est principalement bouddhiste, mais on vient aussi y pratiquer le taoïsme et le confucianisme. Il est au centre de la fête végétarienne annuelle* (p. 47).

Les « billets de l'enfer » *sont une forme de* kong tek, *répliques en papier d'objets réels brûlés après un décès.*

Des motifs chinois ornent de nombreux ustensiles de cuisson comme ces couvercles.

Les légumes frais jouent un rôle essentiel dans la cuisine.

MAISONS-BOUTIQUES CHINOISES

Ce mode d'habitat reste fréquent dans Chinatown. La famille vit à l'étage au-dessus du petit atelier ou du magasin qui assure sa subsistance.

L'opéra chinois, *joué par des troupes itinérantes, réunit chant, danse et arts martiaux.*

Les *dim sum* *(litt. : touche le cœur), amuse-gueules servis partout dans le quartier, incluent toasts à la crevette et croquettes au porc.*

La calligraphie *n'est pas qu'un art décoratif. Ces inscriptions en idéogrammes dorés, omniprésentes lors du Nouvel An chinois, sont censées protéger de la malchance et de la maladie.*

DUSIT

S'inspirant d'un urbanisme à l'européenne, le roi Chulalongkorn (Rama V) donna à cette partie de la ville ses perspectives et ses larges boulevards. Avec ses avenues bordées d'arbres, ses *khlong* et ses bâtiments anciens, le quartier demeure un siècle plus tard un havre de paix relatif au cœur d'une cité qui en possède peu. Il reste aussi le quartier de la famille royale et des bâtiments officiels. C'est d'ailleurs la « Voie royale » (Ratchadamnoen Avenue) qui conduit au château Vimanmek et aux musées royaux du parc de Dusit. Non loin se trouvent le palais Chitrlada, résidence du roi, et le Wat Benchamabophit, surnommé le temple de Marbre. Dusit, centre du pouvoir politique, renferme également l'Assemblée nationale et plusieurs ministères, mais on peut également s'y distraire en visitant le zoo de Bangkok, en assistant à une course de chevaux au Royal Turf Club ou encore à un match de boxe au Ratchadamnoen Stadium.

Détail de portail
Parc de Disit

DUSIT D'UN COUP D'ŒIL

Wat et églises
Églises chrétiennes de Dusit ❷
Wat Benchamabophit ❿
Wat Indrawihan ❹

Musées
Château Vimanmek ❺
SUPPORT Museum ❻

Avenues
Phitsanulok Road ❾
Ratchadamnoen Avenue ⓫

Monument
Palais Chitrlada ❽

Marché
Marché aux fleurs de Thewet ❸

Parc et zoo
Parc de Dusit *p. 102-103* ❶
Zoo de Dusit ❼

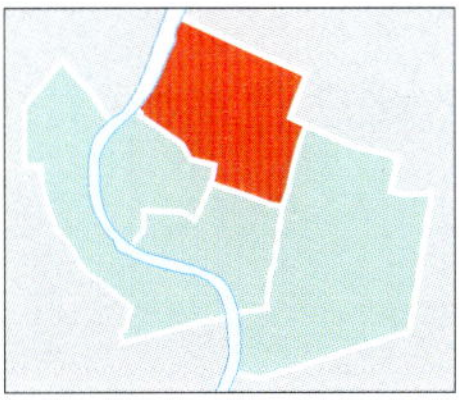

COMMENT Y ALLER ?
La Chao Phraya Express s'arrête aux quais Wat Sam Phraya, Wisut Kasat et Thewet, le plus pratique pour la majorité des sites. Le quartier est bien desservi par les bus, en particulier le long des grandes avenues comme Ratchadamnoen.

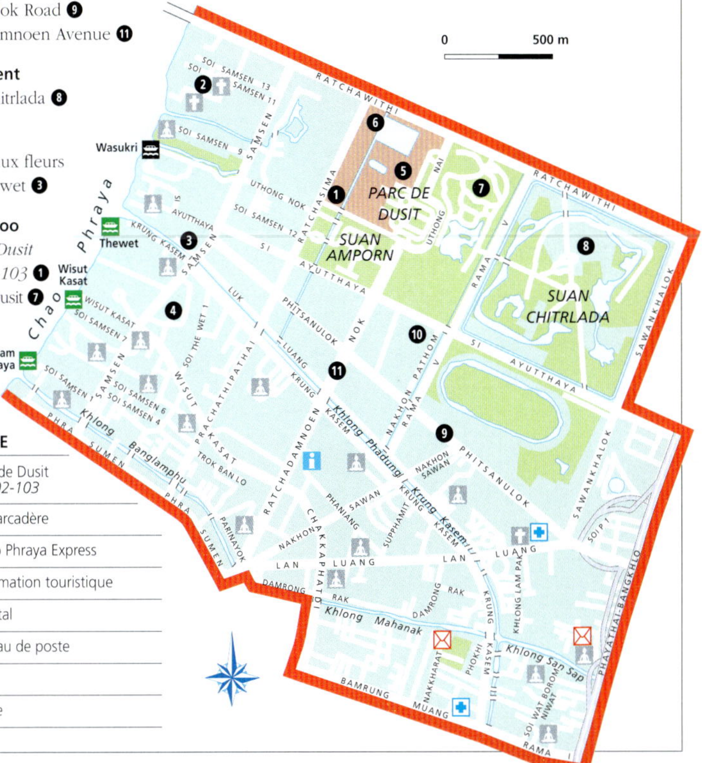

LÉGENDE
Parc de Dusit *p. 102-103*
Embarcadère
Chao Phraya Express
Information touristique
Hôpital
Bureau de poste
Wat
Église

◁ Nonnes se détendant sur les marches de l'entrée principale du SUPPORT Museum du parc de Dusit

Parc de Dusit ❶

แผนผังสวนดุสิต

Topiaire au palais Vimanmek

Principale attraction de cette partie de la ville, le parc de Dusit témoigne, avec ses parterres soigneusement entretenus, ses édifices harmonieux et ses maisons en teck, de l'attrait que l'Occident exerça sur le roi Chulalongkorn (1868-1910), premier souverain thaïlandais à se rendre en Europe. Il renferme notamment le château Vimanmek, le plus grand édifice en teck blond du monde, et la gracieuse salle du trône Abhisek Dusit qui abrite les collections d'artisanats traditionnels du SUPPORT Museum. La visite du parc et du zoo voisin *(p. 105)* occupera aisément une journée.

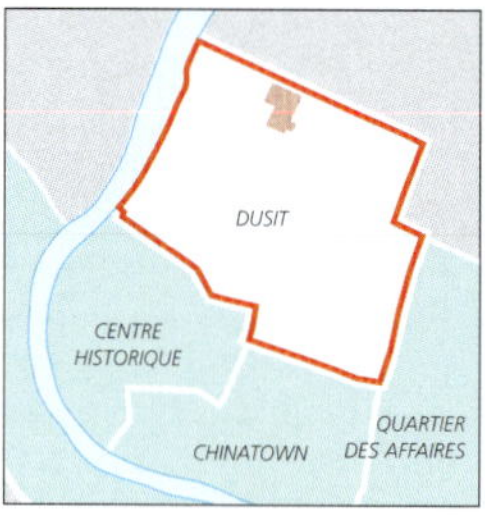

CARTE DE SITUATION

Voir l'atlas des rues, plan 2, 3

Musées photographiques du roi Bhumibol
L'actuel monarque de la Thaïlande a pris la majorité des clichés exposés. Ils ont souvent la famille royale pour sujet.

Musée de la Noblesse et du Portrait
L'exposition comprend les photographies et peintures de personnalités liées à la dynastie des Chakri, tel Maha Uparaja Bovornvijaya Jarn, le roi suppléant de Rama V.

Musée de l'Étoffe et de la Soie
Cette petite collection comprend les robes de cérémonie des rois Rama IV et Rama V. On y trouve également une présentation de soie thaïe de tout le pays.

À NE PAS MANQUER

★ Château Vimanmek

★ Salle du trône Abhisek Dusit

Pour les hôtels et les restaurants du quartier, voir p. 400 et p. 430

★ Salle du trône Abhisek Dusit
Cet élégant palais blanc (p. 105) *offre un cadre raffiné aux créations artisanales traditionnelles du SUPPORT Museum, tels des collages à base d'ailes de coléoptères aux couleurs délicates.*

MODE D'EMPLOI

Plan 2 F1. *0 2628 6300 9 (ext. 0).* *56, 70 ; AC : 70, 510, 515.* **Château Vimanmek** *t.l.j. 9h30-15h15, dernière entrée à 15h.* *obligatoire.* **SUPPORT Museum** *t.l.j. 9h30-15h15.* **Tous les autres bâtiments** *t.l.j. 9h-16h.* *lors des cérémonies royales.* *le ticket (valable 30 j.) inclut l'accès au parc de Dusit et à tous les bâtiments.* *à l'intérieur.*

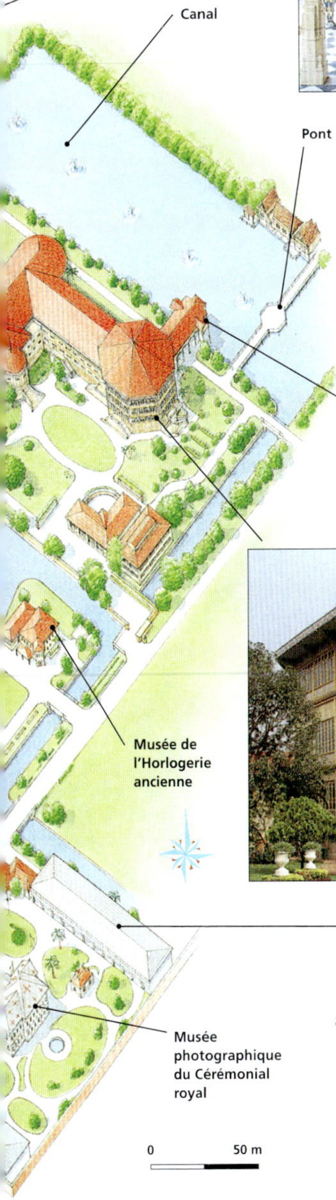

Pavillon du bord du lac
Cette gracieuse construction, située derrière le palais Vimanmek, donne vue sur de belles maisons traditionnelles en teck bâties sur l'autre rive du lac, fermée au public.

★ Château Vimanmek
Plus proche de la demeure victorienne que du palais thaï, cet édifice en teck blond (p. 104-105)*, entièrement assemblé avec des chevilles de bois, abrite une exposition pleine d'intérêt.*

Musée des Voitures royales
Il renferme d'intéressants véhicules insolites de la famille royale : automobiles anciennes et attelages de cérémonie.

Églises chrétiennes de Dusit ❷

โบสถ์ดุสิตคริสเตียน

Plan 2 E1. *3, 9, 30, 53 ; AC : 506 ; MB : 8, 10.*

Un petit groupe d'églises chrétiennes se dresse juste au sud de Ratchawithi Road, près de la rive du Chao Phraya. La première, l'**église Saint-François-Xavier**, se trouve près du Krung Thon Bridge. Construite au XIXe siècle, elle se reconnaît à la statue de saint de son portique. Sa congrégation comprend des membres de la communauté catholique vietnamienne qui habite le quartier depuis 1934. Juste au sud, l'**église de l'Immaculée-Conception** est de taille plus modeste. Bâtie par des missionnaires français en 1834, elle occupe le site d'un ancien sanctuaire construit en 1674, pendant le règne de Narai *(p. 60-61)*, par le père Louis Laneau pour la communauté portugaise. Elle doit son surnom d'« Église cambodgienne » au rôle joué dans la paroisse par les descendants de réfugiés cambodgiens qui s'installèrent ici à la fin du XVIIe siècle. Derrière l'église, l'un des bâtiments originels du temple portugais abrite la collection de reliques du **Wat Mae Phrae Museum** (pas d'heures d'ouverture fixes). Elle comprend une statue de la Vierge à laquelle est consacrée une cérémonie en octobre.

Portique d'entrée de l'église Saint-François-Xavier

Peinture murale moderne, Wat Indrawihan

Marché aux fleurs de Thewet ❸

ตลาดดอกไม้เทเวศน

Krung Kasem Rd. **Plan** 2 E2. *AC : 506.* **Bibliothèque nationale** Samsen Rd. ***Tél.*** *0 2281 5212.* *t.l.j. 9h30-19h30.*

Ce marché permanent se tient sur les deux rives du khlong Phadung Krung Kasem à l'ouest de Samsen Road. Ses étals proposent un très vaste assortiment de fleurs, d'arbres ornementaux, de plantes tropicales et de cache-pots. Bien que le choix y soit moins important qu'au marché Chatuchak *(p. 135)*, les prix sont généralement inférieurs, et le bord du canal offre un cadre agréable à la flânerie.

Jarres de jardin au marché aux fleurs de Thewet

Non loin, la **Bibliothèque nationale** possède une riche collection de livres en thaï et en anglais. Des peintures thaïlandaises ornent l'entrée. L'extérieur incorpore des éléments architecturaux traditionnels *(p. 34-35)*.

Wat Indrawihan ❹

วัดอินทรวิหาร

Wisut Kasat Rd. **Plan** 2 E3. *3, 53 ; AC : 506* *t.l.j.*

Impossible de manquer la raison de la notoriété du Wat Indrawihan (souvent abrégé en Wat In) : un bouddha debout haut de 32 m. Mongkut (Rama IV) commanda cette statue au milieu du XIXe siècle pour y enfermer une relique du Bouddha provenant du Sri Lanka – de telles reliques, fragments d'os ou cheveux, jouent un grand rôle dans le bouddhisme et de nombreux monuments en abritent. Bien qu'il ne s'agisse pas d'une des plus belles effigies de l'« Éveillé », sa silhouette se découpe avec élégance sur le ciel. Ses énormes orteils font office d'autel pour les offrandes. Le *bot* renferme des centaines d'urnes funéraires en poterie bencharong (cinq couleurs). Des peintures murales modernes, mais de style traditionnel, décorent les murs intérieurs. Dans un bâtiment plus petit, on vend de l'eau « de chance ».

Château Vimanmek ❺

พระที่นั่งวิมานเมฆ

Ratchawithi Rd. **Plan** 2 F1. ***Tél.*** *0 2628 6300 9 (ext. 0).* *56, 70 ; AC : 70, 510, 515.* *t.l.j. 9h30-15h15.* *1er-6 janv.* *(gratuit avec un billet du Grand Palais).* *à l'intérieur.* *obligatoire.*

Construit sans le moindre clou en 1868 à Ko Sichang *(p. 316-317)*, le plus grand édifice en teck blond du monde fut remonté à son emplacement actuel en 1901. Chulalongkorn (Rama V), sa famille et ses concubines y habitèrent quelques années en attendant l'achèvement du palais Chitrlada *(p. 106)*. Fermée en 1935, cette « résidence céleste » tomba en décrépitude jusqu'en 1982 où la reine Sirikit commanda sa restauration, splendide, à l'occasion du bicentenaire de Bangkok *(p. 68-69)*.

La visite guidée permet de découvrir 30 des 81 pièces reliées par un dédale de couloirs et de larges escaliers, en particulier les salles de réception, celles de la musique et les appartements du roi aménagés dans une tour octogonale. L'attrait exercé par l'Occident sur Chulalongkorn transparaît dans les hauts plafonds et les vérandas qui donnent un aspect victorien à la demeure. Une salle de bains renferme toujours la première douche moderne installée en Thaïlande. Des portraits de la famille royale, des vitrines d'objets d'art, un superbe mobilier, des trophées de chasse, des porcelaines et des souvenirs, tels que la première machine à écrire en alphabet thaï, emplissent les pièces qui ont retrouvé leur décoration originelle.

On peut se promener à sa guise dans le parc ou s'asseoir sous le pavillon au bord du lac qui accueille, deux fois par jour, des représentations de danse thaïe *(p. 42-43)* et des spectacles de dressage de singes.

Le château Vimanmek où vécut Rama V au début du XXe siècle

Plafond en coupole de la salle du trône Ananta Samakom

SUPPORT Museum ❻

พิพิธภัณฑ์ศิลปาชีพ

Ratchawithi Rd. **Plan** 2 F1.
Tél. *0 2628 6300.* *AC : 510, 515.*
t.l.j. 9h30-15h15.

Installé dans la salle du trône Abhisek Dusit près du palais Vimanmek (et accessible avec le même ticket), le SUPPORT Museum offre une vitrine aux artisanats traditionnels que la reine Sirikit sauva du déclin en fondant la Promotion of Supplementary Occupations and Related Techniques (SUPPORT). L'un de ces artisanats est la vannerie *yan lipao* originaire de Nakhon Si Thammarat *(p. 378-379)*. La matière végétale utilisée se prête à des motifs élaborés, et son poli donne aux objets leur lustre final. Les autres arts représentés comprennent le nielle (incrustations d'émail noir), la poterie céladon, la laque, le tressage de rotin et de bambou, et une forme de collage qui utilise les ailes iridescentes des coléoptères. Des membres de la famille royale créèrent certains des motifs. Le SUPPORT Museum possède aussi un centre de formation à Bang Sai près de Bang Pa-in *(p. 181)*. Une autre salle du trône, **Ananta Samakom**, se dresse au sud d'Abhisek Dusit. Datant de 1912, cet édifice abrita un temps le Parlement. Le public ne peut découvrir son intérieur spectaculaire que le jour des Enfants, le deuxième samedi de janvier.

Zoo de Dusit ❼

สวนสัตว์ดุสิต (เขาดิน)

Rama V et Ratchawithi Rds.
Plan 3 A2. ***Tél.*** *0 2281 2000.*
AC : 510, 515. *t.l.j. 8h-18h.*
www.zoothailand.org

Entre le parc de Dusit et le palais Chitrlada s'étendent les jardins verdoyants d'un des plus beaux zoos d'Asie. Les oiseaux et les grands mammifères, tels que tigres, ours, éléphants et hippopotames, y jouissent d'un espace raisonnable bien que d'autres enclos soient beaucoup plus exigus. On peut aussi faire des promenades à dos d'éléphant et assister à des spectacles le week-end. Le parc zoologique était à l'origine le jardin botanique privé de Rama V et l'on y cultive toujours des plantes tropicales. Un petit lac permet de canoter.

Ours noir du zoo de Dusit

Palais Chitrlada ❽

พระตำหนักจิตรลดา

Ratchawithi et Rama V Rds. **Plan** 3 B2. *18, 28 ; AC : 510.* *au public.*

Datant du début du XXe siècle, la résidence du souverain de Thaïlande se dresse à l'est du zoo de Dusit au sein du vaste parc (fermé au public mais illuminé du 5 décembre – l'anniversaire du roi – au Nouvel An). Les éléphants blancs royaux y sont dressés et gardés. Bien que le palais lui-même reste caché à la vue, on peut apercevoir les bâtiments utilisés par Bhumibol (Rama IX) pour ses expériences agricoles et industrielles. En 1993, il déposa un brevet… pour un aérateur d'eaux usées.

Panneau célébrant le 50e anniversaire du couronnement de Bhumibol

Phitsanulok Road ❾

ถนนพิษณุโลก

Plan 2 E2. *16, 23, 201, 505.*

Plusieurs édifices institutionnels bordent cette grande avenue qui traverse le cœur de Dusit. En se dirigeant vers le nord-ouest depuis Sawankhalok Road et le Mission Hospital, le premier à présenter de l'intérêt est **Ban Phitsanulok**. Rama VI fit construire cette vaste demeure en 1925 pour le général de division Phraya Aniruttheva. Ses architectes italiens, qui dessinèrent aussi la salle du trône Ananta Samakorn *(p. 105)*, lui donnèrent un style néogothique vénitien, l'ornant à profusion de créneaux fuselés et de fenêtres à meneaux à motifs floraux. Depuis sa restauration en 1982, Ban Phitsanulok sert de résidence officielle au Premier ministre et est fermée au public. Les invités y passent rarement la nuit car elle a la réputation d'être hantée.

De l'autre côté de l'avenue se trouve le **Royal Turf Club**, l'un des deux principaux hippodromes de Thaïlande *(p. 117)*. Les courses s'y déroulent de 12 h 30 à 18 h 30 un dimanche sur deux. Des parieurs issus de toutes les couches de la société se pressent alors dans les tribunes, et l'ambiance frénétique qu'ils créent se révèle souvent plus amusante que les courses elles-mêmes. La King's Cup, ou Derby Cup, qui a lieu le premier ou le deuxième week-end de janvier, est l'événement le plus important qu'accueille le Royal Turf Club. À l'ouest, juste après le virage de Nakhon Pathom Road, la **Government House**, un gracieux bâtiment couleur crème de style néovénitien, abrite le bureau du Premier ministre, bien entendu fermé au public.

Parieurs sur l'hippodrome du Royal Turf Club

Wat Benchamabophit ❿

วัดเบญจมบพิตร

69 Rama V Rd. **Plan** 3 A3. ***Tél.** 0 22 82 7413.* *3, 16, 23, 505.* *t.l.j. 9h-17h.*

Le dernier grand temple bâti dans le centre de Bangkok marie avec raffinement architecture thaïe et influences européennes *(p. 35)*. Chulalongkorn (Rama V) commanda en 1899 au prince Naris, un de ses frères, architecte, et à l'Italien Hercules Manfredi un

LES ÉLÉPHANTS BLANCS ROYAUX

Depuis le XIIIe siècle, époque où le roi Ramkamhaeng donna à ces pachydermes leur prestige, le rang du souverain régnant de Thaïlande est en partie apprécié au nombre d'éléphants blancs *(chang samkhan)* qu'il possède. L'importance symbolique de cet animal, qui figura sur le drapeau siamois jusqu'en 1917, découle d'une légende vieille de deux mille cinq cents ans : alors stérile, la reine Maya serait tombée enceinte du futur Bouddha après avoir rêvé qu'un éléphant blanc entrait dans son ventre. Dans le langage courant, le terme « éléphant blanc » signifie aujourd'hui un gros investissement inutile. Selon la tradition thaïe, en effet, tous les éléphants blancs sont propriété royale. Il est interdit de les mettre au travail, et les entretenir impose de grands frais. Bien qu'appelés « blancs », ces pachydermes ne sont pas totalement albinos. La coutume impose juste que la teinte de sept parties de leur corps soit assez claire.

Illustration d'un manuscrit ancien

Singhas gardant l'entrée du Wat Benchamabophit

nouveau *bot* et un cloître pour le sanctuaire de l'époque d'Ayutthaya qui occupait le site. Le marbre gris de Carrare utilisé pour les murs valut au nouveau *wat* le surnom de temple de Marbre. De plan cruciforme, le *bot* abrite un autre exemple réussi de mariage de traditions : des vitraux de style victorien représentant des scènes de la mythologie siamoise. Le socle sur lequel repose la plus sacrée des copies du Phra Buddha Chinarat de Phitsanulok *(p. 160-161)* contient les cendres de Rama V. Provenant de divers pays, cinquante-trois bouddhas du cloître furent réunis par celui-ci. Ces répliques et statues originales offrent un fascinant aperçu de l'ensemble des représentations bouddhiques. Le *wat* possède aussi l'un des trois jeux de portes incrustées de nacre sauvés du Wat Borom Buddharam d'Ayutthaya. Des peintures murales illustrant différentes étapes de son règne décorent un bâtiment où Rama V fit retraite. Les rituels monastiques qui rythment la vie du Wat Benchamabophit ajoutent à l'intérêt de sa visite, depuis les processions marquant les fêtes jusqu'aux aumônes quotidiennes de nourriture *(p. 129)*. Ici, les moines ne partent pas en quête mais se postent le long de Nakhon Pathom Road pour attendre les donations des fidèles.

Ratchadamnoen Avenue ⓫

ถนนราชดำเนิน

Plan 1 D4. *15, 33, 39, 70, 159, 201 ; AC : 157, 170, 183, 503, 511.*

En décembre, décorations et illuminations célèbrent l'anniversaire du roi Bhumibol sur cette artère voulue par Mongkut (Rama IV) dans le style d'un boulevard européen. Le premier tronçon, Ratchadamnoen Nai (« intérieur »), part du Lak Muang et longe **Sanam Luang** *(p. 78-79)* avant de tourner vers l'est au Royal Hotel pour devenir Ratchadamnoen Klang (« du milieu ») que bordent le **Democracy Monument** *(p. 87)* et des ensembles de maisons des années 1930. Juste après le khlong Banglamphu, Ratchadamnoen Nok (« extérieur ») s'enfonce au nord dans le quartier de Dusit. Des ministères, le siège principal de la TAT et le **Ratchadamnoen Boxing Stadium** *(p. 45)* bordent cette avenue ombragée. Juste avant le double pont du khlong Phadung Krung Kasem se dresse l'immeuble de l'Economic and Social Commission for Asia and the Pacific (ESCAP) des Nations unies. Ratchadamnoen Avenue se termine à la **salle du trône Ananta Samakom** *(p. 105)* dont la silhouette se dessine derrière la statue équestre de Chulalongkorn, qui domine l'esplanade où se déroule la cérémonie du salut au drapeau *(p. 51)*.

Cérémonie du salut au drapeau, Ratchadamnoen Avenue

Moines bouddhistes dans l'avant-cour du Wat Benchamabophit marqué d'influences européennes ▷

CENTER

LE QUARTIER DES AFFAIRES

Vaste et en constante expansion, le centre du Downtown de Bangkok se situe entre Silom Road et Phloen Chit Road. Il tire son origine de l'Old Farang Quarter de Charoen Krung Road, qui a conservé autour du Mandarin Oriental Hotel de charmants bâtiments coloniaux du XIXe siècle. Véritable canyon de béton dévolu aux employés de bureau, Silom devient le soir, dans sa partie nord, le pôle de la vie nocturne de la ville. Des boutiques de luxe bordent Ploen Chit Road et Rama I Road. Les étals de Silom et de Siam Square permettent des achats moins coûteux. Au milieu des gratte-ciel, le parc Lumphini crée un oasis de verdure. La maison de Jim Thompson et le palais Suan Pakkad évoquent une époque plus paisible.

LE QUARTIER DES AFFAIRES D'UN COUP D'ŒIL

Temples, sanctuaire et église
Cathédrale de l'Assomption 2
Sanctuaire Erawan 12
Temple de Maha Uma Devi 5
Wat Pathum Wanaram 13

Musées et bibliothèque
Bangkok Art and Culture Center 15
Maison de Jim Thompson p. 120-121 16
Neilson-Hays Library 6
Palais Suan Pakkad 18

Rues, place et quartiers
Charoen Krung (New) Road 3
Patpong 7
Pratunam 17
Siam Square 14
Silom Road 4

Parcs et terrains de sport
Parc Lumphini 9
Royal Bangkok Sports Club 11

Bâtiments historiques
Université Chulalongkorn 10
Mandarin Oriental Hotel 1

Zoo
Snake Farm 8

COMMENT Y ALLER ?

Des bus suivent les principales artères. La Chao Phraya Express s'arrête aux quais Si Phraya, Wat Muang Khae et Oriental. Utilisez le métro aérien pour éviter les embouteillages.

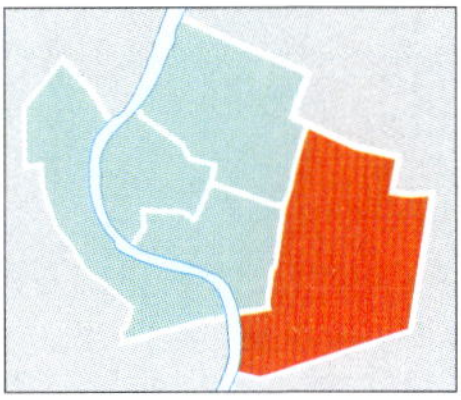

LÉGENDE

- Plan du quartier pas à pas p. 112-113
- Métro
- Station du métro aérien
- Embarcadère
- Chao Phraya Express
- Poste de police
- Police touristique
- Hôpital et service des urgences
- Bureau de poste
- Wat
- Église

Immeubles de bureaux et centres commerciaux vus depuis le parc Lumphini

L'Old Farang Quarter pas à pas

ย่านที่อยู่ของฝรั่งสมัยก่อน(ย่านเจริญกรุง)

Emblème du portail de l'ambassade de France

Le Portugal fut le premier pays européen à ouvrir une ambassade à Bangkok en 1820. D'autres, telle la France, l'imitèrent bientôt, et un petit territoire au bord du Chao Phraya, aujourd'hui le « vieux quartier des étrangers », devint le centre des échanges entre le Siam et l'Occident. La rencontre des traditions y créa des édifices à l'architecture métissée. Marchands de pierres précieuses, tailleurs et antiquaires tiennent boutique sur Charoen Krung (New) Road, la première avenue pavée de Thaïlande. En descendant vers le fleuve, la cathédrale de l'Assomption domine la seule place de type européen de la ville. Étonnamment paisibles, les petites rues du quartier recèlent de belles maisons en bois.

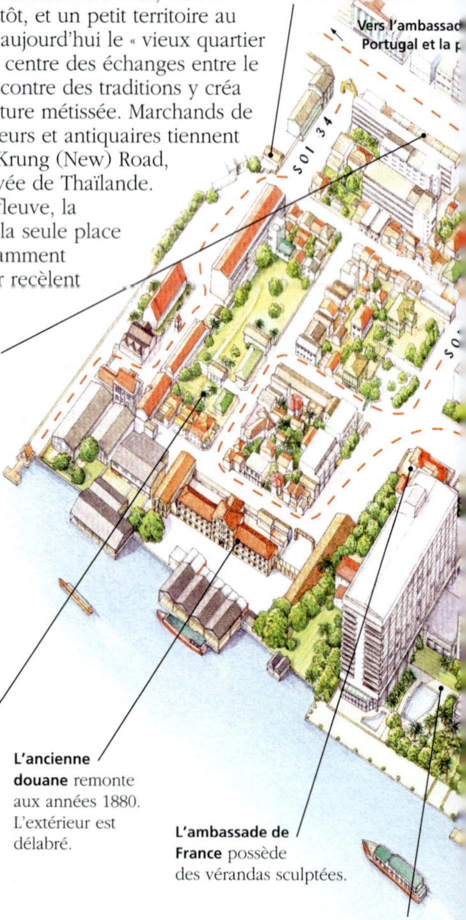

Le restaurant *Harmonique* fait partie d'un ensemble de maisons-boutiques bâties vers 1900.

Le Rare Stone Museum, minuscule boutique-musée spécialisée dans les minéraux, expose des curiosités géologiques telles que des excréments de dinosaures fossilisés.

La Mosquée Haroon, édifice en stuc jouxtant un cimetière musulman et situé dans une rue bordée de maisons en bois, est orientée en direction de La Mecque.

L'ancienne douane remonte aux années 1880. L'extérieur est délabré.

L'ambassade de France possède des vérandas sculptées.

★ Mandarin Oriental Hotel

Fondé en 1876 par deux capitaines danois, cet hôtel de réputation internationale reçut une nouvelle aile (la Tower Wing) en 1958 et une annexe de dix étages (la River Wing) en 1976 ❶

À NE PAS MANQUER

★ Cathédrale de l'Assomption

★ Mandarin Oriental Hotel

Pour les hôtels et les restaurants du quartier, voir p. 398-400 et p. 428-430

Le *China House*, l'un des restaurants les plus chers de Bangkok, occupe un bâtiment datant du règne de Vajiravudh *(p. 67)*. L'immeuble voisin, la Commercial Co. of Siam, fut construit à la même époque.

CARTE DE SITUATION
Voir l'atlas des rues, plan 6

★ Cathédrale de l'Assomption
Édifiée en 1910, cette église au décor élégant possède un intérieur rococo où trône un autel en marbre provenant de France ❷

Vers le pont Taksin

L'immeuble de l'East Asiatic Company (1901) est de style vénitien.

Shangri-La Hotel

Le Wat Suan Phu en bois sculpté, abrite le Phra Bodhisattva Kuan-Im, un autel chinois au-dessus d'une pièce d'eau.

LÉGENDE

– – – Itinéraire conseillé

Façade néoclassique de l'Authors' Wing du Mandarin Oriental Hotel

Mandarin Oriental Hotel ❶

โรงแรมโอเรียนเต็ล

Oriental Ave, depuis Charoen Krug Rd. **Plan** 6 F4. ***Tél.*** *0 2659 9000.* *35, 75.* *Oriental.* **www.** mandarinoriental.com/bangkok

Régulièrement élu meilleur hôtel du monde pour la qualité du service, le premier grand hôtel de Thaïlande fut fondé en 1876 et reconstruit en 1887. Il a depuis reçu de nombreux aménagements et doit beaucoup de son charme aux frères Sarki, des Arméniens qui créèrent aussi le luxueux Hotel Raffles de Singapour. La somptuosité du décor et une situation exceptionnelle au bord du Chao Phraya justifient ses tarifs élevés. Des volets blancs garnissent les fenêtres du corps originel du palace. Il abrite les Authors' Suites où résidèrent des écrivains tels que Somerset Maugham. Ce dernier se remettant d'une crise de paludisme dans les années 1920, évoqua la « poussière et la chaleur et le bruit et la blancheur et la poussière encore » de Bangkok. Sa perception de la ville changea quand il put explorer les *wat* et les *khlong*. L'Authors' Lounge offre un cadre très colonial où siroter un thé anglais. Une barge en teck relie sur l'autre rive du fleuve le Sala Rim Naam, l'un des huit restaurants réputés de l'hôtel *(p. 430)*, qui dirige une école de cuisine thaïe. Des représentations de khon *(p. 42-43)* ont lieu au dîner.

Cathédrale de l'Assomption ❷

วัดอัสสัมชัญ

Oriental Lane, depuis Charoen Krung Rd. **Plan** 6 F4. *35, 75.* *t.l.j.*

De style néoroman, ce sanctuaire en brique, construit en 1910, occupe le site d'une cathédrale antérieure. Sous une haute voûte bleue éclaboussée d'étoiles dorées, l'intérieur présente une riche décoration rococo.
La cathédrale domine une place paisible et ombragée que bordent plusieurs autres bâtiments occidentaux. Ceux-ci comprennent le moderne collège de l'Assomption, la Mission catholique de style néoclassique et le Centre catholique néo-Renaissance qui tourne le dos au fleuve.

Charoen Krung (New) Road ❸

ถนนเจริญกรุง

Plan 6 F2. *1 ; AC : 504.*

Parallèle au Chao Phraya, Charoen Krung, souvent appelée New Road (Nouvelle Route), est l'une des plus anciennes voies de circulation de Bangkok. Partant du Wat Pho et traversant Chinatown avant de rejoindre Yannawa, elle desservait jadis la douane et de nombreuses compagnies d'import-export, jouant un rôle central pour la communauté européenne. Celle-ci réussit à obtenir qu'elle soit la première avenue pavée de Thaïlande. Vendeurs de pierres précieuses et antiquaires y tiennent toujours boutique malgré le bruit et la pollution créés par les embouteillages. Bordées d'arbres et de vieux édifices en bois, les rues latérales offrent beaucoup plus de calme. En face d'une

Le spacieux et luxueux hall du Mandarin Oriental Hotel

statue de Chulalongkorn, la **poste centrale** présente une façade en pierre brune ornée de *garudas*. Des éventaires de timbres et de monnaies (le dimanche) et le marché **Bangrak**, marché quotidien de vêtements et de fruits, animent les alentours.

Silom Road ❹

ถนนสีลม

Plan 7 A4. *Silom.* *Saladaeng (métro aérien).* *AC : 177, 505, 514, 532, 544.*

Il y a quelques décennies, des vergers entouraient ici un canal. Cœur commercial de Bangkok, Silom Road s'est transformée aujourd'hui en un ravin pollué. Toutefois, des milliers d'hirondelles des granges continuent de venir nicher dans le quartier d'octobre à mars. Des magasins de pierres précieuses et de soie bordent le tronçon proche du fleuve et une avenue parallèle, Surawong Road. Près de Patpong *(p. 116)*, le Dusit Thani Hotel domine le parc Lumphini et le brouhaha de la vie nocturne. Non loin, Convent Road, où se dresse l'**Anglican Christ Church** (1940) néogothique, doit son nom au **couvent carmélite**.

Petit vendeur de rue

Temple de Maha Uma Devi ❺

วัดศรีมหาอุมาเทวี

Angle de Silom et Pan Rds. **Plan** 7 B4. *AC : 502, 504.* *7h-18h.* *Deepavali (nov.).*

Des Tamouls venus s'installer à Bangkok en 1858, quand l'Inde fut rattachée à la Couronne britannique, fondèrent ce sanctuaire dans les années 1860. Coiffé par une coupole en cuivre doré, l'édifice principal possède une façade de 6 m de haut portant les effigies de divers dieux hindous. Toujours animé, le temple, où jouent souvent des musiciens, est en novembre au centre des célébrations de Deepavali (fête des Lumières). Un curieux rituel de purification mettant en œuvre une lampe à huile a lieu presque tous les jours à midi. Le vendredi à 11 h 30, les fidèles partagent de la *prasada* (nourriture végétarienne bénite). Bien que certains Thaïs appellent péjorativement le sanctuaire Wat Khaek (« temple indien »), beaucoup d'entre eux, ainsi que des Chinois, viennent s'y recueillir, de nombreux liens existant entre cultes hindou et bouddhique.

Divinités polychromes sur le toit du temple de Maha Uma Devi

Neilson-Hays Library ❻

ห้องสมุดเนลสันเฮยส

195 Surawong Rd. **Plan** 7 B4. ***Tél.*** *0 2233 1731.* *16, 93.* *mar.-sam. 9h30-16h.* **www**.neilsonhayslibrary.com

Construite en 1921 en hommage à Jennie Neilson-Hays, qui fut, de 1895 à 1920, le pilier de la Bangkok Library Association, cette bibliothèque possède, dans un édifice proche du British Club, l'une des plus riches collections de livres en anglais de l'Asie du Sud-Est. L'intérieur abrite une intéressante galerie d'art moderne.

LES ÉCRIVAINS OCCIDENTAUX À BANGKOK

Plus que celui de l'Abbé de Choisy, auteur en 1685 d'un *Journal du voyage de Siam*, c'est le regard d'Anna Leonowens qui influença longtemps la vision occidentale de la Thaïlande. Ce professeur d'anglais à la cour de Mongkut (Rama IV) écrivit le récit qui inspira la comédie musicale *Le Roi et moi*. L'ouvrage, où le monarque devenait un personnage comique, n'est plus considéré comme une source historique fiable. Moins controversés, Joseph Conrad relata sa croisière sur le Chao Phraya dans *La Ligne d'ombre* et Somerset Maugham décrivit ses impressions de Thaïlande dans *Un Gentleman en Asie*. Ils font partie des écrivains anglo-saxons auxquels des suites du Mandarin Oriental Hotel rendent hommage. Parmi les autres figurent Noël Coward, Gore Vidal, Graham Greene et Barbara Cartland. Le palace accueille chaque année la remise d'un prix littéraire, le SEAWrite Award, créé en 1969 pour promouvoir les contacts entre auteurs des pays du Sud-Est asiatique.

Joseph Conrad en 1904

Shopping au marché de nuit de Patpong

Patpong ❼

พัฒน์พงษ์

Silom Rd., Patpong 1 et 2. **Plan** 7 C3. *AC : 76, 177, 504, 514.* *Silom.* *Saladaeng (métro aérien).*

Nommées d'après leur ancien propriétaire, le millionnaire chinois Khun Patpongpanit, les rues privées Patpong 1 et 2 renferment l'un des quartiers chauds les plus célèbres du monde. Depuis les années 1970, les *go-go bars,* qui s'y multiplièrent pendant la guerre du Vietnam, ont aujourd'hui surtout une clientèle de touristes. Une clientèle homosexuelle plus discrète existe sur une rue adjacente, Silom Soi 6, tandis que les bars à hôtesses de Soi Taniya reçoivent surtout des Japonais. La police du tourisme surveille le quartier et il se révèle étonnamment sûr. Un marché de nuit dont les étals vendent souvenirs et vêtements de marque, le plus souvent des contrefaçons, lui donne un léger vernis de respectabilité. Une librairie au centre de Patpong propose l'un des plus vastes choix d'écrits féministes de l'Asie du Sud-Est. La plupart des touristes ne se rendent à Patpong que par curiosité. Ils repartent en majorité mal à l'aise.

Snake Farm ❽

สวนงู

Rama IV Rd. **Plan** 7 C3. ***Tél.*** *0 2252 0161.* *AC : 50, 507.* *Silom.* *mer.-ven. 8h30-16h30, dim. et j.f. 8h30-12h.*

Dirigé par la Croix-Rouge thaïlandaise, l'ancien institut Pasteur, devenu la Queen Saowapha Snake Farm, est aujourd'hui un centre de fabrication de sérums antivenimeux. L'éducation l'emporte ici sur le spectacle. Deux fois par jour (une fois seulement le week-end), les visiteurs peuvent assister à l'extraction du venin après avoir suivi un diaporama explicatif. Les sécrétions toxiques des serpents sont ensuite recueillies dans des bocaux afin de sauver des vies.

Cobra de la Snake Farm

LA PROSTITUTION EN THAÏLANDE

Pour les visiteurs, l'industrie du sexe en Thaïlande a l'aspect des bordels tape-à-l'œil de Patpong ou de villes comme Pattaya et Hat May, mais ce genre d'établissement n'existe que depuis l'afflux de soldats américains pendant la guerre du Vietnam. Historiquement, c'est la polygamie et la tradition d'avoir des concubines qui ont favorisé le développement de la prostitution. Selon une étude, les trois quarts des hommes thaïlandais rendraient visite en moyenne deux fois par mois à une prostituée, et chaque ville possède au moins un « salon de massage ». Certaines estimations portent à 2 millions le nombre de personnes vivant du commerce du sexe mais les plus sérieuses l'évaluent à 250 000, dont un cinquième d'hommes. Une minorité seulement a pour clientèle des touristes. Les filles viennent en majorité des régions les plus pauvres de Thaïlande ou de pays voisins comme la Birmanie. Certaines se prostituent dans l'espoir de gagner de l'argent ou d'aider leur famille à survivre, mais d'autres sont vendues ou enlevées et réduites à un quasi-esclavage, les cas de jeunes femmes battues ou recluses n'étant pas rares. L'ampleur que prend la prostitution enfantine a suscité de nombreuses protestations dans le monde. Malgré les campagnes de prévention du gouvernement et l'action d'associations caritatives, le SIDA *(p. 483)* commet de plus en plus de ravages. Une statistique récente estimait à 14 % le pourcentage moyen de séropositifs parmi la population se prostituant, une proportion qui atteindrait 70 % dans des provinces comme Chiang Rai.

Night-club du centre de Bangkok

Pour les hôtels et les restaurants du quartier, voir p. 398-400 et p. 428-430

Adeptes du tai-chi-chuan pratiquant au petit matin dans le parc Lumphini

Parc Lumphini 9

สวนลุมพินี

Plan 8 D3. *50 ; AC : 50, 507.* *Silom, Lumphini.* *Saladaeng (métro aérien).* *t.l.j. 5h30-21h.*

Nommé d'après le lieu de naissance du Bouddha au Népal, le principal poumon de verdure de Bangkok s'étend autour de deux lacs. En face de Silom Road se dresse une statue de Rama VI. Le parc est très agréable tôt le matin quand les Chinois viennent y pratiquer le tai-chi-chuan. Des éventaires vendent du sang et de la bile de serpent censés protéger de la maladie. Se promener au milieu des pelouses et des bosquets permet de découvrir des familles thaïes vêtues de leurs plus beaux atours, de vieux Chinois jouant aux échecs et des parties improvisées de *takraw*, sorte de volley-ball où les joueurs ne se servent pas des mains.

Université Chulalongkorn 10

มหาวิทยาลัยจุฬาลงกรณ์

Phya Thai Rd. **Plan** 7 C3. ***Tél.*** *0 22 15 3555.* *16, 40, 47, 50 ; AC : 501 ; MB : 1.* **Imaging Technology Museum** ***Tél.*** *0 2218 5580.* *lun.-ven. 10h30-15h30.* **Galerie d'art** ***Tél.*** *0 2218 2961.* *t.l.j. lors d'expositions.* *j.f.* **Museum of Ecology** ***Tél.*** *0 2218 5442.* *lun.-ven. 8h30-16h30.*

Dédiée au roi qui la fonda, c'est l'université la plus ancienne et la plus prestigieuse de Thaïlande. Entre Phya Thai Road et Henri Dunant Road, deux artères très fréquentées, plusieurs beaux édifices dominent le jardin central qu'agrémente un étang souvent utilisé lors de la fête de Loy Krathong *(p. 50)*. L'**Imaging Technology Museum,** au sud du lac, propose des installations interactives liées à la photographie. Une salle de concert à la programmation essentiellement classique, une **galerie d'art** accueillant des expositions temporaires et le **Museum of Ecology** complètent les installations du campus.

Royal Bangkok Sports Club 11

ราชกรีฑาสโมสร

Henri Dunant Rd. **Plan** 8 D2. *16, 21 ; AC : 141.* ***Tél.*** *0 2255 1420.* *9h-18h un dim. sur deux pour les courses seulement.* **www**.rbsc.org

La longueur de la liste d'attente des postulants à l'inscription justifie la réputation qu'a le RBSC d'être l'institution sociale la plus fermée de Thaïlande. Ses membres peuvent y pratiquer de nombreux sports – rugby, football et hockey – et forment certaines des meilleures équipes du pays. Les non-membres viennent assister aux courses qui se déroulent sur l'hippodrome, l'un des deux plus importants de Thaïlande avec le Royal Turf Club de Phitsanulok Road *(p. 106)*. Les dimanches de course, toutes les classes sociales se côtoient autour de la piste. Plus le moment du départ approche et plus monte la fièvre des parieurs que d'immenses panneaux électroniques tiennent informés de la cote de chaque cheval et de la somme totale mise en jeu. Vous pourrez vous-mêmes jouer en vous aidant des cotes inscrites sur les écrans, mais il faudra généralement demander de l'aide pour remplir les coupons de pari écrits en thaï.

Dans la dernière ligne droite au Royal Bangkok Sports Club

Le Siam Center, l'un des principaux centres commerciaux de Thaïlande

Sanctuaire Erawan ⓬

พระพรหมเอราวัณ

Ratchadamri Rd. **Plan** 8 D1. *Rachadamri ou Siam (métro aérien). AC : 501, 504, 505.*

La traditionnelle maison des esprits *(p. 37)* élevée lors de la construction dans les années 1950 du premier Erawan Hotel, sur le site qu'occupe aujourd'hui le Grand Hyatt Erawan Hotel, ne remplit manifestement pas sa fonction puisqu'une succession d'accidents retarda les travaux. Les promoteurs décidèrent donc de la remplacer par ce sanctuaire plus voyant dédié à Indra et à sa monture, l'éléphant Erawan. Le succès du monument ne s'est plus démenti et, en passant devant, les conducteurs lâchent volontiers le volant pour lui adresser un geste de respect (le *wai*) tant est grande leur foi en la chance qu'il apporte. À côté du sanctuaire, des danseuses en costume traditionnel restent à la disposition des fidèles désireux de payer leurs services pour remercier le dieu d'un vœu exaucé. Ce quartier, entre autres le long de Phloen Chit Road et Sukhumvit Road, renferme plusieurs centres commerciaux attractifs *(p. 138-139)*, tels Sogo, Siam Center, le World Trade Center, Gaysorn Plaza, Amarin Plaza, Le Meridien et le Siam Paragon.

Danseuse en costume traditionnel au sanctuaire Erawan

Wat Pathum Wanaram ⓭

วัดปทุมวนาราม

Rama I Rd. **Plan** 8 D1. *AC : 25, 501, 508. Siam (métro aérien). t.l.j. 7h-18h.*

Ce temple offre pour principal intérêt le Phra Meru Mas, reconstruction du bûcher funéraire de la princesse mère. Une procession apporta les restes de cette dernière en grande pompe jusqu'au *wat* après sa crémation sur Sanam Luang *(p. 78-79)* en 1996. Ses dessins au pochoir et ses sculptures laquées en font un exemple rare de l'artisanat ancien. Il représente le mont Meru, axe bouddhiste de l'univers.

Siam Square ⓮

สยามสแควร์

Rama I Rd. **Plan** 7 C1. *AC : 25, 501, 508. Siam (métro aérien).*

Les lieux où faire du lèche-vitrine en plein air disparaissent rapidement à Bangkok où prolifèrent les centres commerciaux. Connu sous le nom de Siam Square, le réseau de *soi* (ruelles) situé entre l'université Chulalongkorn *(p. 117)* et le Siam Center représente la principale exception à cette évolution. Il abonde en effet en boutiques et étals, vendant plus particulièrement musique, livres, accessoires de mode et vêtements souvent dessinés par de jeunes stylistes thaïs novateurs. Au nord, trois grands cinémas, le Scala, le Lido et le Siam, dominent Rama I Road, vitrine de l'industrie cinématographique thaïlandaise. À l'ouest, sur Phaya Thai Road, le **Mah Boon Krong Centre** abrite un grand magasin et divers boutiques et éventaires. Au-delà, le **National Stadium** est le principal stade de Bangkok. Le quartier de Siam Square est en constante évolution et divers projets devraient voir le jour prochainement.

Bangkok Art and Culture Center ⓯

ทอกลจรฌมฮรรหแหจครจเกพฝ
ฑวมตร

939 Rama I Rd. **Plan** 7 C1. ***Tél.*** *0 21 46 6301. AC : 15, 16, 501, 508, 529. National Stadium (métro aérien). mar.-dim. 10h-18h. pour les expositions temporaires et les évènements.*
www.bacc.or.th

Le très attendu Bangkok Art and Culture Center a ouvert ses portes en 2008, et met la culture thaïlandaise à l'honneur. Cet impressionnant building de onze étages abrite des galeries, des salles dédiées aux évènements culturels et une bibliothèque. Il expose plus de trois cent œuvres d'art contemporain thaïlandais et international.

Vêtements bon marché en vente au marché Pratunam

Maison de Jim Thompson ⓰

บ้านจิมทอมป์สัน

Voir p. 120-121.

Pratunam ⓱

ประตูน้ำ

Plan 4 E5. *12 ; AC : 504.*

Le quartier de Pratunam mérite une petite visite. Le marché, agréable et coloré, est un labyrinthe où étals, boutiques de vêtements à la mode et ateliers s'offrent au visiteur. À l'ouest du marché se trouve la **Baiyoke Tower**, qui fut, de 1987 à 1995, le plus haut building de Bangkok. En dépit du manque de surface disponible autour de cette tour, permission fut donnée pour la construction d'une seconde, la **Baiyoke Tower II**, achevée en 1997.

Palais Suan Pakkad ⓲

วังสวนผักกาด

352 Si Ayutthaya Rd. **Plan** 4 D4.
Tél. *0 2245 4934. AC : 201, 513.*
Phayathai (métro aérien).
t.l.j. 9h-16h.
www.suanpakkad.com

Ancienne résidence du prince et de la princesse Chumbhot, ce palais se compose de cinq maisons en bois traditionnelles, assemblées dans les années 1950, au sein d'un jardin luxuriant aménagé à l'emplacement d'une plantation de choux qui laissa son nom à la demeure. Transformés en musée, les bâtiments abritent les magnifiques collections du couple princier. Éclectiques, celles-ci comprennent des sculptures khmères, des meubles anciens en laque, des porcelaines, des instruments de musique, des armes et des cristaux. La plus remarquable réunit une sélection de poteries funéraires de couleur brique datant de l'âge du bronze et retrouvées à Ban Chiang *(p. 272)*. De nombreux visiteurs apprécient encore davantage le pavillon de Laque. Le prince Chumbhot le reconstitua à partir de deux édifices de temple de la province d'Ayutthaya, et certains des panneaux ornant l'intérieur montrent des scènes de la vie quotidienne peu avant la chute de la capitale en 1767 *(p. 60-61)*. Ils font partie des très rares œuvres picturales de cette période à avoir survécu. En laque noire à la feuille d'or, ils comprennent aussi des scènes du Ramakien *(p. 40-41)* et de la vie du Bouddha, ainsi que de macabres représentations de l'Enfer. On y voit même des étrangers : ce sont des envoyés de Louis XIV.

L'élégant pavillon de Laque du palais Suan Pakkad

L'ARCHITECTURE MODERNE À BANGKOK

Dès qu'on s'éloigne des *wats* et des palais de Bangkok, un conglomérat apparemment sans fin de tristes tours en béton, de rangs monotones de maisons-boutiques et de pastiches d'immeubles classiques tape-à-l'œil donne de cette vaste ville l'image d'une jungle urbaine plutôt que d'une splendide capitale orientale. Elle recèle néanmoins quelques édifices récents dessinés par des créateurs ambitieux, en particulier le long de Sathorn Tai Road et de Silom Road où se dressent des exemples d'architecture post-moderne dignes de l'avant-garde internationale. Parmi les autres bâtiments intéressants figurent le siège de Thai Airways et l'« Elephant Building » et sa triple tour. Plan Architecture, l'un des cabinets les plus progressistes de la capitale, est à l'origine de quelques réalisations marquantes comme les Baiyoke Towers I et II, le Vanit Building II sur Soi Chidlom en forme d'obus et la Thai Wah II Tower sur Sathorn Tai Road. La construction moderne la plus célèbre reste cependant le siège de la Bank of Asia sur Sathorn Tai Road. Sa silhouette lui a valu le surnom de « Robot Building » *(p. 69)*. Les exemples les plus sophistiqués de « modernisme thaï », deux hôtels, sont paradoxalement les œuvres d'Occidentaux. Le toit du Siam Inter-Continental s'inspire de la forme d'une couronne royale, tandis que les jardins de l'élégant Sukhothai évoquent les paysages sillonnés d'eau de l'ancienne capitale *(p. 194-197)*. Au XXIe siècle, la silhouette de Bangkok ne cesse d'évoluer...

L'une des Baiyoke Towers de Pratunam

Maison de Jim Thompson ⓰

บ้านจิมทอมป์สัน

Singha khmer dans le jardin

Pour construire sa maison en 1959, l'entreprenant Américain, qui fit renaître en Thaïlande l'art de la soie *(p. 266-267)* laminé par la Seconde Guerre mondiale, assembla six demeures anciennes en teck provenant pour la plupart d'Ayutthaya. Entourée d'un jardin fleuri, la résidence borde le khlong San Sap en face de l'ancien quartier de soyeux de Ban Khrua. Elle abrite toujours la remarquable collection d'art asiatique réunie par Jim Thompson. Celle-ci couvre une période de quatorze siècles et garde pour l'essentiel la présentation non conventionnelle qu'elle avait quand l'Américain disparut mystérieusement en Malaisie en 1967. Ses objets personnels sont aussi restés en place et la maison conserve une atmosphère très vivante qui en fait un des plus agréables musées de Bangkok.

Chambre du maître de maison

Cinq scènes des jataka (p. 26) *datant du* XIXe *siècle ornent ses murs.*

★ Scènes des *jataka*

Ce panneau, dans l'entrée, appartient à une série de huit jataka (p. 30) *peints au début du* XIXe *siècle et consacrés au prince Vessantara, une des incarnations du Bouddha.*

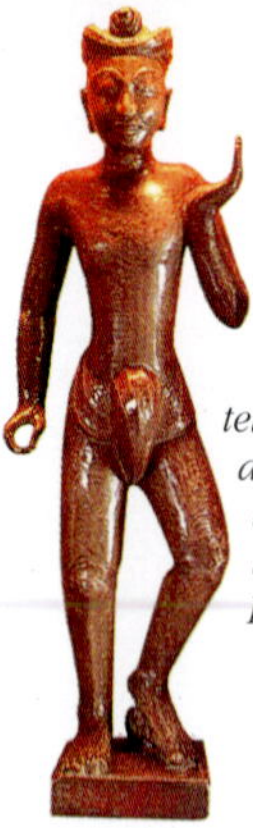

★ Sculptures birmanes

Jim Thompson réunit une riche collection de sculptures sur bois birmanes, tel cet esprit Nat d'un culte animiste que le bouddhisme assimila en Birmanie.

Vue du jardin

La terrasse donne sur le jardin, le khlong San Sap et le quartier de Ban Khrua.

LÉGENDE DU PLAN

- Chambre
- Bureau
- Entrée
- Salon
- Salle à manger
- Chambre forte
- Salle Bencharong
- Pavillon de soie
- Autre lieu d'exposition

À NE PAS MANQUER

- ★ Scènes des *jakata*
- ★ Sculptures birmanes
- ★ Torse de bouddha de Dvaravati

Pour les hôtels et les restaurants du quartier, voir p. 398-400 et p. 428-430

Salon
Sur la droite se trouve une tête de bouddha U Thong du XIIIe siècle. Les alcôves recèlent des sculptures sur bois birmanes du XVIIIe siècle.

MODE D'EMPLOI

6 Soi Kasemsan 2, Rama I Rd. **Plan** 3 C5. ***Tél.*** *0 2216 7368.* *15, 48, 204 ; AC : 508.* *National Stadium (métro aérien).* *t.l.j. 9 h-17h.* *obligatoire.*

Pot de chambre
Ce chat en porcelaine de Chine est placé dans la chambre d'amis.

Le ***khlong*** (canal) servait jadis aux soyeux. Leurs écheveaux séchaient au bord sur des piquets.

Maison des esprits et offrandes

Entrée

Les maisons (la plus ancienne date de 1800) ont pour certaines la façade inversée, sculptures tournées vers l'intérieur.

Salle à manger
De la splendide porcelaine Ming décore ses murs.

★ Torse de bouddha de Dvaravati
Cette sculpture en calcaire qui orne le jardin date du VIe siècle et serait l'une des plus anciennes images du Bouddha subsistant en Asie du Sud-Est.

JIM THOMPSON

Architecte de formation, le plus célèbre Américain de Thaïlande arriva à Bangkok en 1945 en tant que chef de l'antenne locale de l'Office of Strategic Services (OSS), le précurseur de la CIA. Il fonda en 1948 la Thai Silk Company Ltd. et développa en Amérique et en Europe la clientèle qui manquait à la soie thaïlandaise. Le succès de son entreprise en fit bientôt une des personnalités en vue de la capitale.
Sa disparition mystérieuse en 1967 dans les monts Cameron en Malaisie finit d'établir sa légende. Les hypothèses les plus diverses, de la crise cardiaque au complot, continuent de circuler.

Jim Thompson inspectant de la soie

THONBURI

Connue à l'origine sous le nom de Ban Kok (« village de la prune sauvage »), Thonburi fut la capitale du Siam de 1767, année où tomba Ayutthaya, à 1782. Bien que déplacé par Rama Ier sur l'autre rive du fleuve, et baptisé Krung Thep par les Thaïs, le siège du royaume garda pour les étrangers le nom de Bangkok. Aucun pont ne relia Thonburi à la nouvelle capitale avant 1932, et le quartier, dont l'incorporation officielle à la cité date de 1971, conserve aujourd'hui une identité particulière, moins frénétique. Ses voies d'eau offrent le meilleur moyen de le découvrir. Boutiques flottantes, maisons sur pilotis et petits temples bordent toujours son réseau de canaux. Sur le khlong Bangkok Noi se trouve le musée des Barges royales, aux nefs de parade somptueusement décorées. Plus au sud, plusieurs *wats* jalonnent le fleuve. Le plus important et le plus célèbre est le Wat Arun au haut *prang* recouvert de fragments de porcelaine.

Statue chinoise du Wat Arun

THONBURI D'UN COUP D'ŒIL

Wat et église

Église de Santa Cruz ❼
Wat Arun p. 126-127 ❺
Wat Kalayanimit ❻
Wat Prayun ❽
Wat Rakhang ❹
Wat Suwannaram ❶

Musées

Musée des Barges royales ❷
Musées du Siriraj Hospital ❸

Monument

Monument à Taksin ❾

LÉGENDE

- Gare ferroviaire
- Embarcadère
- Chao Phraya Express
- Poste de police
- Bureau de poste
- Hôpital
- *Wat*
- Mosquée

COMMENT Y ALLER ?

Des bacs traversent le fleuve depuis tous les quais. La Chao Phraya Express a deux arrêts sur la rive Thonburi : Thonburi Railway Station et Phrannock. Bus et taxis passent par les ponts Taksin, Memorial, Phra Pok Klao et Phra Pin Klao.

◁ **Détail de la décoration du Wat Arun composée de milliers de fragments de porcelaine**

Bouddha *bhumisparsa mudra* au Wat Suwannaram

Wat Suwannaram ❶

วัดสุวรรณาราม

Charan Sanit Wong Rd., Khlong Bangkok Noi. **Plan** 1 A3. *louer un « longue queue » à un quai.* *t.l.j.*

Construit par Rama Ier sur les fondations d'un temple datant de l'époque d'Ayutthaya, rénové par Rama II et achevé en 1831, ce sanctuaire offre un gracieux exemple d'architecture du début de l'école de Rattanakosin *(p. 35)*, directement issue de celle d'Ayutthaya. Attribuées à deux peintres renommés du troisième règne (1824-1851), Luang Vichit Chetsada et Krua Khonpae, les peintures murales restaurées du principal *wihan* font partie des plus belles du début du XIXe siècle. L'art pictural thaï ignorait encore la perspective occidentale et les scènes sont représentées en vue aérienne, les personnages ayant la même taille en avant comme en arrière-plan. Les panneaux latéraux illustrent les dix derniers épisodes des *jatakas* (vies antérieures du Bouddha). Sur le mur sud se déploient les royaumes cosmologiques bouddhistes. Une description pleine de vie de la victoire du Bouddha sur Mara domine le mur d'entrée. Remarquez les coiffures du troisième règne : une tonsure ne laisse, aux femmes comme aux hommes, qu'une petite houppe de cheveux au sommet du crâne. Une croix chrétienne sur une hutte d'ermite prouve la présence de missionnaires au Siam à cette époque.

Hongsa à la proue d'une barge

Peinture murale du XIXe siècle au Wat Suwannaram

Musée des Barges royales ❷

พิพิธภัณฑ์เรือพระที่นั่ง

Khlong Bangkok Noi. **Plan** 1 B3. ***Tél.*** *0 2424 0004.* *7, 9, 19.* *louer un « longue queue » au quai Chang.* *t.l.j. 9h-17h.*

Une sorte d'immense hangar abrite la collection des barges royales, ces nefs somptueuses intimement liées à l'image de la Thaïlande, car cartes postales et brochures touristiques ont largement diffusé des reproductions de peintures les représentant à l'époque d'Ayutthaya *(p. 60-61)*, ainsi que des photographies de cérémonies où elles jouèrent un rôle central aux cours des cent cinquante dernières années. De nos jours, cependant, les vaisseaux installés depuis 1967 au musée n'apparaissent plus que rarement sur le Chao Phraya. Pour la plupart restaurées à grands frais en 1981, les barges royales participèrent dans toute leur gloire dorée aux célébrations du bicentenaire de Bangkok en 1982 *(p. 68)*, à celles du soixantième anniversaire du roi en 1987 et au jubilé d'or, fêtant, le 7 novembre 1996, ses cinquante ans de règne. En de telles occasions, plus de 50 nefs descendent le fleuve, manœuvrées par quelque 2 000 rameurs en uniformes traditionnels, pour la plupart des élèves officiers de la marine thaïlandaise. Au centre du musée trône la plus importante des barges royales : Suppharahongsa (« cygne doré »). Taillée dans une seule bille de teck, elle mesure plus de 50 m de long et pèse 15 t. Elle exige pour naviguer un équipage hautement entraîné de 64 hommes. Sa proue sculptée représente l'oiseau mythologique Hongsa. Anantanagaraj, ornée d'un bouddha et d'un *naga* à plusieurs têtes, ne sert qu'à apporter de nouvelles robes aux moines pour Krathin *(p. 46)*. Narai Song Suban

Pour les hôtels et les restaurants du quartier, voir p. 401 et p. 431

Tête de proue d'une canonnière construite sous Rama Ier

Rama IX est la première barge construite pendant le règne actuel. Elle mesure 44 m pour 50 personnes.

Musées du Siriraj Hospital ❸

พิพิธภัณฑ์โรงพยาบาลศิริราช

Arun Amarin Rd. **Plan** 1 B4. ***Tél.*** *0 24 19 7000 (Forensic), 0 2419 8523 (Congdom).* *81, 91.* *Phrannok et Wanglang.* *lun.-ven. 8h30-16h.* *j.f.*

Des dix musées médicaux créés dans cet hôpital, le **Museum of Forensic Medecine** (musée de Médecine légale) est le plus connu. Il conserve entre autres objets morbides le corps embaumé de Si-Oui, assassin qui étouffa et dévora sept enfants. S'ils ne sont pas sages, les parents thaïs menacent souvent leurs enfants de son fantôme. Le **Congdon Museum of Anatomy**, abrite les dépouilles de jumeaux, des « frères siamois », tels Chan et In qui firent le tour du monde au milieu du XIXe siècle.

Wat Rakhang ❹

วัดระฆัง

Soi Wat Rakhang. **Plan** 1 B5. *57, 83.* *de Chang à Wat Rakhang.* *t.l.j.*

Dernier grand temple construit par Rama Ier au début du XIXe siècle, le Wat Rakhang abrite dans son principal *wihan* de belles peintures murales exécutées en 1922-1923 par le moine Phra Wanawatwichit. Elles comprennent des vues de Bangkok. Bien que la capitale ait depuis beaucoup changé, le Grand Palais, qui se dresse en face du temple sur l'autre rive du fleuve, reste aisément identifiable. Il est représenté au cœur d'une bataille imaginaire. On peut également voir une procession de barges royales d'une grande richesse de détails. La bibliothèque sur pilotis *(ho trai)*, dans la partie ouest de l'enceinte, servit de résidence à Rama Ier avant son avènement. Les supports d'avant-toit, les meubles aux sculptures délicates et les portes noires et or sont considérés comme des chefs-d'œuvre de l'époque. Des scènes du Ramakien et un portrait de Rama Ier décorent l'intérieur.

Façade en bois de la bibliothèque sur pilotis du Wat Rakhang

VIVRE SUR L'EAU : LES KHLONG THAÏLANDAIS

Fondées toutes deux au bord du Chao Phraya, Ayutthaya et Bangkok se développèrent le long d'innombrables canaux appelés *khlong*. La capitale thaïlandaise était jadis une ville flottante. Dans les années 1840, les neuf dixièmes de sa population de 400 000 habitants vivaient sur les *khlong*. Les abris construits sur des radeaux pouvaient être amarrés partout où il y avait de la place *(p. 37)*. Des maisons sur pilotis bâties sur les rives offraient un habitat un peu plus stable. Des rues ont aujourd'hui recouvert la majorité des voies d'eau de l'est de Bangkok, mais Thonburi en a conservé beaucoup et elles demeurent au centre de la vie quotidienne. Chaque matin, des vendeurs en bateau les empruntent pour proposer de tout, depuis des pâtisseries chinoises et du café jusqu'à des ustensiles de cuisine. L'embarcation la plus répandue est le « longue queue » *(long-tail boat)* ainsi surnommé à cause de l'arbre d'hélice qui dépasse de sa poupe. Les visiteurs peuvent en affréter au quai Chang pour explorer Thonburi.

Bangkok dans les années 1890, avant l'âge des voitures et du béton

Wat Arun ❺

วัดอรุณ

Fleur en céramique du *prang*

Selon la légende, le temple de l'Aube porte le nom de la divinité hindoue du lever du jour, Aruna, car c'est à ce moment-là que le roi Taksin arriva ici, en octobre 1767, après avoir quitté la capitale dévastée d'Ayutthaya. Un temple minuscule occupait le site et il le fit agrandir en une chapelle royale où Rama Ier installa plus tard le Bouddha d'Émeraude *(p. 82-83)*. Rama II et Rama III donnèrent au temple son *prang* central, haut de près de 80 m et d'une circonférence à la base de 234 m. Son décor de fragments de porcelaine date du règne de Rama IV. Le style du monument, qui dérive de l'architecture khmère *(p. 264-265)*, est sans équivalent en Thaïlande.

Décor polychrome
L'extérieur du principal prang *porte des rangs de démons multicolores.*

★ Vue du temple depuis le fleuve
La silhouette du Wat Arun vu du Chao Phraya apparaît sur les pièces de dix baht *et le logo de l'office du tourisme thaïlandais (TAT).*

LE MONUMENT CENTRAL DU WAT ARUN

Le *prang* (tour) central offre une image symbolique de l'univers selon le bouddhisme : une infinité de mondes, dont le mont Meru, constitue le centre. La disposition des quatre petits *prang* autour du plus grand obéit à un plan de *mandala*.

Gardes chinois
Ces sculptures à l'entrée de la terrasse complètent la porcelaine chinoise ornant les prang.

Galerie du bot
Le reste de l'enceinte renferme les bâtiments habituels d'un wat. *Dans le principal* bot, *un bouddha veille sur les cendres de dévots.*

À NE PAS MANQUER

★ Décor en porcelaine

★ Vue du temple

Pour les hôtels et les restaurants du quartier, voir p. 401 et p. 431

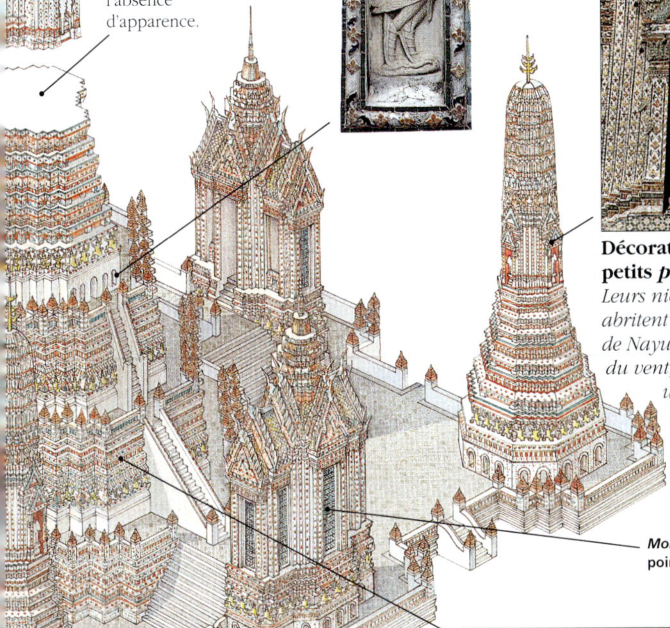

Le foudre (*vajra*), l'arme d'Indra

ÉTAGES SYMBOLIQUES

Le Devaphum, sommet du mont Méru dépassant quatre pics subsidiaires, représente six cieux dans sept royaumes de félicité.

Le paradis Tavatimsa, domaine de dieux affranchis du désir, est gardé aux quatre points cardinaux par le dieu hindou Indra.

Le Traiphum évoque 31 mondes où se distinguent les trois domaines : le désir, l'apparence et l'absence d'apparence.

MODE D'EMPLOI

Arun Amarin Rd.
Plan 5 B1. *19, 57, 83.*
Thien-Wat Arun.
t.l.j. 7h-17h.

Escaliers du *prang* central
Leur raideur symbolise la difficulté à atteindre des niveaux supérieurs de l'existence. Les visiteurs peuvent les grimper jusqu'à mi-chemin.

Niche
Au 2e étage du prang *principal, de nombreuses niches protègent des* kinnari, *créatures mythologiques mi-humaines mi-oiseaux.*

Décoration des petits *prang*
Leurs niches abritent des statues de Nayu, le dieu du vent, montant un cheval.

Mondop aux points cardinaux

★ Décor en porcelaine
Les habitants de Bangkok firent don de la majeure partie de la porcelaine utilisée pour orner les prang, *comme ici avec des fleurs évoquant la végétation du mont Meru.*

Wat Kalayanimit ❻

วัดกัลยาณมิตร

Soi Wat Kanlaya. **Plan** 5 B2. *2, 8 ; AC : 42 jusqu'à Pak Klong Talad, ensuite prendre le bac au quai.* *t.l.j. 8h30-16h30.*

Ce sanctuaire délabré est l'un des cinq temples construits à Bangkok par Rama III (1824-1851). Le goût de ce monarque pour l'art chinois transparaît dans la statuaire disséminée dans la cour (elle servait de lest aux transports de riz revenant à vide de Chine) et dans le style du *chedi* polygonal. Immense mais de proportions harmonieuses, le *wihan* abrite un grand bouddha assis. L'enceinte renferme la plus grosse cloche de bronze de Thaïlande. Près du *wat*, sur l'autre rive, se dresse la **forteresse Wichai Prasit**, de l'époque où Ayatthuya dominait le Siam *(p. 60-61)* pour garder l'accès par le fleuve de Thonburi.

La plus grosse cloche de bronze de Thaïlande au Wat Kalayanimit

Église Santa Cruz ❼

วัดซางตาครู้ส

Soi Kudi Chin. **Plan** 5 C2. *2, 8 jusqu'à Pak Klong Talad, prendre ensuite le bac au quai ou l'express pour Saphan Phut.* *dim. à 6h et 19h (pour la messe).* *dans l'église.*

Cette église jaune pastel est l'un des principaux souvenirs laissés par la communauté portugaise qui vécut ici au milieu du XIXe siècle. Bâtie à la fin du XVIIIe siècle pendant la brève période où Thonburi fut capitale du Siam *(p. 64-65)*, elle connut une première reconstruction, par l'évêque Pallegoix, en 1834, puis une seconde en 1913. Elle porte en thaï le nom de Wat Kuti Chin (« résidence monastique chinoise ») à cause des subtiles influences qui marquent son architecture. Le fouillis de ruelles entourant le temple ne garde quasiment plus trace des habitations élevées par les Portugais, mais leur héritage reste visible par les sanctuaires catholiques privés qui se nichent parmi les maisons-boutiques thaïes.

Tortues en liberté se nourrissant de fruits au Wat Prayun

Wat Prayun ❽

วัดประยูร

Pratchatipok Rd. **Plan** 5 C2. *6, 43 ou l'express pour Saphan Phut.* *t.l.j. 7h-16h30.*

La curieuse colline artificielle à l'entrée de ce temple a pour origine un caprice de Rama III. Alors qu'il lisait à la lueur d'une bougie, il remarqua une intéressante coulée de cire et demanda à l'un de ses courtisans, Prayun Bunnag, de créer une éminence de la même forme. La colline porte des sanctuaires bizarres, des *chedi*, des *prang* et des grottes miniatures, des temples minuscules, et surtout un bassin ornemental empli de centaines de tortues relâchées par des dévots. Cet acte de libération, plus souvent pratiqué avec des oiseaux en cage, permet d'acquérir des mérites. Le *bot* du Wat Prayun est peu entretenu mais possède des portes et des volets incrustés de nacre. Une galerie circulaire surmontée de *chedi* plus petits entoure le *chedi* principal.

Monument à Taksin ❾

อนุสาวรีย์พระเจ้าตากสิน

Pratchathipok Rd. **Plan** 5 C4. *21, 40, 43, 82.*

Située sur le rond-point Wongwian Yai où règne une intense circulation, cette statue équestre commémore le roi Taksin (1767-1782) qui, après la destruction d'Ayutthaya par les Birmans en 1767, installa la capitale du Siam à Thonburi et rétablit la puissance du royaume. Commandé en 1950, le monument demanda trois ans de travail à Silpa Bhirasri, artiste italien qui prit la nationalité et un nom thaïlandais, et ne fut finalement dévoilé qu'en 1954. Chaque année le 28 décembre, date anniversaire du couronnement de Taksin, de nombreux Thaïs viennent ici lui rendre hommage.

Détail du monument à Taksin

Le bouddhisme au quotidien

La religion imprègne toute la vie thaïlandaise *(p. 30-31)*, et la plupart des hommes du pays s'astreignent au moins une fois dans leur existence, le temps d'une retraite temporaire, aux règles très strictes édictées pour aider les moines à se détacher des désirs terrestres. Si le nirvana mettant un terme au cycle des renaissances est théoriquement le but ultime du dévot, dans la pratique, les croyants aspirent en majorité à simplement améliorer leur vie déterminée, dans le cadre du karma, par les retombées de chaque acte commis. Cette amélioration passe notamment par l'acquisition de mérites résultant de bonnes actions. Celles-ci peuvent être religieuses : aumône aux moines, respect des rites ou offrandes au *wat*, sanctuaire ouvert sur l'extérieur où laïcs et ascètes entretiennent une relation continue.

Offrande d'un bouton de lotus

La méditation, *qui purifie l'esprit, est pratiquée régulièrement par tous les moines et certains laïcs.*

La quête quotidienne de nourriture (bintabat) *a lieu peu après l'aube. Donner aux moines permet aux laïcs d'acquérir des mérites et de pratiquer la générosité (l'acte de* dana*). Les moines ne peuvent manger qu'avant midi et seulement des aliments qui leur ont été offerts.*

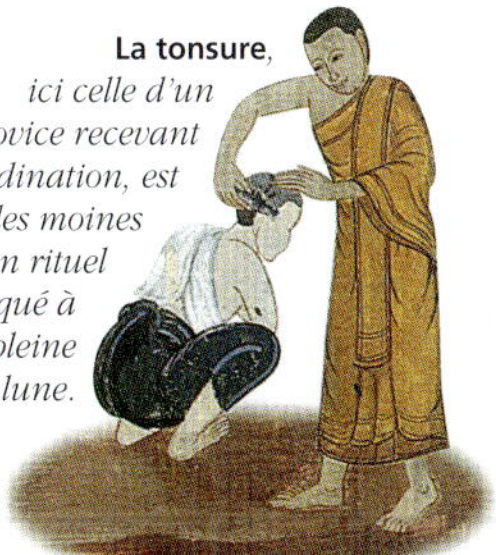

La tonsure, *ici celle d'un novice recevant l'ordination, est pour les moines un rituel pratiqué à la pleine lune.*

Dorer une image *du Bouddha honore son enseignement.*

Pavillon du Wat Phra Kaeo

Les offrandes au Bouddha ont un sens symbolique. Les boutons de lotus représentent la pureté de ses pensées.

Trois bâtonnets d'encens évoquent le Bouddha, le *dharma* (enseignement) et la *sangha* (communauté monastique). Les bougies symbolisent la lumière de la compréhension.

VISITES AU *WAT*

Beaucoup de laïcs se rendent au *wat* au moins une fois par semaine. Lors d'une visite typique, ils font des offrandes, écoutent des psalmodies et un prêche et reçoivent des bénédictions. Les fidèles financent généralement la construction et l'entretien des bâtiments. Les fêtes donnent lieu à des repas en commun.

EN DEHORS DU CENTRE

À l'est du centre de Bangkok, petites galeries, boutiques, restaurants et musées bordent Sukhumvit Road. Les adeptes du shopping ne manqueront pas non plus le superbe marché Chatuchak ou le marché flottant de Damnoen Saduak, à l'ouest de la ville. Le sud et l'est recèlent plusieurs parcs d'attractions, notamment l'Erawan Museum et l'Ancient City, riche en répliques d'importants monuments thaïs. Non loin, la Ferme des crocodiles renferme plus de 30 000 sauriens, tandis que le Safari World est une réserve naturelle de 70 hectares. Les amateurs d'art apprécieront les œuvres et les antiquités exposées au Prasart Museum. Les villes de Nonthaburi, au nord, et de Ratchaburi et de Nakhon Pathom, à l'ouest, offrent d'agréables buts d'excursion. À Nakhon Pathom se dresse le plus haut monument bouddhiste : le *chedi* Phra Pathom. Le Rose Garden propose des promenades à dos d'éléphant et des spectacles culturels traditionnels.

Danseuse classique

LES SITES D'UN COUP D'ŒIL

Villes
Nakhon Pathom 4
Nonthaburi 5
Ratchaburi 1

Musées et parcs à thèmes
Ancient City 11
Erewan Museum 13
Prasart Museum 10
Rose Garden 3

Route
Sukhumvit Road 7

Parc aquatique
Siam Park 9

Marchés
Marché Chatuchak 6
Marché flottant de Damnoen Saduak 2

Zoos
Ferme des crocodiles 12
Safari World 8

COMMENT Y ALLER ?

Outre les bus locaux, des visites organisées permettent de découvrir la plupart des sites comme le Safari World, le Rose Garden et l'Ancient City.

LÉGENDE

- Principale zone de visite
- Agglomération
- Aéroport
- Autoroute
- Route principale
- Route secondaire

◁ **Vendeur de litchis au marché flottant Damnoen Saduak dans la province de Ratchaburi**

Le Wat Mahathat, principal site de visite de Ratchaburi

Ratchaburi ❶

ราชบุรี

Province de Ratchaburi. *195 977.* *TAT, Ratchaburi (0 3451 1200).*

Ratchaburi était à l'origine un port d'estuaire à l'embouchure du Klong, le fleuve le long duquel s'étend son marché, mais 19 kilomètres la séparent désormais de la mer. Dévastée deux fois, à la fin de la période d'Ayutthaya *(p. 60-61)*, en 1765 et en 1767, par des armées birmanes en route vers la capitale, Ratchaburi constitue une étape agréable sur la route de Kanchanaburi ou de la côte occidentale. Y passer la nuit vous permettra de vous rendre de bonne heure au marché flottant de Damnoen Saduak. Le principal *prang* d'Angkor Wat *(p. 264-265)* aurait inspiré celui du Wat Mahathat (XVe siècle). Il abrite les traces de peintures murales du XVe siècle et des stucs en partie restaurés. La fondation du temple lui-même remonterait au VIIIe ou IXe siècle. Le **Musée national de Ratchaburi** expose de belles sculptures khmères et des décorations en stuc provenant de Muang Khu Bua, un site de l'époque de Dvaravati au sud de la ville.

Le Musée national de Ratchaburi
Woradej Rd. ***Tél.*** *0 3232 1513.*
mer.-dim. 9h-16h. *j.f.*
www.thailandmuseum.com

Aux environs : peuplées de singes agressifs, les grottes de Khao Ngu abritent à 6 km au nord-ouest de la ville, sur la route 3087, un grand bouddha du début de la période de Dvaravati. Les splendides reliefs de Tham Rusi et Tham Fa Tho présentent plus d'intérêt.

Marché flottant de Damnoen Saduak ❷

ตลาดน้ำดำเนินสะดวก

2 km O de Damnoen Saduak, province de Ratchaburi. *ou voyage organisé depuis Bangkok.* *t.l.j. 4h-11h.* *TAT, Phetchaburi (0 3247 1005).*

Ce marché flottant est semblable à ses équivalents de Bangkok, organisés en général pour le seul bénéfice des touristes. Situé près de la ville de Damnoen Saduak à 100 km au sud-ouest de la capitale, il se présente comme un labyrinthe d'étroits *khlong* (canaux) où se serrent des barques manœuvrées le plus souvent par des femmes en tunique bleue et chapeau de paille conique, la tenue traditionnelle des campagnes. Les produits frais tels que fruits, légumes et épices viennent directement de la ferme et c'est entre 7 h et 9 h, avant l'arrivée des cars de touristes, que l'ambiance est la plus agréable. Le marché flottant se compose en fait de trois marchés. Le plus grand, **Thon Khem**, se tient sur le *khlong* Damnoen Saduak. Sur un *khlong* parallèle, le **Hia Kui** s'adresse, avec ses vendeurs d'artisanat, aux cars de touristes venant en visite organisée. Au sud, sur un canal plus petit, le **Khun Phitak** est le moins bondé des trois. On peut louer des bateaux qui constituent le meilleur moyen de circuler sur les *khlong* ou jusqu'aux plantations de cocotiers voisines.

Au marché flottant de Damnoen Saduak

Pour les hôtels et les restaurants du quartier, voir p. 401-402 et p. 431-432

Fruits et légumes de Thaïlande

Les conditions climatiques et la fertilité des sols de Thaïlande permettent la culture d'un très large éventail de plantes comestibles. Vous y trouverez des fruits tropicaux bien connus, comme la pastèque, la mangue et l'ananas mais les vergers et les jardins produisent aussi de nombreux fruits moins familiers aux occidentaux. Nous vous conseillons le mangoustan à saveur de framboise, le pomelo évoquant le pamplemousse, le ramboutan appelé aussi litchi chevelu et, à titre de curiosité, le durian. Ils figurent généralement tous sur les étals des marchés, et des vendeurs de rue en proposent partout en tranches ou en jus.

Ramboutans rouges et frais

Les longans *ont une délicieuse chair transparente.*

Les mangues *se mangent aussi vertes et acides.*

Le jack fruit *(pomme de jacque) évoque le durian en plus gros. Sa chair est pâteuse et piquante.*

Les mangoustans *sont très appréciées des thaïlandais pour leur goût et leur texture.*

Les durlans, *à l'odeur fermentée, sont les rois des fruits thaïs, mais pas ceux des visiteurs !*

Les goyaves, *croquantes et acides, se consomment en jus ou accompagnées d'un sirop pimenté.*

Les légumes *incluent plusieurs sortes de* makhua *(famille des tomates et des aubergines). Les courges permettent de composer des currys.*

La cuisine thaïe *fait un grand usage du piment, du souchet odorant, du tamarin et de la citronnelle, qu'elle oppose à la douceur du lait de coco et du sucre. Coriandre ou ciboules garnissent souvent les plats.*

Le paisible Rose Garden, superbement entretenu

Rose Garden ❸

สวนสามพราน

Par la route 4, 32 km O de Bangkok. *Tél. 0 3432 2588 93, 0 2295 3261.* *M : 15 ; AC à Nakom Pathom ou Suphan Buri, ou voyage organisé depuis Bangkok.* *t.l.j. 8h-18h (spectacle à 14h45).*

Ce jardin parfaitement entretenu à l'ouest de Bangkok fait partie du Rose Garden Country Resort. L'établissement possède courts de tennis, piscine et terrain de golf. Mais il est surtout le cadre d'un spectacle quotidien qui, en une heure, résume la culture thaïe : danse classique *(p. 42-43)*, combat au sabre, boxe thaïlandaise *(p. 44-45)*, noces traditionnelles, et même ordination d'un moine *(p. 30)*. Un « village culturel » offre une vitrine à des artisans tels que sculpteurs de fruits et vanniers.

Aux environs : au nord du Rose Garden, le **Samphran Elephant Ground and Zoo** propose des combats de crocodiles et des promenades à dos d'éléphant. En direction de Nakhon Pathom, le **Thai Human Imagery Museum** présente des personnages historiques en fibre de verre.

Samphran Elephant Ground and Zoo
Tél. 0 2284 1873. *t.l.j.*

Thai Human Imagery Museum
Route Pinklao-Nakhonchaisri ; km 31. *Tél. 0 3433 2607.* *lun.-ven. 9h-17h30, sam.-dim. 8h30-18h.*

Nakhon Pathom ❹

นครปฐม

Province de Nakhon Pathom. *167 500.* *TAT, Bangkok 0 2694 1222, TAT, Kanchanaburi 0 3451 1200.* *t.l.j.* *Fête du Chedi Phra Phatom (nov.) ; foire culinaire (1er-7 sept.).*

À 56 km à l'ouest de Bangkok, Nakhon Pathom fut une des principales cités du royaume de Dvaravati qui prospéra entre le VIe et le XIe siècle *(p. 56-57)*. La ville possède pour fleuron le **Chedi Phra Phatom** qui domine Phetkasem Highway. Important lieu de pèlerinage, cet immense monument abrite un grand bouddha debout. Il s'élève sur un site où un stupa (reliquaire à la fonction similaire à celle d'un *chedi*) aurait été construit, entre le IIe siècle av. J.-C. et le Ve siècle apr. J.-C., pour commémorer l'arrivée des premiers missionnaires bouddhistes en Thaïlande venus d'Inde au IIIe siècle av. J.-C. L'édifice tomba en décrépitude au XIe siècle et ne connut de restauration qu'en 1860, quand le roi Mongkut (Rama IV) l'incorpora au *chedi* actuel de 127 m, le plus haut monument bouddhiste du monde. Son fils, Chulalongkorn, acheva la spirale du toit. Au sud-est du sanctuaire, le **musée national du Chedi Phra Phatom** propose une remarquable collection d'œuvres de la période de Dvaravati découvertes dans la région, entre autres des roues de la loi en pierre *(p. 31)* et des panneaux stuqués provenant du Chedi Chula Prathon (VIIe-VIIIe siècles) qui se trouve à l'est de la ville. À l'ouest du *chedi*, le **palais Sanam Chan** date du début du XXe siècle. Le bâtiment est partiellement ouvert au public et le parc est le lieu idéal pour observer un mélange inhabituel de styles architecturaux.

Musée national du Chedi Phra Phatom
Khwa Phra Rd. *Tél. 0 3424 2500.* *mer.-dim.* *j.f.*

Palais Sanam Chan
Près de Phetkasem Highway. *Tél. 0 3424 4237.* *t.l.j.*

Le *chedi* de Nakhon Pathom est le plus haut monument bouddhiste du monde

Pour les hôtels et les restaurants du quartier, voir p. 401-402 et p. 431-432

Le quai de Nonthaburi vu du Chao Phraya

Nonthaburi ❺

นนทบุรี

Province de Nonthaburi. *46 500.* *TAT, Bangkok.* **Tél.** *1672 ; TAT, Ayutthaya (0 3524 6076).* *t.l.j.* *Foire du fruit (avr.-juin).*

Nonthaburi ne se trouve qu'à 10 km au nord de Bangkok, mais la ville permet d'échapper à la frénésie et à la pollution de la capitale. Les vedettes de la Chao Phraya Express offrent le meilleur moyen de s'y rendre. Le trajet dure 50 min et passe devant plusieurs sites intéressants. Le premier, la **Royal Boat House**, se trouve près du quai Wat Sam Phraya. Cette construction abrite une partie des nefs de parade de la dynastie Chakri. Passé le Krung Thon Bridge, on découvre sur la rive gauche un petit village de péniches à riz puis, peu avant le terminus de Nonthaburi, le **Wat Khian**, un temple à demi submergé par le fleuve. Nonthaburi est très réputée pour ses durians *(p. 133)*, une réputation qui a inspiré la décoration des lampadaires de la promenade. Vous trouverez ces fruits dont raffolent les Thaïs, malgré leur odeur rebutante pour un Européen, sur les éventaires du marché animé et coloré qui se tient au bord de la rivière. Une promenade en bateau sur le *khlong Om* vous entraînera dans une flânerie entre plantations de durians et maisons au bord de l'eau. On rejoint en bateau la petite île de **Ko Kret**, au milieu du fleuve. Maints artisans, célèbres pour l'originalité de leurs poteries, y sont installés.

Porte de *bot*, Wat Chalerm Phrakiet

Une autre excursion digne d'intérêt conduit par le fleuve jusqu'au **Wat Chalerm Phrakiet** situé sur la rive ouest du Chao Phraya. Construit au XIXe siècle par Rama III pour sa mère, le sanctuaire occupe l'emplacement d'une forteresse du XVIIe siècle. Les portes, pignons et entourages de fenêtres de son *bot* possèdent une décoration sophistiquée. Derrière se dresse un *chedi* édifié par Rama IV. Des statues en bois de style chinois (dont un Père Noël) agrémentent l'enceinte.

Marché Chatuchak ❻

ตลาดจตุจักร

District de Chatuchak. *AC : 38, 502, 503, 509, 510, 512, 517, 518, 521, 523.* *Kampangphet.* *Mo Chit (métro aérien).* *TAT, Bangkok* **Tél.** *1672.* *sam.-dim. 7h-18h.*

Depuis 1982, le plus grand marché de Thaïlande (Sunday Market) a lieu chaque week-end dans une banlieue nord de Bangkok entre le terminus nord des autobus et la gare Bansu. Il se tenait jadis sur Sanam Luang *(p. 78-79)*, mais l'esplanade devenait trop petite. Quelque 6 000 étals y occupent une superficie équivalente à plus de cinq terrains de football, et de nombreux acheteurs passent la journée entière à comparer les marchandises. Celles-ci vont des fruits de mer aux antiquités et des poissons combattants aux jeans d'occasion. Les éventaires de plantes offrent une bonne introduction à la flore du pays, ceux de produits alimentaires réunissent l'intégralité des ingrédients entrant dans la cuisine thaïe, tout frais cueillis ou pêchés. On peut aussi se procurer de l'artisanat des tribus montagnardes et toutes sortes de vêtements et textiles, contrefaits ou authentiques. Les animaux appartenant à des espèces protégées, comme les entelles, vendus illégalement sur ce marché ont nui à sa réputation mais, malheureusement, ce commerce perdure.

Figurines traditionnelles en bois au marché Chatuchak

Sukhumvit Road ❼

ถนนสุขุมวิท

District de Phra Khanong.
AC : 38, 501, 508, 511, 513.

Cette route qui commence à l'extrémité est du quartier des affaires de Bangkok court jusqu'à la frontière cambodgienne dans la province de Trat *(p. 323)*. Dans la capitale, elle est la principale artère d'un quartier commerçant en pleine croissance. Bien qu'éloigné des principaux sites touristiques, il est apprécié des étrangers et recèle de nombreux hôtels et restaurants à prix modérés, et quelques attractions. Dédiée à l'étude et à la sauvegarde de la culture thaïe traditionnelle, la **Siam Society**, fondée au début du XXe siècle sous le patronage de Rama VI, a remonté deux maisons anciennes en teck. Elles abritent le seul véritable musée ethnographique du pays. La Kamthieng House était jadis une ferme au bord du Ping près de Chiang Mai. Don de Sangaroon Ratagasikorn, un architecte qui rassembla une riche collection d'ustensiles ruraux, la Sangaroon House offre un bon exemple du style de la Plaine centrale *(p. 36)*. Le domaine renferme également une bibliothèque de référence sur la culture thaïe ouverte au public. Le *Journal of the Siam Society* est une publication très reconnue. À côté de la gare routière de l'Est, le **Bangkok Planetarium**, et ses expositions interactives, peut aider à passer le temps en attendant un bus. Aisément repérable, le **Queen's Park** s'étend entre les *soi* 22 et 24. Plus éloigné en direction de Samut Prakan, le **King's Royal Park**, d'une superficie de 80 ha, est un des espaces verts les plus agréables de Bangkok. Il renferme des jardins botaniques et une vaste aire où pratiquer les sports nautiques. Ceux qui préfèrent consacrer du temps aux loisirs culturels découvriront une rétrospective de la vie du roi actuel, Bhumibol (Rama IX), dans le petit musée du parc.

Hôtels, restaurants et bureaux bordent Sukhumvit Road

Sculpture du Queen's Park

Maquette d'espace de sommeil traditionnel, Kamthieng House

Siam Society
131 Soi Asoke, Sukhumvit Rd., Soi 21. ***Tél.*** *0 2259 4999.* *mar.-sam.*
www.siam-society.org

Bangkok Planetarium
928 Sukhumvit Rd. ***Tél.*** *0 2392 5951.* *mar.-dim.* *j.f.*
www.bangkokplanetarium.com

Queen's Park
Près de Soi 22, Sukhumvit Rd. *t.l.j.*

King's Royal Park
Soi Udomsuk, Sukhumvit Rd., Soi 103. ***Tél.*** *0 2328 1385.* *t.l.j.*

Safari World ❽

ซาฟารีเวิลด์

99 Ramindra Rd., district de Minburi. ***Tél.*** *0 2518 1000.*
t.l.j. 9h-18h.

Huit habitats naturels différents, peuplés d'animaux tels que tigres, girafes, éléphants, lions et zèbres, se découvrent en voiture le long d'un parcours de 5 km. Le parc possède aussi des pandas blancs, très rares, et une volière où entrent les visiteurs. Il propose des spectacles de dauphins, d'orangs-outans et d'éléphants.

Siam Park ❾

สวนสยาม

101 Mu 4 Sukha Phiban 2 Rd., district de Minburi. ***Tél.*** *0 2919 7200 1.* *AC : 519.* *lun.-ven. 10h-18h, sam., dim. et j.f. 9h-19h.*

Ce parc aquatique est l'endroit idéal où venir échapper à la chaleur tropicale de la Thaïlande. Ses attractions comprennent d'immenses toboggans, un bain à remous et un lac artificiel. Les équipements sont bien entretenus et des maîtres-nageurs surveillent les baigneurs. Le Siam Park propose aussi des restaurants, un mini-zoo et un luna-park aux attractions branlantes. De nombreuses familles de Bangkok viennent s'y rafraîchir le week-end, mieux vaut s'y rendre en semaine pour y trouver le calme.

Pour les hôtels et les restaurants du quartier, voir p. 401-402 et p. 431-432

Prasart Museum ⑩

พิพิธภัณฑ์ปราสาท

9 Soi Krungthepkretha 4a, district de Bang Kapi. ***Tél.*** *0 2379 3607.* *M : 10.* *mar.-dim. 10h-14h.* *obligatoire.*

Relativement peu connu, cet élégant musée privé, entouré de jardins tropicaux, séduira tous ceux qui aiment l'art thaï. Son fondateur, le collectionneur, Prasart Vongsakul, commença à acheter des antiquités dès l'âge de 12 ans en 1965. Il a lui-même dessiné les bâtiments qui les abritent.

Intérieur du pavillon Lan Na du Prasart Museum

Ancient City ⑪

เมืองโบราณ

Sukhumvit Rd., Bangpu, province de Samut Prakan. ***Tél.*** *0 2323 9253.* *AC : 511 jusqu'au terminus, puis mini-bus 36.* *t.l.j. 8h-17h.* **www**.ancientcity.com

Créée au début des années 1970 et financée par le plus grand concessionnaire Mercedes-Benz de Thaïlande, cette « cité ancienne » (Muang Boran) est un vaste musée en plein air. Le parc, où se dressent des dizaines d'édifices historiques et de répliques, a la forme de la Thaïlande et les monuments, qu'ils soient grandeur nature ou reconstruits au tiers de leur taille réelle, s'inscrivent dans des cadres imitant leur situation et leur environnement originels. Vous admirerez notamment le palais Sanphet Prasat qui se dressait à côté du Wat Phra Si Sanphet avant sa destruction par les Birmans. Toutes les périodes de l'art thaï sont représentées et le mythe a également sa place avec, par exemple, le jardin de Phra Aphaimani inspiré d'un poème du XIXe siècle *(p. 318)*. Le parc renferme aussi les reconstitutions de maisons traditionnelles et d'un marché flottant.

Ferme des Crocodiles ⑫

ฟาร์มจระเข้

Old Sukhumvit Highway, province de Samut Prakan. ***Tél.*** *0 2387 0020.* *AC : 511 jusqu'à Samut Prakan puis* songthaew, *ou voyage organisé depuis Bangkok.* *t.l.j. 8h-17h.* **www**.sriwittayapaknam.ac.th

Visite complétant bien celle de l'Ancient City, la plus grande ferme de crocodiles de Thaïlande abrite plus de 30 000 sauriens appartenant à des espèces d'eau douce et d'eau de mer et allant des caïmans d'Amérique du Sud aux crocodiles du Nil. Dans les parcs d'élevage, on peut voir les animaux à différents stades de croissance. La boutique de souvenirs propose leur peau sous forme de porte-clés ou de sacs à main. Des spectacles de dressage impressionnants ont lieu à intervalles réguliers, les repas de 16 h 30 à 17 h 30.

Démonstration à la ferme des Crocodiles

Erawan Museum ⑬

พิพิธภัณฑ์ช้างเอราวัณ

Sukhumvit Rd., province de Samut Prakan. ***Tél.*** *0 2387 0305.* *25, 142, 365 ; AC : 102, 507, 511, 536.* *t.l.j. 8h-16h.* **www**.erawan-museum.com

Dressé sur un bâtiment rond décoré de tuiles roses, un monumental éléphant à trois têtes mesurant 43 m rend l'Erawan Museum visible à des kilomètres à la ronde. Le musée abrite une vaste collection d'antiquités religieuses, notamment plusieurs bouddhas d'une valeur inestimable. On accède à l'intérieur du musée (l'abdomen de l'éléphant) par un escalier à double révolution ; un ascenseur vous conduit dans la patte arrière du gigantesque animal. À l'extérieur, des jardins paisibles abritent des bassins et des jolies fontaines de styles variés.

Reconstitution du palais du prince de Lampang, Ancient City

FAIRE DES ACHATS À BANGKOK

Avec sa profusion de magasins, ses produits de qualité et ses prix étonnamment bon marché, Bangkok est le paradis du shopping. Les vendeurs des grands magasins sont très serviables, presque obséquieux, et qu'il s'agisse de mode, d'artisanat ou d'électronique, les bonnes affaires abondent. Amusez-vous à négociez les prix dans les marchés, où une ristourne de 30 % et parfois plus n'a rien d'exceptionnel. Attention à la chaleur et à l'humidité qui surviennent l'après-midi et qui peuvent être épuisantes. Limitez votre shopping à une ou deux séances par jour.

Enseigne de centre commercial

La foule envahit le centre commercial de Mahboonkrong

INFORMATIONS PRATIQUES

Les marchés sont généralement ouverts très tôt le matin, jusqu'en milieu d'après-midi. Les centres commerciaux ouvrent de 10 h à 22 h et les magasins de première nécessité, 24 h/24. Les cartes de crédit sont acceptées dans les centres commerciaux et les boutiques modernes, mais les marchés n'acceptent que les espèces. Il est possible de récupérer la TVA mais le magasin doit remplir un formulaire, ce qui peut prendre du temps. Si les prix sont fixés dans les boutiques et les centres commerciaux, on peut marchander dans les marchés. Pour de plus amples informations, voir page 450.

OÙ SE RENDRE

Il y a des boutiques et des marchés partout, mais il y a une grande concentration de magasins autour de Siam Square et des rues Silom, Ploenchit et Sukhumvit.

CENTRES COMMERCIAUX

Le **CentralWorld** est le plus grand centre commercial de Bangkok, voire de toute l'Asie du Sud-Est. Le **Siam Paragon** remporte également beaucoup de succès. On y trouve de tout, de la voiture de sport au bol de nouilles. **Mahboonkrong** (ou MBK) ressemble à un marché de rue, étalé sur huit étages. Dans le centre-ville, vous trouverez le **Siam Center**, le **Siam Discovery**, l'**Emporium**, le **Silom Complex**, l'**Amarin Plaza**, le **Gaysorn Plaza** et l'**Erewan**.

Le marché de Chatuchak, le plus grand de la Thaïlande

MARCHÉS

Tout amateur de shopping ne pourra prétendre connaître Bangkok sans avoir visité l'immense **marché de Chatuchak** *(p. 135)*, l'un des plus grands marchés à ciel ouvert du monde. Faites votre choix car il est impossible de tout voir en une journée. Les principaux marchés de nuit sont situés dans les quartiers de Khao San, Patpong et Sukhumvit Sois 3-15. Ces petites échoppes installées sur le trottoir sont l'occasion de faire des courses, de dîner et de sortir danser sans changer de quartier.

Jim Thompson, l'un des meilleurs magasins de soie de Bangkok

SOIE ET COTON

La soie thaïlandaise est réputée pour sa beauté, sa qualité et ses prix abordables. Méfiez-vous de la soie vendue dans les marchés de nuit : c'est souvent de la fibre synthétique. Pour éviter les escroqueries, rendez-vous dans une chaîne réputée comme **Jim Thompson**, qui a des points de vente dans de nombreux hôtels. Les connaisseurs lui préfèreront le **marché de Phahurat**, où l'on trouve les meilleurs prix. Le coton thaïlandais est également très bon marché. Couvre-lits et oreillers feront des cadeaux parfaits.

VÊTEMENTS

À Bangkok, les prix étant bien moins élevés qu'en Occident, achetez des vêtements dans les boutiques de prêt-à-porter ou chez un tailleur, pour du sur-mesure. On trouve ces derniers dans tous les quartiers touristiques, mais la qualité est variable. Il est donc conseillé d'aller chez un tailleur réputé, comme **Ah Song** ou **Marzotto**, et de se donner plusieurs jours pour les essayages.

ANTIQUITÉS

On trouve des objets anciens dans de nombreux magasins, mais les vraies antiquités sont rares et requièrent un permis d'exportation délivré par le Fine Arts Department. Il y a quelques boutiques dignes de confiance, comme le **River City Complex**, qui possède quatre étages où vous trouverez meubles, gravures et vieilles cartes. L'**Oriental Plaza** propose des objets de collection, des sculptures et des gravures.

ARTISANAT THAÏLANDAIS

De l'argenterie au céladon, de la laque à la sculpture sur bois en passant par la vannerie et le textile fait-main,

Parapluie peint à la main

l'artisanat thaïlandais est extrêmement varié. Le **marché de Chatuchak** *(p. 135)*, celui de **Narayana Phand**, de **Silom Village** et de **Nadakwang** offrent le plus grand choix.

PIERRES PRÉCIEUSES ET JOAILLERIE

Soyez prudent si vous achetez des pierres précieuses ou des bijoux. Pour éviter les pièges, cantonnez-vous aux joailliers du **Peninsula Plaza** et aux boutiques des hôtels.

ÉLECTRONIQUE

Dans tous les centres commerciaux, vous trouverez ordinateurs, jeux vidéo, appareils photo et téléphones portables. Le **Pantip Plaza** en a fait une spécialité. Sachez que de nombreux logiciels sont piratés et que les produits sont rarement remboursés.

LIVRES

Vous apprécierez l'impressionnante sélection d'**Asia Books** et de **Kinokuniya Books**. Les chaînes **B2S** et **Bookazine** ont plusieurs points de vente dans le centre-ville.

ADRESSES

CENTRES COMMERCIAUX

Amarin Plaza
Ploenchit Rd.
Plan 8 D1.
Tél. *0 2256 9111.*

CentralWorld
Ratchadamri Rd.
Plan 8 D1.
Tél. *0 2635 1111.*

Emporium
Sukhumvit Soi 24-26.
Tél. *0 2664 8000.*

Erewan
Ploenchit Rd.
Plan 8 D1.
Tél. *0 2250 7777.*

Gaysorn Plaza
Ploenchit Rd.
Plan 8 D1.
Tél. *0 2656 1149.*

Mahboonkrong
Phayathai Rd.
Plan 7 C1.
Tél. *0 2217 9111.*

Siam Center/ Siam Discovery
Rama I Rd.
Plan 7 C1.
Tél. *0 2658 1000.*

Siam Paragon
Rama I Rd.
Plan 7 C1.
Tél. *0 2690 1000.*

Silom Complex
Silom Rd.
Plan 8 D4.
Tél. *0 2231 3333.*

SOIE ET COTON

Jim Thompson
9 Surawong Rd.
Plan 7 C3.
Tél. *0 2632 8100.*

Phahurat Market
Phahurat.
Plan 6 D1.

VÊTEMENTS

Ah Song
1203 Charoen Krung Rd.
Plan 7 A4.
Tél. *0 2233 7574.*

Marzotto
3 Soi Shangri-La Hotel, Charoen Krung Rd.
Plan 6 F5.
Tél. *0 2233 2880.*

ANTIQUITÉS

Oriental Plaza
Charoen Krung Rd.
Plan 6 F4.

River City Complex
23 Trok Rongnamkaeng Yotha Rd.
Plan 6 F3.
Tél. *0 2237 0077.*

ARTISANAT THAÏLANDAIS

Nandakwang
Sukhumvit Soi 23.
Tél. *0 2258 1962.*

Narayana Phand
Ratchadamri Rd.
Plan 8 D1.
Tél. *0 2252 4670.*

Silom Village
Silom Rd.
Plan 7 A4.
Tél. *0 2234 4448.*

PIERRES PRÉCIEUSES ET JOAILLERIE

Peninsula Plaza
Ratchadamri Rd.
Plan 8 D1.
Tél. *0 2253 9762.*

ÉLECTRONIQUE

Pantip Plaza
Petchburi Rd.
Plan 4 D5.

LIVRES

Asia Books
Sukhumvit Soi 15-19.

B2S
CentralWorld, Ratchadamri Rd.
Plan 8 D1.

Bookazine
Silom Complex, Silom Rd.
Plan 8 D4.

Kinokuniya Books
Siam Paragon (présent aussi à l'Emporium et au CentralWorld).
Plan 7 C1.

Les marchés de Bangkok

Vendeur de fleurs sur un marché

Généraux ou spécialisés, les marchés de Bangkok offrent un cadre pittoresque où se promener et faire des achats, que vous cherchiez de l'artisanat, des fleurs, un *sarong* ou des timbres. Ne fixez pas d'objectif trop ambitieux à votre première sortie, mieux vaut explorer en profondeur un quartier que s'éparpiller. *Market Map and Much More* de Nancy Chandler (en anglais), qu'on peut se procurer aisément, sera d'une grande aide.

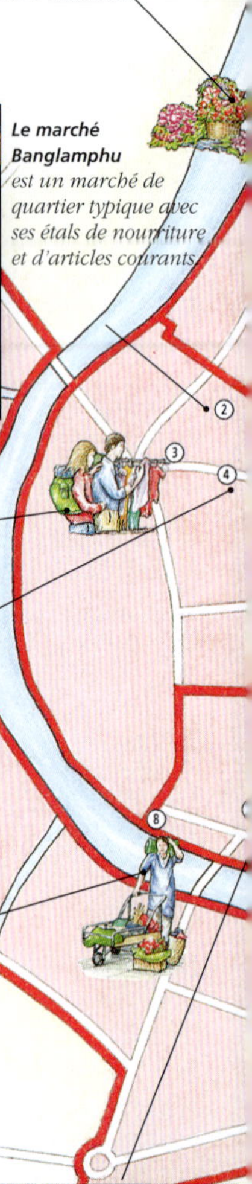

Le marché aux fleurs de Thewet (*p. 104*) présente, dans un quartier paisible, le spectacle coloré de fleurs et de plantes de toute la Thaïlande.

Le marché Banglamphu *est un marché de quartier typique avec ses étals de nourriture et d'articles courants.*

Le marché Khao San Road *n'occupe qu'une petite rue dans le quartier des touristes, mais on y trouve aussi bien sacs à dos et chaussures de marche, entre autres équipements destinés aux visiteurs, que livres d'occasion, bijoux, vêtements et cassettes à bas prix.*

Le marché Bo Be, à l'angle de Krung Kasem et Lan Luang Rd, est un bon endroit si vous cherchez de la soie chinoise.

Le marché Pak Khlong (p. 98), *le plus animé des marchés de gros de la capitale, reste ouvert 24 h/24. C'est entre 22 h et 5 h qu'il offre le spectacle et les prix les plus intéressants, avec ses bouquets de fleurs exotiques au milieu des étals de fruits et légumes.*

Le marché Phahurat (p. 98) *est le pôle commercial de la communauté indienne. Marchands de tissu et tailleurs y abondent, et des arômes épicés embaument l'air.*

LÉGENDE DU PLAN

- Marché aux fleurs de Thewet ①
- Marché Banglamphu ②
- Marché Khao San Road ③
- Marché Bo Be ④
- Nakorn Kasem ⑤
- Marché aux timbres ⑥
- Marché Phahurat ⑦
- Marché Pak Khlong ⑧
- Marché Sampeng Lane ⑨
- Marché Kao ⑩
- Marché Pratunam ⑪
- Marché Patpong/Silom ⑫
- Marché Bangrak ⑬

Le Nakorn Kasem *(p. 98), le « Marché aux voleurs » de Chinatown, n'écoule plus d'objets volés mais, pour acheter céramiques, antiquités ou meubles, mieux vaut savoir reconnaître les imitations et négocier âprement. Le marché de quartier Banglamphu est typique, avec ses étals de nourriture et d'articles courants.*

0 500 m

Le marché aux timbres, qui a lieu chaque dimanche devant la poste principale sur Charoen Krung Road, offre un bon moyen de découvrir les créations thaïlandaises.

Le marché Pratunam *(p. 118-119)* est un dédale d'étals couverts, emplis de tissus indiens bon marché et d'articles domestiques.

Le marché Kao *(p. 96-97), entre Yaowarat Road et Sampeng Lane, fournit depuis plus de deux cents ans la communauté chinoise en décorations rituelles.*

Le marché Sampeng Lane *propose, dans un ancien quartier chaud, des produits chinois courants et des textiles de qualité à prix bradés.*

Le marché Patpong/Silom *(p. 115-116)* expose sous les néons souvenirs de pacotille et contrefaçons. Les étals de Silom Road ont des vêtements plus élégants.

Le marché Bangrak (p. 115), *un petit marché local où de nombreux hôtels de standing se procurent fruits, légumes, viande et fruits de mer, vend aussi vêtements et textiles.*

SE DIVERTIR À BANGKOK

Des théâtres de marionnettes aux discothèques, en passant par les cabarets transsexuels et les bars à cocktails avec vue panoramique, Bangkok offre une palette exceptionnelle de divertissements. Si un spectacle accompagné d'un repas thaïlandais peut convenir au voyageur de passage, les autres alternatives sont presque infinies. De nombreux restaurants et bars proposent des spectacles musicaux, allant de la variété thaïlandaise au rock. Dans les discothèques, la clientèle locale côtoie les touristes étrangers. Si vous devez assister à un spectacle, organisez-vous à l'avance pour vous déplacer car Bangkok est une ville très sujette aux embouteillages.

Un spectacle de marionnettes traditionnelles au Joe Louis Theater

INFORMATIONS GÉNÉRALES

Pour vous informer sur les spectacles, consultez les journaux en anglais **Bangkok Post** et **The Nation**, ou un magazine gratuit comme **BK**, distribué dans les principaux lieux touristiques. Les tickets sont faciles à trouver. La majorité des hôtels et des agences de voyages en vendent. On peut aussi réserver en ligne sur www.thaiticketmaster.com. Pour de plus amples informations, voir page 458.

SPECTACLES ET THÉÂTRE

Si vous aimez le grand spectacle, le **Siam Niramit** emploie chaque soir 500 figurants dans des mises en scène éblouissantes. Le **Théâtre Partravadiu** associe danses traditionnelles et modernes dans un cadre plus intime. Le **Sala Rim Nam** et le **Silom Village** proposent des ballets classiques avec buffet. Le meilleur cabaret de la ville est le **Calypso**. Pour assister à des spectacles de *khon*, le classique drame masqué, allez au **Théâtre Sala Chalermkrung** ou au **Théâtre national**. Les spectacles de marionnettes ne sont pas réservés aux enfants : ceux du **Théâtre Joe Louis** enchantent aussi bien les adultes.

BOXE THAÏLANDAISE *(MUAY THAI)*

Ceux qui préfèrent les spectacles un peu moins éthérés et plus animés pourront opter pour des combats de boxe thaïe (le *muay thai* est le sport national). Les combats attirent les foules, qui font des paris sur leur issue, et encouragent de leurs cris leurs favoris. Au **Ratchdamnoen Stadium** et au **Lumphini Stadium**, vous pourrez assister à l'échauffement des boxeurs. Leurs gestes lents et leurs mouvements précis accompagnent une musique traditionnelle.

CINÉMAS

Il peut paraître étrange d'avoir envie d'aller au cinéma pendant vos vacances en Thaïlande mais, avec leur air conditionné, leurs fauteuils confortables et leurs billets bon marché, les cinémas de Bangkok sont un lieu idéal de détente ou de repos après une active journée de shopping. La plupart des salles se trouvent dans les centres commerciaux comme le **Paragon Cineplex** du Siam Paragon et le **Major Cineplex** du Central World Plaza. Il existe également quelques cinémas indépendants comme le **Scala** et le **Lido** de Siam Square. L'hymne national thaïlandais est joué avant chaque film et le public est tenu de se lever, touristes inclus. Le programme des cinémas se trouve sur www.movieseer.com.

Le foyer du Major Cineplex à CentralWorld

La piste de danse du célèbre Bed Supperclub

BARS ET DISCOTHÈQUES

Bangkok possède un choix extraordinaire de bars, du petit **Ad Here the 13th** avec son groupe de musique funk au très chic **Sky Bar**, où la jet-set thaïlandaise sirote des cocktails et converse en contemplant la ville du 63e étage. La concurrence entre les établissements, qui cherchent à attirer un maximum de clients, est féroce. De nombreux clubs proposent de la musique live, malgré une foule toujours plus dense, comme le **Saxophone** (jazz, blues et reggae). Les musiciens du **Hard Rock Café** jouent des reprises des grands classiques du répertoire rock. Ceux qui veulent danser se rendront dans une discothèque comme le **Bed Supperclub**, le **Q Bar**, le **DJ Sation** ou le **Café Democ**. Si vous aspirez à une atmosphère plus huppée et sophistiquée, rendez-vous au **Diplomat Bar**, au **Moon Bar** ou au **Syn Bar**. Depuis de nombreuses années, Bangkok est réputée pour sa tolérance sexuelle ; Silom Sois 2 et 4 abritent de nombreux bars gays comme le **Telephone Pub**. La majorité des go-go bars et des bars à prostituées se trouvent à **Patpong 1 et 2** (partant de Silom Road), **Nana Plaza** (Sukhumvit Soi 4) et **Soi Cowboy** (Sukhumvit Soi 21-23). Si vous vous rendez dans ces lieux, évitez les bars aux premiers étages de Patpong, car le risque de se faire détrousser est réel.

Les néons de Soi Cowboy, un des quartiers chauds de Bangkok

ADRESSES

SPECTACLES ET THÉÂTRE

Calypso Cabaret
Asia Hotel, Phayathai Rd.
Plan 3 C5.
Tél. *0 2216 8973.*

Joe Louis Theater
Bazar de nuit de Suan Lum, Rama IV Rd.
Plan 8 E4.
Tél. *0 2252 9683/4.*

National Theatre
Rachinee Rd.
Plan 1 C4.
Tél. *0 2224 1342.*

Patravadi Theatre
69/1 Soi Wat Rakhang.
Plan 1 B5.
Tél. *0 2412 7287/8.*

Sala Chalermkrung Theatre
Charoen Krung Rd.
Plan 6 D1.
Tél. *0 2222 0434.*

Sala Rim Nam
Oriental Hotel, 48 Oriental Avenue.
Plan 6 F4.
Tél. *0 2659 9000.*

Siam Niramit
Ratchada Theatre, 19 Tiam Ruammit Rd.
Tél. *0 2649 9222.*

Silom Village
Silom Rd.
Plan 7 A4.
Tél. *0 2234 4448.*

BOXE THAÏLANDAISE

Lumphini Stadium
Rama IV Rd.
Plan 8 E4.
Tél. *0 2251 4303.*

Ratchadamnoen Stadium
Ratchadamnoen Nok Rd.
Plan 2 F4.
Tél. *0 2281 4205.*

CINÉMAS

Lido
Siam Square.
Plan 7 C1.
Tél. *0 2252 6498.*

Major Cineplex
Central World Plaza, Ratchadamri Rd.
Plan 8 D1.
Tél. *0 2635 1111.*

Paragon Cineplex
Siam Paragon, Rama I Rd.
Plan 7 C1.
Tél. *0 2515 5555.*

Scala
Siam Square.
Plan 7 C1.
Tél. *0 2251 2861.*

BARS ET DISCOTHÈQUES

Ad Here the 13th
13 Samsen Rd.
Plan 2 D3.

Bed Supperclub
Sukhumvit Soi 11.
Tél. *0 2651 3537.*

Café Democ
Ratchadamnoen Klang Rd.
Plan 2 E4.
Tél. *0 2622 2571.*

Diplomat Bar
Conrad Hotel, Wireless Rd.
Plan 8 E2.
Tél. *0 2690 9999.*

DJ Station
Silom Soi 2.
Plan 7 C4.
Tél. *0 2266 4029.*

Hard Rock Café
Siam Square.
Plan 7 C1.
Tél. *0 2251 0797.*

Moon Bar
Banyan Tree Hotel, South Sathorn Rd.
Plan 8 D4.
Tél. *0 2679 1200.*

Q Bar
Sukhumvit Soi 11.
Tél. *0 2252 3274.*

Saxophone
3/8 Victory Monument.
Plan 4 E3.
Tél. *0 2246 5472.*

Sky Bar
63rd Floor, State Tower, Silom Rd.
Plan 7 A5.
Tél. *0 2624 9555.*

Syn Bar
Swissotel Nai Lert Park, Wireless Rd.
Plan 8 E1.
Tél. *0 2253 0123.*

Telephone Pub
Silom Soi 4.
Plan 7 C4.
Tél. *0 2234 3279.*

ATLAS DES RUES DE BANGKOK

Le mode de transport urbain le plus rapide à Bangkok

Trouver son chemin dans Bangkok relève bien souvent du défi. L'absence d'un système standardisé de transcription des mots thaïs signifie que les noms indiqués dans cet atlas risquent de ne pas toujours correspondre à ceux des panneaux. En outre, certaines rues ont plus d'un nom. Par exemple, Charoen Krung Road s'appelle aussi New Road, et Wireless Road, Witthayu Road. Depuis les principales artères *(thanon)* partent des *soi* et des *trok* (ruelles) numérotés, et portant parfois un nom. Les *soi* de nombre pair se trouvent généralement d'un côté de la rue, ceux de nombre impair de l'autre. Des distances considérables peuvent les séparer : les *soi* 6 et 36 de Phetchaburi Road sont éloignés de plus de 3 km. Sur les plans figurent également les sites, marchés et quais d'embarquement *(pier)*.

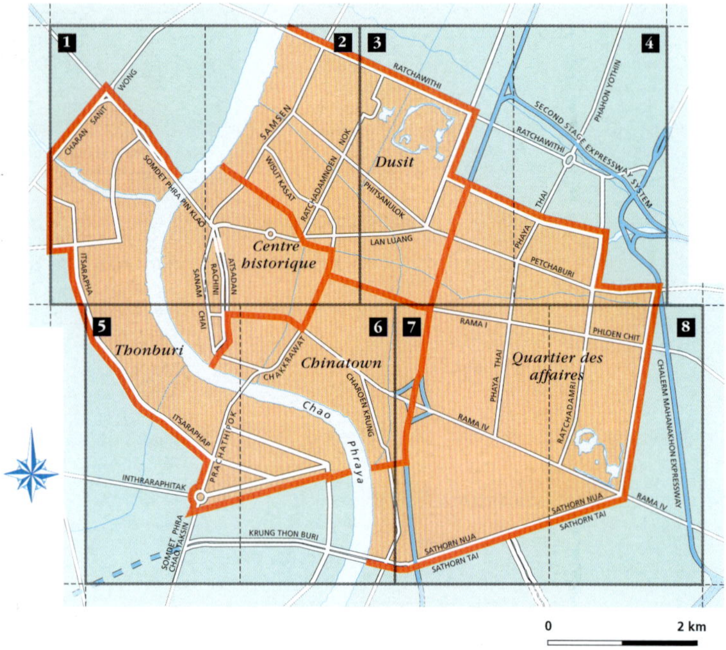

LÉGENDE

- Site exceptionnel
- Site intéressant
- Autre édifice intéressant
- Station de métro
- Gare ferroviaire
- Station du métro aérien
- Embarcadère
- Chao Phraya Express
- Information touristique
- Hôpital
- Poste de police
- Police touristique
- *Wat*
- Temple hindou
- Église
- Mosquée
- Bureau de poste
- Voie ferrée
- Ligne du métro aérien
- Voie express
- Route en construction
- Marché

0 400 m

Échelle des plans

L

M

N

O

P

R

S

T

U

V

W

Y

Z

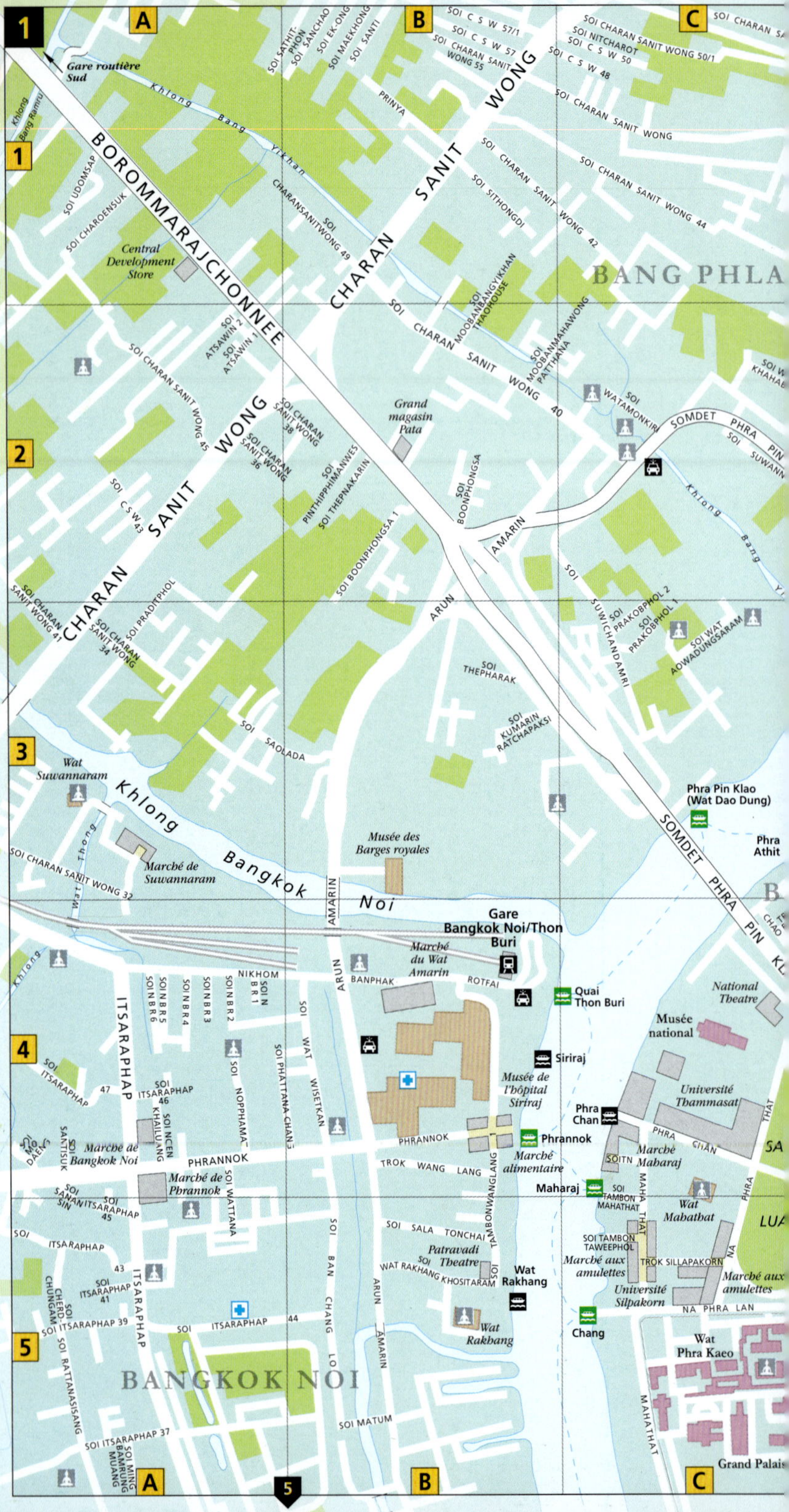

1
A
B
C
Gare routière Sud
Khlong Bang Ramru
Khlong Bang Yikhan
BOROMMARAJCHONNEE
CHARAN SANIT WONG
SOI SATHIT-PHON
SOI SANCHAO
SOI EK-ONG
SOI MAEKHONG
SOI SANTI
SOI C S W 57/1
SOI C S W 57
SOI CHARAN SANIT WONG 55
SOI CHARAN SANIT WONG 50/1
SOI NITCHAROT
SOI C S W 50
SOI C S W 48
SOI CHARAN SANIT WONG
SOI CHARAN SANIT WONG 44
SOI CHARAN SANIT WONG 42
SOI SITHONGDI
PRINYA
SOI UDOMSAP
SOI CHAROENSUK
CHARANSANITWONG 49
Central Development Store
BANG PHLA
SOI CHARAN SANIT WONG 40
SOI MOOBANBANGYIKHAN HAOHOUSE
SOI MOOBANMAHAWONG PATTHANA
SOI ATSAWIN 2
SOI ATSAWIN 1
SOI CHARAN SANIT WONG 45
SOI CHARAN SANIT WONG 38
SOI CHARAN SANIT WONG 36
Grand magasin Pata
SOI WATAMONKIRI
SOMDET PHRA PIN
SOI SUWANN
SOI KHAHAE
Khlong Bang Yi
2
SOI C S W 43
SOI PINTHIPPHIMANWES
SOI THEPNAKARIN
SOI BOONPHONGSA
SOI BOONPHONGSA 1
AMARIN
ARUN
SOI SUWICHANDAMRI
SOI PRAKOBPHOL 2
SOI PRAKOBPHOL 1
SOI WAT AOWADUNGSARAM
SOI CHARAN SANIT WONG 41
SOI CHARAN SANIT WONG 34
SOI PRADITPHOL
SOI THEPHARAK
SOI KUMARIN RATCHAPAKSI
SOI SAOLADA
3
Wat Suwannaram
Khlong Bangkok Noi
Wat Thong
Marché de Suwannaram
SOI CHARAN SANIT WONG 32
Musée des Barges royales
Phra Pin Klao (Wat Dao Dung)
Phra Athit
SOMDET PHRA PIN KL
Gare Bangkok Noi/Thon Buri
Marché du Wat Amarin
Khlong
ITSARAPHAP
SOI NBR 5
SOI NBR 6
SOI NBR 4
SOI NBR 3
SOI NBR 2
NIKHOM
SOI N BR 1
BANPHAK
ROTFAI
Quai Thon Buri
National Theatre
Musée national
4
SOI ITSARAPHAP 47
SOI ITSARAPHAP 46
SOI NOPPHAMAS
SOI PHATTANA-CHANG
SOI WAT WISETKAN
Siriraj
Musée de l'hôpital Siriraj
Université Thammasat
Phra Chan
PHRA CHAN
SOI MO DAENG
SANTISUK
Marché de Bangkok Noi
SOI NCEN KHAILUANG
PHRANNOK
Marché de Phrannok
SOI WATTANA
TROK WANG LANG
Phrannok
Marché alimentaire
SOI TN
Marché Maharaj
MAHA THAT
Maharaj
SOI TAMBON MAHATHAT
Wat Mahathat
SOI SANAN SIN
SOI ITSARAPHAP 45
SOI ITSARAPHAP
SOI BAN CHANG LO
SOI SALA TONCHAI
SOI TAMBONWANGLANG
Patravadi Theatre
SOI WAT RAKHANG KHOSITARAM
Wat Rakhang
SOI TAMBON TAWEEPHOL
Marché aux amulettes
TROK SILLAPAKORN
Université Silpakorn
NA PHRA LAN
SOI ITSARAPHAP 43
SOI ITSARAPHAP 41
SOI ITSARAPHAP 39
SOI CHERD-CHUNGAM
SOI RATTANASISANG
SOI ITSARAPHAP 44
ARUN AMARIN
Chang
Wat Phra Kaeo
5
BANGKOK NOI
SOI MATUM
MAHATHAT
SOI ITSARAPHAP 37
SOI MING BAMRUNG MUANG
Grand Palais

AE 2

№ 619234

- กรุณาจำหมายเลขรถ เส้นทาง วันและเวลาที่ใช้บริการ เพื่อผลประโยชน์ของท่าน ในกรณีที่ต้องการแจ้งปัญหาเกี่ยวกับการให้บริการ
  Please remember the bus number, route, date and time which in serviced, for your benefit if there are any service problem to inform.
- กรณีสิ่งของเสียหายหรือสูญหายทางเราจะไม่รับผิดชอบ
  No Compensation for any loss or damage.

IN BOUND
NO REFUND

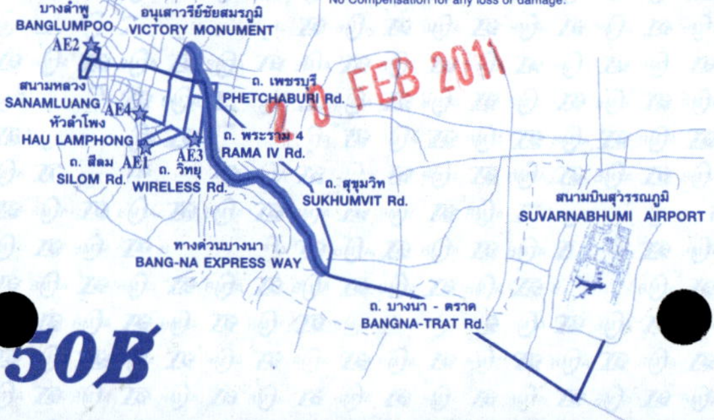

20 FEB 2011

150B

THONBURI BUS SERVICE CO., LTD
62-74 Radchadamnoen AVE., Bangkok 10200 THAILAN
Tel. 0-2134-8030, 0-2622-3000 Fax. 0-2134-244

D
E
F
2
1
2
3
4
5
6
Ratchawithi
Sangkhalok
Samsen
Église Saint-François-Xavier
Khlong Bang Jag
Wong 52
Soi Samsen 9
Wasukri
Chao Phraya
Thewet
Bibliothèque nationale
Marché aux fleurs de Thewet
Krung Kasem
Si Ayutthaya
Phitsanulok
Chanpravit Market
Ratchasima
SUPPORT Museum
Château Vimanmek
PARC DE DUSIT
DUSIT
SUAN AMPORN
Chulalongkorn Monument
Banque de Thaïlande
Pont Rama VIII
Wisut Kasat
Wisutkasat
Wat Indrawiban
Soi Samsen 10
Khlong Phadung
Luk Luang
Nok
Prachathipathai
Wisut Kasat
Government House
ESCAP
Ratchadamnoen
Ratchadamnoen Boxing Stadium
Marché de Nana
Marché de Ban Phanthom
New World Dept Store
Phra Sumen
Khlong Banglamphu
Marché de Banglamphu
Wat Bowonniwet
Chakrabongse
Khao San
Marché aux vêtements et musique
Marché de Nangleng
Chakkaphatdi Phong
Ratchadamnoen Klang
Democracy Monument
Dinso
Royal
Marché
PHRA NAKHON
Lan Luang
Damrong Rak
Khlong Mahanak
Wat Rachanat
Marché aux amulettes
Khlong Wat Thepthida
Montagne d'Or
Wat Saket
POM PRAP SATTRU PHAI
Maha Chai
Boriphat
Bamrung Muang
Bamrungmuang
Wat Suthat et Balançoire géante
Village du bol d'aumône
Wora Chak
Marché de Rong Liang Dek
Wat Rachabophit
Ratchabophit
Atsadang
Rachini
Tithong
SUAN ROMMANI NART
Prison de Bangkok
Luang

3
A
B
C
1
2
3
4
5
7
DUSIT
PARC DE
DUSIT
SUAN
CHITRLADA
POM PRAP
SATTRU
PHAI
Château Vimanmek
Zoo de Dusit
Ananta Samakorn Throne Hall
Palais Chitrlada
Wat Benchamabophit
Royal Turf Club
Hôpital Ramathibodi
Université Mahidol
Université Mahidol
Marché de Rachawat
Gare Sam Sen
Sapbran Khao Marché aux fruits
Ban Phitsanulok
Yommarat Market
Marché de Mahanak
Marché de Phadung Krung Kasem
New Bobe Shopping Complex
Grand magasin SD Coliseum
Marché de Petchaburi
Marché de Rong Liang Dek
Marché de Kanchanawanit
Marché de Charoenphol
Maison de Jim Thompson
RATCHAWITHI
RAMA V
SI AYUTTHAYA
NAKHON CHAISI
SAWANKHALOK
THERD DAMRI
PHAYATHAI-BANGKHLO EXPRESSWAY
PHITSANULOK
NAKHON SAWAN
KRUNG KASEM
LAN LUANG
PETCHABURI
BAMRUNG MUANG
PHAYA NAK
UTHONG NAI
NAKHON PATHOM
SUKOTHAI
SUKHOM
THARAM
PICHAI
SUPHAN
SOI SODA
SOI WAT AMPHAWAN
SOI SANGUAN SUK
SOI RUAM PRADIT
SOI MIT ANAN
SOI MITANAN
SOI PHISAMAI
SOI WORARAK
SOI SUTCHARIT NUA
SOI SUTCHARIT 1
SOI SUTCHARIT 2
SOI SUANDUSIT
SOI SUKOTHAI 1
SOI SUKOTHAI 2
SOI SUKOTHAI 3
SOI SUKOTHAI 4
SOI SUKOTHAI 5
SOI PHOKSIRI
SOI SET SIRI 2
SOI RONNACHAI 1
YOTHI
SOI CHAWAKUL
SOI MAN SIN 4
SOIMANSIN 3
SOIMANSIN 2
SOIMANSIN 1
SOI P 1
SOIP 2
S PETCH 4
S PETCH 6
SOI PETCH-BURI 3
SOI PETCHABURI 5
SOI PETCHABURI 7
SOI PETCHABURI 10
SOI PETCHABURI 12
SOI URUPHONG 2
SOIURUPHONG 3
SOI KHANG BAN MANANGKHASILA
KHLONG LAM PAK
SOI KHLONG LAM PAK
SOI SUPPHAKORN
SUPPHAMIT
TROK WUTTHI CHAI
DAMRONG RAK
Khlong Samsen
Khlong Phadung Krung Kasem
Khlong Mahanak
Khlong San Sap
Khlong
LUK LUANG
KRUNG MAN
PHOKHI
ANANT ANAK
SOI RONG LIANG DEK
NAKKHARA
TROK MOM-CHUAN
SOI PHRAYA MAHA AMMAT
CHALOEM KHET 1
CHALOEM KHET 2
CHALOEM KHET 3
PHLAB PHLA CHAI
SOI YOTSI
SOI WAT BOROM NIWAT
SOI PHRASI
SOI TALAD CHAROENPHON 2
SOI RONGRIANKING PHET
SOI RONGRIAN SUDARAK
BANTHAT THONG
SOI NGOI

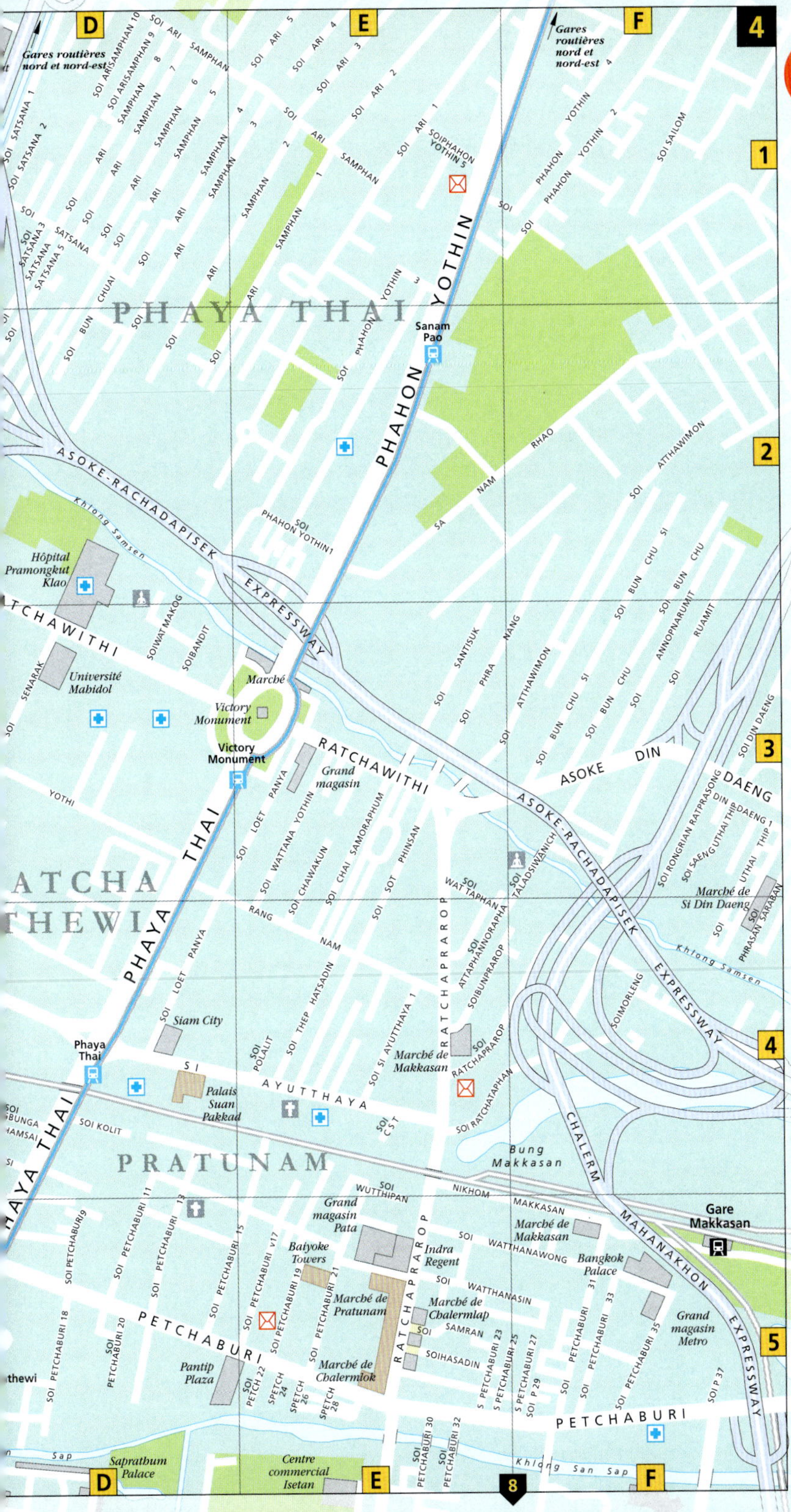

4
D
E
F
1
2
3
4
5
8
Gares routières nord et nord-est
Gares routières nord et nord-est
PHAYA THAI
PHAHON YOTHIN
Sanam Pao
ASOKE-RACHADAPISEK EXPRESSWAY
Khlong Samsen
Hôpital Pramongkut Klao
Université Mahidol
Marché
Victory Monument
Victory Monument
RATCHAWITHI
Grand magasin
ASOKE DIN DAENG
Marché de Si Din Daeng
PHAYA THAI
Siam City
Phaya Thai
Palais Suan Pakkad
SI AYUTTHAYA
Marché de Makkasan
RATCHAPRAROP
Bung Makkasan
CHALERM MAHANAKHON EXPRESSWAY
PRATUNAM
NIKHOM MAKKASAN
Gare Makkasan
Marché de Makkasan
Grand magasin Pata
Indra Regent
Baiyoke Towers
Bangkok Palace
Marché de Pratunam
Marché de Chalermlap
Grand magasin Metro
PETCHABURI
Pantip Plaza
Marché de Chalermlok
PETCHABURI
Khlong San Sap
Saprathum Palace
Centre commercial Isetan

5
A
B
C
1
2
3
4
5
RATTANA
KOSIN
SUAN SARANROM
CHAROE
Marché de Lang Krasuang
Rong Mo
Wat Pho
THAI WANG
SANAM CHAI
CHETUPHON
PHRAPHIPHIT
SOI THATIAN
MAHATHAT
Tien
SOI PHATUM NOKYUNG
SOI SETTHAKAN
RACHINI
ATSADANG
Chao Phraya
Wat Arun
Khlong Mon
SOI WATNAKKLANG
SOI WAT PHRAYA THAM
ARUN AMARIN
ITSARAPHAP
SOI 133
SOI ITSARAPHAP 42
SOI THANEE THAPHISEK
Khlong Wat Chaeng
S ITSARAPHAP 31
SOI ITSARAPHAP 40
SOI PROK WAT ARUN 3
SOI PROK WAT ARUN 2
SOI PROK WAT ARUN 1
SOI YUTTHA SUKSA
Marché de Pak Khlong
Rachinee
Pak Khlong
Saphan Phut
SOI THAKLANG
Marché de Phosamton
SOI ITSARAPHAP 29
27
WANG DOEM
SOI WAT HONG
Wat Kalayanimit
Khlong Bangkok Yai
Église de Santa Cruz
SOI KUDI CHAIN
SOI WAT KANLAYA
SOI ITSARAPHAP 38
SOI ITSARAPHAP 36
SOI ITSARAPHAP 34
SOI ITSARAPHAP 32
S ITSARAPHAP 30
SOI ITSARAPHAP 28
SOI ITSARAPHAP 23
SOI ITSARAPHAP 21
SOI ITSARAPHAP 19
SOI ITSARAPHAP 17/1
SOI ITSARAPHAP 17
THETSABAN SAI 1
SOI PHO
Marché
Wat Prayun
THETSABAN SAI 2
THETSABAN SAI 3
SOI KHLONG THOM
SOI PRAYA 2
Khlong Wat Ratchasittharam
SOI ITSARAPHAP 15
SOI ITSARAPHAP 24
SOI MONTRI
SOI I 22
SOI ITSARAPHAP 20
SOI ITSARAPHAP 13
SOI I 18
PRACHATHIPOK
SOI ITSARAPHAP 16
SOI ITSARAPHAP 11
SOI ITSARAPHAP 9
SOI I 14
SOI ITSARAPHAP 12
BANGKOK YAI
SOI PHET KASEM
Khlong Bang Sakai
SOI WAT YAI SI SUPHAN
Marché
SOI KHANG RONG RAP CHAMNAM
SOI I 5
SOI SARAPHI 2
SOI ITSARAPHAP 3
SOI CHAM NIAM SUK 3
SOI C N S2
SOI C N S1
SOI PHET KASEM 2
PHET KASEM
SOI PHET KASEM 3
SOI PHET KASEM 1
SOI PONGCHITT
SOI SI PHOM
SOLWAT YAI SI SUPHAN
SOI HIRANRUCHI
TROK SAPHAN LUANG
SOI KHLAI CHINDA
Grand magasin Robinson
SOI LADYA
SOI LADYA 3
INTHRARAPHITAK
WONGWIAN YAI
Monument à Taksin
LAD YA
Marché de Sesawet
SOI INTHARAPHITAK 3
Marché de Bangyeerua
SOI I 2
SOI INTHARAPHITAK 1
SOI PHITHAKSIN
SOI KHANGWAT WELURACHIN
SOI WUTTHI SUKSA
SOI SAENGMUANG
SOI WISET
Grand magasin Merry King
Marché de Charoen Rat
CHAROEN RAT
SOI SUTHI
SOI KHANG PAM NAM MANSHEL
THOET THAI
SOI RONGRIAN CHANTHANA SUKSA
SOI TALAT SESAWEECH
Gare Wongwian Yai
Marché
SOI RATRUAM
Marché de Wat Klang
SOI TRONG KHAMTALAT SI THON
TROK RACHAWADI
TROK NAI THONGBAI
SOI SAKSIN
SOI WAT KLANG
SOI WAT RATCHAKIRU
THONBURI
SOI SP CT4/1
SOI SOMDET PHRA CHAO TAKSIN 4
SOI SOMDET PHRA CHAO TAKSIN 5
SOI SOMDET PHRA CHAO TAKSIN 7
SOI SOMDET PHRA CHAO TAKSIN 6
SOI SANCHAO ARNEAW
SOI KRUNG THON BURI 1
TROK MANAWITTH
Wongwian Yai
KRUNG
SOI RONGCHE
Khlong Samre
SOI WAT PHOTHI
NIMIT
SOI SOMDET PHRA CHAO TAKSIN 9
SOI KRUNG THON BURI 4
SOI SARAPHI 3
SOMDET PHRA CHAO TAKSIN
SOI SOMDET PHRA CHAO TAKSIN 8
SOI SOMDETPHRA CHAO TAKSIN 10
SOI SOMDET PHRA CHAO TAKSIN 12
SOI SOMDET PHRA CHAO TAKSIN 18
SOI MORCHUB
SOI SAMPAYA
SOI SOMDET PHRA CHAO TAKSIN 11
Khlong Bang Nam Chon

D
E
2
F
6
1
2
3
4
5
7
Royal Chalermkrung Theatre
Supermarché central
Grand magasin Merry Kings
Marché central
Grand magasin Central
Marché
Grand magasin ATM
Marché de Pahurat
Marché de Sampeng
Nakorn Kasem
Marché de Khlong Thom
Hôpital central
CHINATOWN
Grand magasin Cathay
Marché de Mai
Marché de Kao
PAHURAT
CHAKKRAWAT
SAMPHAN
THAWONG
Ratchawong
Din Daeng
Song Sawat
Wat Thong
Wat Traimit
Chakkawat Market
Marché
Marché de Swat
Krom Chaotha (Harbour Dept)
Grand magasin River City
Khlong San
River City
Royal Orchid Sheraton
Si Phraya
Chao Phraya
Krom Prisanee
Poste centrale
Wat Muang Khae
Mandarin Oriental Hotel
Oriental Plaza
Oriental
Peninsula Hotel
Cathédrale de l'Assomption
Shangri-La
Centre commercial de Bangkok
Dumake
Marché de Bangrak
Saphan Taksin
Sathorn
Pont Taksin
Centre commercial Supphakan
Krung Thonburi
KHLONG
Khlong Wat Thong Phleng
Khlong San
Khlong Phadung Krung Kasem
CHAROEN KRUNG (NEW ROAD)
RAMA IV
YAOWARAT
SOMDET CHAO PRAYA
CHAROEN NAKHON
KRUNG THON BURI
LAD YA
MAHA PHRUTHARAM
SONGWAT
LUANG

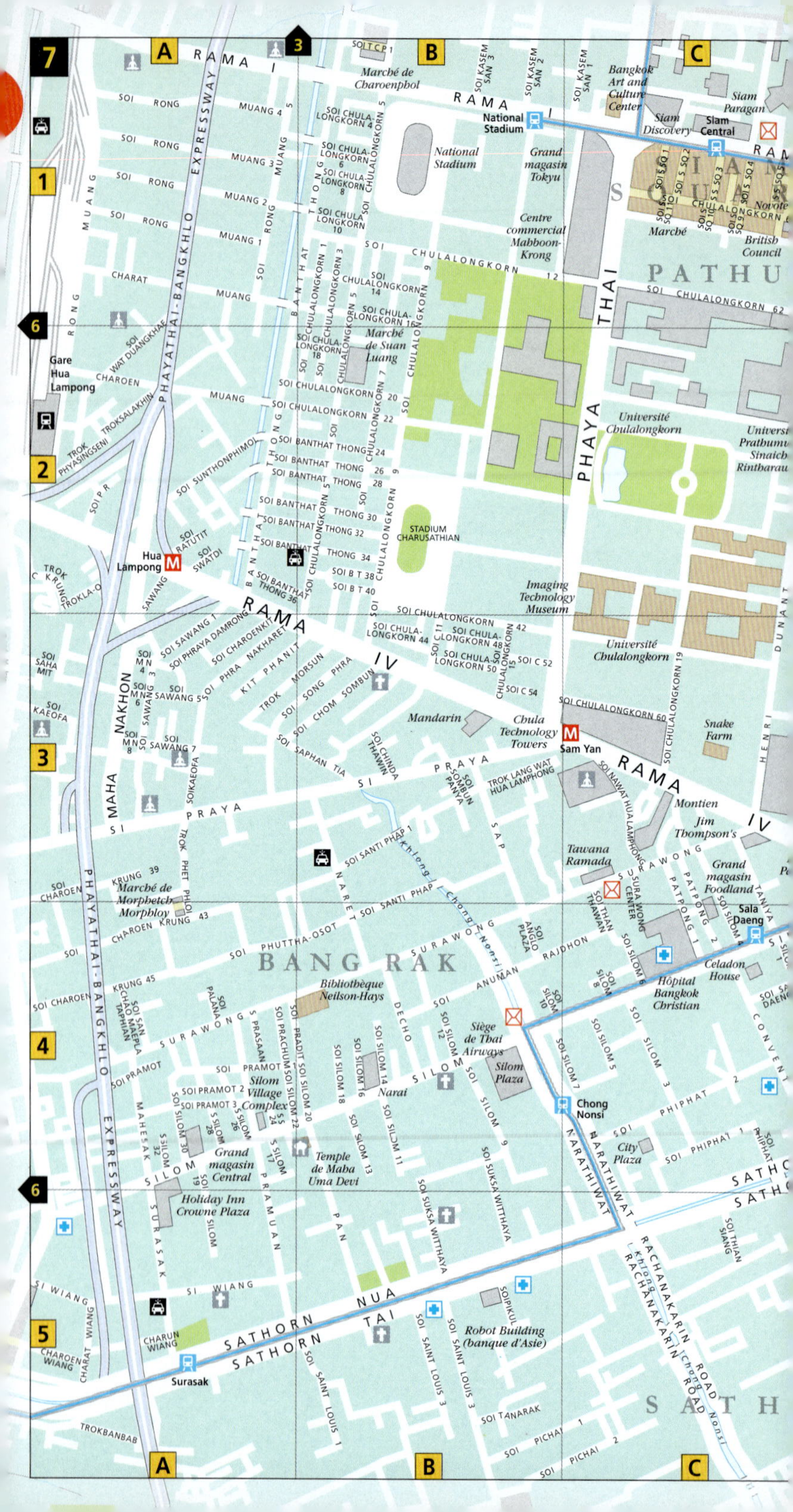
7
A
B
C
1
2
3
4
5
6
Rama I
Rama IV
Expressway
Phayathai-Bangkhlo
Phaya Thai
Marché de Charoenphol
National Stadium
Grand magasin Tokyu
Centre commercial Mabboon-Krong
Bangkok Art and Culture Center
Siam Discovery
Siam Central
Siam Paragon
Siam Square
Novotel
Marché
British Council
Pathum
Chulalongkorn
Université Chulalongkorn
Université Prathum Sinaich Rinthärau
Gare Hua Lampong
Hua Lampong
Marché de Suan Luang
Stadium Charusathian
Imaging Technology Museum
Mandarin
Chula Technology Towers
Sam Yan
Snake Farm
Montien
Jim Thompson's
Tawana Ramada
Grand magasin Foodland
Sala Daeng
Si Praya
Surawong
Bang Rak
Marché de Morphetch Morphloy
Bibliothèque Neilson-Hays
Siège de Thai Airways
Silom Plaza
Silom Village Complex
Narai
Chong Nonsi
Hôpital Bangkok Christian
Celadon House
Temple de Maha Uma Devi
Grand magasin Central
Holiday Inn Crowne Plaza
City Plaza
Silom
Narathiwat
Sathorn Nua
Sathorn Tai
Surasak
Robot Building (banque d'Asie)
Rachanakarin Road
Khlong Chong Nonsi
Convent
Dunant
Henri
Sathorn
Maha Nakhon
Charoen Krung
Si Wiang
Soi Pichai
Soi Saint Louis
Soi Tanarak

D
E
F
4
8
1
2
3
4
5
Centre commercial Isetan
Central World Plaza
Centre commercial Narayana Phand Pav.
Hilton International Bangkok
Wat Pathum Wanaram
TAT Duty Free Shop
SOI RATCHADAMRI
InterContinental Bangkok
Central Department Store
Centre commercial Ploenchit Arcade
Gay Sorn Plaza
Centre commercial Zen
Chit Lom
Sanctuaire Erawan
PHLOEN CHIT
Phloen Chit
Hôpital militaire
Grand Hyatt Erawan
Tourist Shopping Plaza
Gare routière est
Peninsula Plaza
TAT Duty Free Shop
Centre commercial Mahatun Plaza
SUKHUMVIT
Marché
SOI MAHATLEK LUANG 1
The Regent
SOI MAHATLEK LUANG 2
Silom Plaza
Le Méridien, Plaza Athénée Bangkok
Landmark Plaza
SOI RUAM RUDI 1
SOI LANG SUAN 1
SOI LANG SUAN 2
SOI LANG SUAN 3
SOI LANG SUAN 4
SOI LANG SUAN 5
SOI LANG SUAN 6
SOI LANG SUAN 7
SOI MAHATLEK LUANG 3
Royal Bangkok SportsClub
Ratchadamri
AUA
RATCHADAMRI
WITTHAYU (WIRELESS ROAD)
CHALERM MAHANAKHON EXPRESSWAY
SOI RUAM RUDI 3
SOI RUAM RUDI 4
SOI RUAM RUDI 5
SOI RUAM RUDI
SOI SAMA HAN
SOI ULIT
SARASIN
SOI POLO 1
SOI POLO 2
SOI P4
SOI POLO 5
SOI SANAM KHLI
PARC LUMPHINI
SOI PHRA CHEN
Statue Rama VI
Silom
Grand magasin Robinson
Dusit Thani
Grand magasin Central
Lumphini Boxing Stadium
Lumphini
SOI YOMMARAT
SOI SALA DAENG 2
SOI SALA DAENG 1
SOI PLUKCHIT 2
SOI PLUKCHIT 1
RAMA IV
Khlong Sathorn
Thai Wah II Tower et Westin Banyan Tree
Goethe Institute
Marché de Saphandam
Alliance Française
Sukhothai Bangkok
SOI SUANPHLU 2
SOI NANTHA
SOI ATTHAKAN PRASIT
SOI SAPHANKHU
SOI PHYAPHIREN
SOI SAWANSAWAT
SOI THANASILP
SOI HUTAYANA
SOI PHUN SUK
SOI SI BAMPHEN
SOI SITTHI-PRASAT
SOI KRAISIH
SOI AKSIN 1
SOI AKSIN 2
CHUAPHLOENG
SOI PRASART COURT
SUANPHLU
YAN NAWA
SOI NGAM DUPHLI
SOI PRIDI
SOI PRONG CHAI
SOI JACKCHIA
SOI MEKSAWAT
SOI SIRUNG
SOI PRASAT SUK
SOI YEN AKAT 1
YEN AKAT

LA PLAINE CENTRALE

Présentation de la Plaine centrale

Grenier à riz de la nation, la plaine fertile qui s'étend au nord de Bangkok est depuis des siècles la terre d'élection du peuple thaï et le cadre de sa progressive migration vers la mer. Les ruines des anciennes capitales des royaumes de Sukhothai *(p. 58-59)* et d'Ayutthaya *(p. 62-63)* jalonnent ce parcours. Elle est aujourd'hui la région la plus riche et la plus densément peuplée du pays, et les villes y connaissent une croissance rapide. Dans les collines boisées qui l'entourent, des parcs nationaux protègent une flore et une faune d'une grande variété.

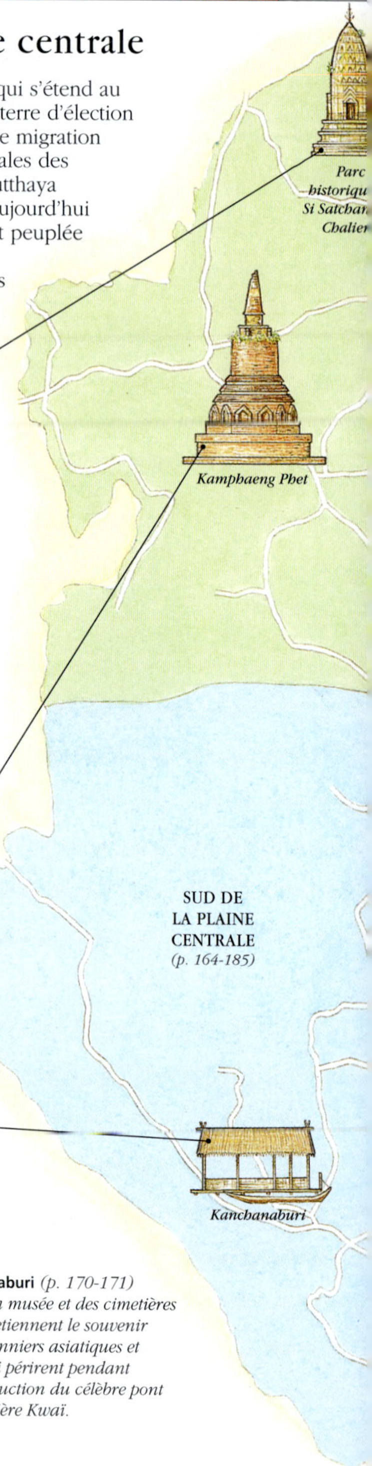

Au parc historique de Si Satchanalai-Chalieng (p. 198-200) *voisinent les vestiges d'une des grandes cités du royaume de Sukhothai et d'une ancienne présence khmère.*

Kamphaeng Phet (p. 192-193), *riche en monuments et ruines de l'époque de Sukhothai, renferme dans sa vieille ville un musée présentant des céramiques comme ce pot du XVe siècle.*

Kanchanaburi *(p. 170-171) abrite un musée et des cimetières qui entretiennent le souvenir des prisonniers asiatiques et alliés qui périrent pendant la construction du célèbre pont de la rivière Kwaï.*

◁ **Un immense bouddha assis trône au milieu des vestiges d'un *bot* du Wat Mahathat à Sukhothai**

Le parc historique de Sukhothai (p. 194-197) *protège les vestiges de la vaste capitale abandonnée, en particulier les ruines de 40* wat.

Lopburi (p. 174-175), *ville ancienne aisément accessible depuis Bangkok, n'est pas aussi touristique que Sukhothai ou Ayutthaya bien qu'elle conserve des monuments d'influence khmère comme le Prang Yam Sot.*

Le parc national de Khao Yai (p. 184-185), *plus vieux parc national de Thaïlande, reste un des meilleurs endroits où observer des animaux tels que gibbons ou éléphants sauvages.*

À Ayutthaya (p. 176-181), *les ruines disséminées dans la ville moderne témoignent de l'ancienne grandeur d'une des plus importantes cités d'Asie aux* XV*e et* XVI*e siècles.*

L'art de Sukhothai

Les prolifiques artisans de l'école de Sukhothai (fin du XIIIe siècle-XVe siècle) adaptèrent des éléments stylistiques du Sri Lanka, de Birmanie et d'autres pays voisins pour créer une forme d'art spécifiquement thaïe. Ils coulèrent en bronze de nombreuses images du Bouddha, et les statues le représentant, une posture peu fréquente dans l'art bouddhiste, sont sans doute les œuvres les plus connues de cette période. Au XVIe siècle, les céramiques Sangkhalok *(p. 200)* réputées pour leur finesse, en particulier les céladons d'un vert délicat, s'exportaient dans toute l'Asie.

La posture du « Bouddha marchant » *le représente descendant du ciel Tavatimsa après une visite à sa mère.*

Le bronze *remplaça la pierre comme matériau d'élection pour les images du Bouddha. Il permettait une représentation bien plus fine des traits et de la chevelure.*

Ce bronze de Vishnu, *un dieu hindou, dans le style classique de Sukhothai, rappelle que des brahmanes présidaient à certaines cérémonies de la cour.*

LE BOUDDHA DE PHITSANULOK

Le Wat Phra Si Rattana Mahathat de Phitsanulok abrite Phra Phuttha Chinarat, le bouddha le plus vénéré de Thaïlande après le Bouddha d'Émeraude. Fondu en bronze au XIVe siècle et plus tard doré, il offre un magnifique exemple de l'art de Sukhothai à son apogée.

Articulations anguleuses

Le halo en forme de flamme, s'achevant en têtes de serpent, est sans équivalent.

Les doigts sont tous de la même longueur

Les ornements de pignon en céramique monochrome *sont typiques de la période. Celui-ci décore le Wat Phra Phai Luang de Sukhothai.*

Les *bai semas* *(pierres de bornage,* p. 33*) étaient sculptées dans l'ardoise en forme de feuille. Celle-ci, au Wat Sorasak de Sukhothai, porte les détails d'une concession de terrain.*

Les épis de faîte en céramique, *parant de nombreux toits, présentent un mélange des styles khmer et chinois.*

Les céramiques Sangkhalok, *tel cet élégant éléphant monochrome, nous sont souvent parvenues en bon état. Leur fabrication commença au milieu du XIVe siècle.*

Le roi Vajiravudh *(1910-1925) se montra très actif au début des fouilles de Sukhothai, malgré un manque total de formation.*

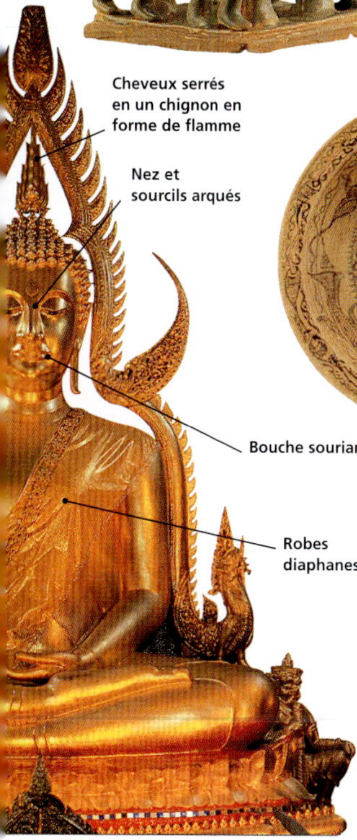

La vaisselle *aux motifs de fleurs et de poissons peints sous le vernis s'exportait jusqu'au Japon.*

Les figurines, *souvent féminines, affichaient parfois une grosseur près de la bouche qui pourrait représenter le thé fermenté mâché.*

Les pichets *appelés* kendi *prenaient entre autres des formes animales tel ce canard en poterie.*

LES FOURS DE BAN KO NOI

Des fouilles réalisées entre 1980 et 1987 ont révélé les vestiges de 200 fours de brique à Ban Ko Noi *(p. 199)*. Certains contenaient les pots en cours de cuisson au moment de leur abandon. D'autres sites de fours existent à Sukhothai.

Les étrangers à Ayutthaya

Représentation européenne d'un officiel siamois

Tout au long du XVIe et du XVIIe siècle, Ayutthaya, l'un des principaux pôles commerciaux d'Asie, attira non seulement des marchands du monde entier, mais aussi des missionnaires et des aventuriers. Les Portugais arrivèrent au XVIe siècle, découvrant une cité parcourue de canaux qu'empruntaient les majestueuses flottilles de barges royales. Leurs fusils et leurs conseillers militaires aidèrent le royaume dans sa lutte contre les Birmans. Les Hollandais et les Anglais suivirent au XVIIe siècle et établirent des comptoirs. Les jésuites français s'efforcèrent d'obtenir des conversions. Certains étrangers, tel Constance Phaulcon, eurent une influence politique temporaire.

L'église Saint-Joseph (p. 180) *a connu plusieurs restaurations depuis sa construction par des Français au sud de la principale île d'Ayutthaya pendant le règne de Narai (1656-1688).*

La laque *était une spécialité d'Ayutthaya. Comme d'autres aspects de la vie de la cité, l'influence des étrangers, ou* farang, *ici des marchands, trouva un écho dans les arts décoratifs.*

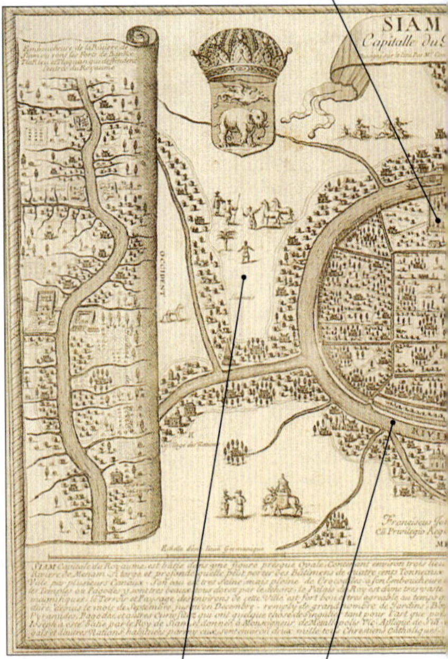

PLAN D'AYUTTHAYA

Les échanges avec le Siam conduisirent les Européens à dresser des plans d'Ayutthaya, ou Iudia selon la transcription du nom de la ville à l'époque. Cette carte française, probablement une copie du XVIIIe siècle d'un relevé du XVIIe siècle, montre la localisation des différents quartiers.

Les premiers Français, *des missionnaires jésuites, arrivèrent en 1662. L'un d'eux revint peu après pour inviter une délégation siamoise à se rendre à la cour de Louis XIV, représenté ici recevant les envoyés de Narai en 1684. Une ambassade dirigée par le chevalier de Chaumon, accompagné de l'abbé de Choisy, se rendit l'année suivante à Ayutthaya.*

Les jésuites français *vinrent à Ayutthaya avec l'ambition de convertir le roi Narai au catholicisme. Ils échouèrent mais éveillèrent son intérêt pour l'astronomie. Cette illustration le montre en train d'observer une éclipse de Lune en 1685. Il observa en 1688 une éclipse partielle du Soleil. Il accorda aux jésuites des terres pour construire églises et écoles.*

Les piments, *importés d'Amérique du Sud par les Portugais qui conclurent un traité commercial avec les Siamois en 1516, connurent un tel succès qu'ils jouent un rôle essentiel aujourd'hui dans de multiples plats thaïlandais.*

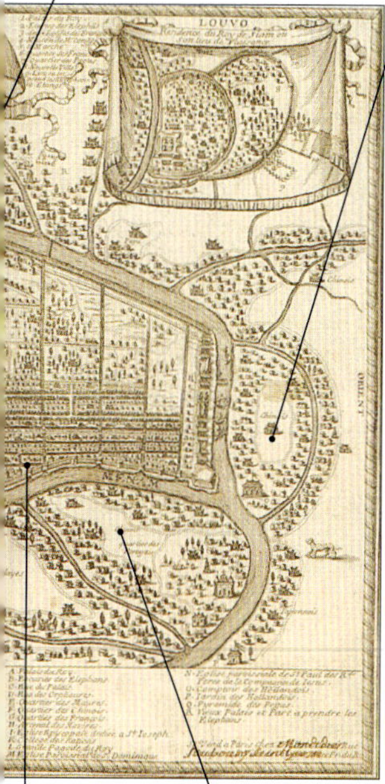

Un convoi de barges royales *était souvent le premier spectacle qui accueillait les visiteurs. Ayutthaya, sillonnée de canaux où se pressaient les embarcations, prit le surnom de « Venise de l'Orient ».*

CONSTANCE PHAULCON

C'est pendant le règne de Narai (1656-1688) que les étrangers eurent le plus d'influence à Ayutthaya. Un personnage marqua l'époque : l'aventurier levantin Constance Phaulcon qui, arrivé en 1678 au service de la Compagnie anglaise des Indes orientales, séduisit le roi au point de devenir son confident et son Premier ministre. Pour défendre ses intérêts personnels, il joua la carte française contre les Hollandais et les Anglais et obtint pour Louis XIV l'autorisation d'installer des garnisons à Bangkok et à Mergi. Cette présence militaire provoqua l'inquiétude de dignitaires de la cour qui profitèrent d'une maladie de Narai en 1688 pour faire exécuter Phaulcon. Le monarque mourut quelques jours après son favori. Le Siam se ferma aux Occidentaux pour cent cinquante ans.

Constance Phaulcon se prosternant devant le roi Narai

La V.O.C. *(Compagnie néerlandaise des Indes orientales) prit les premiers contacts en 1604 et fonda en 1634 un comptoir commercial qui fut détruit plus tard par les Birmans.*

LE SUD DE LA PLAINE CENTRALE

Depuis des siècles, la large plaine alluviale du Chao Phraya est le grenier à riz de la Thaïlande et sa région la plus densément peuplée. Le fleuve demeure un lien essentiel entre le cœur historique du pays et Bangkok. Celle qui la précéda, Ayutthaya, est le site touristique le plus fréquenté de la région. À Kanchanaburi, le pont de la rivière Kwaï attire lui aussi de nombreux visiteurs.

Ayutthaya fut un des plus grands centres commerçants d'Asie du XIVe au XVIIIe siècle, et la splendeur de ses temples et palais, construits au confluent de trois rivières – le Chao Phraya, le Lopburi et le Pasak – plongea dans l'émerveillement les étrangers attirés par ses richesses. Dévastée par les Birmans en 1767, l'ancienne capitale conserve de l'époque de sa grandeur des vestiges disséminés dans la ville moderne. Ils attirent chaque jour des centaines de visiteurs faisant l'aller-retour depuis Bangkok. Autre but d'excursion très populaire, Kanchanaburi, à l'ouest de Bangkok, entretient le souvenir d'un épisode de l'histoire plus récent : la construction, pendant la Seconde Guerre mondiale, du « chemin de fer de la mort » rejoignant le col des Trois Pagodes à la frontière birmane. Elle coûta la vie à des milliers de prisonniers de guerre occidentaux et de travailleurs forcés asiatiques. Le reste de la région possède peu de structures d'accueil touristiques et des villes comme Lopburi, riche de plusieurs *prang* khmers, ainsi que le lieu de pèlerinage de Phra Phutthabat restent ignorés de la majorité des étrangers. La vallée de la Khwae Noi, sur la route du col des Trois Pagodes, est plus fréquentée. Vastes forêts et prairies couvrent les collines qui l'entourent. Elles renferment deux réserves naturelles et les parcs nationaux d'Erawan, de Sai Yok et de Chaloem Rattanakosin. De l'autre côté de la Plaine centrale, à l'est, le plus ancien parc national de Thaïlande, Khao Yai, reste le meilleur endroit pour voir des éléphants sauvages, parmi d'autres animaux et oiseaux.

Le célèbre pont de la rivière Kwaï à Kanchanaburi

◁ **Le Wat Phra Mahathat, construit en 1384, l'un des plus grands temples de l'ancienne Ayutthaya**

À la découverte du sud de la Plaine centrale

Sa fertilité et le climat rythmé par le régime des moussons rendent le bassin du Chao Phraya idéal pour la culture du riz. Il n'est ainsi pas surprenant que les royaumes de Lopburi et, plus tard, d'Ayutthaya, y établirent leurs capitales. À l'est de la vaste plaine, Khao Yai est le plus ancien et le plus accessible des parcs nationaux. À l'ouest, le pont de la rivière Kwaï est devenu une attraction touristique près de Kanchanaburi. La route sinueuse qui relie cette ville au col des Trois Pagodes, à la frontière birmane, longe plusieurs réserves naturelles.

Dans un cimetière militaire de Kanchanaburi

LÉGENDE

- Autoroute
- Route principale
- Route secondaire
- Parcours pittoresque
- Voie ferrée
- Frontière internationale

Pour les autres symboles de la carte, *voir le rabat arrière de couverture*

CIRCULER

De nombreux hôtels de Bangkok proposent des visites organisées d'Ayutthaya et de Kanchanaburi. Il existe des excursions en bateau pour Ayutthaya via Ban Pa-in. Les routes qui rayonnent de Bangkok offrent un accès aisé en bus ou en voiture à l'ensemble de la région une fois sorti de la ville elle-même. Le train dessert Kanchanaburi, Ayutthaya et Lopburi.

Bouddhas du Wat Yai Chai Mongkhon à Ayutthaya

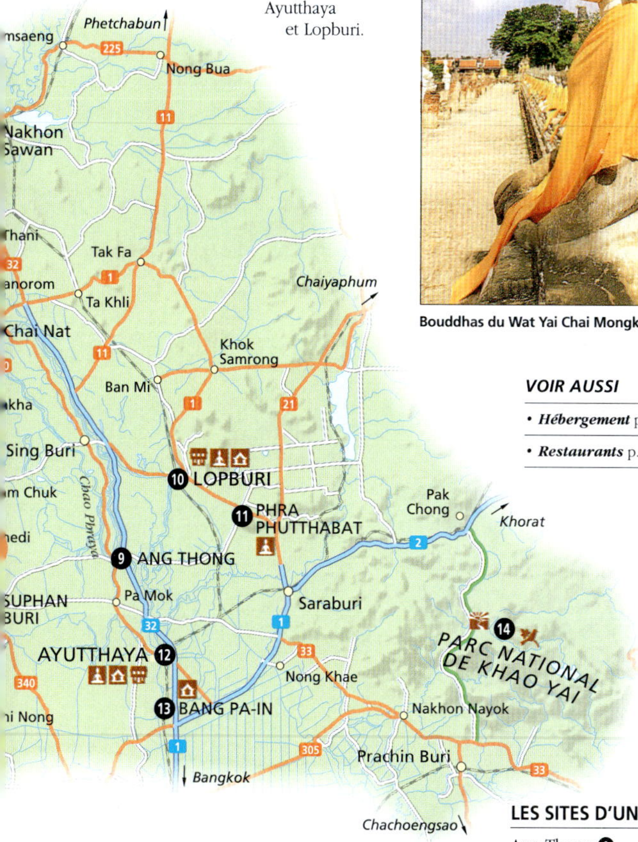

VOIR AUSSI

- ***Hébergement*** p. 402-403
- ***Restaurants*** p. 432-433

Le Hall Chanthara Phisan du palais du roi Narai, Lopburi

LES SITES D'UN COUP D'ŒIL

Ang Thong 9
Ayutthaya p. 176-181 12
Bang Pa-in 13
Kanchanaburi 6
Lopburi p. 174-175 10
Parc national de Chaloem Rattanakosin 7
Parc national d'Erawan 4
Parc national de Khao Yai p. 184-185 14
Parc national de Sai Yok 3
Phra Phutthabat 11
Prasat Muang Sing 5
Sangkhla Buri 1
Suphan Buri 8
Thung Yai Naresuan et Huai Kha Khaeng 2

En route pour le marché, col des Trois Pagodes

Sangkhla Buri ❶

สังขละบุรี

Province de Kanchanaburi. *36 000.* *depuis Kanchanaburi.* *TAT, Kanchanaburi (0 3451 1200).* *t.l.j.*

Cette petite ville proche de la frontière birmane est habitée par une population mélangée de Karens, de Môns *(p. 206)* et de Thaïs, et son marché central permet entre autres de déguster des curries et des samoussas birmans. Sangkhla Buri offre toutefois pour principal intérêt de se trouver au bord du vaste lac artificiel créé par un barrage sur la Khwaï Noi. Parfois, à la fin de la saison sèche, les vestiges de forêts et d'un village engloutis, les flèches d'un *wat* en particulier, apparaissent à la surface. Un *chedi* de style inhabituel, celui du **Wat Wangwiwekaram**, domine la rive nord de la retenue d'eau. Une galerie couverte abrite à côté un marché quotidien qui propose notamment des *lungi*, sarongs traditionnels birmans, et de rustiques sculptures sur bois, marchandises provenant de pays tels que la Birmanie et l'Indonésie. Un pont en bois franchissant un bras du lac permet d'atteindre le temple à pied. Un village à prédominance môn s'est developpé non loin du sanctuaire. Un marché intéressant s'y tient tôt le matin.

Aux environs : les trois petits *chedi* blancs qui donnent son nom au **col des Trois Pagodes**, à 23 km au nord-ouest de Sangkhla Buri sur la frontière birmane, ont un intérêt limité. Pendant des siècles, ce col qui se trouve à moins de 300 m d'altitude servit de route d'invasion. Pendant la Seconde Guerre mondiale, la voie ferrée construite par les Japonais entre le Siam et la Birmanie *(p. 170-171)* le franchissait. On distingue toujours près de la frontière le trajet que suivaient les rails. Le col est aujourd'hui une paisible voie commerciale (et de contrebande) entre l'océan Indien, à l'ouest, et les principaux pays de l'Asie du Sud-Est. Les visiteurs peuvent normalement (quand les relations entre la Birmanie et la Thaïlande sont calmes) obtenir un visa d'une journée *(p. 475)* pour se rendre de l'autre côté de la frontière, à Pyathonzu.

Thung Yai Naresuan et Huai Kha Khaeng ❷

เขตรักษาพันธุ์สัตว์ป่าห้วยขาแข้ง

Provinces de Kanchanaburi, Tak et Uthai Thani. *TAT, Tak (0 5551 4341) ; Kanchanaburi (0 3451 1200) ; Forestry Dept (0 2562 0760).* *depuis Kanchanaburi.* **www**.huaikhakhaeng.net

Ces deux réserves naturelles d'une superficie de 6 200 km², qu'entourent 6 000 km² de forêts protégées, ont été inscrites ensemble au Patrimoine mondial de l'Unesco. Elles abritent certains des derniers grands groupes d'éléphants sauvages et des carnivores menacés de disparition tels que le tigre, la panthère longibande et l'ours des cocotiers. L'énorme gaur, une sorte de bison, et les derniers troupeaux de buffles sauvages du pays, ainsi que des espèces rares de gibbons, peuplent aussi le sanctuaire. Il existe au Huai Kha Khaeng un sentier de randonnée destiné aux visiteurs, mais aucune des deux réserves n'est vraiment équipée pour

Troupeau de buffles sauvages, espèce protégée dans les réserves naturelles de Thung Yai Naresuan et Huai Kha Khaeng

Pour les hôtels et les restaurants de la région, voir p. 402-403 et p. 432-433

Hébergement touristique dans le paisible parc national de Sai Yok

accueillir les touristes en nombre. Les groupes importants peuvent s'adresser au service des eaux et forêts (Forestry Department) de Bangkok pour obtenir l'autorisation de pénétrer dans les parcs.

Parc national de Sai Yok ❸

อุทยานแห่งชาติไทรโยค

Province de Kanchanaburi. Siège du parc près de la route 323 à 100 km de Kanchanaburi. ***Tél.*** *0 3451 6163 4.* *TAT, Kanachanaburi (0 3451 1200) ; Forestry Dept (0 2562 0760 pour la location de bungalows).* *depuis Kanchanaburi.*

Ce parc de 500 km², fondé en 1980 autour du site où les Japonais établirent pendant la Seconde Guerre mondiale une importante caserne et un camp de prisonniers de guerre, est aujourd'hui réputé pour ses paysages en bord de rivière et l'impressionnante cascade de Sai Yok Yai qui se jette dans le Khwaï Noi. Des possibilités d'hébergement sont offertes dans des bungalows et d'agréables maisons flottantes. On peut louer des bateaux (assez cher) pour rejoindre des grottes creusées dans le calcaire où nichent des chauves-souris de Kitti à nez de cochon, espèce rare découverte en 1973 par le naturaliste thaï Kitti Thonglongya. D'une longueur de 3 cm, ce serait le plus petit mammifère du monde.

Aux environs : financé grâce à des fonds australiens, le Burma-Thailand Railway Memorial Trail (Sentier commémoratif du chemin de fer Birmanie-Thaïlande) rend hommage aux prisonniers de guerre qui périrent pendant le percement de la tranchée de Konyu, rebaptisée Hellfire Pass (le col du feu de l'enfer) par les détenus qui y travaillèrent la nuit à la lueur des projecteurs. Non loin, un pont branlant long de 300 m reposant sur des chevalets de 25 m de hauteur coûta lui aussi bien des vies. Le sentier traverse une bambouseraie pour rejoindre la tranchée de Konyu.

Plaque commémorative, Hellfire Pass

Parc national d'Erawan ❹

อุทยานแห่งชาติเอราวัณ

Province de Kanchanaburi. Siège du parc près de la Route 3199 à 65 km de Kanchanaburi. ***Tél.*** *0 3457 4222.* *TAT, Kanchanaburi (0 2562 0760) ; Forestry Dept (0 2579 5734 pour la location de bungalows).* *depuis Kanchanaburi.*

Dans les vertes forêts de ce parc national de 550 km², le plus proche de Kanchanaburi, dévalent les magnifiques **cascades d'Erawan**, succession de chutes d'eau et de bassins que longe un sentier agréable mais abrupt de 2 km. S'il arrive aux gardes forestiers de découvrir à l'occasion une empreinte de tigre, les visiteurs ont plus de chances d'apercevoir des singes rhésus, des macaques à queue de cochon ou les spécimens de quelque 80 espèces d'oiseaux. Le centre d'accueil diffuse un diaporama sur le parc qui est l'un des plus populaires de Thaïlande et attire une foule dense les week-ends et en périodes de vacances. Dans sa partie occidentale, la vaste grotte de Tham Wang Badan abrite de nombreuses stalactites et stalagmites.

Aux environs : situées dans le **parc national de Si Nakharin**, les cascades de Huai Khamin n'attirent pas autant de monde que celles d'Erawan, mais méritent elles aussi une visite. Elles offrent la possibilité de se baigner. On peut également se promener sur le réservoir de Si Nakharin en louant un bateau au quai de Kradan ou à Si Sawat, petite ville de marché située sur la rive orientale du lac artificiel.

Parc national de Si Nakharin
108 km N de Kanchanaburi.
Tél. *0 3451 6667 8.* *t.l.j.*

Les chutes d'Erawan portent le nom de l'éléphant sacré d'Indra

Sanctuaire central de Prasat Muang Sing près de Kanchanaburi

Prasat Muang Sing ❺

ปราสาทเมืองสิงห์

Par la route 323, 43 km O de Kanchanaburi, province de Kanchanaburi. *TAT, Kanchanaburi (0 3451 1200).* depuis *Kanchanaburi jusqu'à Tha Kilen puis* songthaew. *t.l.j.*

Les ruines de Muang Sing remontent environ au XIIIe siècle et marquent au bord de la Khwaï Noi la limite occidentale de l'expansion de l'Empire khmer *(p. 264-265)*. Des remparts entourent un mur intérieur qui délimite un quadrilatère d'un kilomètre carré. Presque au milieu gisent les vestiges du temple bouddhiste Prasat Muang Sing. Il fait face à l'est, la direction de la cité d'Angkor, comme la plupart des sanctuaires khmers. Certains historiens d'art estiment que le temple ne fut pas bâti par des Khmers, mais par des artisans locaux imitant l'architecture de leurs occupants. Le *prasat*, par exemple, n'a pas les détails stylistiques présents sur les monuments khmers. Sa construction commença probablement après le règne de Jayavarman VII (1181-1220), début du déclin de l'empire. Un musée expose les objets mis au jour lors des fouilles.

Aux environs : au sud-est de Muang Sing, le **musée de Ban Kao** présente les outils et ornements retrouvés sur un site préhistorique découvert par un prisonnier de guerre, l'archéologue van Heekeren.

Musée de Ban Kao
35 km O de Kanchanburi.
mer.-dim. 8h-16h30.

Kanchanaburi ❻

กาญจนบุรี

Province de Kanchanaburi. *108 000.* *TAT, Saeng Chuto Rd, Kanchanaburi (0 3451 1200).* *t.l.j.* *Semaine du pont de la rivière Kwaï (nov.-déc.).*

Bien qu'entourée de belles collines et de vastes champs de canne à sucre, Kanchanaburi est surtout connue à cause du pont qui franchit la rivière Kwaï au nord du centre-ville et que rendit célèbre le roman de Pierre Boulle et le film de David Lean. La petite gare voisine conserve des locomotives à vapeur d'époque. Il y a aussi un monument aux Morts, érigé par l'administration japonaise en 1944. Le **Thailand-Burma Railroad Center** est un petit musée qui retrace l'histoire de ce chemin de fer. Le pont faisait partie du « chemin de fer de la mort » (Death Railway), surnom donné à la voie ferrée Birmanie-Siam dont la construction coûta la vie à 100 000 travailleurs forcés asiatiques et à 12 000 prisonniers de guerre. Presque 7 000 de ces derniers, principalement des Australiens et des Anglais, reposent au **Kanchanburi War Cemetery**, lieu poignant superbement entretenu par la Commonwealth War Graves Commission. Plus petit, le **Chong Kai Cemetery** abrite 1 740 tombes. Il s'étend sur la rive nord de la rivière Kwaï Noi, accessible en bac depuis le centre. Non loin, le **Wat Tham Khao Pun** domine la rivière et la voie Birmanie-Siam qui, vers le sud, à cet endroit, prend la direction de Ban Kao et Prasat Muang Sing. Dans l'enceinte du temple, d'étroits passages desservent un réseau de grottes emplies de bouddhas. Installé dans le Wat Chai Chumphon, le **JEATH War Museum** expose trois répliques des huttes en bambou qu'occupaient les prisonniers de guerre dans les camps qui jalonnaient le Death Railway. Elles renferment des souvenirs de cette époque tragique tels que dessins, photographies, peintures ou cartes. JEATH est l'acronyme de Japan, England, Australia and America, Thailand et Holland, les noms anglais de certains des pays dont les ressortissants travaillèrent à la construction de la ligne de chemin de fer. Il ne subsiste aujourd'hui que 77 km de voie qui constituent cependant un parcours très pittoresque entre Kanchanaburi et Nam Tok. De nombreux survivants et

Panneau, gare de Kanchanaburi

Pont d'acier franchissant la rivière Khwaï Yai à Kanchanaburi

parents de victimes se rendent chaque année à Kanchanaburi. On peut loger dans des hôtels flottants.

Kanchanaburi War Cemetery
Saeng Chuto Rd. *t.l.j.*

Chong Kai Cemetery
Ban Kao Rd. *t.l.j.*

JEATH War Museum
Wisuttharangi Rd. *t.l.j.*

Thailand-Burma Railraod Center
73 Jaokunneu Rd. *t.l.j.*

Paysans au travail dans les collines entourant Kanchanaburi

Parc national de Chaloem Rattanakosin 7

อุทยานแห่งชาติเฉลิมรัตนโกสินทร์

Province de Kanchanaburi. Siège du parc sur la route 3086, 97 km N-E de Kanchanaburi. *TAT (0 3451 1200) ; Forestry Dept (0 2562 0760 ou www.dnp.go.th pour la location de bungalows).* *depuis Kanchanaburi jusqu'à Nong Preu puis songthaew.* *t.l.j.*

Ce splendide parc reculé mesure seulement 59 km². Le principal sentier longe un ruisseau qui traverse une grotte, Tham Than Lot Noi, pour émerger dans un ravin boisé aux pentes abruptes. Le sentier continue pendant 2 500 m, le long des chutes de Trai Trung pour atteindre Tham Tan Lot Yai, cavité creusée dans le calcaire, aménagée en petit sanctuaire bouddhiste. Un matin de semaine, vous y serez sans doute seul.

LE PONT DE LA RIVIÈRE KWAÏ ET LA VOIE FERRÉE BIRMANIE-SIAM

Immortalisé par le roman de Pierre Boulle, *Le Pont de la rivière Kwaï*, et son adaptation cinématographique par David Lean en 1957, le premier pont ferroviaire construit par des travailleurs forcés alliés et asiatiques sur la rivière Khwaï Yai, près de Kanchanaburi, était en bois. Les Japonais l'abandonnèrent en 1943 pour un ouvrage en acier que l'US Air Force bombarda à plusieurs reprises à partir de la fin 1944, jusqu'à le mettre hors d'usage en 1945 alors qu'il n'avait servi que quelques mois.
Ce pont faisait partie d'un immense projet : la voie ferrée de 415 km Birmanie-Siam que les Japonais comptaient utiliser pour étendre leurs conquêtes en Asie, malgré le blocus maritime des Alliés. Elle courait de Nong Pladuk, à 50 km au sud-est de Kanchanaburi, jusqu'à Thanbyuzayat, près du littoral du golfe de Martaban, et ne fonctionna que deux ans. Environ 60 000 prisonniers de guerre et 300 000 ouvriers asiatiques travaillèrent de force à sa construction rendue particulièrement difficile par le relief. Beaucoup succombèrent au choléra, à la malaria, à la malnutrition et aux mauvais traitements de leurs gardiens. Ceux-ci considéraient, selon le code d'honneur des samouraïs, qu'un homme qui s'était rendu avait perdu toute dignité humaine. Chaque traverse aurait coûté une vie. Reconstruit, avec deux poutrelles de la Japan Bridge Company d'Osaka, dans le cadre des réparations de guerre imposées au Japon, le pont actuel est devenu un lieu de pèlerinage pour les survivants et les familles de ceux qui périrent. Deux cimetières renferment à Kanchanaburi les tombes de milliers d'entre eux.

Toile d'un prisonnier de guerre, JEATH Museum de Kanchanaburi

Prisonniers de guerre sur le pont en bois de la rivière Kwaï Yai (v. 1942-1943)

Le Chong Kai Cemetery de Kanchanaburi

Le sanctuaire chinois de San Chao Pho, Suphan Buri

Suphan Buri 8

สุพรรณบุรี

Province de Suphan Buri. *111 000.* *TAT, Suphan Buri (0 3553 6030) ; TAT, Ayutthaya (0 3524 6077).* *Fête de Don Chedi (le 25 janv.)*

Comme beaucoup de cités de la région, Suphan Buri prit son essor dans le sillage d'Ayutthaya au XIVe siècle. Près du centre se dresse le splendide *prang* du Wat Phra Si Rattana Mahathat. D'influence khmère, il fut restauré à l'époque d'Ayutthaya puis au XXe siècle. À l'entrée de la ville sur la route de Kanchanaburi, le Wat Pa Lelai abrite un grand bouddha assis de l'époque de Dvaravati *(p. 56-57)*. À l'est se trouve le San Chao Pho Lak Muang, un sanctuaire chinois. De l'autre côté de la rivière, le Wat Phra Rup renferme un élégant bouddha couché et une empreinte de pied de l'« Éveillé », sculptée dans du bois. D'intéressantes peintures murales du XIXe siècle décorent le *bot* du Wat Pratu San voisin.

Aux environs : à 30 km au nord-ouest de Suphan Buri, un vaste monument, **Don Chedi**, marque le site de la bataille thaïe-birmane de Nong Sarai *(p. 62)*. Le **Musée national de U Thong** présente des objets de Dvaravati datant du VIe au XIe siècle et de l'art khmer.

Musée national de U Thong
7 km S-O de Suphan Buri.
mer.-dim.

Ang Thong 9

อ่างทอง

Province d'Ang Thong. *41 600.* *TAT, Ayutthaya (0 3524 6077).* *t.l.j.*

Pour les amateurs de sculpture bouddhique, cette petite ville offre, à mi-chemin entre Suphan Buri et Lopburi, une base pratique pour découvrir trois sites proches peu visités malgré leur intérêt. Au sud d'Ang Thong, le **Wat Pa Mok** abrite un bouddha couché du XVe siècle long de 22 m. Celui du **Wat Khun In Pranum** au nord-ouest, de l'époque d'Ayutthaya, atteint 50 m d'envergure. Au **Wat Chaiyo Wora Wihan**, au nord d'An Thong, un *wihan* renferme un immense bouddha du style de Rattanakosin appelé Phra Maha Phuttha Phim.

Le Wat Pha Mok proche d'Ang Thong

Lopburi 10

ลพบุรี

Voir p. 174-175.

Phra Phutthabat 11

พระพุทธบาท

Province de Saraburi. *TAT, Ayutthaya (0 3524 6077) ; TAT, Saraburi (0 3642 2768 9).* *depuis Saraburi puis* samlor. *t.l.j. 7h-18h.* *Fête de Phra Phutthabat (mars).*

Au début du XVIIe siècle, le roi Song Tham (1610-1628) d'Ayutthaya envoya un groupe de moines au Sri Lanka rendre hommage à une très sainte empreinte de pied du Bouddha. Selon la tradition, ces empreintes montrent réellement où l'« Éveillé » a foulé le sol de la terre. À la grande surprise des moines, les Sri Lankais leur dirent que, selon les Écritures, il existait une de ces empreintes en Thaïlande. Song Tham ordonna bien entendu sa recherche. C'est un chasseur poursuivant un cerf blessé qui la trouva. Après s'être enfoncée dans un sous-bois, sa proie en ressortit guérie. Intrigué, le chasseur fouilla la végétation et découvrit une flaque en forme d'empreinte de pied. Il en but l'eau et fut débarrassé miraculeusement d'une maladie de peau. Informé, le roi fit construire un temple sur le site, et celui-ci est devenu l'un des lieux de culte les plus sacrés de Thaïlande. Aujourd'hui, un *mondop* ouvragé, reconstruit à la fin du XVIIIe siècle après sa destruction par les Birmans en 1765, abrite l'empreinte longue de 1,5 m : Phra Phutthabat. Un musée expose des offrandes faites par les pèlerins qui viennent ici participer chaque année à d'importantes cérémonies.

Cloche, Phra Phutthabat

Aux environs : les pèlerins en route pour Phra Phutthabat s'arrêtent souvent à 40 km plus au sud-ouest pour rendre hommage à l'icône **Phra Phutthachai** (« l'ombre du Bouddha »).

Les postures du Bouddha

Partout en Thaïlande, les représentations du Bouddha suivent presque toutes des règles strictes édictées au IIIe siècle apr. J.-C. Des quatre postures de base – debout, assis, marchant et couché –, les trois premières sont associées aux activités quotidiennes du Bouddha, la dernière à ses ultimes instants sur terre quand il atteignit le nirvana. À partir de ces postures, les positions des mains et des pieds permettent d'évoquer au travers d'attitudes *(mudra)* des thèmes clefs du bouddhisme. Le roi Rama III (1824-1851) dressa une liste de quarante de ces attitudes. La plupart restent rares au profit d'une douzaine dont la plus fréquente est *bhumisparsa mudra*.

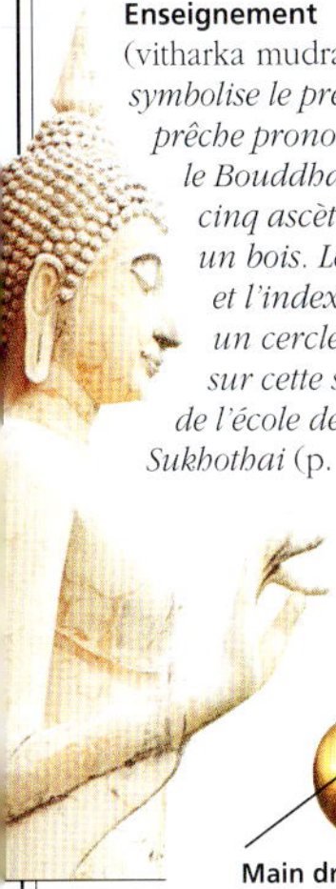

Enseignement (vitharka mudra) *symbolise le premier prêche prononcé par le Bouddha devant cinq ascètes dans un bois. Le pouce et l'index forment un cercle comme sur cette statue de l'école de Sukhothai* (p. 31).

TOUCHER DE LA TERRE
La posture *Bhumisparsa mudra* est une des plus communes. Elle symbolise un épisode important de la vie du Bouddha. Il prend à témoin la déesse de la nature de sa résistance, en pointant la main vers le sol, quand son ennemi Mara, faisant apparaître jeunes vierges nubiles et festins, tenta de l'arracher à sa méditation sous le *banian* de Bodh Gaya en Inde. Peu après, il atteignit l'illumination.

Main droite pointée vers la terre

Main gauche posée sur les jambes

Jambes en position du lotus

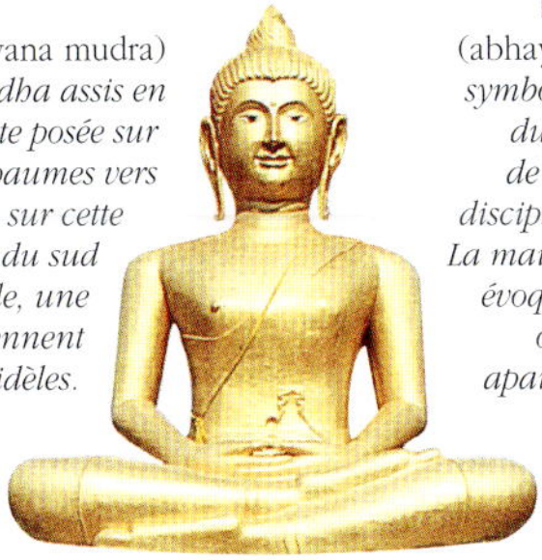

Méditation (dhyana mudra) *montre le Bouddha assis en lotus, main droite posée sur la gauche, paumes vers le ciel comme sur cette statue moderne du sud de la Thaïlande, une position que prennent toujours les fidèles.*

Médiation (abhaya mudra) *symbolise l'offre du Bouddha de protéger ses disciples de la peur. La main droite levée évoque un épisode où le Bouddha apaise les querelles familiales.*

Contenant les eaux, *une variante d'*abhaya mudra. *La posture de ce Bouddha d'Ayutthaya, les deux mains levées paumes tournées vers l'extérieur, pointées vers le ciel, fait référence à un épisode où il aurait calmé une crue du Nairanjana, un affluent du Gange, en Inde du Nord.*

Les bouddhas couchés *représentent l'accession au* parinirvana, *le nirvana ultime. Celui-ci date d'Ayutthaya.*

Lopburi pas à pas ⓾

ลพบุรี

Connue sous le nom de Lavo à l'époque de Dvaravati *(p. 56-57)*, Lopburi devint un important avant-poste de l'Empire khmer *(p. 264-265)* entre le xe et le xiie siècle. Les *prang* du Wat Phra Si Rattana Mahathat et du Prang Sam Yot datent de cette époque. Lopburi s'efforça ensuite de conserver son indépendance face au pouvoir du royaume de Sukhothai *(p. 58-59)*. Un mariage scella au xive siècle son alliance avec l'État d'Ayutthaya *(p. 62-63)* alors en plein essor. La ville connut son apogée pendant le règne de Narai (1656-1688) qui préférait séjourner à Lopburi plutôt que dans son palais officiel d'Ayutthaya. Il y reçut les envoyés de Louis XIV. La ville moderne, sans grand intérêt, s'est développée à l'est du quartier ancien.

Wat Sao Thong Thong
Narai modifia le wihan *de ce* wat *pour qu'il serve de chapelle chrétienne, donnant aux fenêtres un dessin gothique.*

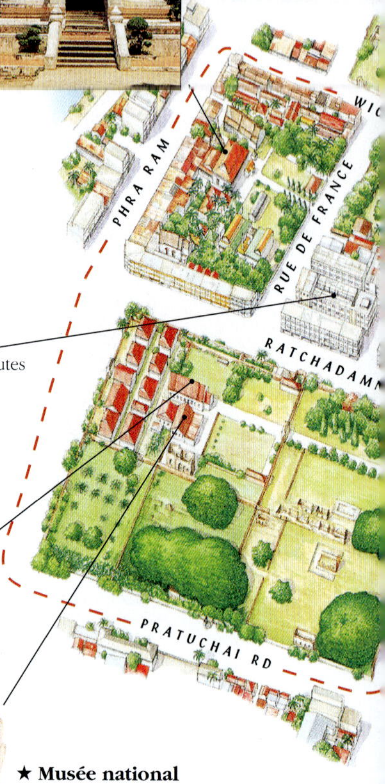

Le marché propose toutes sortes de nourriture.

★ Palais du roi Narai
Le roi Mongkut (p. 65) *fit restaurer certaines parties, dont le Hall Chanthara Phisan, de ce palais abandonné après la mort de Narai.*

★ Musée national Samdej Phra Narai
Ce musée occupe, dans le Palais du roi Narai, le Hall Phiman Mongkut partiellement restauré. Il présente une superbe collection de bouddhas du style de Lopburi et des œuvres d'art khmères, Dvaravati et d'Ayutthaya.

À NE PAS MANQUER

- ★ Musée national Samdej Phra Narai
- ★ Palais du roi Narai
- ★ Prang Sam Yot
- ★ Wat Phra Si Rattana Mahathat

LÉGENDE

– – – Itinéraire conseillé

Résidence de Phaulcon
Le roi Narai construisit cette maison pour Constance Phaulcon dont il avait fait son confident et son Premier ministre. Phaulcon usa de son influence pour favoriser les Français qui obtinrent, en 1687, le droit d'installer des garnisons sur le sol du royaume. Cette autorisation inquiéta les dignitaires de la cour, qui organisèrent l'exécution de l'intrigant en 1688, quelques jours avant la mort de Narai (p. 163).

MODE D'EMPLOI

Province de Lopburi. *165 000.* *Na Phra Kan Rd.* *Phra Narai Maharat Rd.* *TAT, Phra Yam Chamkat Rd. (0 3642 2768).* *t.l.j.* *Fête du roi Narai (fév.).* **Musée national Somdej Phra Narai** ***Tél.*** *0 3641 1458.* *mer.-dim. 9h-16h.* *j.f.* **Palais du roi Narai** *t.l.j.* **Wat Phra Si Rattana Mahathat** *t.l.j.* **Résidence de Phaulcon** *t.l.j.* **www**.thailandmuseum.com

Prang Khaek
Ce sanctuaire hindou dominé par trois tours de brique remonterait au VIII*e siècle.*

★ Prang Sam Yot
Hindou à l'origine, ce sanctuaire est typique du style de Lopburi, adaptation par des artisans locaux de l'esthétique khmère. Deux des trois prang *abritent des bouddhas.*

★ Wat Phra Si Rattana Mahathat
Au centre de ce wat *se dressent les ruines d'un* prang *khmer du* XII*e siècle qui a conservé des ornements en stuc. L'enceinte renferme aussi des* chedi *de l'époque d'Ayutthaya et un* wihan *construit par le roi Narai.*

Ayutthaya ⓬

พระนครศรีอยุธยา

Bracelet d'Ayutthaya

Fondée en 1351 par Ramathibodi Ier (1351-1369) venu y fuir une épidémie de variole, la ville d'Ayutthaya s'affirma au XVe siècle comme la capitale d'un puissant royaume *(p. 58-59)* qui conquit Sukhothai en 1438. Les premiers Européens y arrivèrent au début du XVIe siècle *(p. 162-163)*, et c'est surtout dans leurs récits que l'on peut appréhender la splendeur d'une cité qui compta jusqu'à 1 million d'habitants mais fut entièrement détruite par les Birmans en 1767. Les édifices modernes d'une bourgade de province enserrent aujourd'hui ses ruines.

Singha de brique et de stuc du Wat Thammikarat

Wat Phra Mahathat

วัดมหาธาตุ

Au croisement de Cheekun Rd. et de Naresuan Rd. *t.l.j.*

Probablement fondé par Borommaracha Ier (1370-1388) à la fin du XIVe siècle, ce *wat* dont la construction se poursuivit pendant le règne de Ramesuan (1388-1395), fut l'un des plus importants d'Ayutthaya. Le *prang* central, effondré, s'élevait à près de 50 m.

La tour Pisai Sayalak, de style européen

Wat Ratchaburana

วัดราชบูรณะ

Cheekun Rd. *t.l.j.*

Le Wat Ratchaburana au *prang* désormais restauré s'étend de l'autre côté de la rue en face du Wat Mahathat. Le roi Borommaracha II (1428-1448) l'édifia au début du XVe siècle sur le site de crémation de ses deux frères, victimes de la lutte de succession qui les opposa après la mort de leur père Intharacha Ier (1409-1424). Un escalier raide et étroit descend dans la crypte où subsistent les traces de peintures murales estompées *(p. 60)*. Des voleurs la pillèrent en 1957, s'emparant de la quasi-totalité des nombreux objets en or qu'elle contenait.

Palais Chan Kasem

วังจันทรเกษม

Près d'Uthong Rd., en face du marché de nuit. *mer.-dim.*

Dans l'angle nord-est de l'île principale se dresse le palais Chan Kasem, ou Wang Na. Le dix-septième monarque d'Ayutthaya, Maha Thammaracha (1569-1590), le construisit en 1577 pour son fils, le prince Naresuan, qui en fit sa résidence permanente quand il monta à son tour sur le trône en 1590. La demeure ne survécut pas à la destruction de la ville par les Birmans en 1767 et les édifices actuels datent du règne de Mongkut (1851-1868). Derrière le palais Chan Kasem s'élève la **tour Pisai Sayalak** qui servit d'observatoire astronomique au roi Mongkut.

Wat Thammikarat

วัดธรรมิกราช

Uthong Rd. *t.l.j.*

Ce site pittoresque recèle les vestiges délabrés d'un grand *chedi* octogonal du début d'Ayutthaya, entouré de lions de brique et de stuc. À côté du *chedi*, les ruines d'un *wihan* disparaissent peu à peu sous la végétation. Une magnifique tête de bouddha, retrouvée ici, est exposée dans le musée national Chao Sam Phraya *(p. 178)*.

Wang Luang

วังหลวง

Uthong Rd. *t.l.j.*

À l'ouest du Wat Thammikarat, une boucle de la rivière enserrait Wang Luang, l'extension nord du palais royal édifiée par Borommatrailokanat (1448-1488). Ses successeurs ajoutèrent pavillons et salles de réception, mais les Birmans n'en laissèrent que des ruines en 1767 et le bâtiment le mieux conservé, le **pavillon Trimuk**, date du règne de Chulalongkorn (1868-1910). Il repose sur les fondations d'une construction antérieure.

Le pavillon Trimuk bâti au XIXe siècle à Wang Luang

Pour les hôtels et les restaurants de la ville, voir p. 402-403 et p. 432-433

Wat Phra Si Sanphet
Voir p. 178-179.

Wihan Phra Mongkhon Bophit
วิหารพระมงคลบพิตร
Si Sanphet Rd. t.l.j.

Ce *wat* abrite l'un des plus grands bouddhas de bronze de Thaïlande. Aujourd'hui doré, il date probablement de la fin du XVe siècle mais connut plusieurs restaurations. En 1767, les Birmans détruisirent la majeure partie de son *wihan* et abîmèrent la tête et la main droite de la statue, qui resta à l'air libre jusqu'à la reconstruction de l'édifice en 1956.

Wat Phra Ram
วัดพระราม

Une chronique relate que Ramesuan fit construire le Wat Phra Ram en 1369 sur le site de crémation de son père Ramathibodi Ier (1351-1369). C'est cependant une rénovation ultérieure, par Borommatrailokanat (1448-1488), qui lui donna son *prang* élégant décoré de *garuda*, de *naga* et de bouddhas marchants. Des *wihan* et un *bot* l'entourent. Le temple se reflète dans des bassins à nénuphars.

Un *prang* du XVe siècle domine le Wat Phra Ram

MODE D'EMPLOI

Province de Phra Nakhon Si Ayutthaya. 60 900. Près de Bang Ain Rd. Naresuan Rd. TAT, Si Sanphet Rd., Ayutthaya (0 3532 2730 1). t.l.j.

Wat Lokaya Sutharam
วัดโลกยสุธาราม
O de l'île principale. t.l.j.

Les Birmans ayant détruit son *wihan*, dont ne subsistent que 24 piliers octogonaux, c'est en plein air que se découvre le Bouddha couché long de 42 m du Wat Lokaya Sutharam. Les grandes statues de ce type n'évoquent pas toujours la mort de l'« Éveillé » mais parfois, comme dans ce cas, un épisode où le Bouddha multiplia sa taille par cent pour affronter le démon Rahu. Le sanctuaire renferme aussi les ruines d'un *bot* et de *chedi*.

AYUTTHAYA : LE CENTRE-VILLE

Cathédrale Saint-Joseph ⑮
Centre d'études historiques d'Ayutthaya ⑧
Musée national Chao Sam Phraya ⑦
Palais Chan Kasem ⑫
Wang Luang ②
Wat Chai Watthanaram ⑭
Wat Lokaya Sutharam ①
Wat Na Phra Men ⑬
Wat Phanan Choeng ⑰
Wat Phra Mahathat ⑨
Wat Phra Ram ⑥
Wat Phra Si Sanphet ④
Wat Phutthaisawan ⑯
Wat Ratchaburana ⑩
Wat Suwan Dararam ⑪
Wat Thammikarat ③
Wat Yai Chai Mongkhon ⑱
Wihan Phra Mongkhon Bophit ⑤

Légende des symboles, *voir le rabat arrière de couverture*

Musée national Chao Sam Phraya

พิพิธภัณฑ์เจ้าสามพระยา

Croisement de Rotchana Rd. et de Si Sanphet Rd. *mer.-dim.*

www.thailandmuseum.com

Ce musée offre une bonne introduction à l'art siamois, avec des bouddhas de bronze et des panneaux de porte en bois provenant de *wats* d'Ayutthaya. La collection comprend aussi des pièces d'orfèvrerie, en particulier une épée incrustée de pierres précieuses et des bijoux. Découvertes dans la crypte du *prang* central du Wat Ratchaburana lors de son pillage en 1957, elles font partie des rares objets du sanctuaire sauvés du sac de la ville en 1767 *(p. 62-63)*.

Personnage d'un panneau de bois

Centre d'études historiques d'Ayutthaya

ศูนย์ศึกษาประวัติศาสตร์อยุธยา

Rotchana Rd. *t.l.j.*

Le centre abrite une maquette du Wat Phra Si Sanphet et propose d'intéressantes expositions sur l'histoire de la ville, de ses traditions et de ses relations commerciales. Une partie de l'institut est située dans le quartier qu'occupait une communauté nippone à l'apogée d'Ayutthaya.

Wat Suwan Dararam

วัดสุวรรณดาราราม

Près de Pomphet. *t.l.j.*

Rama Ier (1782-1809) fit rebâtir ce temple détruit par les Birmans. L'*ubosot* reste fermé, mais on peut demander la clé pour voir les peintures murales commandées par Rama VII (1925-1935). Elles représentent des scènes de l'époque du roi Naresuan, entre autres la bataille de Nong Sarai en 1593 *(p. 62)*. Non loin subsiste une partie des défenses de la ville, Phom Phet. Sa position lui donnait un rôle stratégique dans la surveillance du Chao Phraya.

Wat Phra Si Sanphet

วัดพระศรีสรรเพชญ์

Borommatrailokanat fonda au XVe siècle le temple royal du Wat Phra Si Sanphet et son fils, Ramathibodi II, y éleva deux *chedi* pour abriter les reliques de son père et de son frère. Ses propres cendres se trouvent dans le troisième *chedi* construit par Borommaracha IV. Leurs successeurs continuèrent d'agrandir le sanctuaire jusqu'au sac birman de 1767 *(p. 62-63)*. Le site connut une restauration partielle au XXe siècle, et nombre de ses trésors se trouvent aujourd'hui dans des musées.

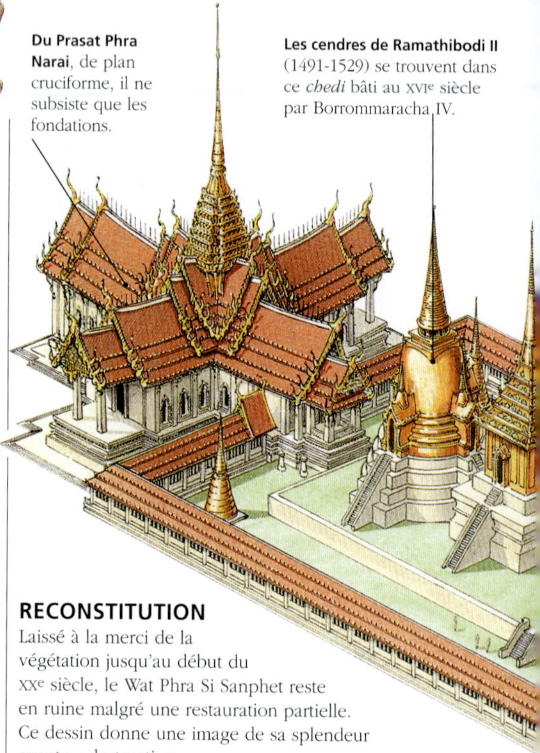

RECONSTITUTION

Laissé à la merci de la végétation jusqu'au début du XXe siècle, le Wat Phra Si Sanphet reste en ruine malgré une restauration partielle. Ce dessin donne une image de sa splendeur avant sa destruction.

Dessin des *chedis*

Quand le Siam se rouvrit aux étrangers, les ruines d'Ayutthaya éveillèrent l'intérêt d'érudits tels qu'Henri Mouhot qui exécuta ce dessin à la fin du XIXe siècle. Depuis 1927, le Wat Phra Si Sanphet est sous la protection du département thaïlandais des Beaux-Arts.

Pour les hôtels et les restaurants de la ville, voir p. 402-403 et p. 432-433

Chedi
Outre les cendres des rois, ils renfermaient de précieux bouddhas et des insignes royaux.

MODE D'EMPLOI

Si Sanphet Rd., Ayutthaya.
t.l.j. 9h-17h.

Porte de bois
Le musée Chao Sam Phraya expose une collection de portes sculptées. Celle-ci se trouvait probablement jadis à l'entrée du Wihan Phra Si Sanphet.

Entrée de *chedi*
Les constructeurs d'Ayutthaya créèrent un style original en adaptant des éléments tels que prang *khmers et* chedi *en cloche sri lankais. Ce corridor d'accès s'inspire, en plus modeste, des* mandapa *des sanctuaires khmers.*

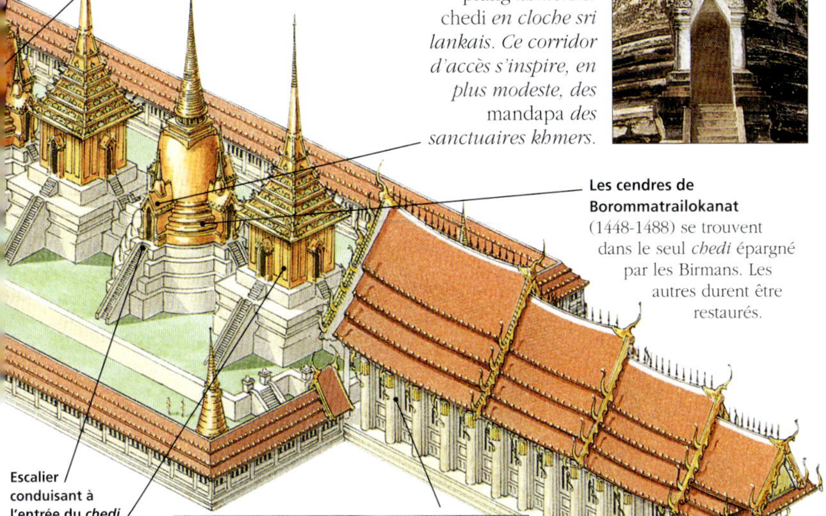

Les cendres de Borromaracha III (1463-1488), frère de Ramathibodi II, se trouvent dans ce *chedi*.

Les cendres de Borommatrailokanat (1448-1488) se trouvent dans le seul *chedi* épargné par les Birmans. Les autres durent être restaurés.

Escalier conduisant à l'entrée du *chedi*

Ce *mondop* abritait une empreinte de pied du Bouddha.

Wihan Phra Si Sanphet
Ce grand wihan *à l'entrée de l'enceinte renfermait jadis le principal bouddha du* wat.

Ayutthaya : les sites périphériques

Bouddha, Wat Na Phra Men

Les vestiges les plus marquants d'Ayutthaya se trouvent sur l'île centrale située au confluent du Chao Phraya, du Lopburi et du Pasak. Les ponts franchissant les rivières permettent de rejoindre rapidement en *samlor* plusieurs autres sites d'intérêt, tels que le Wat Na Phra Men, l'un des plus beaux *wat* de la ville, ou la cathédrale Saint-Joseph, qui entretient le souvenir des contacts noués entre marchands européens et royaume de Siam au XVIIe siècle *(p. 162-163)*. La majeure partie de la cité moderne s'étend à l'est de l'île, sur la rive orientale du Pasak.

Rassemblement d'éléphants sauvages au Kraal (1890)

Wat Na Phra Men

วัดหน้าพระเมรุ

En face du palais royal, près de Muang Canal. ***Tél.*** *0 3525 2163.* *t.l.j.*

Au nord de l'île principale, un pont rejoint le Wat Na Phra Men, l'un des plus beaux monastères d'Ayutthaya et l'un des rares à avoir survécu à la destruction de la ville par les Birmans en 1767 *(p. 60)*. Sa fondation remonterait au règne d'Intharacha II (1488-1491) et il connut une première restauration à l'époque de Borommakot (1733-1758), puis une nouvelle au milieu du XIXe siècle. Son *wihan* abrite un bouddha assis de l'école de Dvaravati, transporté de Nakhon Pathom *(p. 134)* au milieu du XVIe siècle. Les peintures ornant les murs ont presque complètement disparu, et les portes datent du début du XIXe siècle. Le bouddha doré du *bot* adjacent date probablement du règne de Prasat Thong (1629-1656).

Kraal des éléphants

พระที่นั่งเพนียด

5 km N sur la route 309. *t.l.j.*

Situé au nord du Wat Na Phra Men, ce corral servit jusqu'au cœur du XIXe siècle au dressage des éléphants sauvages, destinés à devenir des animaux de somme ou les montures d'officiers supérieurs. Il remplaçait le *kraal* originel construit, pense-t-on, par le roi Yot Fat (1547-1548) à l'intérieur des remparts de la vieille ville. Un esprit, l'éléphant gardien, habiterait le sanctuaire dans la clôture.

Wat Phu Khao Thong

วัดภูเขาทอง

2 km N-O sur la route 309.
t.l.j.

C'est le roi birman Bayinnaung qui éleva le *chedi* originel de ce *wat* pour célébrer sa conquête d'Ayutthaya en 1569. Le roi thaï Borommakot compléta le sanctuaire en 1744-1745.

Wat Chai Watthanaram

วัดไชยวัฒนาราม

Rive O du Chao Phraya, S-O de l'île principale. *t.l.j.*

Ce *wat* construit par le roi Prasat Thong en 1630 renferme un ensemble restauré formé d'un *prang* central entouré de huit *prang* de plus petite taille décorés de reliefs en stuc.

Cathédrale Saint-Joseph

โบสถ์เซนต์ยอเซฟ

S-O de l'île principale sur le Chao Phraya. *t.l.j.*

On célèbre le rite catholique depuis plus de trois cent ans dans cette église dominant le fleuve. L'édifice actuel date du XIXe siècle, les Birmans ayant détruit en 1767 le sanctuaire édifié pendant le règne de Narai.

Wat Phutthaisawan

วัดพุทไธศวรรย์

S de l'île principale. *t.l.j.*

À l'est de Saint-Joseph, le Wat Phutthaisawan borde lui aussi le fleuve. Il renferme un *prang* restauré du XIVe siècle qu'entoure une galerie emplie de bouddhas.

Wat Kuti Dao

วัดกุฎีดาว

E de la gare ferroviaire. *t.l.j.*

Ce temple remonte aux débuts d'Ayutthaya, mais les ruines visibles aujourd'hui sont celles d'une reconstruction entreprise au XVIIIe siècle par le roi Phumintharacha. Un *wihan* et un *bot* aux portes et fenêtres arquées caractéristiques flanquent le *chedi*.

Chedi **en forme de cloche au Wat Kuti Dao**

Bouddha couché dans un *wihan* en ruine du Wat Yai Chai Mongkhon

Wat Pradu Songtham

วัดประดู่ทรงธรรม

N de la gare, E de l'île principale. *t.l.j.*

Dans le *wihan* subsistent les vestiges de peintures murales datant du début de la période de Rattanakosin *(p. 35)*. Elles montrent des scènes de la vie quotidienne telles qu'une représentation du Ramakien lors d'une fête. À l'extérieur, un petit *chedi* de la fin de l'époque d'Ayutthaya couronne un clocher.

Wat Maheyong

วัดมเหยงค์

E de l'île principale. *t.l.j.*

Partiellement reconstruites, les ruines du Wat Maheyong datent du règne de Borrommaracha II (1424-1448). En forme de cloche, le principal *chedi*, comme d'autres du sanctuaire, témoigne d'un lien stylistique avec l'école antérieure de Sukhothai. Autour de sa base rectangulaire subsistent les vestiges d'éléphants en stuc.

Wat Yai Chai Mongkhon

วัดใหญ่ไชยมงคล

E de l'île principale. *t.l.j.*

Entre deux *mondop* abritant des bouddhas assis, des marches conduisent jusqu'à un *chedi*, l'un des plus hauts d'Ayutthaya, construit par le roi Naresuan (1590-1605) pour célébrer sa victoire sur les Birmans en 1593 à Nong Sarai *(p. 62-63)*. Sur le côté nord-est du *wat*, un bouddha couché occupe un *wihan* en ruine.

Wat Phanan Choeng

วัดพนัญเชิง

S de l'île principale. *t.l.j.*

Très ancien et maintes fois restauré, ce *wat* abrite Phra Chao Phanan Choeng, un grand bouddha assis du XIVe siècle. Le *wihan* date du milieu du XIXe siècle.

Ban Yipun

บ้านญี่ปุ่น

S de l'île principale sur la route 3059. *t.l.j.*

Sur le site d'une colonie japonaise du XVIIe siècle, un musée présente des expositions sur les relations d'Ayutthaya avec l'étranger.

Bang Pa-in ⓭

บางปะอิน

Province de Phra Nakhon Si Ayutthaya. *59 000.* *TAT, Ayutthaya (0 3532 2730 1).* *t.l.j.*

La plupart des étrangers ne s'arrêtent dans cette petite ville que pour visiter le **palais de Bang Pa-in**, dont l'exubérante architecture du XIXe siècle offre un contraste frappant avec les ruines d'Ayutthaya. La première résidence royale édifiée sur le site, probablement par Prasat Thong (1629-1656) pour fêter la naissance de son fils et successeur Narai, ne survécut pas à l'invasion birmane de 1767. Les édifices actuels datent des règnes de Mongkut (1851-1868) et Chulalongkorn (1868-1910). C'est ce dernier qui fit construire, en 1876, le superbe pavillon Phra Thinang Aisawan Thipha-at (siège divin de liberté individuelle) au centre d'un lac ornemental, ainsi que Phra Thinang Waraophat Phiman (demeure brillante et magnifique) qui se dresse à gauche. Derrière s'élèvent une tour d'observation bâtie en 1881, Ho Withun Thasana, et une maison de style chinois, Phra Thinang Wehat Chamrun, offerte au roi par une association de marchands chinois en 1889. Une télécabine conduit au Wat Niwet Tham Prawat édifié dans le style néogothique en 1877-1878 par Chulalongkorn.

Palais de Bang Pa-in

พระราชวังบางปะอิน

District de Bang Pa-in. *t.l.j.*

Le pavillon Phra Thinang Aisawan Thipha-at du palais de Bang Pa-in

Moines contemplant le lac ornemental du pavillon Phra Thinang Aisawan Thipha-at, Bang Pa-in ▷

Parc national de Khao Yai ⓮

อุทยานแห่งชาติเขาใหญ่

Fleur de bégonia

Khao Yai était l'unique parc national de Thaïlande à sa création en 1962 et, bien que le pays compte aujourd'hui plus de 100 réserves naturelles, il reste l'un des plus populaires. D'une superficie de plus de 2 000 km², il englobe plusieurs sommets dépassant 1 000 m, dont le Khao Khieo. Il protège un large éventail d'habitats où prospèrent plus de 300 espèces d'oiseaux et des mammifères menacés de disparition, tels que les éléphants sauvages, les gibbons, les tigres et les ours de cocotier. Mieux vaut faire appel à un guide pour découvrir les zones les plus isolées. Dans les environs, luxueux complexes hôteliers, terrains de golfs et vignobles s'offrent aux visiteurs.

Gibbon aux mains blanches
Ces singes anoures utilisent leurs longs bras pour se déplacer dans les arbres.

Espèces menacées de disparition
Khao Yai abrite certains des quelque 500 tigres survivant en Thaïlande. Ils s'approchent étonnamment près du siège du parc et mieux vaut les traiter avec respect.

Faisan pyronote du Siam
L'oiseau national de la Thaïlande picore au sol insectes, graines et fruits pendant la journée et perche la nuit dans les arbres.

La forêt d'arbres à feuilles caduques pousse à basse altitude.

Cascade d'Haeo Suwat
De mars à mai, de nombreuses espèces d'orchidées fleurissent aux alentours de cette chute d'eau située près des sources du Lam Takhong.
Le parc renferme beaucoup d'autres cascades. En cas de fortes pluies, il est déjà arrivé que des éléphants se noient en tentant de traverser une rivière.

Pour les hôtels et les restaurants de la région, voir p. 402-403 et p. 432-433

Forêt persistante d'altitude
Ce type de forêt, qui pousse à Khao Yai entre 1 000 m et 1 351 m d'altitude, comprend souvent des arbres à feuilles caduques comme le châtaignier.

MODE D'EMPLOI

Provinces de Khorat, Nakhon Nayok, Saraburi et Prachin Buri. Siège du parc près de la route 1, N-E de Bangkok. *TAT, Khorat (0 4421 3666) ; Forestry Dept (0 2562 0760 pour la location de bungalows).* *Pak Chong puis bus ou songthaew.* *en cas de trop fortes pluies.*

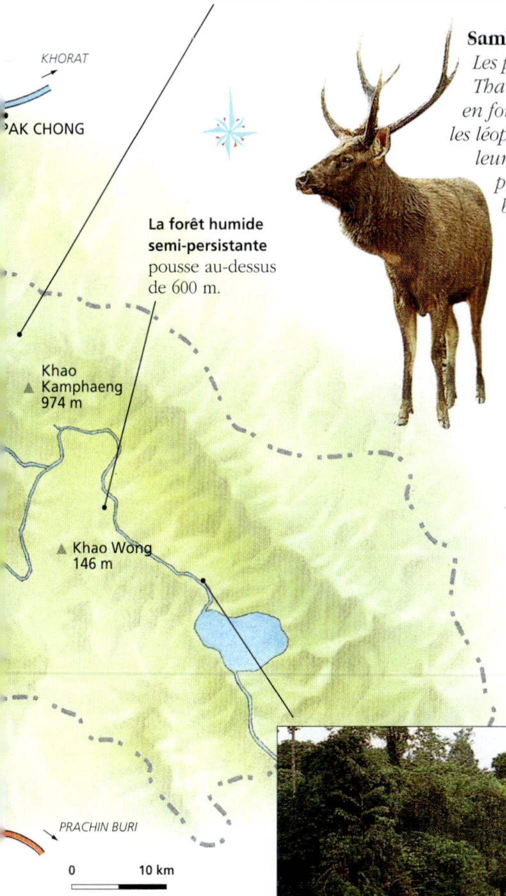

La forêt humide semi-persistante pousse au-dessus de 600 m.

Sambar
Les plus grands cerfs de Thaïlande vivent principalement en forêt. Malgré les tigres et les léopards, l'homme demeure leur principal prédateur et ils ne prospèrent que dans les zones bien protégées.

Symbiose
Dans toutes les forêts humides persistantes de l'Asie du Sud-Est, des champignons comme celui-ci favorisent la croissance des plantes qui les nourrissent.

Lam Takhong
Il tombe en moyenne à Khao Yai plus de 3 000 mm de pluie chaque année. Les ruisseaux dévalant les pentes alimentent plusieurs rivières dont le Lam Takhong. Au bord de ses rives vivent notamment martins-pêcheurs, cormorans, éléphants et macaques.

LÉGENDE

- Autoroute
- Route principale
- Route secondaire
- Limite du parc
- Siège du parc
- Camping et bungalows
- Point de vue

LE NORD DE LA PLAINE CENTRALE

Plus on avance vers le nord dans la Plaine centrale et plus l'habitat devient clairsemé dans des paysages où prédominent les collines aux courbes douces et les rizières. La région compte peu de villes modernes intéressantes, mais les ruines de cités antiques continuent d'évoquer un passé plus mouvementé où des principautés et des cités-États se disputaient terres et pouvoir.

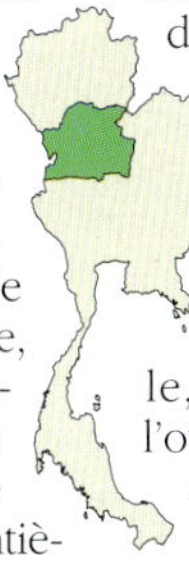

Les visiteurs se dirigeant depuis Bangkok vers Chiang Mai, la deuxième ville de Thaïlande, tendent à négliger le nord de la Plaine centrale. Pourtant, cette région recèle des ruines comptant parmi les plus fascinantes de l'Asie du Sud-Est. Au XIIIe siècle, pendant le règne de Ramkamhaeng *(p. 58)*, la cité de Sukhothai exerça une influence qui déborda largement des frontières actuelles du pays. Mais sa puissance ne dura pas et, au milieu du XIVe siècle, la région était redevenue un patchwork de fiefs plus ou moins rivaux. Les vestiges qu'a laissés ce royaume éphémère, dans sa capitale et dans les villes satellites de Kamphaeng Phet et Si Satchanalai, inspirent néanmoins toujours respect et admiration. Restaurées, elles forment des parcs historiques bien entretenus. Parmi les autres centres d'intérêt de la région figure Phitsanulok, ville ancienne qui joue aujourd'hui, à un nœud de circulation entre Bangkok et le Nord, le rôle de pôle commercial dans une région dont l'économie, principalement rurale, est basée sur la riziculture. À l'ouest et au nord-est, des reliefs plus accentués abritent plusieurs parcs nationaux et réserves naturelles, refuges d'espèces végétales et animales menacées *(p. 28-29)* par les risques que font courir à leurs habitats le défrichage et l'abattage illégal des arbres. Près de la frontière, l'influence birmane a marqué Mae Sot et ses environs, l'architecture religieuse en particulier. Dans la ville elle-même, où règne un intense marché noir, se croisent Thaïs, Birmans, Chinois et montagnards karens et shans.

Paysanne ratissant du riz décortiqué, une scène typique du nord de la Plaine centrale

◁ **Bouddhas assis et couché du Wat Phra Kaeo, Kamphaeng Phet**

À la découverte du nord de la Plaine centrale

Cette région sert de lien entre le cœur densément peuplé de la Thaïlande moderne, au sud, et les montagnes boisées du nord. Elle ne possède pas de grande ville, et la plupart des touristes ne s'y arrêtent que pour passer une nuit dans une petite bourgade de province proche des ruines de Sukhothai, la première capitale thaïe. Les rizières prédominent, cédant la place à l'est, à l'ouest et au nord à des collines où des réserves naturelles protègent une flore et une faune menacées. De magnifiques paysages forestiers et de spectaculaires cascades récompensent les visiteurs qui poussent à l'ouest jusqu'à Mae Sot et Umphang. Architecture, produits et plats birmans, ainsi que montagnards karens et shans, y rappellent que la frontière est proche.

Bouddha sous un *naga* au Wat Chumphon Khiri à Mae Sot

VOIR AUSSI

- ***Hébergement*** p. 403-404
- ***Restaurants*** p. 433-434

Le Wat Traphang Thong, monastère entouré d'un étang à lotus dans le parc historique de Sukhothai

LÉGENDE

- Route principale
- Route secondaire
- Parcours pittoresque
- Voie ferrée
- Frontière internationale
- △ Sommet

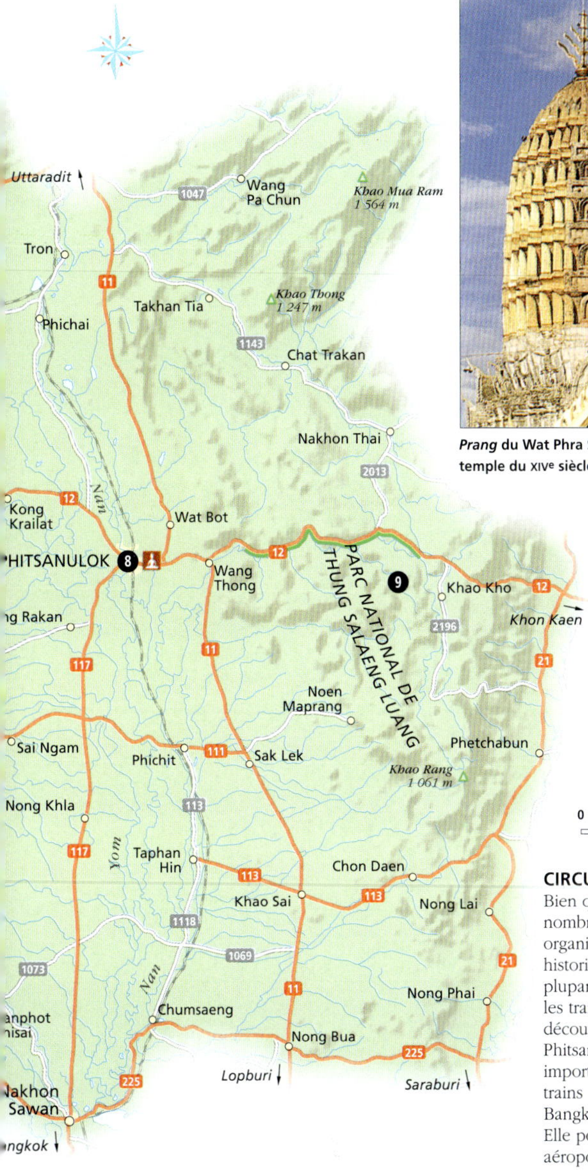

Prang **du Wat Phra Si Rattana Mahathat, temple du XIVe siècle de Phitsanulok**

LES SITES D'UN COUP D'ŒIL

Kamphaeng Phet ❺
Mae Sot ❶
Parc historique de Si Satchanalai Chalieng p. 198-200 ❼
Parc historique de Sukhothai p. 194-197 ❻
Parc national de Khlong Lan ❹
Parc national de Thung Salaeng Luang ❾
Phitsanulok ❽
Tak ❷
Umphang ❸

CIRCULER

Bien qu'il existe de nombreux voyages organisés jusqu'au parc historique de Sukhothai, la plupart des visiteurs utilisent les transports publics pour découvrir la région. Phitsanulok est la seule ville importante où s'arrêtent les trains reliant régulièrement Bangkok et le Nord. Elle possède aussi un petit aéroport, à l'instar de Mae Sot et Sukhothai. Des bus locaux relient toutes les localités. La route 1 traverse Kamphaeng Phet et Tak, et de grandes routes desservent presque tous les sites. Seule Umphang demeure isolée au terme d'une superbe route sinueuse partant de Mae Sot.

Wat Chumphon Khiri à Mae Sot, province de Tak

Mae Sot ❶

แม่สอด

Province de Tak. 70 000. *TAT, Tak (0 5551 4341).* *t.l.j.* *tattak@north.shane.net*

Au milieu du XIXe siècle, des marchands birmans et shans traversant la rivière Moei, dont le cours marque la frontière, contribuèrent à faire de Mae Sot une prospère ville commerçante. Les bois durs et les pierres précieuses provenant de Birmanie, légalement ou en contrebande, ont continué à l'enrichir. Des immigrants chinois tiennent une grande part de ce négoce : ils sont nombreux à marchander à même le trottoir, le prix de jades ou de pierreries avec des acquéreurs venus de toute la Thaïlande. Mae Sot offre aux visiteurs une étape reposante. L'architecture et les produits vendus sur ses étals lui donnent une atmosphère très birmane, les enseignes y sont écrites en trois langues (thaï, chinois et birman) et une population bigarrée, Birmans en *lungi*, Chinois, Thaïs, Indiens et montagnards en costumes traditionnels, fait du marché alimentaire du matin l'un des plus pittoresques de Thaïlande. C'est aussi un bon endroit où acheter en-cas et plats à emporter. Au nord du marché se trouve le **Wat Chumphon Khiri** qui renferme un splendide *chedi* birman décoré de carreaux de mosaïque dorés. Dans la partie sud-est de la ville, le quartier musulman entoure la petite **mosquée Nurul Islam**. Disséminés autour de Mae Sot, plusieurs autres temples possèdent des caractéristiques à la fois karens et shans.

Aux environs : à quelques 3 km à l'ouest de Mae Sot, le **Wat Thai Watthanaram** abrite un immense bouddha couché de style birman datant de 1993 et une galerie ornée de 28 bouddhas assis. Plus loin, à 1 km, un pont construit dans les années 1990 franchit la rivière Moei, reliant Mae Sot à la ville birmane de Myawadi. Au pied du pont, un grand marché propose des articles thaïs, birmans, indonésiens et chinois, vanneries et tissages entre autres. Au sud-est de Mae Sot, les **chutes de Pha Charoen** attirent pique-niqueurs et baigneurs.

Moines du Wat Bot Mani Sibunruang de Tak

Tak ❷

ตาก

Province de Tak. 78 000. *TAT, Taksin Rd., Tak (0 5551 4341).* *t.l.j.*

Pendant une grande partie du XIIIe siècle, Tak fit office d'avant-poste occidental du royaume de Sukhothai, mais il entra en déclin après

Bouddha couché de style birman dans la cour du Wat Thai Watthanaram près de Mae Sot

Pour les hôtels et les restaurants de la région, voir p. 403-404 et p. 433-434

L'une des nombreuses chutes d'eau de la réserve naturelle d'Umphang

la mort du roi Ramkamhaeng *(p. 58-59)* et passa alors sous le contrôle du royaume du Lan Na *(p. 62-63)*. La ville moderne s'étend sur la rive gauche de la rivière Ping. Elle manque de cachet, hormis dans les quartiers sud où des maisons en teck se cachent le long de ruelles paisibles. L'influence historique du Nord marque le **Wat Bot Mani Sibunruang**, avec son *bot* du style du Lan Na aux décorations délicates et une petite *sala* abritant un bouddha vénéré, appelé Luang Pho Phutthamon. Non loin se dresse une statue du roi Taksin, l'ancien gouverneur de Tak qui, après le sac d'Ayutthaya par les Birmans en 1767, rétablit la puissance siamoise depuis une nouvelle capitale devenue aujourd'hui le quartier Thonburi de Bangkok *(p. 122-129)*.

Aux environs : dans le **parc national de Lan Sang**, d'une superficie de 105 km², plusieurs sentiers conduisent à de magnifiques cascades qu'il vaut mieux découvrir pendant ou peu après la saison des pluies *(p. 26-27)* quand elles ont le plus d'eau. Plus au nord, dans le **parc national Taksin Maharat**, un chemin abrupt descend jusqu'à l'imposant *ton krabak yai*, arbre de 50 m de haut et de 16 m de circonférence. Dans le parc vivent aussi de nombreuses espèces d'oiseaux telles que la pie-grièche tigre et la bergeronnette forestière. Les chutes de Mae Ya Pa dévalent une hauteur de 30 m en neuf cascades.

Parc national de Lang San
20 km O de Tak par la route 105.

Parc national Taksin Maharat
15 km O de Tak par la route 105.
Forestry Dept (0 2562 0760).

Umphang ❸

อุ้มผาง

Province de Tak. *20 000.*
jusqu'à Mae Sot puis songthaew.
TAT, Tak (0 5551 4341). *t.l.j.*

Depuis Mae Sot, il faut traverser de splendides paysages sur une route tortueuse pour atteindre cette petite ville isolée peuplée principalement de Karens. Les vertes forêts de la **réserve naturelle d'Umphang**, où abondent oiseaux et petits mammifères, l'entourent. Umphang reste préservée des hordes touristiques, malgré les riches possibilités d'excursions qu'elle offre, en radeau, à pied ou à dos d'éléphant (plusieurs agences d'Umphang et de Mae Sot en organisent). Mieux vaut toutefois éviter les périodes de vacances scolaires. La région recèle plusieurs villages karens et de nombreuses cascades, dont l'une des plus hautes chutes d'eau du pays : **Thi Lo Su**.

Réserve naturelle d'Umphang
150 km S de Mae Sot sur la route 1090. *Forestry Dept (0 2579 5734).*

LES CAMPS DE RÉFUGIÉS BIRMANS

Le long de la frontière occidentale de la Thaïlande, neuf camps officiels abritent 100 000 réfugiés birmans. Tous ont fui le régime totalitaire de la Birmanie après les manifestations pour la démocratie en 1988 et la répression qu'elles suscitèrent. Les Karens forment la plus importante minorité de Birmanie. Ils occupent un territoire à cheval sur la Thaïlande et pratiquent la religion chrétienne, l'animisme ou le bouddhisme. La perte, après la Seconde Guerre mondiale, de leur autonomie pendant la colonisation anglaise a donné naissance à une rebellion armée qui s'appuie sur ces camps pour poursuivre sa lutte. L'armée birmane s'aventure parfois en Thaïlande pour les attaquer ou les bombarder, des incursions que ne condamne pas ouvertement le gouvernement thaïlandais, dont les troupes interviennent rarement du côté des Karens.

Jeunes soldats karens de l'armée rebelle

Cascade dans le parc national de Khlong Lan, province de Kamphaeng Phet

Parc national de Khlong Lan ❹

อุทยานแห่งชาติคลองลาน

Province de Kamphaeng Phet. Siège du parc à 6 km de la route 1117 au S de Kamphaeng Phet. *TAT, Tak (0 5551 4341) ; Forestry Dept. (0 2562 0760 pour la location de bungalows).* *depuis Kamphaeng Phet.*

Dans une région que contrôlait jadis la guérilla communiste, ce parc couvre une superficie de 300 km^2. Au moment de sa création officielle, en 1982, plusieurs tribus montagnardes habitaient encore ce territoire sauvage. Elles continuèrent à vivre dans les limites de la réserve naturelle, mais furent ensuite déplacées car considérées comme une menace pour la faune sauvage (gaurs, tigres et ours noirs asiatiques). Aisément accessible depuis le centre d'accueil, la cascade de Khlong Lan tombe de 95 m dans un bassin idéal pour une baignade. Au pied de la route qui y conduit se tient un petit marché vendant de l'artisanat hmong, résultat d'une mesure gouvernementale de réinsertion pour les tribus chassées du site. La création du **parc national de Mae Wong**, adjacent, a elle aussi entraîné le déplacement de populations hmong à la fin des années 1980. Selon les responsables de la réserve, le nombre d'oiseaux et de mammifères augmente régulièrement depuis. Malgré la végétation qui la submerge, la vieille route qui traverse le centre du parc reste un bon sentier pédestre. Près du centre d'accueil, les visiteurs disposent de bungalows.

Parc national de Mae Wong
Siège du parc au S-O de Kamphaeng Phet par la route 1117. *Forestry Dept (0 2562 0760 pour la location de bungalows).*

Kamphaeng Phet ❺

กำแพงเพชร

Province de Kamphaeng Phet. *164 000.* *TAT, Tak (0 55 51 4341).* *t.l.j.* *Nop Phra-Len Plang (fév.), Kluay Khai Muang Kamphaeng (sept.).*

Il existe une présence humaine sur ce site au bord de la rivière Ping depuis qu'un prince du Nord vint s'y installer avec ses sujets au XIe siècle pour fuir une attaque birmane dans la région de l'actuelle Fang *(p. 242)*. À l'origine, la communauté survécut en tant qu'avant-poste de l'empire khmer *(p. 56)* puis, au XIIIe siècle, intégra le royaume de Sukhothai dont Kamphaeng Phet devint une des trois capitales. Sur la rive orientale, les vestiges de la **vieille ville** datent du début du XVe siècle. Un unique billet d'entrée permet de les découvrir dans leur ensemble *(p. 194-197)*. À l'intérieur de l'enceinte fortifiée, le **musée national de Kamphaeng Phet** présente une collection d'objets préhistoriques et historiques qui comprend plusieurs bronzes de divinités hindoues fondus au XVIe siècle, notamment un Shiva debout et des bustes de Vishnu et de sa parèdre Lakshmi, ainsi que des fragments de stucs et de poteries provenant des ruines de la cité. Près du musée, le **Wat Phra Kaeo** est le site

Éléphant de pierre rénové du Wat Phra Kaeo, Kamphaeng Phet

Pour les hôtels et les restaurants de la région, voir p. 403-404 et p. 433-434

Le musée national de Kamphaeng Phet et son jardin

archéologique le plus vaste de la vieille ville. Il renferme les ruines de plusieurs *wihan*, un *bot* à l'extrémité est, un *chedi* de la fin de la période de Sukhothai et des bouddhas réduits par les injures du temps à des squelettes de latérite évoquant des sculptures modernes.

À l'extrémité ouest se trouvent trois autres effigies de l'« Éveillé » partiellement restaurées. Dans le **Wat Phra That** voisin, un beau *chedi* possède une base octogonale.

Les quartiers modernes s'étendent pour la plupart au sud de la vieille ville. Bien qu'essentiellement composés d'immeubles commerciaux, ils conservent quelques édifices traditionnels en bois et offrent un parc en bord de rivière et quelques restaurants et hôtels.

Au nord-ouest de la vieille ville, on atteint en *samlor* les **ruines Aranyik**. Elles appartiennent à des *wat* construits dans la forêt entre le XIVe et le XVIe siècle pour une secte ascétique. L'aide de l'Unesco a permis de restaurer et d'aménager une partie du site. Près de l'entrée, le *wihan* du Wat Phra Non abritait jadis un grand bouddha couché. L'ensemble est tellement endommagé qu'il est à peine discernable, malgré les piliers de latérite restés debout. De part et d'autre du *mondop* du Wat Phra Si Iriyabot subsistent des statues du Bouddha dans différentes postures, elles aussi détériorées bien que le bouddha debout du côté ouest ait été partiellement restauré. Plus au nord, il ne reste qu'une silhouette en latérite du bouddha du *bot* du Wat Sing. Du *wat* le plus impressionnant des ruines Aranyik, le **Wat Chang Rop**, subsistent principalement les vestiges d'un très grand *chedi* en cloche de style sri lankais, entouré de 68 avant-trains d'éléphants. Une rénovation a rendu à quelques-unes de ces statues leur décoration en stuc originelle. Les ruines Aranyik comptent encore environ deux douzaines d'autres sites. En dehors du Wat Awat Yai aujourd'hui dégagé, ils sont pour la plupart à peine visibles sous la végétation.

La ville moderne recèle également, cachés dans des ruelles paisibles, des monuments à demi oubliés, tel le *chedi* en brique du style de Sukhothai du **Wat Khalothai**. Beaucoup de ces édifices sont aujourd'hui dans un grave état de délabrement, mais ils offrent par leur seul nombre une indication de l'importance de Kamphaeng Phet pendant les périodes de Sukhothai et d'Ayutthaya.

À l'ouest de la ville, le grand *chedi* blanc de style birman du **Wat Phra Boromathat** date de la fin du XIXe siècle. Il occupe l'emplacement de trois *chedi* des XIIIe et XIVe siècles. C'est un roi de Sukhothai, Si Intharathit (v. 1240-1270), qui fit construire le premier pour abriter des reliques du Bouddha. Encore plus à l'ouest, se dressent les murs en latérite du **fort Thung Setthi** qui protégeait jadis les approches de la cité.

Musée national de Kamphaeng Phet
Vieille ville. *mer.-dim. 8h30-16h*
Tél. *0 5571 1570.* *j.f.*
www.thailandmuseum.com

Ruines Aranyik
N-O de la vieille ville. *t.l.j.*

Fort Thung Setthi
Près de la route 1 (O de la ville).
t.l.j.

SITES HISTORIQUES DE KAMPHAENG PHET

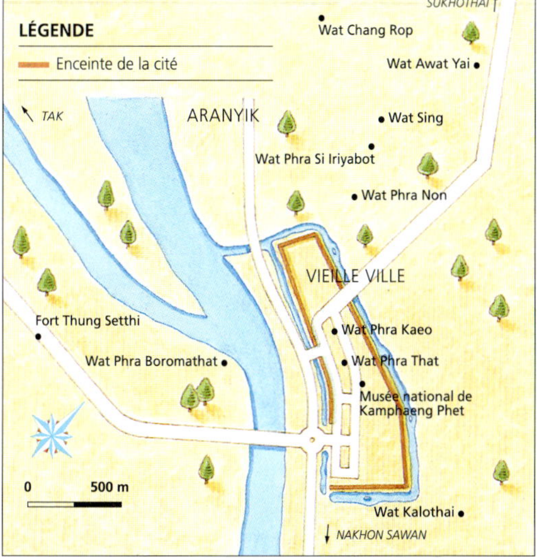

Parc historique de Sukhothai ❻

อุทยานประวัติศาสตร์สุโขทัย

Bouddha, Wat Traphang Ngoen

Inscrit au patrimoine mondial de l'Unesco, l'ancien Sukhothai s'étend à l'ouest de la ville moderne, dans une belle vallée dominée par des collines. Ses ruines évoquent avec force le royaume qui s'imposa à partir du XIIIe siècle face à un empire khmer en déclin pour jeter les bases de la nation, de l'art et de la culture siamoises. Son plus grand roi, Ramkamhaeng, lui assura la maîtrise d'un territoire débordant des frontières actuelles du pays *(p. 58-59)*. La cité abandonnée que l'on découvre aujourd'hui est le site historique le mieux conservé et le plus visité du centre de la Thaïlande. La restauration en cours a révélé l'étonnante symétrie de son plan.

À la découverte du Parc historique de Sukhothai

L'implantation du vieux Sukhothai obéissait, comme dans la plupart des *muang* thaïs, à des règles strictes : un grand *wat* en occupait le centre, entouré de manière concentrique par des remparts, la rivière, les rizières puis des collines boisées. Si Satchanalai *(p. 58-59)* offre dans une moindre dimension un autre exemple de cette organisation. Quelque 40 temples sont disséminés sur le site archéologique d'une superficie d'environ 70 km². L'enceinte de la cité royale renferme nombre des ruines les plus importantes. Un bon moyen de l'explorer consiste à louer un vélo. Des échoppes en proposent pour un prix modique près de l'ancienne porte Est. Vérifiez leur état et commencez de bonne heure pour éviter la foule et la chaleur.

La cité royale

En entrant dans l'enceinte par l'est, on découvre le premier *wat*, le Wat Traphang Thong, qui occupe un îlot au milieu d'un étang empli de lotus. Son *chedi* de style sri lankais date du milieu du XIVe siècle. À côté, un petit *mondop* abrite une empreinte de pied du Bouddha en pierre que continuent de vénérer les moines du temple. Le **Musée national Ramkamhaeng** expose une belle collection

***Prangs* en latérite de style khmer au Wat Si Sawai**

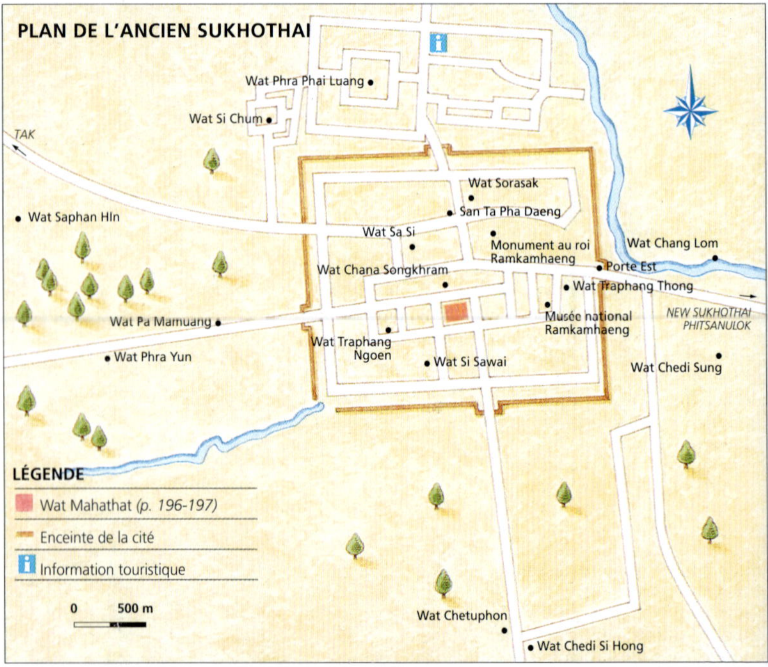

Façade du Musée national Ramkamhaeng

MODE D'EMPLOI

13 km O de New Sukhothai, province de Sukhothai. TAT, Sukhothai (0 5561 6228). New Sukhothai puis songthaew. t.l.j. 6h-21h (dern. entrée à 18h). tatphs@loxinfo.co.th Loy Krathong et fête des Bougies (nov.). **Musée national Ramkamhaeng** mer.-dim. 9h-16h. **Tél.** 0 5561 2167. Le ticket (valable 30 jours) donne accès à tous les parcs de Sukhothai.

d'objets d'art et de photographies, prises vers 1900-1920, montrant les ruines avant leur restauration. Le plus important monastère de Sukhothai, le **Wat Mahathat** *(p. 196-197)* formait le cœur de la cité. À côté, le Wat Takuan possède un *chedi* en cloche de style sri lankais restauré. On y a retrouvé plusieurs bouddhas remontant probablement au début de la période de Sukhothai. Au sud-ouest, le Wat Si Sawai conserve trois *prang* de style khmer qui pourraient dater d'avant la conquête de la ville par les Thaïs. Un lac artificiel rectangulaire entoure le *bot* du Wat Traphang Ngoen que cite la célèbre inscription de Ramkamhaeng *(p. 58)*. Le Wat Sa Si se trouve également au milieu d'un lac artificiel. Les fouilles y ont mis au jour des bouddhas en cuivre et des poteries chinoises qui sont exposés au Musée Ramkamhaeng. Non loin, le Wat Chana Songkhram renferme un *chedi* restauré de style sri lankais et un *chedi* plus petit datant de l'époque d'Ayutthaya. Au nord du Wat Mahathat, on atteint le moderne **monument au roi Ramkamhaeng**, puis San Tha Pha Daeng, un sanctuaire khmer du XIIe siècle qui abritait jadis des sculptures hindoues en grès, aujourd'hui installées au Musée Ramkamhaeng. 24 éléphants en stuc supportent la base carrée du Wat Sorasak, un petit *chedi* en brique édifié au début du XVe siècle.

À l'est de la cité royale

Trente-six éléphants de brique et de stuc supportent la base du Wat Chang Chalom. *Chedi* en cloche similaire à celui de Si Satchanalai *(p. 200)*, il représente le mont Meru. Au-delà s'élève le Wat Chedi Sung, superbe *chedi* à haute base carrée, typique de la fin de l'époque de Sukhothai.

Au nord de la cité royale

Le Wat Phra Phai Luang, sanctuaire khmer du XIIe siècle qui aurait formé jadis le cœur de la ville, n'a conservé qu'un seul de ses trois *prang* en latérite. Il reste décoré de fragments de stucs. À côté, le *mondop* du Wat Si Chum abrite un bouddha assis de 15 m de haut qui regarde par une étroite ouverture.

Têtes d'éléphants en stuc restaurées au Wat Sorasak

LOY KRATHONG À SUKHOTHAI

La fête de Loy Krathong *(p. 50)* célèbre, à la pleine lune de novembre, la fin de la saison des pluies et la principale récolte de riz. Elle a pour origine la tradition indienne de remercier les pluies envoyées par la divinité des eaux. La nuit, les Thaïlandais mettent à flotter des *krathong*, petits radeaux en feuille de bananier portant des bougies allumées. Dans le vieux Sukhothai, cette fête s'accompagne de danses traditionnelles et d'un spectacle son et lumière.

Célébration de Loy Krathong dans le Parc historique de Sukhothai

Wat Mahathat

Arche du *chedi* central

วัดมหาธาตุ

Pôle spirituel du royaume de Sukhothai, le Wat Mahathat s'organisait autour d'un *chedi* central élevé par Si Intharathit (v. 1240-1270), le premier roi de Sukhothai, et reconstruit dans les années 1340 par Lue Thai (1298-1346) pour abriter des reliques du Bouddha. Quand il fut abandonné au XVIe siècle, le sanctuaire comptait quelque 200 *chedi* et de nombreux *wihan* et *mondop*.

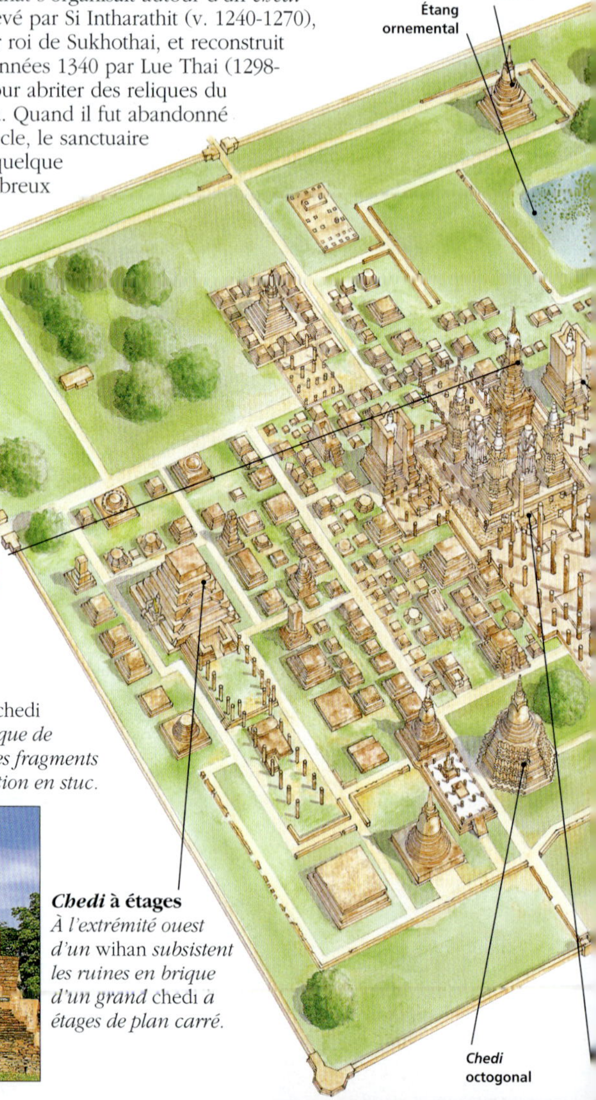

★ *Chedi* en bouton de lotus
Au centre du wat, *ce* chedi *typique du style classique de Sukhothai conserve des fragments d'une superbe décoration en stuc.*

***Chedi* à étages**
À l'extrémité ouest d'un wihan *subsistent les ruines en brique d'un grand* chedi *à étages de plan carré.*

À NE PAS MANQUER

- ★ *Chedi* en bouton de lotus
- ★ Frise de moines en procession
- ★ Phra Attharot

★ Frise de moines en procession
Un bas-relief en pierre orne la base du groupe central de chedi. *Il représente un rituel appelé* pradaksina.

Vestiges d'un *bot*
Au nord du chedi *central, les ruines d'un* bot *entourent un bouddha assis. Comme toutes les grandes effigies de ce genre en Thaïlande, il fait face à l'est.*

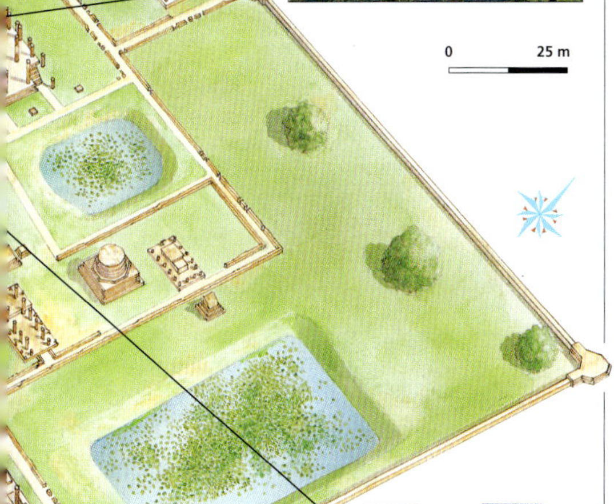

★ Bouddhas Phra Attharot
De part et d'autre du chedi *central, deux bouddhas appelés Phra Attharot (une référence à leur taille) occupent des* mondop.

Vestiges du grand wihan
Le principal wihan *prolongeait à l'est le groupe central de* chedi. *Il n'en subsiste que des colonnes et un bouddha assis.*

À la découverte des sites périphériques

À environ 3,5 km de la cité royale, le parc historique de Sukhothai comprend aussi un chapelet de ruines accrochées à des collines. Les plus importantes sont celles du **Wat Saphan Hin** que domine un bouddha debout de 12,5 m de haut, Phra Attharot, semblable à ceux du Wat Mahathat. Une autre effigie monumentale de ce type a perdu sa tête et ses mains au **Wat Phra Yun**. Plus près du rempart occidental de la cité, le **Wat Pa Mamuang** comportent des inscriptions concernant le roi Lue Thai. Au sud, les vestiges du **Wat Chetuphon** renferment un *mondop* abritant quatre bouddhas *(p. 173)*. Deux restent en bon état, mais il ne reste que la partie supérieure du troisième et le quatrième a pratiquement disparu.
Au **Wat Chedi Hi Song**, des éléphants et des divinités décorent la base d'un *chedi* en briques de latérite.
Au sud du parc historique se dessinent les collines du **parc national Ramkamhaeng**, d'une superficie de 340 km². Il protège notamment des *serow* (chèvres sauvages) et des *gaur* (bisons indiens).

Parc national Ramkamhaeng
S de Sukhothai par la route 101
***Tél.** 0 5591 0000.* *Forestry Dept. (0 2562 0760 pour la location de bungalows).* **www**.dnp.go.th

Paysan dans une des rizières entourant Sukhothai

Parc historique de Si Satchanalai-Chalieng ❼

อุทยานประวัติศาสตร์ศรีสัชนาลัย-ชะเลียง

Au XIIIe siècle, le royaume de Sukhothai consolida son pouvoir dans la Plaine centrale en fondant un certain nombre de cités satellites. Reliée à la capitale par une route royale, la Phra Ruang, Si Satchanalai fut la plus importante. Aujourd'hui, ses ruines somptueuses bordent la rivière Yom à 7 km de la ville moderne. De nombreux historiens considèrent que l'urbanisme thaï atteignit là son apogée et que Si Satchanalai offre un des meilleurs exemples de *muang (p. 58-59)* de Thaïlande. Au centre se serraient les temples dédiés au Bouddha, puis venaient les remparts, la rivière, les rizières et enfin des collines boisées. Les ruines voisines de Chalieng ont une origine plus ancienne puisque la fondation de cet avant-poste de l'Empire khmer daterait du règne de Jayavarman VII (1181-1220).

Colonnes en latérite et *chedi* central du Wat Nang Phaya

Le *chedi* en bouton de lotus au centre du Wat Chedi Chet Thaeo

À la découverte du parc

Cité du vice-roi du royaume de Sukhothai, Si Satchanalai s'affirma aux XIVe et XVe siècles comme un important centre commercial dont les céramiques *(p. 160-161)* s'exportaient dans toute l'Asie du Sud-Est et en Chine. Ses ruines ne possèdent pas la grandeur de celles de Sukhothai, mais se révèlent par certains côtés au moins aussi intéressantes. Moins restaurées et moins visitées, elles conservent un charme plus poétique, et certains monuments, tel le Wat Chang Lom, sont restés en meilleur état de conservation. Entourées d'une douve de 12 m de large, elles couvrent une superficie de 18 km² plus facile à explorer à vélo qu'à pied. Un loueur de bicyclettes se trouve à mi-chemin entre Si Satchanalai et Chalieng. On peut également se promener dans l'enceinte à dos d'éléphant. Un centre de renseignements situé en face de la porte Ram Narong propose une petite exposition d'objets découverts sur le site et des photographies des nombreux édifices disséminés dans le parc.

Les principaux wat

Au cœur de la cité entourée de douves, un immense *chedi* en cloche de style sri lankais domine le **Wat Chang Lom** *(p. 200)*. Au sud, le **Wat Chedi Chet Thaeo** renferme un *chedi* en bouton de lotus à l'image de celui du Wat Mahathat de Sukhothai *(p.196-197)*. De nombreux autres *chedi* plus petits et de styles variés l'entourent. Certains abritent des bouddhas en stuc. Au **Wat Nang Phaya**, de beaux reliefs en stuc de la période d'Ayutthaya décorent le *wihan*, en particulier l'extérieur. Ses fenêtres sont également caractéristiques de ce style. Le temple comprend un *chedi* de style sri lankais

INFLUENCE SRI LANKAISE

Pendant la période de Sukhothai, le bouddhisme theravada et une architecture religieuse caractéristique se répandirent en Thaïlande depuis le Sri Lanka (Ceylan). Tour reliquaire dont la forme évoque le retentissement de l'enseignement du Bouddha, le *chedi* en cloche possède une base dont les trois étages symbolisent l'enfer, la terre et le ciel. La spirale représente les 33 niveaux du ciel. La base est aussi la robe repliée du Bouddha, le stupa son bol d'aumône et la spirale son bâton.

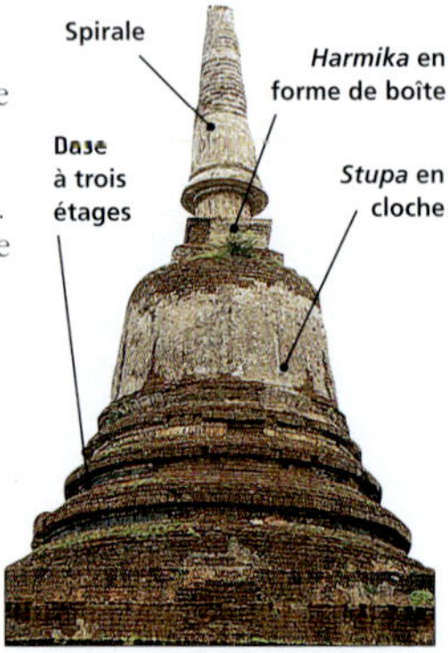

Chedi de style sri lankais du Wat Suwan Khiri dominant Si Satchanalai

construit au XVe ou au XVIe siècle. Non loin se dresse le petit Wat Lak Muang de style khmer, sanctuaire dédié depuis la fondation de la ville à son esprit protecteur.

Wat mineurs

Sur une colline basse et boisée au nord du Wat Chang Lom, le Wat Khao Phnom Phloeng servait autrefois de lieu de crémation. Ses ruines comprennent en outre un bouddha assis, un *chedi* et des colonnes qui supportaient jadis le toit du *wihan*. À l'ouest, au sommet d'une éminence plus élevée, il ne reste qu'un *chedi* du Wat Suwan Khiri, mais le site offre une superbe vue de Si Satchanalai.

Hors de l'enceinte

Plus à l'ouest, sur une colline à l'extérieur des remparts, un sentier ombragé conduit à un rang de monastères en ruine. Il débouche sur les vestiges du grand *chedi* du Wat Khao Yai Bon. Il existe beaucoup d'autres ruines mineures à l'intérieur comme à l'extérieur du quadrilatère formé par les douves. Certaines ont été restaurées, d'autres ne comprennent guère plus que la base d'un *wihan* ou d'un *chedi*. Des sept bouddhas debout en stuc du *mondop* du Wat Hua Khon, par exemple, trois seulement restent clairement identifiables. Au nord de l'ancienne porte Tao Mo, le Wat Kuti Rai comprend deux *mondop* rectangulaires entièrement bâtis en latérite. Les trous de poutres creusés dans leurs frontons suggèrent qu'ils étaient reliés à d'autres édifices. L'un des *mondop* abrite un bouddha assis. Au nord, les fours de Ban Pa Yuang et Ban Ko Noi produisirent certaines des plus belles céramiques Sangkhalok. Des villageois en vendent à proximité des répliques modernes.

Chalieng

Situé à 1 km au sud-ouest de Si Satchanalai, Chalieng tire très probablement ses origines d'un relais de poste fondé par les Khmers *(p. 264-265)* au XIIe siècle. Les vestiges actuels datent toutefois en majorité d'époques ultérieures. Sanctuaire bouddhiste mahayana édifié dans le style khmer du Bayon, le **Wat Chao Chan** en latérite reçut plus tard le *wihan* et le *mondop* aujourd'hui en ruine qui indiquent une évolution vers le bouddhisme theravada. Entourés des trois côtés par un étroit méandre du Yom, les édifices du site le plus important de Chalieng, le **Wat Phra Si Rattana Mahathat**, présentent un éventail de styles de Sukhothai à celui d'Ayutthaya. Le haut *prang* d'influence khmère est l'un des plus beaux de ce genre en Thaïlande. Non loin, un *chedi* ouvert abrite un bouddha assis sous un naga. À proximité, on trouve également des bas-reliefs en stuc de bouddhas marchant aux lignes fluides. Ils font partie des plus remarquables réussites de la sculpture sukhothai.

MODE D'EMPLOI

67 km N de New Sukhothai, province de Sukhothai. ***Tél.*** *0 5564 1571.* *Centre de rens. (0 5561 1179) ou TAT, Phitsanulok (0 5525 2743).* *depuis New Sukhothai jusqu'à Si Satchanalai, puis samlor.* *t.l.j. 8h30-16h30.*

Ancien four à céramique à Ban Pa Yuang

PARC HISTORIQUE DE SI SATCHANALAI-CHALIENG

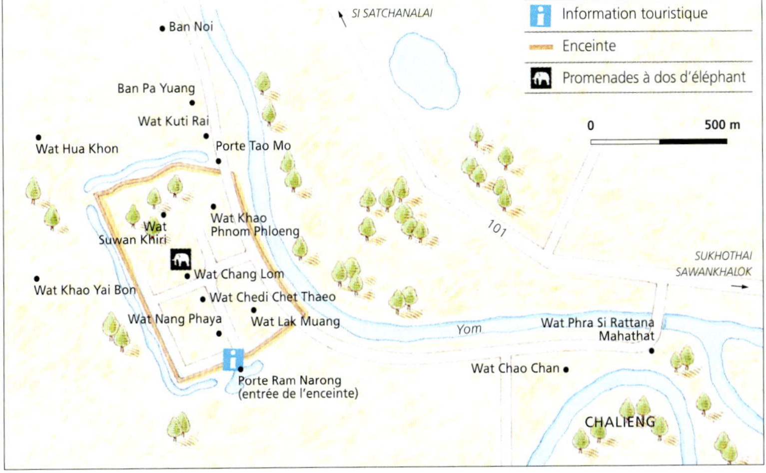

Wat Chang Lom

วัดช้างล้อม

Construit pendant le règne de Ramkamhaeng, ce monument fut sans doute le premier *chedi* de style sri lankais du royaume de Sukhothai. Il sera beaucoup copié par la suite à Sukhotai et Si Satchanalai.

Des éléphants en stuc entourent la base du *chedi*

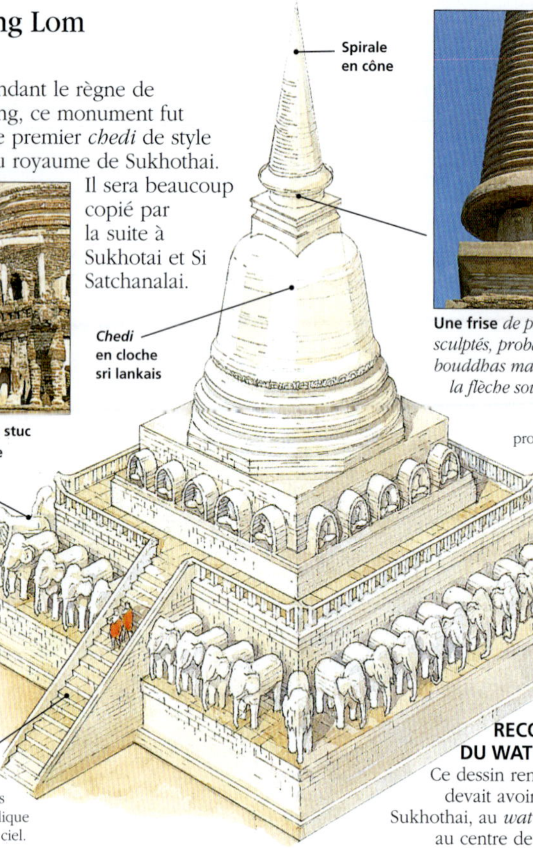

Une frise *de personnages sculptés, probablement des bouddhas marchant, orne la flèche sous la spirale.*

Les trompes furent probablement brisées par l'envahisseur birman.

L'escalier offrait aux pèlerins un voyage symbolique de la terre vers le ciel.

RECONSTITUTION DU WAT CHANG LOM

Ce dessin rend l'aspect qu'il devait avoir à l'époque de Sukhothai, au *wat* qui se dressait au centre de Si Satchanalai.

À la découverte de Sawankhalok

Avec l'introduction par des potiers chinois de nouvelles techniques de cuisson, les fours des alentours de Sukhothai et de Si Satchanalai devinrent un des plus grands centres de fabrication de céramique de l'Asie du Sud-Est. On estime qu'entre le XIVe et le XVIe siècle, la période la plus prolifique sous la domination d'Ayutthaya, plus de 200 ateliers jalonnaient les rives de la rivière Yom. Leur production prit le nom de Sangkhalok, une déformation de Sawankhalok, nom alors donné à Si Satchanalai. Le terme ne désigne plus aujourd'hui que la petite ville qui abrite le **musée national Sawankha Woranayok**. Il expose une collection de céramiques Sangkhalok *(p. 160-161)* ; des plats, des jarres, des bols, des tuiles de temple, des effigies pour les cérémonies religieuses et des statuettes d'usage séculier, peut-être des jouets. La plupart des pièces présentées proviennent d'épaves de navires qui firent naufrage avec leur cargaison dans le golfe de Thaïlande. Le musée possède aussi un ensemble de sculptures religieuses provenant d'un temple voisin : le Wat Sawankharam. Beaucoup furent offertes au *wat* par des paysans qui les avaient déterrées de leurs champs.

Poterie Sangkhalok

À la découverte du parc national de Si Satchanalai

Fondé en 1981 dans une région de collines basses, ce parc d'une superficie de 210 km² renferme les cascades de Tad Dao, Tad Duen, Huai Sai et Huai Pa Cho. Les grottes de Tara Wasan et de Kang Khao méritent aussi une visite. Plus de 70 espèces d'oiseaux habitent la réserve naturelle, et on soupçonne la présence de quelques éléphants sauvages.

Musée national Sawankha Woranayok

Sawankhalok, à 17 km S de Si Satchanalai. *mer.-dim.*

Parc national de Si Satchanalai

Au N du parc hist. par la route 101. *Forestry Dept (0 2562 0760 ou www.dnp.go.th pour la location de bungalows).* *t.l.j.*

Tuiles vernissées du Wat Phra Si Rattana Mahathat à Phitsanulok

Phitsanulok ❽

พิษณุโลก

Province de Phitsanulok. *183 000.* *TAT, 209/7-8 Borommatrailokanat Rd., Phitsanulok (0 5525 2743).* *mer.-sam.* *Phra Buddha Chinarat (janv./fév.), Régates de Phitsanulok (oct.).*

Beaucoup de visiteurs ne font que passer à Phitsanulok, ville étape entre Bangkok et le Nord, ravagée par un terrible incendie en 1960. La cité existe cependant au moins depuis le milieu du XIVe siècle, époque de la fondation, au bord du Nan, du **Wat Phra Si Rattana Mahathat**, aussi appelé Wat Yai. Le sanctuaire devait posséder à l'origine un *chedi* sukhothai en bouton de lotus. C'est le roi d'Ayutthaya Borommatrailokanat (1448-1488) qui fit ériger le haut *prang* tel qu'il est aujourd'hui, lorsqu'il installa en 1463 sa capitale à Phitsanulok pour mener campagne contre le royaume du Lan Na *(p. 62-63)*. Les tuiles dorées des antéfixes datent du règne de Chulalongkorn (1868-1910). Le *wihan* le plus à l'ouest abrite, derrière de splendides portes incrustées de nacre, une statue du Bouddha en bronze doré fondue au XIVe siècle : **Phra Buddha Chinarat** *(p. 160-161)*. Elle attire chaque année des milliers de pèlerins qui suscitent un petit commerce d'articles religieux. De l'autre côté de la rue, dans le *bot* du **Wat Ratchanaburana**, quelques peintures murales du XIXe siècle estompées représentent des scènes du Ramakien *(p. 40-41)*. Le **Sergeant Major Thawee's Folk Museum** expose une remarquable collection d'objets de la vie quotidienne : pièges à animaux, anciens outils agricoles, ustensiles de cuisine, etc. En face, la **fonderie de bouddhas** permet de s'initier à la technique de fonte à la cire perdue et d'assister aux différents stades de fabrication des statues.

Phra Buddha Chinarat

Aux environs : à 5 km au sud de Phitsanulok, le *prang* en latérite, élevé en 1464 au **Wat Chulamani** par le roi Borommatrailokanat, a conservé de beaux linteaux de style khmer. L'année suivante, le monarque se fit ordonner moine dans ce temple après avoir abdiqué en faveur de son fils. Il reprit les rênes du royaume d'Ayutthaya huit mois plus tard et continua de le diriger depuis Phitsanulok jusqu'à sa mort en 1488.

Sergeant Major Thawee's Folk Museum
26/43 Wisuth Kasat Rd. ***Tél.*** *0 5521 2749.* *mar.-dim.* **Fonderie de bouddhas** *lun.-sam.*

Parc national de Thung Salaeng Luang ❾

อุทยานแห่งชาติทุ่งแสลงหลวง

Province de Phitsanulok, siège du parc à 80 km E de Phitsanulok par la route 12. *TAT, Phitsanulok (0 5525 2742) ; Forestry Dept (0 2579 7223 pour la location de bungalows).* *de Phitsanulok à Nakhon Thai puis* songthaew.

Sur une étendue de 1 260 km² de verdure, ce parc se prête bien à la randonnée et à l'observation des oiseaux. On y aperçoit des cerfs muntjacs et des éléphants attirés par les dépôts de sel. À 9 km du siège du parc, on découvre la superbe cascade de Kaeng Sopha. Plus à l'ouest se trouvent les chutes du Poi et les rapides, plus modestes, de Kaeng Song.

Aux environs : à **Khao Kho**, à l'est, les Hmongs, déplacés parce qu'ils aidaient la guérilla communiste, profitent d'un programme de développement auquel le roi, qui possède un palais non loin, porte un grand intérêt.

Dans le parc national de Thung Salaeng Luang

LE NORD

Présentation du Nord

Le nord de la Thaïlande, territoire de l'ancien royaume du Lan Na *(p. 62-63)*, offre un large choix d'activités. Monuments et musées abondent à Chiang Mai et Chiang Rai, dont les marchés vendent textiles et artisanat caractéristiques de la région. Des villes de moindre importance comme Nan et Lamphun ont un charme discret. Hors des zones urbaines se déploient des paysages magnifiques : rizières plantées dans de vertes vallées et forêts de teks que protègent plusieurs parcs nationaux. Les visiteurs les plus aventureux pourront se joindre à une expédition jusque dans les villages des ethnies montagnardes dont les modes de vie ont peu changé depuis des siècles.

Mae Hong Son (p. 216-217), *petite localité entourée de splendides montagnes, attire de plus en plus de visiteurs, en particulier des voyageurs à petits budgets.*

Chiang Mai (p. 224-227) *est justement réputée pour ses 300* wat, *sa cuisine, les achats qu'on peut y faire et, malgré sa taille, une atmosphère détendue.*

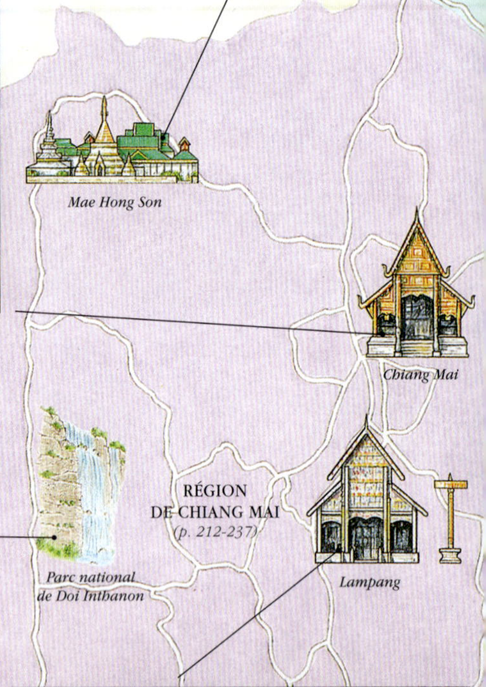

Le parc national de Doi *Inthanon* (p. 230-231) *renferme la plus haute montagne de Thaïlande et plusieurs cascades. Il protège une riche faune.*

Lampang (p. 234-237) *est une ville animée où se déroulent des fêtes colorées. Elle abrite plusieurs grands* wat *et un musée d'art du Lan Na.*

◁ **Pensionnaires du Centre de dressage des éléphants, installé au sud-est de la ville de Chiang Dao**

Le Doi Tung (p. 243) *est une montagne entourée de superbes forêts, dont le sommet abrite un important lieu de pèlerinage.*

Chiang Rai (p. 250-251), *moins riche en monuments, est longtemps restée dans l'ombre de sa voisine Chiang Mai, mais l'artisanat montagnard et les possibilités de randonnées aux alentours y attirent de plus en plus de touristes.*

Nan (p. 254-255), *bourgade paisible et prospère entourée de montagnes, possède plusieurs* wat *singuliers et un intéressant musée. En octobre, de longues barques y participent à des régates sur le Nan.*

Les tribus montagnardes

Masque de cérémonie

Les six principales minorités ethniques des montagnes du nord de la Thaïlande, les Akhas, les Hmongs (ou Méo), les Lisus, les Karens, les Lahus et les Miens, représentent environ 500 000 personnes. Ces peuples semi-nomades commencèrent à arriver dans la région à la fin du XIXe siècle, chassés du Tibet, de Birmanie et de Chine par les guerres civiles et les pressions politiques. Ils pratiquent la culture sur brûlis, se déplaçant quand la terre est épuisée, et chaque groupe possède ses particularités. Leur identité se voit toutefois menacée par la volonté du gouvernement de les sédentariser et de les intégrer à l'économie de marché thaïe. Nombreux sont les adolescents des tribus qui gagnent Chiang Mai pour trouver du travail.

Comme ces Lahus *de la fin du XIXe siècle, beaucoup de montagnardes portent toujours des costumes traditionnels.*

Les jeunes femmes lisus *portent, lors de célébrations comme le Nouvel An, des turbans noirs ornés d'écheveaux multicolores. Les bijoux d'argent cousus sur leurs vêtements témoignent de la richesse de la famille.*

Cette maison hmong *a été détruite par un incendie. Pour lutter contre la culture sur brûlis, le gouvernement thaïlandais s'efforce de plier les tribus montagnardes au mode de vie thaï.*

Des bambous frappés en rythme rendent hommage aux ancêtres.

FÊTES ET CÉRÉMONIES

Chaque ethnie possède ses propres rites. Des Akhas célèbrent ici leur culte des ancêtres et des esprits.

Le Nouvel An *est la date la plus importante du calendrier lisu. Après la plantation d'un arbre devant chaque maison du village, un prêtre et un chaman dirigent un rituel de purification tandis que des jeunes hommes dansent autour des arbres.*

Des cultures de substitution *comme celle du chou tentent de remplacer l'opium dans l'économie des tribus montagnardes.*

Les maisons akhas, *généralement bâties en hauteur près des rizières de la tribu, possèdent un porche relié à une pièce de séjour carrée dotée d'un four.*

Les Akhas *s'efforcent de conserver leur mode de vie ancestral, ce que rend de plus en plus difficile la diminution des terres fertiles et du gibier. Les fardeaux restent souvent transportés à dos d'homme.*

Les femmes akhas arborent une coiffe parée d'argent ou, de plus en plus, d'aluminium.

Une ceinture, ornée de pièces et de perles, distingue les femmes des jeunes filles.

Les femmes lahus *fabriquent des sacs à bandoulière* (yam) *très appréciés pour leurs couleurs vives.*

Les costumes miens *sont particulièrement remarquables par les broderies décorant les vestes et les pantalons des femmes et les bonnets à pompons des enfants.*

Les Karens, *qui constituent la minorité la plus nombreuse et la plus sédentaire, préfèrent les vallées et la culture par rotation plutôt que sur brûlis.*

CROYANCES ETHNIQUES

Les tribus montagnardes pratiquent un culte animiste dont les rites influencent de nombreuses décisions de la vie. Les villages ont deux chefs religieux : un prêtre qui dirige les cérémonies et un chaman ayant la faculté d'entrer directement en contact avec le monde des esprits. La pression exercée par le monde moderne menace toutefois les pratiques et les médecines traditionnelles.

Objets miens utilisés lors de cérémonies chamaniques

L'artisanat du Nord

Bol en céramique céladon

La réputation, dont bénéficient la sculpture sur bois, l'argenterie, les tissages, les céramiques, les soieries et les laques du Nord, remonte à l'époque du royaume du Lan Na. Les minorités ethniques de la région *(p. 206-207)* produisent aussi des broderies, des peintures et des bijoux typiques. Chiang Mai *(p. 224-227)* offre le plus grand choix, tandis que des villages comme Bo Sang et San Kamphaeng *(p. 228-229)* ont fondé leur renommée sur une ou plusieurs spécialités. Des ateliers permettent d'observer les artisans au travail. À Chiang Mai, on peut également acquérir des antiquités et d'excellentes copies de celles-ci, en particulier des sculptures sur bois. Malgré l'interdiction d'abattage du tek en vigueur en Thaïlande depuis 1989, des objets en bois importé restent fabriqués.

Les coiffes akhas *comportent des pièces d'argent et des sphères creuses, façonnées par les hommes des tribus.*

Des effigies d'animaux en bois *(souvent du tek) décorent de nombreux* wat. *La sculpture sur tek reste très répandue dans le Nord, malgré l'interdiction d'abattage de ce bois.*

Les laques du Nord, *telle cette boîte du* XIX*e* *ou du* XX*e* *siècle, présentent traditionnellement des motifs or sur un fond rouge.*

Les supports épousaient la forme du dos de l'éléphant.

Les ombrelles, *spécialité du village de Bo Sang, sont faites de papier enduit tendu sur une ossature en bambou puis peintes de dessins tels que dragons ou éléphants.*

HOWDAH ROYAL

Avant l'apparition de l'automobile, les éléphants étaient utilisés comme moyen de transport dans tout le pays. Les Thaïs utilisaient des chaises, de 1,50 m parfois, sur le dos des animaux. L'aspect de ces sièges, appelés *howdah*, reflétait le statut social des propriétaires. Les *howdah* des classes inférieures se présentaient comme de simples chaises aux côtés relevés, ceux de l'aristocratie et de la famille royale s'ornaient de délicates sculptures sur bois et possédaient généralement un toit.

Les nécessaires à bétel *sont constitués de plusieurs récipients, parfois en or, destinés aux composants de ce masticatoire très répandu en Asie du Sud-Est : feuilles de bétel, chaux vive et noix d'arec.*

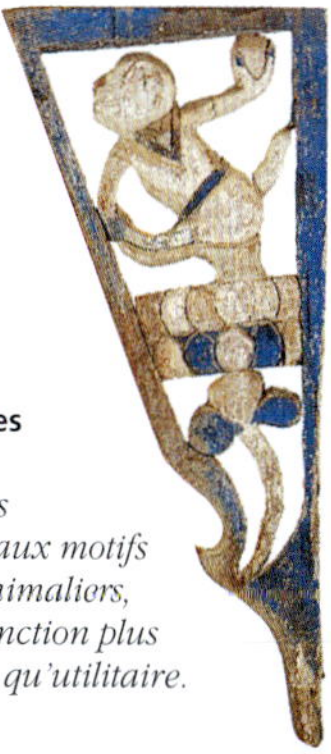

Les consoles en bois *des édifices religieux, aux motifs souvent animaliers, ont une fonction plus décorative qu'utilitaire.*

Un toit fait de bambou tressé et laqué protégeait du soleil.

Des poignées, sur les sièges les plus confortables, permettaient de s'accrocher dans les passages difficiles.

Les sculptures sur bois ne figuraient que sur les *howdah* de la haute société.

Les bijoux cérémoniels *en argent sont portés lors des grandes occasions. Si les tribus montagnardes fondent encore de vieilles pièces thaïlandaises et birmanes, les artisans thaïs de Chiang Mai utilisent un métal importé de moindre qualité.*

Les objets usuels *portent eux aussi des ornements comme cette claquette, équivalent, pour les buffles domestiques, des clarines des vaches.*

LES TISSAGES DU NORD

Broderie d'un sac lahu

La tradition textile de la Thaïlande septentrionale date du début de la période du Lan Na. À l'instar de l'Isan *(p. 266-267)*, Chiang Mai et San Kamphaeng sont réputées pour leurs soieries, le *pha sin* (sarong des femmes) notamment. Des magasins y vendent aussi des articles en coton de Pasang *(p. 229)* tels que le *pha koma* (sarong des hommes). Dans les maisons-ateliers de Chiang Khong *(p. 249)*, des Thaï Lue tissent des cotonnades colorées. Les tribus montagnardes apprécient également les teintes vives. La plupart des tissus s'achètent au mètre ou sous forme d'articles façonnés.

Cotonnade traditionnelle

***Pha sin* du XIXe siècle**

Les oiseaux du nord de la Thaïlande

Il existe 900 espèces d'oiseaux observées en Thaïlande (soit 10 % de celles existant au monde), dont 380 dans les reliefs entourant Chiang Mai. La plupart ne sont pas résidentes, le nord de la Thaïlande se trouve en effet sur une des grandes voies de migration de l'Asie du Sud-Est. La déforestation menaçait cette exceptionnelle richesse ornithologique et le gouvernement a dû prendre des mesures de sauvegarde ces dernières années. Les parcs nationaux de Doi Suthep *(p. 222-223)* et de Doi Inthanon *(p. 230-231)* protègent ainsi une abondante faune ailée.

QUELQUES VOIES DE MIGRATION

- Pouillot boréal
- Calliope sibérienne
- Hérons

Le bihoreau à couronne noire, *petit échassier nocturne, préfère les terres basses lorsqu'il migre en Thaïlande du Nord.*

Le vanneau caronculé *doit son nom à l'excroissance rouge devant son œil. Il vit près des cours d'eau et en forêt de haute futaie.*

Les faisans argentés *vivent à diverses altitudes, mais généralement au-dessus de 700 m. Très chassés, ils ont vu leur population se réduire considérablement et sont aujourd'hui protégés. On élève aussi des faisans en captivité pour leur viande.*

Les jacanas à queue de faisan *possèdent des pattes qui leur permettent de marcher sur des feuilles flottant sur l'eau.*

La perruche à gorge rouge des forêts persistantes est une espèce menacée.

Les hérons pourprés, que l'on peut voir dans les forêts près des rivières, ont un long cou roux.

Les coucous terrestres à bec de corail sont des oiseaux très discrets.

Les eurylaimes à longue queue *vivent en haute altitude en Thaïlande du Nord. Ils se nourrissent d'insectes qu'ils dénichent dans les arbres ou qu'ils attrapent en plein vol.*

Les gobe-mouches du paradis, *qu'ils soient résidents ou migrateurs, nichent en altitude. Les femelles et les jeunes ont un corps brun et une tête noire. Les mâles adultes arborent des couleurs plus vives.*

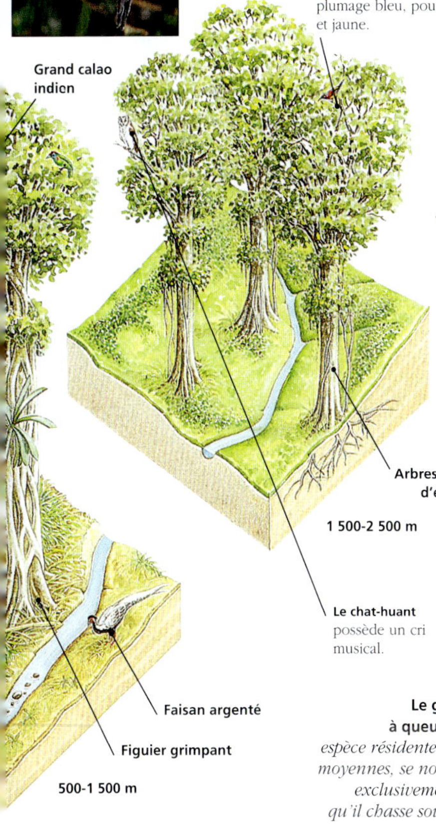

Les sucriers de Gould vivent en haute altitude. Le mâle possède un plumage bleu, pourpre et jaune.

Le chat-huant possède un cri musical.

La calliope sibérienne, *oiseau migrateur, s'installe dans les forêts persistantes les plus élevées. Seul le mâle a la gorge rouge.*

Le grand drongo à queue à raquette, *espèce résidente des altitudes moyennes, se nourrit presque exclusivement d'insectes qu'il chasse souvent en petit groupe, en venant régulièrement se poser sur la même branche.*

LES HABITATS SELON L'ALTITUDE

Diptérocarpacées à feuilles persistantes et teks couvrent le pied des collines où prospèrent faisans leucomèles, bergeronnettes, perruches et échassiers migrateurs comme le héron. Plus haut, huppards, calaos et mainates ont pour habitat des forêts mélangées. De petits oiseaux comme le pouillot boréal et la chouette peuplent les sommets où poussent chênes et plantes épiphytes.

COMMENT OBSERVER LES OISEAUX

- Les mois d'« hiver », de janvier à avril, sont les plus favorables. Beaucoup de migrateurs arrivent, et les espèces résidentes se reproduisent. Mieux vaut éviter la saison pluvieuse (juin-octobre) et ses sangsues.
- Les parcs nationaux proposent des imprimés indiquant les sentiers d'observation et, souvent, des visites guidées.
- Prenez des jumelles, de l'eau, du répulsif à insectes, une boussole et, de préférence, des vêtements discrets.

Sachez vous montrer patient. Évitez de faire bruisser les feuilles et de marcher droit vers les oiseaux.

LA RÉGION DE CHIANG MAI

Le nord-ouest de la Thaïlande, cœur de l'ancien royaume du Lan Na, a pour pôle la deuxième ville du pays, Chiang Mai, réputée pour ses nombreux temples et son artisanat. Comme beaucoup de localités moins importantes de la région, elle s'étend dans une vallée verdoyante que dominent des montagnes densément boisées où plusieurs minorités ethniques essaient de préserver leur identité.

Le Lan Na Thaï, royaume du « million de rizières thaïes », domina le nord de l'actuelle Thaïlande du XIIe au XVIIIe siècle, et les habitants de la région restent fiers de cet héritage qui a donné naissance à une école artistique originale, nourrie d'influences birmanes et laotiennes. L'artisanat reste très vivant dans le Nord, et Chiang Mai doit une grande part de sa renommée aux poteries, aux textiles, aux sculptures sur bois et aux pièces d'argenterie que proposent ses boutiques. C'est aussi un point de départ agréable pour une excursion dans les montagnes et les villages alentours. Les treks à la rencontre des minorités ethniques sont devenus une activité touristique. Ils posent toutefois problème, car ils mettent en danger ces modes de vie ancestraux. À l'ouest, près de la frontière, les villes de Mae Hong Son et de Mae Sariang semblent presque plus birmanes que thaïes, en particulier en raison de l'architecture de leurs temples. Ils possèdent aussi des *chedi* à toiture à degrés. Au nord, les immeubles en tek qui bordent les rues de Chiang Dao rappellent que cet arbre poussait jadis en épaisses forêts dans la région. Au sud, *wat* et musées permettent de découvrir l'art du Lan Na à Lampang et à Lamphun, ville qui conserve aussi des traces du vieux royaume môn d'Haripunchai. La plus haute montagne de Thaïlande, le Doi Inthanon, se dresse à l'ouest de Chiang Mai au sein d'un parc national qui possède de nombreux équipements. On peut y découvrir de splendides cascades et une faune variée, notamment des centaines d'oiseaux migrateurs.

Offrande au Wat Phra That Lampang Luang, l'un des grands temples du Nord-Ouest

◁ **Ombrelles en papier, la spécialité du village de Bo Sang près de Chiang Mai**

À la découverte de la région de Chiang Mai

Le nord-ouest de la Thaïlande est à la fois d'une beauté spectaculaire et d'une grande richesse culturelle, avec les temples anciens de Chiang Mai, de Lamphun et de Lampang, ainsi que le magnifique Wat Phra That Lampang Luang. Depuis les vallées de Mae Taeng et du Ping aux paysages domestiqués, d'imposantes montagnes, souvent couvertes d'épaisses forêts, s'élèvent jusqu'à la frontière birmane. Des randonnées organisées permettent d'y partir à la rencontre de tribus montagnardes.

LES SITES D'UN COUP D'ŒIL

Bo Sang 13
Centre de sauvegarde des éléphants thaïs 21
Chiang Mai p. 224-227 11
Doi Chiang Dao 7
Doi Saket 12
Doi Suthep p. 222-223 10
Lampang 20
Lamphun 15
Mae Aw 4
Mae Hong Son p. 216-217 1
Mae Sariang 18
Pai 6
Parc national de Mae Surin 2
Phrao 8
Parc national de Doi Inthanon p. 230-231 16
San Kamphaeng 14
Soppong 5
Tham Pla 3
Uttaradit 22
Vallée de Mae Taeng 9
Vallée du Ping 17
Wat Phra That Lampang Luang p. 234-235 19

Cascade de Vachirathan, parc de Doi Inthanon

VOIR AUSSI

- ***Hébergement*** p. 404-407
- ***Restaurants*** p. 434-437

À l'intérieur du *bot* du Wat Chiang Man de Chiang Mai

CIRCULER

Les autoroutes autour de Chiang Mai, ville dotée d'un aéroport international, sont bien entretenues et la plupart des autres routes sont correctes. Des vols intérieurs desservent aussi Lampang et Mae Hong Son. Trains et cars circulent chaque jour entre Bangkok et Chiang Mai (trajet de onze à treize heures en train par Uttaradit et Lampang et d'environ dix heures en car). Des bus fréquents rejoignent tous les bourgs et villages, mais c'est en *songthaew* que l'on peut atteindre les sites isolés le plus aisément. De nombreuses compagnies proposent visites organisées et treks.

Promenade, centre de sauvegarde des éléphants thaïs

Mae Hong Son pas à pas ❶

แม่ฮ่องสอน

Occupant un site superbe au sein d'une vallée entourée de montagnes boisées, cette paisible petite ville n'était, au début du XIXe siècle, qu'un camp où l'on gardait des éléphants. Aucune route asphaltée ne la relia à Chiang Mai avant 1965. Son architecture témoigne d'une influence birmane constante dans une province où Shans et Karens forment une grande partie de la population. De plus en plus appréciée des voyageurs, Mae Hong Son offre d'intéressantes possibilités d'excursions. À la saison fraîche, mieux vaut y emporter un pull-over ou une veste.

★ Wat Hua Wiang
Ce temple en tek, aux toits étagés de style birman, abrite dans son bot *très délabré un bouddha en bronze, Phrachao Para La'Khaeng, provenant de Birmanie.*

Marché quotidien
Fréquenté par les tribus montagnardes, ce marché animé et odorant, qui déborde presque sur la piste de l'aéroport, vend, entre autres, produits frais et textiles birmans.

Le bazar de nuit vend tissages et artisanat.

Des maisons shans en tek bordent cette rue.

LES FEMMES PADAUNG

Les femmes de cette tribu, également appelée Kayan, portent autour du cou et des jambes des anneaux de laiton posés dès l'âge de 6 ou 7 ans. L'origine de cette tradition est incertaine, et elle avait tendance à disparaître avant que l'armée birmane ne déplace plusieurs familles à proximité de Mae Hong Son où l'intérêt des touristes et leur désir de les voir ont transformé les « femmes girafes » en une source de revenus.

« Femmes girafes » de la tribu des Padaung

Pour les hôtels et les restaurants de la ville, voir p. 404-407 et p. 434-437

Lac Chong Kham
Ce lac servait au bain des éléphants. Il est particulièrement impressionnant quand la brume enveloppe la ville le matin.

MODE D'EMPLOI

Province de Mae Hong Son. 48 000. 1 km N-O du lac Chong Kham. Khunlum Phraphat Rd. TAT, Mae Hong Son (0 5361 2982 3), **www**.travelmaehongson.org Singhanat Bamrung Rd. (0 5361 1952). t.l.j. Poi Sang Long (fin mars-déb. avr.) ; Chong Para (oct.).

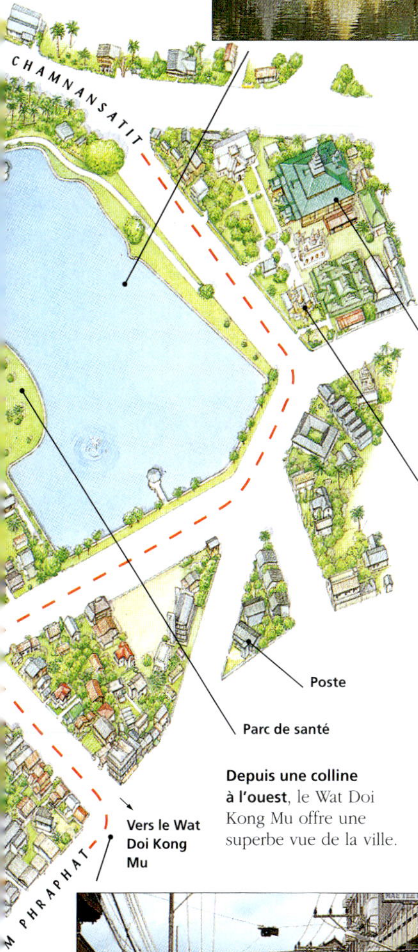

★ Wat Chong Kham
Ce sanctuaire construit par des Shans vers 1827 possède un chedi *à toiture à degrés et abrite un bouddha assis très révéré de 5 m de haut.*

★ Wat Chong Klang
Dans ce temple de la fin du XIXe *siècle aux* chedi *blancs et or, il est possible de voir sur demande des panneaux de verre peint, inspirés par les* jataka (p. 30).

Depuis une colline à l'ouest, le Wat Doi Kong Mu offre une superbe vue de la ville.

0 25 m

Khunlum Phraphat Road
À côté de restaurants et d'agences de voyages, la rue principale est le meilleur endroit où acheter tissages des tribus montagnardes et antiquités.

LÉGENDE

– – – Itinéraire conseillé

À NE PAS MANQUER

★ Wat Chong Kham

★ Wat Chong Klang

★ Wat Hua Wiang

La spectaculaire cascade de Mae Surin dans le parc national du même nom

Parc national de Mae Surin ❷

อุทยานแห่งชาติน้ำตกแม่สุริน

Province de Mae Hong Son. Siège du parc à 2,5 km de la route 108, 8 km S de Mae Hong Son. *TAT, Mae Hong Son (0 5361 2982 3) ; Forestry Dept (0 2562 0760 ou www.denp.go.th pour la location de bungalows).* *depuis Khun Yuam puis* songthaew. *t.l.j.*

Dans ce petit parc au sud de Mae Hong Son, des forêts de basse altitude abritent des mammifères tels que l'ours des cocotiers, l'ours noir asiatique et le cerf muntjac. Parmi les oiseaux figurent drongos et calaos. Une piste en terre conduit à la cascade de Mae Surin, l'une des plus hautes de Thaïlande (100 m) et à la Thung Bua Thong (« prairie des tournesols sauvages »), spectaculaire en novembre et en décembre au moment de la floraison. Des pensions de Mae Hong Son et de Pai proposent des descentes en radeau de la rivière Pai qui traverse le parc.

Tham Pla ❸

ถ้ำปลา

Province de Mae Hong Son. Près de la route 1095 à 17 km N de Mae Hong Son. *TAT, Chiang Mai (0 5324 8604).* *Mae Hong Son puis* songthaew *ou visite organisée.*

Ce site pittoresque au nord de Mae Hong Son peut se visiter dans le cadre d'une excursion d'une journée. Tham Pla (« la grotte au poisson ») est en fait un bassin entouré d'un jardin au pied d'un affleurement rocheux. Il doit son nom à une énorme carpe. Les bouddhistes acquièrent des mérites en achetant de la papaye pour la nourrir.

Mae Aw ❹

แม่ออ

Province de Mae Hong Son. *7 000.* *Mae Hong Son puis* songthaew *ou visite organisée.* *TAT, Mae Hong Son (0 5361 2982 3).* *t.l.j.*

Situé dans les montagnes près de la frontière birmane, Mae Aw est l'un des derniers villages fondés par les combattants du Kuomintang *(p. 242)*. Le site offre de superbes vues, mais des combats y éclatent parfois entre factions se disputant le contrôle du marché local de l'opium depuis le renversement du « seigneur » Khun Sa *(p. 233)*. Des visites en jeeps depuis Mae Hong Son sont organisées pour rejoindre Mae Aw. Vérifiez avant le départ auprès de l'office du tourisme que la zone est sûre.

Soppong ❺

สบปอง

Province de Mae Hong Son. *15 000.* *depuis Mae Hong Son.* *TAT, Mae Hong Son (0 5361 2982 3).* *t.l.j.*

Le village de Soppong, parfois nommé Pang Mapha sur les cartes locales, se perche à quelque 700 m dans les montagnes. Son atmosphère

La route 1095 traversant Soppong

Enfants musulmans de Pai

paisible, les belles vues qu'il offre et les forêts de teks qui l'entourent en font un lieu d'étape de plus en plus populaire, et de nombreux randonneurs s'y arrêtent en route vers les villages lisus, karens, lahus et shans des environs. Le marché qui se tient à Soppong attire tous les jours des membres de ces tribus montagnardes.

Aux environs : à **Tham Lot**, au nord de Soppong, trois grottes forment l'un des plus longs réseaux de galeries souterraines de l'Asie du Sud-Est. Un large cours d'eau, qui peut se franchir à dos d'éléphant ou en radeau, les traverse et elles renferment d'impressionnantes concrétions calcaires. On y a découvert des objets façonnés et des cercueils en tek. Les visiteurs peuvent s'adresser aux pensions locales pour des visites guidées.

Tham Lot
8 km N de Soppong, province de Mae Hong Son. *t.l.j.* *(pour un guide et une lanterne).*

Pai ❻
ปาย

Province de Mae Hong Son.
27 000. depuis Mae Hong Son. TAT, Mae Hong Son (0 5361 2982 3). t.l.j.

Occupant une magnifique vallée, la ville de Pai est devenue une des destinations les plus prisés de la région. Autrefois paradis pour routards, elle est désormais investie par les hôtels de luxe. À mi-chemin entre Chiang Mai et Mae Hong Son, les collines tribales de Shan sont renommées pour le trekking et le rafting. Les toits à multiples niveaux du **Wat Klang**, entre la gare routière et la rivière Pai, sont typiques des temples shans. Sur une hauteur à l'est de la ville, le **Wat Phra That Mae Yen** ménage une vue panoramique de la vallée. Des scènes de la vie quotidienne ornent les portes du principal *wihan*. De nombreuses pensions proposent des excursions guidées dans la région *(p. 221)*.

LES ESPÈCES MENACÉES DE THAÏLANDE

Python-tigre – son habitat forestier disparaît rapidement

Son climat tropical et sa topographie variée valent à la Thaïlande une faune et une flore d'une grande diversité. Au XXe siècle cependant, le braconnage et le déboisement ont entraîné l'extinction de plusieurs espèces, dont le kouprey (un bovin sauvage) et le cerf de Schomburgk. Certains animaux sont chassés pour leur viande, d'autres pour servir d'animaux de compagnie, d'autres encore simplement par peur. Des 282 espèces de mammifères qu'abrite le pays, environ 40 parmi les plus grandes sont menacées de disparition, malgré les lois censées assurer leur protection. Cette situation inquiétante ne concerne pas que les animaux à sang chaud : 10 % des 405 espèces de reptiles et d'amphibiens de Thaïlande risquent aussi de disparaître.

Le gibbon à mains blanches

LES TIGRES DE THAÏLANDE

La médecine traditionnelle chinoise, qui fait un large usage d'organes de tigre, accélère partout dans le monde la disparition de ce grand félin. Des quelques milliers qui subsistent en Asie, 500 environ vivraient en Thaïlande, en particulier dans le parc national de Khao Yai *(p. 184-185)*. Depuis 1995, un programme de protection du département royal des Eaux et Forêts tente d'éviter leur extermination.

Pavillons et étang rempli de carpes devant Tham Chiang Dao

Doi Chiang Dao 7

ดอยเชียงดาว

12 km O de Chiang Dao, province de Chiang Mai. *TAT, Chiang Mai (0 5324 8604).* de Chiang Mai à Chiang Dao *puis* songthaew. **www**.tourismthailand.org/chiangmai

Troisième sommet de la Thaïlande, le Doi Chiang Dao (2 175 m), où se sont installés plusieurs villages lisus et karens, présente plus d'intérêt touristique avec ses forêts de pins et d'essences tropicales que le village voisin de Chiang Dao. Celui-ci offre toutefois l'accès le plus aisé au **Tham Chiang Dao**, réseau souterrain d'environ 14 km de long qui court sous la montagne. Certaines de ces grottes, peuplées de chauves-souris, abritent des statues du Bouddha déposées par des pèlerins shans venus de Birmanie. Les concrétions calcaires des galeries se révèlent cependant encore plus impressionnantes. Seules les principales salles sont éclairées, mais les visiteurs peuvent louer les services de guides équipés de lanternes. Près des grottes, le **Wat Tham Chiang Dao** comprend un centre de méditation bouddhique et une petite pièce où sont exposés des gongs et d'autres instruments de musique. Derrière un grand tamarinier, près d'un plan d'eau, s'élève un *chedi* ancien de style birman. Non loin, un petit marché propose aromates, herbes et racines médicinales cueillies dans la forêt. Fondé au XVIIIe siècle à l'est du Doi Chiang Dao, le village de **Chiang Dao** aligne ses édifices traditionnels en tek le long de la rue principale. Il servait à l'origine de lieu d'exil aux *phi pop*, des malades soupçonnés être possédés par des esprits maléfiques parce que l'on confondait alors les symptômes de leur véritable affection, telle la malaria, avec ceux de la folie. Au sud-est, le **centre de dressage d'éléphants Chiang Dao** propose au bord du Ping des démonstrations de dressage et des promenades à dos d'éléphant. **Tham Tup Tao**, à 48 km au nord de Chiang Dao, se compose de deux vastes cavernes. Tam Pha Kao (« grotte claire ») abrite deux grands bouddhas et un groupe d'éléphants sculpté dans une stalagmite. Une colonie de chauves-souris habite Tam Pha Chak (« grotte sombre ») qui, comme son nom l'indique, ne peut se visiter qu'avec une lampe.

Façade du Wat Tham Chiang Dao près du Doi Chiang Dao

Tham Chiang Dao
Près de la route 107, 5 km au N-O de Chiang Dao. *t.l.j.*

Centre de dressage d'éléphants Chiang Dao
Est de la route 107, 15 km au S-E de Chiang Dao, province de Chiang Mai. ***Tél.*** *0 5329 8553.* *t.l.j. (démonstrations de 9h à 10h et de 10h à 11h).*

Tham Tup Tao
O de la route 107, province de Chiang Mai. *t.l.j.*

LES ORCHIDÉES DE THAÏLANDE

La plus célèbre fleur de Thaïlande n'apparaît pas sans raison partout sur des logos. Le pays en compte en effet 1 300 variétés sauvages. Alors que le déboisement menace de plus en plus leurs habitats naturels, des millions d'orchidées cultivées partent chaque année à l'étranger. Les premières exportations datent des années 1950. Elles atteignirent en 1991 une valeur record de 80 millions de dollars américains. Les achats ont depuis commencé à baisser quand les habitudes de consommation ont changé dans des pays comme le Japon.

Le rose est une des couleurs les plus appréciées à l'exportation

Phrao 8

พร้าว

Province de Chiang Mai. *46 000.* *depuis Chiang Mai.* *TAT, Chiang Mai (0 5324 8604).* *t.l.j.*

Aujourd'hui lieu d'échange entre commerçants thaïs et tribus montagnardes, cette petite ville resta longtemps assez isolée. La route 1150 la relie désormais à Wiang Pa Pao *(p. 252)*, mais elle demeure à l'écart des itinéraires touristiques. Son marché couvert vend des textiles traditionnels et un large choix de fruits frais.

Aux environs : à l'est en direction de Wiang Pa Pao, la route 1150 traverse de superbes forêts dans une région où existent plusieurs villages hmongs et lisus.

Promenade en radeau sur la rivière Taeng

Vallée de Mae Taeng ❾

แม่แตง

Province de Chiang Mai.
Chiang Mai puis songthaew.
TAT, Chiang Mai (0 5324 8604).

La création de terrasses et le développement de l'irrigation ont amélioré la production agricole aux alentours de Mae Taeng, en particulier près de la rivière Taeng au nord-ouest de la ville. Les paysages constrastés ne sont toutefois pas la raison principale du succès de la région auprès des adeptes du trekking. Ceux-ci y viennent surtout pour ses villages lisus, karens et hmongs. Les excursions organisées peuvent associer d'autres activités telles que la descente de la rivière en radeau et des promenades à dos d'éléphant. Crée en 1995, l'**Elephant Nature Park**, situé dans la vallée de Mae Taeng, abrite une douzaine d'éléphants. Le fondateur, Lek Chailert, qui travaille à la sauvegarde des éléphants d'Asie, a été reconnu et félicité dans le monde entier. Le centre accueille avec plaisir les bénévoles.

Elephant Nature Park
10 km O de la route 107.
Tél. *0 5327 2855.* *t.l.j.*
www.elephantnaturefoundation.org

Femmes hmongs en costumes traditionnels

Promenade à dos d'éléphant

TREKKING AUTOUR DE CHIANG DAO

Le nord de la Thaïlande doit une grande partie de son attrait touristique à la randonnée pédestre (trekking, *p. 464*). Les excursions de trois jours organisées par les pensions ou les agences spécialisées de Chiang Mai font découvrir les alentours de Chiang Dao et de Mae Taeng. Elles comprennent généralement des étapes dans des villages montagnards, ainsi qu'une promenade à dos d'éléphant ou en radeau. Avant tout engagement, mieux vaut s'assurer des prestations offertes et des qualités du guide. Il doit en particulier connaître les coutumes des tribus où vous vous rendrez. Cette carte indique des itinéraires typiques de deux ou trois jours.

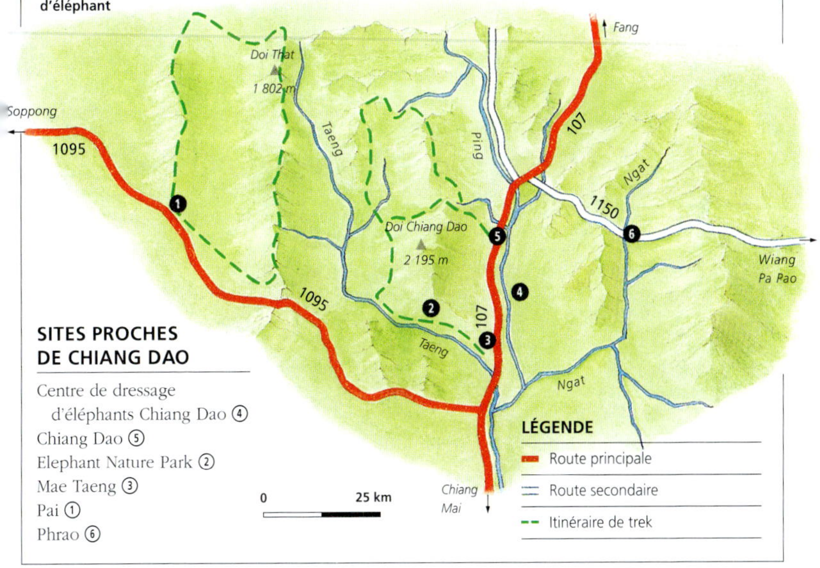

SITES PROCHES DE CHIANG DAO

Centre de dressage d'éléphants Chiang Dao ④
Chiang Dao ⑤
Elephant Nature Park ②
Mae Taeng ③
Pai ①
Phrao ⑥

Doi Suthep ⑩

ดอยสุเทพ

Bouddha du *chedi*

La montagne très fréquentée du Doi Suthep fait partie du parc national de Doi Suthep-Doi Pui. Son sommet (1 601 m) abrite le Wat Phra That Doi Suthep, l'un des sanctuaires bouddhistes les plus révérés de Thaïlande du Nord. Les forêts qui l'entourent sont le refuge de nombreux oiseaux. Depuis Chiang Mai, une route serpente jusqu'à un village où l'on trouve restaurants et boutiques. De là, le visiteur peut choisir de gravir un escalier de 300 marches ou de prendre le funiculaire. À quelques kilomètres du *wat*, on découvre aussi un village hmong, des chutes et les jardins à l'anglaise du palais Phuping.

Peintures du cloître
Elles illustrent des scènes de la vie du Bouddha.

★ *Chedi* central
Le reliquaire originel reçut au XVIe siècle cette extension dans le style du Lan Na. Les pèlerins acquièrent des mérites en couvrant de feuilles d'or les quatre parasols qui l'entourent (p. 30).

Monument à l'éléphant blanc
Selon une légende, l'éléphant du roi Ku Na indiqua, à la fin du XIVe siècle, l'emplacement où construire le chedi *en grimpant la colline tout en barrissant et en se retournant.*

WAT DOI SUTHEP

Fondé en 1383 pour abriter de précieuses reliques, le sanctuaire au sommet du Doi Suthep date de la grande époque du royaume du Lan Na *(p. 62-63).*

Escalier aux *naga*
Des serpents à tête de dragons encadrent l'escalier de 304 marches qui conduit au wat. *Les visiteurs peuvent aussi prendre un funiculaire.*

À NE PAS MANQUER

★ *Chedi* central

★ Vue de Chiang Mai

Bouddhas du principal *wihan*
Le wihan du XVIe siècle abrite les images de l'« Éveillé » les plus vénérées du sanctuaire.

MODE D'EMPLOI

16 km N-O de Chiang Mai. *TAT, Chiang Mai (0 5324 8604) ; Forestry Dept (0 2562 0760 ou www.dnp.go.th pour la location de bungalows).* *Chiang Mai puis songthaew.* **What Doi Suthep** *t.l.j. 8h30-16h30.* **www**.doisuthep.com **Jardin du palais** *8h30-16h30 (tél. au préalable).* **Palais de Phuping** *au public.*

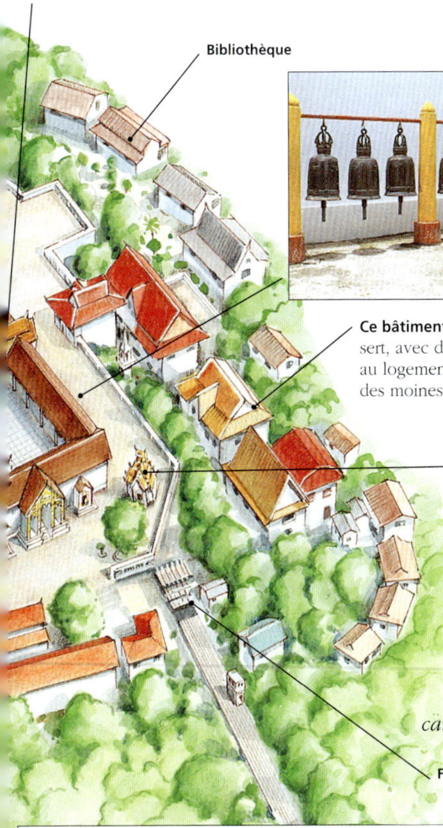

Bibliothèque

Ce bâtiment sert, avec d'autres, au logement des moines.

Funiculaire

Cloches
Ces cloches, qui servaient à l'origine à appeler au culte moines et dévots, portent aujourd'hui chance à ceux qui les font sonner.

Clocher
Près des marches conduisant au principal wihan, ce clocher possède un toit polychrome caractéristique.

LA FAUNE AUTOUR DU WAT DOI SUTHEP

Ce passereau habite en permanence le parc

Très apprécié des passionnés de nature, le parc national de Doi Suthep-Doi Pui abrite une faune et une flore variées, bien que le défrichement et la construction d'hébergements touristiques aient entraîné le déboisement de son flanc occidental. Il est particulièrement riche en papillons et en oiseaux tels que le cochoa vert. Parmi les 60 espèces de mammifères qui y vivent figure le blaireau-furet birman.

★ Vue de Chiang Mai
Le complexe du temple offre, dans un angle, une vue panoramique des forêts du parc national de Doi Suthep-Doi Pui et de la ville de Chiang Mai, au sud-est.

Chiang Mai pas à pas ⓫

เชียงใหม่

Lanterne typique de Chiang Mai

Sur le site où il avait conquis une implantation môn en 1296, le roi Mengrai fonda une « nouvelle ville », Chiang Mai, dont il fit la capitale du royaume du Lan Na *(p. 62-63)* au détriment de Chiang Rai *(p. 250-251)*. Elle devint pendant les règnes de Ku Na (1355-1385) et de Tilok (1441-1482) un des grands centres du bouddhisme theravada, et nombre des *wat* que renferme son ancien quartier trouvent leurs origines dans ces périodes. Aujourd'hui, les nombreux visiteurs viennent pour ses temples, mais aussi pour son artisanat et pour les randonnées proposées dans les montagnes alentour.

Vieux Chiang Mai
Le premier pont à franchir le Ping ne date que de 1950.

Mengrai Kilns *(p. 453)* vend un large choix de céramiques.

Le Wat Phra Chao Mengrai a un portail de cérémonie ouvragé.

Wat Muen Ngon Kong
De beaux treillis parent certains édifices. Un épi de faîte birman coiffe le chedi.

LÉGENDE

- - - Itinéraire conseillé

À NE PAS MANQUER

★ Wat Chedi Luang

★ Wat Phra Sing

Wat Phan Waen
À l'intérieur d'une paisible enceinte, le Wat Phan Waen offre un exemple typique de sanctuaire du Nord. Ces portes peintes appartiennent au wihan.

★ Wat Phra Sing
Bâti en 1345, ce temple possède avec le Wihan Lai Kham un magnifique édifice du style du Lan Na. Des peintures murales y décrivent la vie quotidienne dans Chiang Mai au XIXe *siècle.*

MODE D'EMPLOI

Province de Chiang Mai. 84 000. 3 km S-O de Chiang Mai. Charoen Muang Rd. Chiang Mai Arcade. TAT, 105/1 Chiang Mai–Lamphun Rd (0 5324 8604). même adresse que le TAT (0 5324 8974). t.l.j. Fête des Fleurs (fév.), Intakin (mai), Bo Sang (janv.), Yi Peng (nov.), Songkran (mi-avr.)

Wat Phan Tao
Des cho fa *(p. 35) de l'école du Lan Na ornent le toit de son* wihan *bien conservé.*

★ Wat Chedi Luang
Le spacieux wihan *abrite des panneaux représentant des scènes des* jataka *(p. 30).*

LA CITÉ DES WAT

Bien que 45 fois plus petite que Bangkok, Chiang Mai s'enorgueillit de compter presque autant de *wat*. La fondation de la plupart de ces sanctuaires date de sa période la plus prospère, entre le XIIIe et le milieu du XVIe siècle, alors qu'elle était un grand centre religieux. Les Birmans, qui occupèrent la ville pendant deux siècles, en modifièrent beaucoup, mais cette architecture avec sculptures sur bois reste considérée comme l'héritière du style développé dans le royaume du Lan Na *(p. 62-63)*.

Le Wihan Lai Kham (XIXe s.) du Wat Phra Sing

À la découverte de Chiang Mai

Statuette birmane

Autrefois appelé la « Rose du Nord », Chiang Mai n'est plus le repère des routards qu'elle fut autrefois. La ville s'est en effet considérablement développée ces dernières années, et restaurants branchés et hôtels de charme se sont mutipliés. Chiang Mai est superbement bien située, au milieu des montagnes. Ses magnifique *wats*, notamment ceux de Chedi Luang et de Phra Sing, son centre historique, son marché animé et sa vie nocturne en font une destination de choix. Pour découvrir son artisanat *(p. 208-209)*, visitez le marché de Warorot ou le bazar de nuit qui se trouve sur la Thae Phae Road.

Peinture murale du Wihan Lai Kham du Wat Phra Sing

Wat Phra Sing
วัดพระสิงห์

Samlan Rd., près de la porte Suan Dok. ◯ *t.l.j.*

La construction du plus grand *wat* de Chiang Mai fut inaugurée en 1345. Achevé en 1400, le Wihan Lai Kham (« hall doré »), décoré de scènes de la vie quotidienne, abrite le bouddha Phra Buddha Sing qui, comme ses homonymes de Bangkok *(p. 88)* et de Nakhon Si Thammarat *(p. 379)*, proviendrait du Sri Lanka.

Wat Chedi Luang
วัดเจดีย์หลวง

Phra Pok Klao Rd. ◯ *t.l.j.*

Un petit bâtiment à gauche de l'entrée renferme le Lak Muang (pilier de la ville). Un tremblement de terre endommagea en 1465 le *chedi* haut de 86 m, élevé vers 1450. Sa niche orientale abrita le Bouddha d'Émeraude. L'enceinte du temple renferme aussi l'endroit où la foudre tua le roi Mengrai en 1317.

Wat Chiang Man
วัดเชียงมั่น

Près de Ratcha Phakhinai Rd. ◯ *t.l.j.*

Le roi Mengrai fit de cette résidence un *wat* pendant la construction de sa nouvelle capitale. Des têtes d'éléphants entourent le *chedi*, et le *bot* renferme des colonnes lanna en tek. Le *wihan* abrite le Phra Kaeo Kao qui aurait été trouvé au VIe siècle av. J.-C. dans le nord de l'Inde.

Porte Tha Phae
ประตูท่าแพ

Cette porte marque le début de Tha Phae Road, le pôle commercial de Chiang Mai bordé de librairies, de grands magasins et de boutiques d'artisanat. Plus à l'est, la rue devient la route 1006, qui dessert des ateliers, entre autres de céramique, de laque et de tissage de la soie.

Porte Suan Dok
ประตูสวนดอก

À l'ouest de la ville, cette porte marque le début de Suthep Road qui longe trois sanctuaires importants.

Night Bazaar
ไนท์บาซาร์

Chang Khlan Rd. ◯ *t.l.j. 18h-23h.*

Dans ce marché de nuit, des dizaines d'éventaires proposent un très vaste choix d'articles à des prix compétitifs, à condition de marchander. On y trouve de l'artisanat montagnard, des articles en cuir et des vêtements. L'étage supérieur est spécialisé dans les antiquités. Attention aux faux *(p. 451)* ! On pourra acquérir les plus beaux tissages et objets en argent dans les boutiques de Wualai Road au sud de la porte Chiang Mai.

Marché Warorot
ตลาดวโรรส

N de Tha Phae Rd. ◯ *t.l.j.*

Moins touristique que le Night Bazaar, ce marché couvert se révèle aussi moins cher. On y trouve artisanat, vêtements, fruits frais et plats épicés. Le soir, il se transforme en marché aux fleurs.

Le marché Warorot, très animé

Pour les hôtels et les restaurants de la ville, voir p. 404-407 et p. 434-437

Aux environs : on peut aisément atteindre la plupart des sites à l'extérieur du centre. La majorité des hôtels et des pensions proposent des visites organisées ou des treks dans des villages de tribus montagnardes *(p. 206-207)*. Il existe aussi de nombreuses agences spécialisées sur Tha Phae Road. Au nord de la ville, le **Musée national de Chiang Mai** présente une collection éclectique, des terres cuites d'Haripunchai aux bouddhas de tous styles. Sur le campus de l'université, le **Tribal Research Institute** comprend une bibliothèque consacrée à l'histoire des minorités ethniques de la région. Il organise aussi des randonnées pédestres dans des villages de tribus montagnardes. Sur Kaew Narawat Road, au nord-est de la ville, un hôpital en activité, le **McCormick Hospital**, offre un exemple typique des édifices que construisirent au tournant du siècle à Chiang Mai des missionnaires et des employés de compagnies forestières britanniques venus de Birmanie. Juste à l'ouest de la porte Suan Dok, sur Suthep Road, le **Wat Suan Dok** date de 1383, mais son *wihan* fut reconstruit en 1932. Les petits *chedi* contiennent les cendres de membres de l'ancienne famille royale de Chiang Mai. Plus loin, sur Suthep Road, un monastère forestier, le **Wat U Mong**, a gardé des tunnels datant du XIVe siècle. Il renferme aussi un bouddha jeûnant. Ce temple et le proche **Wat Ram Poeng** proposent des cours de méditation. La bibliothèque de ce dernier conserve des versions en de nombreuses langues du canon du bouddhisme theravada. Le **Wat Chet Yot** se reconnaît aux sept flèches de son *chedi*. Il est calqué sur le temple Mahabodhi de Bodh-Gaya, la ville indienne où le Bouddha atteignit l'illumination.

Bouddha, Musée national

Le Wat Suan Dok fondé au XIVe siècle

Musée national de Chiang Mai
Près de la Superhighway.
Tél. *0 5322 1308.*
mer.-dim. 9h-16h *j.f.*

Tribal Research Institute
Université de Chiang Mai, près de Huai Kaew Rd. ***Tél.*** *0 5321 0872.*
lun.-ven. 9h-16h. *j.f.*

CHIANG MAI : LE CENTRE-VILLE

Marché Warorot ⑥
Night Bazaar ⑦
Porte Suan Dok ①
Porte Tha Phae ⑤
Wat Chedi Luang ③
Wat Chiang Man ④
Wat Phra Sing ②

LÉGENDE

Voir p. 224-225

0 500 m

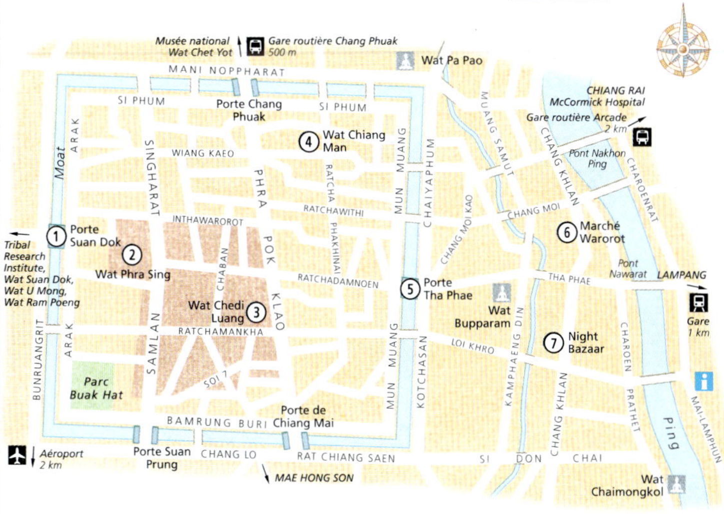

Légende des symboles, *voir le rabat arrière de couverture*

Doi Saket 12

ดอยสะเก็ด

Près de la route 1019, 16 km N-E de Chiang Mai, province de Chiang Mai. *TAT, Chiang Mai (0 5324 8604).* *Chiang Mai puis* songthaew. *t.l.j.*

Dessinant un triangle, les villages de Bo Sang et San Kamphaeng et le mont du Doi Saket offrent ensemble un agréable programme de visite pour une excursion d'une journée depuis Chiang Mai. Le Wat Doi Saket, installé au sommet de la montagne, est accessible par un raide escalier de 300 marches gardé par un *naga*. Une vue superbe de la vallée récompense de l'ascension. Le temple renferme un *wihan* moderne, un *chedi* blanc, un immense bouddha assis et sept effigies plus petites de l'« Éveillé », une pour chaque jour de la semaine.

***Wihan* moderne du Wat Doi Saket bâti sur une colline**

Fabrication et vente d'ombrelles dans le village de Bo Sang

Bo Sang 13

บ่อสร้าง

À 9 km E de Chiang Mai, province de Chiang Mai. *2 600.* *depuis Chiang Mai.* *TAT, Chiang Mai (0 5324 8604).* *t.l.j.* *Fête des Ombrelles (janv.).*

Bo Sang est connu dans toute la Thaïlande comme le « village des ombrelles ». Cet artisanat emploie la majorité de la population dans des ateliers et boutiques spécialisés. On y trouve aussi de l'argenterie, des céladons, des laques et des objets en bois, mais il s'agit souvent, malheureusement, de souvenirs de piètre qualité. La fabrication des ombrelles obéit à une tradition séculaire, et l'armature sur laquelle est tendue de la soie, du coton ou du papier huilé reste formée d'un manche en bois et de baleines en bambou. L'acheteur peut généralement commander un décor de son choix, nom ou dessin. Dans Bo Sang et la campagne alentour, de nombreuses maisons ont la forme des constructions traditionnelles du Nord *(p. 36)*, bâties en bois sur pilotis au milieu d'un petit jardin. D'un vert profond pendant la saison pluvieuse (juin-octobre), les rizières prennent, entre novembre et janvier, une teinte or. Après la récolte commence le battage du riz.

San Kamphaeng 14

สันกำแพง

À 13 km de Chiang Mai, province de Chiang Mai. *44 000.* *depuis Chiang Mai.* *TAT, Chiang Mai, (0 5324 8604).* *t.l.j.*

Ce village aux vieux édifices en bois et aux rues étroites est renommé pour ses tissages : cotonnades et soieries. Les boutiques y

LES NAGA : DES SERPENTS MYTHOLOGIQUES

Les *naga* visibles sur de nombreux édifices thaïlandais ont un rôle de gardiens. Encadrant les escaliers des temples, ornant leurs toits, portes ou fenêtres, ils protègent des esprits maléfiques. Bien que leur signification puisse varier légèrement d'un pays à l'autre, leur importance dans toute l'Asie bouddhiste a des racines profondes. Elle s'exprime dans un épisode des *jataka (p. 31)*, légendes relatant les vies antérieures du Bouddha : un serpent qui s'apprêtait à nuire au sage est attaqué par un *garuda*, oiseau mythologique, et, vaincu, devient le protecteur de celui qu'il agressait. Cette protection se manifeste pendant sa dernière vie quand Mucilinda, le roi des *naga*, le couvre de ses sept têtes pendant un orage. La foi populaire attribue aussi aux *naga* le pouvoir de contrôler les pluies et un culte leur est rendu pendant la fête de Songkran *(p. 236)*.

Naga* bicéphale du Wat Phra That Chedi Luang à Chiang Saen *(p. 248)

Geyser du domaine des sources chaudes de San Kamphaeng

vendent aussi meubles en tek, argenterie, laques, jades et céladons. Des prix parfois élevés y justifient un âpre marchandage *(p. 479)*. Plusieurs ateliers permettent aux visiteurs de suivre tout le processus du travail de la soie *(p. 266-267)*, depuis l'élevage des vers nourris de feuilles de mûriers jusqu'au tissage sur de rustiques métiers en bois, en passant par le défilage des cocons et la teinture des écheveaux.

Aux environs : à l'est de San Kamphaeng, juste après le village de Mu Song, les grottes de **Tam Muang On** abritent d'impressionnantes concrétions calcaires. Un peu plus loin, les **sources chaudes de San Kamphaeng** offrent geysers spectaculaires et bains d'eau minérale chaude.

Tam Muang On
14 km E de San Kamphaeng.
t.l.j.

Sources chaudes de San Kamphaeng
20 km E de San Kamphaeng.
t.l.j.

Lamphun ⓯

ลำพูน

Province de Lamphun. *97 000.*
TAT, Lamphun (0 5356 0906).
t.l.j. *Fête du Lamyai (août).*

Entourée de rizières, l'ancienne capitale du royaume môn d'Haripunchai (750-1281) possède une atmosphère paisible, avec ses vieux temples et ses grandes maisons de bois bordant la rivière Kuang. Sanctuaire le plus important de la ville, le **Wat Phra That Haripunchai** fut probablement fondé, dans son ampleur actuelle, par le roi Athitayarai en 1044, mais son *chedi* central pourrait remonter à 897. Haut de 46 m, il est couronné d'une sorte d'ombrelle à neuf étages en or pur. Laissé à l'abandon, le *wat* doit sa restauration, dans les années 1930, à l'un des moines les plus révérés de Thaïlande : Khrubaa Siwichai.

La partie nord-ouest de l'enceinte recèle une construction peu fréquente : un *chedi* pyramidal. Le grand *bot* renferme un bouddha couché et le principal *wihan* une effigie de l'« Éveillé » du style du Lan Na exécutée au XVe siècle. La bibliothèque, contiguë à l'escalier gardé par des *naga*, date du XIXe siècle. À sa droite, un pavillon ouvert protège le plus grand gong du monde coulé en 1860. Hors de l'enceinte, un *bot* plus petit contient un « bouddha heureux », image rebondie et souriante de style chinois. En face du *wat*, le **musée national de Lamphun** possède une collection modeste mais de qualité. Elle comprend notamment des pièces des royaumes de Dvaravati, d'Haripunchai et du Lan Na. Parmi les objets modernes figure un *howdah (p. 208-209)* ouvragé noir et or. Les bouddhas appartiennent à de nombreuses écoles de sculpture. À la sortie ouest de Lamphun, sur la route 1015, le **Wat Chama Thewi** (ou Wat Kukut) est réputé pour ses deux *chedi* élevés en 1218. Ils font partie des plus anciens monuments de ce genre de Thaïlande et offrent les derniers exemples d'architecture de Dvaravati. Des bouddhas ornent le plus grand, une construction à étages. Le plus petit porte des divinités hindoues.

Musée national de Lamphun
Inthayongyot Rd. ***Tél.*** *0 5351 1186.*
mer.-dim.

Tête de bouddha, musée national de Lamphun

Aux environs : à 30 km au sud de Lamphun, le village de **Pasang** doit sa renommée à la beauté de ses femmes et aux artisans qui y fabriquent des cotonnades, chemises, sarongs et batiks. La province de Lamphun, et notamment Nong Chang Kheun, au nord, produit des *lamyai*, ou longanes *(p. 133)*. En août, on célèbre ces fruits et on élit une Miss Lamyai.

Parc national de Doi Inthanon ⓰

อุทยานแห่งชาติดอยอินทนนท์

La rare
hypericum garrettii

La plus haute montagne de Thaïlande culmine à 2 565 m d'altitude au sein d'une réserve naturelle de 270 km². La courte distance, 58 km, qui la sépare de Chiang Mai est appréciable pour une excursion d'une journée. Le parc abrite dans plusieurs types d'habitats des mammifères variés tels que l'ocelot, le pangolin et l'écureuil volant. Près de 400 espèces d'oiseaux le peuplent également. Certaines, comme l'aigle-autour de montagne et la bécasse eurasienne, vivent habituellement plutôt en Asie septentrionale, mais il peut faire froid sur le Doi Inthanon. Mieux vaut d'ailleurs y emmener des vêtements chauds. Des tribus hmong et karen *(p. 206-207)* habitent aussi la région.

Chedis jumeaux
Ce sanctuaire occupe l'un des deux chedi *du Phra Tha Naphamataneedon, bâti pour le 60e anniversaire du roi Bhumibol.*

Panorama
Les randonneurs découvrent depuis le Doi Inthanon de magnifiques vues portant, par temps clair, à des kilomètres.

Des forêts persistantes d'altitude s'étendent près des sommets.

Sphaigne
La fraîcheur du climat favorise des plantes comme les mousses, les fougères et les lichens. Au sommet de la montagne, des sphaignes forment une espèce de « tourbière », l'unique habitat de ce type en Thaïlande.

Mimétisme
Pour se protéger de ses prédateurs, cet inoffensif scarabée a pris les couleurs d'avertissement des guêpes.

Orchidées
Les orchidées sauvages (p. 220) abondent sur le Doi Inthanon et on peut en voir à 2 500 m d'altitude sur les arbres à feuilles persistantes des pentes les plus hautes.

MODE D'EMPLOI

Province de Chiang Mai. Siège du parc près de la route 1009 par la route 108 au S de Chiang Mai. **Tél.** *TAT, Chiang Mai (0 5324 8604) ; Forestry Dept, (0 2562 0760 et www.dnp.go.th pour des bungalows).* *depuis Chom Thong jusqu'à Mae Klang puis* songthaew *jusqu'à Doi Inthanon.* *t.l.j. 6h-18h.*

Garrulax à crête blanche
Cet oiseau préfère vivre dans les forêts les plus élevées du Doi Inthanon.

Des forêts d'arbres à feuilles caduques poussent sur les terres les plus basses du parc.

Hmong
Des Hmong (p. 206) vivent ici depuis les années 1890. Leurs cultures sur brûlis ont endommagé la forêt, mais des programmes gouvernementaux visent à y mettre un terme.

LÉGENDE

- Route
- Sentier
- Limite du parc
- Siège du parc
- Camping et bungalow
- Point de vue

Cascade de Mae Ya
La plus haute chute d'eau de Thaïlande tombe d'une hauteur de 250 m et est l'une des plus belles attractions du parc.

Paysage rural près de Hot, dans la vallée du Ping

Vallée du Ping ⓱

หุบเขาแม่น้ำปิง

Province de Chiang Mai. *TAT, Chiang Mai (0 5324 8604).* *Chiang Mai puis* songthaew.

Entre sa source, près de la frontière birmane, et Nakhon Sawan, ville de la Plaine centrale où elle se jette dans le Chao Phraya, la rivière Ping, le principal cours d'eau du Nord de la Thaïlande, parcourt près de 600 km, arrose Chiang Mai et alimente le Bhumibol Reservoir (ou Phumiphon Reservoir). La vallée qu'elle suit avant d'atteindre cet immense lac artificiel reste principalement rurale, et la vie y conserve un rythme lié à des gestes ancestraux. Elle compte cependant plusieurs attractions touristiques. Juste au sud de Chiang Mai, au croisement de la route 108 et de la route menant au parc national de Doi Inthanon *(p. 230-231)*, la petite ville animée de **Chom Thong** abrite l'un des plus beaux *wat* du Nord : le **Wat Phra That Si Chom Thong**. Construit pour recevoir une relique du Bouddha, c'est un important lieu de pèlerinage. Son *chedi* doré bâti en 1451 est de style birman, tout comme le *bot* du milieu du XVIe siècle orné de belles sculptures sur bois représentant des fleurs, des oiseaux et des *naga (p. 228)*. Le temple comprend également un centre de méditation et une petite exposition d'antiquités religieuses et d'armes.

La profonde vallée du Chaem, à l'ouest de Chom Thong, est renommée localement pour la variété de ses papillons. Le long de la route sinueuse qui suit la vallée, plusieurs villages sont englobés sous le nom de **Mae Chaem**. Autrefois réputés pour leurs tissages, ils se modernisent rapidement. Le principal sanctuaire de Mae Chaem, le **Wat Pa Daet**, mérite une visite pour ses édifices du style du Lan Na bien conservés et ses peintures murales. Au débouché de la vallée, la petite ville de **Hot** n'occupe son emplacement actuel que depuis 1964. Son site originel, à 15 km en aval, a disparu sous les eaux lors de la création du Bhumibol Reservoir, bassin de retenue dont la centrale fournit à la Thaïlande une part importante de son électricité. Les ruines du Hot de jadis, visibles sur la rive, se limitent à quelques *chedi*. Des fouilles ont mis au jour à cet endroit des amulettes, des stucs et des bijoux en or aujourd'hui exposés au musée national de Chiang Mai *(p. 227)*. Ville de marché, Hot se prête bien à une étape sur la route de Mae Sariang.

Sculpture sur bois du *bot* du Wat Phra That Si Chom Thong

Mae Sariang ⓲

แม่สะเรียง

Province de Mae Hong Son. *48 000.* *TAT, Chiang Mai (0 5324 8604).* *t.l.j.*

Mae Sariang est une petite ville agréable sur la rivière Yuam. Proche de la frontière, la région entretient des liens historiques avec la Birmanie, ce que reflète la présence d'une importante communauté musulmane d'origine birmane. L'architecture des deux temples proches de la gare routière, avec leurs toits à multiples niveaux et leurs ornementations extérieures orange et jaunes, témoigne également de l'influence birmane. Le **Wat Chong Sung** (aussi appelé Wat Uthayarom) date de 1896, le **Wat Si Bunruang** de 1939. Des Karens, le principal groupe ethnique de cette zone montagneuse, fréquentent le marché central.

Aux environs : montagneux et boisés, les alentours de Mae Sariang sont parcourus de routes tortueuses. Des voyages organisés en bateau ou en *songthaew* permettent de rejoindre, à 45 km, **Mae Sam Laep**, colonie karen sur le bord de la rivière Salawin. La ville vit surtout du commerce (principalement illégal) du tek. Les troubles que connaît la Birmanie ont entraîné dans la région un afflux de réfugiés. Les Lawas vivent cependant ici depuis plus longtemps que les Thaïs.

***Chedi* du Wat Chong Sung bâti au XIXe siècle à Mae Sariang**

Pour les hôtels et les restaurants de la région, voir p. 404-407 et p. 434-437

Histoire de l'opium en Thaïlande

L'opium commença à être cultivé dans le nord de la Thaïlande à la fin du XIXe siècle, quand des tribus montagnardes *(p. 206-207)* originaires de Chine méridionale vinrent s'y installer. Plante aimant les sols pauvres et l'altitude, le pavot leur fournissait une récolte lucrative et facile à transporter. Malgré le vote en 1959 d'une loi interdisant la production d'opium, celle-ci progressa sensiblement pendant la guerre du Vietnam sous la protection et dans l'intérêt de divers groupes armés, notamment le Kuomintang (KMT, *p. 242*) et l'Armée shan unie (ASU) basée en Birmanie. Les profits attendus entraînèrent des affrontements pour le contrôle du Triangle d'or *(p. 246-247)*. Si les quantités d'opium issues de Thaïlande ont considérablement diminué ces dernières années, cette partie du pays reste un important lieu de trafic, et les tribus montagnardes ne s'adaptent que difficilement aux cultures de substitution.

Fleur de pavot

Au XIXe siècle, *les fumeries d'opium se multiplièrent en Asie, en particulier en Chine.*

Les guerres de l'opium *(1839-1842 et 1856-1860) opposèrent les Chinois aux Anglais. Ces derniers purent librement commercialiser en Chine l'opium produit en Inde.*

De courtes faucilles, servant à inciser les capsules de pavot, font partie des outils exposés à la Maison de l'opium.

Le maigre sol calcaire des collines convient parfaitement au pavot qui prospère à des altitudes de plus de 1 000 m.

RÉCOLTE DE L'OPIUM

Cette peinture fait partie d'une série montrant, à la Maison de l'opium de Sop Ruak *(p. 248)*, la récolte de l'opium qui a normalement lieu en décembre et en janvier. L'exposition évoque aussi la guerre entre le KMT et l'ASU.

Depuis les années 1980, *de nouvelles cultures visent à remplacer celle du pavot comme source de revenu. Des champs de choux, de théiers et de caféiers sont ainsi devenus communs dans le Nord.*

Le roi Bhumibol, *préoccupé par le commerce illégal de drogue dans son pays, a joué un rôle très actif dans les programmes d'incitation aux cultures de substitution.*

Wat Phra That Lampang Luang ⓲

วัดพระธาตุลำปางหลวง

Vache chinoise du principal *chedi*, où l'on acquiert des mérites

Ce sanctuaire, l'un des plus beaux du Nord de la Thaïlande, occupe l'emplacement d'une ancienne forteresse du VIIIe siècle. Trois remparts en terre, séparés par des douves, la protégeaient, et il en subsiste des vestiges dans le village. Les principaux édifices actuels datent de la fin du XVe siècle et ils nous sont parvenus parce qu'un héros local, Tip Chang, parvint à les défendre d'une attaque birmane en 1736. Leur architecture élégante offre un superbe exemple du style du Lan Na et ils possèdent des intérieurs richement colorés. Derrière l'enceinte principale entourée d'un cloître, un musée abrite Phra Kaeo Don Tao, bouddha que la légende prétend issu du même bloc de jadéite que le Bouddha d'Émeraude *(p. 83)*.

Bouddha du Wihan Phra Phut
Un grand bouddha assis trône dans le wihan *du XIIIe siècle.*

Wihan Phra Phut
Avec sa façade sculptée et son toit à deux niveaux, ce wihan est un chef-d'œuvre de l'école du Lan Na.

Bouddhas du Wihan Luang
Ce vaste édifice, ouvert sur les côtés, date de 1496 et protège cinq images de l'« Éveillé ».

Escalier principal
Gardé par des naga, *il conduit à un portail de cérémonie du XVe siècle.*

À NE PAS MANQUER

★ Grand *chedi*

★ Peintures du Wihan Nam Tam

Ho Phra Phuttabat
Ce petit mondop, *interdit aux femmes, renferme une empreinte du pied du Bouddha à laquelle les pèlerins viennent rendre un culte lors des fêtes importantes.*

MODE D'EMPLOI

Près de la route 1, 18 km S-O de Lampang. ***Tél.*** *TAT, Lampang (0 5421 8823 ou 0 5422 6812).* *Lampang puis* songthaew *ou taxi ou visite organisée depuis Lampang, Chiang Mai ou Lamphun.* *t.l.j. 7h30-17h.* *Luang Wiang Lakhon (nov.).*

★ Grand *chedi*
Construit au XVe siècle, ce reliquaire abrite un cheveu du Bouddha. Il doit à des années d'oxydation les teintes subtiles de son toit en cuivre.

★ Peintures du Wihan Nam Tam
Ces œuvres estompées, montrant des scènes de la vie au XVIe siècle, ornent les murs du bâtiment en bois, sans doute le plus vieux de Thaïlande.

Détail d'un pilier
La finesse de ce décor en laque à la feuille d'or est typique de l'ornementation de tout le temple.

Ku du Wihan Luang
Dans le grand wihan, *un* ku *(*prang *de style lao) en brique dorée abrite le bouddha Phra Chao Lang Thong (1563).*

Calèches à Lampang

Lampang 20

ลำปาง

Province de Lampang. *94 000.* *TAT, Lampang (0 54 21 8823 ou 0 5422 6812).* *t.l.j.* *Luang Wiang Lakon (fév.).*

Pôle commercial en plein essor, la deuxième ville du Nord de la Thaïlande offre un intérêt historique presque égal à celui de Chiang Mai, sans céder autant au mercantilisme. Elle constitue aussi une bonne base d'excursion dans la région. Fondée au VIIe siècle, Lampang s'appelait encore Kelang Nakorn quand elle fut intégrée, au siècle suivant, au royaume môn d'Haripunchai qui avait pour centre l'actuelle Lamphun *(p. 229)*. L'époque du Lan Na vit la construction, au sud-ouest de la ville, d'un des plus importants sanctuaires du Nord : le **Wat Phra That Lampang Luang** *(p. 234-235)* réputé notamment pour ses peintures murales. Au XIXe siècle, des exploitants forestiers britanniques implantés en Birmanie et intéressés par le tek de la région y amenèrent avec eux des bûcherons et des artisans birmans. Ceux-ci financèrent la construction de nombreuses maisons en bois et de temples à l'esthétique marquée par celle de leur pays d'origine. Le travail du tek reste aujourd'hui l'un des artisanats locaux traditionnels avec le tissage du coton et la céramique. Lampang a gardé du XIXe siècle une autre particularité : les calèches peintes de couleurs vives, uniques en Thaïlande, qui permettent de se déplacer en ville. Elles proposent désormais surtout leurs services aux touristes. Alors que le centre actuel s'étend sur la rive sud de la rivière Wang, plusieurs sites importants se trouvent au nord. C'est le cas du **Wat Phra Kaeo Don Tao**, dont la fondation remonterait à l'origine de la cité. Il n'a conservé de cette époque que son *chedi* haut de 50 m. Le *mondop* au toit en tek à neuf degrés abrite un bouddha en bronze de style Mandalay. Le *wat* conserva de 1436 à 1468 le Bouddha d'Émeraude aujourd'hui à Bangkok *(p. 81)*. L'enceinte du sanctuaire renferme le **musée du Lan Na** qui présente des objets religieux du Lan Na. Au sud-est du Wat Phra Kaeo Don Tao, **Ban Sao Nak** (« maison aux nombreux piliers ») est une vaste demeure du style du Lan Na bâtie en 1886. Elle doit son nom aux 116 piliers de tek qui la portent. Devenue un musée, elle est meublée d'antiquités thaïes et birmanes, laques, argenterie et céramiques en particulier. Édifié à la fin du XVIIIe siècle, le **Wat Pongsanuk Tai**, à l'ouest de Ban Sao Nak, offre un bel exemple d'architecture religieuse du Lan Na. Il possède un *chedi* en cuivre

Intérieur meublé d'antiquités de Ban Sao Nak à Lampang

FESTIVITÉS DE SONGKRAN DANS LE NORD

Célébrée dans tout le pays mais avec une exceptionnelle exubérance à Chiang Mai et ses environs, la fête de Songkran *(p. 46)*, le Nouvel An bouddhiste, est une des plus importantes de Thaïlande. Les réjouissances durent trois jours, du 12 au 14 avril, et continuent même le 15 dans des villes comme Chiang Mai. Si Songkran reste une fête religieuse de purification, l'occasion de baigner des bouddhas vénérés et, pour les plus jeunes, de prouver leur respect envers les anciens et les moines en leur lavant les mains avec de l'eau parfumée, elle a évolué au cours de ce siècle en une célébration beaucoup plus ludique et rafraîchissante en pleine saison chaude. Tous les moyens sont bons, en effet, pour arroser généreusement quiconque passe dans la rue… Et les touristes offrent les meilleures cibles.

Procession à Lampang lors de la célébration de Songkran

Démonstration au Centre de sauvegarde des éléphants thaïs

et un *mondop* où quatre bouddhas entourent un banian, l'arbre de la Bodhi. Situé au sud de la ville, le **Wat Si Chum** de style birman date du XIXe siècle. De superbes sculptures ornent des édifices principalement bâtis en tek. Les laques de la salle principale montrent la vie à Lampang au XIXe siècle.

Musée du Lan Na
Phra Kaeo Rd. ***Tél.*** *0 5321 1364.* *t.l.j.*

Ban Sao Nak
Ratwana Rd. *t.l.j.*

Centre de sauvegarde des éléphants thaïs ㉑

ศูนย์ฝึกลูกช้าง

Près de la route 11, à 38 km N-O de Lampang, province de Lampang. *TAT, Lampang (0 5421 8823).* ***Tél.*** *0 5424 7875* *Lampang puis* songthaew. *t.l.j. ; spectacles 9h30-11h (14h sam. et dim.).*

Dépendant des Eaux et Forêts, le Centre est l'un des établissements de sauvegarde des éléphants le plus sérieux du Nord. Il accueille une douzaine de jeunes éléphants chaque année et une centaine d'animaux y vivent en permanence, certains jusqu'à 60 ans, l'âge de la retraite pour les éléphants thaïlandais. Pendant les cinq ans que dure leur formation, les jeunes pensionnaires apprennent différentes tâches liées à l'exploitation forestière, le maniement des billes de bois en particulier. Ils font tous les matins la démonstration de leur talent devant les visiteurs qui peuvent les récompenser en leur donnant des fruits. Un petit musée illustre l'histoire et le rôle de l'éléphant dans la culture thaïe *(p. 253).*

Affiche du Centre de sauvegarde

Aux environs : de l'autre côté de la route, le **Thung Kwian Forest Market** propose un large éventail de plantes sauvages d'usage médicinal ou culinaire, ainsi que des lézards, des scarabées et des serpents. Le gouvernement lutterait actuellement contre le commerce d'espèces menacées *(p. 219),* mais on y trouve toujours en vente des animaux comme le pangolin.

Thung Kwian Forest Market
Près de la route 11, 35 km N-O de Lampang. *t.l.j.*

Uttaradit ㉒

อุตรดิตถ์

Province d'Uttaradit. *102 000.* ***Tél.*** *TAT, Uttaradit (0 5525 2743).* *t.l.j.* *Fête du langsat (oct.).*

Peu d'étrangers s'arrêtent dans cette capitale provinciale au bord de la rivière Nan et elle reste relativement épargnée par le modernisme et le tourisme. Avec ses vieux édifices en bois dominant des rues étroites, elle offre un cadre agréable pour faire une étape entre la Plaine centrale et le Nord, en particulier si on prend le train entre Phitsanulok *(p. 191)* et Chiang Mai. Uttaradit prit son importance pendant l'ère de Sukhothai, et, avant la chute du royaume à la fin du XIIIe siècle, elle en marquait la frontière nord. C'est là que naquit Taksin, le général qui, après la destruction d'Ayutthaya par les Birmans en 1767, se proclama roi et rendit au Siam sa puissance. Derrière la gare, le **Wat Tha Thanon** abrite un bouddha en bronze du Lan Na : Luang Pho Phet. Hors de la ville à l'ouest, le **Wat Phra Boromathat**, aussi connu sous le nom de Wat That Thung Yang, possède un *wihan* dans le style laotien de Luang Prabang. La province d'Uttaradit est renommée pour ses produits agricoles.

Rue principale d'Uttaradit, ville natale de Taksin

LE TRIANGLE D'OR

La région la plus septentrionale de la Thaïlande doit son surnom de Triangle d'or au point de rencontre de trois frontières et aux fortunes qu'y rapporta la culture du pavot. Plus que les trafiquants, ce sont aujourd'hui les randonneurs en quête de tribus animistes qui sillonnent ses montagnes. Elle recèle aussi des trésors moins connus tels que les villes de Nan et de Phrae au sud-est.

La fertile vallée du Mékong, fleuve marquant au nord la frontière avec le Laos, offre un contraste frappant avec la beauté saisissante des montagnes qui entourent le Triangle d'or, où flotte toujours un parfum d'aventure. Ici se trouvent les villages isolés où se cultivait jadis l'opium et où des ethnies animistes comme les Miens et les Akhas s'efforcent aujourd'hui de conserver leurs modes de vie traditionnels malgré le tourisme et la pression du monde moderne. À Mae Salong, localité peuplée d'anciens soldats du Kuomintang et de leurs descendants, résonnent encore les échos de la révolution chinoise. Malgré quelques monuments et une longue histoire, la capitale de la région, Chiang Rai, manque de cachet, et les villes bordant le Mékong, en particulier Chiang Saen et Chiang Khong, présentent plus d'intérêt. La plupart des visiteurs gagnent directement Chiang Rai depuis Chiang Mai puis se dirigent vers le nord, négligeant souvent l'est de la région. Recelant nombre de belles maisons de tek, la cité ancienne de Phrae, entourée de douves, reçoit ainsi peu de touristes, bien qu'elle soit aisément accessible depuis la Plaine centrale et Chiang Mai. Nan est plus difficile à atteindre, mais mérite elle aussi un détour, ne serait-ce que pour les peintures murales du Wat Phumin. Au nord-est, le parc national de Doi Phu Ka abrite de nombreux oiseaux. Au sud de Nan, on peut découvrir hors des sentiers battus des paysages d'une rare diversité, depuis les curieuses formations géologiques de Sao Din jusqu'au vaste lac artificiel du Sirikit Reservoir.

Fermier thaï lue labourant son champ

◁ **Jeunes femmes lisus vêtues de leurs costumes traditionnels**

À la découverte du Triangle d'or

Le nom de cette région presque mythique au point de rencontre entre Birmanie, Thaïlande et Laos évoque toujours des images de jungle impénétrable, peuplée de tribus primitives échappant aux contraintes du monde moderne, de combattants aux causes plus ou moins perdues et de barons de l'opium se livrant une lutte sans merci. Ces images gardent une part de vérité, mais le Triangle d'or se transforme rapidement en une importante destination touristique qui a pour centre Chiang Rai, une ancienne capitale du royaume du Lan Na. Les visiteurs y viennent pour la beauté des paysages, à découvrir de préférence à pied ou à moto, une expérience inoubliable dans les denses forêts bordant les frontières et le Mékong.

LES SITES D'UN COUP D'ŒIL

Chiang Khong 9
Chiang Rai p. 250-251 10
Chiang Saen 8
Doi Tung 4
Fang 1
Mae Sai 5
Mae Salong 3
Mae Saruai 11
Nan p. 254-257 17
Ngao 14
Parc national de Doi Phu Kha 16
Nong Bua 15
Phayao 13
Pointe du Triangle d'or (Sop Ruak) 7
Phrae p. 258-259 18
Sirikit Reservoir 19
Tha Ton 2
Wiang Pa Pao 12

Excursion
Triangle d'or 6

LÉGENDE

- Route principale
- Route secondaire
- Parcours pittoresque
- Voie ferrée
- Frontière internationale
- Sommet

Rassemblement de femmes lisus en costumes traditionnels

Pour les autres symboles de la carte, *voir le rabat arrière*

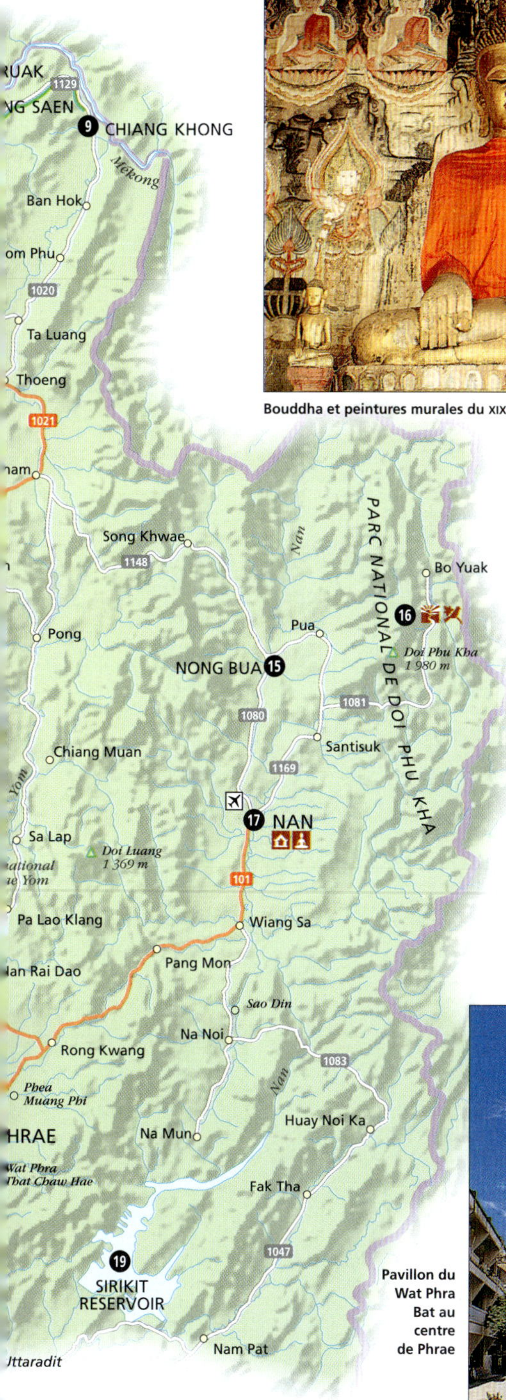

Bouddha et peintures murales du XIXe siècle au Wat Nong Bua

CIRCULER
Chiang Rai, Nan et Phrae possèdent des aéroports nationaux. Le principal axe routier sud-nord de Thaïlande, la route 1, devient la 110 au nord de Chiang Rai. La 101 et la 103 sont les deux autres grandes routes. Des bateaux circulent sur le Kok entre Tha Ton et Chiang Rai, et des visites organisées permettent de rejoindre des villages isolés. Le train ne dessert pas la région.

VOIR AUSSI

- ***Hébergement*** p. 407-409
- ***Restaurants*** p. 437-439

Pavillon du Wat Phra Bat au centre de Phrae

Karens au marché de Fang

Fang ❶

ฝาง

Province de Chiang Mai. *111 000.* *depuis Chiang Mai.* *TAT, Chiang Mai (0 5324 8604).* *t.l.j.*

Fondé en 1268 par le roi Mengrai, ce petit bourg occupe une position stratégique à l'entrée d'une vallée. Dévasté par des Birmans au début du XIXe siècle, il resta à l'abandon jusqu'en 1880. Il joue aujourd'hui le rôle de ville frontière entre les zones occupées par les Thaïs et celles où se sont installées les tribus montagnardes *(p. 206-207)*. Karens, Miens et Lahus viennent au marché vendre leurs produits. Le long des rues donnant sur l'artère principale, la route 107, des immeubles en tek abritent d'intéressantes boutiques. L'influence de la Birmanie proche apparaît notamment dans le toit à niveaux du grand *wihan* du **Wat Jong Paen**, le sanctuaire le plus intéressant de Fang, situé au nord de la ville.

Aux environs : la région de Fang se trouvait jadis au cœur du trafic de drogue, et des combats opposant des bandes rivales en Birmanie débordent parfois en Thaïlande. Mieux vaut donc consulter l'office du tourisme local avant de s'aventurer dans des zones isolées. Parmi les sites à découvrir figurent, à 10 km à l'ouest de Fang, des sources d'eau chaude sulfureuse dont l'énergie actionne une centrale géothermique. Au sud-ouest de Fang, la route 1249 dessert des villages lisus, lahus et hmongs avant d'atteindre le sommet du **Doi Ang Khang**.

Tha Ton ❷

ท่าตอน

Province de Chiang Mai. *21 000.* *depuis Chiang Mai jusqu'à Fang puis songthaew.* *TAT, Chiang Mai (0 5324 8604).*

Dans un méandre de la rivière Kok, Tha Ton sert principalement de point d'embarquement sur les bateaux et les radeaux rejoignant Chiang Rai. En « longue queue », la descente dure environ quatre heures. Des pensions proposent des excursions avec arrêts dans des villages de tribus montagnardes ou visite de sources chaudes. Le **Wat Tha Ton** domine le village depuis une colline à l'ouest. Il abrite un bouddha assis monumental et offre une vue panoramique splendide.

Imposant bouddha blanc du Wat Tha Ton

Aux environs : la route conduisant de Tha Ton au Doi Mae Salong, à 43 km au nord-est, traverse de magnifiques paysages de montagne le long de la frontière avec la Birmanie.

Mae Salong (Santikhiree) ❸

ดอยแม่สะลอง (ดอยสันติคีรี)

Province de Chiang Rai *15 000.* *Chiang Rai puis songthaew.* *TAT, Chiang Rai (0 5375 4991 ou 0 5371 7433).* *t.l.j.*

Fondé en 1962 par des soldats du Kuomintang (KMT), le parti nationaliste chinois, que venait de refouler la Birmanie où ils s'étaient réfugiés après la victoire de Mao Tsé-Toung en 1949, ce village possède un aspect unique en Thaïlande. Si le gouvernement thaïlandais accorda à ces combattants le statut de réfugiés, c'était pour qu'ils collaborent à la lutte contre les maquis communistes dont il craignait le développement en pleine guerre du Vietnam. En échange, l'armée ferma les yeux sur l'implication des hommes du KMT dans le trafic de drogue, une manne qu'ils se disputaient, entre autres, avec l'Armée shan uni (ASU) dirigée par le baron de l'opium Khun Sa *(p. 233)*. Pendant les vingt ans où le Triangle d'or acquit sa réputation, la loi ne s'appliqua pas dans la région et elle était relativement dangereuse pour les touristes. La situation a considérablement évolué depuis qu'au début des années 1980 les troupes thaïlandaises ont délogé Khun Sa de sa place forte dans le village voisin de Ban Hin Taek et l'ont forcé à se replier en Birmanie. Pour marquer de manière symbolique qu'une

Épices et herbes médicinales chinoises au marché de Mae Salong

Temple moderne au sommet du Doi Mae Salong

nouvelle ère s'ouvrait, Mae Salong reçut officiellement un nouveau nom : Santikhiree (« colline de la paix »). Il s'applique aussi à la montagne qui la domine, le Doi Mae Salong. Le temple situé à son sommet offre une vue magnifique des collines environnantes, parsemées de villages de tribus montagnardes. Miens et Akhas fréquentent le marché de Mae Song où ils se mêlent aux anciens combattants du KMT et à leurs descendants. Leur dialecte yunnanais donne plus l'impression de se trouver en Chine qu'en Thaïlande. Les thés, herbes diverses, légumes et fruits proposés par les étals semblent indiquer que les cultures de substitution au pavot connaissent un réel succès. Plusieurs pensions proposent des randonnées à cheval.

Doi Tung ❹

ดอยตุง

Province de Chiang Rai. *TAT, Chiang Rai (0 5371 7433).* *depuis Mae Chan ou Mae Sai jusqu'à l'embranchement pour Doi Thung puis* songthaew *jusqu'au sommet.*

La montagne du Doi Tung est un majestueux affleurement calcaire dominant la vallée du Mékong près de Mae Sai. Une route étroite sinue à travers des forêts de mousson avant d'atteindre le sommet, à 1 800 m d'altitude, d'où s'ouvre, par temps clair, une vue extraordinaire portant jusqu'en Birmanie. Le Doi Tung doit son nom, « pic du drapeau », au roi Achutarat de Chiang Saen qui ordonna en 911 qu'un drapeau géant y marque l'emplacement où s'élèveraient deux *chedi* bâtis pour recevoir un fragment de clavicule du Bouddha. Ces reliquaires restent un important but de pèlerinage. Ils forment aujourd'hui le cœur du **Wat Phra That Doi Tung**, rénové au début du XXe siècle, où les dévots peuvent y acquérir des mérites en glissant des pièces dans le nombril d'un bouddha replet de style chinois.

L'opium fut longtemps la principale ressource de la région du Doi Thung où le pavot poussait sous la surveillance des tribus montagnardes et du Kuomingtang. Afin, entre autres, de mieux imposer son autorité, le gouvernement finance aujourd'hui un programme de développement de nouvelles cultures. Pour marquer son implication dans ce programme, la famille royale fit édifier en 1988 la **Doi Tung Royal Villa**. À l'origine résidence d'été de la défunte mère du roi Bhumibol, elle propose aux visiteurs un restaurant et un joli jardin floral. Le succès du projet a pour effet pervers de rendre les tribus en partie dépendantes des subventions et du tourisme. De bonnes routes relient aujourd'hui le Doi Tung aux principales localités voisines dans un territoire que contrôlaient, il n'y a pas si longtemps, les barons de la drogue. Malgré une forte présence militaire, il reste peu prudent de s'en écarter. Celles menant à Mae Salong et Mae Sai traversent des villages lahus et lakhas.

Doi Tung Royal Villa
Route 1149. *t.l.j. 7h-17h30.*
Jardins *t.l.j. 6h-18h.*

De nouvelles cultures ont remplacé le pavot sur les flancs du Doi Tung

Plantations en terrasses et jardin d'agrément sur un flanc de colline du Triangle d'or ▷

Mae Sai ❺

แม่สาย

Province de Chiang Rai. *58 000.* *TAT, Chiang Rai (0 5371 7433).* *tatchrai@tat.or.th* *t.l.j.*

La ville la plus septentrionale de Thaïlande est seulement séparée par un pont de la Birmanie et elle s'emplit de marchands franchissant la frontière pour vendre, entre autres, laques, jades et pierres précieuses. Si Mae Sai ne possède pas de cachet particulier, elle est une bonne base pour explorer les environs. Le **Wat Phra That Doi Wao** ménage une belle vue de la Birmanie, de l'autre côté de la rivière Sai.

Aux environs : il est normalement possible (contre quelques dollars) de rejoindre en Birmanie la ville de **Tachilek** qui, de l'autre côté du pont, ressemble beaucoup à Mae Sai. L'ambassade de Birmanie *(p. 475)* ou les agences de voyages vous indiqueront si la situation politique permet de s'enfoncer plus avant dans le pays. Au sud de Mae Sai, dans la vaste grotte de **Tham Luang**, des cristaux changent de couleur selon l'éclairage. Plus loin, les cavernes de **Tham Pum et Tham Pla** abritent des lacs.

Tham Luang
Près de la route 110, 6 km S de Mae Sai. *t.l.j.*

Tham Pum et Tham Pla
Près de la route 110, 13 km S de Mae Sai. *t.l.j.*

Fumoirs près de la frontière birmane à la sortie de Mae Sai

Excursion dans le Triangle d'or

Sculpture lanna, Chiang Saen

La région appelée Triangle d'or s'étend sur 200 000 km² autour du point de rencontre entre Thaïlande, Laos et Myanmar (Birmanie). Longtemps difficile d'accès, elle doit sa célébrité au trafic d'opium et d'héroïne. Pacifiée, elle s'ouvre désormais au tourisme. Cette excursion permet d'en découvrir les meilleurs aspects : la « pointe » du Triangle où se rejoignent les trois pays ; des villages de tribus montagnardes nichés au sein de paysages majestueux et les villes historiques de Chiang Saen et Chiang Khong. Malgré les progrès enregistrés, des trafiquants continuent d'opérer et mieux vaut observer la plus grande prudence près de la frontière birmane.

Doi Mae Salong ②
La montagne qui domine le village de Mae Salong fondé par des Chinois *(p. 242-243)* offre de magnifiques paysages.

Saam Yekh Akha ③
Comme dans tous les villages akhas, de petites figurines sur les portes d'accès avertissent les esprits que seuls les humains peuvent entrer.

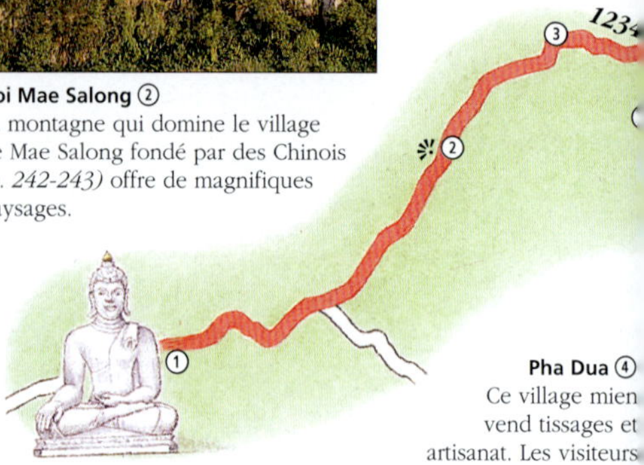

Pha Dua ④
Ce village mien vend tissages et artisanat. Les visiteurs peuvent aussi assister à des cérémonies religieuses. Le culte des Miens associe animisme et taoïsme.

Tha Ton ①
Visible à des kilomètres à la ronde, un monumental bouddha blanc fait face à l'est au-dessus de Tha Ton *(p. 242)*, village situé à la charnière entre plaines et montagnes près de la frontière birmane.

0 15 km

MODE D'EMPLOI

Parcours : *200 km.*
Où s'arrêter ? *Mae Sai, Chiang Saen et Chiang Khong possèdent pensions, restaurants, et stations-service.*
Mieux vaut faire attention aux petites routes, surtout en saison pluvieuse.

Mae Sai ⑥
Le Wat Phra That Doi Wao, qui domine Mae Sai depuis une colline, possède un *bot* orné de reliefs dorés.

Doi Tung ⑤
On peut visiter un agréable jardin fleuri à la Doi Tung Royal Villa *(p. 243)*, construite en 1988 sur cette majestueuse montagne.

Sop Ruak ⑦
Ce village *(p. 248)* doit son essor touristique à sa situation au carrefour de la Thaïlande, du Laos et de la Birmanie.

LÉGENDE

- Route principale
- Route secondaire
- Frontière internationale
- Point de vue

Chiang Khong ⑩
Peu de gens s'arrêtent dans cette petite ville *(p. 249)* à la frontière du Laos, mais le Wat Luang mérite un coup d'œil.

Wat Phra That Pha Ngao ⑨
Ce temple du Xe siècle *(p. 249)* occupe un site privilégié sur une colline au sud de Chiang Saen et ménage une vue grisante des alentours. Il possède un *wihan* décoré de bas-reliefs et un *chedi* en marbre blanc.

Chiang Saen ⑧
Cette ancienne capitale d'un petit royaume *(p. 248-249)* est digne d'intérêt, avec ses temples en ruine entourés de teks, son excellent musée national et son marché spécialisé dans les tissages et les souvenirs thaï lue.

Paysans au travail dans une rizière proche de Chiang Saen

La pointe du Triangle d'or (Sop Ruak) 7

สามเหลี่ยมทองคำ (สบรวก)

68 km N-E de Chiang Rai, province de Chiang Rai. *depuis Chiang Saen.* *depuis Chiang Saen.* *TAT, Chiang Rai (0 5371 7433).*

À l'endroit où le Ruak se jette dans le Mékong, et où se rencontrent les frontières de la Thaïlande, de la Birmanie (Myanmar) et du Laos, le village touristique de Sop Ruak essaie de s'approprier la dénomination « Triangle d'or » alors que cette région, rendue célèbre par ses trafiquants d'opium *(p. 233)*, s'étend historiquement dans les trois pays et couvre une superficie beaucoup plus vaste. L'endroit ne possède pourtant pas un intérêt justifiant le nombre important de cars qui viennent déverser leurs passagers au milieu des restaurants et des boutiques de souvenirs. Un musée, la **Maison de l'opium**, propose une exposition d'objets liés à la production et la consommation de la drogue et illustre une bataille qui opposa des hommes du Kuomintang *(p. 242)* et de Khun Sa *(p. 233)*. Des bateaux sur le Mékong permettent de s'approcher des forêts au Laos et, en Birmanie, de la Golden Triangle Paradise Resort. Ce complexe hôtelier construit par un homme d'affaires thaïlandais se situerait de l'autre côté de la frontière afin de pouvoir ouvrir un casino.

Maison de l'opium
212 Maison de l'opium, au S-E du centre de Sop Ruak
t.l.j. 7h-19h.

Peinture murale de la Maison de l'opium

Chiang Saen 8

เชียงแสน

Province de Chiang Rai. *47 000.* *TAT, Chiang Rai (0 5371 7433).* *t.l.j.*

Cette petite ville occupant un site magnifique au bord du Mékong est une des plus anciennes cités de Thaïlande. Certains de ses monuments datent d'avant même sa fondation officielle en 1328 par Saenphu, un descendant du roi Mengrai qui la dota de puissantes fortifications et de nombreux temples. Les Birmans prirent Chiang Saen en 1558. Rama Ier la reconquit en 1804, mais il la rasa pour empêcher qu'elle ne retombe entre des mains ennemies. La ville ne commença à se repeupler qu'à la fin du XIXe siècle, et elle reste aujourd'hui un bourg paisible et peu visité malgré les nombreux monuments qui ont survécu à sa destruction. Le Département des beaux-arts de Bangkok recense 66 ruines à l'intérieur des anciens remparts et 75 à l'extérieur. Le plus grand temple de Chiang Saen, le **Wat Phra That Chedi Luang**, comprend un *chedi* de 58 m de haut construit entre le XIIe et le XIVe siècle. C'est une construction octogonale caractéristique du style du Lan Na (également appelé de Chiang Saen). À côté, un petit

Sculpture lanna, Musée national

Pour les hôtels et les restaurants de la région, voir p. 407-409 et p. 437-439

marché vend des tissages et des souvenirs fabriqués par les Thaï Lue, venus de Chine au XVIIIe siècle. Le **musée national de Chiang Saen** expose une petite collection de sculptures sur pierre de la période du Lan Na, des bouddhas, et des objets illustrant les cultures des tribus montagnardes *(p. 206-207)*, entre autres des étoffes et des instruments de musique. Hors de l'enceinte, à l'ouest, le **Wat Pa Sak** (« temple de la forêt de teks ») se compose de sept édifices en ruine, éparpillés parmi les arbres. Fleurs et animaux mythologiques décorent le *chedi* érigé en 1295. Sur une colline au nord-ouest de la ville, le **Wat Phra That Chom Kitti** remonterait au Xe siècle. Il présente peu d'intérêt architectural, mais offre une belle vue de Chiang Saen et du Mékong. Au sud, un autre sanctuaire offre un panorama saisissant : le **Wat Phra That Pha Nago** dominé par une pagode blanche.

Musée national de Chiang Saen
Phahon Yothin Rd. *mer.-dim.*
j.f.

Wat Pa Sak
Près de la porte Chiang Saen.
t.l.j.

Tissages thaï lue en vente à Chiang Khong

Chiang Khong 9

เชียงของ

Chiang Rai province. *52 000.*
Province de Chiang Rai. (0 5371 7433). *t.l.j.*

Tirant ses origines d'une implantation au bord du Mékong fondée en 701, Chiang Khong possédait jadis un territoire bien plus vaste qu'aujourd'hui qui s'étendait des deux côtés du fleuve. Les Français englobèrent en 1893 la rive orientale dans leur colonie indochinoise et elle fait désormais partie du Laos. Quand les communistes s'emparèrent du pouvoir dans ce pays en 1975 *(p. 295)*, Chiang Khong accueillit de nombreux réfugiés. Une importante communauté thaïe lue y vit également et des boutiques vendent leurs tissages caractéristiques. Le principal temple, le **Wat Luang**, dresse son *chedi* du XIIIe siècle restauré au centre de la ville. Sur une colline au nord-ouest, plus de 200 soldats du Kuomintang reposent dans un cimetière.

Aux environs : on peut rejoindre en bac **Huay Xai**, de l'autre côté de la frontière, et visiter le **Wat Chan Khao Manirat** du XIXe siècle, à condition de se procurer un visa (payant) au bureau d'immigration de Huay Xai. On vous y demandera un passeport.

L'INDUSTRIE DU TEK EN THAÏLANDE

Depuis des siècles, les artisans thaïlandais travaillent le tek *(tectona grandis)*, arbre reconnaissable à sa haute taille (jusqu'à 100 m) et aux larges feuilles pendantes qu'il perd à la saison sèche entre novembre et mai. Solide, imputrescible et résistant aux insectes, il fait un bois d'œuvre d'une rare qualité, aussi bien pour les constructions que pour les meubles, et la finesse de son grain se prête à la sculpture. Une exploitation excessive des forêts a entraîné un déboisement désastreux et l'abattage a été interdit en 1989. Depuis, l'utilisation commerciale du tek est soumise à une stricte réglementation. Quelques poches naturelles subsistent dans des forêts d'essences à feuilles caduques poussant sur des sols riches et humides à moins de 600 m d'altitude, un type de forêt caractéristique du nord de la Thaïlande. L'importance historique de ce bois dans la vie quotidienne reste visible dans les zones rurales du pays, et des villes comme Phrae *(p. 258-259)* et Ngao *(p. 252)* conservent de belles maisons anciennes.

Flottage de billes de tek sur le Chao Phraya

Forêt de teks dans le nord de la Thaïlande

Chiang Rai ⑩

เชียงราย

Détail d'un ornement sculpté du Wat Phra Sing

Mengrai, un prince thaï venu du sud-ouest de la Chine, fonda Chang Rai en 1262 au bord du Kok dans un bassin entouré de montagnes. Il décida d'en faire la capitale du fief qu'il était en train de se tailler dans la région, le futur royaume du Lan Na *(p. 60-61)*. Trente-quatre ans plus tard cependant, il transféra cette capitale à Chiang Mai. Elle manque aujourd'hui de charme avec ses constructions modernes mais conserve quelques sites dignes d'intérêt et sert de point de départ à des randonnées (treks) dans le Triangle d'or.

À la découverte de Chiang Rai

Chiang Rai enregistre l'une des plus fortes croissances du pays. De riches habitants de Bangkok s'y font construire des résidences secondaires, et les hôtels destinés aux touristes venus faire des treks dans le Triangle d'or se multiplient. Cet essor est renforcé par le développement des relations commerciales avec la Chine qui ne se trouve qu'à 200 km. Les plus hauts immeubles s'élèvent en périphérie, notamment près de l'aéroport, et le centre garde quelques monuments intéressants comme le Wat Phra Kaeo. Des hôtels se sont ouverts sur plusieurs îles de la rivière. Au cœur de la ville, un bazar de nuit très fréquenté permet de se restaurer, d'assister à des spectacles et d'acheter des objets d'artisanat. Le marché aux fruits attenant est également ouvert toute la nuit.

Wat Phra Kaeo

วัดพระแก้ว

Trirat Rd. ◯ *t.l.j.*

Selon la légende, la foudre, en frappant en 1354 le *chedi* octogonal de ce *wat* fondé au XIIIe siècle, fit apparaître une statuette qui renfermait le Bouddha d'Émeraude aujourd'hui à Bangkok *(p. 83)*, le plus révéré de Thaïlande. Depuis 1991, le sanctuaire en abrite une copie, taillée dans le jade. Il abrite aussi Phra Chao Lang Thong, l'un des plus grands bronzes du début de l'ère du Lan Na *(p. 62-63)* à nous être parvenus. De belles sculptures sur bois ornent le *bot*.

Wat Chet Yot

วัดเจ็ดยอด

Chet Yot Rd. ◯ *t.l.j.*

Comme son homonyme de Chiang Mai *(p. 226-227)*, ce petit temple doit son nom à son *chedi* à sept flèches. Des scènes astrologiques ornent le plafond de la véranda du *wihan*.

Wihan du Wat Phra Sing

Wat Phra Sing

วัดพระสิงห์

Singhakhlai Rd. ◯ *t.l.j.*

Ce sanctuaire typique de l'architecture du Nord, avec ses toits bas et courbes, date de la fin du XIVe siècle. Le principal *wihan* abrite une réplique du bouddha Phra Sing de Chiang Mai *(p. 226)*. D'autres bouddhas entourent l'arbre de la Bodhi. À remarquer également : les animaux et les oiseaux sculptés en médaillons sous les fenêtres du *bot*.

Bouddha en position *vitarkha mudra* du Wat Mungmuang

Wat Mungmuang

วัดมุงเมือง

Uttarakit Rd. ◯ *t.l.j.*

Un bouddha replet levant une main dans l'attitude *vitarkha mudra (p. 173)* domine ce sanctuaire. Le principal *wihan* renferme des peintures murales représentant notamment des scènes d'inondation et de pollution, reflet de la conscience des problèmes posés par la rapide croissance des villes.

Wat Phra That Doi Thong

วัดพระธาตุดอยทอง

At-am Nuai Rd., colline Doi Chom Thong. ◯ *t.l.j.*

Sur une colline offrant une belle vue de la rivière Kok, ce temple des années 1940 occupe le site d'où Mengrai aurait décidé l'implantation de sa capitale. Dans le *wihan* se dresse le *lak muang* originel de Chiang Rai, le pilier protecteur, érigé à chaque nouvelle fondation urbaine.

Pour les hôtels et les restaurants de la ville, voir p. 407-409 et p. 437-439

Un exemple d'architecture coloniale : l'Overbrook Hospital

Overbrook Hospital

โรงพยาบาลโอเวอร์บรุ๊ค

Singhkhlai Rd. ***Tél.*** *0 5371 1366.*

Cet hôpital en activité offre un exemple caractéristique des édifices élevés par les missionnaires et les marchands occidentaux au tournant du XIXe siècle, un style colonial en voie de disparition alors que se multiplient les constructions modernes. Cette évolution risque peu de changer : Chiang Rai et les paysages spectaculaires du Triangle d'or *(p. 246-248)* attirent de plus en plus de groupes de touristes en voyage organisé nécessitant des hébergements adaptés.

Hill Tribe Museum

พิพิธภัณฑ์ชาวเขา

620-625 Thanalai Rd. ***Tél.*** *0 5374 0088.* *t.l.j.*

La Population and Community Development Association (PDA), une organisation à but non lucratif également impliquée dans la prévention du SIDA *(p. 116)*, a créé ce petit musée et magasin d'artisanat en 1990. Ses bénévoles, qui s'efforcent d'informer les touristes du sort des tribus montagnardes *(p. 206-207)*, aident ces minorités ethniques à affronter les menaces que fait peser sur leurs modes de vie la modernisation de la société. Les objets artisanaux *(p. 208-209)* vendus par le centre peuvent aussi s'acheter au marché et dans des boutiques installées au centre-ville.

Aux environs : des agences spécialisées et des pensions proposent à Chiang Rai, « porte du Triangle d'or », de nombreuses excursions.

Un bon moyen de transport dans la jungle

On peut découvrir seul de nombreux villages tribaux, situés souvent aux abord des routes, en louant un véhicule. Parmi les possibilités de promenades en bateau figure la remontée du Kok jusqu'à **Tha Ton** *(p. 242)*. Une croisière d'une heure permet aussi de rejoindre Ruamit, à 20 km à l'ouest de Chang Rai. Plusieurs ethnies cohabitent dans ce village strictement karen. De là, on peut poursuivre l'excursion à dos d'éléphant.

MODE D'EMPLOI

Province de Chiang Rai. *140 000.* *8 km N de Chiang Rai.* *Prasopuk Rd.* *Embarcadère du Kok.* *TAT, Singkhlai Rd, Chiang Rai (0 5371 7433).* *en dessous du bureau de la TAT, (0 5371 7779).* *t.l.j.* *Pho Khun Mengrai (janv.) ; Songkran et course de bateaux (avr.), foire aux litchis et aux ananas Nang Lae (mai).* **www**.chiangrai.sawadee.com

CHIANG RAI : LE CENTRE-VILLE

Hill Tribe Museum ⑦
Overbrook Hospital ③
Wat Chet Yot ⑥
Wat Phra Taht Doi Thong ①
Wat Mungmuang ⑤
Wat Phra Kaeo ②
Wat Phra Sing ④

Légende des symboles,
voir le rabat arrière de couverture

Mae Saruai ⓫

แม่สรวย

Province de Chiang Rai. *84 000.*
Chiang Rai puis songthaew.
TAT, Chiang Rai (0 5371 7433).
t.l.j.

Dans une plaine bordée de pics rocheux, cette petite ville de marché sert de point de rencontre aux tribus montagnardes. Elle se modernise et de nouvelles cultures, entre autres de fleurs, remplacent celle du riz.

Aux environs : Il est possible de louer une voiture à Chiang Rai pour visiter des villages akhas. Les plus isolés sont accessibles à moto ou à pied (randonnée). Une importante étude des Akhas fut menée à Ban Saen Chareon, à 10 km à l'ouest de Mae Saruai.

La rue principale bordée d'immeubles à deux niveaux de Mae Saruai

Wiang Pa Pao ⓬

เวียงป่าเป้า

Province de Chiang Rai. *61 000.*
Chiang Mai puis songthaew, ou *Chiang Rai puis* songthaew.
TAT, Chiang Rai (0 5371 7433).
t.l.j.

Importante ville de marché où viennent commercer les villageois des nombreuses tribus montagnardes, lisus et akhas notamment, installées dans la région, Wiang Pa Pao occupe un site pittoresque dans une étroite vallée verdoyante. Elle se compose principalement d'édifices en tek à deux niveaux, caractéristiques du Nord, et offre à la promenade des rues tranquilles et ombragées. À l'est de l'artère principale, des teks entourent un temple ancien et spacieux, le **Wat Si Suthawat**. Des *naga* encadrent le large escalier menant au principal *wihan*.

***Chedi* et *wihan* du Wat Si Suthawat à Wiang Pa Pao**

Phayao ⓭

พะเยา

Province de Phayao. *21 000.* *TAT, Chiang Rai (0 5371 7433).* *t.l.j.*

Sans doute habité pour la première fois à l'âge du bronze et ensuite abandonné, une cité-État occupa Phayao à nouveau au XIIe siècle. Ce paisible chef-lieu de province s'étend aujourd'hui au bord d'un vaste lac, sur un emplacement spectaculaire. Les quartiers anciens se serrent sur un promontoire avançant sur le plan d'eau. Avec leurs ruelles bordées de maisons en tek, ils offrent un cadre plus agréable à la promenade que la ville moderne.

À la sortie nord de la ville, près du lac, le **Wat Si Komkam** date du XIIe siècle. Son *wihan* moderne abrite un bouddha du XVIe siècle. Autour de l'édifice, 38 têtes de bouddha du XIVe siècle présentent des traits caractéristiques du style de Phayao : forme ronde et nez pointu.

Ngao ⓮

งาว

Province de Lampang. *53 000.* *depuis Lampang ou Chiang Rai.* *TAT, Lampang (0 5422 1813).* *t.l.j.*

À quelques kilomètres au sud de Phayao, Ngao a conservé de nombreux édifices en tek, notamment des maisons sur pilotis. Le pont suspendu au-dessus de la rivière Yom en offre une vue superbe. Le temple le plus important, le **Wat Dok Ban**, situé dans les quartiers est, possède un remarquable mur d'enceinte orné de quelque 100 « anges » agenouillés et peints de couleurs bigarrées.

Ange du Wat Dok Ban, Ngao

Aux environs : la rivière Yom traverse au nord-est de Ngao le **parc national de Mae Yom** où ont été observées plus de 50 espèces d'oiseaux. De nombreux mammifères y vivent, comme le serow (une antilope ressemblant à une chèvre), le pangolin (mangeur de fourmis couvert d'écailles), le sanglier et le cerf muntjac. Dans les limites du parc, la **forêt de Dong Sak Ngan** où subsistent de hauts teks ne peut s'atteindre qu'à pied.

Parc national de Mae Yom
18 km N-E de Ngao.
Forestry Dept (0 2579 0529).
t.l.j.

Les éléphants en Thaïlande

Domestiqués depuis des siècles, les éléphants n'ont pas joué en Thaïlande qu'un rôle économique ou guerrier. Ils ont également pris une valeur spirituelle majeure qu'incarnent les éléphants blancs royaux. Malgré une loi les protégeant depuis 1921, ils ne seraient plus que quelques milliers à vivre à l'état sauvage dans les forêts, une conséquence du déboisement plus que du braconnage. Le nombre d'éléphants domestiques a aussi considérablement diminué depuis l'introduction de machines modernes dans l'exploitation forestière. Par la suite, l'interdiction d'abattage en 1989 a beaucoup réduit leur utilité. Les démonstrations proposées par les centres de dressage offrent cependant encore l'occasion de les voir à l'œuvre.

Éléphant blanc sur un ancien drapeau du Siam

LE TRAVAIL DES ÉLÉPHANTS

Malgré l'interdiction d'abattage privé, les éléphants continuent de travailler dans les forêts de teks de l'État. Un seul cornac s'occupe souvent d'eux jusqu'à leur « retraite » à 60 ans.

Les éléphants servaient à la guerre, comme le montre ce manuscrit ancien

Les chasseurs *profitaient de la capacité des éléphants à courir à plus de 20 km/h.*

Ce manuel du XXe siècle *explique comment dompter un éléphant sauvage.*

LES ÉLÉPHANTS SACRÉS

L'importance spirituelle des éléphants dérive de Ganesh, le dieu hindou du Savoir et celui qui écarte ou crée les obstacles, représenté comme un jeune garçon à tête d'éléphant. Une légende bouddhique *(p. 106)* est à l'origine de la place particulière des éléphants blancs que seul le roi peut posséder.

Éléphants dans un des ciels bouddhistes, *peinture du Wat Suthat de Bangkok* (p. 90-91).

Les éléphants blancs royaux *sont censés incarner le pouvoir du monarque.*

Nong Bua ⓯

หนองบัว

Province de Nan. 51 000.
Nan puis songthaew. TAT, Chiang Rai (0 5371 7433). t.l.j.

Maisons en tek sur pilotis et jardins potagers bien entretenus donnent son cachet à cette ville pittoresque située dans une plaine fertile au bord de la rivière Nan. Elle se trouve dans la province de Nan, peuplée de Thaïs Lue, une ethnie minoritaire apparentée aux Thaïs du Sud de la Chine qui commenc à s'installer dans la région en 1836 après un différend avec un seigneur local. Construit en 1862, le **Wat Nong Bua** présente, avec son toit à deux étages et son portique orné de sculptures, l'aspect caractéristique des temples thaïs lue. Ses peintures murales seraient du même artiste que celles du Wat Phumin *(p. 256-257)*. Bien plus estompées, mais aussi fascinantes, elles représentent des scènes de la vie quotidienne au XIXe siècle et des épisodes des *jataka (p. 30-31)*. Dans un atelier à l'ouest du village, les textiles traditionnels thaïs lue sont fabriqués sur des métiers manuels. On peut les acheter dans la boutique adjacente. Tous les trois ans, en décembre (2011, 2014, etc.), les habitants de Nong Bua rendent hommage, pendant deux jours, aux esprits des ancêtres. Un sacrifice et une fête concluent ce rituel.

Scène de chasse (XIXe siècle), Wat Nong Bua

Parc national de Doi Phu Kha ⓰

อุทยานแห่งชาติดอยภูคา

Bureau d'accueil près de la route 1080, 85 km N-E de Nan. TAT, Chiang Rai (0 5371 7433) ; Forestry Dept (0 2562 0760 ou www.dnp.go.th). Nan puis songthaew.

Pie à queue courte, parc de Doi Phu Kha

Ce parc national protège un sommet dépassant les 2 000 m d'altitude, une région longtemps contrôlée par la guérilla communiste. Le tourisme commence à se développer, mais le parc manque encore de structures d'hébergement et de bonnes routes. Un « défaut » qui permettra aux visiteurs aventureux de bénéficier d'un espace encore relativement vierge. Le centre d'accueil les renseignera sur les trajets de randonnée, les cascades et les grottes à découvrir, ainsi que sur les possibilités d'observation d'oiseaux. L'autre intérête du Doi Phu Kha et de ses environs immédiats est d'abriter plusieurs tribus montagnardes *(p. 206-207)*, principalement miens et hmongs, ainsi que des villages d'ethnies de plaine telles que les Thaïs Lue et les Htins. Habiles au travail du bambou, ces derniers n'utilisent aucune pièce de métal dans la construction de leurs maisons.

Paysans thaï lue dans une rizière près de Nong Bua

Nan ⓱

น่าน

Province de Nan. 60 000. TAT, Chiang Rai (0 5371 7433). t.l.j. Foire provinciale de Nan (oct.-nov.), régates de Nan (fin oct. ou début déc.), fête de l'Orange dorée (déc.-janv.).

Cette petite ville prospère au bord du Nan se développa aux XIIIe et XIVe siècles sous forme d'État indépendant, puis s'associa aux royaumes de Sukhothai et du Lan Na *(p. 58-61)*. En 1558, elle tomba sous domination birmane pour plus de deux siècles. Après sa libération, elle se rangea en 1788 sous l'autorité de Bangkok, tout en conservant une marge d'autonomie et des souverains indépendants jusqu'en 1931, année où elle s'intégra officiellement à l'État siamois. Le **Wat Phumin** *(p. 256-257)*, au sud du centre, en est incontestablement le site le plus intéressant. À quelques pas au nord (sur la route 101), le **musée national**

de Nan occupe un ancien palais royal datant de 1903. Le rez-de-chaussée est consacré aux minorités ethniques de la province. Le premier étage évoque l'histoire de la région au travers d'une riche collection comprenant aussi bien des armes que des statues religieuses. L'un des objets les plus remarquables est une défense d'éléphant « noire » portée par un *khut* (aigle mythologique). D'un poids de 18 kg et d'une couleur en fait plus proche du marron foncé que de l'ébène, elle daterait du XVIIe siècle. On remarquera également des fusées fabriquées par les fermiers locaux pour la fête de Bun Bang Fai *(p. 46-47)*. Fait inhabituel en Thaïlande, de nombreuses pièces sont étiquetées en anglais. Non loin, le **Wat Chang Kham Wora Wihan** renferme un magnifique *chedi* du XIVe siècle reposant sur des têtes d'éléphants. Des *singha* (lions mythologiques) gardent le *bot* et le *wihan* qui présentent en façade de belles sculptures sur bois. Au nord-ouest de Nan, un *prang*, tour de style khmer rare en Thaïlande du nord, couronne le *chedi* haut de 40 m du **Wat Suan Tan**. Le *wihan* abrite un bouddha en bronze, Phra Chao Thong Thip, fondu en 1449 à la demande du roi de Chiang Mai qui venait de conquérir Nan. Selon la légende, il ne laissa qu'une semaine aux artisans pour achever leur œuvre. Au sud-est de la ville, le **Wat Phra That Chae Haeng**, fondé en 135, offre depuis une colline une belle vue de la vallée. Les *naga* monumentaux gardant l'escalier et un *chedi* doré du style du Lan Na, haut d'un peu plus de 55 m, s'aperçoivent à des kilomètres à la ronde.

Façade du *bot* du XIVe siècle du Wat Suan Tan de Nan

Défense « noire », musée national de Nan

Musée national de Nan
Route 101. mer.-dim.

Aux environs : les montagnes et les guérilleros qui profitaient de l'isolement ont longtemps fait de la province de Nan l'une des plus inaccessibles de la Thaïlande. La construction de routes y a amélioré les communications, et de plus en plus de visiteurs viennent y goûter le charme d'une région rurale réputée pour ses oranges dorées, les *som sii thong*. Au nord de Nan, la **réserve forestière de Tham Pha Tup** renferme 17 grottes aux impressionnantes stalactites et stalagmites. On peut accéder à une partie d'entre elles par des sentiers aménagés à cet effet. Une autre curiosité géologique se découvre près de la route 1026 à quelque 30 km au sud de Nan. Des colonnes d'argile dénudées par l'érosion appelées **Sao Din**, « piliers de terre », composent un paysage fantastique, semblable à celui de Phrae Muang Phi dans la province de Phrae *(p. 259)*. Il a d'ailleurs servi de décor à de nombreux films thaïlandais.

Réserve forestière de Tam Pha Tup
Près de la route 1080, 12 km N de Nan. *Forestry Dept (0 2562 0760 ou www.dnp.go.th).*
t.l.j.

LES RÉGATES DE NAN

Chaque année à la fin octobre, des régates sur la rivière Nan marquent le temps fort de la foire provinciale qui attire pendant deux semaines des visiteurs de toute la Thaïlande. Avec ces compétitions, une coutume qui remonterait à la fin du XIXe siècle, commence la période de Krathin *(p. 50)* pendant laquelle les hommes de la ville offrent de nouvelles robes aux moines après la « retraite des pluies ». Longues d'une trentaine de mètres et taillées dans un seule bille de bois, les embarcations peuvent porter jusqu'à 50 rameurs et prennent la forme de *naga (p. 228)* aux flancs peints de couleurs vives.

Régate traditionnelle de Nan

Wat Phumin

วัดภูมินทร์

Fondé en 1596 par le seigneur de Nan, ce temple, l'un des plus beaux du Nord de la Thaïlande, connut une restauration entre 1867 et 1874 puis une autre en 1991. Marqué par l'architecture thaïe lue *(p. 254)*, le *bot* de plan cruciforme possède un plafond à caissons raffiné et des portes et des colonnes sculptées. Il est surtout réputé pour ses peintures murales. On a longtemps pensé que des artistes thaïs lue les avaient exécutées pendant la première rénovation, mais elles n'auraient pu alors représenter des soldats français, inconnus dans la région avant l'annexion d'une partie de la province de Nan en 1893. Trois principaux thèmes se détachent : la vie du Bouddha, la *jataka (p. 30)* de sa réincarnation en la personne de Khatta Kumara et des scènes de la vie quotidienne au XIXe siècle à Nan.

Notable
Ce personnage fumant la pipe, vêtu somptueusement, pourrai être le commanditaire des peintures.

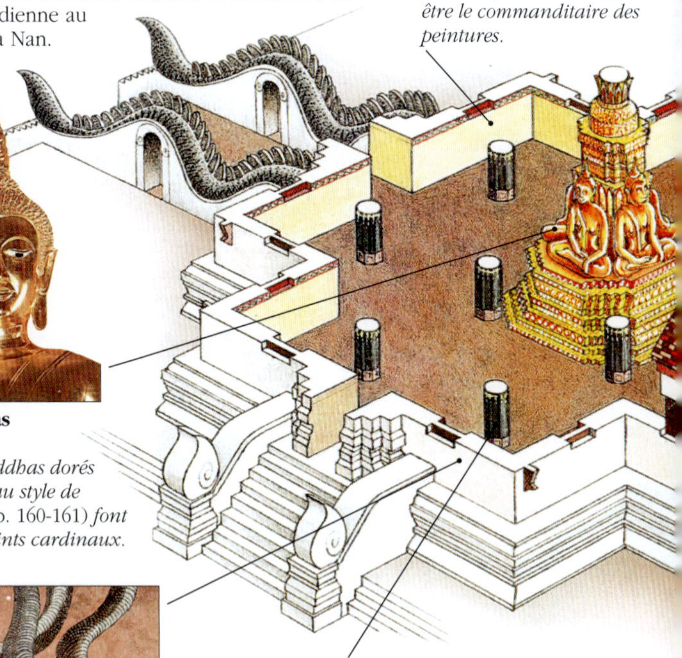

★ Bouddhas centraux
Quatre bouddhas dorés semblables au style de Sukhothai (p. 160-161) *font face aux points cardinaux.*

Serpents
Dans la légende de Khatta Kumara, les dieux envoient des serpents venimeux punir un souverain indigne.

Piliers décoratifs
Les mêmes motifs floraux rouges, noirs et or parent les colonnes ornées parfois aussi d'éléphants et de divinités hindoues.

À NE PAS MANQUER

- ★ Bouddhas centraux
- ★ Fresque de la porte principale

Couple d'amoureux
L'homme tatoué, aux cheveux coiffés à la mode thaïe lue, représenterait un des artistes.

MODE D'EMPLOI

Village de Phumin, rive sud du Nan, Phakong Rd., centre-ville de Nan. ◯ *t.l.j. 8h30-16h30.*

★ Fresque de la porte principale
Sur cette composition particulièrement remarquable, située au-dessus de l'entrée, le Bouddha apparaît entouré de ses disciples. La partie inférieure montre Khatta Kumara et ses amis en route vers une ville où se dresse un palais. Khatta reconstruit ensuite ce palais après sa destruction par des serpents et des oiseaux.

Des *naga* (serpents) gardent l'escalier d'accès.

Entrée principale

Khatta, sa mère et une empreinte d'éléphant
La mère de Khatta Kumara fut enceinte de lui après avoir bu l'urine d'Indra dans une empreinte d'éléphant, la forme animale prise par le dieu pour descendre sur terre.

Arrivée d'Européens à Nan
Cette scène, dont certains personnages portent des vêtements européens, évoquerait l'annexion en 1893 d'une partie de la province par les Français.

Phrae pas à pas ⓲

แพร่

Ce chef-lieu de province reste curieusement peu visité. La ville offre pourtant le charme de son quartier ancien, qui a conservé de vieilles maisons en bois à l'intérieur de l'enceinte fortifiée. Il subsiste des vestiges des remparts et des douves au nord-est. Fondée au bord de la rivière Yom au XIIe siècle, Phrae resta une cité-État indépendante jusqu'à l'époque d'Ayutthaya, puis passa au XVIIIe siècle sous la domination des Birmans, dont l'influence reste visible dans l'architecture des temples où elle s'associe à celle de l'école du Lan Na. La prospérité de la ville repose encore aujourd'hui sur la production agricole.

Autel bouddhiste dans le musée du Wat Luang

★ Wat Luang
Le plus vieux temple (XIIe siècle) de Phrae incorpore une partie des anciens remparts. Le chedi *octogonal de style lanna repose sur des éléphants. Le musée expose des antiquités, des bijoux et des photographies.*

Wat Phra Ruang
Ce sanctuaire offre un bel exemple de métissage architectural avec son bot *cruciforme du style de Nan, son* wihan *lao aux portes délicatement sculptées et son* chedi *de l'école du Lan Na.*

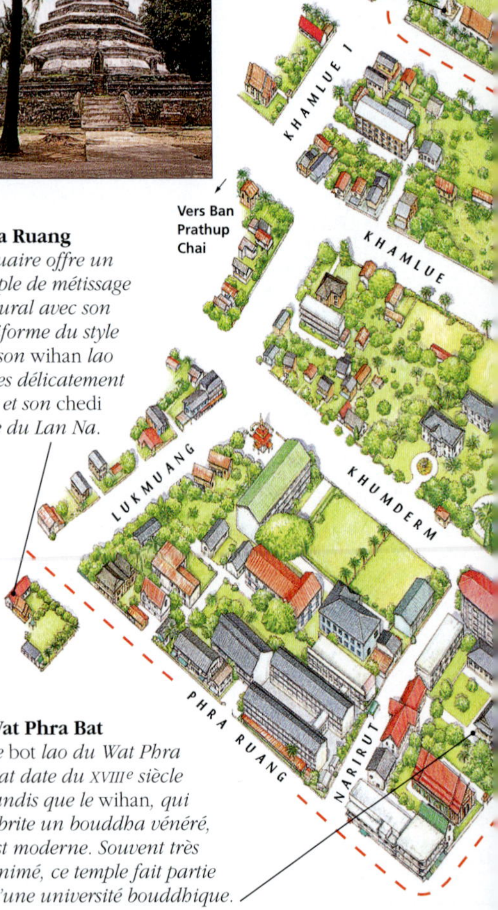

Le Wat Phra Non, temple lao du XVIIe siècle, abrite un bouddha couché.

Wat Phra Bat
Le bot *lao du Wat Phra Bat date du XVIIIe siècle tandis que le* wihan, *qui abrite un bouddha vénéré, est moderne. Souvent très animé, ce temple fait partie d'une université bouddhique.*

Pour les hôtels et les restaurants de la ville, voir p. 407-409 et p. 437-439

MODE D'EMPLOI

Province de Phrae. *85 000.*
2 km S-E de Phrae.
près de Yantarakitkosok Rd.
TAT, Chiang Rai (0 5371 7433). tatcei@loxinfo.co.th
t.l.j. *Songkran (avr.), Phra That Chaw Hae (mars).*

Wat Si Chum
Dans le bot *et le* wihan, *la simplicité du décor met en relief les images du Bouddha. Le* chedi *est malheureusement en ruine.*

★ Maisons en tek
Ces maisons en bois typiques de Phrae portent des kalae, *ornements de toit caractéristiques du Nord* (p. 36).

Parc public
Ce parc situé en plein centre, une rareté en Thaïlande, offre un cadre aéré où prendre un moment de détente.

LÉGENDE

– – – Itinéraire conseillé

À NE PAS MANQUER

★ Maisons en tek

★ Wat Luang

Aux environs : au nord-est de Phrae, le **Wat Chom Sawan**, sanctuaire shan du début du XXe siècle, possède un *chedi* couronné de cuivre de style birman. À l'ouest de la ville se visite **Ban Phrathup Chai**, imposante demeure en tek construite au milieu des années 1980, quand l'exploitation de ce bois était encore autorisée *(p. 249)*. Elle renferme des piliers sculptés. Au sud-est de Phrae, le **Wat Phra That Chaw Hae** daterait du XIIe ou du XIIIe siècle. Il s'élève au sommet d'une colline, et *naga* et lions de pierre gardent les escaliers d'accès grimpant dans une forêt de teks. Il porte le nom du tissu satiné *(chaw hae)* dont les fidèles drapent le *chedi* doré, haut de 33 m, qui abrite le bouddha Phra Chao Than Chai supposé exaucer les vœux. But d'excursion apprécié des habitants de la ville, **Phea Muang Phi** est un site d'aspect surréaliste. *Muang phi*, qui signifie « ville des fantômes », est constitué de grands piliers de terre et de pierre qui surgissent du sol comme des champignons. Comme à Sao Din *(p. 255)*, ils sont le résultat de l'érosion de l'argile.

Ban Prathup Chai
1 km O de Phrae. *t.l.j.*

Wat Phra That Chaw Hae
8 km S-E de Phrae, province de Phrae. *Phrae puis* songthaew. *t.l.j.*

Phea Muang Phi
Près de la route 101, 18 km N-E de Phrae, province de Phrae. *Phrae, puis* songthaew.

Sirikit Reservoir ⓳

เขื่อนสิริกิติ์

45 km S-E de Phrae, province d'Uttaradit. *Nan ou Uttaradit, puis* songthaew.

Créé dans les années 1970 sur la rivière Nan, un affluent du Chao Phraya, ce lac artificiel, portant le nom de la reine, a pour fonction première d'éviter les inondations. Il fournit aussi de l'électricité et de l'eau d'irrigation aux paysans de la région.

L'ISAN

Présentation de l'Isan

Composé de dix-huit provinces, le nord-est de la Thaïlande, ou Isan, est la région la plus pauvre du pays. Le plateau de Khorat et ses terres arides en compose la majeure partie. Il est bordé au nord et à l'est par la vallée du Mékong qui marque la frontière avec le Laos. L'Isan possède néanmoins une histoire extrêmement riche. Du IXe au XIIIe siècle, les Khmers de l'empire d'Angkor y édifièrent des temples majestueux, et c'est à Ban Chiang qu'ont été retrouvées les traces de la plus ancienne civilisation du bronze connue, une des premières aussi à avoir cultivé le riz et tissé la soie. En majorité d'origine laotienne, la population actuelle du Nord-Est est réputée pour son hospitalité.

Le parc national de Phu Kradung (p. 286-287) *protège une faune et une flore extraordinaires.*

Le Prasat Hin Phimai (p. 276-277), *bâti aux XIe et XIIe siècles, est l'un des monuments khmers les mieux restaurés de Thaïlande.*

Le Prasat Hin Khao Phnom Rung (p. 280-281) *est le plus important des sanctuaires khmers de Thaïlande.*

◁ **Les ruines du Prasat Hin Muang Tam se reflètent dans l'un des quatre bassins à lotus qui l'entourent**

Nong Khai (p. 292-293), *ville frontière en plein essor, a pour grande attraction l'étrange Wat Kaek.*

VALLÉE DU MÉKONG
(p. 282-303)

Wat Phra That Phanom

Le Wat Phra That Phanom (p. 297), *le temple le plus sacré de l'Isan, fut, selon la tradition, fondé peu après la mort du Bouddha.*

Prasat Khao Phra Wihan

Le Prasat Khao Phra Wihan (p. 302) *occupe un site spectaculaire sur un éperon rocheux à la frontière cambodgienne.*

0 50 km

À la recherche des temples khmers

Linteau de Phnom Rung

Quand les Européens virent pour la première fois de mystérieuses ruines dans des forêts très à l'est d'Ayutthaya, ils crurent avoir découvert une ancienne civilisation chinoise, ou même grecque. Il fallut attendre le XIXe siècle pour que commence à se révéler l'histoire des Khmers, qui régnèrent du IXe au XIVe siècle sur un territoire correspondant à la majeure partie du Cambodge et du nord-est de la Thaïlande actuels. Ils ont laissé de nombreux monuments en Isan. Au Cambodge, la restauration d'Angkor, l'ancienne capitale, suit son cours.

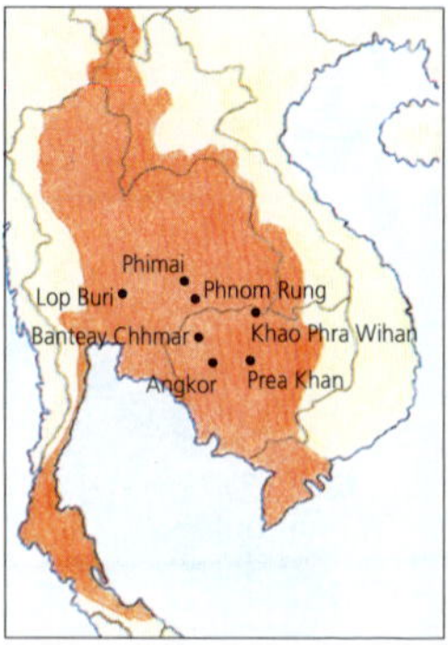

L'EMPIRE KHMER

• *principaux sites khmers*

Les bas-reliefs de batailles, *ornant de nombreux édifices, ont aidé les archéologues à reconstituer l'histoire des Khmers. Les Thaïs étaient leurs principaux ennemis et, en 1444, Ayutthaya finit par assurer sa victoire sur l'Empire en s'emparant d'Angkor.*

Au centre d'Angkor Thom, des têtes colossales ornent le Bayon.

La restauration *des plus importants des quelque 300 monuments khmers de Thaïlande commença en 1925. Le département des Beaux-Arts supervisa la rénovation de sanctuaires comme celui de Phimai* (p. 276-277).

LE ROMANESQUE DES GRANDS TEMPLES

Symboles de la royauté et de l'univers, les sanctuaires khmers étaient d'une beauté et de dimensions grandioses. Leurs ruines ne pouvaient que séduire, au XIXe siècle, une Europe en plein romantisme et elles servirent de sujet à de nombreuses gravures, telle celle-ci datant de 1866-1868. Au Wat Phra Kaeo de Bangkok *(p. 80-83),* on peut voir une maquette (1922) du vaste complexe funéraire d'Angkor Wat dont une reconstitution se dressait en 1931 au cœur de l'Exposition coloniale de Paris.

Un *shivalinga*, *phallus symbolisant la force créatrice du dieu hindou Shiva, était souvent le principal objet de culte au centre du temple.*

LA REDÉCOUVERTE D'ANGKOR

Vers 1550, un roi cambodgien, tombé par hasard sur les ruines d'Angkor pendant une chasse à l'éléphant, aurait dégagé une partie du site. Propagée par des missionnaires portugais et espagnols, la rumeur d'une vaste cité cachée atteignit l'Europe mais, protégés par la jungle, les chefs-d'œuvre khmers restèrent méconnus pendant trois cents ans. L'intérêt porté à ces ruines augmenta avec la colonisation française de l'Indochine. Les dessins et gravures d'Angkor que fit Henri Mouhot en 1860 lui valurent à titre posthume le statut controversé de « découvreur » de l'ancienne capitale. Son travail déclencha la décision d'effectuer des recherches sérieuses. Des scientifiques comme Louis Delaporte, George Coedès, Jean Boisselier et Henri Parmentier passèrent une grande partie de leur vie à percer le mystère de l'histoire des Khmers.

Henri Parmentier en 1923

La jungle dévorant les ruines inspirait beaucoup les artistes du XIXe siècle.

Les personnages offrent une échelle assez juste. Les grandes statues en avant-plan sont imaginaires.

Des scènes du Ramayana, *l'épopée indienne, décorent de nombreux temples khmers. Elles inspirèrent sans doute la version thaïe du Ramakien* (p. 40-41).

Les sourires *des bouddhas du Bayon d'Angkor Thom ont illustré affiches, couvertures de livre et, ici, une partition de 1921.*

Marc Riboud, *photographe de l'agence Magnum, prit dans les années 1960 et 1980, avant et après la guerre au Cambodge, les clichés d'Angkor probablement les plus évocateurs et les plus publiés.*

La fabrication de la soie

Feuilles de mûrier

Des découvertes faites sur le site préhistorique de Ban Chiang *(p. 54-55)* révèlent que la production de soie commença sans doute sur le plateau de Khorat plus tôt encore qu'en Chine où les débuts de la sériciculture datent d'environ 2700 av. J.-C. Cet art séculaire périclitait cependant en Thaïlande quand l'Américain Jim Thompson *(p. 120-121)* le relança après la Seconde Guerre mondiale. C'est grâce à lui que les visiteurs trouvent aujourd'hui un vaste choix d'articles tels que corsages et sarongs. Leur fabrication traditionnelle reste principalement concentrée en Isan où les sols se prêtent à la culture du mûrier, seul aliment toléré par le ver à soie.

Bombyx mori

1 *La femelle du bombyx vit quatre jours consacrés à s'accoupler et à pondre.*

2 *Au bout de trois ou quatre semaines, les œufs se transforment en larves (vers à soie), qui sont déposées sur des treillis en bambou où, à l'abri des souris et des insectes, elles se nourrissent dans la pénombre de feuilles de mûrier. Pendant leur croissance, elles muent 4 fois et augmentent 10 000 fois de poids.*

VERS À SOIE

ENROULAGE

5 *Une spatule retient les cocons dont les fils, tordus ensemble pour former un brin plus épais, sont enroulés sur un rouet.*

6 *Les écheveaux sont classés par qualité. L'extérieur du cocon donne un fil plus rêche réservé à l'ameublement. La soie la plus fine provient des couches intérieures.*

TEINTURE

7 *Un nettoyage à l'eau savonneuse débarrasse la soie brute de la séricine, une pellicule pâteuse.*

8 *Le fil est alors teint, le nombre de bains décidant de l'intensité de la couleur. La technique de l'ikat consiste, avant le trempage, à faire des nœuds avec de la ficelle qui, une fois ôtée, dessinera un motif en négatif.*

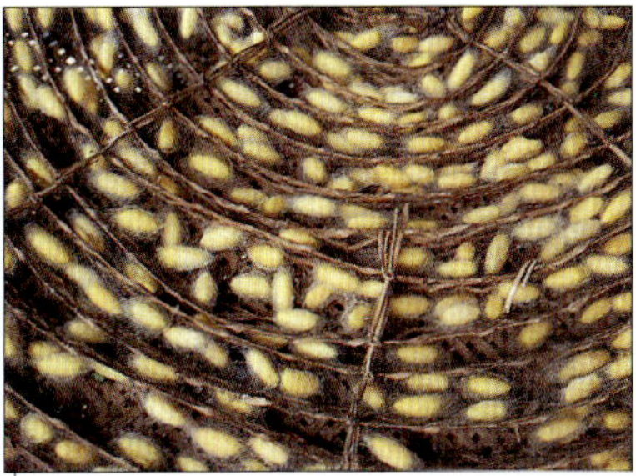

3 *Il faut trente jours aux larves pour atteindre leur plein développement. On les déplace dans un grand plateau en bambou tressé, dont la trame laisse tout juste aux vers la place d'attacher leur cocon qu'ils tisseront d'un seul fil, blanc ou jaune, sécrété à la vitesse de 12 cm par minute.*

Les cocons sont tissés en trente-six heures

4 *La chrysalide doit périr dans les dix jours pour ne pas endommager la soie. Pour la tuer, on trempe les cocons dans de l'eau juste avant l'ébullition. Ce bain libère aussi les fils.*

COCONS

TRAME | **TISSAGE**

9 *On associe jusqu'à six brins pour former le fil de trame.*

10 *Les tisserands utilisent des métiers verticaux à pédales. Le fil de trame est passé dans une chaîne fine et régulière qui, même dans les ateliers traditionnels, est souvent préfabriquée et importée du Japon, de Corée ou d'Europe. L'association de brins de textures différentes donne à la soie son lustre sans équivalent.*

OUTILS DE TISSERAND

Pendant le tissage de la soie, l'artisan doit s'assurer que le fil reste propre. Il doit aussi éviter qu'il s'emmêle ou s'abîme. Les outils qui l'aident dans ces tâches présentent souvent un délicat décor sculpté qui ferait presque oublier leur fonction utilitaire, qu'il s'agisse des brosses servant à épousseter la trame et la chaîne au fur et à mesure de l'avancement de l'ouvrage ou des poulies guidant les fibres.

Brosses sculptées

Poulie traditionnelle

11 *Le tissu de couleurs vives sert ensuite à la fabrication d'ombrelles, d'écharpes ou de chemises vendues dans tout le pays* (p. 457).

LE PLATEAU DE KHORAT

Malgré son aridité actuelle, le plateau de Khorat conserve une grande richesse archéologique datant de l'apogée de l'Empire khmer. Les visiteurs apprécient aussi la richesse humaine d'une population hospitalière, qui dispose pourtant des revenus moyens les plus bas de Thaïlande. La cuisine régionale est souvent épicée et les tisserands fabriquent de ravissantes soieries et cotonnades.

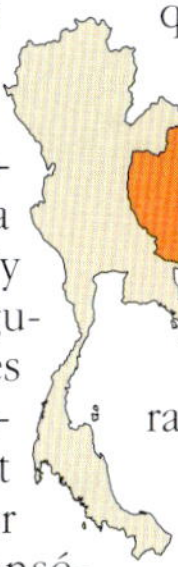

Le vaste plateau de Khorat s'étend à environ 200 mètres d'altitude sur la majeure partie de l'Isan, le nord-est de la Thaïlande, qui abrite un tiers de la population du pays sur un tiers de sa superficie. Les moussons n'y apportent que des pluies irrégulières, fréquemment responsables d'inondations comme de sécheresses, et qui ne permettent qu'une seule récolte de riz par an. La pauvreté règne en conséquence dans les zones rurales.

Le Nord-Est attire peu de touristes. l'Isan présente pourtant un grand intérêt historique. Au nord, le site de Ban Chiang a révolutionné la vision des archéologues sur la préhistoire de l'Asie du Sud-Est. Ils ont en effet découvert les vestiges d'une culture qui serait peut-être la première à avoir fondu le bronze, cultivé le riz et pratiqué la sériciculture. Le tissage de la soie connaît un nouvel essor dans la région depuis la fin de la Seconde guerre mondiale, et de nombreux ateliers de tisserands, parfois réunis en village, proposent des soieries et des cotonnades traditionnelles.

Les magnifiques temples de pierre érigés par les Khmers entre le IXe et le XIIIe siècle ont, pour certains, été restaurés, tels ceux de Phnom Rung et de Phimai. Une route les reliait jadis à la capitale khmère d'Angkor sur le territoire de l'actuel Cambodge.

Bung Phlan Chai, un lac pittoresque au centre de la ville de Roi Et

◁ Fenêtre à balustrade du Prasat Hin Muang Tam

À la découverte du plateau de Khorat

Séparé de la Plaine centrale par le massif montagneux de Phetchabun, le vaste plateau gréseux de Khorat étend ses collines arides sur la majeure partie du nord-est de la Thaïlande. Terre rouge et savanes dominent les paysages. Capitale de la région, Khorat se trouve à un carrefour de voies de communication, mais de grandes distances la séparent souvent des autres cités et sites intéressants. Au nord se trouvent les villes de Khon Kaen et de Roi Et, réputées pour leurs soieries, ainsi que le site archéologique de Ban Chiang. À l'est de Khorat s'élèvent les temples khmers de Phimai et de Phnom Rung. À Surin a lieu chaque année un grand rassemblement d'éléphants, dressés pour la plupart dans le village proche de Ban Ta Klang.

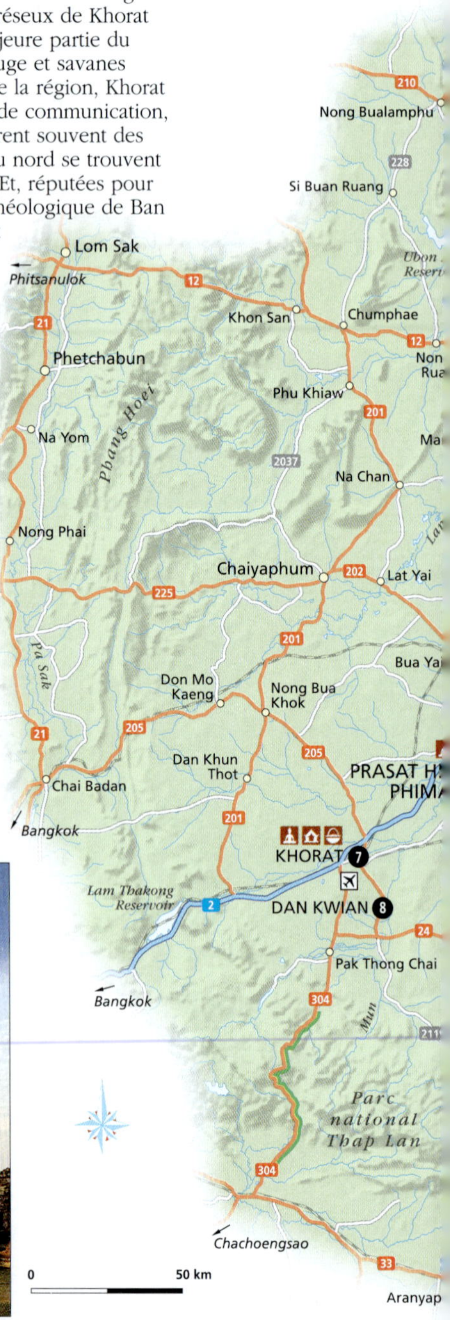

LE PLATEAU DE KHORAT D'UN COUP D'ŒIL

Ban Chiang 2
Ban Ta Klang 13
Dan Kwian 8
Khon Kaen 3
Khorat 7
Prasat Hin Khao Phnom Rung (voir p. 280-281) 11
Prasat Hin Muang Tam 10
Prasat Hin Phimai (voir p. 276-277) 6
Prasat Ta Muen et Prasat Ta Muen Tot 9
Roi Et 4
Surin 12
Udon Thani 1
Yasothon 5

Le Prasat Hin Phimai superbement restauré

Pour les autres symboles de la carte, *voir le rabat arrière de couverture*

Bun Bang Fai (fête des Fusées) à Yasothon

CIRCULER

Des cars desservent la plupart des villes du plateau de Khorat au départ de la gare routière nord (Morchit) de Bangkok, et des bus locaux permettent de rejoindre les villages et petites localités. Les temps de trajet sont souvent longs à cause des distances et de l'état des routes.

Une ligne de chemin de fer relie Bangkok à Khorat où elle se divise en deux voies principales : l'une rejoint à l'est Ubon Ratchathani dans la vallée du Mékong *(p. 290-291)*, l'autre se dirige au nord-est vers Udon Thani et Nong Khai près de la frontière avec le Laos. Khorat et Khon Kaen possèdent des aéroports nationaux. Il existe relativement peu de visites organisées de la région au départ de Bangkok.

LÉGENDE

- Autoroute
- Route principale
- Route secondaire
- Parcours pittoresque
- Voie ferrée
- Frontière internationale

VOIR AUSSI

• ***Hébergement*** p. 409-410

• ***Restaurants*** p. 439-440

Éléphants à Surin pour le grand rassemblement annuel *(p. 278)*

Le paisible parc de Nong Prachak à Udon Thani

Udon Thani ❶

อุดรธานี

Province d'Udon Thani. *170 000.* *TAT, Mukmontri Rd., Udon Thani (0 4232 5406).* *t.l.j.*

Pendant la guerre du Vietnam, la proximité d'une base aérienne transforma quasiment cette petite capitale provinciale assoupie en une ville de garnison américaine. Malgré le départ des GI's en 1976, Udon Thani a conservé de cette époque une atmosphère particulière et quelques rues bordées de cafés, de boîtes de nuit et de salons de massage de style occidental. Devenue le principal pôle commercial de la région, elle constitue une bonne base d'où visiter Ban Chiang, 50 km plus à l'est. Le **parc de Nong Prachak** offre le cadre le plus agréable pour une promenade.

Ban Chiang ❷

บ้านเชียง

Province d'Udon Thani. *4 650.* *depuis Udon Thani.* *TAT, Udon Thani (0 4232 5406).* *t.l.j.*

Le principal intérêt de Ban Chiang est le site archéologique *(p. 54-55)*, découvert par hasard en 1966 par un sociologue américain qui trébucha sur des vestiges. Les recherches révélèrent, avec la mise au jour de pointes de lance datant d'environ 3600 av. J.-C., que l'actuel Nord-Est thaïlandais fut un des premiers sites de production de bronze du monde. Des céramiques cuites entre 3000 av. J.-C. et 500 apr. J.-C. témoignent d'un haut degré de maîtrise technique et artistique. Le **musée national de Ban Chiang** présente une intéressante collection de ces objets, ainsi que des ornements tels que bracelets et bagues. Depuis le musée, une promenade de 2 km dans des rues poussiéreuses bordées de boutiques en bois conduit aux deux sites de fouille du **Wat Pho Si Nai**. On y découvre surtout des sépultures contenant des vestiges de squelettes et des pots utilisés à des fins symboliques lors des funérailles. Ils étaient disposés le long de la tombe et sur les corps eux-mêmes qui reposaient sur le dos, enveloppés dans des matériaux périssables. Parmi les autres objets découverts sur le site figurent des crânes et des mandibules de porcs, des bijoux, des outils, des armes et des galets de rivière. Si l'origine ethnique des premiers habitants de Ban Chiang reste inconnue, les études menées à Wat Pho Si Nai indiquent qu'il s'agissait d'un peuple à la musculature puissante, aux jambes longues, au front large et aux pommettes saillantes jouissant d'une espérance moyenne de vie de trente et un ans. Des maladies comme la malaria étaient la principale cause de mortalité.

Pot de Ban Chiang, v. 2000 av. J.-C.

Musée national de Ban Chiang
À la limite de Ban Chiang. ***Tél.*** *0 42 20 8340.* *mer.-dim. 9h-16h.*

Khon Kaen ❸

ขอนแก่น

Province de Khon Khaen. *240 000.* *TAT, 15/5 Prachasamoson Rd., Khon Kaen (0 4324 4498).* *t.l.j.* *Fête de la Soie (10 jours en nov.-déc.)* **www**.khonkaen.com

Jadis simple chef-lieu d'une des provinces les plus pauvres du Nord-Est, Khon Kaen est devenu un pôle central et commercial en plein essor en Isan. Elle possède la plus vaste université du Nord-Est et ses

Le musée national de Khon Kaen

Pour les hôtels et les restaurants de la région, voir p. 409-410 et p. 439-440

propres studios de télévision. Des hôtels et des centres commerciaux modernes dressent leurs silhouettes parfois incongrues entre les édifices plus traditionnels le long des rues et des places de marchés. Près du lac artificiel **Khaen Nakhon**, se trouvent quelques restaurants et le Wat That à l'architecture typique de la région. Le **musée national de Khon Kaen** présente une collection de bronzes et de poteries de Ban Chiang, des exemples d'art populaire local et des stèles de Dvaravati *(p. 56-57)*, gravées d'épisodes de la vie du Bouddha.

Musée national de Khon Kaen
Au croisement de Kasikhon Thungsang Rd. et de Lungsun Rachakhan Rd.
mer.-dim. *j.f.*

Roi Et 4

ร้อยเอ็ด

Province de Roi Et. *119 000.* *TAT, Khon Kaen (0 4324 4498).* *t.l.j.*

Le nom de cette ville fondée en 1782 signifie littéralement « cent un », ce qui est considéré comme une exagération de 11, le nombre des États vassaux qui lui devaient jadis allégeance. Simple bourgade malgré son rôle de capitale provinciale, elle commence à connaître un réel essor. Un immense bouddha brun et ocre debout la domine : le Phraphuttha-rattana-mongkol-maha-mani du **Wat Buraphaphiram**. Avec ses 68 mètres, du pied de sa base au sommet de l'ornement en forme de flamme de sa tête, il serait le plus haut bouddha du monde. L'escalier qui grimpe sur le côté offre une belle vue de la ville et de ses environs. Des soieries et des cotonnades bon marché et de qualité sont en vente le long de Phadung Phanit Road.

Le colossal Phraphuttha-rattana-mongkol-maha-mani de Roi Et

LE KHAEN

Instrument originaire du Laos et joué dans tout le nord-est de la Thaïlande, le *khaen* est une sorte de grande flûte de Pan à anche libre. S'il existe des normes régissant le nombre de tuyaux taillés dans un roseau proche du bambou et leur accord, chaque interprète peut choisir la hauteur de son instrument, qui a un registre de deux octaves, en fonction de sa préférence ou de la voix du chanteur qu'il accompagne. Contrairement à la grande majorité des autres arts thaïlandais, il n'existe pas pour le *khaen* d'enseignement institué. Les musiciens se forment en général en écoutant des parents ou des voisins jouer au village. Ils ne disposent pas de partition écrite, le répertoire, traditionnellement destiné à permettre aux jeunes hommes de courtiser l'élue de leur cœur et à des mendiants de recevoir quelques pièces, s'est transmis oralement. Les femmes ne jouent jamais du *khaen*.

Les artisans *font sécher les roseaux au soleil puis les assemblent et les fixent avec la cire d'un insecte, le* khisut, *à la caisse de résonance sculptée.*

Orchestre traditionnel de l'Isan

Bun Bang Fai ou fête des Fusées à Yasothon

Yasothon ❺

ยโสธร

Province de Yasothon. *108 000.* *TAT, Ubon Ratchathani (0 4524 3770).* *t.l.j.* *Bun Bang Fai ou fête des Fusées (mai).*

Comme beaucoup de villes de province thaïlandaises, Yasothon ne possède que peu de sites touristiques. Quelques sanctuaires méritent cependant une visite, notamment le **Wat Thung Sawang.** Situé dans le centre, le **Wat Mahathat Yasothon** renferme le *chedi* Phra That Phra Anon qui aurait été élevé au VIIe siècle pour recevoir des reliques de Phra Anon, le plus proche disciple du Bouddha. Mais Yasothon est davantage connue pour sa fête des Fusées, Bun Bang Fai *(p. 47-48)* que pour ses temples. Cette célébration a pour fonction rituelle d'apaiser un dieu hindou de la pluie, divinité au rôle particulièrement important dans une région au climat souvent trop aride. Les paysans investissent ainsi d'importantes sommes d'argent dans la construction de grandes fusées de bambou, bourrées de poudre à canon pilée par de jeunes filles dans des *wat*, et mises à feu sous la direction des moines. Après avoir défilé dans les rues exposées sur des chars, les fusées ont pour mission d'aller « fertiliser » les nuages dans le ciel. Une connotation sexuelle renforcée par la licence inhabituelle accordée aux flirts pendant les réjouissances.

Prasat Hin Phimai ❻

ปราสาทหินพิมาย

Voir p. 276-277.

Khorat ❼

โคราช

Province de Khorat. *207 000.* *TAT, 2102-4 Mittraphap Rd., Khorat (0 4421 3666).* *t.l.j.* *Thao Suranari (fin mars-déb. avr.), course de bateaux de Phimai (oct.-nov.).*

Connue également sous le nom de Nakhon Ratchasima, Khorat se composait à l'origine de deux villes : Khorakhapura et Sema.

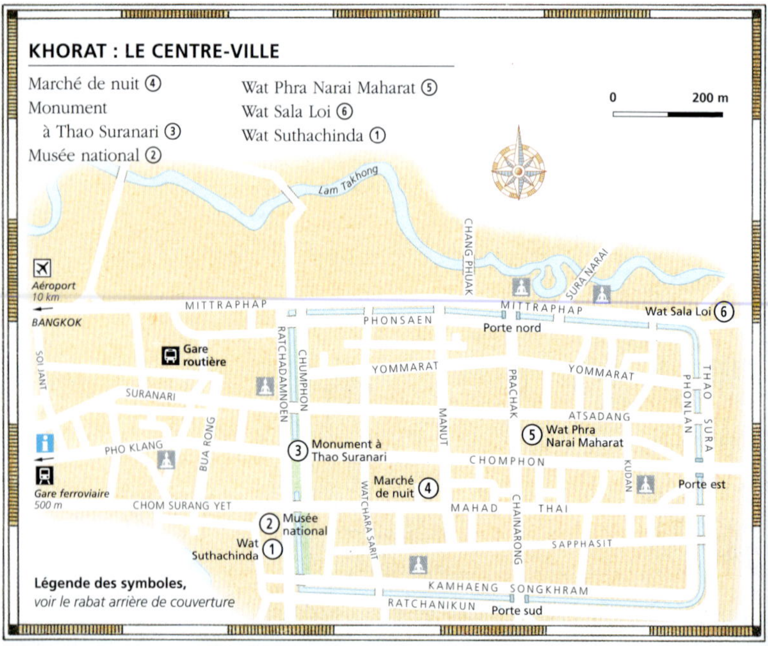

Façade du *bot* du Wat Phra Narai Maharat

Leur réunion date du règne de Narai (1656-1688). Proche d'une base aérienne pendant la guerre du Vietnam, Khorat est devenu un important centre commercial et industriel, dont la croissance est constante, et la première impression qu'en retire le visiteur est celle d'un réseau déroutant d'artères envahies par la circulation. Le centre-ville, entouré de douves, présente d'ailleurs peu d'intérêt en dehors du **marché de nuit** dont les étals proposent des plats à emporter et de l'artisanat d'un bon rapport qualité/prix. À sa porte occidentale, Pratu Chumphon, se dresse le **Monument à Thao Suranari**, érigé en 1934 à la mémoire de Khunying Mo. L'épouse du gouverneur de Khorat sauva la ville d'une attaque menée par une armée laotienne en 1826, alors que son mari était parti pour affaires à Bangkok. Les troupes dirigées par le prince Anuwong de Vientiane *(p. 294-295)* s'étant emparé de la cité, Khunying Mo et les habitantes de la ville firent boire les soldats puis les massacrèrent quand ils furent ivres avec tout ce qui pouvait leur servir d'arme. Le répit ainsi gagné permit à des secours d'arriver. Khunying Mo reçut le titre de Thao Suranari (« dame courageuse ») que porte le monument. Une statue sur un haut piédestal la représente debout, main sur la hanche. Des centaines d'offrandes témoignent de la vénération dont fait l'objet ce mémorial. Chaque année, chants, danses et représentations théâtrales rythment une fête d'une semaine organisée en l'honneur de l'héroïne. À quelques pas vers le sud, les jardins du **Wat Suthachinda** renferment le **Musée national Maha Weerawong**. Il expose des objets offerts au prince Maha Weerawong tels que sculpture sur bois, céramiques, linteaux khmers et bouddhas de Dvaravati et d'Ayutthaya. Au cœur du centre-ville, le *wihan* du **Wat Phra Narai Maharat** abrite une statue en grès du dieu hindou Vishnou découverte dans des ruines khmères de la région. Au bord de la rivière Lam Takhong, le **Wat Sala Loi** (« temple du pavillon flottant ») est un des temples modernes bouddhistes parmi les plus innovateurs du nord-est de la Thaïlande. Il doit son nom à un élégant *wihan* en forme de jonque chinoise. Les constructeurs de cet édifice moderne n'ont utilisé que des matériaux locaux, entre autres des carreaux de poterie uniquement fabriqués dans le village voisin de Dan Kwian. Le site originel occupé aujourd'hui par le temple remonte à l'époque de Khunying Mo, dont les cendres sont enterrées à cet endroit. Une place qu'elle mérite car sans elle, la cité n'existerait peut-être plus. Juste à la sortie de Khorat, des découvertes préhistoriques ont été faites au **Wat Khao Chan Ngam**, tandis qu'au **Wat Thep Phitak Punnaram**, un grand bouddha blanc domine la route.

Monument à Thao Suranari

Musée national Maha Weerawong
Ratchadamnoen Rd.
mer.-dim. 9h-16h. *j.f.*

Dan Kwian ⑧

ด่านเกวียน

Province de Khorat. *2 300.*
TAT, Khorat (0 4421 3666).

Au milieu du XVIIIe siècle, des Môn, en migration vers l'est depuis la frontière birmane, fondèrent ce village situé à 15 km au sud-est de Khorat. Ancien relais de chars à bœufs, il est aujourd'hui réputé pour ses poteries qui doivent leur couleur rouille à une argile à forte teneur en fer. Dan Kwian se compose d'ailleurs essentiellement d'ateliers de céramique, capables d'exporter les pièces importantes aux touristes, et de boutiques vendant leur production le long de la route, entre autres vases et pots aux formes animales. Parmi les autres objets artisanaux proposés figurent des bijoux.

LES CHATS DE KHORAT

Déjà mentionnés dans un recueil de poèmes datant de la période d'Ayutthaya *(p. 56-57)*, les chats de Khorat, au pelage argenté, font partie des plus prisés de Thaïlande. En Isan, les jeunes mariés en reçoivent parfois un couple comme cadeau de noce car ils sont supposés porter chance à leurs propriétaires. Introduits en Occident dès 1896, les chats de Khorat n'y rencontrèrent pas le même succès que leurs cousins à fourrure crème, toujours connus sous le nom de « siamois ».

Chat de Khorat sur un timbre thaïlandais

Prasat Hin Phimai ❻

ปราสาทหินพิมาย

Fenêtre à balustrade

La petite ville de Phimai s'est développée au bord de la rivière Mun, autour d'un des plus beaux « châteaux de pierre » khmer de la Thaïlande. Les dates exactes de sa construction restent incertaines, bien que l'achèvement du sanctuaire central remonte probablement au règne de Suryavarman Ier (1001-1049). Sous la direction du département des Beaux-Arts, il a connu une remarquable restauration entre 1964 et 1969. Une route directe reliait jadis le Prasat Hin Phimai à Angkor et il fait face au sud-est, en direction de cette ville. Lieu de culte brahmanique dédié à l'origine à Shiva, il devint un temple bouddhiste mahayana à la fin du XIIe siècle. Les sculptures des linteaux et des frontons illustrent des scènes du Ramayana *(p. 40)* et, fait unique pour un sanctuaire khmer, des thèmes bouddhistes.

Vue de face du sanctuaire central
Le prang *arrondi qui coiffe cet édifice en grès blanc pourrait avoir influencé les bâtisseurs d'Angkor Wat* (p. 264-265).

Pont aux *naga*
Ce pont symbolique, gardé par des esprits protecteurs en forme de serpents, conduit à l'entrée principale du temple.

SANCTUAIRE CENTRAL

Le terme *prasat* utilisé pour le sanctuaire central s'applique aussi au temple tout entier.

Rama et Lakshman apparaissent ligotés par un serpent sur le linteau de l'entrée ouest du *mandapa*. Au-dessous d'eux, les singes se désolent mais, au-dessus, un *garuda* et d'autres singes accourent à leur secours.

Mandapa (vestibule de l'entrée principa

Fronton sud
Ce fronton du mandapa *porte un Shiva en roi de la danse, un thème classique khmer. Sa monture, le bœuf Nandin, se trouve à droite.*

Pilastre orné d'un Vajarasattva
Sur la face sud du mandapa, *un esprit protecteur, armé d'un foudre et d'une cloche, protège la porte depuis ce pilastre.*

À NE PAS MANQUER

- ★ Bouddha sur un *naga*
- ★ Fronton nord
- ★ Porche nord

Pour les hôtels et les restaurants de la ville, voir p. 409-410 et p. 439-440

Rama et ses singes, héros du *Ramayana* *(p. 40)*, construisent sur le fronton ouest du prang une chaussée jusqu'à Lanka.

★ Porche nord
Il a pour joyau ce linteau où un Vajarasattva à trois têtes et six bras domine un groupe de jeunes femmes.

★ Fronton nord
Sur cette scène du Ramayana, Vishnou porte une conque, un lotus, un disque et un bâton.

★ Bouddha sur un *naga*
Cette copie d'une statue du XIIIe *siècle dans le style du Bayon* (p. 264) *représente l'« Éveillé » méditant assis sur les anneaux d'un serpent.*

Le dieu de la Justice, sur le fronton du porche est, arbitre un différend entre Rama et Tosakan *(p. 41)*.

Trilokayavijaya, le plus important des bodhisattva (illuminés) du Mahayana, figure sur le linteau intérieur du porche est.

Novices
Bien que le Prasat Hin Phimai ne soit pas un wat *en activité, il accueille des célébrations bouddhistes.*

MODE D'EMPLOI

Centre de Phimai, province de Khorat. ***Tél.** 0 4447 1568.* *TAT, Khorat (0 4421 3666).* *Khorat puis* songthaew. *t.l.j. 6h-18h.* *Fête du Prasat Hin Phimai (nov.).*

PLAN DU TEMPLE

1 Sanctuaire central
2 Enceinte intérieure
3 Enceinte extérieure
4 Pavillons royaux
5 *Gopura* (pavillons d'entrée)
6 Pont aux *naga*

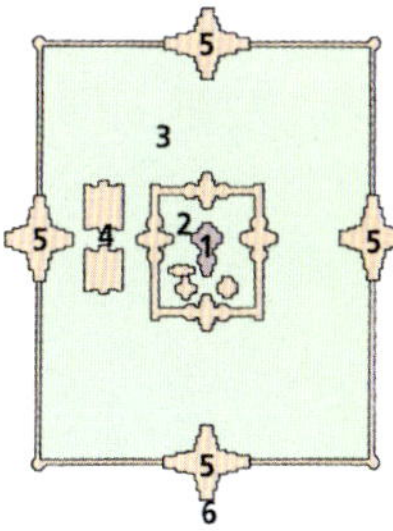

Prasat Ta Muen et Prasat Ta Muen Tot ❾

ปราสาทตาเมือนและตาเมือนโต๊ด

Près de la route 214, province de Surin. TAT, Khorat (0 4421 3666). Surin puis, de préférence, visite organisée. t.l.j.

Le district de Ta Muen, dans la province de Surin, renferme les vestiges de deux monuments khmers situés à une centaine de mètres l'un de l'autre. Ils datent tous deux du règne de Jayavarman VII (1181-1220). Le premier, le Prasat Ta Muen, consiste en une chapelle en latérite qui offrait jadis un lieu de repos sur la longue route entre Angkor *(p. 264-265)* et le Prasat Hin Phimai *(p. 276-277)*. Plus endommagé et plus vaste, le Prasat Ta Muen Tot servait d'hôpital aux voyageurs malades. Bien qu'aujourd'hui très en ruine et pris dans les racines de grands figuiers, ces vestiges évoquent la puissance de l'empire qui contrôlait la région à l'époque de notre Moyen Âge. Situés près de la frontière cambodgienne, il est toutefois préférable de les découvrir dans le cadre d'une visite organisée par une des pensions de Surin. Une escorte militaire peut même s'avérer nécessaire. Les touristes isolés courent le risque de se voir interdire l'accès aux monuments en cas de combats entre les diverses factions s'affrontant au Cambodge.

La police des frontières escorte parfois les visiteurs du Prasat Ta Muen

Prasat Hin Muang Tam ❿

ปราสาทหินเมืองต่ำ

Près de la route 214, province de Buri Ram. TAT, Khorat (0 4421 3666). depuis Surin jusqu'à Prakhon Chai *puis* songthaew. t.l.j.

Muang Tam, la « cité basse », s'étend au pied du Khao Phnom Rung, le volcan éteint au sommet duquel se trouve le Prasat Hin Khao Phnom Rung *(p. 280-281)*, sanctuaire khmer bien mieux conservé. La construction de Muang Tam, en brique, en grès et en latérite, commença après celle du temple et dura du Xe au XIIe siècle. Peu de choses subsistent aujourd'hui de cette ancienne résidence du gouverneur local, et le site, en cours de restauration, donne au premier abord l'impression de n'être guère plus qu'un amoncellement exotique de décombres. Les vestiges de quatre *prang* en brique entourent ce qui devait être jadis un sanctuaire central abritant des statues. Les reliefs des linteaux révèlent que ces effigies appartenaient probablement au panthéon hindou. Le linteau du *prang* nord montre en effet Shiva et sa parèdre Parvati chevauchant le bœuf Nandin, tandis qu'un autre représente Brahma, le dieu de la Création dont les quatre têtes symbolisent l'omniscience. À l'origine entourés de galeries,

LE RASSEMBLEMENT DES ÉLÉPHANTS DE SURIN

Organisé depuis 1960, le rassemblement annuel des éléphants de Surin (Surin Elephant Roundup) a ouvert de nouveaux débouchés à ces animaux de moins en moins utilisés à des tâches agricoles ou forestières. Pendant le troisième week-end de novembre, la ville, envahie par quelque 150 pachydermes, venus des fermes voisines sous la conduite de leurs *mahout*, vit à un rythme très festif. Les spectacles comprennent des démonstrations de dressage et des reconstitutions historiques célébrant notamment le roi Naresuan (1590-1605) qui combattit les Birmans. Des figurants en uniforme de l'époque d'Ayutthaya marchent, lance levée, vers un ennemi imaginaire. Des intermèdes humoristiques mettent en scène l'intelligence des éléphants.

Éléphants et *mahout* en costume d'époque, Surin

aujourd'hui effondrées, tous ces sanctuaires font face à l'est. Quatre *gopura*, ou pavillons d'entrée, s'ouvrent aux points cardinaux. Dans la première cour, de majestueux *naga* ornent les angles de quatre bassins en L, emplis de lotus. Par ses dimensions, le réservoir *(baray)* de 1 200 m de long sur 500 m de large, situé au nord de Muang Tam, révèle qu'une importante population devait y vivre.

Prasat Hin Khao Phnom Rung ⓫

ปราสาทหินเขาพนมรุ้ง

Voir p. 280-281.

Ébouillantage des cocons de vers à soie, Surin

Surin ⓬

สุรินทร์

Province de Surin. *214 000.* TAT, Khorat (0 4421 3666). *t.l.j.* *Rassemblement des éléphants (nov.).*

Cette petite capitale provinciale doit sa renommée aux éléphants, à la soie, et à son premier seigneur, Phraya Surin Phakdi Si Narong Wang, qui lui a donné son nom. Une statue moderne le représente en ville, prêt à partir à la bataille. Selon la légende, Phraya Surin, un membre de l'ethnie des Suay, acquit son titre en 1760 en jouant un rôle déterminant dans la capture d'un éléphant blanc royal *(p.106)* qui s'était échappé. Pendant la dictature des Khmers rouges au Cambodge, de 1975 à 1978, des milliers de réfugiés vinrent se mêler, dans la province de Surin, à une population où cohabitaient déjà Thaïs, Lao et Suay. La plupart ont regagné leur pays, mais certains sont restés. Les tisserands de la région peuvent tisser plus de 700 motifs différents et les ateliers des villages permettent d'assister au processus complet de fabrication des soieries *(p. 266-267)*.
Le rassemblement des éléphants au **Surin Sports Park** offre à la ville son temps fort, et une ambiance de carnaval règne alors dans la localité.
Si vous ne pouvez y assister, le **Musée de Surin** propose tout au long de l'année une collection d'objets liés à la capture et au dressage de ces pachydermes, comme les cordes en peau de buffle utilisées par les Suay pour maîtriser les éléphants sauvages. L'exposition présente aussi les tenues protectrices et les amulettes portées lors des chasses, une affaire strictement masculine. Il est en effet interdit aux femmes de toucher cet équipement, elles détruiraient la magie nécessaire à la capture des éléphants.

Statue de Phraya Surin

Musée de Surin
Chitramboong Rd. ***Tél.*** *0 4451 3358.*
mer.-dim. 9h-16h.

Panneau routier annonçant Ban Ta Klang, le village des éléphants

Ban Ta Klang ⓭

บ้านตากลาง

Province de Surin. *15 000.* *TAT, Khorat (0 4421 3666).* *t.l.j.* *Rassemblement des éléphants (nov.).*

Situé à 50 km au nord de Surin, Ban Ta Klang porte le surnom de « village des éléphants ». Il le doit aux talents de dresseurs des Suay qui composent sa population. On pense que cette ethnie émigra en Thaïlande depuis l'Asie centrale au début du IXe siècle et qu'elle fut le premier peuple à utiliser ces pachydermes aux travaux de construction, notamment pour l'édification des temples khmers. C'est aujourd'hui à Ban Ta Klang que s'entraînent la majorité des participants au rassemblement annuel de Surin. Cet entraînement commence en octobre, environ un mois avant la manifestation proprement dite, et devient particulièrement intense pendant les quelques jours qui la précèdent. Les *mahouts* (cornacs) et leurs montures doivent rejoindre ensuite Surin à pied.

Instant de pause pour un *mahout* et sa monture, Surin

Prasat Hin Khao Phnom Rung ⓫

ปราสาทหินเขาพนมรุ้ง

Éléphants de pierre

Ce majestueux temple khmer, dont la restauration dura 17 ans, couronne le sommet d'un volcan éteint. Dédié au culte hindouiste, il symbolisait la demeure de Shiva sur le mont Kailasa et il fallait suivre une longue allée processionnelle et franchir un pont à *naga* pour accéder au cœur du sanctuaire. Commencée au début du Xe siècle, sa construction se poursuivit jusqu'au XIIIe siècle. Une route le reliait à Angkor Wat au Cambodge *(p. 264-265)*. La disposition des bâtiments est conçue pour que, lors de Songkran *(p. 48)*, le soleil levant puisse se voir à travers les 15 portes du *gopura* occidental.

Fronton du porche ouest
Un relief montre des singes sauvant Sita (p. 37) *dans un chariot à l'image du temple.*

★ Sanctuaire central
Le prang *représente le sommet cosmologique du parcours processionnel.*

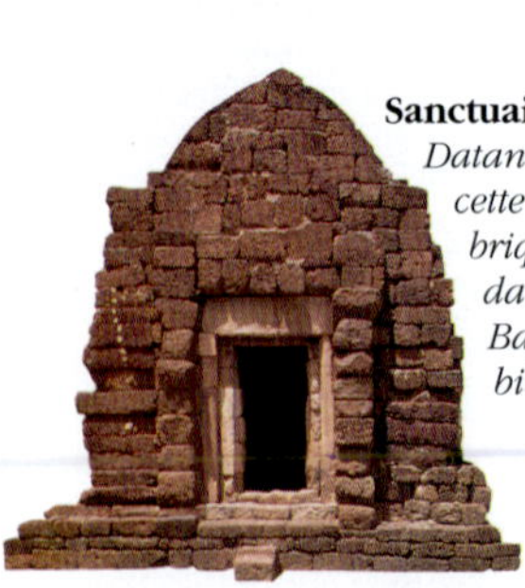

Sanctuaire de brique
Datant du XIIIe siècle, cette construction en brique de latérite dans le style du Bayon servait de bibliothèque.

À NE PAS MANQUER

- ★ Allée processionnelle
- ★ Étangs ornementaux
- ★ Pont aux *naga*
- ★ Sanctuaire central

★ Pont aux *naga*
Dans l'enceinte principale, ce pont, orné de serpents dont les corps forment une balustrade, relie au sanctuaire central le gopura *faisant face à l'est.*

Fronton du porche du *mandapa*
Le relief représente Shiva en Nataraja, c'est-à-dire exécutant la danse de destruction qui régénère l'univers.

MODE D'EMPLOI

50 km S de Buriram, près de la route 24, province de Buriram. ***Tél.*** *0 4463 1746.* *TAT, Khorat (0 4421 3666).* *depuis Khorat ou Surin jusqu'à Ban Ta Ko puis* songthaew. *t.l.j 6h-18h.* *Fête de Phnom Rung (avr.).*

Nandin
Cette statue du bœuf servant de monture à Shiva se trouve dans la première chambre, la plus à l'est, du sanctuaire central.

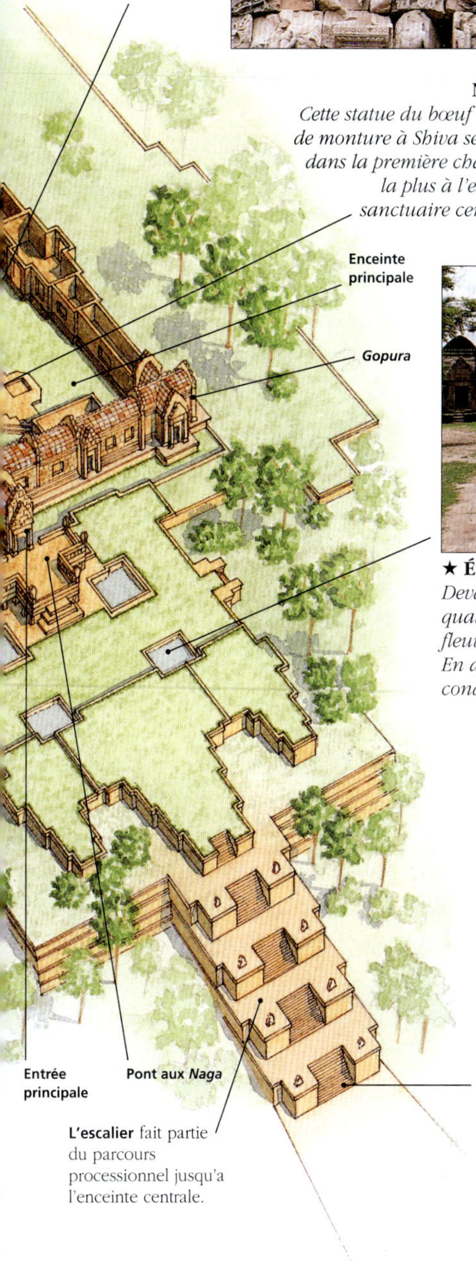

★ Étangs ornementaux
Devant l'entrée de l'enceinte principale, quatre étangs symbolisent les quatre fleuves sacrés du sous-continent indien. En arrière-plan, un pont aux naga *conduit à la galerie est.*

★ Allée processionnelle
Cette allée pavée symbolisait la distance spirituelle séparant la terre du paradis hindou.

L'escalier fait partie du parcours processionnel jusqu'a l'enceinte centrale.

LA VALLÉE DU MÉKONG

À environ 2 000 km de sa source dans l'Himalaya tibétain, après avoir traversé la Chine, longé la Birmanie et la pointe du Nord de la Thaïlande puis poursuivi à l'intérieur du Laos, le fleuve Mékong marque, à partir de Chiang Khan, la frontière entre l'Isan et le Laos. Peu visitée, cette région un peu à l'écart n'en offre pas moins de nombreuses attractions naturelles et culturelles.

Le bassin agricole de la vallée du Mékong présente un constraste marquant aussi bien avec le plateau de Khorat, poussiéreux et desséché, qui s'étend au sud et à l'ouest, qu'avec les reliefs escarpés de la rive laotienne. Des sols relativement fertiles permettent les cultures maraîchères dans cette région qui, trop éloignée de Bangkok, n'a pas connu un développement généralisé et reste une des mieux préservées et une des plus belles de Thaïlande.

Nong Khai, la plus importante des localités frontalières, est une petite ville animée. Son pont de l'Amitié permet de rejoindre Vientiane, la capitale du Laos. En amont, à l'ouest, bourgs et villages pittoresques conservant des maisons en tek traditionnelles jalonnent le cours du fleuve. Près de Ban Phu, le parc historique de Phu Phrabat renferme d'étranges formations rocheuses. Non loin se dresse le What Khaek où des statues d'inspirations hindouiste et bouddhiste composent un décor surréaliste.

En aval de Nong Khai, le fleuve court à l'est puis vers le sud, dépassant, après Nakhon Phanom, un grand centre de pèlerinage : le Wat Phra That Phanom, fondé, selon la légende, en 543 av. J.-C. À Khong Chiam, la rivière Mun, en mêlant ses eaux au Mékong, crée le phénomène de la « rivière aux deux couleurs ». À quelques kilomètres au nord, d'immenses figures préhistoriques et des motifs géométriques décorent la falaise de Pha Thaem. Le Mékong coule ensuite au Laos, puis au Cambodge. À la frontière entre ce pays et la Thaïlande, on peut visiter, quand la situation politique le permet, l'un des plus beaux monuments khmers : le Prasat Khao Phra Wihan.

Le Mékong et sa rive laotienne vus de Nakhon Panom

◁ **Étranges rochers sculptés par l'érosion près de Phu Kradung**

À la découverte de la vallée du Mékong

Le puissant Mékong délimite sur 750 km la frontière entre l'Isan et le Laos. Dans ce Nord-Est aride, sa vallée offre à la culture des terres relativement fertiles. Des routes permettent d'y suivre presque toute la rive thaïlandaise du fleuve. À l'ouest de Nong Khai, les visiteurs traversent des villages assoupis, composés de jolies maisons en bois. Un peu plus au sud ont été créés les parcs nationaux de Phu Rua, Phu Kradung et Phu Hin Rong Kla. Proche à la fois du Laos et de la frontière avec le Cambodge, Ubon Rachathani est de loin la ville la plus importante de la région.

LÉGENDE

- Route principale
- Route secondaire
- Parcours pittoresque
- Voie ferrée
- Frontière internatiionale
- Sommet

La fête de Phi Ta Khon à Loei

LA VALLÉE DU MÉKONG D'UN COUP D'ŒIL

Barrage de Sirindhorn 21
Chiang Khan 6
Chong Mek 20
Khong Chiam 19
Loei 4
Mukdahan 17
Nakhon Phanom 14
Nong Khai p. 292-293 10
Pak Chom 7
Parc historique de Phu Phrabat 12
Parc national de Phu Hin Rong Kla 2
Parc national de Phu Kradung p. 286-287 1
Parc national de Phu Rua 3
Pha Taem 18
Prasat Khao Phra Wihan 22
Prasat Prang Ku 23
Renu Nakhon 15
Sakhon Nakhon 13
Sangkhom 8
Si Chiangmai 9
Ubon Ratchathani 24
Vientiane p. 294-295 11
Wat Phra That Phanom 16

Excursion

Les villages du Mékong 5

Pour les autres symboles de la carte, *voir le rabat arrière de couverture*

CIRCULER

Nong Khai, Loei, Nakhon Phanom et Ubon Ratchathani offrent les meilleures bases d'où explorer la région. Le chemin de fer relie Bangkok à Ubon Ratchathani et Udon Thani, d'où une correspondance permet de rejoindre Non Khai. Bus, véhicules de location et *songthaew* offrent les meilleurs moyens de rayonner. Des bateaux « longue queue » circulent sur certaines portions du Mékong.

***Chedi* de style lao, Sakhon Nakhon**

VOIR AUSSI

- ***Hébergement*** p. 411-412
- ***Restaurants*** p. 440-441

Parc national de Phu Kradung ❶

อุทยานแห่งชาติภูกระดึง

Fleur thaïe

Il existe deux légendes liées à Phu Kradung, la « montagne cloche ». La première raconte qu'on entendit un jour émaner du sommet le tintement de la cloche du dieu Indra, l'autre qu'elle sonne comme une cloche quand on la frappe avec un bâton. Un parc d'environ 350 km2 protège aujourd'hui cette éminence que couronne un plateau à 1 350 m2 d'altitude. Son climat se révèle assez frais pour permettre la survie de plantes qui ne poussent nulle part ailleurs en Thaïlande.

Ours noir asiatique
Cet ours vit en forêt dans toute l'Asie du Sud-Est. Il se nourrit de fourmis, de larves et de fruits.

Cascade
Les chutes d'eau disséminées dans Phu Kradung sont particulièrement belles en octobre.

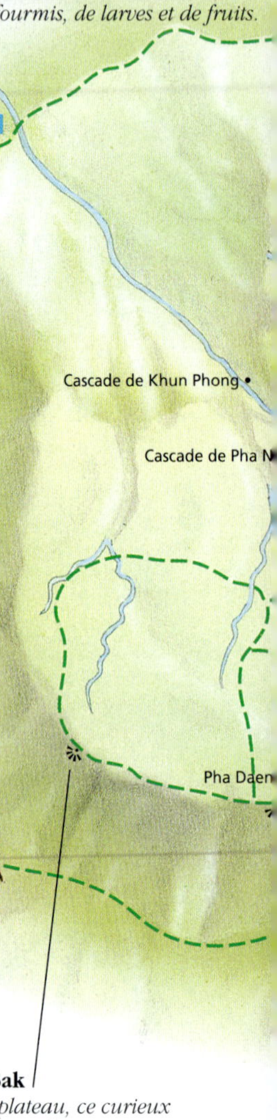

Chacal asiatique
Le chacal d'Asie, l'une des deux espèces de canidés sauvages de Thaïlande, se reconnaît à sa queue touffue.

Pha Lom Sak
Au sud du plateau, ce curieux rebord de grès offre une vue magnifique sur les collines et vallées des alentours. On fait la queue en été pour venir le photographier.

Pour les hôtels et les restaurants de la région, voir p. 411-412 et p. 440-441

Pha Nok An
La « falaise des hirondelles », sur le rebord oriental du plateau, doit son nom aux nombreux oiseaux qui y ont construit leurs nids. Elle offre une vue superbe au lever du soleil.

MODE D'EMPLOI

Province de Loei. Siège du parc à env. 8 km de la route 201, sur la route 2019. *TAT, Udon Thani (0 4232 5406) ; Forestry Dept (0 4287 1333 pour la location de bungalows). Bus pour Pha Nok Kao puis* songthaew. *Accès au plateau à pied seulement.* *mi-juil.-déb. sept.*

Plantes carnivores
« Digérer » des insectes permet à ces plantes, fréquentes à Phu Kradung, d'acquérir des éléments nutritifs absents du sol acide.

La cascade de Phone Phop doit son nom au premier champion du monde de boxe thaïe qui la découvrit par hasard alors qu'il était venu préparer des combats dans le climat frais du plateau.

Entrée du parc

LÉGENDE

- Route
- Sentier
- Bureau du parc national
- Camping et bungalow
- Point de vue

LA BALLADE DE PHU KRADUNG

En 1969, Phu Kradung inspira un long poème à Angkhan Kalyanaphong, artiste et poète thaïlandais qui fit l'éloge de sa beauté. Dans *Lam Nam Phu Kradung* (« la ballade de Phu Kradung »), Angkhan évoque l'attrait qu'exercent sur lui la nature et le bouddhisme avec un lyrisme que ne peut rendre la traduction de cet extrait : « À chaque coucher du soleil, à la falaise de Makduk, je m'asseyais pour contempler les rais de lumière colorée percer les nuages et embraser le ciel. »

Étang de Sa Anodat

Rapides à Phu Hin Rong Kla

Parc national de Phu Hin Rong Kla ❷

อุทยานแห่งชาติภูหินร่องกล้า

Province de Phitsanulok, siège du parc près de la route 2331, à 31 km S-E de Nakhon Thai. *TAT, Phitsanulok (0 5525 2743) ; Forestry Dept (0 2562 0760 ou www.dnp.go.th pour la location de bungalows).* *depuis Loei ou Phitsanulok jusqu'à Nakhon Thai puis* songthaew.

D'une superficie de 307 km², cette réserve naturelle protège une faune et une flore variées. Un musée en plein air permet d'y découvrir les vestiges du camp retranché du Parti communiste de Thaïlande (PCT) qui contrôla la région des années 1960 à 1982.

Fondé en 1942, le PCT trouva en Isan, partie pauvre du pays peuplée de Lao Thaïs se sentant souvent négligés par le pouvoir central, une région favorable pour s'implanter. D'une altitude moyenne de 1 000 m et situées près de la frontière laotienne, les montagnes de Phu Hin Rong Kla offraient en outre une base idéale d'où mener des actions de guérilla. La sanglante répression d'une manifestation d'étudiants à Bangkok en 1976 conduisit des milliers de jeunes gens à rejoindre les rangs du PCT. Celui-ci disposait alors d'une retraite sûre au Laos, où le Pathet Lao avait pris le pouvoir en 1975 *(p. 295)*. Les campagnes militaires menées par l'armée échouèrent jusqu'en 1982, lorsque le gouvernement proposa l'amnistie à tous les étudiants qui avaient rejoint le PCT après 1976. Leur défection permit en 1984 la création de ce parc où le Phu Man Khao culmine à 1 620 m.

Reliques de la guerre contre le PCT, Phu Hin Rong Kla

Parc national de Phu Rua ❸

อุทยานแห่งชาติภูเรือ

Province de Loei, siège du parc près de la route 203, à 60 km O de Loei. *TAT, Udon Thani (0 4232 5406) ; Forestry Dept 0 2562 0760 ou www.dnp.go.th pour la location de bungalows).* *depuis Loei jusqu'au village de Phu Rua puis* songthaew.

Phu Rua, la « montagne bateau », doit son nom à son pic le plus élevé. En forme de jonque chinoise, haut de 1 365 m, il offre de spectaculaires vues des montagnes du Laos, de l'autre côté du Mékong, et sur la ville de Loei au sud. Un bouddha assis moderne couvre d'un regard serein la plaine d'une immense beauté. La route qui mène au sommet de Phu Rua passe près de plusieurs formations géologiques aux silhouettes étranges. L'érosion a donné à la plus remarquable, Hin Ta (« rocher tortue »), une forme que décrit bien son nom. À l'intérieur de la réserve de 121 km², les visiteurs disposent de plusieurs sentiers de randonnée qui traversent de magnifiques paysages où se succèdent prairies, rocailles et forêts d'arbres à feuilles persistantes et de pins. De beaux points de vue se découvrent depuis Phu Kut et des falaises de Pha Lon Noi, Pha Dong Tham San, Pha Yat et Pha Sap Thong. Le parc renferme aussi plusieurs cascades : Huai Phai, Huai Ta Wat et Lan Hin Taek. La faune inclue des cerfs muntjac, des sangliers, de très nombreux oiseaux, entre autres des faisans, et une espèce rare : la *tao puru*, tortue siamoise à grosse tête. Phu Rua est aussi un des lieux au climat le plus frais de Thaïlande. En 1981, la température y a même atteint un record pour ce pays tropical : - 4 °C.

Rocher sculpté par l'érosion, Parc national de Phu Rua

Pour les hôtels et les restaurants de la région, voir p. 411-412 et p. 440-441

Paysage typique de la région de Loei

Loei ❹

เลย

Province de Loei. 86 000. TAT, Udon Thani (0 4232 5406). t.l.j. Fête de la Fleur de coton (fév.), Phi Ta Khon (mai), fête des Fusées (mai-juin).

En thaï, le mot *loei* signifie « au-delà » ou « au plus extrême », un nom qui va bien à une ville et une province situées dans la partie la plus septentrionale du Nord-Est, à la limite du plateau de Khorat. Bien que rattachée officiellement à l'Isan, Loei possède un climat et des paysages qui ressemblent à ceux du Nord avec des hivers froids et des étés torrides. Jadis, les fonctionnaires tombés en défaveur auprès du gouvernement siamois basé à Bangkok se voyaient punis de leur inefficacité par une mutation à Loei. Si l'isolement de la petite capitale provinciale a détruit plus d'une carrière administrative, il lui a aussi permis de conserver une atmosphère traditionnelle. Quelques sites possèdant un intérêt touristique se trouvent sur la rive ouest de la rivière Loei. Un marché animé se tient près du pont qui la franchit et près duquel se dresse le **Lak Muang**, le « pilier de la ville ». Un vieux sanctuaire chinois, **Chao Pho Kut Pong**, reste un lieu de culte très fréquenté. La vallée qui entoure la ville produit de très belles cotonnades. Elles peuvent s'acheter dans les boutiques bordant Charoenraj Road et Ruamchai Road. Un choix suffisant d'hébergements bon marché fait aussi de Loei une bonne base d'où explorer les parcs nationaux de Phu Rua et Phu Kradung *(p. 286-287)*.

LA FÊTE DE PHI TA KHON

Costume de *phi ta khon*

Bien que la capitale provinciale de Loei en propose une répétition moins animée en juillet, cette fête a pour véritable berceau la ville de Dan Sai située 80 km plus à l'ouest. Elle y a lieu en juin au début de la saison pluvieuse *(p. 47-49)* et a pour fonction d'assurer de bonnes pluies et de rapporter des mérites aux participants. Selon la légende, ses origines remontent à l'avant-dernière vie du Bouddha, quand il se réincarna en la personne du prince Vessandorn. Son retour dans la ville provoqua une telle joie dans la population que les esprits se mêlèrent à la fête des vivants. En souvenir de cet événement, les jeunes gens de Dan Sai se déguisent en esprits *(phi ta khon)*, avec des costumes de couleurs criardes. Pendant trois jours, ils se livrent à de nombreuses plaisanteries envers les spectateurs, y compris lorsqu'ils accompagnent en procession un bouddha vénéré. Ils finissent cependant par faire trois fois le tour du bâtiment principal du Wat Phonchaï avant d'aller jeter leurs masques dans une rivière. Le retour du prince Vessandorn ayant chassé les esprits, les moines peuvent entreprendre le récit de la dernière vie du Bouddha avant celle où il atteignit l'illumination et le *parinirvana*.

Jeunes gens déguisés en esprits sur le point de partir en procession dans Loei

« Esprits » se moquant de spectateurs

Façade de style lao du Wat That Kok, Chiang Khan

Chiang Khan ❻

เชียงคาน

Province de Loei. *52 000.* *depuis Loei ou Nong Khai.* *TAT, Udon Thani (0 4232 5406).*

Chiang Khan s'organise autour de deux rues parallèles de 2 km proches de la berge sud du Mékong. Plusieurs temples s'insèrent entre les maisons-boutiques et les restaurants décrépits en tek qui les bordent. Parmi les plus dignes d'une visite figurent le Wat Santi, le Wat Pa Klang bâti il y a plus d'un siècle par des immigrants laotiens, le Wat Si Khun Muang, le Wat Tha Kok et le Wat Mahathat. Ce dernier est le plus ancien *wat* de la ville et son *bot* date de 1654. Comme au Wat Tha Kok qui possède un superbe plafond peint, colonnades et volets affichent une influence française. La poussière qui rougit les murs extérieurs pourrait être due au déboisement qui met à nu au Laos les couches superficielles du sol.

Aux environs : à 2 km à l'est du Wat Tha Kok, le long du Mékong, le Wat Tha Khaek, longtemps négligé, connaît actuellement une importante reconstruction associant styles moderne et traditionnel. On atteint les rapides de Kaeng Kut Khu 2 km plus loin.

Pak Chom ❼

ปากชม

Province de Loei. *29 000.* *depuis Loei ou Nong Khai.* *TAT, Udon Thani (0 4232 5406).* *t.l.j.*

Ce petit bourg pittoresque serre ses maisons de bois au bord du Mékong, à 40 km au nord-est de Chiang Khan. Il offre un cadre agréable pour un rafraîchissement. Aujourd'hui assoupi, Pak Chom a connu des années plus animées après la création du camp de réfugiés de Ban Winai, destiné à des soldats anticommunistes hmong *(p. 206)* et leurs familles chassés du Laos en 1975, quand le Pathet Lao renversa la monarchie *(p. 295)*. Le camp, qui comptait quelque 15 000 occupants, a été fermé en 1992. Les Hmong qui n'avaient pas opté pour un rapatriement au Laos déménagèrent à Chiang Kham dans la province de Chiang Rai.

Les villages du Mékong ❺

Outre des villages, cette excursion permet de découvrir des temples et de denses forêts. Elle ménage bien entendu des panoramas du puissant Mékong, ce fleuve aux eaux rouges qui prend sa source dans l'Himalaya et se jette, 4 000 km plus loin, dans la mer de Chine méridionale. En Isan, il sépare sur 750 km la Thaïlande du Laos. Sa plaine inondable est une des rares sources de richesse d'une zone autrement peu fertile.

Ban Muang ④
La pêche au filet est souvent pratiquée à cet endroit du fleuve.

MODE D'EMPLOI

Longueur : *120 km.*
Où s'arrêter ? *Chiang Khan possède quelques restaurants. La ville compte aussi, à l'instar de Pak Chom, Sangkhom et Si Chiangmai, de bonnes pensions servant à manger et des stands de nourritures. Certaines louent des bicyclettes.*
Transports publics : *des bus locaux circulent entre toutes les principales localités de l'itinéraire. On peut aussi relier Chiang Khan à Pak Chom en louant un bateau « longue queue ».*

Pha Baen ②
Comme beaucoup d'autres, ce village possède des édifices en bois pittoresques.

Pak Chom ③
La boucle du fleuve entre Chiang Khan et Pak Chom peut aussi se découvrir en bateau « longue queue ».

Chiang Khan ①
Maints édifices laïques et religieux de Chiang Khan montrent une influence lao.

LÉGENDE

- Itinéraire
- Autre route
- Rivière

Pour les hôtels et les restaurants de la région, voir p. 411-412 et p. 440-441

Sangkhom ❽

สังคม

Province de Nong Khai. *19 000.*
depuis Loei ou Nong Khai.
TAT, Udon Thani (0 4232 5406).

Cette petite ville où de vieux bâtiments en bois se dressent sur la berge du fleuve mérite une visite pour son calme et sa situation dans une partie particulièrement verdoyante de la vallée du Mékong. C'est également une bonne base d'excursion dans la région.

Aux environs : située juste à la sortie de Sangkhom, à 3 km de la route principale, la **cascade de Than Tip** se cache dans la jungle et les plantations de bananiers. Au pied de ses deux plus grandes chutes, qui sont aussi les plus accessibles, des bassins permettent de se baigner. Les visiteurs les plus intrépides pourront encore découvrir trois niveaux au-dessus.

Topiaire **du jardin du Fisheries Department près de Si Chiangmai**

Si Chiangmai ❾

ศรีเชียงใหม่

Province de Nong Khai. *23 000.*
depuis Loei ou Nong Khai. *TAT, Udon Thani (0 4232 5406).* *t.l.j.*

Si Chiangmai domine la capitale du Laos, Vientiane *(p. 294-295)*, de l'autre côté du Mékong et compte de nombreux réfugiés laotiens et vietnamiens parmi sa population. Par beau temps, on y voit partout sécher, sur des supports en bambous, les pâtes transparentes servant à la fabrication des rouleaux de printemps. Elle en est la plus grande productrice au monde.

Aux environs : à 5 km hors de la ville, des éléphants en *topiaire* ornent le jardin du **Fisheries Department**.

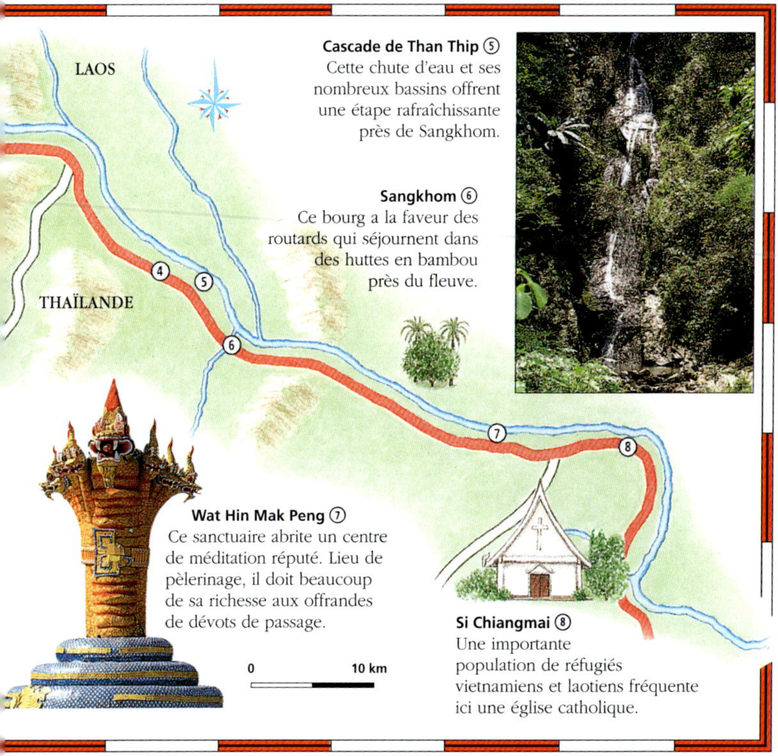

Cascade de Than Thip ⑤
Cette chute d'eau et ses nombreux bassins offrent une étape rafraîchissante près de Sangkhom.

Sangkhom ⑥
Ce bourg a la faveur des routards qui séjournent dans des huttes en bambou près du fleuve.

Wat Hin Mak Peng ⑦
Ce sanctuaire abrite un centre de méditation réputé. Lieu de pèlerinage, il doit beaucoup de sa richesse aux offrandes de dévots de passage.

Si Chiangmai ⑧
Une importante population de réfugiés vietnamiens et laotiens fréquente ici une église catholique.

Nong Khai ❿

หนองคาย

Le village de tisserands

Ville en constante évolution, Nong Khai doit au pont de l'Amitié d'être devenue l'un des pôles commerciaux les plus animés du Nord-Est. Ouvert en 1994, ce pont, qui franchit le Mékong entre la Thaïlande et le Laos, a permis d'augmenter les échanges avec Vientiane, la capitale laotienne. Malgré ce développement économique, et les destructions de vieux bâtiments qu'il entraîne, le centre-ville conserve au bord du fleuve un charme provincial.

Meechai Road, la grand-rue de Nong Khai

À la découverte de Nong Khai

Des maisons-boutiques traditionnelles en bois bordent toujours les rues et les *soi* de Nong Khai, dont l'embarcadère Tha Sadet, avec son marché et ses restaurants dominant le Mékong, est le pôle le plus vivant. La prospérité de la ville a entraîné la construction de centres commerciaux et d'agences bancaires modernes sans rien ôter à son authenticité.

Des ornements sculptés parent l'arrière du Wat Si Muang

Marché indochinois

ตลาดอินโดจีน

Près de Rimkhong Rd., Tha Sadet. *t.l.j.*

Un accord bilatéral entre la Thaïlande et le Laos permet aux commerçants des deux pays de séjourner jusqu'à trois jours à Vientiane *(p. 294-295)* ou à Nong Khai, et ce marché propose des vêtements, pots et ustensiles de cuisine, aliments, pilons et mortiers, filets de pêche ou tables en bambou tressé.

Prap Ho Monument

อนุสาวรีย์ปราบฮ่อ

Janjopthit Rd.

Ce monument portant des inscriptions en thaï, en laotien, en chinois et en anglais commémore l'« écrasement des Ho » *(prap ho)*, des bandits du sud de la Chine qui dévastèrent la région en 1855 et 1877, et qu'une cérémonie célèbre tous les ans le 5 mars.

Prajak Road

ถนนประจักษ์

Cette rue conduit à l'est du Wat Pho Chai jusqu'à l'atelier du village de tisserands (Village Weaver) où les visiteurs peuvent assister au tissage traditionnel de la soie, en particulier selon la méthode *mut mee* qui utilise des fils teints après avoir été noués. L'institution à but non lucratif à l'origine de cette initiative permet, grâce aux ventes, à des jeunes filles de Nong Khai d'éviter de partir vers de grands centres urbains comme Bangkok. Il existe aussi un marché sur Prajak Road, près de la gare des bus.

Wat Si Muang

วัดศรีเมือง

Meechai Rd. *t.l.j.*

De nombreux temples bordent Meechai Rd., la rue principale de Nong Khai qui suit le cours du fleuve. De style lao, le Wat Si Muang présente à l'entrée principale un sanctuaire ouvragé et encombré d'offrandes.

Wat Pho Chai

วัดโพธิ์ชัย

Pho Chai Rd. *t.l.j.*

Restauré de manière un peu clinquante, le Wat Pho Chai borde le marché du même nom. Le sanctuaire principal présente d'imposantes balustrades à *naga*. Deux lions rugissant au pied de l'escalier d'accès servent de gardiens au bouddha Luang Pho Phra Sai, effigie qui fait l'objet d'un culte fervent. Fondue dans l'ancien royaume lao de Lan Xang, cette statue d'or pur, à la flamme ornementale incrustée de rubis, resta un temps à Vientiane *(p. 294-295)* puis eut une histoire mouvementée qui connaît plusieurs versions. Selon l'une d'elle, le prince Chakri, futur Rama Ier, l'aurait récupérée en 1778 après l'invasion du Laos par les Thaïs. Pendant la traversée du Mékong, elle tomba dans le fleuve puis réapparut et fut installée dans le Wat Pho Chai.

Lion protecteur du Wat Pho Chai

Pour les hôtels et les restaurants de la ville, voir p. 411-412 et p. 440-441

Luang Pho Phra Sai, le bouddha d'or du Wat Pho Chai

Autres wat

D'autres sanctuaires moins importants méritent aussi une visite. Tous possèdent une architecture empreinte d'influences laotiennes. Ils comprennent le **Wat Haisoke**, le **Wat Lamduan** et le **Wat Si Sumang** qui donnent vue sur le Mékong, ainsi que le **Wat Si Khun Muang**.

Aux environs : bien qu'elle ait toujours servi de point de passage aux touristes et négociants en route pour Vientiane, Nong Khai doit son dynamisme actuel à l'ouverture en 1994 du **pont de l'Amitié**. Résultat d'une coopération entre la Thaïlande, le Laos et l'Australie, il relie Ban Chommani, à la périphérie ouest de Nong Khai, et Tha Na Laeng, à environ 20 km de Vientiane. Près du pont, du côté thaïlandais, une bande de sable, la plage de Chommani, forme en saison sèche une aire de pique-nique très appréciée de la population locale. À la même période, on aperçoit plus près du centre-ville le *chedi* lao **Phra That Nong Khai**. Ce monument bascula dans le lit du Mékong en 1847 et n'a depuis cessé de glisser vers le centre du fleuve qui ne le laisse plus apparaître qu'en période de basses eaux. Mais Nong Khai possède, à environ 5 km à l'est de la ville, un site encore plus curieux. Également appelé Sala Kaew Ku, le **Wat Khaek**, créé en 1978, est l'œuvre de Luang Pu Bunleua Surirat. Ce chaman brahmanique thaï aurait étudié au Vietnam sous la direction d'un guru hindou, puis déménagé au Laos, pays qu'il aurait quitté au profit de la Thaïlande pour échapper aux attentions hostiles du Pathet Lao *(p. 295)*. L'attrait du Wat Khaek vient de ses immenses statues en béton inspirées par les panthéons bouddhiste et hindou. Parmi les dieux, créatures divines et démons représentés figurent Rahu, divinité des éclipses, et un *naga* à sept têtes, haut de 25 m, abritant un petit bouddha assis sur ses anneaux. La fumée d'encens et la musique diffusée par des haut-parleurs ajoutent à l'atmosphère excentrique. L'édifice servant de sanctuaire renferme deux étages d'exposition. Ils proposent, entre autres, de nombreuses photos de Luang Pu, le « Vénérable Grand-Père ». Selon la rumeur, il possède tant de charisme que quiconque boit de l'eau offerte par lui fait immédiatement don de tous ses biens au temple.

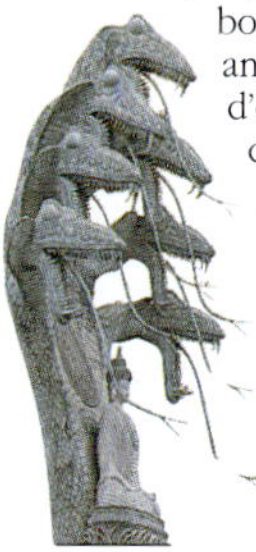

Le grand naga du Wat Khaek

MODE D'EMPLOI

Province de Nong Khai. 83 000. 3 km O, sur Kaeo Worawut Rd. Praserm Rd. TAT, Udon Thani (0 4232 5406). t.l.j. Festival de Nong Khai (mars), Festival de Bun Bang Fai (mai) ; Feux d'artifice de Naga (oct.).

NONG KHAI : LE CENTRE-VILLE

Marché indochinois ③
Prajak Road ⑧
Prap Ho Monument ①
Wat Haisoke ②
Wat Lamduan ⑥
Wat Pho Chai ⑨
Wat Si Khun Muang ⑤
Wat Si Muang ④
Wat Si Sumang ⑦

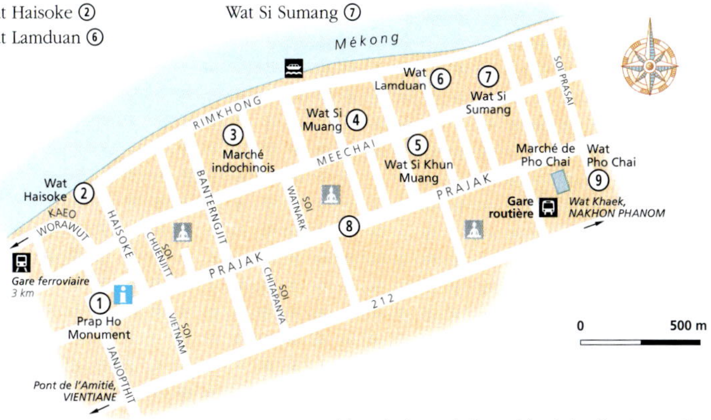

Légende des symboles, *voir le rabat arrière de couverture*

Vientiane ⓫

เวียงจันทน์

Porte de temple

Fondée au XIIIe siècle à l'époque où les Khmers dominaient la région, Vientiane devint, en 1563, la capitale du royaume du Lan Xang puis la vassale d'Ayutthaya. Pour réprimer une révolte, les Siamois la détruisirent en 1827. Les Français en firent au XIXe siècle le chef-lieu administratif de leur protectorat du Laos. Elle ne retrouva vraiment son statut de capitale qu'en 1949 avec l'indépendance du pays qui est, depuis 1975, une république socialiste.

À la découverte de Vientiane

La capitale du Laos est restée à l'abri du changement pendant des générations, avant une modernisation radicale grâce à la promiscuité de la Thaïlande, de l'autre côté de la frontière, reliée par le pont de l'Amitié *(p. 293)*, financé par la Chine et le Japon. Vientiane se défait donc de son image de ville assoupie. Le risque encouru est de tomber dans un développement économique incontrôlé, phénomène courant en Thaïlande dont de nombreuses villes ont été les victimes. De la présence coloniale française subsistent des boulevards bordés d'arbres et des villas à volets un peu incongrues.

Boutique à Vientiane

Haw Pha Kaew

Setthathirat Rd. *t.l.j.* *j.f.*

Ce temple abritait jadis le Bouddha d'Émeraude *(p. 83)* que les Thaïs emportèrent en 1788 et qui se trouve aujourd'hui au Wat Phra Kaeo de Bangkok. En 1994, la Thaïlande en offrit une réplique au Laos en signe d'ouverture d'une nouvelle ère d'amitié. Resté en ruine après le sac de 1827, le sanctuaire, restauré au XXe siècle, est aujourd'hui un musée. Il ne conserve des bâtiments d'origine que la porte principale superbement sculptée.

Wat Sisaket

Lane Xang Rd. *t.l.j.* *j.f.*

Ce temple bâti en 1818, l'un des rares édifices à avoir survécu au sac de 1827, est le plus vieux de Vientiane. Il possède pour caractéristique la plus remarquable les 2 052 minuscules bouddhas de terre cuite, de bronze et de bois qui emplissent les niches murales du cloître. Une longue étagère porte en dessous plus de 300 autres images de l'« Éveillé ».

Musée révolutionnaire Lao

Samsenthai Rd. *t.l.j. 8h-12h et 13h-16h.* *j.f.*

Objets et documents y retracent la colonisation française, le chemin vers l'indépendance et la montée en puissance du Pathet Lao.

VIENTIANE : LE CENTRE-VILLE

Haw Pha Kaew ⑥
Musée Révolutionnaire Lao ④
Wat Hai Sok ①
Wat Mixai ③
Wat Ong Teu ②
Wat Sisaket ⑤

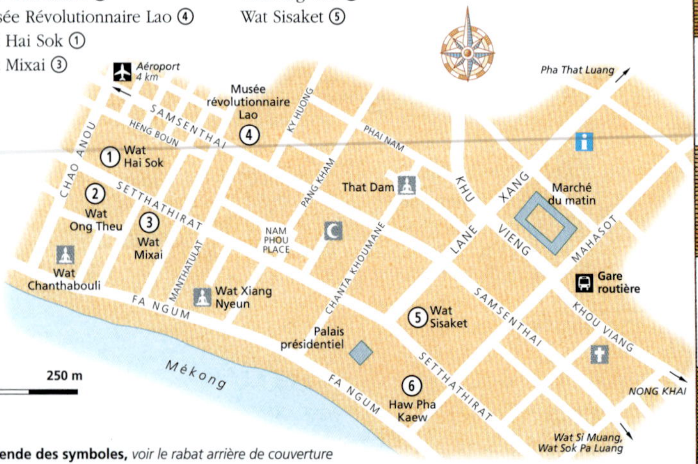

Légende des symboles, *voir le rabat arrière de couverture*

Pour les hôtels et les restaurants de la ville, voir p. 411-412 et p. 440-441

Wat Mixai

Setthathirat Rd. *t.l.j.*
Deux *nyak* (géants protecteurs) gardent les portes de ce *wat*, en partie construit au XIXe siècle dans le style de Rattanakosin.

Wat Ong Theu

Setthathirat Rd. *t.l.j.*
Fondé au début du XVIe siècle, ce monastère, l'un des plus importants du Laos, fut rebâti aux XIXe et XXe siècles après sa destruction en 1827. Il comprend une école bouddhique et un grand bouddha du XVIe siècle encadré par deux autres.

Wat Hai Sok

Setthathirat Rd. *t.l.j.*
Le Wat Hai Sok, qui a lui aussi connu une restauration comme beaucoup d'autres *wat* à Vientiane, possède un impressionnant toit à cinq niveaux.

Aux environs : à la périphérie nord-est de la ville, le Pha That Luang, le plus important monument national et bouddhiste du Laos, s'accroche à mi-pente d'une colline. Selon la tradition, il existait à cet endroit, dès le IIIe siècle av. J.-C., un *chedi* renfermant une relique du Bouddha. Des indices plus tangibles suggèrent qu'un *prasat* khmer occupa le site. Le sanctuaire actuel date de 1566 alors que Vientiane venait de devenir la capitale du Lan Xang. Endommagé au XVIIIe et au XIXe siècle, il fut tout d'abord maladroitement restauré par des Français en 1900, qui reprirent des travaux mieux réalisés dans les années 1930. Au sud-est du centre-ville, le **Wat Si Muang**, le lieu de culte le plus populaire de la capitale laotienne, occupe un emplacement choisi par des sages en 1563. Le **Wat Sok Pa Luang** est un centre réputé d'enseignement de la *vipassana*, une forme de méditation bouddhiste.

MODE D'EMPLOI

Province de Vientiane, Laos.
6 millions. *4 km O du centre.* *sur Khu Vieng Rd.* *On peut accéder à Vientiane en traversant le Pont de l'Amitié en bus, à la sortie de Nong Khai (Thaïlande).* *depuis Nong Khai.* *angle de Setthathirat Rd et Pang Kham Rd.* *t.l.j.* *Bun That Lung (mi-nov.).*
Monnaies : *kip, baht thaï, dollar U.S.* **Visas et laissez-passer :** *ils sont délivrés à l'arrivée à l'aéroport de Wattay (payant, fournir une photo d'identité). Valables 1 mois, ils permettent de voyager librement dans tout le Laos.*

LE PATHET LAO

Au sortir de la Seconde Guerre mondiale, l'organisation nationaliste du Pathet Lao (litt.: État lao) s'oppose à la domination française sur l'Indochine avec l'aide du Vietnam dirigé par Ho Chi Minh. Après la transformation du Laos en monarchie constitutionnelle en 1949, le Pathet Lao négocie, depuis les « zones libérées » qu'il contrôle, sa participation au gouvernement mais, à partir de 1959, une succession de coups d'État militaires soutenus par les États-Unis le contraignent à reprendre la guérilla. Le retrait des forces américaines de la région en 1975 permet au Parti communiste de prendre le pouvoir.

Affiche en faveur du Parti populaire révolutionnaire lao

Ho Nang Ussa, formation rocheuse du parc de Phu Phrabat

Parc historique de Phu Phrabat ⓬

อุทยานประวัติศาสตร์ภูพระบาท

Près de la route 2021, 10 km O de Ban Pheu, province d'Udon Thani.
TAT, Udon Thani (0 4232 5406). *depuis Nong Khai ou Udon Thani jusqu'à Ban Pheu puis* songthaew.
t.l.j.

Ce parc a pour principale attraction d'étranges formations rocheuses sculptées dans le grès par l'érosion. Elles ont donné naissance à de nombreuses légendes. L'une d'entre elles justifie la profusion de sanctuaires bâtis sur le site. Elle a pour héroïne la princesse Ussa, envoyée par son père à Phu Phrabat pour étudier, qui tomba amoureuse du prince Barot. Fou de rage, le père défia le prétendant dans un duel de construction de temples et fut vaincu. Une immense dalle de grès nommée Kok Ma Thao Barot serait ainsi l'écurie du prince Barot et le rocher en forme de champignon appelé Ho Nang Ussa la résidence où la princesse passa de longues années en exil. Des peintures rupestres à l'intérieur de deux abris rocheux, Tham Wua (« grotte du bœuf ») et Tham Khon (« grotte des gens »), attestent d'une présence humaine datant de 6 000 ans. À l'entrée du parc se dresse une réplique grossière du Wat Phra That Phanom *(p. 297)*, le **Wat Phraphutthabat Bua Bok**, qui abrite une empreinte du pied du Bouddha.

Le Wat Phra That Choeng Chum, principal *wat* de la ville de Sakhon Nakhon

Sakhon Nakhon ⓭

สกลนคร

Province de Sakhon Nakhon.
120 000. TAT, Nakhon Phanom (0 4251 3490). t.l.j. Cérémonie du château de cire (oct.).

Cette petite ville accueillante possède deux sites dignes d'intérêt. Le **Wat Phra That Choeng Chum** est un superbe sanctuaire renfermant un vaste *bot* et un *chedi* blanc de style lao haut de 24 m construit pendant la période d'Ayutthaya. Un *wihan* spacieux donne accès à un *prang* khmer du Xe siècle. Des bouddhas de styles lao et khmer entourent sa base qui porte une très ancienne inscription. Dans l'enceinte du *wat*, on remarque des *luk nimit*, pierres d'ordination brahmaniques qui ressemblent à des boulets de canon géants. Hors du centre, après l'aéroport, le **Wat Phra That Narai Cheng Weng** comprend un *prang* khmer à cinq étages qui appartenait jadis à un lieu de culte hindou. « Narai » est d'ailleurs le nom thaï et khmer de Vishnu. La princesse qui commanda le monument s'appelait Cheng Meng.
Le linteau le plus important, au-dessus de l'entrée, montre Shiva exécutant sa danse de destruction de l'univers.
Le portique nord porte une superbe image de Vishnu couché rêvant à un nouvel univers.

Nakhon Phanom ⓮

นครพนม

Province de Nakhon Phanom.
114 000. TAT, 1841 Soontornvijit Rd., Nakhon Phanom (0 4251 3490). t.l.j. Fête des bateaux illuminés (oct.).
tat.ne@npu.msu.ac.th

Nakhom Phanom, la « ville des collines », offre un cadre paisible où passer quelques jours de détente au bord du Mékong. À la saison sèche, la baisse des eaux découvre une plage, **Hai Sai Tai Muang**, où l'on peut marcher presque jusqu'au Laos. Nakhom Phanom offre un panorama magnifique de ce pays mais ne peut servir de point de passage et on ne peut pas non plus y obtenir de visa. À la pleine lune du onzième mois lunaire, la fête des Bateaux illuminés apporte une magnifique conclusion au carême bouddhique. Les fidèles mettent à dériver sur le fleuve des embarcations emplies d'offrandes. Des bougies et des lampes à paraffine leur donnent dans la nuit un éclairage magique.

Renu Nakhon ⓯

เรณูนคร

Province de Nakhon Phanom.
39 000. depuis Nakhon Phanom. TAT, Nakhon Phanom (0 4251 3490). mer.

Ce village est principalement connu pour ses tissages et ses broderies, ouvrages réalisés entre autres par des membres de l'ethnie thaïe lue. Au marché du mercredi, soieries et cotonnades se vendent à l'aune du *phun* qui mesure 75 cm. Les étals proposent également des vêtements et des tissus d'ameublement provenant de tout l'Isan et du Laos. On trouve aussi tous les jours des éventaires autour du **Wat That Renu** (1918), inspiré du *chedi* de That Phanom.

Boutique de vêtements et de tissus, Renu Nakhon

Pour les hôtels et les restaurants de la région, voir p. 411-412 et p. 440-441

Wat Phra That Phanom ⓰

วัดพระธาตุพนม

La ville isolée de That Phanom abrite le sanctuaire le plus révéré du nord-est de la Thaïlande. Au centre se dresse un *chedi* en brique et en plâtre de style lao, bâti il y a environ mille cinq cents ans. Toutefois, selon la tradition, sa construction aurait été décidée peu de temps après la mort du Bouddha au Ve siècle av. J.-C. pour y inhumer son sternum. Le monument a connu de nombreuses restaurations, la plus récente à la suite des pluies dévastatrices de 1975. Chaque année, à la pleine lune du troisième mois lunaire, une fête d'une semaine réunit des milliers de pèlerins venus de toute la Thaïlande et du Laos.

MODE D'EMPLOI

Centre de That Phanom, province de Nakhon Phanom. *TAT, Nakhon Phanom (0 4251 3490).* *de Nakhon Phanom, Sakhon Nakhon ou Mukdahan.* *t.l.j. 6h-19h.* *Festival de Phra That Phanom (fév.-mars).*

Lion de pierre
Deux de ces animaux protecteurs encadrent l'allée principale de l'enceinte extérieure.

Pèlerins au Wat Phra That Phanom
Des milliers de fidèles visitent le sanctuaire pendant la fête et tout au long de l'année. Beaucoup viennent du Laos où seul le That Luang de Vientiane est plus sacré.

CHEDI CENTRAL

Haut de plus de 50 m, l'édifice actuel, rebâti en 1977, s'inspire du That Luang de Vientiane et possède la forme d'un bouton de lotus stylisé et allongé.

Une décoration en or s'inspire du lotus pour symboliser le chemin de l'illumination.

Des pierres précieuses et des anneaux d'or parent le *chedi*.

***Chat* (ombrelle cérémonielle)**

De nombreux bouddhas entourent le *chedi*. Les pèlerins les recouvrent de feuilles d'or pour acquérir des mérites.

Des panneaux de pierre sculptés au Xe siècle racontent la légende des cinq hommes à qui est attribuée l'origine mythique du *chedi*.

Bouddha doré
Près de l'entrée de l'enceinte intérieure, cette image protégée par une ombrelle est dans la posture abhaya mudra (p. 173).

Les marchandises laotiennes et vietnamiennes abondent à Mukdahan sur le marché au bord du Mékong

Mukdahan ⓱

มุกดาหาร

Province de Mukdahan. 83 000. TAT, *Nakhon Phanom (0 4251 3490).* *t.l.j.* *Ruam Pao Thai Ma Kham Wan Chai Khong (janv.).*

Mukdahan est la capitale d'une des provinces les plus récentes de Thaïlande. Créée en 1980, elle réunit des territoires qui faisaient partie des provinces de Nakhon Phanom et d'Ubon Ratchathani. La rue la plus intéressante est de loin Samran Chai Khong Road au bord du fleuve. Elle fait face, sur l'autre rive, à la deuxième ville du Laos, Suwannakhet. En 2007, un second pont de l'Amitié a vu le jour, reliant Mukdahan et Savanakmet. Les touristes peuvent se procurer un visa à leur arrivée. De fructueux échanges entretiennent la prospérité de Mukdahan, et de nombreux bateaux thaïlandais et laotiens déchargent, ou chargent, des marchandises le long du quai. Elles alimentent entre autres le marché qui s'étend du **Wat Si Mongkol Tai** au **Wat Yot Kaew Siwichai**. Il mérite une visite pour son atmosphère colorée et les friandises locales, bien que les éventaires proposent plus de pacotilles en plastique que de produits traditionnels laotiens et vietnamiens. Des statues de créatures mythiques décorent l'entrée de la principale chapelle du Wat Si Mongkhol Thai construit par des immigrants vietnamiens en 1956. Plus clinquant, le Wat Yot Kaew Siwichai abrite un grand bouddha assis doré dans un *wihan* aux murs latéraux vitrés. Non loin, sur Song Nang Sathit Road, se trouve le **sanctuaire chinois Chao Fa Mung Muang** où réside l'esprit gardien de Mukdahan. C'est aussi là que se dresse le **Lak Muang,** le pilier de la ville généralement paré de guirlandes en plastique multicolores.

Bouddha assis du Wat Yot Kaew Siwichai, Mukdahan

Aux environs : à 500 m, le sommet de la colline du **Phu Manorom** offre une vue panoramique de toute a capitale provinciale. Un pavillon à cet endroit renferme une réplique d'une empreinte de pied du Bouddha.

Phu Manorom
Près de la route 2034 à 5 km S de Mukdahan. *t.l.j.*

Pha Taem ⓲

ผาแต้ม

18 km N de Khong Chiam, province d'Ubon Ratchathani. *TAT, Ubon Ratchathani (0 4524 3770).* *tatubon@tat.or.th* *depuis Ubon Ratchathani jusqu'à Khong Chiam puis* tuk-tuk. *t.l.j.*

Située à 18 km de Khong Chiam par une route sans transports en commun, Pha Taem, la « falaise peinte », n'est réellement accessible qu'avec un véhicule de location ou en *tuk-tuk*. En chemin, à quelques kilomètres du sommet, une formation rocheuse connue sous le nom de Sao Chaliang évoque curieusement Ho Nang Ussa du parc historique

Pour les hôtels et les restaurants de la région, voir p. 411-412 et p. 440-441

de Phu Phrabat *(p. 295)* dans la province d'Udon Thani. Depuis le parc de stationnement, un sentier non balisé conduit à la paroi rocheuse décorée sur 170 m de longueur. Les peintures comprennent une bande de 30 m d'empreintes de mains, des motifs géométriques, des silhouettes humaines stylisées et des représentations d'animaux sauvages, de nasses à poissons et de *plaa buk*, les poissons-chats géants du Mékong. Réalisées avec un pigment indélébile obtenu à partir de terre, de résine d'arbre et de graisse, elles seraient vieilles d'environ quatre mille ans et l'œuvre de cultivateurs de riz apparentés aux premiers habitants de Ban Chiang *(p. 272)* plutôt que de troglodytes. Pha Taem offre une vue exceptionnelle du Mékong et de la jungle laotienne.

Peinture rupestre de Pha Taem

Khong Chiam 19

โขงเจียม

Province d'Ubon Ratchathani.
30 000. TAT, Ubon Ratchathani (0 4524 3770). t.l.j.

Khong Chiam se trouve au confluent du Mékong aux eaux rouges et du Mung d'un bleu indigo, qui créent à leur point de rencontre le phénomène appelé *maenam song* (« rivière aux deux couleurs »). Ce contraste de teintes est dû à la différence entre les limons en suspension dans les cours d'eau. Le **Wat Khong Chiam** offre depuis la rive un bon poste d'observation du *maenam song*. Les visiteurs peuvent rejoindre la ville qui s'étend sur l'autre rive bien qu'elle ne puisse servir de point d'entrée officiel au Laos. Une des activités traditionnelles locales reste la fabrication de grandes nasses à poissons coniques d'un aspect très proche de celles représentées à Pha Taem.

Fabrication d'une nasse, Khong Chiam

Chong Mek 20

ช่องเม็ก

Province d'Ubon Ratchathani.
4 900. depuis Ubon Ratchathani. TAT, Ubon Ratchathani (0 4524 3770). t.l.j.

La petite ville frontalière de Chong Mek est l'un des rares points, avec Nong Khai *(p. 292-293)*, Chiang Khong *(p. 249)* et Mukdahan *(p. 298)*, où les touristes peuvent franchir la frontière entre la Thaïlande et le Laos. On peut obtenir un visa (payant) sur place, valable pour un mois (fournir une photo d'identité). Ceux qui ne possèdent pas de visa peuvent, même sans passeport, penétrer dans le pays sur environ 200 m pour se promener au milieu d'un marché et de boutiques de produits détaxés. Depuis l'ouverture de la frontière, un marché et de nombreuses boutiques se sont installés à Chong Mek, attirant les cars pleins de touristes thaï venus visiter la ville laotienne voisine de Pakse. Il arrive également que des groupes de vieilles femmes vendent des fleurs et des plantes rares. Leur cueillette contribue malheureusement à la dégradation de la jungle laotienne.

Le lac du barrage Sirindhorn

Barrage de Sirindhorn 21

เขื่อนสิรินธร

Province d'Ubon Ratchathani.
TAT, Ubon Ratchathani (0 4524 3770), information pour des gîtes (0 4536 6085). depuis Ubon Ratchathani jusqu'à Chong Mek puis songthaew.

La construction de ce barrage hydroélectrique, du nom de la deuxième fille du roi Bhumibol, date de 1971. Le bassin de retenue mesure 43 km du nord au sud, et la turbine de la centrale a une puissance de 24 000 KW. On peut naviguer sur le lac. Il existe aussi un parc, un restaurant et des bungalows. La Banque mondiale finance depuis les années 1950 l'édification d'ouvrages de ce type pour aider la Thaïlande à faire face à ses besoins croissants en électricité. Le monde politique et des affaires soutient ces projets alors que les habitants et les défenseurs de l'environnement s'y opposent.

Défilé de statues de cire pour la fête des Bougies d'Ubon Ratchathani ▷

Prasat Khao Phra Wihan ㉒

ปราสาทเขาพระวิหาร

Près de la route 221, S d'Ubon et de Sisaket, au Cambodge. *TAT, Ubon Ratchathani, (0 4524 3770). de Ubon ou Sisaket à Kantharalak, puis* songthaew. *t.l.j.*

Le site extraordinaire qu'occupe cet ancien sanctuaire, sur un éperon rocheux du massif de Dongrek, en fait un des plus remarquables monuments khmers en dehors d'Angkor Wat *(p. 264-265)*. Construit entre le Xe et le XIIe siècle, il fut longtemps au centre de désaccords entre la Thaïlande et le Cambodge. La Cour internationale de justice trancha en 1962 : bien que l'accès le plus aisé au temple passe par la Thaïlande, il se trouve bien en territoire cambodgien. Devenu inaccessible après la prise du pouvoir par les Khmers rouges en 1975, on ne put le visiter qu'au début des années 1990 après le déminage du site. Toutefois, l'instabilité qui règne dans la région oblige encore souvent à fermer les ruines. Lorsqu'elles sont ouvertes, les visiteurs franchissent plusieurs postes de contrôle militaires pour gravir une série d'escaliers majestueux, traverser des *gopuras* qui ont conservé de beaux reliefs sculptés, puis emprunter une allée bordée de *nagas*, longue de 850 m. Elle conduit au sanctuaire central, le *prasat* jadis dédié au dieu hindou Shiva. Il est très endommagé et le *prang* a besoin d'une restauration. Sa situation élevée offre néanmoins un panorama grisant du plateau cambodgien. Même si le temple est fermé, une falaise du côté thaïlandais de la frontière en offre une belle vue et porte d'élégants reliefs khmers.

Plate-forme portant trois *prangs* en ruine au Prasat Prang Ku

Relief du Prasat Khao Phra Wihan situé au Cambodge

Gopura superbement préservé du Prasat Khao Phra Wihan

Prasat Prang Ku ㉓

ปราสาทปรางค์กู่

Près de la route 2234, à 70 km S-O de Si Sa Ket, province de Si Sa Ket. *TAT, Ubon Ratchathani (0 4524 3770). de Ubon ou de Sisaket à Kantharalak, puis* songthaew. *t.l.j.*

Situé dans le district de Prang Ku de la province de Si Sa Ket, ce monument khmer du XIe siècle comprend trois *prangs* en brique dressés sur une même plate-forme. Il possède pour principal intérêt un linteau bien conservé, divisé horizontalement en deux parties par les queues de deux longs *nagas*. Au centre, Vishnu monte un *garuda* qu'encadrent deux lions portant des guirlandes de fleurs dans leur gueule. Le registre supérieur est orné de divinités en train de danser. En face du *prasat*, de nombreux oiseaux viennent chercher leur nourriture dans un réservoir khmer *(baray)*.

Ubon Ratchathani ㉔

อุบลราชธานี

Province d'Ubon Ratchathani. *118 000. TAT, 264/1 Khuan Thani Rd., Ubon Ratchathani (0 4524 3770). t.l.j. Fête des Bougies (fin juil.).* **www**.tatubon.org

Contrôlée par les Khmers à partir du Xe siècle, cette région du sud-est de l'Isan passa ensuite sous l'autorité du royaume d'Ayutthaya *(p. 60-61)*. Ce sont des immigrants lao qui fondèrent, à la fin du XVIIIe siècle sur la rive nord du Mun, un affluent du Mékong, la capitale provinciale d'Ubon Ratchathani souvent appelée simplement Ubon. La proximité d'une base aérienne américaine pendant la guerre du Vietnam stimula son essor et elle est devenue l'une des plus grandes villes de Thaïlande. Elle apparaît au premier abord comme une étendue bétonnée et sans caractère, mais le **musée national d'Ubon** possède l'une de plus riches collections du Nord-Est et plusieurs temples méritent une visite. Installé dans une ancienne résidence du roi Vajiravudh (1910-1925), le musée présente des œuvres bouddhistes khmères et lao, une exposition sur l'histoire et la préhistoire de la région, ainsi que des outils et des objets de la vie quotidienne. Parmi ses plus belles pièces, on trouve un bouddha de l'école de Dvaravati et un immense tambour cérémoniel en bronze datant du IVe siècle. Sa bibliothèque en tek construite sur pilotis fait du **Wat Thung Si Muang** le temple le plus intéressant d'Ubon. Fondé par Rama III (1824-1851), il abrite dans le *bot* des peintures murales de *jatakas* *(p. 30)* vieilles de cent cinquante ans. Un *mondop* renferme une empreinte de pied du Bouddha. En 1853, le roi Mongkut (1853-1868) apporta son soutien à la construction du **Wat Supattanaram Worawihan**, qui devint le premier sanctuaire dirigé en Isan par la stricte secte Thammayut que Mongkut avait fondée. Construit en pierre par des artisans vietnamiens, le *bot* présente un mélange éclectique de styles khmer, thaï et européen. L'édification **Wat Phra That Nong Bua,** plus moderne, commémora en 1957 le 2500e anniversaire de la mort du Bouddha. Ses deux tours blanches à quatre pans portent des niches abritant des bouddhas debout et des reliefs illustrant des *jatakas*. Parmi les autres temples d'Ubon figurent le **Wat Cheng**, aux gracieuses sculptures sur bois de style lao, le **Wat Si Ubon Rattanaram** construit en 1855 et dont le bouddha de topaze provient de Chiang Saen, et le **Wat Maha Wanaram**, le plus important lieu de culte de la ville. Au début du carême bouddhique, Ubon devient un centre de pèlerinage quand la fête des Bougies *(p. 49)* donne lieu à la réalisation de grandes statues religieuses en cire, promenées dans les rues sur des chars avant d'être offertes aux temples.

Ornement du Wat Supattanaram

Bouddhas et reliefs ornent le Wat Phra That Nong Bua

Musée national d'Ubon
Khuan Thani Rd. ***Tél.*** *0 4525 5071.*
mer.-dim. 9h-16h. *j.f.*
www.thailandmuseum.com

UBON RATCHATHANI : LE CENTRE-VILLE

Musée national d'Ubon ②
Wat Cheng ④
Wat Maha Wanaram ⑤
Wat Si Ubon Rattanaram ③
Wat Supattanaram Worawihan ①
Wat Thung Si Muang ⑥

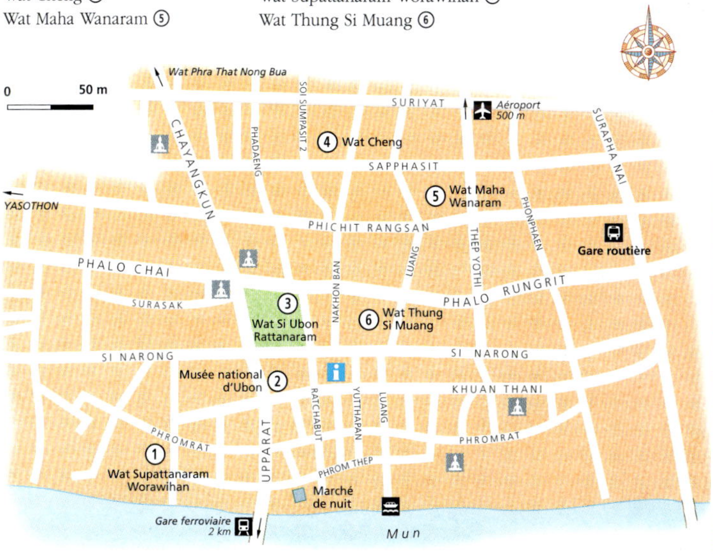

Légende des symboles, *voir le rabat arrière de couverture*

LE GOLFE DE THAÏLANDE

Présentation du golfe de Thaïlande

Les stations balnéaires bordant l'ancien golfe du Siam attirent aussi bien les Thaïlandais que les étrangers. Les habitants de Bangkok aiment passer leurs week-ends à Cha-am et Hua Hin, tandis que Pattaya propose de nombreux sports nautiques et une vie nocturne débridée. Les villes de Chaiya et de Phetchaburi abritent des trésors architecturaux et artistiques. À l'intérieur des terres, des parcs nationaux protègent une faune et une flore exceptionnelles. Du fait d'une très forte fréquentation touristique dans les îles, des sites comme Ko Samui ont souffert d'un développement soudain et incontrôlé. Ko Samet et Ko Chang ont également subit les conséquences néfastes d'une croissance urbaine trop hâtive.

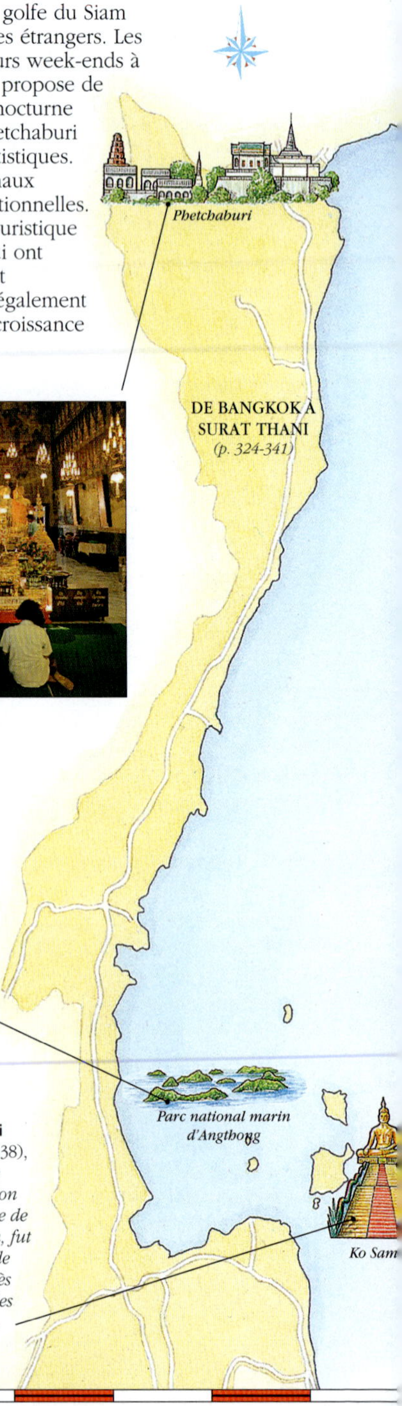

Phetchaburi (p. 328-330) *reçoit peu de visiteurs malgré une histoire remontant au XIe siècle et un intéressant quartier ancien. Important centre culturel, la ville renferme plus de 30* wat, *dont le splendide Wat Mahathat fondé au XIVe siècle.*

Le parc national marin d'Angthong (p. 340-341), *aisément accessible depuis Ko Samui, protège un groupe spectaculaire d'îlots.*

Ko Samui (p. 336-338), *première destination balnéaire de la région, fut victime de son succès auprès des touristes.*

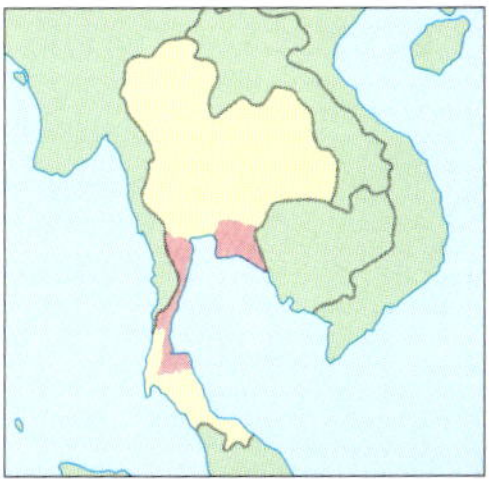

Ko Samet (p. 318-319) *est une île très fréquentée, et rapidement accessible en voiture puis en bateau depuis Bangkok.*

Pattaya (p. 317) *accueille un curieux mélange de familles, venues profiter d'excellents équipements sportifs, et de célibataires séduits par l'ambiance artificielle des discothèques et des « go-go bars ».*

0 50 km

Ko Chang (p. 322-323) *fait partie d'un archipel de 52 îles dont elle est la plus grande. Elle s'est considérablement développée et est aujourd'hui très prisée.*

Plages et loisirs au bord du golfe

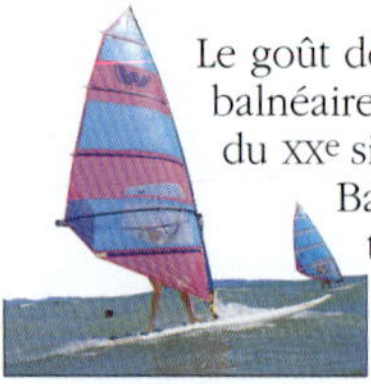

Véliplanchistes au large de Jomtien

Le goût des Thaïlandais pour les stations balnéaires date de l'ouverture, au début du XXe siècle, de la liaison ferroviaire Bangkok-Hua Hin et du premier terrain de golf du pays, le Royal Hua Hin, dessiné par l'ingénieur écossais A. O. Robins.

Les habitants de Bangkok continuent de fréquenter Hua Hin et sa voisine, Cha-am, plus récente, surtout pour y déguster des fruits de mer. Les étrangers, eux, se pressent dans le golfe pour ses plages de sable blanc et ses eaux limpides. Le développement des équipements touristiques et de loisirs a toutefois pris une telle ampleur qu'il provoque des inquiétudes pour l'environnement, bien que des lieux comme Ko Chang restent préservés.

Le Bangpra Golf Course *de Pattaya est l'un des nombreux terrains de golf des collines de la province de Chon Buri* (p. 464).

Cha-am (p. 330) *s'est considérablement développée, mais reste encore dans l'ombre de Hua Hin.*

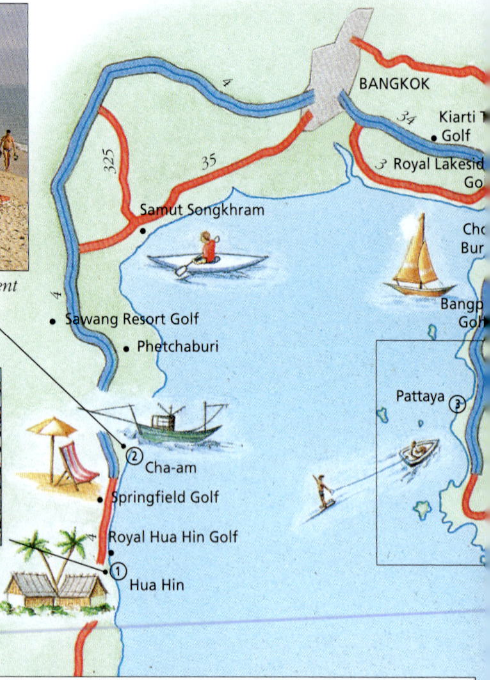

Le Sofitel Centara Grand Resort et Villas (p. 331) *a été restauré selon le style colonial original des années 1920.*

LES MEILLEURES PLAGES DU NORD DU GOLFE

Hua Hin Beach ①
La plus ancienne station balnéaire du pays vaut surtout pour le charme de la ville et ses restaurants.

Cha-am Beach ②
Appréciée des Thaïlandais le week-end mais tranquille en semaine. Remarquables restaurants de poisson.

Jomtien Beach, Pattaya ③
Cette plage de 14 km appréciée des familles permet de pratiquer de nombreux sports nautiques.

Glass Sand Beach (Hat Sai Kaeo), Ko Samet ④
La plus longue et la plus animée des plages de Ko Samet offre un sable d'une grande propreté, une eau limpide et un bon choix de sports nautiques.

White Sand Beach (Hat Sai Khao), Ko Chang ⑤
La plus fréquentée d'une île préservée. Pêche, plongée au tuba et promenades en bateau.

PATTAYA

Lancée par les soldats américains qui venaient s'y détendre pendant la guerre du Vietnam, la plus clinquante des stations balnéaires de Thaïlande attire en nombre égal des hommes en goguette et des familles en séjour organisé. Les premiers y viennent pour les go-go bars et leurs prostituées. Les familles disposent quant à elles de plages bien équipées, telle Jomtien Beach qui propose un très large choix de sports nautiques.

Gonflables à louer sur une plage de Pattaya

Ko Chang (p. 322-323) *est, après Phuket, la plus grande île de la Thaïlande. Très appréciée des routards, elle accueille plus de 400 000 visiteurs chaque année.*

La plongée *se pratique toute l'année sur la côte est du golfe, contrairement à Ko Samui et au littoral d'Andaman plus affectés par les moussons* (p. 26-27).

Les pierres précieuses

Rubis étoilé

Chanthaburi, la « cité de la lune », est connue depuis le XVe siècle des voyageurs européens pour ses pierres précieuses. En tant que cité marchande, son histoire remonte au IXe siècle et à l'Empire khmer *(p. 56-57)*. Des couches superficielles d'alluvions renferment les gemmes, des rubis et des saphirs associés à des dépôts de zircon, de spinelle et de grenat, et il est arrivé que des fermiers en découvrent en retournant leur champ. La région a toutefois connu une longue exploitation, et si la ville, réputée pour la qualité de ses joailliers, reste avec Bangkok un des grands centres mondiaux du commerce des pierres précieuses, celles-ci proviennent souvent de l'étranger.

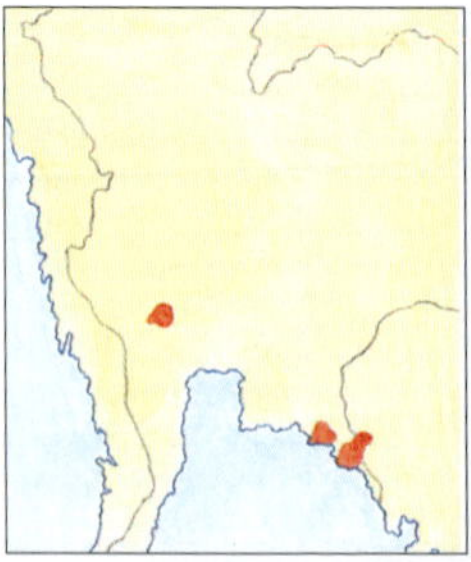

ZONES MINIÈRES

Mines de rubis et de saphirs

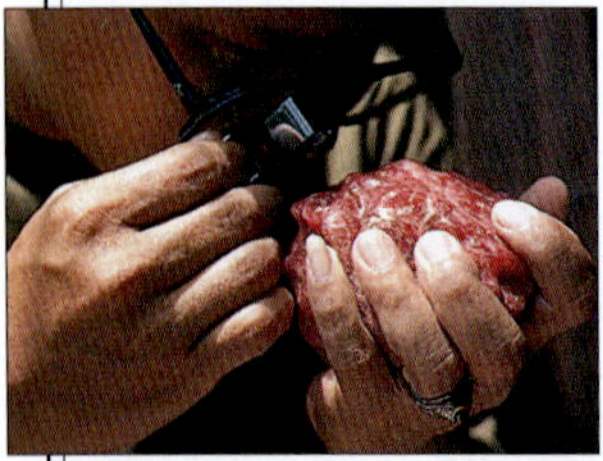

L'examen des cristaux *dans leur gangue aide à décider de la taille qui en tirera le meilleur parti.*

Le débourbeur sert à retenir les pierres emportées par un courant de boue.

UNE MINE DE GEMMES

Des boutiques de Chanthaburi organisent des visites de lieux d'extraction, mais la région a été tellement exploitée que beaucoup de pierres viennent de l'étranger.

De simples meules *servent à la taille des pierres chez les petits joailliers, qui travaillent souvent à domicile. Les opérations les plus délicates exigent un matériel plus sophistiqué.*

LA TAILLE DES PIERRES

L'adresse des artisans thaïlandais à façonner les pierres précieuses, souvent avec un équipement rudimentaire et en jugeant des angles à l'œil, a établi leur renommée dans le monde entier. Toutefois, l'usage de matériel moderne, offrant plus de précision et de rapidité, se répand. Une fois taillées, les pierres sont classées en fonction de leurs dimensions et de leur qualité. Celle-ci dépend de leur couleur, de leur éclat et de leur pureté.

Dans un atelier de joaillier moderne

Les acheteurs *préfèrent les pierres brutes, se fondant sur leur expérience pour les juger, et beaucoup se chargent ensuite eux-mêmes de la taille. Les novices ont peu de chance de réaliser une bonne affaire et risquent même de se faire escroquer* (p. 480).

Les marchandages *sont âpres dans des centres miniers comme Bo Rai* (p. 321), *la qualité d'une pierre brute ou taillée donnant lieu à des appréciations très variées.*

De jeunes enfants participent aussi à la recherche en famille de pierres précieuses.

Des écuelles servent encore à isoler par décantation les gemmes de la boue.

Façonner un bijou, *destiné à mettre en valeur la beauté d'une gemme, demande une grande précision et beaucoup d'attention, deux qualités pour lesquelles sont réputés les artisans thaïlandais.*

Les pierres les plus appréciées *sont les saphirs d'un bleu profond et les rubis rouge sang, ainsi que des saphirs inhabituels, jaunes par exemple. Les chauffer à près de 2 000°C sert parfois à rendre définitivement la couleur plus intense.*

Saphir étoilé

Rubis étoilé

Saphir vert

Zircon

Rubis

Péridot

Saphir jaune

LA RÉGION DE PATTAYA

De Bangkok à la frontière cambodgienne, le littoral oriental du golfe de Thaïlande est une région de contrastes avec ses îles superbement préservées et ses stations balnéaires où prolifèrent néon et béton. Des raffineries de pétrole et des complexes industriels jalonnent une grande partie de la côte, mais l'intérieur des terres recèle de magnifiques parcs nationaux peu fréquentés.

La région de Pattaya se trouvait au début du XVe siècle à la frontière entre l'Empire khmer et celui de Sukhothai. L'affaiblissement de la puissance khmère entraîna l'installation de nombreux Thaïs qui y découvrirent de riches dépôts de pierres précieuses. Leur commerce enrichit Chanthaburi et la ville fut, aux XVIIIe et XXe siècles, occupée par les Birmans et les Français. Elle a accueilli par vagues successives de nombreux réfugiés vietnamiens.

Bien que la région reste très boisée, le développement des industries pétrolière et touristique y a entraîné de profonds changements ces dernières années. Certaines localités du littoral ont cependant conservé leur charme, telle Si Racha, réputée pour ses fruits de mer à déguster en plein air en contemplant la baie. À quelques kilomètres au sud, les néons criards des go-go bars donnent un visage très différent à Pattaya. Cette station balnéaire n'est toutefois pas uniquement un haut lieu de la prostitution, mais aussi un excellent centre de sports nautiques.

Au sud et à l'est de Rayong, se trouvent de belles îles montagneuses et de denses forêts pluviales. Les parcs nationaux de Khao Chamao, Khao Kitchakut et Khao Sabap renferment de superbes cascades et des grottes, tandis que la petite île de Ko Samet possède de magnifiques plages de sable.

Plus au sud encore, les magnifiques plages, extrêmement fréquentées, attirent des centaines de milliers de visiteurs chaque année.

Sanctuaire troglodytique dans le parc national de Khao Chamao-Khao Wong

◁ Petit coin de paradis sur l'île merveilleusement paisible de Ko Chang

À la découverte de la région de Pattaya

Des kilomètres de plage de rêve et des températures élevées font du littoral oriental du golfe de Thaïlande un paradis pour les amateurs du soleil, qu'ils y viennent juste pour se détendre et savourer des fruits de mer ou pratiquer des sports nautiques. Les sites balnéaires offrent une grande diversité, allant de stations à la vie nocturne frénétique comme Pattaya à des îles relativement préservées, telle Ko Chang, entourée par un splendide parc marin. Montagneux, les trois autres parcs nationaux de la région protègent des forêts tropicales où vit une faune variée. La ville principale, Chanthaburi, abrite un marché de pierres précieuses très animé.

LÉGENDE

- Autoroute
- Route principale
- Route secondaire
- Parcours pittoresque
- Voie ferrée
- Frontière internationale
- △ Sommet

Plage de sable blanc de l'île de Ko Samet

LA RÉGION DE PATTAYA D'UN COUP D'ŒIL

Bo Rai 12
Chanthaburi 10
Khlong Yai 15
Ko Chang 13
Ko Samet 6
Ko Sichang 3
Parc national de Khao Chamao-Khao Wong 7
Parc national de Khao Kitchakut
Parc national de Namtok Phlio 11
Pattaya 4
Rayong 5
Si Racha 2
Trat 14
Wat Khao Sukim 8
Zoo de Khao Khieo Open 1

Pour les autres symboles de la carte, *voir le rabat arrière de couverture*

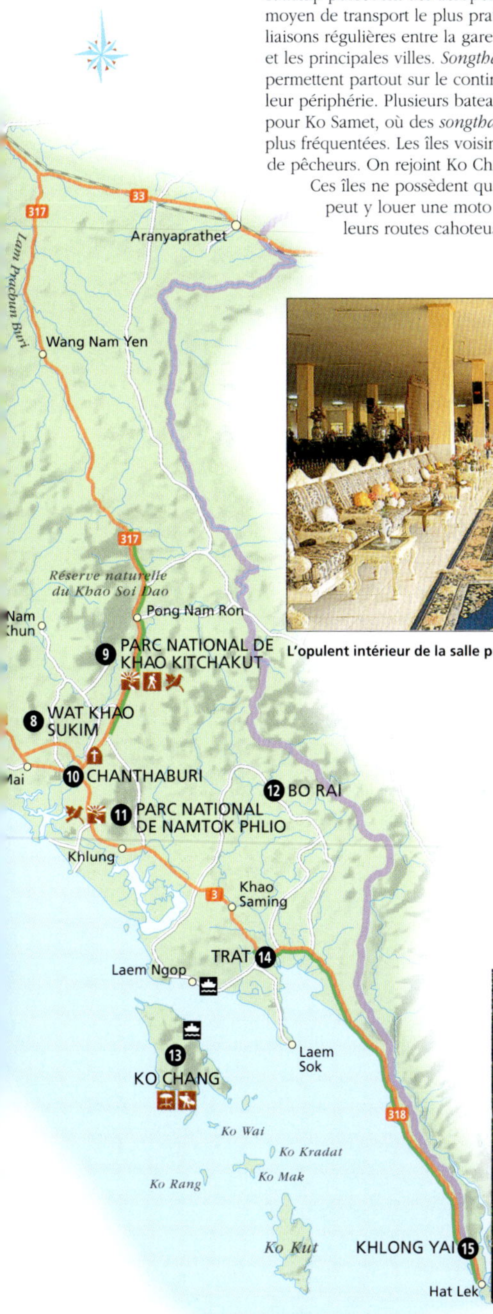

CIRCULER

Des trains assurent des liaisons quotidiennes entre la gare de Hua Lamphong à Bangkok et Si Racha ou Pattaya. Chon Buri et Sattahip possèdent des aéroports nationaux. Les autocars sont le moyen de transport le plus pratique dans la région : il existe des liaisons régulières entre la gare routière est (Ekamai) de Bangkok et les principales villes. *Songthaew,* cyclo-pousses et *tuk-tuk* permettent partout sur le continent de circuler dans les localités et leur périphérie. Plusieurs bateaux partent chaque jour de Ban Phe pour Ko Samet, où des *songthaew* circulent entre les plages les plus fréquentées. Les îles voisines se visitent en louant un bateau de pêcheurs. On rejoint Ko Chang et Ko Mak depuis Laem Ngop. Ces îles ne possèdent que peu d'infrastructures, mais on peut y louer une moto ou un *songthaew* pour emprunter leurs routes cahoteuses.

L'opulent intérieur de la salle principale du Wat Khao Sukim

VOIR AUSSI

- ***Hébergement*** p. 412-415
- ***Restaurants*** p. 441-443

0 25 km

Sous les palmiers à Ko Chang

Zoo de Khao Khieo Open ❶

สวนสัตว์เขาเขียว

Près de la route 3144, à 10 km S-E de Chon Buri, province de Chon Buri. **Tél.** *0 3829 8195.* *Chon Buri, puis samlor.* *t.l.j 8h-18h ; safari de nuit : t.l.j. 18h-21h.*

La voiture offre le meilleur moyen de rejoindre ce zoo. Des enclos spacieux et de grandes volières permettent aux spécimens de plus de 50 espèces d'animaux et d'oiseaux, entre autres tigres, zèbres et cerfs, de vivre en semi-liberté. À 20 km au sud de Khao Khieo, vous découvrirez la riche faune ailée des superbes marécages qui bordent le **Bang Phra Reservoir**.

Le Wat Atsadangnimit, salle de méditation de Rama V sur Ko Sichang

Si Racha ❷

ศรีราชา

Province de Chon Buri. *27 000.* *TAT, Pattaya (0 3842 7667).* *t.l.j.*

Réputée pour ses fruits de mer dans une sauce pimentée, la *nam phrik si racha*, cette petite ville du littoral sert de port d'embarquement pour l'île de Ko Sichang. Plusieurs quais jalonnent en bord de mer la rue principale, Jermjompol Road. Au bout des quais, des restaurants en plein air offrent le cadre idéal à la dégustation des spécialités locales, huîtres *(hoi nang rom)* et moules *(hoi thot)*, bien entendu accompagnées de *nam phrik si racha*. Sur un promontoire rocheux, un temple bouddhiste sino-thaï, **Ko Loi**, renferme notamment une empreinte de pied du Bouddha, une image de Kuan Yin (la déesse chinoise de la miséricorde) et un étang plein de tortues que les dévots nourrissent pour acquérir des mérites *(p. 129)*. Dans les rues de Si Racha et de Ko Sichang circulent des tricycles motorisés sans équivalent en Thaïlande.

Tricycle caractéristique de Si Racha et de Ko Sichang

Ko Sichang ❸

เกาะสีชัง

Province de Chon Buri. *4 600.* *depuis Si Racha.* *TAT, Pattaya (0 3842 7667 ou 0 3842 8750).*

Jadis appréciée du roi Chulalongkorn (Rama V), cette petite île au littoral accidenté servit un temps de point de contrôle douanier pour les bateaux à destination de Bangkok. Relativement paisible, surtout en semaine, elle conserve quelques vestiges architecturaux et propose une poignée de pensions aux visiteurs fuyant l'ambiance mercantile des stations balnéaires. Il n'existe qu'une localité, un village de pêcheurs délabré du nom de **Tha Bon**. Au nord, se trouve un intéressant **temple chinois** aux sanctuaires creusés dans la roche. Sur la côte ouest s'étendent les plages tranquilles de **Hat Sai Khao** et **Hat Tham**. Au sud, la végétation a envahi les ruines du **palais d'été de Rama V**. Chulalongkorn cessa d'y résider après une brève occupation de l'île par les Français en 1893, et son bâtiment principal, transféré à Bangkok, est devenu le palais Vimanmek du Dusit Park *(p. 102-105)*. Des travaux de restauration de ce qui reste du palais de Ko Sichang sont en cours. Deux élégantes villas vert pistache, situées derrière la plage de **Hat Tha Wang**, ont été achevées, mais les autres vestiges se composent principalement de fondations qu'animent ici ou là, au milieu des frangipaniers, un escalier menant nulle part, un bassin dans le rocher ou un sol en mosaïque dégradé. Au sommet de la colline se dresse le **Wat Atsadangnimit**, salle de méditation couronnée d'un *chedi* branlant où venait se recueillir Chulalongkorn. L'endroit se prête à d'agréables promenades et offre de belles vues.

Moment de détente à Suan Son, parc proche de Rayong

Pattaya ❹

พัทยา

Province de Chon Buri. 94 000. TAT, 609 Mu 10 Phra Tamnak Rd., Pattaya (0 3842 7667). t.l.j. Festival de Pattaya (avr.).

Il est devenu difficile de percevoir la beauté d'un site dont les plages idylliques attirèrent des visiteurs dès les années 1950, avant même que les soldats de la base américaine de Sattahip n'en fassent leur quartier de détente pendant la guerre du Vietnam. Aujourd'hui surnommée « Patpong-sur-mer » *(p. 116)*, Pattaya est devenue un des grands centres de la prostitution en Thaïlande. Malgré sa réputation scabreuse, elle attire aussi par milliers des familles qui viennent profiter d'hébergements de qualité et bon marché, de vastes plages (bien que la mer soit souvent polluée), d'excellents restaurants et des meilleurs équipements de sports nautiques du pays. La station balnéaire s'étend le long de trois baies. Au centre, **Pattaya Beach** mesure 3 km de long. Immeubles d'appartements, fast-foods et boutiques de souvenirs s'y serrent. C'est sur Walking Street que l'industrie du sexe s'exhibe. North Pattaya Road avec ses « bars à bière » est plus calme. De nombreux touristes préfèrent la **plage de Jomtien**, longue de 14 km, qu'un promontoire sépare de Pattaya. Des nuées d'agences privées y permettent des activités nautiques comme la voile, la planche à voile, le parachute ascensionnel, la pêche, la plongée ou le jet-ski. À terre, on peut pratiquer le golf, le tir, l'équitation et le tennis. Au nord de Pattaya Beach, dans la **baie de Nakua**, plus paisible, un village de pêcheurs a conservé son charme malgré le tourisme. L'aéroport de Suvarnabhumi, a vu le jour entre Bagkok et Pattaya.

Jet-ski prêt au départ sur l'une des plages de Pattaya

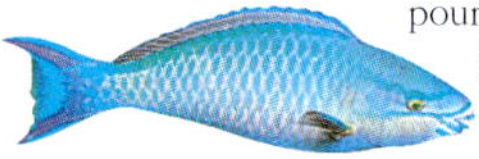

Poisson perroquet, fréquent dans les eaux de Pattaya

Rayong ❺

ระยอง

Province de Rayong. 95 000. TAT, 153/4 Sukhumvit Rd., Rayong (0 3865 5420). t.l.j. Foire aux fruits (mai).

Rayong est une prospère ville de pêche surtout connue localement pour sa statue du plus célèbre poète de Thaïlande : Sunthorn Phu *(p. 319)*. Elle offre toutefois moins d'intérêt que les sites auxquels elle donne accès. Si vous cherchez de belles plages, continuez jusqu'à **Ban Phe**. Une route côtière poursuit ensuite jusqu'à Laem Mae Phim, 20 km plus loin. Depuis Ban Phe, des bateaux desservent **Ko Samet** *(p. 318-319)*, ainsi que les îles **de Ko Saket**, **Ko Man Nok** et **Ko Man Klang**. Les deux dernières font partie du parc national de Laem Ya-Mu Ko Samet et les autorités ont réussi à éviter les constructions anarchiques bien que les jet-skis endommagent les fonds coralliens. À 5 km de Ban Phe, le **parc Suan Son** (« parc des pins ») et ses plages de sable blanc offrent un lieu de pique-nique très apprécié des Thaïlandais. On peut y déguster des fruits de mer. La province de Rayong est réputée pour ses fruits tels l'ananas et le durian *(p. 319)*, et ses spécialités culinaires, notamment le *nam pla* (sauce au poisson) et le *nam phrik kapi* (pâte aux crevettes).

Ko Samet ❻

เกาะเสม็ด

Province de Rayong *1 464.* *de Ban Phe (Rayong) à Ao Wong Duan et Ao Phrao.* *TAT, Rayong (0 3865 5420).* *t.l.j.*

Une eau bleue et limpide et du sable cristallin valent à l'île de Ko Samet une grande popularité auprès des Thaïlandais et des étrangers. Comme elle ne mesure que 6 km de long sur 3 de large, elle peut presque entièrement se découvrir à pied, et des sentiers sillonnent la jungle de l'intérieur que peuplent les habituels geckos et calaos. Malgré l'attribution du statut de parc national en 1981, en accord avec les stations balnéaires et les îles thaïlandaises, Ko Samet a souffert d'un développement trop soudain et de la multiplication des infrastructures touristiques. Le petit village de pêcheurs de **Na Dan**, où accostent les bateaux en provenance de Ban Phe, servait jadis de point de contrôle des jonques chinoises. Selon la légende, des pirates auraient hanté ses eaux protégées. Il est possible de rejoindre directement Ban Phe depuis plusieurs plages de Ko Samet. Les plus jolies se trouvent sur la côte est de l'île. **Hat Sai Kaeo** (« plage du sable de verre ») est la plus longue et la plus animée. Des agences y louent des planches à voile et proposent des promenades en bateau autour de Ko Samet, ainsi que des excursions de plongée au tuba dans des îles voisines. Plus au sud, **Ao Hin Khok**, **Ao Phai** et **Ao Nuan** sont aussi très appréciées. Près de la première se dressent les statues d'un prince et d'une sirène, personnages de *Phra Aphaimani*, une œuvre du célèbre poète thaïlandais Sunthorn Phu. Encore plus au sud s'ouvrent des baies moins fréquentées, à l'exception de la vaste plage d'**Ao Wong Duan**. On peut observer le lever du soleil à

Promenade au coucher du soleil sur Ko Samet

Ao Kui Na Nok et le coucher du soleil en face, à Ao Kui Na Nai, l'isthme d'**Ao Kui** étant particulièrement étroit à cet endroit. Sur la côte ouest, qui est en grande partie inaccessible, il n'existe qu'une zone aménagée, **Ao Phrao** (« baie du paradis »). Peu de visiteurs restent dormir sur cette plage isolée, celles du littoral oriental étant plus animées. Le paludisme ayant sévit à Ko Samet, mieux vaut s'y protéger des piqûres de moustiques *(p. 468-469)*, car même si le risque d'infection est faible, il n'est pas nul.

Bungalows haut de gamme à Ao Phrao, Ko Samet

Parc national de Khao Chamao-Khao Wong ❼

อุทยานแห่งชาติเขาชะเมา–เขาวง

Province de Rayong. Siège du parc à 17 km N de la route 3 à Klaeng. *TAT, Rayong (0 3865 5420) ; Forestry Dept, Bangkok (0 2562 0760 ou 0 3889 4378 pour la location de bungalows).* *Rayong ou Chanthaburi puis* songthaew. **www**.tat-rayong.com

Les deux montagnes qui ont donné leur nom à ce parc national s'élèvent au-dessus de basses terres agricoles. Des forêts tropicales d'arbres à larges feuilles persistantes abritent des mammifères tels que le tigre, l'éléphant et l'ours noir asiatique. Un autre habitant des lieux est la carpe *tor soro*. La tradition locale affirme que le nom du mont Chamao, qui signifie « se saouler », dérive de la légère ivresse provoquée par la consommation de ce poisson. Le parc compte peu de sentiers aménagés. Le plus beau longe la **cascade du Kao Chamao** et ses bassins et aboutit près du sommet de la chute d'eau, à Chong Kaep. Parmi les quelque 80 **grottes du Khao Wong**, les plus saisissantes, Tham Pet (« grotte diamant ») et Tham Lakhon (« grotte théâtre »), se trouvent à 4 km au sud-est du siège du parc. En période de basses eaux, on peut poursuivre jusqu'à la **cascade de Hok Sai** et camper au sommet. Depuis le poste nord-ouest du parc, d'anciennes pistes d'éléphants s'enfoncent dans la spectaculaire vallée de Khlong Phlu, où une forêt luxuriante sert de refuge à de nombreux animaux.

Funiculaire du Wat Khao Sukim

Wat Khao Sukim ❽

วัดเขาสุกิม

Khao Bay Si, district de Tha-Mai à 20 km N de Chanthaburi, près de la route 3322. *TAT, Rayong (0 3865 5420).* *Chanthaburi puis* songthaew.

Cet immense temple accroché au flanc du mont Sukim s'atteint en funiculaire ou par un long escalier bordé de *naga*. Il sert de résidence à Luang Pho Somchai, l'un des maîtres de méditation les plus révérés de Thaïlande. L'édifice abrite des tables incrustées de nacre. Les pièces exposées dans un musée – des bijoux et des poteries Bencharong, khmères et de Ban Chiang – témoignent de l'étonnante richesse que peuvent conférer à un moine les donations des dévots.

LA POÉSIE DE SUNTHORN PHU

Les longues œuvres lyriques de Sunthorn Phu (1786-1855), souvent porteuses d'un message moral, en firent le poète favori de Rama II et de Rama III, et le plus respecté aujourd'hui de Thaïlande. Sa première œuvre, l'épopée de *Phra Aphaimani*, tirait son inspiration des paysages de Ko Samet (alors appelée Ko Kaew Pisadan), où l'auteur s'était installé. Le poème raconte l'histoire d'un prince exilé dans un royaume sous-marin dont la souveraine est une géante amoureuse de lui. Aidé par une sirène, le prince s'enfuit jusqu'à Ko Samet. La géante le poursuit, mais il réussit à la vaincre, en l'endormant, grâce à une flûte magique.

À Ko Samet, le prince et la sirène de *Phra Aphaimani*

Parc national de Khao Kitchakut ❾

อุทยานแห่งชาติเขาคิชฌกูฏ

Province de Chanthaburi. Siège du parc près de la route 3249, à 24 km N-E de Chanthaburi. *Siège du parc (0 3945 2074). Chanthaburi puis* songthaew.

Montagne granitique culminant à un peu plus de 1 000 m d'altitude, le Khao Kitchakut domine l'un des plus petits parcs nationaux de Thaïlande. Près de son siège, on peut admirer le site le plus réputé de la réserve naturelle : la **cascade de Krathin**, chute d'eau de treize niveaux. Un sentier relativement aisé conduit à son sommet. Les randonneurs plus ambitieux, et de nombreux pèlerins, entreprennent la marche ardue de quatre heures qui permet d'atteindre le sommet du mont Phrabat. Il porte une empreinte du pied du Bouddha sculptée dans le granit et une étrange série de formations rocheuses qui prennent les formes d'un éléphant, d'une grande tortue, d'une pagode et d'un bol d'aumône. Non loin du parc s'étend la **réserve naturelle de Khao Soi Dao**, moins visitée bien que beaucoup plus vaste (754 km²). Ces deux zones protégées renferment certaines des dernières grandes forêts de basse terre du pays. Elles jouent un rôle vital pour l'économie locale, car leurs pentes drainent l'eau qui irrigue les vergers, et elles offrent un refuge à des espèces menacées telles que l'ours des cocotiers, le binturong, le faisan argenté et le grand-duc à ventre tacheté.

Logo des parcs nationaux

Réserve naturelle du Khao Soi Dao
Près de la route 317, 25 km N-O de Chanthaburi. *TAT, Rayong (0 3865 5420). Chanthaburi, puis* songthaew.

Douche rafraîchissante au pied de la cascade de Krathin, Khao Kitchakut

Autel de l'église de l'Immaculée-Conception, Chanthaburi

Chanthaburi ❿

จันทบุรี

Province de Chanthaburi. *48 000. TAT, Rayong (0 3865 5420). t.l.j. Fête des Fruits (mai-juin).*

Entourée de verdoyantes plantations de piments et d'hévéas, la prospère Chanthaburi est une des villes les plus agréables de Thaïlande. Grand centre du commerce des pierres précieuses *(p. 310-311)* depuis le XVe siècle, elle a attiré un large éventail de groupes ethniques. Des réfugiés vietnamiens forment le plus important. Leur immigration se fit en trois vagues : lors de persécutions contre les catholiques en Cochinchine au XIXe siècle, au début du XXe siècle pour fuir le régime colonial français et après la victoire des communistes en 1975. Des maisons-boutiques treillissées donnent son cachet au quartier vietnamien, parallèle à la rivière sur Rim Nam Road. Le monarque le plus révéré à Chanthaburi reste le roi Taksin qui en chassa les Birmans au XVIIIe siècle, achevant ainsi la réunification du Siam. Deux monuments lui rendent hommage. Une immense statue à la forme de son chapeau, **San Somdej Prachao Taksin**, orne Tha Luang Road. Au **Taksin Park**, un groupe sculpté en bronze représente le souverain au combat, comme sur les billets de 20 bahts. Au bord de la rivière Chanthaburi se dresse l'**église de l'Immaculée-Conception**, la plus grande

LES FÊTES DES FRUITS

Organisée dans trois provinces voisines, Rayong, Chanthaburi et Trat, la fête annuelle des fruits dure quelques jours en mai ou en juin, au moment de la récolte. Dans une région renommée pour ses ramboutans, ses durians et ses mangoustans, des éventaires dressés pour l'occasion vendent dans toutes les villes les produits des vergers. Des chars ornés de fleurs et de fruits paradent dans les rues et, comme dans toute fête locale thaïlandaise, les réjouissances comprennent un concours de beauté. D'autres concours, pour décider du durian le plus mûr ou du fruit le mieux formé, offrent aux agriculteurs une occasion de briller et aux touristes un spectacle pittoresque. Les visiteurs peuvent aussi assister à des spectacles culturels et à d'excellentes expositions d'artisanat. À Chanthaburi, de nombreux étals proposent une des spécialités de la province : des nattes au tressage élaboré.

Fête des fruits, Chanthaburi

cathédrale catholique de Thaïlande. Les Français entreprirent sa dernière reconstruction, sur le site d'une chapelle du XVIIIe siècle, lorsqu'ils occupèrent Chanthaburi de 1893 à 1904 pour obtenir du roi Chulalongkorn qu'ils leur cèdent les territoires sous son autorité au Laos et au Cambodge. Au croisement de Si Chan Road et de Thetsaban 4 Road, le **marché des pierres précieuses** *(talat phloi)* attire des négociants du monde entier. Les week-ends, des gemmes multicolores provenant de Birmanie, du Cambodge et des mines de la région s'échangent dans la rue. Les plus belles pierres sont expédiées directement à Bangkok.

Statue du roi Taksin, Chanthaburi

Parc national de Namtok Phlio ⓫

อุทยานแห่งชาติน้ำตกพลิ้ว

Province de Chanthaburi. Siège du parc près de la route 3, à 14 km S-E de Chanthaburi. *TAT, Rayong (0 3865 5420) ; Forestry Dept (0 2562 0760 ou www.dnp.go.th pour la location de bungalows).* *Chanthaburi, puis* songthaew.

Très apprécié des Thaïlandais, ce parc de 135 km² renferme une des plus luxuriantes forêts pluviales du pays et offre un refuge à plus de 156 espèces d'oiseaux et 32 espèces de mammifères, dont l'ours noir asiatique, le tigre, le léopard, le cerf muntjac et le macaque. Il est également réputé pour ses chutes d'eau, en particulier l'impressionnante **cascade de Phliu**. En face s'élèvent le *chedi* d'Alongkon et un *chedi* de forme pyramidale érigé par le roi Chulalongkorn en l'honneur d'une de ses épouses, Sunantha, qui se noya en 1876 à Bang Pa-in *(p. 181)*. Exigeant une marche plus éprouvante, deux autres chutes d'eau connaissent moins de succès auprès des visiteurs : la cascade de Trok Nong, haute de 20 m, et celle de Klang, enserrée dans la forêt.

Bo Rai ⓬

บ่อไร่

Province de Trat. *25 000.* *TAT, Trat (0 3959 7259 60).* *t.l.j.*

Cette petite ville se trouvait jadis au centre du commerce des pierres précieuses dans la région. Réputées pour la qualité de leurs rubis *(tab tim)*, les mines des environs sont toutefois presque épuisées, et Bo Rai n'abrite plus aujourd'hui qu'un seul marché d'un peu d'importance, celui de **Khlong Yaw**, qui a lieu le matin. Ce marché suit des règles inhabituelles, puisque ce sont les acheteurs qui s'installent à des tables entre lesquelles circulent les vendeurs. L'exploitation minière, en érodant les sols, a malheureusement causé de graves dégâts.

Sur le marché aux pierres précieuses de Bo Rai

Bungalows et cocotiers à Khlong Phrao, Ko Chang

Ko Chang ⓭

เกาะช้าง

Province de Trat. 5 800. depuis Laem Ngop. TAT, Trat. **Tél.** 0 3959 7259 60.

Montagneuse, Ko Chang est la plus vaste des quelque 50 îles protégées par le parc national marin de Ko Chang. Il occupe une superficie de 650 km², dont un tiers de terres émergées. Véritable image de carte postale, le lieu est idéal pour les vacanciers. Après un développement accru, Ko Chang dispose maintenant de toutes les infrastructures touristiques nécessaires : hôtels de qualité, stations balnéaires et centres de thalassothérapie. Depuis que des familles d'agriculteurs sino-thaïs se sont installées sur Ko Chang, au milieu du XIXe siècle, une grande partie de la faune a disparu. Quelques petits mammifères, tels que le cerf muntjac, le macaque à queue courte et la civette indienne, subsistent néanmoins à côté de 75 espèces d'oiseaux. Reptiles et amphibiens comprennent le varan, le python, le cobra royal et la grenouille de Ko Chang. Ses reliefs rendent l'intérieur des terres difficile à explorer. La route côtière entreprise au début des années 1990 facilite aujourd'hui la circulation dans l'île. C'est sur la côte ouest que se trouvent les plus belles plages, en particulier **Hat Sai Khao** (« plage de sable blanc »), bordée de bungalows, la plus longue et la plus fréquentée. Un centre d'information permet de s'inscrire à des promenades en bateau et à des expéditions de pêche ou de plongée au tuba, activités que proposent aussi la plupart des pensions. Beaucoup louent également des motos.

Plus jolie et plus tranquille, **Hat Khlong Phrao** s'étend à proximité de Ban Khlong Phrao, un village de pêcheurs. Les plages du sud restent relativement isolées. Celle qui se niche au creux de la baie d'**Ao Bang Bao** est particulièrement belle. Plus à l'est, une longue plage borde la baie d'Ao Sa Lak Phet, qui abrite quelques villages de pêcheurs et des bungalows. Au large, on peut visiter les épaves de deux navires de la marine thaïlandaise. Il existe de nombreuses chutes d'eau sur Ko Chang, dont deux justifiant la marche nécessaire pour les atteindre. Proche du siège du parc sur la côte est,

Hat Khlong Phrao, l'une des plus belles plages de Ko Chang

Pour les hôtels et les restaurants de la région, voir p. 412-415 et p. 441-443

la **cascade de Than Mayom** dévale trois niveaux et ménage une belle vue de l'île. Sur le littoral opposé, un sentier en pente douce de 3 km conduit au bassin supérieur de la **cascade de Khlong Phlu.** Les îles entourant Ko Chang constituent d'excellents buts de promenade d'une journée ou d'expédition de plongée. **Ko Kut,** la deuxième de l'archipel par la taille, se trouve hors des limites du parc. Elle renferme de spectaculaires cascades. Les pêcheurs apprécient la côte rocheuse de **Ko Wai,** au sud de Ko Chang. Plus au sud, un essaim de récifs coralliens entoure **Ko Rang.** Presque plate, **Ko Mak** est en grande partie couverte de plantations de cocotiers. Elle présente pour principaux attraits une plage isolée dans une baie au nord-ouest, un village de pêcheurs et de beaux récifs de corail. Au nord-est de Ko Mak, une île minuscule frangée de cocotiers, **Ko Kradat,** possède certaines des plus belles plages de l'archipel. Elle appartient entièrement à un centre de vacances. Les hôtels sont chers, mais on peut aussi y louer des bungalows.

Coraux et éponges à Ko Chang

Trat ⓮

ตราด

Province de Trat. 72 000. TAT, Trat (0 3959 7259 60). t.l.j. Fête du Rakham (mai-juin).

La plupart des touristes ne font que traverser cette petite capitale provinciale animée pour rejoindre Ko Chang, mais elle constitue une étape agréable. Ses marchés, notamment, s'offrent à la promenade. Ils se trouvent pour la plupart autour de Tait Mai Road et Sukhumvit Road, et proposent un bon choix de boissons et de spécialités culinaires. Plusieurs pensions de la ville proposent des excursions jusqu'aux villages spécialisés dans l'extraction des pierres précieuses comme Bo Rai *(p. 310-311).* À environ 2 km au sud-ouest du centre de Trat, le **Wat Bupharam** (« temple des fleurs ») occupe un joli jardin planté de grands arbres. Quelques-uns de ses édifices, tels le *wihan*, le clocher et les bâtiments d'habitation des moines *(kuti)*, datent de sa fondation à la fin de la période d'Ayutthaya *(p. 60-61).*

Vendeur de durians sur l'un des marchés animés de Trat

Khlong Yai ⓯

คลองใหญ่

Province de Trat. 15 000. TAT, Trat (0 3959 7259 60). t.l.j.

Proche de la frontière, cette ville pittoresque abrite des marchés thaïlandais et cambodgiens, et des éventaires de délicieuses nouilles aux fruits de mer. La route qui mène de Khlong Yai au poste frontière de **Hat Lek** traverse des paysages spectaculaires entre les monts Cardamom et la mer et ses élevages de poissons. Les visiteurs peuvent maintenant entrer au Cambodge par Hat Lek, après obtention d'un visa (payant) sur présentation du passeport. On peut aussi se procurer le visa à l'ambassade du Cambodge de Bangkok.

La pêche reste la principale ressource de Ko Chang

DE BANGKOK À SURAT THANI

Il ne fait aucun doute que l'archipel de Ko Samui et le parc marin d'Angthong constituent la principale attraction de la côte occidentale du golfe de Thaïlande qui, entre Bangkok et Surat Thani, relie la Plaine centrale bouddhiste et le Sud musulman. Les visiteurs auraient toutefois tort de négliger les charmes de la péninsule : villes animées, belles plages et parcs nationaux.

Tout le long de la péninsule jusqu'à Phuket, au sud, les monts du Tenasserim forment une longue épine dorsale culminant à plus de 1 500 m. Ils arrêtent une grande partie de la pluie apportée par la mousson du sud-ouest. La région côtière, qui s'étend à leur pied jusqu'au golfe de Thaïlande, reste cependant fertile et réputée pour ses ananas, son maïs, sa canne à sucre, ses bananes, ses asperges et ses mangoustans. Les temples gardent le reflet d'influences datant d'avant la prédominance thaïe, et des villages de pêcheurs jalonnent le littoral que bordent des kilomètres de plages. Les plus proches de Bangkok attirent le week-end de nombreux habitants de la capitale. Les fronts de mer plantés de casuarinas de Cha-am et de Hua Hin, la première station balnéaire créée en Thaïlande, sont très populaires. C'est également la première destination pour le golf, de nombreux terrains se trouvant à proximité. Plus au sud, les îles de l'archipel de Ko Samui offrent des paysages saisissants, de magnifiques fonds sous-marins, de longues plages de sable fin et une infrastructure touristique développée. Sur le continent, les parcs nationaux de Khao Sam Roi Yot et Kaeng Krachan protègent des marais salants où de nombreux oiseaux migrateurs viennent faire étape entre août et avril. Dans la région, c'est Phetchaburi qui offre le plus d'intérêt sur le plan architectural, avec des édifices religieux marqués par les époques khmère, môn d'Ayutthaya, et de Rattanakosin. À quelque 500 km au sud, Chaiya conserve des vestiges archéologiques témoignant de son importance dans l'empire de Srivijaya *(p. 346-347)*.

Bateaux de pêche dans la baie de la paisible ville de Prachuap Khiri Khan

◁ **Fidèles faisant des offrandes dans le Wat Mahathat de Phetchaburi**

À la découverte du littoral occidental

Cette longue bande côtière, dominée par les montagnes marquant la frontière avec la Birmanie, s'étend de Phetchaburi, cité ancienne, à la ville marchande de Surat Thani. Au nord, la proximité de Bangkok entretient la popularité des stations balnéaires de Cha-am et Hua Hin, tandis que les parcs nationaux de Kaeng Krachan et de Khao Sam Roi Yot protègent des paysages superbes et variés. Au sud, ce sont les splendides îles de l'archipel de Ko Samui qui attirent la majorité des visiteurs. Ko Samui elle-même est l'île la plus vaste et la plus touristique. Les routards apprécient particulièrement Ko Tao et Ko Pha Ngan. Il est difficile de trouver plus beaux paysages marins, encore sauvages, que dans le parc national d'Angthong.

DE BANGKOK À SURAT THANI D'UN COUP D'ŒIL

Fouillis d'antennes de télévision au-dessus du Phet à Phetchaburi

Sur la plage de Chaweng à Ko Samui

CIRCULER

Les routes 4 et 41 desservent toute la région. Des liaisons en train et en autocar relient les principales villes entre elles et à Bangkok (Bangkok-Hua Hin prend de trois à quatre heures, Bangkok-Surat Thani onze heures en car et de onze à treize heures en train). Ko Samui, Surat Thani, Prachuap Khiri Khan et Hua Hin possèdent des aéroports nationaux. Des vols quotidiens relient Bangkok, Hua Hin et Ko Samui. Partout, *songthaews* et tricycles permettent de circuler sur de courtes distances. On peut louer des voitures à Cha-am, Hua Hin et Ko Samui. Surat Thani et Don Sak offrent les principales voies d'accès à l'archipel de Ko Samui, mais on peut rejoindre Ko Tao depuis Chumphon. Le trajet Bangkok-Ko Samui en train/car puis ferry dure seize heures.

VOIR AUSSI

• ***Hébergement*** p. 415-418
• ***Restaurants*** p. 443-446

Aiguilles calcaires au parc national de Khao Sam Roi Yot

Phetchaburi pas à pas ❶

เพชรบุรี

Détail, Phra Nakhon Khiri

Sur un site habité depuis au moins le XIe siècle, Phetchaburi (souvent appelée Phetburi) est une des plus anciennes villes de Thaïlande. Elle a longtemps joué un important rôle commercial et culturel, et ses trente temples présentent des influences môn, kmères et ayutthaya. Le palais d'été, Khao Wang, bâti au XIXe siècle par le roi Mongkut sur une colline à l'ouest du centre, fait aujourd'hui partie du parc historique de Phra Nakhon Khiri *(p. 330)*. Les autres sites importants comprennent le Wat Yai Suwannaram du XVIIe siècle, les cinq *prang* khmers du Wat Kamphaeng Laeng et un quartier ancien qui a conservé beaucoup de son charme originel. La plupart des visiteurs n'y viennent que pour la journée depuis Bangkok, située à 120 km.

Phra Song Road
Plusieurs wat *bordent cette rue animée.*

Vers le parc historique Phra Nakhon Khiri

Vers le Wat Tho

Wat Mahathat
Les cinq prang *de style khmer de ce temple du XIVe siècle très restauré dominent le centre-ville. Anges et divinités ornent les toits des principaux* wihan *et* bot.

À NE PAS MANQUER

★ Parc historique de Phra Nakhon Khiri

★ Wat Kamphaeng Laeng

★ Wat Yai Suwannaram

Maisons-boutiques en boi
Le béton gagne du terrain d
tout le pays, mais Phetchabu
conservé des édifices en bois
particulier le long du fleuve.

★ Parc historique de Phra Nakhon Khiri
Astronome averti, le roi Mongkut fit construire cet observatoire près de son palais occupant le sommet de la colline. C'est aujourd'hui un musée (p. 330)*. Le superbe parc qui l'entoure offre des vues panoramiques de Phetchaburi.*

MODE D'EMPLOI

Province de Phetchaburi. 80 000. *Rot Fai Rd. à 1,5 km N-O du centre.* *Chisa-in Rd., près du Chomrut Bridge.* *TAT, Cha-am (0 3247 1005).* *t.l.j.* *Phra Nakhon Khiri (8 jours déb. fév.).* *tatphet@tat.or.th*

★ Wat Yai Suwannaram
Bâti pendant la période d'Ayutthaya (p. 60-61)*, ce wat abrite dans le* bot *de splendides peintures murales de divinités hindoues. La bibliothèque repose sur des pilotis au milieu d'un étang.*

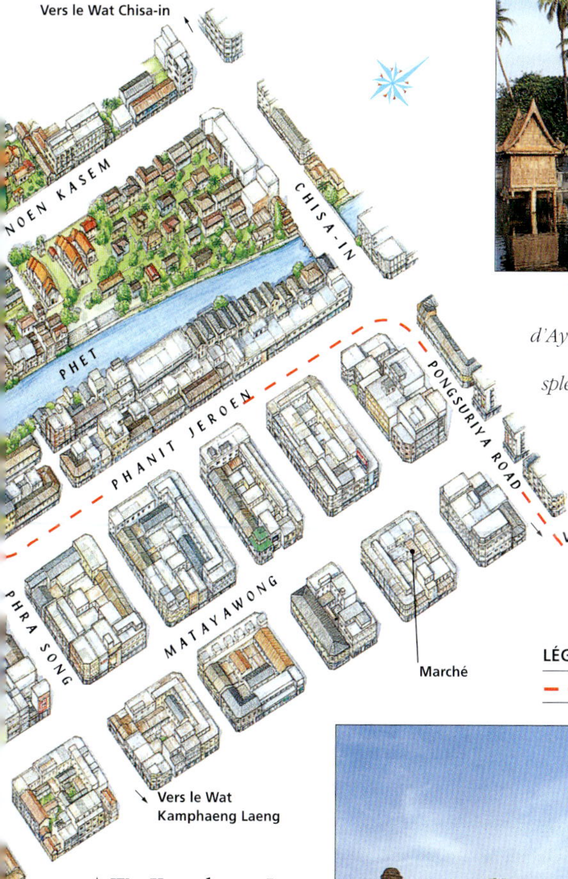

★ Wat Kamphaeng Laeng
Ce temple hindou, qui fut adapté au culte bouddhiste, est l'un des rares monuments khmers à avoir survécu en Thaïlande hors de l'Isan (p. 252-293)*. Ses cinq* prang *en latérite au style caractéristique dateraient du* XIIe *siècle.*

Phra Nakhom Khiri, palais bâti au XIXe siècle par Rama IV

À la découverte des alentours de Phetchaburi
La rivière Phet traverse la ville, sinuant entre ses 30 temples historiques. Beaucoup, en particulier les *wats* de l'époque d'Ayutthaya, sont dans un excellent état de conservation. À l'ouest, trois grandes collines dominent la capitale provinciale. **Phra Nakhon Khiri**, que les habitants de Phetchaburi appellent Khao Wang, a pour traduction littérale « cité céleste de la montagne ». Le roi Mongkut (Rama IV) commanda dans les années 1850 ce palais d'été perché au sommet du mont Maha Samana (92 m) et mélangea sans complexe architectures thaïlandaise, européenne, chinoise et japonaise. Le parc boisé et creusé de grottes naturelles qui l'entourent ménage de belles vues de la ville et de la province. L'ensemble des bâtiments s'étend sur trois collines. Le palais royal et l'observatoire d'Ho Chatchawan Wiangchai (Rama IV était un astronome amateur éclairé) couronnent l'éminence la plus à l'ouest. Le Phra That Chomphet, un *chedi* érigé par Rama V, se dresse sur celle du centre. Le Wat Maha Samanaram, qui abrite de belles peintures murales, s'élève sur la hauteur la plus à l'est. Un funiculaire évite aux visiteurs la rude ascension jusqu'aux édifices. À quelques kilomètres au nord de Phetchaburi, on découvre **Tham Khao Luang**, une grotte renfermant des stalactites, des *chedis* et des bouddhas. À droite de l'entrée de la caverne, le **Wat Bun Thawi** possède d'intéressants panneaux de porte sculptés.

Phra Nakhon Khiri
Khao Wang, Phetchaburi.
***Tél.** 0 3242 5600.* *t.l.j.*

Tham Khao Luang
Route 3173, à 3 km N de Phetchaburi. *t.l.j.* *dons.*

Parc national de Kaeng Krachan ❷

อุทยานแห่งชาติแก่งกระจาน

Province de Phetchaburi. Siège du parc près de la route 3175, à 60 km S de Phetchaburi. *TAT (0 3247 1005) ; Forestry Dept (0 2562 0760 et www.dnp.go.th pour la location de bungalows).* *Phetchaburi puis* songthaew.

Dans le plus vaste parc national de Thaïlande vivent au moins 40 espèces de grands mammifères, dont le tigre, le léopard, le gibbon, l'éléphant, deux variétés d'ours asiatiques et deux types d'entelles. Fondée en 1981, cette réserve naturelle de 2 920 km² renferme des forêts tropicales persistantes parmi les plus belles du pays. Bien que peu connue des touristes, elle est sillonnée d'excellents sentiers. Dans sa partie ouest s'élève le massif du Tenasserim qui marque la frontière avec la Birmanie. Torrents et rivières y alimentent un lac artificiel de 45 km², le **Kaeng Krachan Reservoir**. Il peut se découvrir en bateau. Des milliers d'oiseaux migrateurs viennent y faire étape et se reproduire dans ses marais salants.

Des tigres peuplent toujours le Parc national de Kaeng Krachan

Cheval de promenade à Cha-am

Cha-am ❸

ชะอำ

Province de Phetchaburi. *20 500.* *TAT, 500/51 Phetkasem Rd., Cha-am (0 32470 1005).* *t.l.j.*

À l'origine simple village de pêche et de marché, Cha-am s'est transformée depuis les années 1980 en une dynamique station de loisirs très fréquentée par les habitants de Bangkok (elle est beaucoup plus paisible en semaine). De hauts immeubles d'appartements et de vastes complexes hôteliers se sont multipliés le long de son front de mer. Les Thaïlandais, qui constituent la majeure partie de la clientèle de la station, portent plus d'intérêt aux plaisirs gastronomiques qu'à la baignade et, sur le sable, des tables ombragées par des parasols permettent de déguster poisson grillé, poulpe, crevettes et moules,

Pour les hôtels et les restaurants de la région, voir p. 415-418 et p. 443-446

accompagnés de sauces piquantes et de bière. Au nord de la plage, des restaurants servent une cuisine similaire.

Palais Mareukathayawan ❹

พระราชนิเวศน์มฤคทายวัน

Près de la route 4, à 9 km S de Cha-am. *TAT, Cha-am (0 3247 1005).* *depuis Cha-am.* *t.l.j. 8h30-16h30.* *dons.* *dans la chambre.*

Le « palais de l'amour et de l'espoir » servit, à mi-chemin entre Hua Hin et Cha-am, de résidence d'été à Rama VI. La construction de ce grand édifice en tek blond, dessiné par un architecte italien, ne demanda que seize jours en 1923. Abandonné après la mort du roi deux ans plus tard, il resta ensuite longtemps négligé. Restauré depuis les années 1970, il a presque retrouvé une apparence d'origine. Bien qu'aisément accessible, il reste peu visité. L'intérieur est frais et aéré. Peints dans des tons pastel, les salles de réception, les porches et les appartements royaux restent sobres.

Hua Hin ❺

หัวหิน

Province de Prachuap Khiri Khan. *33 000.* *office de tourisme, 114 Phetkasem Rd., Hua Hin (0 3247 1005).* *t.l.j.*

La plus ancienne station balnéaire de Thaïlande dut son succès à l'ouverture, en 1911, d'une liaison ferroviaire qui réduisait considérablement le temps nécessaire pour franchir les 190 km séparant Bangkok de sa plage. Un terrain de golf de neuf trous et le splendide Railway Hotel furent construits en 1922 et 1923. Hua Hin profita de la mode internationale pour les stations climatiques et devint un lieu de séjour apprécié des membres de la famille royale, de la haute société de la capitale et de riches étrangers. Le prince Chulachakrabong se fit bâtir en 1926 un palais d'été qu'il baptisa **Klai Klangwon** (« loin des soucis »). Toujours utilisé par la famille royale, il n'est pas ouvert au public. Bien qu'entrée en déclin après la Seconde Guerre mondiale,

La gare de Hua Hin

Hua Hin attire depuis plusieurs années une nouvelle génération de Thaïlandais, ainsi que des retraités scandinaves qui sont nombreux à y posséder une résidence secondaire. De multiples stations balnéaires ont vu le jour, ainsi que des centres de thalassothérapie, des boutiques et des restaurants. Devenu aujourd'hui le **Sofitel Centara Grand Resort and Villas,** le Railway Hotel entretient le souvenir de la grande époque des débuts huppés de Hua Hin. Tombé en décrépitude dans les années 1960, il a connu une restauration primée en 1993 par l'association des Architectes de Thaïlande. Avant cette rénovation, l'hôtel avait servi de décor au film *La Déchirure* pour les scènes censées se passer au Phnom Penh Hotel. Au sud de la principale plage de Hua Hin, des *chedis* et des sanctuaires miniatures couvrent le Khao Takiap (« colline des baguettes »). Non loin, un bouddha debout haut de 20 m fait face à la mer devant le **Wat Khao Lad**.

Grand hall de l'aile nord du palais Mareukathayawan

Parc national de Khao Sam Roi Yot 6

อุทยานแห่งชาติเขาสามร้อยยอด

Province de Prachuap Khiri Khan. Centre d'accueil près de la route 4, 37 km S de Pranburi. *TAT, Cha-am (0 3247 1005) ; Forestry Dept (0 2562 07560 ou www.dnp.go.th pour la location de bungalows).* *Pranburi, puis* songthaew.

Ce petit parc s'étend en bordure du golfe de Thaïlande dans la partie la plus étroite de la péninsule. D'une superficie de 98 km², il protège une zone où mer, sable, marécages et rochers créent des paysages contrastés. Les aiguilles de calcaire qui jaillissent des marais jusqu'à 650 m de haut lui ont valu son nom de « montagne des 300 cimes ». La réserve naturelle offre un refuge aux millions d'oiseaux migrateurs qui, d'août à avril, y font étape entre la Sibérie, Sumatra et l'Australie, ainsi qu'à des espèces telles que le semnopithèque obscur (un entelle), le macaque mangeur de crabe (ou singe crabier) et le loris paresseux. On peut aussi y faire des promenades en forêt et découvrir de vastes grottes. **Tham Phraya Nakhon** abrite un pavillon bâti pour Rama IV en 1896, et **Tham Sai** une cascade fossilisée.

Le Wat Chong Kra Chok dominant Prachuap Khiri Khan

Attention aux singes, Khao Sam Roi Yot

Prachuap Khiri Khan 7

ประจวบคีรีขันธ์

Province de Prachuap Khiri Khan. *60 000.* *TAT, Cha-am (0 3247 1005).* *t.l.j.*

Prachuap Khiri Khan signifie « ville parmi la chaîne montagneuse » et il est vrai que les rochers calcaires en forme de pains de sucre qui encadrent sa baie sablonneuse lui donnent l'aspect d'une « petite Rio ». L'économie locale repose surtout sur la pêche et, le long de la promenade, stands et restaurants proposent des fruits de mer. Perché sur une colline, le charmant **Wat Chong Kra Chok** offre la meilleure vue de la région. Environ 200 macaques vivent sur l'éminence et ils grimpent chaque soir au sommet pour tirer leur subsistance de jolis frangipaniers. Il existe des plages propices à la baignade au nord et au sud de la baie.

Chumphon 8

ชุมพร

Province de Chumphon. *84 000.* *TAT, Surat Thani (0 7728 8818).* tatsurat@samart.co.th *t.l.j.* *Procession de l'image de Luang Suan Buddha et régate (5 j. en oct.).*

Cette petite capitale provinciale, considérée comme le point de transition entre le cœur bouddhiste du pays et le Sud sous influence musulmane, fut le lieu de résidence du prince Chumphon, le père de la marine royale thaïlandaise mort en 1923. Bien que mis hors service en 1975, le **HMS Chumphon**, un torpilleur de 68 m de long, a été conservé pour lui rendre hommage. Les récifs entourant les 47 îlots situés au large des 220 km de côte de la province attirent de plus en plus de plongeurs. Des agences en ville organisent à leur intention des expéditions d'une journée jusqu'à des îles comme **Samet**, **Mattra**, **Ngam Yai** et **Ngam Noi**. Chumphon est aussi l'endroit le plus pratique pour rejoindre Ko Tao en bateau *(p. 341).*

LE RÔLE DE CHAIYA DANS L'EMPIRE DE SRIVIJAYA

Tablette votive srivijaya

L'empire maritime de Srivijaya *(p. 56-57)* domina toute la péninsule malaise et une partie de l'Indonésie entre le VIIe et le XIIIe siècle, y diffusant le bouddhisme mahayana. Bien que la majorité des historiens estiment aujourd'hui que sa capitale se trouvait à l'emplacement de Palembang, sur l'île de Sumatra, la découverte à Chaiya de vestiges de temples et de quelques statues de pierre et de bronze (pour la plupart exposées au musée national de Bangkok) témoigne de l'importance de la ville à cette époque. Son nom aurait d'ailleurs pour origine une contraction de « Siwichaiya », prononciation locale de Srivijaya. Alors port côtier, Chaiya occupait sur la péninsule une position stratégique pour les échanges commerciaux entre les deux grandes civilisations asiatiques, l'Inde et la Chine. Un moine chinois, I Chinga, visita la région à la fin du VIIe siècle et évoqua dans ses écrits sa sophistication religieuse et culturelle. On sait aussi que des liens matrimoniaux unirent certains maîtres de Chaiya et des souverains de Java.

Bronze du VIIIe siècle trouvé à Chaiya

Rangée de bouddhas au Wat Phra Boromathat de Chaiya, temple fondé à l'époque de Srivijaya

Chaiya ❾

ไชยา

Province de Surat Thani. 34 000. TAT, Surat Thani (0 7728 8818). t.l.j. Fête de Chak Phra (oct.-nov.).

L'aspect un peu triste de cette petite ville ferroviaire ne rend pas honneur à l'histoire d'une implantation humaine parmi les plus anciennes du sud de la Thaïlande, où on a retrouvé de magnifiques sculptures datant de l'époque de Srivijaya (VIIe-XIIIe siècle). Bouddhas de style bengali ou déités hindoues aux multiples bras montrent de nettes influences môn et indiennes. On peut les découvrir, ainsi que des tablettes votives et des œuvres de la période d'Ayutthaya, au **musée national de Chaiya**, qui se trouve à 2 km à l'ouest du centre et à 10 mn à pied de la gare. Juste à côté, le **Wat Phra Boromathat Chaiya** *(p. 346-347)* abrite dans son enceinte principale un *chedi* caractéristique du style de Srivijaya avec son plan cruciforme et les frontons ouvragés de tailles décroissantes ornant sa partie supérieure. Construit au IXe ou au Xe siècle en brique et mortier végétal, il a connu de nombreuses restaurations. La majorité des dévots qui fréquentent le temple actuellement ne le font toutefois pas en raison de son ancienneté mais en mémoire de Phra Chaiya Wiwat, un moine très révéré décédé en 1949.

Musée national de Chaiya
Phra Boromathat Chaiya.
Tél. *0 7743 1066. mer.-dim. j.f.*

Aux environs : des bouddhistes du monde entier viennent faire retraite à l'International Dhamma Hermitage *(p. 467)* installé au **Wat Suan Mok**, au sud-ouest de Chaiya. Son succès est dû à la philosophie religieuse très tolérante défendue par le fondateur du temple, Buddhadhasa Bhikkhu,

Scène de la vie du Bouddha au Wat Suan Mok

jusqu'à sa mort en 1993. Des travaux manuels rythment une vie monastique simple. Des retraites de méditation de dix jours, ouvertes aux étrangers, commencent le premier de chaque mois.

Wat Suan Mok
À 7 km S de Chaiya par la route 41.
Tél. *0 7743 1552. t.l.j.*

Surat Thani ❿

สุราษฎร์ธานี

Province de Surat Thani. 31 000. Phun Phin, à 14 km O de Surat Thani, puis bus. Ban Don (en ville) et Thong (6 km à l'E). TAT, 5 Talat Mai Rd., Surat Thani (0 7728 8818). tatsurat@tat.or.th. Fête du Ramboutan (août), fête de Chak Phra (oct.-nov.).

Ville marchande et portuaire à l'embouchure des rivières Tapi et Phum Duang, Surat Thani tire ses principales ressources du caoutchouc et de la noix de coco. Les berges y restent animées, de nombreux petits bateaux transportant des passagers jusqu'aux marchés vendant au bord de l'eau produits frais et fleurs. Surat Thani est aussi surtout connue comme étant le point de départ vers Ko Samui et Ko Pha Ngan.

Un paysage de rêve : cocotiers et eau limpide à Ko Samui ▷

Ko Samui ⓫

เกาะสมุย

Principale culture de Ko Samui

Ko Samui se trouve à 800 km au sud de Bangkok, dans le golfe de Thaïlande. C'est la troisième plus grande île du pays, après Phuket et Ko Chang. Paradis des routards des années 1970, elle vit principalement du tourisme. Le développement rapide, l'arrivée de grandes chaînes hôtelières et le soutien constant du TAT y attirent un nombre impressionnant de visiteurs. Cela a aussi incité les investisseurs étrangers à construire des villas de luxe pour des hommes d'affaires de Hong Kong, Singapour et Taiwan. Ce faisant, Ko Samui devient de plus en plus haut de gamme.

Naton

Le développement de Ko Samui commença dans les années 1850 avec l'installation de marchands chinois, actifs dans le négoce du coton et de la noix de coco. Fondée vers 1905 pour devenir le centre administratif de l'île, Naton reste aujourd'hui la capitale et le plus important port de passagers. Peu de visiteurs y séjournent cependant, sauf pour y prendre tôt le matin un bateau à destination de Surat Thani, sur le continent. La ville possède un supermarché, une poste et des bureaux de change. Depuis le port, des *songthaews* empruntent la principale voie de circulation de l'île, une route qui en fait le tour, soit vers le nord et la plage de Chaweng, soit vers le sud en direction de Lamai.

Le « Big Buddha » haut de 12 m de Ko Faan

Maenam

Très étroite mais longue de 4 km, la plage de sable située le plus à l'ouest sur la côte nord ménage une vue panoramique de Ko Pha Ngan *(p. 339)*. Les visiteurs s'y pressent pour profiter de conditions particulièrement propices à la pratique de la

Maenam, sur la côte nord, l'une des plages les plus paisibles de Ko Samui

Pour les hôtels et les restaurants de l'île, voir p. 415-418 et p. 443-446

planche à voile, notamment de décembre à février quand souffle la brise soutenue alimentée par la mousson du nord-est.

Bophut

Proche d'un village où on trouve des bungalows, une banque, des bars et des restaurants, et permettant la pratique de plusieurs sports nautiques, la plage de Bophut, longue de 2 km et mieux aménagée que celle de Maenam, attire aussi bien les familles que les routards. Une liaison quotidienne en bateau la relie à Hat Hin, une plage de Ko Pha Ngan.

Bangrak

Dans la continuation de Bophut, cette plage aussi connue sous le nom de Big Buddha Beach n'offre pas une eau aussi claire que Chaweng ou Lamai *(p. 338)*, mais propose un large choix d'hébergements pour petits budgets. À son extrémité est, une chaussée rejoint l'îlot de Faan où se dresse une grande image dorée du Bouddha devant laquelle viennent se recueillir les dévots pour acquérir des mérites *(p. 129)*. Éventaires de souvenirs et cafés se sont installés au pied de l'escalier ornés de *naga* qui y conduit.

Thong Son et Choeng Mon

Plus loin sur la côte, le cap formant la pointe nord-est de Ko Samui est creusé de criques rocheuses isolées. Paisible, Hat Thong Son offre une vue magnifique de Ko Pha Ngan. Ao Choeng Mon, situé dans une jolie baie, regoupe la majorité des structures d'hébergement.

MODE D'EMPLOI

Province de Surat Thani. *42 000. 23 km de Naton. depuis Surat Thani, Tha Thong et Don Sak. TAT, Naton (0 7742 0504) ou TAT, Surat Thani (0 7728 8818) ; Songserm Travel, Naton (0 7742 0157, réservation de places de bateau). 3 km S de Naton (0 7742 1281). t.l.j.*

Le parachute ascensionnel, un des sports à Chaweng

Bungalows à l'ombre de cocotiers sur une plage de Ko Samui

À la découverte de Ko Samui : les plages de l'est, les côtes sud, ouest et l'intérieur

Les superbes plages et l'intense vie nocturne de Chaweng et de Lamai, sur la côte orientale, attirent des visiteurs du monde entier. Beaucoup ne quittent jamais ces stations balnéaires, laissant relativement préservés le reste du littoral et l'intérieur montagneux et boisé.

Pêcheurs musulmans accostant sur la côte est de Ko Samui

Chaweng

La plus longue, la plus jolie et la plus fréquentée des plages de l'île forme un ruban de 5 km sur la côte est. Tiédeur de l'eau, sable blanc et bungalows rustiques y ont attiré pendant des années des voyageurs aux petits budgets, mais de plus en plus d'hôtels pour groupes en séjour organisé s'y construisent.

Au nord, un lagon d'un mètre de profondeur se révèle idéal pour les enfants et les véliplanchistes débutants. Des palmiers bordent la partie centrale de la plage et l'extrémité sud, où de gros rochers y isolent de belles petites anses. Chaweng permet de pratiquer de nombreuses activités : planche à voile, canoë, parachute ascensionnel, plongée, tennis et volley-ball. Équipée de banques, agences de voyages, supermarchés et loueurs de motos et de bicyclettes, Chaweng dispose de l'infrastructure touristique la plus développée de Ko Samui. Bien que fréquentée par quelques familles, elle demeure avant tout un lieu de rendez-vous de jeunes voyageurs. Beaucoup y viennent avant tout se distraire dans ses bars, restaurants et boîtes de nuit dont le nombre ne cesse de croître.

Lamai

Cette station balnéaire attire surtout des Européens à petits budgets. Son pôle principal se trouve au centre de la plage, longue de 4 km, et regroupe bars, boîtes de nuit et restaurants servant de la nourriture occidentale. À l'extrémité nord de la plage, le village de Lamai reste à l'écart de la foule et conserve de vieilles maisons en tek aux toits de chaume. Bâti en 1826, le Wat Lamai Cultural Hall abrite un petit musée des arts et traditions populaires exposant des objets de la vie quotidienne. Sur un promontoire au sud de Lamai, deux formations rocheuses, Hin Ta et Hin Yai, sont célèbres pour leur ressemblance avec des sexes masculin et féminin.

Chaweng, la plus longue et la plus jolie plage de Ko Samui

Côtes sud et ouest

Il existe de nombreuses plages au sud et à l'ouest de l'île où résider dans des huttes rudimentaires. Bien que située à seulement 1,5 km du quai de Don Sak où abordent les ferries, Thong Yang séduira les visiteurs en quête d'un séjour paisible.

Baignade à la cascade de Namuang au centre de Ko Samui

L'intérieur de l'île

Montagneux et couvert d'une dense forêt tropicale et de vastes plantations de cocotiers, l'intérieur de Ko Samui paraît impénétrable, mais il existe quelques pistes en terre et deux routes qui conduisent à de belles chutes d'eau. Il est possible de louer des véhicules tout-terrain et des motos à Naton, Chaweng et Lamai. La cascade de Namuang, haute de 30 m, attire pique-niqueurs et baigneurs. Elle se trouve à 10 km de Naton et à 5 km de la route qui fait le tour de l'île. Plus petite, la cascade de Hin Lat, située à 3 km de Naton, présente moins d'intérêt. C'est en décembre ou janvier, à la fin de la saison pluvieuse, que les deux chutes d'eau offrent le spectacle le plus impressionnant.

Pour les hôtels et les restaurants des îles, voir p. 415-418 et p. 443-446

Ko Pha Ngan ⓬

เกาะพะงัน

Province de Surat Thani. 8 400. *de Naton sur Ko Samui à Tong Sala.* *TAT, Surat Thani (0 7728 8818).* *t.l.j.*

Située à 15 km de Ko Samui et moins étendue, Ko Pha Ngan propose le même cocktail tropical de plages de sable blanc, de récifs coralliens proches et d'intérieur montagneux et boisé. Des voyageurs à petit budget viennent y mener une vie de bohème dans des huttes rustiques. Un mauvais réseau routier a entravé le développement touristique. Une grande partie du littoral demeure aujourd'hui seulement accessible par la mer ou par des pistes.

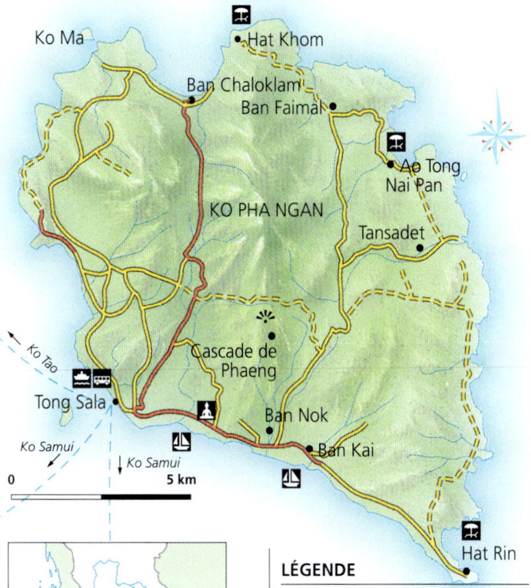

LÉGENDE

- Plage
- Sports nautiques
- *Wat*
- Gare routière
- Embarcadère
- Route principale
- Route secondaire
- Piste en terre
- Point de vue

Tong Sala

Port d'accès à Ko Pha Ngan, Tong Sala possède une banque, une poste, un supermarché, des agences de voyages et une boutique de photographe. Près du quai, des *songthaews* se tiennent prêts à conduire les visiteurs dans le reste de l'île.

Hat Rin

Deux longues plages encadrent le cap formant la pointe sud-est de l'île, à 10 km de Tong Sala, et c'est là que l'on trouve le plus de bungalows. Ils sont souvent complets une semaine avant et une semaine après la fête qui se déroule à la pleine lune. Elle dure du crépuscule jusqu'aux premières heures du lever du soleil.

Plage de sable blanc de Hat Rin sur Ko Pha Ngan

Ban Chaloklam

Une forte odeur de poisson séché émane des devantures de ce village, et les visiteurs asiatiques s'arrêtent souvent pour en acheter après s'être rendus au sanctuaire de Chao Mae Koan Im dans le centre de l'île. Si la pêche reste l'activité principale de Chaloklam, quelques boutiques se sont mises à vendre pizzas et autres snacks pour touristes. Plutôt sales près du village, les plages s'améliorent quand on s'éloigne vers l'est et Hat Khom.

Poisson séché à Chaloklam

Ao Tong Nai Pan

Bien que la majorité des plages se trouvent sur la côte est, seule une piste en terre les dessert. Au nord-est, les baies jumelles de Tong Nai Pan Noi et Tong Nai Pan Yai offrent un cadre superbe. Elles peuvent s'atteindre en camionnette découverte depuis Tong Sala ou, entre janvier et septembre, en bateau « longue queue » depuis la plage de Maenam sur Ko Samui.

Tansadet, à 3 km au sud, est le plus gros cours d'eau de l'île. Il doit son nom de « ruisseau royal » aux dix visites qu'y fit Chulalongkorn entre 1888 et 1909. Depuis, les monarques thaïlandais ont pour la plupart laissé de grandes inscriptions gravées à proximité. Découvrir les signatures impose de grimper dans les rochers. Il existe deux cascades, celle de Sampan et celle de Daeng. Toutes deux permettent de se baigner, mais les fortes pluies qui arrosent l'île de septembre à décembre rendent le lit du ruisseau dangereux à cette époque.

Parc national marin d'Angthong ⓭

อุทยานแห่งชาติทางทะเลอ่างทอง

Province de Surat Thani. Siège du parc sur Ko Wua Talab. *depuis Ko Samui.* *TAT, Surat Thani (0 7728 8818) ; Park HQ (0 7728 6025), Forestry Dept (0 2562 0760 pour la location de bungalows).* *nov.-déc.*

Formées par les sommets émergés d'une chaîne calcaire qui, plus au sud, s'élève jusqu'à 1 835 m dans la province de Nakhon Si Thammarat, les quelque 40 îles de l'archipel d'Angthong (« vasque d'or ») possèdent une beauté rude, différente de celle de Ko Samui, située à 31 km au sud-est. Réservées à la marine royale thaïlandaise jusqu'en 1980, quand fut créé le parc national, elles restent pratiquement inhabitées. La plupart des visiteurs y viennent dans le cadre d'excursions d'une journée depuis Ko Samui pour se détendre sur le sable d'un blanc éblouissant, s'enfoncer dans de denses forêts et des grottes, explorer en canoë des côtes déchiquetées ou plonger à la découverte de magnifiques coraux colorés. Les îles recèlent une très riche faune, sur terre comme en mer. Ocelots, écureuils, macaques à longue queue, loutres de mer et pythons s'aperçoivent à l'occasion, et l'absence de prédateurs naturels rend le singe *semnopithèque obscur* très familier. Quelque 40 espèces d'oiseaux vivent aussi sur l'archipel, dont le baza noir, la salangane, le milan-pêcheur et la bécasse. Les plongeurs partis admirer les magnifiques coraux au large de **Ko Sam Sao** y verront probablement une sorte de maquereau à la silhouette ramassée, le *pla thu*. Ce poisson vient en effet se reproduire dans les parages d'Angthong. Il arrive aussi que l'on aperçoive des dauphins, mais ils se montrent prudents avec les humains car les pêcheurs de la région en font une proie de choix. Le siège du parc et les seuls hébergements et aménagements touristiques

LÉGENDE

- Plage
- Sports nautiques
- Information touristique
- Embarcadère
- Sentier
- Point de vue

Ferry desservant Angthong

Le parc marin d'Angthong vu depuis un sentier de Ko Wua Talab

Pour les hôtels et les restaurants des îles, voir p. 415-418 et p. 443-446

Bateau transportant des passagers jusqu'à la plage de Ko Mae Ko

se trouvent sur l'île la plus grande, **Ko Wua Talab** (« île de la vache endormie »). En gravissant un dénivelé de 400 m, on atteint un point de vue offrant un merveilleux panorama de tout l'archipel, de Ko Pha Ngan, de Ko Samui et du littoral continental. Une autre promenade sur une pente relativement raide conduit à Tham Buabok (« grotte du lotus ondoyant ») qui doit son nom à certaines des concrétions calcaires qu'elle abrite. **Ko Mae Ko** possède une plage permettant la baignade. C'est là aussi que s'étend Thale Noi, un bassin d'eau turquoise qu'enserrent des falaises escarpées : la « vasque d'or » qui donne son nom au groupe d'îles.

Anémone de mer, Ko Tao

Ko Tao ⓮

เกาะเต่า

Province de Surat Thani. *1 300.*
depuis Chumphon ou Ko Samui.
TAT, Surat (0 7728 8818).

Située à 40 km au nord-ouest de Ko Pha Ngan, l'« île de la tortue » est la plus petite et la plus belle des îles de l'archipel de Samui où les visiteurs peuvent séjourner. Elle attire des plongeurs séduits par la diversité des fonds coralliens et de leur faune. En mai, la visibilité peut atteindre 40 mètres. Les principaux sites de plongée sont Green Rock, Chumphon Pinnacle et Southwest Pinnacle. Les débutants disposent de plusieurs baies peu profondes et à l'eau limpide. Une dizaine d'agences restent ouvertes toute l'année dans le village de Mae Hat où se trouvent aussi la poste et le poste de police. La haute saison dure de décembre à avril. Ko Tao possède un intérieur densément boisé, des criques tranquilles sur la côte est et une belle plage de sable sur la côte ouest. Des centaines de huttes proposent un hébergement simple, mais il se révèle parfois difficile de trouver une place disponible en haute saison. Juste au nord-ouest de Ko Tao, trois îlots magnifiques reliés par des bancs de sable et entourés de corail portent le nom collectif de **Ko Nang Yuan**. Un restaurant et des bungalows permettent d'y passer quelques jours enchanteurs.

À la découverte des riches fonds coralliens de Ko Tao

Nids de salanganes

LA SOUPE AUX NIDS D'HIRONDELLES

Avec le martinet à dos brun, la salangane est la principale espèce à fournir les nids qui forment la base d'une préparation culinaire fort prisée dans tout l'Extrême-Orient et l'Asie du Sud-Est pour ses vertus toniques et aphrodisiaques. Les oiseaux mettent de deux à trois semaines à les construire avec leur salive. Plongés dans un bouillon, ils se diluent en fils évoquant du vermicelle. Les Chinois apprécient tout particulièrement la soupe ainsi obtenue, et les nids s'échangent à de tels prix qu'il faut une concession du gouvernement pour avoir l'autorisation de les ramasser. Des gardes armés surveillent même les principaux sites, telles les grottes de Ko Phi Phi Ley *(p. 373)*. Les ramasseurs, qui n'ont le droit d'opérer qu'entre février et avril et en septembre, risquent leur vie sur de fragiles échafaudages de bambou le long de parois s'élevant à plusieurs dizaines de mètres. Sacrifices et offrandes aident à assurer leur sécurité.

LE SUD

Présentation du Sud de la Thaïlande

De nombreuses cultures se côtoient sur l'étroite péninsule qui s'étire de Ranong, à la frontière birmane, jusqu'en Malaisie. Les chaînes montagneuses, qui forment du nord au sud une épine dorsale couverte d'un manteau forestier, influent sur le régime des moussons et la saison pluvieuse dure de mai à octobre sur la mer d'Andaman, et de novembre à avril dans le golfe. La baie de Phangnga est spectaculaire avec ses pitons calcaires jaillissant d'une eau peu profonde jusqu'à une hauteur de 300 m. De part et d'autre, les stations balnéaires de Phuket et de la province de Krabi sont les pôles touristiques. Malheureusement, le tsunami de 2004 a touché de nombreux endroits et tué 5 300 personnes. La reconstruction, grâce au courage des Thaïlandais, est impressionnante. Le Sud possède aussi des centres historiques comme les villes de Songkhla et Nakhon Si Thammarat, ainsi que de vastes étendues de nature préservée.

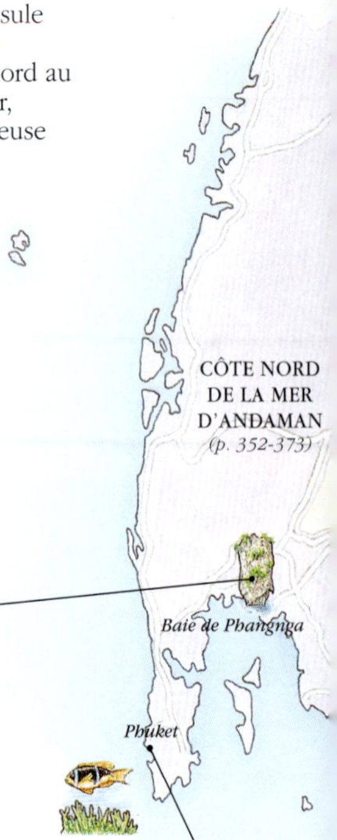

La baie de Phangnga (p. 364-367), *hérissée de pitons rocheux, est le plus célèbre des sites naturels du Sud. En raison de l'érosion importante, la baie n'est plus accessible pour des visites en bateau, mais peut toujours être admirée de loin.*

Phuket (p. 358-363) *est la plus grande île et la province la plus riche de Thaïlande. Prospère dès le XIXe siècle grâce aux marchands chinois qui s'y installèrent, elle vit aujourd'hui principalement du tourisme balnéaire, et hôtels, restaurants et boutiques de luxe bordent nombre de ses superbes plages. On peut surtout y pratiquer la plongée à côté de nombreux autres sports nautiques.*

◁ **Rang de bouddhas dorés dans la cour intérieure du Wat Wang près de la ville de Phatthalung**

Nakhon Si Thammarat (p. 378-379), *ancienne capitale régionale de l'empire de Srivijaya* (p. 346-347), *est aujourd'hui le pôle culturel du Sud dont elle abrite le temple le plus sacré : le Wat Mahathat. Elle conserve aussi l'un des derniers théâtres d'ombre* nang talung *mais reste peu visitée.*

Le musée national de Songkhla (p. 384-385) *expose une collection éclectique de céramiques, d'objets d'art et de meubles dans une splendide demeure de style chinois du* XIXe *siècle.*

Les bateaux de pêche *korlae* (p. 388)*, aux coques peintes, sont caractéristiques du Sud musulman et se voient entre autres à Pattani, un ancien État islamique indépendant.*

Le parc national marin de Tarutao (p. 386) *renferme une faune très variée et protège des plages et des fonds sous-marins parmi les plus beaux de Thaïlande.*

La péninsule, un carrefour de cultures

Depuis plus de deux mille ans, la péninsule que se partagent aujourd'hui la Malaisie, la Thaïlande et la Birmanie est au centre des échanges culturels en Asie. Les découvertes faites sur l'isthme de Kra, en particulier les comptoirs historiques de Nakhon Si Thammarat, Chaiya, Sathing Phra et Takua Pa, témoignent des liens qui existaient avant l'ère chrétienne entre la Chine, l'Inde, le Moyen-Orient et même l'Empire romain. Du VIIe au XIIIe siècle, l'empire de Srivijaya, hindouiste et bouddhiste mahayana, contrôla une grande partie de la région. À son déclin, Birmans et Siamois, des bouddhistes theravada, étendirent leur influence vers le sud, tandis que l'islam, transmis par des marchands arabes, s'implantait durablement dans la partie méridionale de la péninsule. Le XVIe siècle vit l'arrivée des puissances coloniales européennes.

L'islam, *religion dominante en Malaisie, est très pratiqué dans le sud de la Thaïlande où voisinent minarets et sanctuaires bouddhiques.*

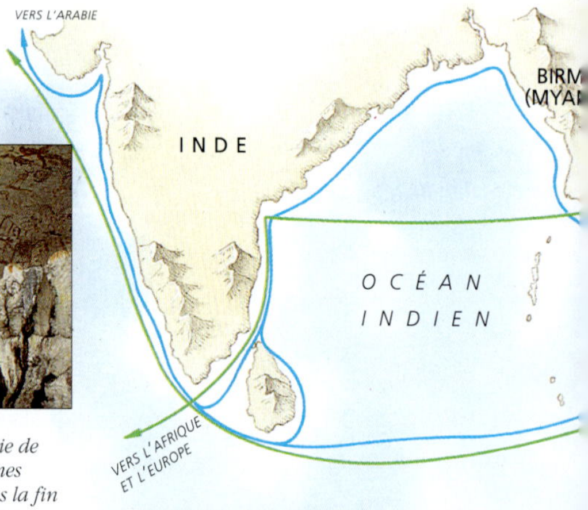

ROUTES COMMERCIALES
Le détroit de Malacca sert depuis toujours de point de passage entre la mer de Chine et l'océan Indien. Il y a deux mille ans, des comptoirs sur la péninsule permettaient déjà à des navires chinois, indiens et arabes de s'approvisionner. Des bateaux européens les rejoignirent au XVIe siècle. Moins utiles avec l'évolution des techniques, certains ports déclinèrent.

0 — 1 000 km

LÉGENDE

- Routes locales (à partir du Ve siècle av. J.-C.)
- Principales routes de la période de Srivijaya (VIIe-XIIIe siècle)
- Principales routes européennes (à partir du XVIe siècle)

Des peintures préhistoriques *subsistent, entre autres dans la baie de Phangnga* (p. 364-367). *Des hommes habitent la région depuis au moins la fin de la dernière ère glaciaire où la mer n'existait pas entre Bornéo et Sumatra.*

Des tambours cérémoniels *découverts à Chaiya, Nakhon Si Thammarat et Sumatra furent fabriqués à Dong Son, au Nord-Vietnam, vers 500 av. J.-C.*

L'empire de Srivijaya *contrôla la péninsule jusqu'à Chaiya du VIIe au XIIIe siècle. Les œuvres d'art bouddhique mahayana qu'il produisit comportent de nombreux* bodhisattva, *illuminés qui renoncent au* parinirvana.

Ce canon de la Compagnie néerlandaise des Indes orientales *se trouve à Nakhon Si Thammarat* (p. 378-379). *Cette compagnie, qui commerça dans toute l'Asie du Sud-Est, trouva dans la péninsule un accès aux produits chinois et japonais.*

L'ARCHITECTURE DE SRIVIJAYA

L'empire de Srivijaya étendait son contrôle jusqu'aux ports de Chaiya *(p. 332-333)* et Takua Pa sur l'isthme de Kra. Il a laissé de nombreux objets sur la côte du golfe et dans la sud de la Thaïlande, mais la plupart des *chedis*, construits en brique et en stuc, ont disparu. L'un des seuls à nous être parvenu en bon état se dresse dans le Wat Phra Boromathat de Chaiya. De plan cruciforme, il possède quatre niveaux de tailles décroissantes. Bâti aux IXe-Xe siècles, il a connu de nombreuses restaurations. La dernière date de 1930.

***Chedi* d'influence javanaise du Wat Phra Boromathat**

Cette gravure européenne *montre une procession à Pattani (p. 388), l'un des États musulmans de la péninsule qui perdit son autonomie au début du XXe siècle.*

Au déclin de Srivijaya, *les Thaïs et les Birmans se disputèrent le nord de la péninsule. Cette bataille eut lieu à Phuket* (p. 358-363) *en 1785.*

La route commerciale, *indiquée sur cette carte française du XVIIe siècle, longeait la côte est de la péninsule depuis Batavia (Jakarta) jusqu'à Ayutthaya, la capitale du Siam.*

Les récifs coralliens

Hôte coloré d'une anémone de mer

La mer d'Andaman abrite les plus beaux récifs coralliens de Thaïlande. Composés d'innombrables et minuscules créatures marines, ils grandissent très lentement, parfois d'un mètre tous les mille ans, et uniquement dans des eaux chaudes et claires. Les squelettes calcaires des coraux morts servent de support à la croissance des nouveaux membres et à d'autres espèces vivantes. Des milliers de plantes et d'animaux, des grands requins aux algues microscopiques, forment un écosystème d'une richesse exceptionnelle. Près de 30 % des espèces de poissons vivent près des récifs coralliens. Le tsunami de 2004 a abîmé de nombreux récifs, notamment à Kurin, Similan et dans l'île Ko Phi Phi.

La plongée au tuba *permet, à moindre coût, d'explorer les récifs coralliens. Ils sont nombreux à se développer dans des eaux claires et peu profondes.*

Les gobies, *petits poissons à large tête, vivent surtout dans les eaux tropicales où ils partagent parfois des abris dans le sable avec des crevettes.*

Le baliste clown *possède dans la nageoire dorsale une aiguille qu'il peut dresser pour empêcher un prédateur de le tirer d'en dessous un rocher.*

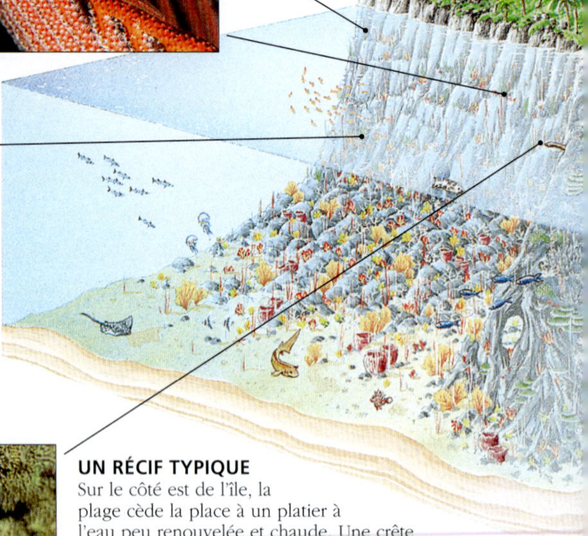

Les murènes *sont des prédateurs voraces qui se cachent dans des crevasses pour surprendre leurs proies. Des crevettes se nourrissent des débris restés coincés entre leurs dents.*

UN RÉCIF TYPIQUE

Sur le côté est de l'île, la plage cède la place à un platier à l'eau peu renouvelée et chaude. Une crête le limite, puis le récif descend en pente raide jusqu'au fond océanique. À l'ouest, le revers tend à être plus abrupt et rocheux. Des éboulis fournissent un abri à des coraux souples et à des créatures comme les murènes.

Les requins léopards *ne présentent aucun danger pour l'homme. À Shark Point, près de Ko Phi Phi, les plongeurs voient souvent ces créatures timides aux alentours du récif.*

De nombreux oiseaux de mer *viennent se nourrir dans les eaux poissonneuses des récifs, telle la grande aigrette, un échassier au bec effilé.*

La plongée (p. 462) *offre le meilleur moyen de découvrir l'écosystème des récifs. Dans le Sud, c'est Phuket qui compte le plus d'agences, louant des équipements et proposant des excursions dans des îles comme Ko Phi Phi. Attention ! toucher le corail peut endommager le récif.*

Les raies *prennent bien des formes et aspects, depuis la mante qui peut atteindre 6 m d'envergure, jusqu'à cette espèce tachetée de bleu dont la queue cache un dard à venin.*

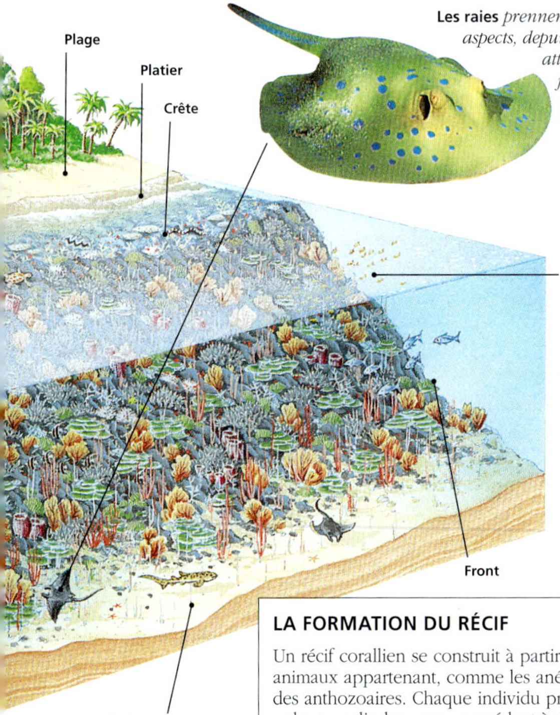

La daurade *suit souvent un banc de mulets pour dévorer les petits poissons qu'elle dérange.*

Les bernard-l'ermite, *crustacés au corps sans carapace, se protègent des prédateurs en s'appropriant les coquilles vides de mollusques comme le buccin.*

LA FORMATION DU RÉCIF

Un récif corallien se construit à partir des squelettes de petits animaux appartenant, comme les anémones de mer, à l'ordre des anthozoaires. Chaque individu prend la forme d'un polype : cylindre creux possédant à un bout une ouverture entourée de tentacules. Les polypes peuvent former des colonies aux aspects variés : circonvolutions des madrépores, arborescences du corail de bijouterie ou îles entières.

Madrépores

Corail arborescent

Les mangroves

Martin-pêcheur

La mangrove ne se développe que sous les tropiques, dans les zones envasées et saumâtres d'estuaires. En Thaïlande, elle forme quelques poches dans le Sud, en particulier sur la baie de Phangnga *(p. 364-367)*. Les arbres qui la composent sont les seules essences à s'être adaptées à cet environnement, leurs racines fixant les sédiments, drainés par des réseaux de canaux, sur lesquels ils poussent. Souvent méprisée, la mangrove constitue néanmoins un écosystème vital à la survie de nombreuses espèces de crustacés, de poissons, de reptiles, d'oiseaux et même de mammifères. Dans sa forme « primaire », ce type de forêt peut atteindre plus de 25 m de haut. En Thaïlande, cependant, il n'existe quasiment que des mangroves « secondaires », c'est-à-dire exploitées par l'homme et ne dépassant pas une hauteur de 5 à 10 m.

Les racines aériennes *que possèdent la plupart des arbres de la mangrove les aident à résister à la pression exercée par les marées et fixent des sédiments riches en éléments nutritifs.*

Les pneumatophores *de certains arbres servent aussi à exsuder du sel en excès.*

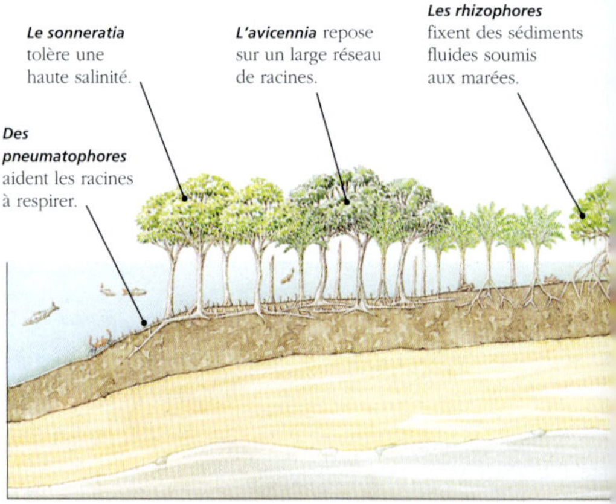

COUPE D'UNE MANGROVE

Ce dessin montre la répartition typique des essences dans une mangrove thaïlandaise représentée à marée haute, lorsque poissons et invertébrés viennent se nourrir dans les eaux abritées et riches en sédiments entourant les racines. À marée basse, crabes et échassiers explorent les étendues boueuses découvertes par la mer en quête de proies.

Le gobie marcheur *que l'on rencontre partout dans les étendues boueuses de la mangrove peut passer de courtes périodes hors de l'eau.*

Le gavial, *jadis le roi de la mangrove, est aujourd'hui élevé dans des fermes et se voit rarement en liberté.*

Dans les mangroves, les loutres *chassent de petits animaux tels que mollusques et crabes.*

Le crabe appelant mâle *se nourrit de particules organiques en fouillant la boue avec une unique grande pince qu'il utilise aussi lors des parades nuptiales.*

Les rhizophores *sont fréquents dans les mangroves thaïlandaises, comme ici dans la baie de Phangnga. Une queue en forme de dague permet à leurs gousses de graines de s'enfoncer dans le limon sans être emportées par la marée.*

Le boïga à raies jaunes, *comme d'autres serpents de la mangrove, est un excellent nageur. Il dort pendant la journée et chasse poissons et grenouilles la nuit.*

Le bruguiera pousse sur une boue compacte inondée par les grandes marées de printemps.

Les palmiers nipa, *qui poussent hors de la zone atteinte par les vagues, servent à emballer le tabac et à fabriquer un alcool.*

Le macaque mangeur de crabe *de la mangrove thaïlandaise est un bon nageur. Il se nourrit également de graines.*

LA DESTRUCTION DE LA MANGROVE THAÏLANDAISE

Malgré l'élaboration dès 1946 d'un plan de gestion de la mangrove, celle-ci a vu sa superficie diminuer de quelque 60 % depuis les années 1960. Les estimations n'évaluaient plus qu'à 120 000 ha la surface qu'elle couvrait en 1996. Cette diminution n'a pas seulement porté atteinte à la faune marine : l'érosion côtière endommage certaines régions du Sud. Les sédiments que retenaient les racines des arbres se déposent désormais sur des zones beaucoup plus étendues, laissant la mer gagner du terrain. Les coupes se sont accélérées à la fin des années 1980 avec la multiplication d'élevages de crevettes à l'emplacement d'anciennes mangroves. Leurs propriétaires utilisent les canaux alimentés par les marées pour évacuer les eaux chargées en excréments de leurs bassins, ce qui réduit aux alentours la richesse en oxygène des lieux de reproduction naturels de poissons et de crustacés. La fabrication de charbon de bois, produit vendu à bas prix dans tout le pays ou exporté à Singapour pour être commercialisé en Asie, a aussi contribué à la raréfaction de cette forme particulière de forêt. Enfin, ces zones inhabitées ont souvent servi à la construction de routes ou de ports.

Élevage de crevettes dans une ancienne mangrove

LA CÔTE NORD DE LA MER D'ANDAMAN

Des plages de sable blanc bordées de cocotiers au pied de collines couvertes d'une luxuriante forêt, telle est l'image que donne le littoral thaïlandais de la mer d'Andaman. Sa partie nord a pour centre l'île de Phuket. C'est la région qui a été la plus touchée par le tsunami de 2004, notamment Ramong, les archipels de Similan et de Kurin et l'île Ko Phi Phi. La reconstruction a été rapide.

La partie occidentale de la péninsule et l'île de Phuket forment une région fertile où une dense forêt pluviale et des plantations d'hévéas, de caféiers, d'anacardiers (noix de cajou), de bananiers et de durians couvrent la majeure partie de l'arrière-pays. Après les marchands venus profiter de sa position stratégique sur la route des épices entre l'Europe et l'Orient *(p. 346-347)*, puis les mineurs qui exploitèrent de riches filons d'étains, ce sont aujourd'hui les touristes que cette côte privilégiée attire en nombre toujours croissant.

Ils se pressent surtout à Phuket, qui possède de superbes plages et l'infrastructure d'accueil et de loisirs la plus développée du Sud. De nombreux villages de gitans de la mer et de pêcheurs musulmans se sont ainsi transformés, sur l'île elle-même et autour de Krabi, en complexes hôteliers.

Dans la baie de Phangnga, des bateaux « longue queue » emmènent les visiteurs au pied des majestueux rochers qui jaillissent de la mer. Il faut un canoë pour pénétrer au plus profond de la mangrove peuplée de loutres, de singes et de pygargues. Une île comme Ko Lanta et les plages jalonnant la côte entre Takua Pa et Phuket permettent de jouir à la fois de la mer et de la solitude. À l'intérieur des terres, le parc national de Khao Sok protège une magnifique forêt vierge. En mer d'Andaman, Ko Surin et l'archipel de Ko Similan recèlent certains des plus beaux sites de plongée du monde. La mousson du sud-ouest, qui dure de juin à octobre, rend certaines îles inaccessibles.

Scène de plage typique dans cette partie de la Thaïlande

◁ **Phuket vit du tourisme, mais aussi de son agriculture, ici : une rizière**

À la découverte de la côte nord de la mer d'Andaman

Cette région abrite un des plus beaux sites littoraux de toute l'Asie du Sud-Est. Les visiteurs installés à Phuket disposent de douze longues plages de sable et d'aménagements modernes tels qu'hébergement, restauration, commerces, loisirs et sports. Les hauts pitons de la baie de Phangnga fourniront le but d'une excursion d'une journée. À égale distance de Phuket et de Krabi, l'île de Ko Phi Phi reste magnifique, malgré une fréquentation touristique trop importante. Les amateurs de solitude lui préféreront les plages tranquilles de la côte de Khao Lak dominée par la forêt pluviale du massif du Tenasserim. À 60 km de la côte, les archipels de Similan et de Kurin possèdent des fonds sous-marins exceptionnels.

Navigation dans l'archipel encore vierge de Similan

0 25 km

Il est encore possible de trouver une plage déserte sur Ko Phi Phi

LA CÔTE NORD DE LA MER D'ANDAMAN D'UN COUP D'ŒIL

VOIR AUSSI

• ***Hébergement*** p. 418-420
• ***Restaurants*** p. 446-449

Dense forêt et falaises de calcaire près du parc national de Khao Sok

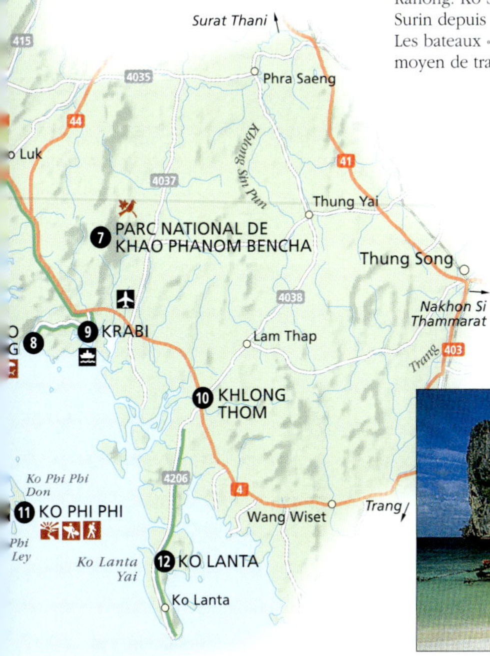

CIRCULER

La plupart des visiteurs arrivent à l'aéroport de Phuket, qui constitue avec la ville de Krabi la meilleure base d'où explorer la région. On peut en particulier y louer une voiture, le moyen de transport le plus pratique. Il n'existe pas de desserte ferroviaire, mais des cars climatisés circulent entre Phuket, Krabi, Phangnga et Ranong. Ko Similan s'atteint depuis Phuket, Ko Surin depuis Ranong et en avion depuis Phuket. Les bateaux « longue queue » offrent le meilleur moyen de transport dans les îles.

LÉGENDE

- Route principale
- Route secondaire
- Parcours pittoresque
- Voie ferrée
- Sommet

Bateaux « longue queue » à Ko Poda près de Krabi

Collecte d'eau à l'une des sources chaudes de Ranong

Ranong ❶

ระนอง

Province de Ranong. *15 000.* *t.l.j.* *TAT, Surat Thani (0 7728 8818).*

Dans la province la moins peuplée de Thaïlande, Ranong attira à la fin du XVIIIe siècle des Chinois hokkiens venus travailler dans les mines d'étain de la région. La ville est aujourd'hui un poste frontière animé d'où les citoyens thaïlandais peuvent se rendre à **Victoria Point** en Birmanie (Myanmar), dans le cadre d'excursions en bateau d'une matinée ou d'une journée. Appelée Kaw Thaung par les Birmans, cette ville est réputée pour ses produits détaxés et son artisanat. Les étrangers ne peuvent officiellement pas s'y rendre sans un visa, mais cette règle n'est pas toujours appliquée. Ranong a pour principale attraction les sources d'eau minérale du **Wat Tapotaram**, à 1 km à l'est du centre. D'une température moyenne de 65 °C, elles alimentent, un peu plus bas, le long de la rivière Khlong Hat Sompen, une piscine à 42 °C au Jansom Thara Spa Resort Hotel. Elle est accessible pour une somme modique aux personnes ne résidant pas dans l'établissement.

Parc national de Khao Sok ❷

อุทยานแห่งชาติเขาสก

Province de Surat Thani. Siège du parc près de la route 401, à 40 km E de Takua Pa. *TAT, Surat Thani (0 7728 8818) ou Forestry Dept (0 2562 0760 ou www.dnp.go.th pour la location de bungalows).* *depuis Surat Thani ou Takua Pa.*

Ce parc national et des réserves naturelles proches protègent la plus vaste et la plus spectaculaire étendue de forêt vierge du sud de la Thaïlande. D'une superficie de 738 km², il culmine à une altitude de 960 m et renferme 100 îles formées par la construction du barrage de Rachabrapha en 1982. Éléphants, tigres, ours, sangliers et singes, ainsi qu'environ 200 espèces d'oiseaux dont le calao, peuplent le parc. Les plus gros mammifères s'apercevoivent surtout la nuit. Leurs traces se repèrent souvent le long des nombreux sentiers de la réserve qui, pour la plupart, n'exigent pas un entraînement particulier. Malgré les efforts des gardes forestiers, éléphants et tigres restent malheureusement victimes du braconnage. La jungle abrite aussi des plantes intéressantes, telle la rafflésie, une fleur parasite géante. Soumis à la fois aux moussons d'été et d'hiver, avec une saison des pluies de mai à novembre, le Khao Sok ne connaît qu'une période favorable à sa visite, entre janvier et avril.

Côte de Khao Lak ❸

เขาหลัก

Province de Phangnga. *TAT, Phuket (0 7621 1036).* *depuis Takua Pa ou Phuket.*

Le littoral au sud de Takua Pa se compose de longues plages de sable ou rocheuses. Cette côte se développe rapidement et on se loge facilement. Khao Lak, à mi-chemin entre Takua Pa et Thai Muang, possède une jolie plage et est un bon point de départ pour explorer la région. Le **parc national de Khao Lak (Lam Ru)** voisin est réputé pour les panoramas qu'il offre avec ses crêtes boisées dominant la mer. Cerfs muntjacs et petits ours habitent la forêt, mais le parc est victime d'empiètement et de braconnage. À 4 heures en bateau des îles Similian, la côte attire les visiteurs qui viennent réserver leurs plongées. De novembre à avril, des ferries partent du port de pêche de Tap Lamu et d'Hat Khao Lak pour Ko Similan. Depuis le tsunami de 2004, cette côte est en reconstruction.

Cerf muntjac à Khao Lak

Parc national de Khao Lak (Lam Ru)
Siège du parc à 25 km S de Takua Pa. *Forestry Dept (0 2562 0760).*

Forêt vierge et falaises calcaires du parc de Khao Sok

Pour les hôtels et les restaurants de la région, voir p. 418-420 et p. 446-449

Des rochers forment à Similan de vastes grottes sous-marines

Ko Surin et Ko Similan ❹

เกาะสุรินทร์และสิมิลมิลัน

Province de Phangnga. *TAT, Phuket (0 7621 1036) ou Forestry Dept (0 2562 0760 pour la location de bungalows à Similan).* **Surin** *depuis Khuraburi Pier à 2 km de la route 4.* **Similan** *depuis Tap Lamu, près de la route 4 à 39 km S de Takua Pa ; ou expéditions de plongée depuis la côte de Khao Lak ou depuis Phuket.* *Plongée idéale déc.-début mai.* *mi-mai-mi-nov.*

À une distance de 60 km de la côte occidentale, les archipels de Ko Surin et Ko Similan, séparés de 100 km, comprennent les îles les plus isolées de Thaïlande. De mai à octobre, la mousson du sud-ouest les rend pratiquement inaccessibles. En saison cependant, elles offrent certains des plus beaux sites de plongée du monde. Seuls quelques gitans de la mer et des fonctionnaires du parc habitent les cinq îles de **Surin**. Il existe un dortoir sur Ko Surin Nua, mais la plupart des visiteurs préfèrent camper. Les deux plus grandes îles, Ko Surin Nua et Ko Surin Tai, possèdent un dense couvert forestier d'arbres à feuilles caduques. Il n'est pas rare d'y apercevoir pygargues, varans et macaques mangeurs de crabe. Sous l'eau, des coraux souples d'une grande variété forment un décor multicolore où glissent raies, requins-baleines et poissons exotiques comme la guitare de mer. Une pêche excessive a toutefois réduit la faune marine de Surin, et de nombreux plongeurs affirment que c'est autour de Similan qu'elle est la plus riche. L'archipel de **Similan** tirerait son nom du mot malais *sembilan* qui signifie « neuf », le nombre des îles qui le composent. Celles-ci sont désignées par un numéro, de Ko 1 à Ko 9. Ko 4 (Ko Miang) abrite le siège du parc, un restaurant, des bungalows et un camping louant des tentes à deux places. Sur Ko 9 se trouve la station sous-marine des gardes du parc. Les îles 4, 7, 8 et 9 ont été touchées par le tsunami de 2004 mais elles sont toujours ouvertes. À l'intérieur des terres règnent sable blanc et luxuriante forêt pluviale. De gros rochers granitiques forment sur le rivage des grottes et des tunnels immergés. Les fonds coralliens où prospèrent des polypes de toutes formes et de toutes couleurs abritent une faune d'une richesse exceptionnelle, avec des espèces comme la raie manta, la tortue marine géante, d'énormes mérous et des créatures plus dangereuses comme le vénimeux poisson-pierre. Parmi les requins fréquentant les alentours de l'archipel figurent le requin-léopard, le requin-marteau et le requin-baleine.

À la découverte des fonds colorés de Ko Similan

LA PLUS GROSSE FLEUR DU MONDE

Khao Sok est un des rares endroits du monde où pousse la *rafflesia kerri*. Parasite, cette plante tropicale ne possède ni racines ni feuilles. Pendant la majeure partie de l'année, elle se montre très discrète, n'existant que sous la forme d'un réseau de minces filaments au contact de la sève dans les racines d'un arbre hôte. Une fois par an, cependant, un petit bouton perce l'écorce, grandit jusqu'à prendre la taille d'une pastèque puis finit par éclore pour former la plus grosse fleur du monde. Son diamètre peut atteindre 80 cm et elle émet une odeur fétide qui attire les insectes assurant sa pollinisation. Au bout de quelques jours, la fleur se transforme en une masse putride. À Khao Sok, un sentier fléché conduit parfois jusqu'à une rafflésie.

Rafflésie en pleine floraison dans le parc national de Khao Sok

Phuket ❺

ภูเก็ต

Plage de Patong à Phuket

La plus grande île de Thaïlande a d'abord connu la prospérité en exploitant des mines d'étain. Le tourisme est aujourd'hui sa principale source de revenus. La destination de vacances la plus populaire du Sud-Est asiatique attire des visiteurs du monde entier avec ses superbes plages, ses eaux cristallines, sa vie nocturne animée et ses hôtels de luxe. L'extrémité nord de l'île est séparée du continent par un étroit chenal qu'enjambe le pont de Jong Sarasin (700 m).

Pêche au gros
Dans les eaux de Phuket, on pêche notamment thons et barracudas.

Bouddha enterré
Le Wat Phra Tong est construit autour d'un bouddha doré à la feuille à demi ensevelie. Selon la légende, chercher à le déterrer entraîne la mort.

★ Plages de la côte ouest
Au bord de l'eau la plus limpide de l'île s'élèvent les hôtels les plus luxueux. Patong est la station la plus développée. Karon et Kata sont plus paisibles.

Le cap Promthep, pointe méridionale de l'île, offre un panorama exceptionnel, en particulier au coucher du soleil.

LÉGENDE

- Plage
- Sports nautiques
- Information touristique
- *Wat*
- Aéroport
- Gare routière
- Embarcadère
- Route principale
- Route secondaire
- Point de vue

À NE PAS MANQUER

★ Centre de recherches marines

★ Plages de l'Ouest

★ Village thaï

Pour les hôtels et les restaurants de l'île, voir p. 418-420 et p. 446-449

MODE D'EMPLOI

Province de Phuket. *102 000.* *29 km N de Phuket-ville* *Phangnga Rd., Phuket-ville.* *depuis Ko Phi Phi jusqu'au Phuket Deep Sea Port.* *TAT, 191 Thalang Rd. (0 7621 1036)* *tatphket@tat.or.th* *Phuket Rd. (0 7621 2046).* *Fête végétarienne (9 jours fin sept.-déb. oct.), King's Cup Regatta (déc.).* **www**.phuket.com

Le Gibbon Rehabilitation Centre de la réserve de Khao Phra Taew aide des gibbons élevés en captivité à retourner à la vie sauvage.

Monument des Héroïnes
Une mère et sa fille rallièrent les femmes de Phuket pour défendre l'île contre les Birmans lors de la bataille de Thalang en 1785.

Phuket Butterfly Garden and Aquarium
Un bon aperçu de la faune marine locale et des papillons de Thaïlande.

★ Village thaï
Les visiteurs viennent dans ce village acheter des orchidées et assister à des démonstrations d'activités traditionnelles.

Phuket-Ville, la capitale de l'île, a conservé des demeures sino-portugaises du XIXe siècle.

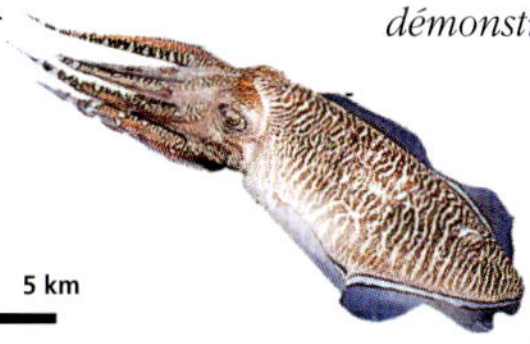

★ Centre de recherches marines
Un aquarium bien conçu présente poissons d'eau douce et de mer, homards, tortues et mollusques.

Phuket-ville

Détail d'un temple

Phuket-ville s'est développée au XIXe siècle après l'attaque de Thalang par les Birmans. Les mines d'étain de la région attirèrent alors des milliers de Chinois hokkiens. Certains firent fortune, construisirent de magnifiques demeures et envoyèrent leurs enfants étudier à Penang dans des écoles britanniques. Ils se fondent aujourd'hui dans la population thaïe, mais le centre de Phuket, ville peu tournée vers le tourisme contrairement au reste de l'île, garde un charme particulier avec ses édifices de style sino-portugais. La communauté sino-thaïlandaise garde, en outre, des traditions vivaces comme la fête végétarienne.

Une des anciennes maisons sino-portugaises

Maisons chinoises

Thalang Rd., Yaowarat Rd., Dibuk Rd. et Phangnga Rd.

Le quartier sino-portugais forme le cœur de Phuket, avec ses demeures coloniales spacieuses, bien qu'un peu délabrées, entourées de vastes jardins. La plupart datent des règnes de Rama IV et Rama V (1851-1910). Aucune, malheureusement, n'abrite un musée qui permettrait de la visiter. Deux des plus belles maisons abritent, sur Ranong Road, la Standard Chartered Bank et la Thai Airways. Nombre des vieilles maisons-boutiques chinoises présentent elles aussi un aspect décrépit.

Exposition du Thavorn Hotel

ห้องแสดงของเก่าโรงแรมถาวร

74 Rasada Rd. ***Tél.*** *0 7621 1334.*

t.l.j.

Le propriétaire de cet hôtel du centre a réuni une collection d'objets et de documents liés à l'histoire de l'île, présentée dans le hall et des salles adjacentes de son établissement. On peut ainsi découvrir, disposés avec imagination, métiers à tisser, coffres précieux, maquettes de mines d'étain et photos de la ville au XIXe siècle.

Marché de produits frais

ตลาดสด

Ranong Rd. *t.l.j.*

Ce marché ouvert 24 h/24 et les ruelles qui l'entourent offrent un spectacle qui stimule tous les sens avec ses personnages bigarrés vendant à la criée herbes et condiments, poisson en saumure, anguilles frétillantes et durians.

Rang Hill

เขารัง

Le sommet de cette colline offre une belle vue de la ville et de ses environs. La statue qui s'y dresse représente Khaw Sim Bee Na-Ranong (1857-1913), qui fut le gouverneur de Phuket de 1901 jusqu'à sa mort. C'est lui qui importa le premier hévéa en Thaïlande.

Temple de Bang Niew

ศาลเจ้าบางเหนียว

Phuket Rd. *t.l.j.*

Pendant la fête végétarienne, les médiums en transe appelés *naga* gravissent des échelles de couteaux dans ce temple consacré au culte de plusieurs divinités chinoises, dont Siew, Hok et Lok qui représentent la longévité, le pouvoir et le bonheur.

LA FESTIVAL VÉGÉTARIEN DE PHUKET

Le festival dure les neuf premiers jours du neuvième mois lunaire du calendrier chinois. La fête aurait pour origine une troupe de comédiens qui, frappés il y a cent cinquante ans par une grave maladie, guérirent en s'imposant une très stricte pénitence pendant neuf jours. Pour se purger le corps et l'âme de leurs pensées et actes impurs de l'année, les dévots d'aujourd'hui s'habillent de blanc, et suivent un régime végétarien strict. La fête a pour apothéose une procession pendant laquelle des médiums *(naga)* en transe prouvent leur insensibilité à la douleur, notamment en se transperçant les joues. D'autres *naga* grimpent des échelles de couteaux, et plongent leur main dans de l'huile bouillante.

Naga défilant en ville

Pour les hôtels et les restaurants de la ville, voir p. 418-420 et p. 446-449

Le Wat Mogkol Nimit du style de Rattanakosin

MODE D'EMPLOI

Province de Phuket. 👥 *102 000.* 🚌 *Southern Bus Terminal près de Phang Nga Rd.* ℹ *TAT, 191 Thalang Rd. (0 7621 1036/2213).* 🚐 *Phuket Rd. (0 7635 5015).* ⊖ *t.l.j.* 🎉 *Festival végétarien (9 jours fin sept.-déb. oct.).*

Wat Mongkol Nimit

วัดมงคลนิมิต

Yaowarat Rd. ◯ *t.l.j.*

Ce grand temple du style de Rattanakosin possède des portes finement sculptées. Des moines y jouent parfois au *takraw* avec des laïcs.

Temple de Chui Tui

ศาลเจ้าจุ้ยตุ่ย

Ranong Rd. ◯ *t.l.j.*

En un flot incessant, les croyants viennent dans ce sanctuaire chinois pour y tirer d'une boîte dédiée au dieu végétarien Kiu Wong des baguettes numérotées censées leur dévoiler leur destinée.

Aux environs : à 3 km au nord de Phuket-ville, le **Phuket Butterfly Garden and Aquarium** entretient une atmosphère chaude et humide où vivent des centaines de papillons tropicaux, des insectes tels que scorpions et lucanes, et une loutre très joueuse. L'aquarium contient d'intéressants spécimens de la faune marine locale tel le poisson-boule à tête de chien. Situé à 4 km au nord de Phuket-ville, le **Village thaï** propose aux touristes des spectacles culturels et animaliers inspirés des traditions de différentes régions de la Thaïlande. Ils comprennent des démonstrations de danse, de boxe muay thai *(p. 44-45)* et de combat à l'épée, ainsi que les reconstitutions d'un combat de coqs et d'un mariage thaï. Les danses du pêcheur, du mineur d'étain et du récolteur de caoutchouc furent inventées ici. Des éléphants démontrent aussi leur habileté à manier des troncs d'arbres. On peut voir fabriquer, puis acheter, des sacs et des ornements en vannerie *yan lipao (p. 105)*, une technique de tressage spécifique au Sud. Quarante mille orchidées sont cultivées chaque année dans **Orchid Garden**.

Phuket Butterfly Garden and Aquarium

Yaowarat Rd. ***Tél.*** *0 7621 0861.* ◯ *t.l.j. 9h-17h.*

Le Village thaï et Orchid Garden

Thepkasattri Rd. ***Tél.*** *0 7621 4860.* ◯ *mar.-dim.*

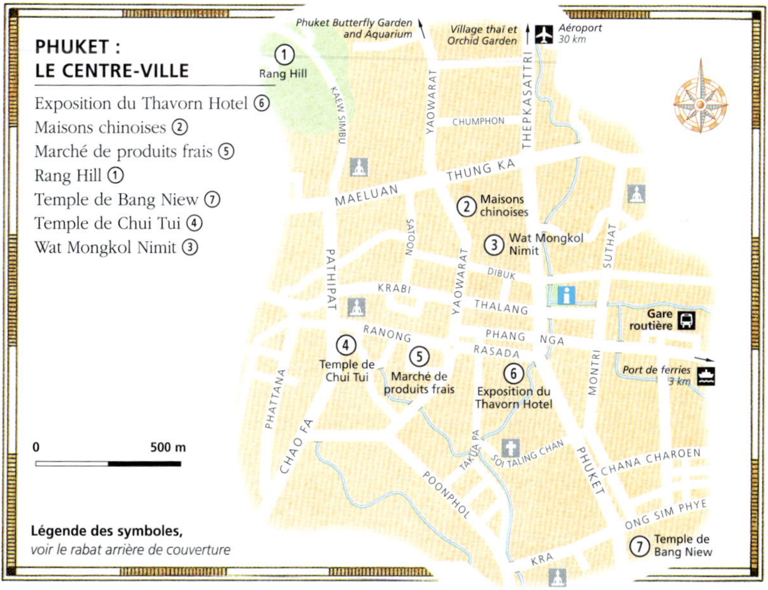

À la découverte de Phuket

Hibiscus, une fleur courante à Phuket

Les premiers Européens qui commercèrent à Phuket l'appelaient Junkceylon, et son nom moderne pourrait dériver du mot malais *bukit*, « colline ». À leur arrivée, de nombreux visiteurs se dirigent vers les stations balnéaires, le plus souvent sur la côte ouest où s'étendent les plus belles plages, et ne la quittent plus qu'à leur départ. Il existe cependant plusieurs sites historiques et culturels à découvrir dans l'île, dont l'intérieur, luxuriant, offre de belles promenades.

Grand hôtel moderne dominant la plage de Patong

Hat Patong

La station balnéaire la plus construite de Phuket s'étend sur 3 km au fond de la baie de Patong. Une intense vie nocturne règne dans ses restaurants, discothèques, boîtes de nuit et bars à bière. Pendant la journée, de nombreuses activités nautiques sont proposées. Les plages bordant le promontoire au sud de la baie gardent une relative sérénité. Il est possible de se promener à dos d'éléphant sur le cap au milieu des amandiers, des anacardiers (noix de cajou) et des tamariniers.

Hat Karon et Hat Kata

Situées au sud de Patong, ces deux stations sont presque aussi fréquentées. Karon comprend une longue plage de sable et la minuscule Karon Noi où s'est installé un hôtel Meridien. Plus petites et plus jolies, les plages de Kata bordent deux baies : Kata Yai et Kata Noi. Le promontoire séparant Karon de Kata abrite de bons restaurants.

Autres plages de l'ouest

Au nord de Patong s'étendent les plages plus petites de Kamala, Surin et Pansea. D'une courbe parfaite, Hat Kamala reste relativement authentique, quelques restaurants s'insérant entre des maisons de pêcheurs musulmans. Au sud, **Phuket FantaSea** est un immense complexe, avec un spectacle nocturne à base de danse, de musique, d'effets spéciaux et d'éléphants. Plus au nord, Hat Bang Tao est une longue bande de sable paisible, bordée par quelques hôtels de luxe. Encore plus au nord, on trouve trois nouvelles plages : Hat Nai Thon, superbe et préservée ; Hat Nai Yang, appréciée des Thaïlandais ; et Hat Mai Khao, ruban de sable long de 12 km pratiquement désert.

Phuket FantaSea
99 Kamala Beach. ***Tél.*** *0 7638 5000.*
ven.-mer. 17h30-23h30.

Caps et baies du sud-est

C'est à Ao Nai Harn, une baie proche de la pointe sud de

Le cap Promthep est un des meilleurs points de vue de Phuket

LES GITANS DE LA MER

Les gitans de la mer, aussi connus sous les noms de *chao ley ou chao naam* en thaï, sont probablement originaires des îles indiennes d'Andaman et de Nicobar situées à environ 500 km à l'ouest de la péninsule. Ils émigrèrent en passant par l'archipel de Mergui, qui borde le littoral birman, et s'installèrent dans la région il y a environ deux cent ans. Il existe aujourd'hui à Phuket des communautés à Rawai, Ko Sire, près du village de Sapam et, sur la côte nord, à Laem La et Nua. Ils vivent également en mer d'Andaman à Ko Surin, Ko Phra Tong à Phangnga et, plus au sud, dans les îles de Phi Phi, Lanta, Talibong, Tarutao et Langkawi. Divisés en trois groupes ethniques, Moklen, Moken et Urak Lawoi, ils parlent une langue qui leur est propre et ont des croyances animistes. Leurs rites incluent une cérémonie annuelle de purification.

Nettoyage des poissons, une activité quotidienne pour les gitans de la mer

l'île, que s'est installé le très chic Phuket Yacht Club. La plage (ouverte à tous) est considérée comme une des plus belles de Phuket. Extrémité méridionale de l'île, le cap Promthep offre, 2 km plus loin, un magnifique panorama. Au nord de Promthep, la plage de Hat Rawai n'a rien d'exceptionnel. Un promontoire la sépare de la baie de Chalong. De nombreuses huttes y proposent d'excellents fruits de mer à une clientèle principalement locale. Ao Chalong sert de point d'ancrage à de nombreux yachts. Des excursions en bateau permettent de rejoindre les charmantes îles de Lone, Hai et Bon qui se prêtent bien à la plongée au tuba. Sur le cap Phanwa, l'aquarium de Phuket, qui fait partie du **Centre de recherches marines**, abrite de nombreuses espèces de poissons, de coraux, de crabes et de tortues.

Centre de recherches marines
Pointe du cap Phanwa. ***Tél.*** *0 7639 1126.* *t.l.j. 9h-16h.*

Crabe tropical au Centre de recherches

Côte nord-est

Sur Ko Naga Noi, une île au large de la côte nord-est, les propriétaires de la **Naga Pearl Farm** expliquent aux visiteurs leurs techniques d'élevage de perles de culture. Une tranquille plage de sable permet de se baigner. Pointe nord-est de Phuket, le cap Khut offre une vue panoramique des monolithes de la baie de Phangnga *(p. 364-367)*. Dans les eaux paisibles de l'étroit bras de mer séparant l'île du continent, des pêcheurs musulmans élèvent des bars.

Naga Pearl Farm
Ko Naga Noi. ***Tél.*** *0 7626 0216.* *t.l.j.*

Thalang

Cette petite ville située à l'intérieur des terres fut en 1785 l'enjeu d'une célèbre bataille contre les Birmans. À 8 km du centre, le monument des Héroïnes rend hommage au courage dont ont fait preuve les femmes de la région à cette occasion. À quelques pas à l'est du monument, l'exposition du Thalang Museum illustre le riche héritage de Phuket avec des pièces telles que des icônes religieuses du Ve siècle, de la porcelaine chinoise et des documents sur les gitans de la mer. La ville elle-même possède un intéressant marché près du Wat Phra Tong. Le temple renferme un bouddha doré et à demi enterré. Selon la légende, quiconque chercherait à la dégager courrait à sa perte.

Thalang National Museum
Près de la route 402, en face du monument des Héroïnes.
Tél. *0 7631 1025/1426.*
mer.-dim. *j.f.*

Parc forestier de Khao Phra Taew

À 4 km à l'est de Thalang, cette réserve naturelle protège la dernière forêt pluviale primitive de Phuket. Elle renferme deux jolies cascades. Celle de Ton Sai offre le plus beau spectacle de juin à décembre, celle de Bang Pae alimente des bassins où on peut se baigner toute l'année. Les bénévoles du **Gibbon Rehabilitation Centre** aident de jeunes gibbons élevés en captivité à apprendre progressivement à se débrouiller seuls dans la jungle. Les contributions des visiteurs servent à nourrir les animaux.

Parc forestier de Khao Phra Taew
District de Thalang. *t.l.j.*

Gibbon Rehabilitation Centre
Près des chutes de Bang Pae. *t.l.j.*

Citrons verts en vente au marché de Thalang dans le centre de l'île

Baie de Phangnga ❻

อ่าวพังงา

Pygargue, baie de Phangnga

Aucun endroit n'illustre mieux la beauté du sud de la Thaïlande que la baie de Phangnga, d'une superficie de 400 km². À la pointe sud de l'arête formée depuis la Chine par les montagnes du Tenasserim, d'imposantes masses de calcaire surgissent d'une eau lisse et peu profonde. Les tunnels et salles souterraines qui creusent nombre de ces étranges formations rocheuses ajoutent à leur magie. L'intérieur des terres ne manque pas non plus de majesté, avec ses reliefs boisés dominant une jungle marécageuse, la mangrove.

Mangrove
Plusieurs cours d'eau se jettent dans la mer au nord de la baie. Sur leurs sédiments pousse la plus vaste mangrove (p. 350-351) *de Thaïlande.*

Falaise évidée
Les vagues creusent la base des rochers d'environ 1 m tous les cinq mille ans.

Certaines grottes n'apparaissent qu'à marée basse.

Des fissures favorisent le travail d'érosion de l'eau.

Concrétions calcaires
Dans la plupart des grottes, des dépôts de calcite ont créé stalactites et draperies.

COUPE DE ROCHERS TYPIQUES DE LA BAIE DE PHANGNGA

Le paysage offert par les rochers de la baie de Phangnga correspond pour les géologues à un relief karstique submergé. Le mot « karst » désigne des régions calcaires façonnées par une forme d'érosion particulière, car des fissures permettent à l'eau de s'infiltrer jusqu'au cœur de la roche pour effectuer son travail de sape et de dissolution, en creusant tunnels et vastes chambres souterraines.

Vue aérienne de rochers de la baie de Phangnga

MODE D'EMPLOI

Province de Phangnga. *TAT, Phuket (0 7621 2213). depuis Phuket ou Krabi jusqu'à Phangnga puis louer un « longue queue » ou croisière organisée.*

Pitons isolés
L'érosion n'a laissé par endroits que des piliers de calcaire jaillissant de l'eau calme de la baie.

FORMATION DE LA BAIE DE PHANGNGA

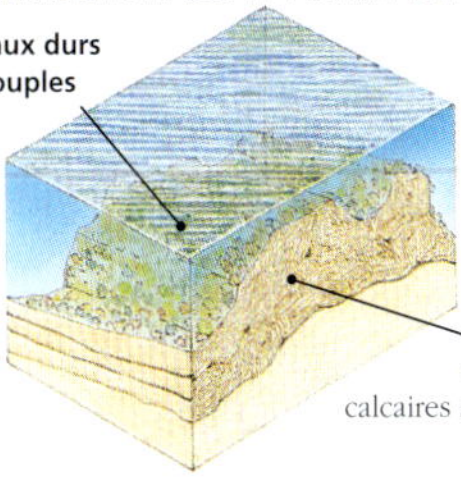

Il y a cent trente millions d'années, *les squelettes de polypes d'un vaste récif corallien forment sous la mer d'épaisses couches de calcite.*

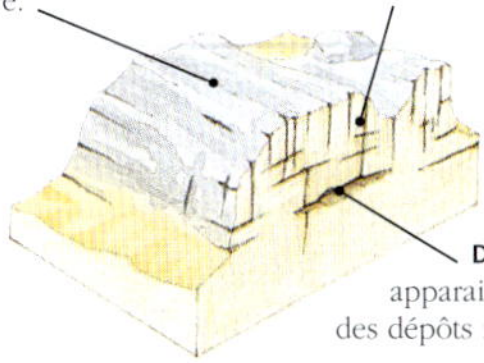

Il y a soixante quinze millions d'années, *des mouvements de plaques poussent les dépôts, devenus du calcaire cassant, hors de l'eau.*

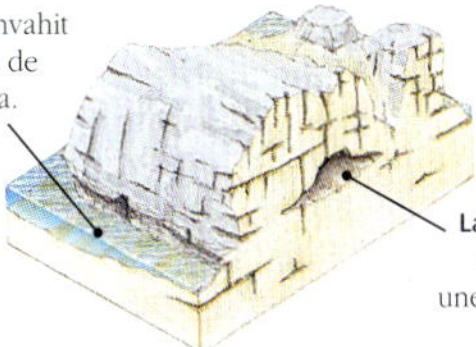

Il y a vingt mille ans, *à la fin de la dernière ère glaciaire, le niveau de la mer monte. Vagues et marées accélèrent le processus d'érosion.*

Il y a huit mille ans, *la mer atteint son plus haut niveau, 4 m plus élevé que celui d'aujourd'hui, et creuse un rebord, visible sur maints rochers.*

À la découverte de la baie de Phangnga

Coquillage de Phangnga

La plupart des croisières faisaient le tour des sites les plus connus, comme le village de pêcheurs construit sur pilotis dans l'ombre de Ko Panyi, « James Bond Island » et quelques grottes spectaculaires. Certaines d'entre elles abritent des peintures rupestres ou des autels bouddhiques. En raison de l'érosion importante, les visites touristiques sont interdites dans une grande partie de la baie de Phangnga. Ces sites peuvent encore être admirés de loin. Un parc national protège à l'est de beaux paysages karstiques.

Tham Lot est un tunnel de 50 m dans le calcaire. Des stalactites pendent de la voûte.

★ Village de pêcheurs de Panyi
Environs 120 familles musulmanes vivent dans ce village sur pilotis. Elles y vendent sauce de poisson, crevettes séchées et beurre de crevettes.

Tham Suwan Kuha (Wat Tham)
La « grotte du paradis » abrite un sanctuaire bouddhique au milieu de stalactites et de stalagmites.

★ James Bond Island
L'Homme au pistolet d'or *tourné en 1974 a fait de Ko Khao Phing Kan et du rocher voisin de Ko Tapu des îles inoubliables.*

Ko Phanak renferme plusieurs *hongs* aux parois couvertes de végétation où vivent serpents et singes.

Ko Hong
Un réseau de lagons, de gouffres et de tunnels passe sous l'île.

Pour les hôtels et les restaurants de la région, voir p. 418-420 et p. 446-449

Mangrove
Les canaux peuvent s'emprunter à marée haute avec un petit bateau… et un bon pilote.

Plantations d'hévéas
Le latex récolté dans les plantations autour de Phangnga est mis à durcir dans des plateaux.

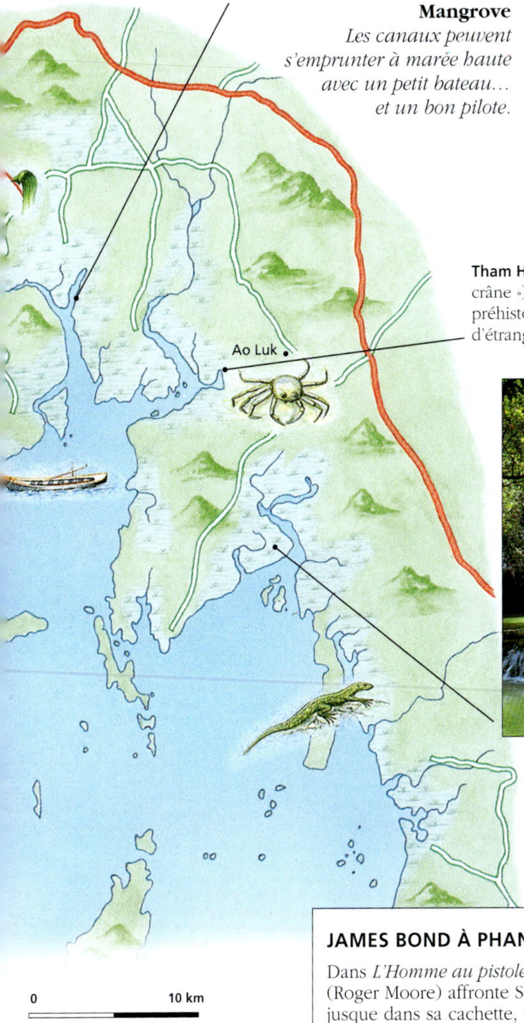

Tham Hua Gralok (« grotte du crâne ») contient des peintures préhistoriques d'humains et d'étranges animaux.

Parc national de Tanboke Koranee
Reliefs karstiques et petites chutes d'eau composent de superbes paysages dans ce parc du district d'Ao Luk.

JAMES BOND À PHANGNGA

Dans *L'Homme au pistolet d'or* (1974), James Bond (Roger Moore) affronte Scaramanga (Christopher Lee) jusque dans sa cachette, une île supposée se trouver au large de la Chine. C'est en fait Ko Khao Phing Kan, dans la baie de Phangnga, qui servit de décor. L'étrange piton voisin, qui renfermait l'arme secrète, porte le nom d'« île clou » (Ko Tapu).

Scaramanga et Bond

À NE PAS MANQUER

★ James Bond Island

★ Village de pêcheurs

L'extraordinaire Ko Tapu (« île clou ») de la baie de Phangnga ▷

Parc national de Khao Phanom Bencha ❼

อุทยานแห่งชาติเขาพนมเบญจา

Province de Krabi. Siège du parc près de la route 4, à 20 km N de Krabi.
TAT, Phuket (0 7621 2213) ; Forestry Dept (0 2562 0760).
Krabi puis bus locaux.

Une épaisse forêt de mousson couvre la majeure partie de cette réserve naturelle. D'une superficie de 500 km², elle porte le nom du massif montagneux qui culmine à 1 397 m.
Le personnel du parc peut organiser des randonnées jusqu'au sommet. L'ascension est difficile mais permet d'apprécier un point de vue spectaculaire. Malgré l'abattage illégal et le braconnage, la jungle abrite toujours au moins 156 espèces d'oiseaux comme le calao bicorne et la turnidule rayée. Parmi les 32 mammifères répertoriés figurent la panthère longibande, l'ours noir asiatique, l'ours des cocotiers, le sanglier, le binturong et le serow.
La **cascade de Huay To** et la **cascade de Huay Sadeh** se trouvent à moins de 3 km du siège du parc.

Ao Nang ❽

อ่าวนาง

18 km O de Krabi, province de Krabi.
TAT, Phuket (0 7621 2213).
Krabi puis songthaew.

Jusqu'au début des années 1980, les villageois musulmans de la jolie baie d'Ao Nang tiraient toutes leurs ressources de la pêche et de la production de noix de coco et de caoutchouc. Les hôtels, les restaurants de poisson et les agences de plongées et d'excursion en canoë se sont depuis multipliés au bord de la plage, longue de 2 km, attirant, de novembre à avril, une clientèle en quête de paysages paradisiaques.

Panthère longibande à Khao Phanom Bencha

À l'est, un cap rocheux haut de 100 m ferme la baie près de la plage peu fréquentée de Pai Plong. En saison, Ao Nang offre une base agréable pour faire des excursions en bateau « longue queue » jusqu'au promontoire de **Railay-Phra Nang**, situé à 3 km au sud-ouest. Parois de calcaire à pic, sable blanc et eau émeraude y attirent de nombreux visiteurs. À l'ouest, s'étend la plage la plus séduisante de la région : **Hat Phra Nang**. Une haute falaise la domine. Elle abrite

Promenade sur une plage de Ko Poda, petite île proche d'Ao Nang

Tham Phra Nang Nok (« grotte extérieure de la princesse ») où un autel est dédié à l'esprit d'une princesse, Phra Nang, dont le bateau aurait sombré près de la plage au IVe siècle av. J.-C. Les pêcheurs locaux y font des offrandes d'encens, de fruits et d'eau pour s'assurer de bonnes prises.
Le rocher dissimule un lagon, **Sa Phra Nang**, que le visiteur peut atteindre par un sentier abrupt. De part et d'autre de Phra Nang s'étendent les plages de sable de Railay est et Railay ouest. Cette dernière est la plus belle. Des bateaux en partent, comme de la plage de Phra Nang, jusqu'à l'île de **Ko Poda** où des poissons-tigres viennent vous manger dans la main. Comme **Ko Hua Khwan** (ou île du poulet), Ko Poda se prête merveilleusement à la plongée, avec bouteilles comme au tuba. **Ko Hong**, à 25 km au nord-ouest d'Ao Nang, recèle un réseau de grottes où se ramassent les nids forts prisés de la salangane *(p. 341)*. Le siège du **parc national marin de Phi Phi-Hat Nopparat Thara**, à l'ouest d'Ao Nang, domine des plages splendides. La réserve naturelle couvre une superficie de 390 km² et comprend les îles de Ko Phi Phi *(p. 372-373)*, Ko Mai Phai et Ko Yung (aussi appelé Ko Mosquito ou « île du moustique »).

Parc national marin de Phi Phi-Hat Nopparat Thara
Siège du parc à 3 km O d'Ao Nang.
TAT, Krabi (0 7562 2163).
Krabi, puis songthaew.

Baie mirifique du parc national marin de Phi Phi-Hat Nopparat Thara

Pour les hôtels et les restaurants de la région, voir p. 418-420 et p. 446-449

Krabi 9

กระบี่

Province de Krabi. *68 000.*
TAT, Phukhet Rd., Phuket (0 7621 7138). *t.l.j.*
www.krabi.sawadee.com

Capitale d'une superbe province, cette petite ville de pêcheurs voit passer de nombreux visiteurs qui viennent y embarquer pour des destinations telles que les îles de Ko Lanta et de Ko Phi Phi ou les plages entourant Ao Nang. Krabi tire son nom d'une épée, ou *krabi*, qu'on aurait découverte à proximité. De hauts rochers calcaires, similaires à ceux de la baie de Phangnga *(p. 364-367)*, l'entourent, et ils sont devenus le symbole de la province. Parmi les plus remarquables figurent les **pics jumeaux de Kanap Nam**. Ils se dressent comme des sentinelles de part et d'autre du fleuve qui arrose la ville. À l'est, s'étendent des mangroves que l'on peut découvrir en louant un « longue queue » au quai de Chao Fa dans le centre-ville.

Aux environs : à 8 km au nord de Krabi, le **Wat Tham Sua** (« temple de la grotte du tigre ») doit son nom à une formation rocheuse ressemblant à une patte de tigre. Ce *wat* forestier, très réputé, a pour cœur un sanctuaire troglodytique. La méditation s'y pratique dans un cadre paisible et boisé où un sentier en boucle permet une agréable promenade parmi de hauts arbres et les huttes habitées par les moines et les nonnes. 300 m plus haut, un escalier conduit à un grand bouddha et à une empreinte du pied du Bouddha. Du sommet de la falaise s'ouvre une vue panoramique de la province.

Les joies de la baignade dans une source chaude près de Khlong Thom

Bouddha du sommet de la falaise du Wat Tham Suan près de Krabi

Khlong Thom 10

คลองท่อม

Province de Krabi. *60 000.*
TAT, Phuket (0 7621 2213). *t.l.j.*

À quelque 40 km au sud de Krabi, cette bourgade est connue localement pour le petit musée qui présente, au **Wat Khlong Thom**, les pièces archéologiques et les armes de la région rassemblées par le gardien du temple. Elles comprennent une intéressante collection de perles appelées *lukbat*. Un port maritime, Kuan Lukbat, occupait jadis l'emplacement de Khlong Thom. Il accueillit, à partir du Ve siècle, les marchands et émissaires étrangers qui préféraient traverser la péninsule vers Nakhon Si Thammarat et Surat Thani *(p. 346-347)* plutôt que de se risquer dans les eaux dangereuses et infestées de pirates du détroit de Malacca.

Aux environs : une route cahoteuse de 12 km conduit à l'intérieur des terres jusqu'à une source chaude naturelle, idéale pour prendre un bain au milieu de la forêt. Il faut continuer pendant 8 km pour atteindre le **sentier forestier de Tung Tieo**. Ce parcours fléché permet de découvrir la jungle de basse terre de Khao No Chuchi et longe des bassins d'eau émeraude. Cette forêt est le dernier endroit connu au monde où vit la brève de Gurney, oiseau coloré aux habitudes terrestres dont on crut un temps l'espèce éteinte.

LA VARAPPE À KRABI

Il n'existe que deux endroits où pratiquer l'escalade dans un cadre organisé : Ko Phi Phi et Krabi. Les parois du promontoire de Phra Nang et des pitons environnants attirent près de Krabi des grimpeurs du monde entier. Seul le sud de la France, paraît-il, offre des voies aussi ardues. Elles varient en difficulté, selon le système français, d'un « 4 » aisé à un « 8b » réservé aux plus expérimentés. La mer permet d'ajouter le plaisir de la baignade à celui de la varappe.

Sur le « mur de Thaiwand » de Tham Phra Nang près d'Ao Nang

Ko Phi Phi ⓫

เกาะพีพี

Province de Krabi. 7 700. *depuis Phuket ou Krabi.* *TAT, Phuket (0 7621 2213).* *Nouvel An chinois (fév.), Songkran (avr.), Loykratong (nov.).* **www**.phi-phi.com

Située à 40 km au sud de Krabi, Ko Phi Phi (prononcer Pi Pi) se compose de deux îles réputées pour leur splendeur : Phi Phi Don et Phi Phi Ley. Elles appartiennent toutes deux au **parc national marin de Phi Phi-Hat Nopparat Thara** qui protège aussi une partie du littoral près d'Ao Nang *(p. 370)*. Des grimpeurs viennent défier de vertigineuses falaises *(p. 371)* de calcaire, s'élevant jusqu'à 314 m sur Phi Phi Don et 374 m sur Phi Phi Ley. Les eaux transparentes permettent de découvrir des récifs coralliens où prospèrent une faune et une flore exceptionnelles.

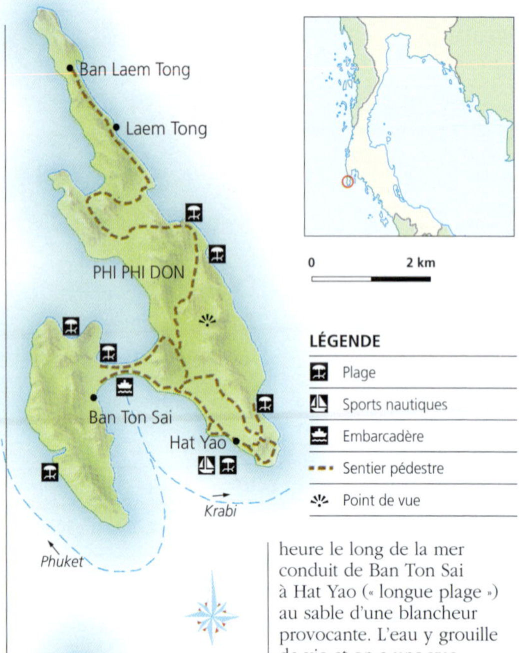

Phi Phi Don

La plus grande des îles de Ko Phi Phi se compose de deux masses rocheuses que relie un isthme sablonneux d'un kilomètre. C'est là que se trouve le village originel de pêcheurs musulmans, Ban Ton Sai. La zone a été durement touchée par le tsunami de 2004, mais une reconstruction dynamique a suivi ce dramatique événement. Bien que Phi Phi Don se soit livrée sans scrupule au tourisme ces dernières années, la nature y reste d'une beauté rare. Une agréable promenade d'une heure le long de la mer conduit de Ban Ton Sai à Hat Yao (« longue plage ») au sable d'une blancheur provocante. L'eau y grouille de vie et on a une vue dégagée des hautes parois de Phi Phi Ley, à 4 km de là. D'autres sentiers, plus raides, sillonnent les deux massifs de l'île, dont les sommets offrent de magnifiques panoramas. L'itinéraire le moins fatigant, par l'est, est bien fléché. Il existe de superbes bancs de corail à Hin Pae, au large de Hat Yao, ainsi qu'à Ko Phai (« île bambou »). Au nord, les gitans de la mer *(p. 353)* du village de Ban Laem Tong vivent du poisson pêché dans les criques des alentours.

Une vue typique de Ko Phi Phi, paradis tropical de plus en plus touristique

Sur une des superbes plages de sable blanc de Ko Phi Phi

Phi Phi Ley

L'île est inhabitée et préservée. Des bateaux proposent depuis Phi Phi Don des visites de la Viking Cave aux peintures rupestres et où les salanganes confectionnent les nids servant à préparer la célèbre soupe de nids d'hirondelles *(p. 341)*. Pour les atteindre, les ramasseurs risquent leur vie sur des échafaudages en bambou. Leur récolte est si précieuse que des gardes armés surveillent la grotte. Il est interdit de passer la nuit sur l'île. Un tuba suffit pour apprécier les récifs de corail de la baie d'Ao Maya, à la pointe sud-ouest de l'île.

Aux environs : les îles de la région abritent des oiseaux rares tels le pygargue à ventre blanc et le *mukimaki*, un gobe-mouches.

Ko Lanta ⓬

เกาะลันตา

Province de Krabi. 26 000. depuis Krabi ou Bo Muang. TAT, Phuket (0 7621 2213).

Proche du continent dans l'angle sud-est de la province de Krabi, l'archipel de Ko Lanta se compose de 52 îles dont 15 appartiennent au parc national marin de Ko Lanta. La faune de la réserve naturelle est surtout présente sur les îles les plus petites et les plus isolées. On accoste à **Ko Lanta Yai**, la plus grande île de l'archipel, au port en bois délabré de Ban Sala Dan. Longue de 25 km, elle est peuplée principalement de pêcheurs musulmans. Des collines boisées y moutonnent jusqu'aux nombreuses plages de sable de sa façade ouest. De nombreux hôtels ont vu le jour et aujourd'hui, Ko Lanta Yai est très appréciée des touristes pour la beauté de ses paysages. Sur les plages, les empreintes de singes et de lézards y restent plus fréquentes que celles d'humains. Au nord-ouest, la vue porte jusqu'à Ko Phi Phi depuis le cap de Laem Kaw Kwang. À la pointe sud, un sentier côtier de 3 km rejoint un phare alimenté à l'énergie solaire. Des gitans de la mer habitent le village voisin de Ban Sangka-U. Lors de la cérémonie appelée *loi rua*, ils mettent à dériver une maquette de bateau longue de 2 m pour qu'elle emporte le mauvais sort accumulé pendant l'année.

Pygargue à ventre blanc

PEINTURES RUPESTRES EN MER D'ANDAMAN

Il existe de nombreuses peintures rupestres dans les provinces de Phangnga *(p. 364-369)* et de Krabi *(p. 371)*, en particulier dans les grottes des îles de la mer d'Andaman. La plupart montrent les contours stylisés, en noir ou en rouge, de silhouettes humaines, de mains ou de poissons, certaines représentent des motifs aux lignes brisées. Les images d'êtres monstrueux, chimères d'humains et de créatures marines, intriguent toujours les archéologues. Certains pensent que leur exécution faisait partie de rites sacro-religieux destinés à assurer de bonnes chasses ou pêches. Si nombre de ces peintures remontent à l'époque néolithique, les dessins de jonques de la baie de Phangnga et de la Viking Cave de Phi Phi Ley n'auraient que quelques siècles.

Peinture d'une grotte de la baie de Phangnga

Hébergement en bungalows sur Ko Lanta

LA FRONTIÈRE MALAISE

L'extrême Sud de la Thaïlande a plus de similitudes avec la Malaisie voisine qu'avec la Plaine centrale où s'est développée la civilisation siamoise. C'est cette différence culturelle qui attire dans la région nombre de ses visiteurs. Elle ne manque pas pour autant de beautés naturelles : des montagnes couvertes de jungle s'élèvent au milieu de la péninsule, et les plages de la côte ouest restent préservées.

Les influences malaise, indienne et chinoise marquent d'une telle empreinte l'architecture et le mélange ethnique du « Deep South » qu'il y règne une atmosphère très différente de celle du reste de la Thaïlande. Les visages y sont plus sombres et la langue thaïe y prend des intonations inhabituelles, quand elle ne cède pas la place au yawi, un dialecte apparenté au malais et à l'indonésien. La nourriture elle-même change de saveurs avec des currys souvent plus âpres et parfumés au curcuma. Au sud de Songkhla, la ville universitaire de la région, et en particulier près des côtes, la majorité de la population est musulmane, et les minarets des mosquées l'emportent sur les flèches dorées des *wat*. Pattani, ancienne principauté indépendante, est un centre d'érudition islamique. Hat Yai doit à sa position stratégique, à un carrefour ferroviaire et au dynamisme de ses nombreux marchés d'être devenue la troisième ville de Thaïlande. La capitale culturelle du Sud demeure néanmoins Nakhon Si Thammarat, qui abrite l'un des temples bouddhiques les plus sacrés de Thaïlande : le Wat Phra Mahathat. Des sanctuaires hindous et des traditions comme la danse *manobra* témoignent du brassage des croyances dans une ville qui joua un rôle clé sur la route commerciale entre l'Inde et la Chine.

La région est affectée par les violences perpétrées par les extrémistes musulmans qui réclament l'autonomie locale. Les provinces du sud de Songkhla, Pattani, Yala et Narathiwat sont victimes de ces hostilités.

Jeunes filles musulmanes

◁ Détail de l'escalier du Wat Pha Kho, Sathing Phra

À la découverte de la frontière malaise

Les plaines orientales de la région font partie des terres les plus fertiles du pays, et le climat chaud et humide facilite des cultures comme le café, l'ananas, la noix de cajou, le ramboutan et l'hévéa. Située à une jonction ferroviaire, Hat Yai s'est imposée comme capitale commerciale du Sud, mais Nakhon Si Thammarat et Songkhla en demeurent les pôles culturels. À l'ouest, le littoral de la province de Trang et l'archipel de Tarutao offrent calme, belles plages et superbes coraux dans une région pauvre en infrastructures touristiques. La côte orientale a moins de charme naturel, mais des villes comme Songkhla méritent une visite. La Malaisie musulmane a une influence profonde et visible sur les trois provinces au sud de Hat Yai : Yala, Pattani et Narathiwat.

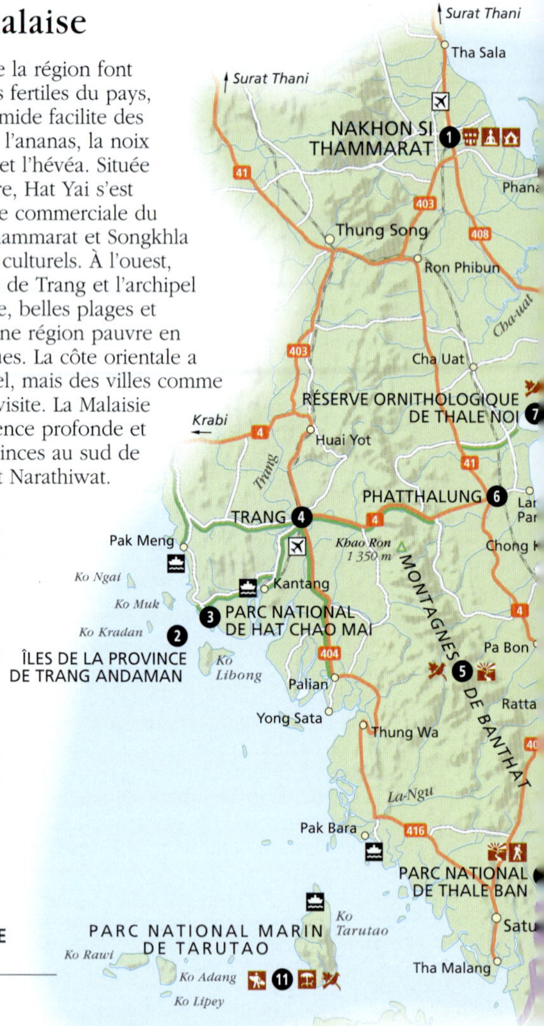

Minaret d'une mosquée de Nakhon Si Thammarat

LA FRONTIÈRE MALAISE D'UN COUP D'ŒIL

Plage déserte sur l'archipel de Tarutao

Pour les autres symboles de la carte, *voir le rabat arrière de couverture*

CIRCULER

Il faut compter quatorze heures en car et dix-sept heures en train pour parcourir les 930 km séparant Bangkok de Hat Yai, au centre des voies de communication d'une région très visitée par des touristes de Singapour et de Malaisie. Il existe six petits aéroports dans la région et trains et autocars desservent la plupart des grandes villes. Malgré les nombreux bus locaux, une voiture ou une moto reste le moyen le plus pratique de se déplacer sur des routes pour la plupart asphaltées. Les îles de la côte ouest s'atteignent depuis Pak Meng, Pak Bara et Kantang.

Village de pêcheurs de la province de Narathiwat

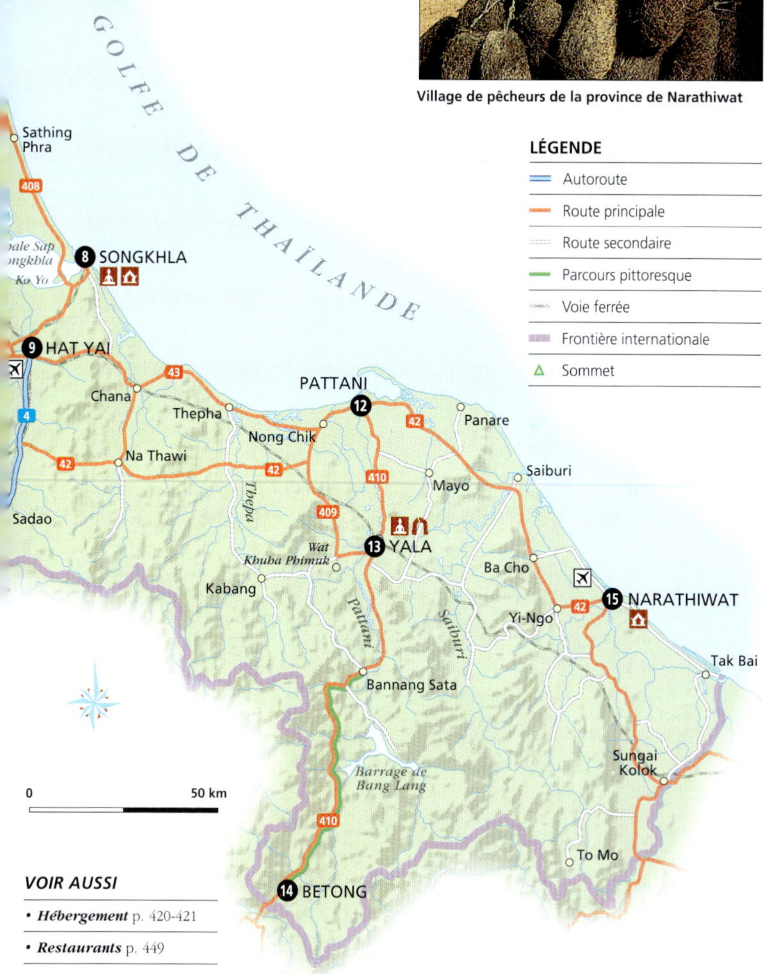

VOIR AUSSI

• ***Hébergement*** p. 420-421

• ***Restaurants*** p. 449

Nakhon Si Thammarat ❶

นครศรีธรรมราช

Statuette en argent

Peu d'itinéraires touristiques incluent Nakhon Si Thammarat, ou Nakhon selon son appellation populaire, bien qu'elle possède une riche histoire et entretienne des traditions telles que le théâtre d'ombres *nang talung (p. 383)* et la niellure, une technique d'incrustation d'émail noir sur métal *(p. 453)*. Sous le nom de Ligor, la ville fut la capitale du royaume péninsulaire de Tambralinga avant de devenir, du VIIe au XIIIe siècle, une importante cité de l'empire de Srivijaya *(p. 346-347)*. Grand centre religieux pendant cette période, elle prit le nom sanskrit de Nagara Sri Dhammaraja, qui signifie « cité du roi Dharma sacré ». De nombreux marchands indiens s'y installèrent.

Wat Phra Mahathat

วัดพระมหาธาตุ

Rachadamnoen Rd., 2 km S de la gare. ◯ *t.l.j.*

Bien que les avis divergent sur son âge, ce temple, l'un des plus sacrés de Thaïlande, aurait au moins 1 500 ans. Construit, selon la tradition, pour abriter des reliques du Bouddha apportées du Sri Lanka, le *chedi* actuel date du XIIIe siècle. Il est surmonté d'une flèche en or pesant, selon les estimations, entre 600 kilos et 1 tonne.

Le Wihan Luang possède un plafond peint au XVIIIe siècle, mais le Wihan Phra Ma se révèle encore plus intéressant. Il possède en effet une porte incrustée d'émeraude de la période de Sukhothai, présentant des sculptures de Phrom et Vishnou. Un petit musée renferme une collection, malheureusement non étiquetée, de pièces archéologiques, de bijoux et de sculptures religieuses. Elle comprend des œuvres dvaravati exécutées entre le VIe et le XIIIe siècle.

Chedi coiffé d'une flèche d'or du splendide Wat Phra Mahathat

Un bon moyen de découvrir tranquillement Nakhon

Musée national de Nakhon Si Thammarat

พิพิธภัณฑสถานแห่งชาตินครศรีธรรมราช

Rachadamnoen Rd., 2,5 km S de la gare. ***Tél.*** *0 7534 1075.*

◯ *mer.-dim.* ● *j.f.*

Le fleuron du musée est une statue de Vishnou du IXe siècle dans le style pala de l'Inde du Sud. Elle fut découverte dans la souche d'un arbre près de Takua Pha, port de la province de Phangnga qui servait alors de comptoir aux marchands indiens. L'exposition comprend aussi deux tambours en bronze fabriqués par le peuple des Dong Son du Nord du Vietnam. La galerie thaïe présente des œuvres d'art religieux allant des périodes de Dvaravati et de Srivijaya jusqu'à l'époque de Rattanakosin. Remarquez les bouddhas de style Sing.

Théâtre d'ombres (Suchart House)

บ้านหนังตะลุงสุชาติ

110/18 Si Thammasok Soi 3.

Tél. *0 7534 6394.* ◯ *t.l.j.*

Dans son atelier, Suchart Subsin taille dans du cuir de buffle les marionnettes du théâtre d'ombres *nang talung*. Les visiteurs peuvent l'observer au travail et acheter ses œuvres. Parfois, de petits spectacles impromptus sont donnés.

Pour les hôtels et les restaurants de la ville, voir p. 420-421 et p. 449

Ho Phra I-suan (Shiva)

หอพระอิศวร

Rachadamnoen Rd. *t.l.j.*

Le hall de ce sanctuaire abrite un *shivalinga* d'un mètre de haut. Cette image phallique du dieu hindou Shiva est censée apporter la fécondité aux femmes et daterait du VIe siècle.

Ho Phra Bouddha Sihing

หอพระพุทธสิหิงค์

Rachadamnoen Rd. *mer.-dim.*

Réplique d'un bronze fondu en l'an 157 au Sri Lanka et apporté à Nakhon au XIIIe siècle, Phra Bouddha Sihing est l'un des bouddhas les plus révérés de Thaïlande, à l'instar des deux images similaires installées au Wat Phra Sing de Chiang Mai. Les artisans locaux lui ont donné un demi-sourire, un visage rond et une poitrine ample.

Ho Phra Bouddha Sihing, écrin d'un bouddha révéré

Ho Phra Narai

หอพระนารายณ์

Rachadamnoen Rd. *t.l.j.*

Cinq *linga* découverts sur le site de ce sanctuaire se trouvent au musée du Wat Mahathat. Ces sculptures ont sans doute plus de mille ans.

Tha Chang Road

ถนนท่าช้าง

La vocation artisanale de cette rue date de l'arrivée d'émigrants du district de Saiburi (1804). Seuls les orfèvres expérimentés eurent l'autorisation de s'installer dans ce quartier situé à l'ouest de l'aire de parades de Sanam Na Muang.

Anciens remparts et porte nord

กำแพงเมืองเก่า

À l'E de Rachadamnoen Rd.

Les remparts de la ville formaient une enceinte de 2 230 m sur 400 m. La porte nord est une reconstruction de celle d'origine.

MODE D'EMPLOI

Province de Nakhon Si Thammarat. 147 000. 15 km N de Nakhon. Yommarat Rd. près de Karom Rd. TAT, Sanam Na Muang, Rachadamnoen Rd., Nakhon Si Thammarat (0 7534 6516). t.l.j. Fête du 10e mois lunaire (sept.-oct.).

Wat Sao Thong Thong

วัดเสาธงทอง

Rachadamnoen Rd. *t.l.j.*

Boîte niellée

Adjacant au temple Wang Tawan Tok, ce *wat* est une belle maison thaïe en bois, typique du Sud. Des sculptures ornent ses portes, ses pignons et ses entourages de fenêtres. Commencée en 1888 et achevée en 1901, elle réunit en fait trois habitations. Son état de conservation lui a valu en 1993 un prix de l'association des architectes de Thaïlande.

Bovorn Bazaar

บวรบาซ่าร์

Rachadamnoen Rd. *t.l.j.*

Cette cour abritant cafés, bars et deux bons restaurants est un lieu de rendez-vous animé du centre-ville.

NAKHON SI THAMMARAT : LE CENTRE-VILLE

Anciens remparts et porte nord ④
Bovorn Bazaar ①
Ho Phra Bouddha Sihing ⑦
Ho Phra I-suan (Shiva) ⑤
Ho Phra Narai ⑥
Tha Chang Road ③
Théâtre d'ombres ⑧
Wat Phra Mahathat ⑨
Wat Sao Thong Thong ②

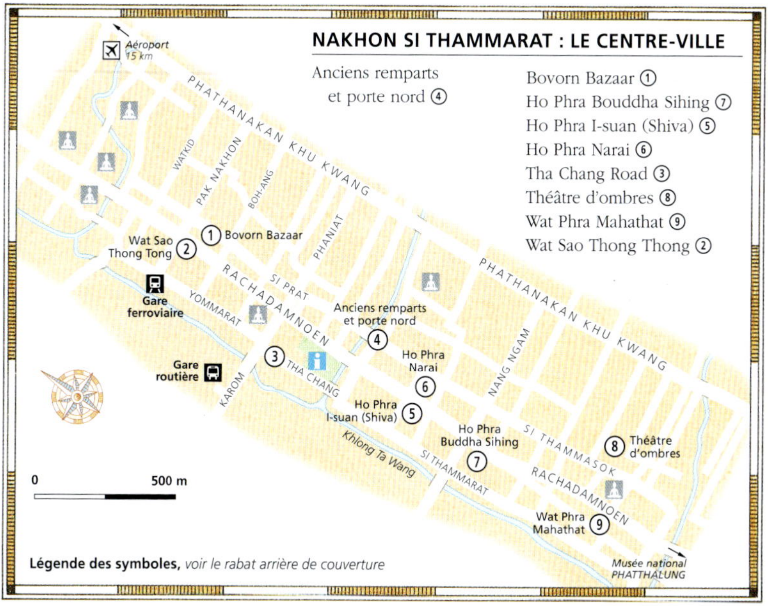

Légende des symboles, *voir le rabat arrière de couverture*

Dans le parc national de Hat Chao Mai

Îles de la province de Trang ❷

หมู่เกาะอันดามันจังหวัดตรัง

Province de Trang. *« longue queue » de Kantang à Ko Muk, Ko Kradan et Ko Libong, et de Pak Meng à Ko Hai et Ko Muk.* *TAT, Nakhon Si Thammarat (0 7534 6515) ; Forestry Dept (0 2562 0760).*

Au nombre d'une cinquantaine, les petites îles au large du littoral de la province de Trang n'ont pratiquement pas connu de développement touristique et, pour le moment, leurs plages de sable, leurs récifs de coraux et leurs riches faunes marine et terrestre restent seulement appréciés de quelques amateurs de solitude. Boisée, **Ko Hai** ou **Ko Ngai,** la plus facile à atteindre depuis Pak Meng sur le continent, est celle qui offre le plus large choix d'hébergements. Elle possède des plages de rêve, en particulier sur la côte est, et de superbes récifs de coraux. À 8 km au sud-est, **Ko Muk** a pour principale attraction le long tunnel, Tham Morakhot (« grotte d'émeraude »), qui s'ouvre à l'ouest à marée basse et conduit à une plage entourée de falaises. La plus belle de ces îles reste néanmoins probablement **Ko Kradan**. Plus au sud, et proche du continent, **Ko Libong** est la plus vaste. Elle abrite une spectaculaire faune ailée à découvrir de préférence en mars et avril.

Parc national de Hat Chao Mai ❸

อุทยานแห่งชาติหาดเจ้าไหม

Province de Trang. *TAT, Nakhon Si Thammarat (0 7534 6515) ; Forestry Dept (0 2562 0760 pour la location de bungalows).* *de Trang à Kantang puis* songthaew.

À environ 50 km à l'ouest de Trang, ce parc national protège neuf îles et un littoral varié. Des mangroves *(p. 340-341)* s'insèrent dans des criques entre des reliefs karstiques. Le parc est soumis à la fois au vent du nord-est et à celui du sud-ouest, ce qui entraîne des pluies tout au long de l'année. Près des plages de Yao et Yongling, des grottes conduisent à d'autres plages cachées. Dans le nord de la réserve naturelle, des fruits de mer se dégustent sous des casuarinas sur la longue plage de Pak Meng. Celle-ci est aussi le principal point de départ d'excursions en bateau dans les îles de Trang.

Tuk-tuk à Trang

Trang ❹

ตรัง

Province de Trang. *83 000.* *TAT, Trang (0 7521 5867).* *t.l.j.* *Fête végétarienne (oct.).*

La vocation commerciale de Trang remonte au moins au Ier siècle apr. J.-C. Prospère du VIIe au XIIIe siècle à l'époque de Srivijaya, elle reste aujourd'hui une importante ville marchande. Son économie repose principalement sur le caoutchouc, l'huile de palme et la pêche. Le tourisme ne joue qu'un rôle marginal, une situation qui pourrait changer si les îles de la province connaissaient une plus grande fréquentation. Trang possède une atmosphère très chinoise (et de bons restaurants chinois) due à une importante immigration dans la seconde moitié du XIXe siècle. Moins connue que celle de l'île de Phuket *(p. 360)*, sa fête végétarienne est toutefois réputée pour l'intensité de ses rites ascétiques. Ils comprennent des mortifications. Un monument à Khaw Sim Bee Na-Ranong, premier gouverneur de Trang, de 1890

Quai d'embarquement sur l'estuaire de la rivière Trang

à 1901, se dresse dans le parc situé à l'extrémité est de Phatthalung Road. La statue reçoit de nombreuses offrandes, en particulier le 10 mai, jour dédié au gouverneur. À quelques minutes à pied, le Clarion MP Hotel présente la particularité d'avoir été en partie construit à l'image d'un paquebot.

Aux environs : l'acclimatation de l'hévéa en Thaïlande, premier producteur mondial de caoutchouc, date du XXe siècle. Le premier arbre producteur du pays existe toujours à Kantang, à 22 km au sud-ouest de Trang à côté d'un petit musée consacré au gouverneur Khaw Sim Bee Na-Ranong.

Plantation d'hévéas dans la province de Trang

Montagnes de Banthat ❺

เขาบรรทัด

Province de Trang. *TAT, Nakhon Si Thammarat (0 7534 6515) ; Forestry Dept (0 2562 0760).*

Les vertes montagnes de Banthat qui courent le long de la péninsule jusqu'à la frontière malaise marquent la limite orientale de la province de Trang. Elles culminent au Khao Ron (1 350 m) et constituent l'un des derniers refuges où les tribus de Sakai peuvent conserver leur mode de vie, la chasse et la cueillette notamment.

Dense forêt pluviale sur les pentes des montagnes de Banthat

Ce peuple de Négritos parle un langage apparenté au môn-khmer et vit traditionnellement en groupes de dix à vingt personnes dans des abris rudimentaires, construits au bord de cours d'eau. Il chasse avec des sarbacanes et des dards empoisonnés. Le déboisement a conduit certains d'entre eux à devenir agriculteurs.

Les montagnes abritent aussi de nombreuses espèces de grenouilles et crapauds tropicaux, ainsi que des reptiles comme le gecko nain. Les oiseaux comprennent calaos, gobe-mouches, arachnothères et coucous-éperviers. À 20 km à l'est de Trang, près de la route 4, le **Centre d'études de faune et de nature Khao Chong** renferme un parc zoologique et deux cascades. Juste au sud, la réserve ornithologique de **Khlong Lamchan** protège un lac artificiel qui attire plusieurs espèces de canards. La petite route qui longe vers le sud les flancs occidentaux des montagnes conduit à de spectaculaires chutes d'eau, des grottes et des aires de pique-nique ombragées. Parmi les sites à ne pas manquer figurent l'immense **cascade de Ton Tay**, la **cascade de Sairung**, où se forme un arc-en-ciel l'après-midi, et **Tham Chang Hai**, la « grotte de l'éléphant perdu », proche du village de Muansari dans le district de Nayong. Plus au sud se trouve le magnifique parc national Thale Ban *(p. 386)*, facilement accessible depuis Satun.

LES DUGONGS

Jadis répandus dans les eaux du Sud, les dugongs, ou vaches marines, faillirent disparaître à force d'être trop chassés. Leur nombre augmente aujourd'hui lentement. Les alentours des îles de la province de Trang sont un des rares endroits où on peut en apercevoir. Ces herbivores, atteignant 400 kg, tirent leur nourriture des lits d'algues proches de Ko Libong et de l'estuaire du Trang. Les légendes locales attribuent à leurs larmes le pouvoir de rendre amoureux.

Le dugong, un doux géant aujourd'hui protégé

Phatthalung ❻

พัทลุง

Province de Phatthalung. *81 000.* *TAT, Nakhon Si Thammarat (0 7534 6515).* *t.l.j.* *Compétition de Phon Lak Phra (3 jours en oct. ou nov.).*

Phatthalung au pied de Khao Ok Talu (« montagne à la poitrine perforée »)

La province de Phatthalung est une des rares régions du Sud vouées à la riziculture, une activité qui a assuré sa prospérité tout au long de son histoire. Elle reste toutefois surtout connue comme le lieu de naissance en Thaïlande d'une forme d'art à laquelle elle a donné son nom : le théâtre d'ombres *nang talung*. Apparenté au théâtre de marionnettes indonésien, il ne reste vivant que dans les provinces de Phatthalung et de Nakhon Si Thammarat. Fondée au XIXe siècle sous le règne de Rama III *(p. 64-65)*, Phatthalung étend ses rues formant un quadrillage entre des collines calcaires au nord et le vaste lac d'eau salée de Thale Luang à l'est. Deux rochers aux formes tranchées encadrent la ville. Au nord-est, **Khao Ok Talu** (« montagne à la poitrine perforée ») est creusée d'un tunnel naturel près de son sommet. Au nord-ouest, **Khao Hua Taek** (« montagne à la tête brisée ») possède un faîte entaillé. Selon la légende, les deux montagnes, « la maîtresse » et « l'épouse », gardent les blessures d'un combat qui les opposa parce qu'elles se disputaient la « montagne mâle », Khao Muang, située plus au nord. Sur Khao Hua Taek, des grottes abritent un sanctuaire troglodytique, le **Wat Tham Kuha Sawan**. La plus basse renferme des statues de moines et du Bouddha, la plus haute donne vue de Khao Ok Talu et d'une grande partie de Phatthalung et de ses environs immédiats.

Aux environs : de vertes rizières entourent Phatthalung. À 6 km à l'est de la ville, dans le petit village de pêcheurs de **Lam Pam,** des canaux au débit paresseux se vident dans la grande mer intérieure de Thale Luang. Le long de a plage de Sansuk, des restaurants servent des fruits de mer. On peut également louer des bateaux pour rejoindre les îles voisines de Ko Si et Ko Ha. 2 km avant Lam Pam, le **Wat Wang** est le plus vieux temple de Phatthalung, sa fondation remontant probablement à celle de la ville. À l'intérieur du *bot* qui se dresse près du *chedi*, des peintures murales estompées représentent entre autres des scènes du Ramakien *(p. 40-41)*. Restauré, le **Palais du gouverneur** voisin date de 1889. Il se compose de deux édifices séparés en tek. Dans le plus proche de la route vivait la famille du gouverneur. Le bâtiment principal, près de la rivière, entoure une cour plantée d'un grand arbre.

Palais du gouverneur à Lam Pam

Palais du gouverneur
Route 4047, 4 km E de Phatthalung. *t.l.j. 8h30-16h.*

Pour les hôtels et les restaurants de la région, voir p. 420-421 et p. 449

Réserve ornithologique de Thale Noi ❼

ทะเลน้อย

32 km N-E de Phatthalung, province de Phatthalung. *TAT, Nakhon Si Thammarat (0 7534 6515) ; Forestry Dept, Bangkok (0 2562 0760 ou www.dnp.go.th).* *depuis Phatthalung puis louer un « longue queue ».* *t.l.j. 8h30-16h.*

En bateau « longue queue » sur le lac de Thale Noi

Cette réserve naturelle d'une superficie de 30 km² constitue une étape pour des milliers d'oiseaux partis de Sibérie et de Chine pour passer l'hiver à Sumatra et en Australie. C'est en bateau « longue queue » qu'elle s'explore le mieux. On peut en louer à Phatthalung pour une excursion de deux heures. La végétation aquatique de Thale Noidonne lio donne l'aspect d'un marécage mais, malgré une profondeur maximale de 1,5 m, il s'agit principalement d'un lac d'eau douce. Il devient saumâtre en période de forts vents du sud, quand les eaux plus salées de Thale Luang et du lac de Songkhla l'envahissent. L'aube est le meilleur moment pour observer les oiseaux, en particulier de janvier à avril quand le parc compte une population d'environ 100 000 individus. Leur nombre commence à diminuer en mai et, d'octobre à décembre, il ne reste plus que les membres des espèces sédentaires. Une plate-forme d'observation a été installée au milieu du lac. Parmi les oiseaux qui fréquentent la réserve figurent la poule d'eau pourpre, le jacana à ailes bronze, la sarcelle siffleuse, le martin-pêcheur à gorge blanche, le *nok-i-kong* aux longues pattes, l'ibis blanc et le héron de Sumatra. L'une des plantes les plus répandues du parc est le *don kok*. C'est un roseau que le *nok-i-kong* utilise pour construire sur l'eau des « plates-formes » où faire son nid.

Martin-pêcheur à gorge blanche

NANG TALUNG : LE THÉÂTRE D'OMBRES

Marionnette d'un personnage du Ramakien

Le *nang talung* est la version populaire thaïlandaise du théâtre d'ombres, une forme d'art dont les origines remontent en Asie au moins au IVe siècle av. J.-C. Données à l'occasion des fêtes de *wat*, les représentations commencent tard dans la nuit et durent plusieurs heures. Elles restent un élément important de la vie des villages des provinces de Phatthalung et Nakhon Si Thammarat. Le spectacle est l'œuvre d'une seule personne, le *nai nag* (maître des marionnettes). Assis derrière un écran illuminé, il anime jusqu'à six marionnettes par scène. Fabriquées en cuir découpé *(nang)*, elles mesurent une cinquantaine de centimètres. Le manipulateur leur donne sa voix, changeant de ton pour chaque personnage. Un orchestre rythme le déroulement de l'intrigue. Alors que le répertoire du *nang yai*, plus solennel, a pour base le Ramakien *(p. 40-41)*, le *nang talung* tire son inspiration de la vie quotidienne. Le *nai nag* compose lui-même les histoires, s'appuyant sur des personnages aisément reconnaissables.

Manipulateur assis derrière l'écran lors d'un spectacle de *nang talung*

L'écran vu du côté des spectateurs

Songkhla ❽

สงขลา

Province de Songkhla. 86 000. à Hat Yai, 36 km S-O de Songkhla. TAT, Hat Yai (0 7424 3747). tatsgkhl@tat.or.th. t.l.j. Fête lunaire chinoise (sept.-oct.).

Jadis connue sous le nom de Singora (« cité du lion »), Songkhla devint un important port côtier pendant la période de Srivijaya *(p. 346-347)*. Elle eut un temps la réputation de servir de base à des pirates puis, devenue plus sûre, attira des marchands indiens, arabes, khmers et chinois. Le dialecte parlé par ses habitants et les spécialités culinaires locales reflètent cet héritage métissé, tandis qu'une discrète influence portugaise marque l'architecture des **vieilles maisons** de Nakhon Nok Road et Nakhon Nai Road. Bâtie sur un cap entre le golfe de Thaïlande et Thale Sap, le plus vaste lac du pays, la ville est aujourd'hui un centre administratif et universitaire, ainsi qu'un port de pêche actif. De bons restaurants de poisson et de fruits de mer bordent la principale plage, **Hat Samila**, que domine une **statue de sirène** en bronze. Plus au sud, des bateaux de pêche korlae *(p. 388)* offrent un spectacle multicolore au village musulman de **Khao Seng**. Une légende affirme que celui qui déplacera le rocher du cap surnommé « tête de Nai Bang » héritera de l'or enterré dessous. Le superbe édifice occupé par le **musée national de Songkhla** justifie à lui seul la visite de la ville. Construit en 1878 dans le style sino-thaïlandais du Sud, il servit de résidence au vice gouverneur Phraya Suntharanuraksa. Deux escaliers en spirales s'élèvent pour conduire à l'étage abritant la majeure partie de l'exposition. Elle a notamment pour fleuron des céramiques bencharong, des jarres retrouvées en mer, des socles et des bouddhas du style de Dvaravati (VIIe-IXe siècles) et des poteries de Ban Chang qui remonteraient au troisième millénaire avant notre ère. Au sud du musée national, le **Patrsee Museum** installé dans le Wat Matchimawat (parfois appelé Wat Klang) renferme une statuette en pierre de Ganesh, le dieu éléphant, qui daterait de la fin du VIe siècle. Des émaux chinois de la dynastie des Qing, des objets U Thong du XVe siècle et des plats européens du XVIIIe siècle témoignent du rôle de comptoir que joua Songkhla sur les routes maritimes. Agréable à découvrir à pied, la ville recèle un jardin de topiaires (arbustes sculptés) au **Khao Noi**. Le sommet du **Khao Tung Kuan** offre un large panorama de Thale Sap. Le quartier de Chaiya Road propose restaurants et bars à orchestre.

Wat Chai Mongkhon, Songkhla

Porte sculptée au musée national de Songkhla

SONGKHLA : LE CENTRE-VILLE

Khao Noi ②
Khao Tung Kuan ③
Musée national de Songkhla ④
Patrsee Museum ⑥
Statue de sirène ①
Vieilles maisons portugaises ⑦
Wat Chai Mongkhon ⑤

Légende des symboles, *voir le rabat arrière de couverture*

Musée national de Songkhla
Wichianchom Rd. *(0 7431 1728).*
mer.-dim. *j.f.*

Patrsee Museum
Wat Matchimawat, Saiburi Rd.
mer.-dim. *j.f.*

Aux environs : le pont de Prem Tinsulanond, le plus long de Thaïlande, relie Songkhla à l'étroite péninsule du nord. Il traverse Thale Sap en passant par **Ko Yo**, île réputée pour ses cotonnades où l'excellent musée des Arts et Traditions populaires (**Folklore Museum**) domine le lac depuis une colline. Dédié aux riches traditions populaires du Sud, le musée propose des expositions consacrées à l'histoire, l'ethnologie et la religion. Les pièces présentées comprennent notamment rotin et chaudronnerie d'art de Ranong, *kris* musulmans de Pattani, nattes tressées *krajude* de Chumphon et cages à colombes de Songkhla. Dans le district de **Sathing Phra**, au nord de Songkhla, le Wat Pha Kho est considéré comme le plus vieux temple de la province. Les découvertes archéologiques faites autour du *wat* suggèrent que Sathing Phra fut jadis un port qui vendait les céramiques, produites non loin à Pa-o, à des marchands khmers, cham et chinois.

Folklore Museum
Institute of Southern Thai Studies, Ko Yo, 14 km S-O de Songkhla.
t.l.j.

Jeunes dévots en prière dans un sanctuaire bouddhique de Hat Yai

Hat Yai ❾

หาดใหญ่

Province de Songkhla. *70 000.* *12 km O de Hat Yai.* *TAT, 1/1 Soi 2, Niphat U-thit Rd., Hat Yai (0 7424 3747).* *près de la TAT (0 7424 6733).* *t.l.j.* *Fête lunaire chinoise (sept.-oct.).*

Capitale commerciale et carrefour ferroviaire du Sud, Hat Yai ne présente pas un intérêt esthétique à la hauteur de son rôle économique. Elle doit entre autres sa prospérité au flot continu de touristes malais qui viennent profiter des prix bas pratiqués sur ses marchés et se distraire dans ses restaurants et ses établissements de nuit. Le terme « *ancient massage* », utilisé par certains salons, tient en général de l'euphémisme pudique. Dans le centre cosmopolite, on entend aussi bien parler le malais, l'anglais, le yawi, l'hokkien et le mandarin que les syllabes saccadées du dialecte thaï du Sud. Hat Yai manquant d'attractions culturelles, beaucoup de visiteurs y passent leurs journées à faire des achats, qu'il s'agisse d'équipement électrique au marché de Kim Yong, de durians ou de pommes sur des étals de rue ou, dans les grands magasins, d'articles de mode fabriqués à Bangkok.

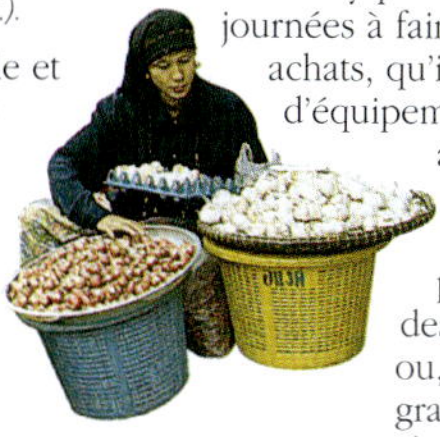

Produits frais sur un marché de Hat Yai

Des combats de taureaux se déroulent, dans différents lieux, chaque premier samedi du mois. Les bêtes s'affrontent jusqu'à ce que l'une des deux batte en retraite. L'assistance, engagée dans des paris fiévreux, offre souvent un spectacle aussi intéressant que le combat lui-même. Le **Wat Hat Yai Nai**, à 2 km à l'ouest du centre, abrite un grand bouddha couché de 35 m de long et 15 m de hauteur. On peut y pénétrer en passant par un petit vestibule. Le temple comprend également un institut de massage et des saunas.

Aux environs : à explorer de préférence pendant la saison fraîche, la cascade de Ton Nga Chang (« défense d'éléphant ») tire son nom des deux torrents qui dévalent sept niveaux.

Élevages de poissons près de Ko Yo sur la mer intérieure de Thale Sap

Vedette reliant Pak Bara et le parc national marin de Tarutao

Parc national de Thale Ban ⑩

อุทยานแห่งชาติทะเลบัน

Province de Satun. Près de la route 4184, à 37 km de Satun. *TAT, Hat Yai (0 7423 1055) ; Forestry Dept (0 2562 0760 pour la location de bungalows).* *Satun puis* songthaew.

Le parc national de Thale Ban, de 102 km², abrite une faune d'une incroyable diversité. Dans la dense forêt pluviale couvrant les montagnes de Banthat *(p. 381)* près de la frontière malaise, vivent notamment des ours des cocotiers, des tigres et des chauves-souris. Le parc renferme quelques sentiers fléchés, la cascade de Yaroy à 5 km au nord des bureaux et plusieurs bassins permettant de se baigner. **Satun**, la ville la plus proche, ne se trouve qu'à courte distance de Pak Bara, point d'embarquement pour Tarutao.

Parc national marin de Tarutao ⑪

อุทยานแห่งชาติตะรุเตา

Province de Satun à 22 km de Pak Bara. *TAT, Hat Yai (0 7423 1055) ou siège du parc (0 7478 3485).* *depuis Pak Bara ; traversées de mi-nov. à mi-avr. seulement.*

L'archipel de Tarutao, protégé par cette réserve naturelle, comprend 51 îles, les plus méridionales de Thaïlande puisque la plus au sud ne se trouve qu'à 8 km de l'île malaise de Langkawi. Les fonds sous-marins y offrent des sites de plongée réputés parmi les plus beaux du monde. Au large, on aperçoit souvent baleines, cachalots, dugongs et dauphins. Les eaux abritent également les spécimens d'un quart de toutes les espèces de poissons de la planète, dont 92 espèces de poissons coralliens. Fondé en 1974, le plus ancien parc national marin de Thaïlande s'étend sur une superficie d'environ 1 500 km² dans une région jadis redoutée pour ses pirates. La Royal Navy britannique ne réussit à en venir à bout que dans les années 1960. Les îles ne sont accessibles que de mi-novembre à mi-mai, les tempêtes alimentées par les moussons rendant la traversée depuis Pak Bara trop risquée le reste de l'année. Longue de 26 km, la plus grande île, **Ko Tarutao**, est celle qui offre les paysages les plus variés avec des reliefs culminant à 708 m. Une forêt pluviale semi-persistante en couvre la majeure partie. La plupart des hébergements bordent les splendides plages du littoral occidental. Les vedettes en provenance de Pak Bara accostent à Ao Phante Malaka, où se trouvent le siège du parc, des bungalows, deux restaurants et l'unique magasin de l'île. Une demi-heure de marche conduit au sommet de la falaise de To-bo d'où s'ouvre une belle vue, en particulier au coucher du soleil. Située à 2 km, la grotte des Crocodiles, emplie de stalagmites, ne s'atteint qu'en bateau. Malgré son nom, personne n'a vu de crocodiles à Ko Tarutao depuis des années, mais une faune d'une grande diversité y prospère, notamment cerfs, sangliers, macaques, loutres et tortues. **Ko Adang** et **Ko Lipey** sont les deux seules autres îles où les visiteurs peuvent trouver un hébergement (rudimentaire) et de la nourriture. Située à 63 km du continent et atteignant à son point le plus haut 703 m, Ko Adang renferme de nombreuses chutes d'eau, dont la cascade de Rattana, sur la côte ouest, où une piscine d'eau douce taillée dans le rocher permet de se baigner en contemplant la mer. Ko Lipey, 2 km plus au sud, est plus petite. Sur sa partie la plus plate vit une communauté de gitans de la mer *(p. 353)*. Déplacés de Ko Rawi et Ko Adang à la création du parc, ils gardent des relations tendues avec les autorités. Ko Kra, au large de la côte est de Lipey, et Ko Yang, à mi-chemin de Ko Rawi et Ko Adang, offrent aux plongeurs de magnifiques coraux. La minuscule Ko Khai (« îles des œufs »), à l'ouest de Ko Tarutao, possède une belle plage de sable blanc. Des tortues de mer viennent y pondre.

Tortue à écailles de Tarutao

Coraux multicolores d'un récif du parc national marin de Tarutao

Pour les hôtels et les restaurants de la région, voir p. 420-421 et p. 449

Les fruits de mer du Sud

Les produits de la mer pêchés dans le Sud constituent une des grandes richesses gastronomiques de la Thaïlande. Tout au long de l'année, aussi bien sur la côte du golfe de Thaïlande que sur le littoral de la mer d'Andaman, les gourmets disposent d'un vaste choix de poissons, de crabes, de homards, de coquillages et de calmars.

***Ho mok*, soufflé de fruits de mer thaï**

Les produits de la mer frais, cuits simplement et dégustés au bord d'une plage, ont une saveur inimitable. Un plaisir qui n'impose pas de se ruiner, d'autant que pour chaque restaurant de luxe proposant de la bisque de homard, il existe une demi-douzaine d'établissements servant des plats délicieux et variés.

Le hoi nang rom sot *est un hors-d'œuvre. Des huîtres présentées hors de leur coquille s'arrosent avec du citron vert.*

Le turbot *est cuit ici avec une sauce douce à la prune* (neung buay) *et accompagné de gingembre, de citronnelle et de piments.*

GRILLADES

Les produits de la mer grillés (*thale phao*) connaissent autant de succès auprès des Thaïlandais que des étrangers. On choisit poissons et crustacés sur des bancs de glace pilée et on paie au poids.

Le thot man kung, *beignets de crevettes servis avec une sauce douce, a un grand succès auprès des personnes n'aimant pas le piment.*

Le pla meuk op sos noei, *calmar cuit au beurre, s'orne de feuilles et de fleurs sculptées dans des légumes. Ces garnitures parent de nombreux plats et ne se mangent généralement pas.*

Le kung mangkon phat phrik phao, *langouste grillée en sauce pimentée, est particulièrement apprécié à Phuket.*

Le phanaeng kung makheuathet, *tomates farcies d'un curry de crevettes et de lait de coco, est une spécialité de Hat Yai et Phuket.*

Pattani ⓬

ปัตตานี

Province de Pattani. *74 000.* *TAT Narathiwat (0 7352 2411).* *t.l.j.* *Fête de Lim Ko Niaw (mars).*

Fondée au début du XIVe siècle, Pattani, ancien sultanat semi-autonome de langue malaise, est le cœur du sud musulman de la Thaïlande, dans une province où 75 % de la population est de confession musulmane. Cette région fut victime des violences des extrémistes musulmans envers la minorité bouddhiste. La mosquée de **Matsayit Klang** est son seul monument intéressant. Animé, le quartier du port a du charme avec ses bateaux colorés.

Le Wat Khuha Phimuk et la grotte abritant un bouddha couché

Aux environs : très fréquentée, la mosquée de **Kru Se,** à 7 km à l'est de la ville, possède une histoire intéressante. Dans les années 1570, Lim To Khieng, un marchand chinois, épousa une femme de la région et se convertit à l'islam. Pour témoigner de sa dévotion, il entreprit une mosquée. Sa sœur, Lim Ko Niaw, fit alors le voyage depuis la Chine pour tenter de le convaincre de revenir sur sa conversion, et il promit de rentrer au pays dès la fin de la construction du sanctuaire. Mais il se débrouilla pour que les travaux traînent en longueur. Lim Ko Niaw finit par se suicider après avoir maudit le bâtiment et quiconque essaierait de le terminer.

Musulmanes de Pattani

LES BATEAUX DE PÊCHE *KORLAE*

Construits et peints de motifs multicolores par les pêcheurs musulmans depuis des siècles, les bateaux appelés *korlae* sont surtout utilisés sur la côte orientale de la péninsule, au sud de Ko Samui. Bien que rares, les plus beaux sortent des chantiers navals du district de Saiburi dans la province de Pattani. Mus à l'origine par des voiles, ils possèdent maintenant des moteurs. Leurs coques se parent souvent de créatures mythologiques telles que le lion singha, l'oiseau à cornes *gagasura*, le serpent de mer *payanak* et l'oiseau *garuda*. Les artistes ne voient aucun inconvénient à les insérer, par exemple, dans un paysage alpin.

Combat de créatures mythologiques sur un bateau *korlae*

Yala ⓭

ยะลา

Province de Yala. *93 000.* *TAT, Narathiwat (0 7352 2411).* *ASEAN Barred Ground Dove Festival (1er w.-e. de mars) ; célébrations du Pilier de la ville (25-30 mai).*

Avec un quadrillage régulier de rues et de boulevards plantés d'arbres, Yala se vante d'être la ville la plus propre de Thaïlande. Elle renferme la plus grande mosquée du pays. Prospère et plutôt sérieuse, la cité s'anime pour le concours annuel de roucoulements de colombes de l'ASEAN Barred Ground Dove Festival. Il attire des participants de toute l'Asie du Sud-Est.

Aux environs : beaucoup de visiteurs ne viennent à Yala que pour le **Wat Khuha Phimuk** (appelé localement Wat Na Tham), situé à 8 km à l'ouest de la ville. Il s'agit d'un des sanctuaires les plus sacrés de Thaïlande et d'un site archéologique majeur. Une grotte à côté du temple abrite un bouddha couché long de 25 m. La statue date du VIIIe siècle, début de Srivijaya. Des *stupa* votifs du nord-est de l'Inde et des bouddhas debout en bronze du style de l'Inde du Sud, coulés au IXe siècle, ont également été retrouvés ici. Un petit musée, au pied de l'escalier à *naga* menant au sanctuaire troglodytique, présente une collection d'objets de l'époque de Srivijaya trouvés dans la région.

Betong ⓮

เบตง

Province de Yala. 29 000.
TAT, Narathiwat (0 7352 2411).
t.l.j.

À 140 km de Yala, dans une région de collines, la ville la plus méridionale de Thaïlande ne se trouve qu'à 5 km de la frontière malaise. La campagne environnante offre plus d'intérêt que la bourgade elle-même, malgré le *stupa* du **Wat Phuttha Tiwat.** Construit dans les années 1980 dans un style inspiré de celui de Srivijaya, il mesure 40 m de hauteur.

Aux environs : la route qui relie Yala à Betong serpente dans des montagnes densément boisées où chassent toujours des tribus de Sakai. Pendant des années, ces forêts profondes abritèrent une unité combattante du Parti communiste de Malaisie. Une route asphaltée conduit jusqu'à leur ancien camp, **Piya Mit**, qui a été reconverti en musée. 180 guérilleros vécurent ici dans un réseau de tunnels. Après la conclusion, en 1989, d'un « accord honorable » avec les gouvernements thaïlandais et malais, ils rendirent leurs armes et s'installèrent pour la plupart dans la région. Certains guident les touristes dans les souterrains où ils se cachèrent et expliquent le fonctionnement du camp. Un conduit partait ainsi de la cuisine pour disperser la fumée sur l'autre flanc de la colline. Les précautions des révolutionnaires se révélèrent si efficaces que leur quartier général ne fut jamais découvert. Les autres objets exposés comprennent de vieux uniformes et des objets qu'utilisèrent les insurgés. Des bungalows modernes offrent un hébergement rudimentaire.

Piya Mit
Province de Betong. Près de la route 410, 19 km N de Betong.
t.l.j.

Narathiwat ⓯

นราธิวาส

Province de Narathiwat. 68 000.
TAT, Narathiwat (0 7352 2411). Fête de Chao Mae Toe Moe (fin avr.-début mai), fête de Narathiwat (3e w.-e. de sept.).

Peu de touristes visitent Narathiwat. Pourtant la ville peut constituer une base agréable d'où explorer la région. Il faut cependant rester prudent, car la région est parfois le théâtre de violences de la part des extrémistes islamiques. À cinq minutes à pied du centre, allez voir les bateaux *korlae* peints du village de pêcheurs musulmans. De belles plages s'offrent aux visiteurs. La plus intéressante est Ao Manao, à 6 km au sud.

Scène de la vie quotidienne au XIXe siècle, Wat Chonthara Sing He

Grand Bouddha doré de Khao Kong, Narathiwat

Aux environs : au sud de la ville, le **palais Taksin**, la résidence d'été de la famille royale, se visite en son absence. Les jardins donnent vue sur la plage adjacente et contiennent une volière abritant paons et cacatoès. Depuis la colline de **Khao Kong**, le plus haut bouddha assis de Thaïlande domine la route de Rangae. Couverte de carreaux dorés, la statue mesure 24 m.
Près de la frontière malaise, à 34 km au sud de Narathiwat, le village de **Tak Bai** renferme, dans une région presque exclusivement musulmane, le vaste Wat Chonthara Singh He. Le roi Chulalongkorn ordonna sa construction en 1873 pour affirmer son autorité sur une région que les Anglais voulaient incorporer à leur colonie de Malaya (Malaisie). L'architecture du temple marie le style du Sud et des influences chinoises particulièrement évidentes dans le dessin des toits à étages. L'un des édifices abrite un bouddha couché paré de céramiques chinoises de la dynastie Song.
Des scènes religieuses et de la vie quotidienne pendant le règne de Mongkut ornent un autre *wihan*.

Palais Taksin
Près de la route 4084 à 8 km S de Narathiwat. t.l.j. août et sept. généralement.

LES BONNES ADRESSES

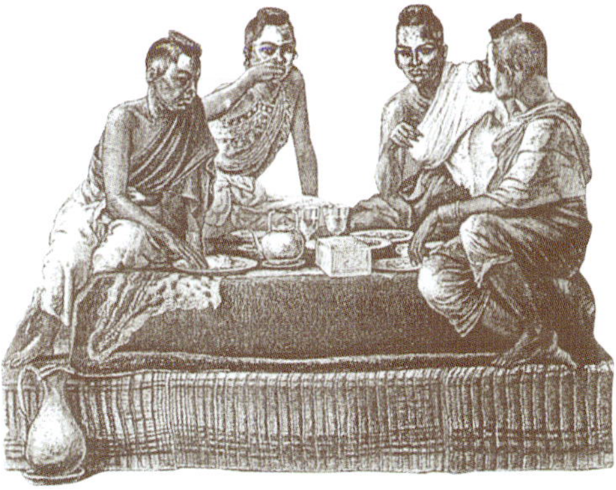

HÉBERGEMENT

Vous disposerez en Thaïlande d'hébergements dans toutes les gammes de prix malgré une répartition géographique des hôtels très inégale : les stations balnéaires en possèdent de fortes concentrations alors qu'il n'existe que des pensions rustiques (ou pas de pension du tout) dans de nombreuses zones rurales. Toutes les grandes cités recèlent au moins un hôtel de standing, et certains des meilleurs palaces du monde se trouvent à Bangkok. Tous ces établissements proposent piscine, salle de gymnastique, restaurants et service affaires. La plupart des autres villes disposent au moins d'hôtels de catégorie moyenne. Aujourd'hui, la mode en Thaïlande est au Spa, aux villas avec piscine et aux villages de vacances ultrachic, mariant design contemporain et style thaïlandais : on en trouve partout. Les pensions offrent un hébergement simple et bon marché. Les voyageurs les plus endurcis peuvent aussi camper ou louer un bungalow dans les parcs nationaux, ou même passer une nuit dans un monastère.

Chasseur du Mandarin Oriental Hotel

LE CLASSEMENT DES HÔTELS ET LES SERVICES

Il n'existe pas de classement officiel des hôtels bien que certains d'entre eux soient enregistrés auprès de la **Thai Hotels Association**. Les tarifs restent donc la seule base sur laquelle se fixer *(p. 394)*. Les établissements très bon marché n'accordent parfois que peu d'attention à la propreté. Des hôtels jadis considérés comme luxueux mais affrontant aujourd'hui la concurrence des chaînes internationales offrent souvent la même qualité de service pour un tarif bien plus avantageux.

LES HÔTELS DE LUXE

De plus en plus nombreux, les hôtels de luxe thaïlandais répondent aux meilleurs standards internationaux. Vous pouvez vous attendre à être accueilli comme un dignitaire en visite dans toutes les oasis climatisés de Bangkok et des grandes villes. Vous y disposerez d'équipements tels que centres d'affaires, salles de banquet et de conférence, centres commerciaux, cafés, clubs de santé et piscines, ainsi que de chambres offrant tout le confort : lit *king-size*, grand téléviseur, mini-bar bien garni et parfois même jacuzzi. Palaces de renommée mondiale, le Mandarin Oriental et le Shangri-La de Bangkok sont superbement situés au bord du Chao Phraya. Les grands hôtels doivent affronter la concurrence de petits hôtels de charme luxueux offrant un service plus personnalisé. Le Chedi à Chiang Mai est considéré comme l'un des meilleurs hôtels design du pays – quant à l'Indigo Pearl de Phuket, il continue d'impressionner ses hôtes avec son mélange inégalable de style et de grandeur. Tous les hôtels de luxe du pays proposent un large choix de restaurants. Certains en possèdent jusqu'à dix. Après la cuisine thaïe, la cuisine chinoise (souvent dans ses déclinaisons régionales, spécialités de Canton ou du Sichuan par exemple), et les cuisines italienne et française, sont les plus populaires.

Le Hilton Hua Hin Resort and Spa *(p. 416)*

LES COMPLEXES HÔTELIERS

À l'instar des hôtels de standing, les *resorts* thaïlandais égalent ou dépassent en confort et en qualité d'accueil leurs équivalents du reste du monde. En outre, ils occupent souvent des sites disposant d'une vue saisissante. Certains de ces établissements, tels le

La Conrad Room du Mandarin Oriental à Bangkok *(p. 399)*

◁ Pastèques au marché flottant de Damnoen Saduak près de Bangkok

Le Felix River Kwai Resort de Kanchanaburi *(p. 403)*

Regent de Chiang Mai, le Honey-moon private Island Resort de Phuket et le Dusit Resort de Cha-am, offrent à la fois architecture recherchée et grand luxe. Le personnel en costume traditionnel y assure un service aimable. La cuisine proposée est variée et généralement d'une excellente qualité. La plupart des complexes hôteliers possèdent de nombreux équipements de loisirs. Beaucoup permettent de pratiquer des sports nautiques, certains l'équitation et même le polo. Ceux de Chiang Mai peuvent normalement organiser des randonnées à dos d'éléphant.

LES PENSIONS

Mode d'hébergement récent puisqu'il date des années 1970 quand les « routards » se mirent à sillonner l'Asie, les *guesthouses* restent principalement fréquentés par des Occidentaux. Très bon marché, elles ont en outre souvent du charme. À Bangkok, c'est dans le quartier de Khao San Road que les petits budgets trouveront le plus de choix. Sauf rares exceptions, les pensions de la capitale n'offrent toutefois qu'un confort des plus sommaires pour un prix élevé.

En province cependant, et en particulier à Chiang Mai, les pensions, malgré leurs tarifs étonnament bas, se révèlent en général propres et accueillantes. La plupart disposent de chambres climatisées ou ventilées et dotées de salles de bains plutôt confortables. Les plus huppées proposent une piscine, un restaurant et un service de qualité pour environ 400 THB. Les tarifs peuvent descendre jusqu'à 100 THB dans les pensions les plus économiques.

LES HÔTELS THAÏS ET CHINOIS

Ces établissements existent partout en Thaïlande bien que les étrangers soient peu nombreux à y séjourner. Ils offrent en général un confort de base, souvent sans toilettes à l'occidentale, mais sont bon marché et fonctionnels. Les hôtels thaïs prennent souvent la forme d'immeubles en béton de plusieurs étages renfermant des chambres identiques. Comme partout en Thaïlande, la propreté règne habituellement et le personnel est cordial. La plupart proposeront le choix entre une chambre climatisée *(hong air)* ou dotée d'un ventilateur *(hong patlom)*. Les hôtels chinois se reconnaissent aisément à des traits caractéristiques de l'« Empire du Milieu », comme un concierge à la mine sérieuse qui garde les clés. Les cloisons qui s'arrêtent fréquemment à une trentaine de centimètres du sol et du plafond, mettent à mal la conception occidentale de l'intimité tandis que des miroirs occupent des positions stratégiques pour repousser les esprits maléfiques. Dragons et pictogrammes porte-bonheur tiennent une grande place dans la décoration. Peu d'hôtels thaïs et chinois possèdent un restaurant. Mais il faut savoir que dans certaines régions isolées, les visiteurs n'auront peut-être pas d'autre choix que ce type d'hébergement.

LES MONASTÈRES

À condition de respecter les règles d'habillement et de comportement *(p. 479)*, les *wat* permettent souvent aux bouddhistes, ou aux personnes désirant s'informer sur le bouddhisme, de passer la nuit dans un pavillon en échange d'une petite contribution. Cette possibilité n'est toutefois que rarement offerte aux femmes, et jamais dans des locaux mixtes. Le réveil a lieu à l'aube.

Une *guesthouse* rurale dans le nord du pays

LES LOCATIONS

Il existe dans toute la Thaïlande des logements à louer à des tarifs très raisonnables. Toutefois cette solution ne se justifie que pour un séjour d'au moins quelques semaines. Les propriétaires ne parlent généralement pas de langue étrangère et comme les annonces d'appartements à louer sont principalement destinées aux Thaïs, les touristes optent rarement pour la location. Les visiteurs souhaitant demeurer en Thaïlande au minimum un mois sont de plus en plus nombreux à louer des appartements avec service. Généralement très bien situés, ils offrent tous les avantages d'un hôtel 5 étoiles à un prix plus abordable. Pour de plus amples informations, rendez-vous sur www.sabaai.com

Une chambre traditionnelle avec ses matelas sur le sol

LES SÉJOURS DANS LES PARCS NATIONAUX

La plupart des parcs nationaux autorisent le camping en échange d'une contribution minime mais les équipements sont sommaires, comparés à ceux qui sont proposés en Europe ou en Amérique du Nord. Il est vrai que le camping n'a jamais séduit les Thaïlandais, qui ne voient aucun intérêt à dormir sous une toile alors qu'il existe toujours un hôtel bon marché à proximité. Il faut ajouter à cela les problèmes posés par les insectes. Mieux vaut se munir d'une moustiquaire sûre et de généreuses quantités d'insectifuge. Beaucoup de parcs nationaux possèdent aussi des bungalows en béton, propres à défaut d'avoir du charme. En nombre limité, ils peuvent être réservés en téléphonant à Bangkok au **Forestry Department**, le service des Eaux et Forêts.

Camping et logement en bungalows à Ao Phrao sur Ko Samet

LES PRIX

L'extraordinaire diversité des formes d'hébergement offre en Thaïlande des solutions adaptées à toutes les bourses. Pour les budgets les plus élevés, des palaces comme le Mandarin Oriental de Bangkok ou le Regent de Chiang Mai possèdent des suites pour célébrités et chefs d'État à 40 000 THB/la nuit, mais un luxe plus courant se paie entre 10 000 et 15 000 THB. Une nuitée dans un hôtel touristique coûtera entre 1 000 et 5 000 THB à Bangkok, Chiang Mai, Pattaya, Phuket ou Ko Samui. Dans un hôtel standard de province, le tarif d'une chambre confortable et climatisée variera entre 700 et 1 500 THB, selon la saison. C'est pendant la saison fraîche que les prix sont les plus élevés. Sauf dans la capitale, toujours active, ils baissent en général nettement pendant les saisons chaude (mars à mai) et pluvieuse (mai à octobre). Une chambre propre mais spartiate dans un hôtel thaï ou chinois coûte environ 500 THB à Bangkok et de 150 à 250 THB en province. Certains événements, comme le Rassemblement des éléphants de Surin, peuvent faire grimper les prix dans des villes habituellement bon marché. De toute façon, il devient alors rarement possible de se loger sans avoir réservé longtemps à l'avance. Les pensions de Chiang Mai et d'autres villes touristiques offrent sans doute les meilleurs rapports qualité-prix. Il est ainsi possible de résider dans des maisons traditionnelles pour 100 à 500 THB. Les bungalows en bord de plage, proposés à des prix équivalents, se révèlent moins confortables, notamment à cause des insectes.

LES RÉSERVATIONS

Mieux vaut réserver dans les établissements de luxe et de catégorie moyenne, en particulier pendant les fêtes. Les hôtels thaïs et chinois, ainsi que les pensions, ne prennent normalement pas de réservation. Dans les régions touristiques, le personnel parle au moins anglais. Ailleurs, à moins de parler thaï, le plus simple revient souvent à passer par un bureau du **TAT** *(p. 475)*.

LES TAXES

Le système de taxation n'est pas appliqué partout de la même façon en Thaïlande. Tous les hôtels devraient percevoir 7 % de TVA. Certains établissements de standing y ajouteront 10 % pour le service. Si quelques palaces, tels le Mandarin Oriental et le Shangri-La, incluent directement les taxes dans le prix demandé, beaucoup d'hôtels touristiques se contentent de les rajouter sur la note finale. Renseignez-vous dès l'arrivée sur les prestataions comprises dans le tarif proposé. La taxe est rarement perçue dans les petits hôtels situés hors des grandes destinations touristiques.

Bungalows sous les cocotiers à Ko Chang

LE MARCHANDAGE

Rien n'interdit de s'enquérir d'éventuels « tarifs spéciaux » ou de réductions. Vous prenez seulement le risque d'essuyer un refus poli et, très souvent, en particulier hors de Bangkok et en basse saison, une telle demande peut entraîner des économies. Insister en cas de refus est considéré comme grossier.

LES POURBOIRES

Pratique inhabituelle en Thaïlande, le pourboire commence à se développer à Bangkok, Ko Samui, Phuket, Pattaya et Chiang Mai. Les porteurs, en particulier, en attendront un. Agissez, envers le reste du personnel, selon votre jugement et la qualité du service offert. Un remerciement et un sourire seront aussi très appréciés. Il n'existe pas de règle mais laisser entre 10 et 50 THB suffit dans presque toutes les circonstances. Les hôtels de luxe augmentent la note d'un pourcentage pour le service.

LES ÉQUIPEMENTS POUR ENFANTS

Les Thaïs adorent les enfants des visiteurs et font preuve envers eux d'une incroyable tolérance, peut-être parce qu'ils les trouvent exotiques avec leurs cheveux et leurs yeux plus clairs que les petits Thaïlandais. Cependant, peu d'établissements de catégorie moyenne possèdent un équipement spécial ou adapté aux mères allaitant un bébé (donner le sein en public ne se fait pas). Dans la majorité des hôtels de luxe et des complexes hôteliers de bord de mer, on trouvera une forme ou une autre de garde d'enfants. Les établissements permettent à ceux-ci de dormir gratuitement dans la chambre de leurs parents.

Un grand hôtel moderne en Isan, le Khon Kaen ***(p. 409)***

LES VOYAGEURS HANDICAPÉS

Même dans les hôtels de luxe, les rampes pour fauteuils roulants n'ont commencé à faire leur apparition que dans quelques constructions. L'ascenseur, que possèdent la plupart des établissements de catégorie moyenne ou supérieure, représente presque partout la seule facilité proposée aux handicapés. Il existe peu de chances que la situation s'améliore beaucoup dans un futur immédiat. La Thai Hotels Association vous aidera à sélectionner un établissement.

ADRESSES

THAI HOTELS ASSOCIATION

Ratchadamnoen Klang Ave.
Tél. *0 2281 9496.*
www.thaihotels.org

FORESTRY DEPARTMENT

Phahon Yothin Rd., Bangkok.
Tél. *0 2562 0760.*

OFFICE DE TOURISME

Office national de tourisme de Thaïlande
90, av. des Champs-Élysées 75008 Paris. **Tél.** *01 53 53 47 00.*
www.tourismethaifr.com

PRINCIPAUX BUREAUX DU TAT

Bangkok **Tél.** *0 2250 5500.*
www.tat.or.th
Chiang Mai **Tél.** *0 5324 8604/07.*
Ko Samui **Tél.** *0 7728 8818.*
Pattaya **Tél.** *0 3842 8750.*
Phuket **Tél.** *0 7621 1036.*

Les meilleurs hôtels de luxe

La Thaïlande possède de superbes hôtels de classe internationale dont certains, tels le Mandarin Oriental de Bangkok et l'Amanpuri Resort de Phuket, font partie des meilleurs du monde. Ils restent pour l'instant principalement regroupés dans la capitale, à Chiang Mai et dans les grandes stations balnéaires comme Pattaya et Phuket, mais il s'en construit de plus en plus dans des villes ou des destinations touristiques moins importantes. Comparés à leurs équivalents en Europe ou en Amérique du Nord, ces établissements offrent un remarquable rapport qualité-prix et l'occasion, pour certains visiteurs, de jouir d'un luxe autrement inaccessible. Nous vous présentons ici les meilleurs hôtels de standing de chaque région.

Le **Four Seasons Resort** de Chiang Mai *(p. 406)* dispose de 64 pavillons et de 16 résidences de luxe.

Perché sur une colline, en pleine nature, l'**Anantara Golden Triangle Resort and Spa** *(p. 408)* offre des vues spectaculaires sur la Birmanie et le Laos. Le cadre est idyllique et le décor soigné.

Le **Tharaburi Resort** *(p. 404)*, à Sukhotai, propose des chambres modernes avec vue sur la rivière dans un cadre tropical très reposant.

Le **Sofitel Centara Grand Resort and Villas** *(p. 416)*, à Hua Hin, est l'un des meilleurs hôtels de style colonial de la région. Il propose également d'élégantes villas avec piscine privée.

*L'***Amanpuri Resort** *à Phuket* (p. 420) *possède une architecture remarquable. Les hôtes y séjournent dans de spacieux pavillons individuels, ombragés par des cocotiers.*

L'**Anantara Si Kao Resort and Spa** *(p. 421)*, à Trang, est un hôtel luxueux qui jouit d'une superbe position en bord de mer.

Le **Loei Palace Hotel** *(p. 411)* est situé dans la vallée du Mékong, dans le nord-est du pays. Il propose 156 chambres et suites spacieuses et confortables, ainsi qu'une piscine, un jacuzzi et un centre de fitness.

VALLÉE DU MÉKONG

PLATEAU DE KHORAT

RÉGION DE PATTAYA

FRONTIÈRE MALAISE

0 200 km

Le **Sima Thani** de Khorat *(p. 410)*, situé en dehors du centre-ville est spacieux et bien décoré. Les services haut de gamme incluent une piscine, un centre de remise en forme, un sauna, deux restaurants et deux bars.

Le **Krung Sri River Hotel** d'Ayutthaya *(p. 402)* occupe un immeuble de 9 étages sur les berges de la rivière Pasak. Ses chambres luxueuses sont dotées de salles de bains en marbre. Le Spa thaï traditionnel est excellent.

Le **Mandarin Oriental** (p. 399) *de Bangkok est depuis longtemps reconnu comme l'un des meilleurs hôtels du monde. La qualité du service rend inoubliable un séjour dans ce temple de luxe.*

Le **Sheraton Grande Sukhumvit** (p. 400) *de Bangkok est réputé pour son service impeccable.*

Le **Royal Cliff Beach Resort** (p. 414) *de Pattaya est, près de la plage de Jomtien, le meilleur complexe hôtelier familial de la région. Les services sont haut de gamme. On peut y pratiquer de nombreux sports et activités de loisir.*

Choisir un hôtel

Les hôtels ont été sélectionnés sur une large fourchette de tarifs, selon leur rapport qualité/prix, leur confort et leur situation géographique. Sauf contre-indication, toutes les chambres sont accessibles en chaise roulante. Les hôtels sont listés par région, du moins cher au plus cher. Pour les situer sur un plan, voir p. 148-155.

CATÉGORIES DE PRIX
Pour une nuit en chambre double (taxe incluse pour les hôtels de luxe)

Ⓑ Moins de 550 THB
ⒷⒷ Entre 550 et 1 000 THB
ⒷⒷⒷ Entre 1 000 et 2 500 THB
ⒷⒷⒷⒷ Entre 2 500 et 4 500 THB
ⒷⒷⒷⒷⒷ Plus de 4 500 THB

BANGKOK

CHINATOWN New Empire Hotel ⒷⒷ

572 Yaowarat Rd., Bangkok, 10100 ***Tél.*** *0 2234 6990* ***Fax*** *0 2234 6997* ***Chambres*** *100* ***Plan*** *6 F2*

Situé à quelques pas de la gare de Hua Lampong et du métro, cet immeuble moderne de 8 étages abrite des chambres propres, confortables et sans chichis dans le cœur de Chinatown. L'accueil est chaleureux et le rapport qualité/prix, plus que respectable. **www.newempirehotel.com**

CHINATOWN River View Guesthouse ⒷⒷ

768 Soi Panurangsri, Songwat Rd., Sanjao Tosuekong, Bangkok, 10100 ***Tél.*** *0 2234 5429* ***Chambres*** *45* ***Plan*** *6 F2*

Situé à 5 minutes de la gare de Hua Lampong, au centre de Chinatown, au fond d'une petite allée, voici une adresse idéale pour s'imprégner de l'ambiance merveilleuse de ce quartier. La vue sur la rivière et le restaurant sur le toit compensent amplement la simplicité des chambres. **www.riverviewbangkok.com**

CHINATOWN White Orchid ⒷⒷ

409 421 Yaowarat Rd., Samphantawong, Bangkok, 10100 ***Tél.*** *0 2226 0026* ***Chambres*** *199* ***Plan*** *6 E2*

Situé à 10 minutes du métro et de la gare de Hua Lampong, cet hôtel sans prétention et bon marché accueille principalement des groupes. À la différence des chambres *Deluxe* et *Executive*, les chambres standard n'ont pas de fenêtre. Une excellente adresse pour s'imprégner de l'atmosphère de Chinatown. **www.whiteorchidbkk.com**

CHINATOWN Woodlands Inn ⒷⒷ

1158/5 7 Charoenkrung 32 Rd., Bangrak, Bangkok, 10500 ***Tél.*** *0 2235 3894* ***Chambres*** *75* ***Plan*** *6 F4*

Géré par des Indiens, cet hôtel propose des chambres propres à des prix très raisonnables. Le personnel parle anglais, hindi, tamil et thaï. Le restaurant sert une excellente cuisine indienne ainsi que des plats thaï et internationaux. Situé près de la rivière, à quelques pas du marché de nuit. **www.woodlandsinn.org**

CHINATOWN Grand China Princess Hotel ⒷⒷⒷⒷ

215 Yaowarat Rd., Samphantawong, Bangkok, 10100 ***Tél.*** *0 2224 9977* ***Fax*** *0 2224 7999* ***Chambres*** *155* ***Plan*** *6 E1*

Situé en plein Chinatown, au cœur d'un dédale de ruelles et de petites échoppes, cet hôtel est installé dans la Grand China Trade Tower, à l'intersection de Ratchawong Rd. et Yaowarat Rd. Les chambres et les suites offrent tout le confort moderne. Restaurant panoramique au dernier étage. **www.grandchina.com**

CHINATOWN Shanghai Mansion ⒷⒷⒷⒷ

479 481 Yaowarat Rd., Samphantawong, Bangkok, 10100 ***Tél.*** *0 2221 2121* ***Chambres*** *76* ***Plan*** *6 E1/2*

Cet hôtel 4 étoiles plein de charme a été conçu comme un hommage à Chinatown et au design chinois traditionnel. Décoré avec un goût exquis jusque dans les moindres détails, le Shanghai Mansion se distingue également par le confort et la qualité du service. Ne manquez pas le Yin Yang Spa et le salon de thé. **www.shanghaimansion.com**

QUARTIER DES AFFAIRES Soi 1 Guesthouse Ⓑ

220/12 Soi 1, Sukhumvit Rd., Bangkok, 10110 ***Tél.*** *0 2655 0604* ***Chambres*** *24* ***Plan*** *8 F1*

Ouverte 24 h/24, cette auberge de jeunesse propose dortoirs climatisés, salle de jeu, Wi-Fi, DVDs et TV satellite. Seul problème : il y a souvent beaucoup de monde et les salles de bains communes ne sont équipées que de douches. Très accueillant, le personnel est aussi une mine de renseignements. **www.soi1guesthouse.com**

QUARTIER DES AFFAIRES A One Inn ⒷⒷ

25/13 15 Soi Kasasun 1, Rama 1 Rd., Bangkok, 10330 ***Tél.*** *0 2215 3029* ***Fax*** *0 2216 4771* ***Chambres*** *25* ***Plan*** *7 C1*

Situé dans une petite rue tranquille, l'*A One Inn* est l'une des rares auberges bon marché du centre ville. Difficile de trouver mieux en termes de prix. Bien que très simples, les chambres sont équipées d'une TV, d'Internet, d'une douche chaude et de l'air conditionné. Prix à la semaine et au mois. **www.aoneinn.com**

QUARTIER DES AFFAIRES S2S Boutique Resort ⒷⒷⒷ

21/1 Soi Ratchatapan, Ratchaprarop Rd., Makkasan, Bangkok, 10400 ***Tél.*** *0 2642 4646* ***Fax*** *0 2245 4386* ***Chambres*** *38*

Les chambres de cet hôtel au design thaï contemporain donnent sur un joli jardin. Il est situé à côté d'un grand parc public, idéal pour les promenades et le jogging. Très confortable, il propose lits *king size*, Wi-Fi, TV et cours de cuisine thaï avec le cuisinier de l'hôtel. **www.moeleng-banghok-resort.com**

Légende des symboles *voir le rabat arrière de couverture*

QUARTIER DES AFFAIRES Bangkok Centre Sukhumvit 25 ⒷⒷⒷ

2 Soi 25, Sukhumvit Rd., Wattana, Bangkok, 10110 ***Tél.*** *0 2259 6908* ***Chambres*** *60*

Cette auberge de jeunesse propose des dortoirs propres et des chambres individuelles équipées. Le petit déjeuner est inclus dans le prix. La cour voisine abrite un restaurant thaï et un cyber-café. Pour bénéficier d'un meilleur prix, on peut devenir membre de l'Hostel International. **bkkcentre25@tyha.org**

QUARTIER DES AFFAIRES Salil Hotel ⒷⒷⒷ

50/1 Soi 8, Sukhumvit Rd., Klong Toey, Bangkok, 10110 ***Tél.*** *0 2253 2474* ***Fax*** *0 2253 2478* ***Chambres*** *27*

Situé au cœur de la ville, à deux pas de la station Nana du métro aérien, cet hôtel propose un excellent service et un accueil chaleureux. Les petites chambres disposent de tout le confort moderne : écrans plats, TV satellite, films à la commande, lumières tamisées et Wi-Fi. Le restaurant propose des plats internationaux et thaïs. **www.salilhotel.com**

QUARTIER DES AFFAIRES Le Fenix Sukhumvit ⒷⒷⒷⒷ

33/33 Soi 11, Sukhumvit Rd., Klong Toey Nua, Wattana, Bangkok, 10110 ***Tél.*** *0 2305 4000* ***Chambres*** *147*

Apprécié des clients qui viennent à Bangkok pour sortir en discothèque, le *Fenix Sukhumvit* fait partie d'une nouvelle génération d'hôtels. Le design est minimaliste, l'éclairage savant et le décor rétro. Il est situé à deux pas du célèbre *Q bar* et du *Bed Supper Club*. **www.lefenix-sukhumvit.com**

QUARTIER DES AFFAIRES Luxx Hotel ⒷⒷⒷⒷ

6/11 Decho Rd., Bangrak, Bangkok, 10500 ***Tél.*** *0 2635 8800* ***Fax*** *0 2635 8088* ***Chambres*** *13* ***Plan*** *7 B4*

C'est l'un des plus petits hôtels de Bangkok, une maison-boutique chinoise traditionnelle transformée en un hôtel de charme très design, mélangeant le chrome et le bois. Les suites, avec vue sur la cour, possèdent une baignoire en bois, un écran plat, des DVDs et une station iPod. Le Wi-Fi est gratuit. **www.staywithluxx.com**

QUARTIER DES AFFAIRES Siam @ Siam Design Hotel and Spa ⒷⒷⒷⒷ

865 Rama 1 Rd., Wang Mai, Patumwan, Bangkok, 10330 ***Tél.*** *0 2217 3000* ***Fax*** *0 2217 3030* ***Chambres*** *203* ***Plan*** *7 A1*

Le *Siam @ Siam* se distingue par une architecture très moderne et originale. Les grandes chambres ont un décor fantaisiste et tout le confort imaginable. Bar branché, Spa et restaurant à la mode. Situé à deux pas de la station National Stadium du métro aérien. **www.siamatsiam.com**

QUARTIER DES AFFAIRES Swiss Lodge ⒷⒷⒷⒷ

3 Convent Rd., Silom, Bangrak, Bangkok, 10500 ***Tél.*** *0 2233 5345* ***Fax*** *0 2236 9425* ***Chambres*** *46* ***Plan*** *7 C4*

Situé dans une petite enclave tranquille du centre ville, à quelques pas de la station Sala Daeng du métro aérien et du métro Silom, cet hôtel propose des chambres confortables. La qualité du service est très bonne. Le joli restaurant *Three-on-Convent* sert de la cuisine californienne et d'excellents vins.**wwww.swisslodge.com**

QUARTIER DES AFFAIRES The Davis Bangkok ⒷⒷⒷⒷⒷ

88 Soi 24, Sukhumvit Rd., Klongton, Klong Toey, Bangkok, 10110 ***Tél.*** *0 2260 8000* ***Fax*** *0 2260 8100* ***Chambres*** *247*

En dépit de son immense taille, le *Davis Bangkok* a tout d'un hôtel de charme. La décoration des chambres est personnalisée et le mobilier raffiné. Il dispose aussi de 10 superbes pavillons traditionnels thaïs au milieu d'un jardin tropical et possède un Spa. **www.davisbangkok.net**

QUARTIER DES AFFAIRES The Dream Hotel ⒷⒷⒷⒷⒷ

10 Sukhumvit Soi 15, Klong Toey, Bangkok, 10110 ***Tél.*** *0 2254 8500* ***Fax*** *0 2254 8534* ***Chambres*** *195*

Une expérience 5 étoiles, la « haute couture » de l'hôtellerie. La clientèle est jeune, branchée et riche. Les chambres sont d'un chic incomparable, à la pointe du design, avec des lumières bleues et des stations iPod pré-chargées. Relaxation au Flava Lounge et au Spa Avatar. **www.dreambkk.com**

QUARTIER DES AFFAIRES Dusit Thani ⒷⒷⒷⒷⒷ

946 Rama IV Rd., Bangkok, 10500 ***Tél.*** *0 2200 9000* ***Fax*** *0 2236 6400* ***Chambres*** *517* ***Plan*** *8 D4*

C'est la vedette de la chaîne d'hôtels la plus réputée de Thaïlande, avec des chambres au décor tradtionnel, qui vont de l'élégant au super-chic (Thai Heritage Suite). Il y a une piscine, un golf, un centre de remise en forme, 8 restaurants et un Spa. Il abrite l'Académie de cuisine cordon bleu Dusit. **www.dusit.com**

QUARTIER DES AFFAIRES The Eugenia ⒷⒷⒷⒷⒷ

267 Soi 31, Sukhumvit Rd., Wattana, Bangkok, 10110 ***Tél.*** *0 2259 9017* ***Fax*** *0 2259 9010* ***Chambres*** *12*

Voyagez dans le temps en séjournant dans cet hôtel unique installé dans une maison de style colonial du XIXe siècle. Ses 12 suites regorgent d'antiquités, de lits à baldaquin et de grandes baignoires en cuivre. Le transfert à l'aéroport et la découverte de Bangkok s'effectuent dans de vieilles Jaguar et Mercedes de collection. **www.theeugenia.com**

QUARTIER DES AFFAIRES Le Méridien Plaza Athénée ⒷⒷⒷⒷⒷ

10 Wireless Rd., Bangkok, 10330 ***Tél.*** *0 2650 8800* ***Fax*** *0 2650 8500* ***Chambres*** *378* ***Plan*** *8 E2*

Situé dans le quartier diplomatique de Bangkok, à quelques minutes à pied du métro aérien, l'hôtel occupe une grande tour de verre ultramoderne. Outre ses chambres luxueuses et ses restaurants de réputation internationale, on aura du mal à trouver meilleur exemple de l'hospitalité thaïlandaise. **www.starwoodhotels.com**

QUARTIER DES AFFAIRES Mandarin Oriental ⒷⒷⒷⒷⒷ

48 Oriental Avenue, Bangkok, 10500 ***Tél.*** *0 2659 9000* ***Fax*** *0 2659 9284* ***Chambres*** *393* ***Plan*** *6 F4*

Son élégance intemporelle et son service impeccable lui ont assuré la réputation d'être l'un des meilleurs hôtels du monde. Installé sur les rives du Chao Phraya, l'hôtel reçoit des hôtes distingués depuis plus de 130 ans. De très bons restaurants et bars donnent la touche finale. **www.mandarinoriental.com**

QUARTIER DES AFFAIRES Pullman Bangkok King Power ⒷⒷⒷⒷⒷ

8/2 Rangnam Rd., Thanon. Phayathai, Bangkok, 10400 ***Tél.*** *0 2680 9999* ***Fax*** *0 2680 9998* ***Chambres*** *386* ***Plan*** *4 E4*

Cet hôtel fut l'un des premiers établissements de la chaîne Accor à s'établir en Thaïlande. Élégant, le décor est un mélange très chic d'éléments thaïs traditionnels et contemporains. L'hôtel est situé à deux pas de la station du métro aérien Phaya Thai. **www.pullmanbangkokkingpower.com**

QUARTIER DES AFFAIRES Sheraton Grande Sukhumvit ⒷⒷⒷⒷⒷ

250 Sukhumvit Rd., Bangkok, 10110 ***Tél.*** *0 2649 8888* ***Fax*** *0 2649 8000* ***Chambres*** *420*

Ce *Sheraton* est considéré comme l'un des meilleurs hôtels pour hommes d'affaires de toute l'Asie. Il abrite plusieurs restaurants médaillés, un bar de jazz et une discothèque. Situé au cœur de Bangkok, il offre un accès aisé aux sites de la ville. Le hall est connecté à la station de métro aérien Asoke. **www.sheratongrandesukhumvit.com**

QUARTIER DES AFFAIRES Sofitel Silom ⒷⒷⒷⒷⒷ

188 Silom Rd., Bangrak, Bangkok, 10500 ***Tél.*** *0 2238 1991* ***Fax*** *0 2238 1992* ***Chambres*** *469* ***Plan*** *7 B4*

Le luxe 5 étoiles au cœur de Bangkok. Les chambres spacieuses sont décorées dans un style thaï contemporain avec des planchers en bois et des fenêtres panoramiques. Au 37e étage, le bar à vins *V9* offre une très belle vue sur la ville *(p. 430)*. Il y a aussi un Spa est un centre de remise en forme. **www.sofitel.com**

QUARTIER DES AFFAIRES Le Sukhothai ⒷⒷⒷⒷⒷ

13/3 South Sathorn Rd., Bangkok, 10120 ***Tél.*** *0 2344 8888* ***Fax*** *0 2344 8899* ***Chambres*** *210* ***Plan*** *8 D4*

Réputé pour son style raffiné, le Sukhotai est l'un des meilleurs hôtels de Bangkok. Le décor sophistiqué des chambres se compose de beaux meubles, de soieries, d'antiquités et de planchers en tek. Il y a deux restaurants, italien et thaï, ainsi qu'un Spa, un sauna, un squash et un court de tennis. **www.sukhothaihotel.com**

QUARTIER DES AFFAIRES Swissôtel Nai Lert Park ⒷⒷⒷⒷⒷ

2 Wireless Rd., Pathumwan, Bangkok, 10330 ***Tél.*** *0 2253 0123* ***Fax*** *0 2253 6509* ***Chambres*** *338* ***Plan*** *8 E1*

Chambres luxueuses, décor élégant et minimaliste, très bon restaurant, service exceptionnel… Cet hôtel 5 étoiles est une référence. Les occupants de l'étage Executive Club bénéficient du petit déjeuner et de cocktails gratuits dans l'Executive Club Lounge. **www.swissotel.com**

QUARTIER DES AFFAIRES VIE Hotel Bangkok ⒷⒷⒷⒷⒷ

117-39 Phaya Thai Rd., Ratchathewi, Bangkok, 10400 ***Tél.*** *0 2309 3939* ***Fax*** *0 2309 3838* ***Chambres*** *154* ***Plan*** *4 D5*

Nouveau genre hôtellier de très grand standing à un prix abordable, le *VIE* propose des chambres et des suites luxueuses, un excellent restaurant, une piscine sur le toit est un Spa. L'hôtel est situé à quelques pas de la station du métro aérien Ratchathewi et de la galerie commerciale de Siam Paragon. **www.viehotelbangkok.com**

DUSIT Bangkok International Youth Hostel Ⓑ

25/14 Phitsanoluk Rd., Dusit, Bangkok, 10300 ***Tél.*** *0 2628 7413* ***Fax*** *0 2628 7416* ***Chambres*** *67* ***Plan*** *2 F2*

Cette auberge de jeunesse est parfaite pour ceux qui voyagent avec un budget serré. Il y a des chambres doubles et des dortoirs à huit lits, une bibliothèque, un cyber-café, un service de laverie ainsi qu'une agence de voyages. Situé à quelques pas de la rivière Chao Phraya et de nombreux sites historiques. **www.tyha.org**

DUSIT Best Western Swana Bangkok Hotel ⒷⒷⒷ

332 Visuttikasat Rd., Bangkok, 10200 ***Tél.*** *0 2282 8899* ***Fax*** *0 2281 7816* ***Chambres*** *55* ***Plan*** *2 E3*

Le *Swana* est un excellent choix pour les visiteurs qui souhaitent séjourner dans le centre historique. Cet hôtel de charme est joliment décoré dans un style thaï contemporain. L'*Anda Café* sert le petit déjeuner, le déjeuner et le dîner (cuisine thaï et internationale). Accès Internet 24 h/24. **www.bestwestern.com**

DUSIT Hotel De' Moc ⒷⒷⒷ

78 Prajatipatai Rd., Pra.Nakorn, Bangkok, 10200 ***Tél.*** *0 2282 2831* ***Fax*** *0 2280 1299* ***Chambres*** *100* ***Plan*** *2 E4*

Situé au beau milieu du centre historique de l'île de Rattanakosin, cet hôtel 3 étoiles offre un excellent service dans une atmosphère agréable. Les chambres sont propres, spacieuses et équipées de Wi-Fi. On peut louer des bicyclettes et un *tuk-tuk* gratuit vous mènera à la Kao San Road voisine (à 10 minutes à pied). **www.hoteldemoc.com**

DUSIT New World City Hotel ⒷⒷⒷ

2 Samsen Rd., Banglamphu, Pranakorn, Bangkok, 10200 ***Tél.*** *0 2281 5596* ***Fax*** *0 2282 5614* ***Chambres*** *172* ***Plan*** *2 D3*

Très bien situé, conçu pour accueillir aussi bien des hommes d'affaires que des touristes, cet hôtel offre un excellent rapport qualité-prix, des chambres propres et un service irréprochable. Le quartier regorge de bars et de restaurants. Le Grand Palais et Khao San Road sont à quelques minutes à pied. **www.newworldcityhotel.com**

CENTRE HISTORIQUE D & D Inn Ⓑ

68 70 Khao San Rd., Bangkok, 10200 ***Tél.*** *0 2629 0526* ***Fax*** *0 2629 0529* ***Chambres*** *230* ***Plan*** *2 D4*

Cet hôtel bon marché de Khao San Road propose des chambres propres avec air conditionné. C'est le plus grand hôtel du quartier. Comme il a beaucoup de succès, il est conseillé de réserver longtemps à l'avance. Il possède une piscine et un bar au dernier étage. Il y a également un jardin très agréable. **www.khaosanby.com**

CENTRE HISTORIQUE New Siam II Guesthouse ⒷⒷ

50 Trok Rong Mai, Phra Ahtit Rd., Bangkok, 10200 ***Tél.*** *0 2282 2795* ***Fax*** *0 2629 0303* ***Chambres*** *130* ***Plan*** *2 D3*

Situé à quelques pas des attractions principales de Bangkok, comme la fameuse Khao San Road, cet hôtel propre offre des chambres spacieuses et bien entretenues avec tout le confort moderne. Chambre doubles et triples avec salle de bains et TV câblée. Excellent rapport qualité-prix. **www.newsiam.net**

CENTRE HISTORIQUE Phra Athit Mansion Inn ⒷⒷ

22 Phra Athit Rd., Chanasongkram, Bangkok, 10200 ***Tél.*** *0 2280 0744* ***Fax*** *0 2280 0742* ***Chambres*** *38* ***Plan*** *2 D3*

Non loin du ferry de Phra Athit Chao Phraya et des principaux sites historiques de Bangkok, cet hôtel est idéalement situé pour explorer la ville et ses canaux. Les chambres sont équipées de l'air conditionné, d'une TV et d'un minibar. Le personnel est une source d'information intarissable sur les attractions du quartier.

CENTRE HISTORIQUE Sawasdee Banglumpoo Inn ⒷⒷ

162 Khao San Rd., Banglamphu, Bangkok, 10200 ***Tél.*** *0 2282 3748* ***Fax*** *0 2282 6655* ***Chambres*** *52* ***Plan*** *2 D4*

Il fait partie d'une chaîne d'hôtels à petit budget : bon marché, propre et calme, c'est une alternative intéressante aux hôtels de baroudeurs des environs de Khao San Road. Les chambres sont joliment décorées, dotées d'une salle de bains et du câble. Room service disponible 24 h/24, et personnel très accueillant. **www.sawasdee-hotels.com**

CENTRE HISTORIQUE Shanti Lodge ⒷⒷ

Soi 16, 37 Sri Ayutthaya Rd., Si Sou Tewet, Bangkok, 10300 ***Tél.*** *0 2281 2497* ***Chambres*** *45* ***Plan*** *2 E2*

Situé derrière la Bibliothèque nationale, tout près d'un marché flottant et à quelques pas de Khao San Road, cet hôtel a un grand succès, avec ses chambres confortables et joliment décorées. Les salles de bains sont dans le couloir. Un bar, un bon restaurant végétarien et un magasin d'artisanat occupent le rez-de-chaussée. **www.shantilodge.com**

CENTRE HISTORIQUE Baan Chantra ⒷⒷⒷ

120/1 Samsen Rd., Bangkok, 10200 ***Tél.*** *and* ***Fax*** *0 2628 6988* ***Chambres*** *7* ***Plan*** *2 D3*

Restaurée avec soin, cette maison en bois des années 1930 a beaucoup de caractère. Les chambres disposent toutes d'une salle de bains. La bibliothèque est bien achalandée et Internet est gratuit. L'hôtel est situé à quelques pas du temple du Buddha d'Emeraude, du Grand Palais et d'autres sites importants. **www.baanchantra.com**

CENTRE HISTORIQUE Boonsiri Place ⒷⒷⒷ

55 Burangsart Rd., Pranakorn, Bangkok, 10200 ***Tél.*** *0 2622 2189* ***Fax*** *0 2622 1414* ***Chambres*** *48* ***Plan*** *2 D4*

Cet hôtel de charme contemporain met l'accent sur le respect de l'environnement et la responsabilité sociale. Toutes les chambres sont équipées d'éclairages à basse consommation et les restes des cuisines sont souvent donnés aux animaux abandonnés. Chaque chambre est décorée avec un tableau peint par un artiste handicapé. **www.boonsiriplace.com**

CENTRE HISTORIQUE Trang Hotel ⒷⒷⒷ

99 Visut.Kasat Rd., Banglampoo, Bangkok, 10200 ***Tél.*** *0 2281 1402* ***Fax*** *0 2280 3610* ***Chambres*** *180* ***Plan*** *2 D4*

Situé à quelques pas de Khao San Road, de l'île de Rattanakosin, du Grand Palais et du Musée national, cet hôtel propose des chambres équipées de l'air conditionné et dotées d'une salle de bains. Possède un très joli jardin tropical, un café et un restaurant de cuisine cantonaise. **www.tranghotelbangkok.com**

CENTRE HISTORIQUE Royal Princess ⒷⒷⒷⒷ

269 Larn Luang, Pomprab, Bangkok, 10100 ***Tél.*** *0 2281 3088* ***Fax*** *0 2280 1314* ***Chambres*** *167* ***Plan*** *2 D4*

Cet hôtel 4 étoiles est situé dans le quartier historique de l'île de Rattanakosin, près du Grand Palais et du temple du Buddha d'Emeraude. De la *Standard Deluxe* à la *Suite Princesse*, toutes les chambres disposent d'une connexion Internet et d'un balcon privé. Restaurants italien, chinois, japonais et thaïlandais. **www.dusit.com**

THONBURI Royal River Hotel ⒷⒷⒷ

219 Soi Charansanitwong 66/1,Charansanitwong Rd., Bangplad, Bangkok, 10700 ***Tél.*** *0 2422 9222* ***Chambres*** *436*

Avec ses 21 étages, cet hôtel a autant de succès auprès des hommes d'affaires que des touristes. Il y a quatre catégories de chambres : *Superior*, *Deluxe*, *Executive Suite* et *Suite Deluxe*. Plusieurs bons restaurants et bars. On accède facilement aux sites historiques de la ville en prenant le bateau.**www.royalriverhotel.com**

THONBURI Bangkok Marriott Resort and Spa ⒷⒷⒷⒷⒷ

257 Charoennakorn Rd., Samrae, Thonburi, Bangkok, 10600 ***Tél.*** *0 2476 0022* ***Fax*** *0 2476 1120* ***Chambres*** *413*

Située au bord de l'eau, cette très belle résidence traditionnelle thaïlandaise possède un beau jardin tropical. Un bateau transporte gratuitement les hôtes à la station du métro aérien Saphan Taksin. Pour vous restaurer, faites votre choix entre Le *Trader Vic (p. 431)* ou un dîner sur l'eau (sur une ancienne barge à riz). **www.marriott.com**

THONBURI Millenium Hilton Bangkok ⒷⒷⒷⒷⒷ

123 Charoennakorn Rd., Klongsan, Thonburi, Bangkok, 10600 ***Tél.*** *0 2442 2000* ***Chambres*** *543* ***Plan*** *6 F4*

Chacune des suites 5 étoiles du *Millenium Hilton* a une vue panoramique, un salon, l'accès à Internet, une TV à écran plat, un jacuzzi et une douche de pluie. L'hôtel dispose aussi d'une piscine, d'un sauna, d'une salle de gym et d'un bon restaurant. Transfert gratuit vers la station du métro aérien Saphan Taksin. **www.bangkok.hilton.com**

THONBURI The Peninsula ⒷⒷⒷⒷⒷ

333 Charoennakorn Rd., Klongsan, Bangkok, 10600 ***Tél.*** *0 2861 2888* ***Fax*** *0 2861 1112* ***Chambres*** *370* ***Plan*** *6 F5*

Situé sur les rives du fleuve Chao Phraya, il est considéré comme l'un des plus beaux hôtels du pays. Il a été élu meilleur hôtel de Bangkok quatre années d'affilée par les lecteurs du magazine *Travel + Leisure*. Les chambres jouissent de vues splendides sur le fleuve et sur la ville. **www.bangkok.peninsula.com**

EN DEHORS DU CENTRE 13 Coins Airport Grand Resort Hotel ⒷⒷ

37, 37 1 3, Rama 9, Soi 57 Visetsuk 3, Suanluang, Bangkok, 10250 ***Tél.*** *0 2374 9913* ***Fax*** *0 2374 2986* ***Chambres*** *80*

Situé non loin de l'autoroute, entre l'aéroport international Suvarnabhumi et le centre-ville, ce 3 étoiles dispose d'une piscine, d'un lac de pêche et d'une salle de boxe thaïe. Idéal pour passer une nuit entre deux vols. Ouvert 24 h/24, on peut par exemple arriver à 23 h et repartir à 23 h le lendemain. **www.13coinshotels.com**

EN DEHORS DU CENTRE Bansabai Lad Phrao ⒷⒷ

8/137 Moo 3, Soi Sahakon 15, Lad Phrao 71, Lad Phrao Rd., Bangkok, 10230 ***Tél.*** *0 2539 0150* ***Chambres*** *100*

Cette auberge accueillante propose des dortoirs spacieux, des chambres avec balcon privé, un jardin et une piscine. Le *Bansabai* est un peu loin du centre-ville, mais on peut y accéder en métro. Cours de massage et de cuisine thaïlandaise. Prix spéciaux pour les voyageurs en transit entre deux vols. **www.bansabaihostel.com**

EN DEHORS DU CENTRE KT Guesthouse ⒷⒷ

12 Soi Inthamara 4, Suttisarn Rd., Din Daeng, Bangkok, 10400 ***Tél.*** *0 2276 3462* ***Fax*** *0 2277 0736* ***Chambres*** *35*

Simple mais propre et bien entretenu, cet hôtel situé à l'extérieur de la ville possède de grandes chambres, un jardin en terrasses et un bon restaurant. Le personnel est sympathique et très serviable. Cet hôtel a beaucoup de succès avec les voyageurs qui veulent éviter le bruit et l'agitation du centre-ville. **www.ktguesthouse.com**

EN DEHORS DU CENTRE Queen's Garden Resort ⒷⒷ

44 Soi 7 Lat Krabang, Bangkok, 10540 ***Tél.*** *0 2734 4540* ***Fax*** *0 2734 4542* ***Chambres*** *129*

Un excellent hôtel, bon marché et confortable, tout près de l'aéroport international de Suvarnabhumi. C'est l'endroit idéal pour se relaxer quelques heures entre deux vols. La réception est ouverte 24 h/24. On peut se faire masser en attendant son vol. Accès Wi-Fi. **www.queensgardenresort.net**

EN DEHORS DU CENTRE Amari Don Muang Airport Hotel ⒷⒷⒷ

333 Chert Wudthakas Rd., Bangkok, 10210 ***Tél.*** *0 2566 1020* ***Fax*** *0 2566 1941* ***Chambres*** *423*

L'aéroport de Don Muang accueille aujourd'hui la grande majorité des vols nationaux. Cet hôtel luxueux est par conséquent un excellent choix si vous avez du temps à perdre entre deux vols. L'*Amari* offre un service impeccable à un prix abordable. Il possède également de bons restaurants et des bars. **www.amari.com**

EN DEHORS DU CENTRE Convenient Resort ⒷⒷⒷ

9 11 Soi 38 Lat Krabang, Bangkok, 10520 ***Tél.*** *0 2327 4118* ***Fax*** *0 2327 4004* ***Chambres*** *100*

Cet hôtel 3 étoiles propose des chambres confortables non-fumeurs à 5 minutes de l'aéroport international Suvarnabhumi. C'est une excellente option pour les passages éclairs. Les voyageurs fatigués pourront se faire masser avant d'aller au restaurant ou au bar. Jolie vue sur la campagne environnante. **www.convenientresort.com**

EN DEHORS DU CENTRE Novotel Suvarnabhumi Airport Hotel ⒷⒷⒷⒷⒷ

Moo 1, Nongprue, Bang Phli, Samutprakarn, Bangkok, 10540 ***Tél.*** *0 2131 1111* ***Chambres*** *612*

S'endormir dans une salle d'attente ne fait qu'ajouter au désagrément des transits internationaux. Situé à 10 minutes à pied de l'aéroport, ce Novotel est l'endroit tout désigné pour recharger vos batteries. Spa luxueux, restaurants et bars sont à votre disposition, à moins que vous ne préfériez un bon lit douillet. **www.novotel.com**

LE SUD DE LA PLAINE CENTRALE

AYUTTHAYA Ayutthaya Guest House Ⓑ

12/34 Naresuan Rd., Ayutthaya ***Tél.*** *0 3523 2658* ***Chambres*** *36*

Installé dans une grande maison en tek, cet hôtel pratique des prix très raisonnables. Situé à quelques pas des temples principaux d'Ayutthana, il offre un choix de chambres avec air conditionné ou ventilateur. Certaines ont une salle de bains à partager. Accès Internet, restaurant, vélos et motos en location.

AYUTTHAYA Bann Kun Pra ⒷⒷ

48 U Thong Rd., Ayutthaya ***Tél.*** *0 3524 1978* ***Chambres*** *15*

Très bien situé, près de la rivière (certaines chambres avec vue), le Kun Pra est non seulement très beau mais aussi bon marché. Une aile plus moderne contient des chambres avec air conditionné et un dortoir aux derniers étages. Restaurant *(p. 433)*, accès Internet et location de bicyclettes. **www.bankunpra.com**

AYUTTHAYA Krung Sri River Hotel ⒷⒷⒷ

27/2 Moo 11 Rojana Rd., Ayutthaya ***Tél.*** *0 3524 4333* ***Fax*** *0 3524 3777* ***Chambres*** *204*

Cet hôtel de 9 étages a ouvert ses portes au milieu des années 1990. Assis sur les rives de la rivière Pasak, il offre un lieu de séjour idéal pour partir à la découverte des ruines d'Ayutthaya. Toutes les chambres sont équipées d'une TV satellite. L'hôtel organise ses propres dîners-croisières sur la rivière. **www.krungsririver.com**

AYUTTHAYA U Thong Inn ⒷⒷⒷ

210 Rojana Rd., Ayutthaya ***Tél.*** *0 3521 2531* ***Fax*** *0 3524 2235* ***Chambres*** *209*

Offrant la possibilité d'organiser des conférences et des réunions de travail, cet hôtel a beaucoup de succès auprès des hommes d'affaires. La proximité des monuments principaux d'Ayutthaya attire également de nombreux touristes. Il offre un excellent rapport qualité-prix et possède plusieurs bars et restaurants. **www.uthonginn.com**

KANCHANABURI Jolly Frog Backpackers Ⓑ

28 Soi China, Maenam Kwai Rd., Kanchanaburi ***Tél.*** *0 3451 4579* ***Chambres*** *50*

L'offre varie de la chambre simple avec ventilateur et salle de bains à partager à la double avec air conditionné et salle de bains privée. Le service est excellent et les prix très bon marché. Il y a un grand jardin et l'on peut se baigner dans la rivière voisine. Cet hôtel peut être assez bruyant à la haute saison. **www.jollyfrog.net**

KANCHANABURI Apple's Guest House ®®

52 Soi Rongheeboay, Kanchanaburi **Tél.** *0 3451 2017* **Fax** *0 3451 4958* **Chambres** *20*

Bien que la décoration des chambres se contente du minimum, elles sont toutes très propres et le service vaut celui d'un hôtel 4 étoiles. Les cours de cuisine ont beaucoup de succès ainsi que les massages : pas étonnant qu'ils soient tout le temps plein. Il est conseillé de réserver sur le site Internet. **www.applenoi-kanchanaburi.com**

KANCHANABURI Sam's House ®®

14/2 Moo 1, Thamakarm, Kanchanaburi **Tél.** *0 3451 5956* **Chambres** *35*

Le *Sam's House* offre plusieurs hébergements, de la hutte en bambou au bungalow en pierre. Il y a même une chambre flottante, au milieu d'un jardin. Le top du top : les bungalows en bois montés sur pilotis, dotés d'une salle de bains et d'un balcon avec vue sur le jardin. **www.samsguesthouse.com**

KANCHANABURI Royal River Kwai Resort and Spa ®®®

88 Kanchanaburi.Saiyok Rd., Kanchanaburi **Tél.** *0 3465 3297* **Chambres** *89*

C'est sans doute le plus bel hôtel haut-de-gamme de Kanchanaburi. Les chambres sont meublées avec goût ; certaines ont un balcon qui donne sur le jardin. L'hôtel possède également une belle piscine bordée d'une terrasse en tek. Le Rantee Spa propose des soins relaxants. **www.royalriverkwairesort.com**

KANCHANABURI Felix River Kwai ®®®®

9/1 Moo 3, Thamakham, Kanchanaburi **Tél.** *0 3455 1000 23* **Chambres** *255*

Situé sur les rives de la rivière Khwae Yai, ce joli hôtel dispose de deux piscines et de jardins aménagés. Les chambres ont tout le confort moderne. Celles qui ont vue sur la rivière sont un peu plus chères. Le *Felix* se trouve à une courte distance du célèbre pont, et à quelques kilomètres du centre-ville. **www.felixriverkwai.co.th**

LOPBURI Nett Hotel ®

17/1 2 Soi 2, Ratchadamnoen Rd., Lopburi **Tél.** *0 3641 1738* **Chambres** *29*

En plus d'offrir des prix très abordables, le *Nett Hotel* est un bon choix pour ceux qui cherchent un hôtel dans le centre de Lopburi, où ils pourront visiter les ruines. Certaines chambres possèdent un ventilateur, d'autres l'air conditionné. Ces dernières ont aussi la TV, l'eau chaude et un réfrigérateur. **netthotel@hotmail.com**

LOPBURI Lopburi Inn ®®

28/9 Narai Maharat Rd., Lopburi **Tél.** *0 3641 2609* **Chambres** *133*

Comme peu de touristes passent la nuit à Lopburi, il n'y a pas beaucoup d'hôtels. Celui-ci se trouve à quelques kilomètres à l'extérieur de la ville, mais c'est le plus confortable et l'endroit idéal où se reposer après avoir fait le tour des sites historiques éparpillés dans le centre de Lopburi. **www.lopburiinnhotel.com**

SANGKHLA BURI P Guest House ®

81/2 Moo 1, Nonglu, Sangkhla Buri **Tél.** *0 3459 5061* **Chambres** *24*

Pour qui aime l'aventure et veut explorer la campagne à l'ouest de Kanchanaburi, cet hôtel de la ville frontière de Sangkhla Buri est une excellente étape. Le décor des chambres est rustique : murs en pierres et mobilier en bois massif. Le restaurant de l'hôtel est très agréable. **www.p-guesthouse.com**

LE NORD DE LA PLAINE CENTRALE

KAMPHAENG PHET Three J Guest House ®

79 Rajwithee Rd., Kamphaeng Phet **Tél.** *0 5571 3129* **Chambres** *10*

Cette auberge familiale est typique de la campagne thaïlandaise. Il y a plusieurs bungalows ; certains sont équipés d'un ventilateur, d'autres ont l'air conditionné. Les propriétaires se plieront en quatre pour rendre votre séjour agréable. Il est possible de louer des bicyclettes et des motos. **www.threejguesthouse.com**

KAMPHAENG PHET Phet Hotel ®®

189 Bumrungrat Rd., Kamphaeng Phet **Tél.** *0 5571 2810* **Chambres** *215*

Situé à Kamphaeng Phet, simple et bien tenu, cet hôtel offre un excellent rapport qualité-prix. Les chambres sont agréables et disposent de l'air conditionné. Certaines d'entre elles offrent une belle vue sur la ville. Vous pourrez profiter de la petite piscine et du restaurant. Accès Wi-Fi. **www.phethotel.com**

MAE SOT Ban Thai Guest House ®

740/1 Inthakhiri Rd., Mae Sot **Tél.** *0 5553 1590* **Chambres** *18*

C'est une agréable surprise de trouver une auberge aussi bien tenue dans un coin aussi reculé du pays. Élégamment meublées, les chambres donnent sur le jardin et disposent du câble et du Wi-Fi gratuit. Le *Ban Thai* sert de base permanente à certains volontaires travaillant pour des ONG locales. Location de bicyclettes et cours de cuisine.

MAE SOT Centara Mae Sot Hill Hotel ®®®

100 Asia Highway, Mae Sot **Tél.** *0 5553 2601 8* **Fax** *0 5553 2600* **Chambres** *120*

Le meilleur hôtel de Mae Sot se trouve non loin de l'autoroute qui contourne la ville, à 10 minutes du centre-ville. Les chambres sont spacieuses et disposent de l'air conditionné, d'une TV et de tout le confort moderne. Il y a une piscine, un terrain de tennis, un restaurant et une discothèque. **www.centralhotelsresorts.com**

PHITSANULOK Phitsanulok Youth Hostel Ⓑ

38 Sanam Bin Rd., Phitsanulok ***Tél.*** *and* ***Fax*** *0 5524 2060* ***Chambres*** *21*

Située à quelques pas du centre-ville, cette auberge de jeunesse propose des chambres avec air conditionné ou ventilateur et un dortoir. Décorées avec des meubles anciens, les chambres dotées d'un ventilateur ont plus de caractère. Mieux vaut réserver durant la haute saison. **www.tyha.org** ou **www.hihostels.com**

PHITSANULOK Pailyn Hotel ⒷⒷ

38 Baroma Trailokanart Rd., Phitsanulok ***Tél.*** *0 5525 2411* ***Chambres*** *247*

Si ce grand hôtel manque un peu de personnalité, ses chambres spacieuses dotées de l'air conditionné et d'une salle de bains sont d'un excellent rapport qualité-prix. Les balcons des chambres des étages supérieurs offrent une jolie vue sur la rivière. Personnel accueillant, deux restaurants et musique *live* au bar. **www.pailynhotelgroup.com**

SUKHOTHAI Cocoon House Ⓑ

86/1 Singhawat Rd., Sukhothai ***Tél.*** *0 5562 2157* ***Chambres*** *5*

Situé à deux pas du *Dream Cafe (p. 434)* – sans doute le meilleur restaurant de Sukhothai – ce petit établissement dispose de quelques chambres fort joliment décorées, entourées d'un beau jardin tropical. Il faudra choisir entre ventilateur et air conditionné, salle de bains privée et à partager.

SUKHOTHAI Lotus Village ⒷⒷ

170 Ratchathani Rd., Sukhothai ***Tél.*** *0 5562 1484* ***Chambres*** *20*

L'intérêt principal de cet hôtel, comme son nom le suggère, sont les jolies maisons en teck montées sur pilotis et plantées au beau milieu d'un étang de lotus. Il y a le choix entre des petites chambres avec ventilateur et salle de bains à partager ou des grands bungalows avec air conditionné. Spa. **www.lotus-village.com**

SUKHOTHAI Orchid Hibiscus Guest House ⒷⒷ

407/2 Route 1272, Sukhothai ***Tél.*** *0 5563 3284* ***Chambres*** *16*

Située à deux pas du centre-ville, voici l'une des auberges les plus anciennes de Sukhothai. Les chambres sont confortables et disposées autour d'une piscine, au milieu d'une nature luxuriante. Il y a quelques grandes chambres, idéales pour les familles. **www.asiatravel.com/thailand/orchid_hibiscus/**

SUKHOTHAI Tharaburi Resort ⒷⒷⒷ

113 Srisomboon Rd., Sukhothai ***Tél.*** *0 5569 7132* ***Chambres*** *20*

Situé en bordure de la vieille ville, cet hôtel de charme est de loin l'hôtel le plus élégant de Sukhothai. En plus de ses chambres luxueuses et de ses suites décorées avec goût, il propose des massages, des cours de cuisine et des locations de bicyclettes pour explorer les ruines du parc historique de Sukhothai. **www.tharaburiresort.com**

TAK Mae Ping Hotel Ⓑ

231 Mahattai Bamroong, Tak ***Tél.*** *0 5551 1807* ***Chambres*** *37*

Si vous voulez tenter une expérience authentiquement thaïlandaise à Tak, cet hôtel bon marché propose des petites chambres avec ventilateur mais sans eau chaude. Très bien situé, en plein centre-ville, près du marché, de la rivière et à proximité des principaux sites, le Mae Ping est une bonne affaire.

TAK Viang Tak Riverside ⒷⒷ

236 Chompol Rd., Tak ***Tél.*** *0 5551 2507* ***Chambres*** *144*

C'est le plus neuf et le plus élégant des 2 hôtels modernes tenus par la même compagnie. Ses chambres confortables offrent une belle vue sur la rivière. Possède une piscine et l'accès Internet. De temps en temps, des groupes de musiciens viennent se produire dans le hall en soirée. **www.viangtakhotel.com**

UMPHANG Umphang Country Hut ⒷⒷ

Umphang-Palata Rd. ***Tél.*** *0 5556 1079* ***Chambres*** *24*

La majorité des clients qui séjournent ici sont attirés par les très belles cascades de Thi Lo Su, optant pour deux journées de rafting sur la rivière et une nuit de camping près des chutes. S'il manque un peu de caractère, le cadre est agréable et les chambres sont propres. **www.umphangcountryhut.com**

LA RÉGION DE CHIANG MAI

CHIANG DAO Chiang Dao Hill Resort ⒷⒷ

28 Moo 6 Chiang Mai. Fang Rd., Tambon Pingkong, Amphur Chiang Dao, 50170 ***Tél.*** *0 5323 2434* ***Chambres*** *52*

Situé dans la vallée de Mae Rim, en pleine jungle, cet hôtel propose des chalets en bois, des huttes et des chambres un peu vieillottes mais pleines de charme. Très bien situé, il organise de nombreuses activités : pêche, balade à dos d'éléphant, trekking et visites des villages tribaux. **www.chiangdaohillresort.com**

CHIANG MAI Baan Jong Come Ⓑ

47 Thapae Rd., Soi 4, Chiang Mai, 50100 ***Tél.*** *0 5320 7043* ***Chambres*** *24*

Central, moderne et bon marché, ce joli petit hôtel propose des chambres impeccables avec des sols recouverts de mosaïques. Des musiciens de jazz viennent souvent répéter dans la cour et les hôtes peuvent profiter de la piscine voisine, parfaite après une longue journée de marche au soleil. Attention, l'hôtel est souvent plein.

CHIANG MAI Daret's Guest House Ⓑ

4/5 Chaiyaphum Rd., Amphur Muang, Chiang Mai, 50300 **Tél.** *0 5323 5440* **Fax** *0 5325 2292* **Chambres** *20*

Établie de longue date, cette auberge du quartier de Tha Phae Gate rencontre un vif succès auprès des routards. Vous y trouverez une mine d'informations sur les treks dans les environs. Seul inconvénient : elle peut devenir très bruyante. Le restaurant de l'hôtel propose une cuisine thaïe délicieuse et bon marché.

CHIANG MAI Hollanda Montri House Ⓑ

365 Charoenrat Rd., Amphur Muang, Chiang Mai, 50000 **Tél.** *0 5324 2450* **Chambres** *16*

Légèrement excentrée, à quelques minutes en *tuk tuk* du centre-ville, cette auberge dispose de chambres impeccables avec salles de bains et d'un jardin en terrasses donnant sur la rivière Ping. Le personnel organise des treks et des cours de cuisine. Toutes les chambres ne sont pas équipées de l'air conditionné. Accès Internet. **www.hollandamontri.com**

CHIANG MAI Pagoda Inn Ⓑ

49 Chang Moi Rd., Chiang Mai, 50100 **Tél.** *0 5323 3290* **Chambres** *28*

Située à côté du temple de Wat Cham Phu, cette auberge élégante et intime est l'un des bijoux cachés de Chiang Mai. Les maisons en bois traditionnelles sont décorées dans le style thaï chic. Il y a un jardin ombragé avec des bancs et des hamacs. Bon rapport qualité-prix. Ambiance gay friendly.

CHIANG MAI Tapae Place Hotel Ⓑ

2 Tapae Rd., Soi 3, Chiang Mai, 50100 **Tél.** *0 5327 0159* **Fax** *0 5327 1982* **Chambres** *90*

Situé tout près de la vieille ville de Chiang Mai et du bazar de nuit, cet hôtel moderne propose des chambres propres, spacieuses et décorées dans un style thaï moderne. Salles de bains, TV satellite et mini-bar. Il y a également un Spa pour se détendre après une longue journée. Prix réduits pour les séjours prolongés. **www.tapaeplacehotel.com**

CHIANG MAI Your House Ⓑ

8 Soi 2 Ratwithl Rd., Chiang Mai, 50200 **Tél.** *0 5321 7492* **Fax** *0 5341 8461* **Chambres** *25*

Cette auberge du centre historique a un franc succès. Composée d'une maison en teck traditionnelle thaïlandaise et d'un immeuble moderne, elle possède des chambres avec salle de bains à partager et air conditionné en option. Le personnel organise des treks et des cours de cuisine. Location de motos. **www.yourhouseguesthouse.com**

CHIANG MAI Changmai Gate Hotel and Chatree Guest House ⒷⒷ

11/10 Suriyawongsa Rd., Chiang Mai, 50100 **Tél.** *0 5320 3895* **Fax** *0 5327 9085* **Chambres** *124*

Situé à l'extérieur de la vieille ville, à 20 minutes à pied du bazar de nuit, cet hôtel propose des chambres standard et des chambres thaïes traditionnelles plus élégantes, situées dans la nouvelle aile, toutes équipées d'une TV satellite et d'un réfrigérateur. Les chambres *Deluxe* possèdent un minibar et une terrasse. **www.chiangmaigate.com**

CHIANG MAI Lai Thai Guest House ⒷⒷ

111/4 5 Khotchasarn Rd., Chiang Mai, 50100 **Tél.** *0 5327 1725* **Fax** *05327 2724* **Chambres** *110*

Cet hôtel moderne propose des chambres au décor traditionnel – planchers, murs en rattan et meubles en bois sculpté – disposées autour d'un jardin et d'une piscine. Situé près des murs de la ville, c'est l'endroit idéal pour assister aux batailles d'eau pendant le festival Songkran du mois d'avril. Wi-Fi gratuit. **www.laithai.com**

CHIANG MAI Chiang Mai Orchid Hotel ⒷⒷⒷ

23 Huay Kaew Rd., Chiang Mai, 50200 **Tél.** *0 5322 2099* **Fax** *0 5322 1625* **Chambres** *266*

Situé dans le quartier moderne de la ville, entouré de cafés, de restaurants et de magasins, cet hôtel moderne se trouve à quelques minutes en *tuk tuk* de la vieille ville et du bazar de nuit. Si le décor manque de personnalité, les chambres sont cependant très confortables et bien entretenues. **www.chiangmaiorchid.com**

CHIANG MAI Riverview Lodge ⒷⒷⒷ

25 Charoen Prathet Rd., Soi 2, Chiang Mai, 50100 **Tél.** *0 5327 1109* **Fax** *0 5327 9019* **Chambres** *36*

Dans cet hôtel tranquille situé au bord de la rivière, les chambres sont d'une propreté irréprochable et décorées avec des sculptures et des tissus locaux. Les balcons donnant sur la rivière Ping valent bien le supplément. Il y a un jardin tropical avec une petite piscine. Le personnel est accueillant et efficace. **www.riverviewlodgch.com**

CHIANG MAI Baan Tazala ⒷⒷⒷⒷⒷ

55/5 Moo 1 Chiang Mai.Sankampaeng Rd., Chiang Mai, 50000 **Tél.** *0 5385 0111* **Fax** *0 5385 1211* **Chambres** *8*

Situé à 15 minutes de Chiang Mai, cette élégante propriété est idéale pour les couples qui cherchent à s'isoler. Les chambres spacieuses sont décorées dans le style oriental et dotées de belles salles de bains et d'un minibar gratuit. Écran plasma, Internet haut débit et PlayStation. Le restaurant sert une cuisine très créative. **www.banntazala.co.th**

CHIANG MAI The Chedi ⒷⒷⒷⒷⒷ

123 Charoen Prathet Rd., Chiang Mai, 50100 **Tél.** *0 5325 3333* **Fax** *0 5325 3352* **Chambres** *84*

Situé sur la rivière Ping, *The Chedi* est doté d'immenses fenêtres, de grandes vérandas et de terrasses avec une vue à couper le souffle. Le décor, contemporain et branché, a été conçu sur le thème de l'eau. Vaste choix de lounges, bars et restaurants. **www.ghmhotels.com**

CHIANG MAI D2 ⒷⒷⒷⒷⒷ

100 Chang Klan Rd., Chiang Mai, 50100 **Tél.** *0 5399 9999* **Fax** *0 5399 9900* **Chambres** *131*

Situé à côté du bazar de nuit, cet hôtel branché est idéal pour les amateurs de cuisine et de shopping. Équipées d'un lecteur DVD, d'un écran plasma, d'un tapis de yoga et d'Internet haut débit, les chambres oranges sont originales. Le bar du hall ne désemplit jamais. **www.dusit.com/d2cm**

CHIANG MAI Manathai Village ⓑⓑⓑⓑⓑ

39/3 Soi 3 Tapae Rd., Chiang Mai, 50100 **Tél.** *0 5328 1666* **Fax** *0 5320 8385* **Chambres** *29*

Le décor de cet hôtel associe le minimalisme zen à des touches hautement originales, pour un résultat chaleureux et très contemporain. Les chambres sont dotées de planchers rutilants, de meubles en teck et de tout le confort moderne. La piscine centrale et le bar en teck sont vraiment superbes. **www.manathai.com**

CHIANG MAI Mandarin Oriental Dhara Dhevi ⓑⓑⓑⓑⓑ

51/4 Chiang Mai. Sankampaeng Rd., Moo 1, Chiang Mai, 50000 **Tél.** *0 5388 8888* **Chambres** *123*

Cet hôtel aux allures de palace propose de vastes suites au décor colonial, des villas et des résidences, le tout décoré dans un style exotique. Installé au milieu de 30 ha de rizières et de plantations, il possède également un Spa réputé et un musée consacré au royaume de Lanna. **www.mandarinoriental.com**

CHIANG MAI Puripann Baby Grand Boutique Hotel ⓑⓑⓑⓑⓑ

104/1 Charoen Muang Soi 2, Charoen Muang Rd., Chiang Mai, 50100 **Tél.** *0 5330 2898* **Chambres** *30*

Avec cet air de grandeur qui surprend pour un si petit hôtel, le *Baby Grand Boutique* mérite bien son nom. Très élégant, il possède des jardins tropicaux et une jolie petite piscine. Le service est irréprochable. Il se trouve à deux pas des bars et des restaurants qui bordent la rivière. **www.puripunn.com**

CHIANG MAI Rachamankha ⓑⓑⓑⓑⓑ

6 Rachamankha 9, Chiang Mai, 50200 **Tél.** *0 5390 4111* **Fax** *0 5390 4114* **Chambres** *24*

Ce bel hôtel de charme a un style inimitable avec ses chambres élégantes, ses jardins opulents et sa belle piscine. Si l'architecture extérieure est typique de Lanna, les intérieurs associent antiquités chinoises, influences Art déco et éléments contemporains. Son restaurant est l'un des meilleurs de Chiang Mai. **www.rachamankha.com**

CHIANG MAI Tamarind Village ⓑⓑⓑⓑⓑ

50/1 Rajdamnoen Rd., Chiang Mai, 50200 **Tél.** *0 5341 8896* **Fax** *0 5341 8900* **Chambres** *45*

C'est l'un des plus beaux hôtels de Chiang Mai. La belle entrée, au milieu d'une forêt de bambous, le jardin de tamariniers, le hall plein de fleurs, des meubles en teck et des coussins en tissus traditionnels : tout ici est merveilleux. La piscine vert bouteille est particulièrement belle. **www.tamarindvillage.com**

CHIANG MAI Yaang Come Village ⓑⓑⓑⓑⓑ

90/3 Sridonchai Rd., Chiang Mai, 50100 **Tél.** *0 5323 7222* **Fax** *0 5323 7230* **Chambres** *42*

Cet hôtel de charme conçu dans le style traditionnel de Lanna est tout simplement magique. Les chambres spacieuses sont décorées de fresques et de miroirs encadrés de céramique, de lits à baldaquin et de motifs floraux. La gigantesque piscine bleue est entourée d'une végétation luxuriante. **www.yaangcome.com**

CHIANG MAI (MAE RIM) Imperial Chiang Mai Resort Spa and Sport Club ⓑⓑⓑ

284 Moo 3 Don Kaew, Chiang Mai.Fang Rd., Mae Rim, 50180 **Tél.** *0 5312 1649* **Fax** *0 5312 1646* **Chambres** *48*

Idéal pour les familles et les groupes, ce grand village de vacances situé à 20 minutes de Chiang Mai offre de nombreux divertissements sportifs. Il y a une piscine olympique, des terrains de tennis et de squash, et des chevaux. Rustiques, les chambres donnent sur la campagne environnante. **www.imperialhotels.com/chiangmai/**

CHIANG MAI (MAE RIM) Four Seasons Resort Chiang Mai ⓑⓑⓑⓑⓑ

Mae Rim. Old Samoeng Rd., Mae Rim, 50180 **Tél.** *0 5329 8181* **Fax** *0 5329 8190* **Chambres** *80*

Situé à 20 minutes du centre de Chiang Mai, l'hôtel possède une excellente école de cuisine, un Spa, une belle piscine et de jolis pavillons dans le style traditionnel local, avec vue sur les rizières et les troupeaux de buffles. Votre séjour sera mémorable. Pour une chambre avec vue, réservez à l'avance. **www.fourseasons.com/chiangmai/**

LAMPANG Boonma Guesthouse ⓑ

256 Taladkao Rd., Lampang, 52000 **Chambres** *4*

Située au bord de la rivière, cette charmante pension familiale propose des chambres agréables, réparties dans deux bâtiments distincts : une maison en teck traditionnelle et un immeuble à l'arrière avec un peu moins de charme. Si les chambres du premier sont plus agréables, toutes les chambres de l'hôtel sont propres et bon marché.

LAMPANG Pin Hotel ⓑ

8 Suandok Rd., Lampang, 52100 **Tél.** *0 5422 1509* **Fax** *0 5432 2286* **Chambres** *58*

Voici un hôtel classique, avec ses couvre-lits fleuris et ses tapisseries murales. Le restaurant *Evergreen* sert des plats thaïlandais, chinois et européens. L'hôtel organise des excursions dans les temples des environs et au centre de sauvegarde des éléphants. **www.travelthailand.com/pinhotel**

LAMPANG Riverside Guest House ⓑⓑ

286 Talad Kao Rd., Lampang, 52000 **Tél.** *0 5422 7005* **Fax** *0 5432 2342* **Chambres** *17*

Réservez longtemps à l'avance pour séjourner dans la plus jolie auberge au bord de l'eau de Lampang. Familiale, elle occupe plusieurs maisons en teck traditionnelles restaurées et regroupées autour d'un beau jardin avec vue sur la rivière. Le couvre-feu de minuit n'est pas fait pour plaire à tout le monde. **www.riversidelampang.com**

LAMPHUN Gassan Lake City Golf and Resort ⓑⓑⓑⓑ

88 Moo 7 Ban Thi, Lamphun, 51180 **Tél.** *0 5392 1888* **Fax** *0 5392 1802* **Chambres** *74*

Détenteur de l'un des plus beaux terrains de golf du pays, ce très beau village de vacances bénéficie d'une bonne situation. Très bien entretenu, le parcours de 18 trous se déploie autour de lacs entourés de rizières et de montagnes majestueuses. Les chambres sont confortables et il y a une belle piscine. **www.gassangolf.com**

Légende des prix *voir p. 398* **Légende des symboles** *voir le rabat arrière de couverture*

MAE HONG SON Piya Guest House ⒷⒷ

1/1 Khunlumphrapat Soi 3, Mae Hong Son, 58000 ***Tél.*** *0 5361 1260* ***Fax*** *0 5361 2308* ***Chambres*** *14*

Ses chambres spacieuses et impeccables, avec l'air conditionné et la TV, font de cette auberge sans prétention l'une des meilleures adresses de la région. Demandez une grande chambre : elles sont toutes au même prix. On apprécie le joli jardin et les très bons petits déjeuners. Les étudiants peuvent bénéficier d'une réduction.

MAE HONG SON Golden Pai Resort ⒷⒷⒷ

285/1 Ban Pangmoo, Mae Hong Son, 58000 ***Tél.*** *0 5362 0653 5* ***Fax*** *0 5362 0417* ***Chambres*** *70*

Il faut louer une voiture pour se rendre dans ce ravissant village de vacances situé à 5 km de Mae Hong Son. Construits à flanc de colline, ses bungalows en teck offrent des chambres décorées dans un style traditionnel et de jolis patios : idéal pour la relaxation. Le restaurant offre une belle vue sur la rivière. **www.goldenpaihotel.com**

MAE HONG SON Sang Tong Huts ⒷⒷⒷ

250 Moo 11, off Makasanti Rd., Bang Moo, Mae Hong Son, 58000 ***Tél.*** *0 5362 0680* ***Chambres*** *10*

Cette ravissante propriété couverte de jolies maisons en bambou se trouve à 10 minutes de Mae Hong Son. Avec ses beaux paysages de montagnes, le cadre naturel plaira aux passionnés de nature et de farniente. Ici, le temps s'écoule plus lentement qu'ailleurs. **www.sangtonghuts.com**

MAE HONG SON Imperial Tara Mae Hong Son Hotel ⒷⒷⒷⒷ

149 Moo 8, Tambon Pang Moo, Mae Hong Son, 58000 ***Tél.*** *0 5368 4444* ***Fax*** *0 5368 4440* ***Chambres*** *104*

Situé non loin de la ville au cœur d'une forêt de teck, au paradis du trekking, cet hôtel moderne propose des chambres bien équipées avec des sols en bois et des balcons qui donnent sur un jardin luxuriant. Réservez une table en terrasse pour le dîner. **www.imperialhotels.com**

PAI Pai River Lodge Ⓑ

Moo 3 Wiang Tai Rd., Pai, 58130 ***Tél.*** *pas de numéro* ***Chambres*** *10*

Le charme rustique de ces bungalows et leur belle pelouse a longtemps attiré les baroudeurs. Les hamacs ne désemplissent jamais et la petite plage qui borde la rivière accueille chaque soir des voyageurs qui viennent s'y échanger des histoires autour d'un feu de camp. Restaurant en plein air, petite bibliothèque et bar.

PAI Baan Tawan Guesthouse ⒷⒷ

117 Moo 4, Pai, 58130 ***Tél.*** *0 5369 8116* ***Chambres*** *20*

Profitez du cadre pour vous relaxer dans une chambre spacieuse au bord de la rivière. Les bungalows en teck et les maisons traditionnelles sont idéals pour ceux qui veulent se reposer dans un cadre authentique après avoir visité la campagne environnante. **www.baantawan-pai.com**

PAI Belle Villa Resort ⒷⒷⒷⒷ

113 Moo 6, Huay Poo.Wiang Nua Rd., Pai, 58130 ***Tél.*** *0 5369 8226* ***Chambres*** *47*

Ces merveilleuses maisons sur pilotis, bâties dans le style traditionnel de Lanna, avec des toitures en bois, des vérandas et des intérieurs rustiques, accueillent aussi bien les voyageurs souhaitant passer quelques heures dans un hamac que ceux voulant participer à une visite guidée des tribus de montagne. **www.bellevillaresort.com**

LE TRIANGLE D'OR

CHIANG KHONG Ruanthai Sophapan ⒷⒷ

83 Moo 8 Sai Klang Rd., Chiang Khong, 57140 ***Tél.*** *0 5379 1023* ***Fax*** *0 5379 1446* ***Chambres*** *25*

Célèbre pour sa vue sur le Mékong et le Laos, l'hôtel ne manque pas d'intérêt en lui-même. Bâtie en vieux teck, la maison sur pilotis possède deux très belles vérandas. Le restaurant self-service propose des plats copieux et le petit déjeuner est inclus dans le prix. **p_darasawang@hotmail.com**

CHIANG RAI Ben Guesthouse Ⓑ

351/10 Sankhong Noi Rd., Soi 4, Chiang Rai, 57000 ***Tél.*** *0 5371 6775* ***Chambres*** *28*

Située à 20 minutes à pied du centre-ville, cette maison en teck au décor traditionnel est l'une des plus jolies auberges de Chiang Rai. C'est aussi la moins chère. Elle a beaucoup de succès auprès des familles et des baroudeurs qui apprécient son atmosphère authentique et sa tranquillité. **www.benguesthousechiangrai.com**

CHIANG RAI Chat House Ⓑ

3/2 Sangkaew Trirat Rd., Chiang Rai, 57000 ***Tél.*** *0 5371 1481* ***Fax*** *0 5374 4220* ***Chambres*** *20*

Les chambres sont confortables dans cette auberge qui compte parmi les plus anciennes de Chiang Rai. Les espaces communs ont beaucoup de charme ; le jardin est luxuriant, l'atmosphère est détendue et le personnel, très sympathique, organise vos treks et vos visites dans les environs. **www.chatguesthouse.com**

CHIANG RAI Golden Triangle Inn ⒷⒷ

590/2 Paholyothin Rd., Chiang Rai, 57000 ***Tél.*** *0 5371 1339* ***Fax*** *0 5371 3936* ***Chambres*** *30*

Le décor thaï traditionnel, les grandes vérandas et le jardin tropical ombragé ont réussi à fidéliser une clientèle qui revient année après année dans cet hôtel situé à quelques pas du centre-ville. Le style colonial du hall se prête parfaitement à un apéritif après une journée passée à dos d'éléphant. L'hôtel organise des treks et des excursions.

CHIANG RAI Little Duck ⒷⒷ

199 Paholyothin Rd., Chiang Rai, 57000 ***Tél.*** *0 5371 5620* ***Fax*** *0 5371 5639* ***Chambres*** *330*

Malgré son nom, cet hôtel est une vaste structure moderne, proposant de nombreux services : magasins, cafés, piscine, billard, salons de beauté, massages et salles de conférence. Bien qu'un peu défraîchies, les chambres sont confortables, spacieuses et très bon marché. **www.littleduck.co.th**

CHIANG RAI Rimkok Resort Hotel ⒷⒷⒷ

6 Moo 4, Chiang Rai.Thatorn Rd., Chiang Rai, 57000 ***Tél.*** *0 5371 6445* ***Fax*** *0 5371 5859* ***Chambres*** *256*

Comparées au style colonial de la propriété et du restaurant *Heritage Grill*, les chambres de cet énorme complexe hôtelier bâti sur les rives du Mae Kok manquent un peu de caractère. Elles n'en sont pas moins spacieuses, propres et confortables, avec leurs meubles en ratan et leurs balcons ombragés. **www.rimkokresort.com**

CHIANG RAI Wiang Inn ⒷⒷⒷ

893 Paholyothin Rd., Chiang Rai, 57000 ***Tél.*** *0 5371 1533* ***Fax*** *0 5371 1877* ***Chambres*** *258*

Cet élégant établissement a un petit air d'hôtel pour hommes d'affaires : il conviendra particulièrement à ceux qui cherchent le confort avant tout. Les chambres sont décorées avec quelques touches thaïes : coussins en soie, tapisseries et chaises en ratan. Le bar karaoké rencontre un franc succès. **www.wianginn.com**

CHIANG RAI Dusit Island Resort ⒷⒷⒷⒷ

1129 Kraisora Sit Rd., Chiang Rai, 57000 ***Tél.*** *0 5371 5777* ***Fax*** *0 5371 5801* ***Chambres*** *271*

Installé sur une île tranquille, au milieu de la rivière Mae Kok, cet élégant hôtel 5 étoiles au charme un peu suranné est l'endroit idéal pour se reposer. Les chambres sont confortables et décorées dans le style classique de Dusit. Vous avez le choix entre plusieurs bars, restaurants et cafés pour vous détendre. **www.dusit.com**

CHIANG SAEN Chiang Saen River Hill Hotel ⒷⒷ

714 Moo 3 Tambol Viang, Chiang Saen, 57150 ***Tél.*** *0 5365 0826* ***Fax*** *0 5365 0830* ***Chambres*** *63*

Ici, les hôtes ont la possibilité de louer des bicyclettes pour se rendre au centre-ville ou explorer la campagne environnante. Les chambres ont beaucoup de personnalité, avec leur collection de coussins moelleux, leurs tables basses et leurs parasols. Le café de l'hôtel est très apprécié. **www.chiangsaenriverhill.net**

CHIANG SAEN Sanboonma Resort ⒷⒷⒷ

679 Moo 2 Wiang, Chiang Saen, 57150 ***Tél.*** *0 5365 0124* ***Chambres*** *8*

Voici une jolie maison d'hôtes dans le plus pur style de Lanna, installée au cœur d'un très beau jardin. Toutes les chambres sont impeccables. Le personnel est très sympathique et l'accueil chaleureux. L'hôtel est situé dans l'enceinte de la ville, à quelques pas du Mékong. **www.sanboonmaresort.com**

TRIANGLE D'OR The Imperial Golden Triangle Resort ⒷⒷⒷⒷ

222 Golden Triangle, Sop Ruak, 57150 ***Tél.*** *0 5378 4001* ***Fax*** *0 5378 4006* ***Chambres*** *72*

Les terrasses de ce bel hôtel offrent une vue inégalable sur le Triangle d'or et le Mékong. Le restaurant mélange les cuisines thaïlandaise et internationale, et offre lui aussi une très belle vue. L'hôtel est idéalement situé pour visiter les villages des environs et faire du trek. **www.imperialhotels.com/goldentriangle/**

TRIANGLE D'OR Anantara Golden Triangle Resort and Spa ⒷⒷⒷⒷⒷ

229 Moo 1, Golden Triangle, Sop Ruak, 57150 ***Tél.*** *0 5378 4084* ***Fax*** *0 5378 4090* ***Chambres*** *77*

Ses superbes pavillons thaïlandais et ses pagodes installées au cœur d'une forêt de bambous avec vue sur le Mékong font de cet hôtel l'un des plus beaux établissements de Thaïlande. Les chambres luxueuses sont très bien équipées ; la piscine et le Spa sont magnifiques. **www.anantara.com**

TRIANGLE D'OR Four Seasons Tented Camp Golden Triangle ⒷⒷⒷⒷⒷ

Golden Triangle, Sop Ruak, 57150 ***Tél.*** *0 5391 0200* ***Fax*** *0 5365 2189* ***Chambres*** *15*

Les tentes, luxueuses, sont équipées d'une baignoire, d'une douche de pluie et d'une véranda avec vue sur les collines de la Birmanie. Si l'on ajoute les randonnées à dos d'éléphant, on obtient l'un des hôtels les plus originaux du pays. Prix tout inclus ; séjour de trois nuits minimum. **www.fourseasons.com/goldentriangle/**

MAE SAI Mae Sai Riverside Guesthouse Ⓑ

Riverside Rd., Mae Sai, 57130 ***Tél.*** *0 5373 2630* ***Chambres*** *12*

Si l'atmosphère n'est pas aussi extraordinaire que celle qui règne dans la *Mae Sai Guesthouse (voir ci-dessous)*, cet hôtel offre néanmoins un excellent service et des chambres confortables dans un immeuble moderne construit sur les rives du Mékong. Le restaurant a vue sur la Birmanie ; c'est le lieu idéal pour rencontrer d'autres voyageurs.

MAE SAI Mae Sai Guesthouse ⒷⒷ

Riverside Rd., Mae Sai, 57130 ***Tél.*** *0 5373 2021* ***Chambres*** *14*

Cette charmante auberge familiale bâtie sur la rivière Sai propose des bungalows en bois avec de grandes vérandas au bord de l'eau, parfaites pour boire un cocktail en fin de journée. Située à deux pas de la Birmanie, on peut distinguer les femmes qui font leur lessive sur la rive opposée.

MAE SALONG Khum Nai Phol Resort ⒷⒷ

58 Moo 1, Mae Salong, 57110 ***Tél.*** *0 5376 5001* ***Fax*** *0 5376 5004* ***Chambres*** *24*

Les grandes vérandas de ces bungalows en bois offrent une belle vue sur la plantation de thé. Les chambres les moins chères sont situées à côté du restaurant et de la réception, mais les bungalows valent la peine de payer un peu plus. Tout est propre et confortable. L'hôtel se trouve à la sortie de Mae Salong. **www.khumnaipholresort.com**

MAE SALONG Phu Chaisai Mountain Resort and Spa ⓑⓑⓑⓑ

388 Moo 4, Ban, Mae Salong, 57110 ***Tél.*** *0 5391 8636* ***Fax*** *0 5391 8333* ***Chambres*** *55*

Cet hôtel de charme très chic offre de merveilleuses vues sur la montagne. Les huttes en bambous sont de véritables nids d'amour douillets. D'autres villas, bâties à flanc de colline, sont tout aussi merveilleuses. Le restaurant à ciel ouvert offre une très belle vue. Le Spa et la piscine sont particulièrement réussis. **www.phu-chaisai.com**

NAN Nan Fah Hotel ⓑ

436-440 Sumonthewarat Rd., Nan, 55000 ***Tél.*** *and* ***Fax*** *0 5471 0284* ***Chambres*** *14*

Le *Nan Fah* a peut-être connu des jours meilleurs, mais les baroudeurs sont restés fidèles à cet hôtel bon marché, apprécié pour sa grande véranda, ses petits déjeuners occidentaux copieux, ses chambres propres et ses douches chaudes. Si vous avez le sommeil léger, demandez une chambre à l'arrière.

NAN Dhevaraj ⓑⓑ

466 Sumonthewarat Rd., Nan, 55000 ***Tél.*** *0 5471 0078* ***Fax*** *0 5471 1365* ***Chambres*** *152*

Même s'il a l'air un peu fatigué, le *Dhevaraj* reste le meilleur hôtel de Nan. Ses chambres spacieuses, propres et confortables rencontrent beaucoup de succès auprès des voyageurs. Il y a une très jolie piscine et le personnel parle anglais, ce qui est rare dans cette région. **www.dhevarajhotel.com**

PHRAE Nakorn Phrae Tower ⓑⓑ

3 Muanghit Rd., Phrae, 54000 ***Tél.*** *0 5452 1321* ***Fax*** *0 5452 3503* ***Chambres*** *139*

Les chambres de ce grand hôtel moderne sont agréables et confortables. L'établissement se trouve à quelques pas du marché, des boutiques et des cafés de la ville. Le personnel organise des excursions dans les villages tribaux voisins et dans les centres artisanaux. **www.nakornphraetowerhotel.co.th**

PHRAE Mae Yom Palace ⓑⓑⓑ

181/6 Yantrakitkosan Rd., Phrae, 54000 ***Tél.*** *0 5452 1029* ***Fax*** *0 5452 2904* ***Chambres*** *104*

Ce grand hôtel est le meilleur de Phrae. Il possède des chambres spacieuses, confortables et propres, offrant tout le confort moderne – ce qui est rare dans une ville de cette taille. TV et minibar dans les chambres, et une jolie piscine dans le jardin. Le personnel, très sympathique, organise des expéditions dans les villages tribaux voisins.

THA THON Mae Kok River Village Resort ⓑⓑⓑⓑ

84 Moo 3, Ban Thathon, Tha Thon, 50100 ***Tél.*** *0 5345 9328* ***Fax*** *0 5345 9329* ***Chambres*** *36*

En plus des treks, ce village de vacances familial propose toutes sortes d'activités comme des cours de cuisine thaïlandaise et de massage. Le « Club d'Aventures Bamboo Man » se spécialise dans l'escalade, le vélo en montagne, le canoë-kayak et la randonnée. Il y a aussi des voies d'escalade équipées. **www.track-of-the-tiger.com**

LE PLATEAU DE KHORAT

BAN CHIANG Lakeside Sunrise Guesthouse ⓑ

O de lake, Ban Chiang ***Tél.*** *0 4220 8167* ***Chambres*** *6*

Si vous visitez le site archéologique et le musée de Ban Chiang, il est intéressant de séjourner dans cette auberge simple et confortable, tenue par l'un des employés du musée. Les chambres sont dotées d'un ventilateur et d'une salle de bains à partager. Vous pouvez profiter du grand balcon avec vue sur le lac. Location de bicyclettes.

CHAIYAPHUM Lert Nimit Hotel ⓑⓑ

447/1 Nivesrat Rd., Chaiyaphum ***Tél.*** *0 4481 1522* ***Chambres*** *79*

C'est sans doute le meilleur hôtel de la petite ville de Chaiyaphum, et une excellente étape pour aller visiter les villages de la soie du plateau de Khorat. Le hall est élégant, les chambres n'ont pas beaucoup de charme mais certaines d'entre elles jouissent d'une jolie vue sur les montagnes environnantes.

KHON KAEN Khon Kaen Hotel ⓑⓑ

43/2 Pimpasute Rd., Khon Kaen ***Tél.*** *0 4333 3222* ***Chambres*** *130*

L'une des meilleures options à prix moyen de la région. Les chambres possèdent des objets traditionnels et un petit balcon. L'hôtel connaît un vif succès auprès des hommes d'affaires ; il abrite une discothèque, un karaoké et des salons de massage. **www.khonkaen-hotel.com**

KHON KAEN Charoen Thani Princess ⓑⓑⓑ

260 Si Chan Rd., Khon Kaen ***Tél.*** *0 4322 0400* ***Chambres*** *320*

Cet hôtel du groupe Dusit est le concurrent du *Sofitel* voisin *(voir ci-dessous)*. Les chambres sont confortables, les infrastructures optimales, le service excellent et les prix plus qu'intéressants. La piscine offre une belle vue sur la ville ; il y a plusieurs restaurants, des bars et une discothèque. **www.charoenthani.com**

KHON KAEN Sofitel Raja Orchid ⓑⓑⓑⓑ

9/9 Prachasamran Rd., Khon Kaen ***Tél.*** *0 4332 2155* ***Chambres*** *292*

C'est sans doute l'hôtel le plus luxueux du Nord-Est de la Thaïlande. Les chambres sont spacieuses et décorées avec goût, avec quelques touches traditionnelles. Il y a un Spa et un grand choix de restaurants servant de la cuisine japonaise, cantonaise, italienne, vietnamienne, thaïlandaise et internationale. **www.sofitel.com**

KHORAT Doctor's House Ⓑ

79 Sup Siri Rd., Khorat ***Tél.*** *0 4425 5846* ***Chambres*** *5*

Cette petite structure fait plutôt penser à une maison d'amis qu'à un hôtel, tant les propriétaires sympathiques sont aux petits soins avec leurs hôtes. Des prix très bon marché et un joli jardin sont les clés de son succès. Située à une bonne distance du centre-ville, la maison ferme ses portes à 22 h, ce qui peut déplaire à certains.

KHORAT Siri Hotel ⒷⒷ

167 8 Pho Klang Rd., Khorat ***Tél.*** *0 4424 2831* ***Chambres*** *67*

Cette adresse a beaucoup de succès auprès des voyageurs au budget modeste. Les chambres sont spacieuses et la situation géographique excellente. Le personnel organise des voyages en minibus jusqu'au temple khmer de Phimai. Le café *Veterans of Foreign Wars (p. 440)* est une institution locale. **www.sirihotel.com**

KHORAT Sripatana Hotel ⒷⒷ

346 Suranari Rd., Khorat ***Tél.*** *0 4425 1652 4* ***Chambres*** *176*

Bien situé, cet hôtel élégant dispose de chambres offrant tout le confort à des tarifs raisonnables : air conditionné, TV et salle de bains. Les voyageurs peuvent se divertir grâce au bar à ciel ouvert et à la discothèque. Ils peuvent également bénéficier du service de massage. **www.sripatana.com**

KHORAT Dusit Princess Khorat ⒷⒷⒷ

1137 Suranari Rd., Khorat ***Tél.*** *0 4425 6629* ***Chambres*** *186*

Cet hôtel, qui propose trois types de chambres (supérieure, de luxe et suite), est plus proche du centre-ville que le *Sima Thani (voir ci-dessous)*, et offre un confort et des prix équivalents. On peut dîner dans le café près de la piscine où se régaler de spécialités chinoises dans le restaurant de l'hôtel. Il y a aussi une discothèque. **www.dusit.com**

KHORAT Sima Thani Hotel ⒷⒷⒷ

Mittraphap Rd., Khorat ***Tél.*** *0 4421 3100* ***Chambres*** *265*

Situé à une courte distance du centre-ville, cet hôtel propose des chambres bien équipées et toute une panoplie de services qui compensent largement son éloignement. Il y a cinq restaurants et bars (cuisines thaïe, chinoise, japonaise et occidentale), une belle piscine et un centre de remise en forme. **www.simathani.com**

PHIMAI Old Phimai Guest House Ⓑ

214 Moo 1 Chomsudasadet Rd., Phimai ***Tél.*** *0 4447 1918* ***Chambres*** *6*

Voici l'une de ces auberges pleines de charme et bon marché qui ont fait la réputation de l'hospitalité thaïe. Idéalement située pour visiter le temple khmer de Phimai, elle propose des chambres avec air conditionné ou ventilateur, dans une belle maison en bois. Le jardin sur le toit est très agréable.

ROI ET Petcharat Garden Hotel ⒷⒷ

404 Chotchaplayuk Rd., Roi Et ***Tél.*** *0 4351 9000* ***Chambres*** *146*

Avec sa jolie décoration, ses persiennes et ses hauts plafonds, cet hôtel est un excellent choix. Il possède des chambres simples et des chambres de luxe, qui sont particulièrement confortables. Le personnel est aux petits soins. **www.petcharatgardenhotel.com**

ROI ET Roi Et City Hotel ⒷⒷ

78 Ploenchit Rd., Roi Et ***Tél.*** *0 4352 0387* ***Chambres*** *167*

Le personnel de ce grand hôtel situé à l'est de la ville est particulièrement sympathique et accueillant. Les chambres sont spacieuses et luxueuses, et les salles de bains particulièrement belles. L'hôtel dispose également d'une piscine, d'une salle de gym et d'un centre d'affaires. **www.roietcityhotel.com**

SURIN Pirom's House Ⓑ

55/326 Soi Arunee, Thungpo Rd., Surin ***Tél.*** *0 4451 5140* ***Chambres*** *9*

Ayant déménagé 1 km à l'ouest de la ville, cet établissement chaleureux est célèbre dans la région. Bien que simples, les chambres sont décorées avec goût et offrent une jolie vue sur les rizières ; les salles de bains sont à partager. Les propriétaires se révèlent d'excellents cuisiniers.

SURIN Sangthong Hotel Ⓓ

155-161 Tannasarn Rd., Surin ***Tél.*** *0 4451 2099* ***Chambres*** *100*

Bien situé, cet hôtel de style chinois n'a rien de particulièrement affriolant, mais il propose un vaste choix de chambres fonctionnelles – certaines avec ventilateur, d'autres avec air conditionné – d'un excellent rapport qualité/prix. Le personnel est très sympathique.

SURIN Surin Majestic ⒷⒷ

99 Jitbumrung Rd., Surin ***Tél.*** *0 4471 3980* ***Chambres*** *72*

Installé au sein d'une vaste propriété, cet établissement impressionnant est de loin le meilleur hôtel de Surin. Les chambres confortables disposent d'un bureau et d'une connexion Internet. Il y a une piscine, une salle de conférence et un centre de remise en forme. **www.surinmajestic.com**

UDON THANI Charoensri Grand Royal Hotel ⒷⒷⒷ

277/1 Prajak Rd., Udon Thani ***Tél.*** *0 4234 3555* ***Chambres*** *255*

C'est l'hôtel le plus luxueux d'Udon. Les chambres, ultraconfortables, sont dotées d'une TV et d'un minibar. Les clients disposent de nombreux services : un Spa et un centre de remise en forme, une piscine et plusieurs restaurants servant une cuisine thaïe, chinoise et internationale. **www.charoensrigrand.com**

Légende des prix *voir p. 398* **Légende des symboles** *voir le rabat arrière de couverture*

LA VALLÉE DU MÉKONG

CHIANG KHAN Loogmai Guest House ®

112 Chai Khong Rd., Chiang Khan ***Tél.*** *0 4210 0447* ***Chambres*** *5*

Située au bord du fleuve, cette ravissante villa de style colonial décorée dans un style moderne et minimaliste dispose d'une poignée de chambres très confortables, toutes plus jolies les unes que les autres. L'atmosphère est familiale, et les voyageurs peuvent se détendre sur la belle terrasse avec vue sur le Mékong.

CHIANG KHAN Chiang Khan Hill Resort ®®

Kaeng Khut Khu, Chiang Khan ***Tél.*** *0 4282 1285* ***Chambres*** *50*

Ce village de vacances haut-de-gamme permet de profiter pleinement des paysages pittoresques des rives du Mékong, à 6 km à l'est de Chiang Khan. Entourées de verdure, ses petites maisons en bois abritent des chambres élégantes. Et n'oublions pas la très belle piscine. **www.chiangkhanhill.com**

LOEI Sugar Guest House ®

4/1 Soi 2, Wisuttitep Rd., Loei ***Tél.*** *0 4281 2982* ***Chambres*** *8*

Si vous cherchez un hôtel bon marché à Loei, c'est l'adresse qu'il vous faut. Situé à 10 minutes à pied du nord du centre-ville, l'hôtel propose des chambres avec ventilateur et salle de bains à partager, ainsi que des chambres avec air conditionné, salle de bains privée et TV câblée.

LOEI Loei Palace Hotel ®®®®

167/4 Charoenrat Rd., Loei ***Tél.*** *0 4281 5668 74* ***Chambres*** *156*

Appartenant à la chaîne *Amari*, c'est sans doute l'hôtel le plus luxueux de Loei. Les chambres sont spacieuses, lumineuses et confortables. Il y a une grande piscine et un vaste choix de restaurants. Le *Loei Palace* est l'endroit idéal pour reprendre des forces après avoir gravi les pentes du Phu Kradung. **www.amari.com/loeipalace**

MUKDAHAN Hua Nam Hotel ®

36 Samut Sakdarak Rd., Mukdahan ***Tél.*** *0 4261 1197* ***Chambres*** *30*

Voici la meilleure option petit budget de Mukdahan. Situé près du Mékong, il propose des chambres avec ventilateur et salle de bains à partager ou avec air conditionné, salle de bains privée, TV et réfrigérateur. L'hôtel est tranquille et spacieux. Un café sert de très bons petits déjeuners. On peut louer des bicyclettes.

MUKDAHAN Mukdahan Grand ®®

78 Songnang Sathit Rd., Mukdahan ***Tél.*** *0 4263 0959* ***Chambres*** *199*

Avant l'ouverture du *Ploy Palace (voir ci-dessous)*, c'était le meilleur hôtel de Mukhadan. Il a d'ailleurs conservé une excellente réputation. Très confortables, la plupart des chambres ont vue sur le Mékong et le Laos. Le personnel est particulièrement sympathique. **www.mukdahangrand.com**

MUKDAHAN Ploy Palace ®®®

40 Phitak Phanom Khet Rd., Mukdahan ***Tél.*** *0 4263 1111* ***Chambres*** *154*

Toutes les chambres de cet élégant hôtel pour hommes d'affaires ont vue sur le parc, les montagnes ou le fleuve. Elles sont confortables, bien équipées et bien décorées. Certaines ont des nids d'abeilles sur le balcon, ce qui est censé porter chance. Faites tout de même attention à ne pas vous faire piquer ! **www.ploypalace.com**

NAKHON PHANOM View Kong Hotel ®®

527 Sunthorn Wichit Rd., Nakhon Phanom ***Tél.*** *0 4251 3564* ***Chambres*** *112*

Situé au sud de Nakhon Phanom, le *View Kong Hotel* propose des chambres très confortables dotées d'un joli balcon, sur lequel il fait bon se relaxer en fin de journée. Comme son nom l'indique, les chambres jouissent d'une très belle vue sur le Mékong. **www.viewkonghotel.com**

NONG KHAI Mut Mee Guest House ®

1111/4 Kaew Worawut Rd., Nong Khai ***Tél.*** *0 4246 0717* ***Chambres*** *28*

Située au cœur d'un jardin de manguiers, sur les rives du Mékong, voici la meilleure auberge de Nong Khai. Ses chambres vont de la plus simple à la plus confortable. Les propriétaires vous donneront beaucoup d'informations sur la région. Location de bicyclettes. **www.mutmee.com**

NONG KHAI Pantawee Hotel ®®

1049 Haisoke Rd., Nong Khai ***Tél.*** *0 4241 1568 9* ***Chambres*** *95*

Voici une excellente étape, avec un vaste choix de chambres, petites et simples ou suites familiales. Elles sont toutes équipées d'une TV et d'un lecteur DVD. L'hôtel a une excellente collection de films. À disposition également : le Wi-Fi, un Spa et une piscine. **www.pantawee.com**

NONG KHAI Nong Khai Grand Hotel ®®®

589 Nong Khai.Poanpisai Rd., Nong Khai ***Tél.*** *0 4242 0033* ***Chambres*** *130*

C'est l'un des meilleurs hôtels haut de gamme de Nong Khai. Cet établissement pour hommes d'affaires propose des chambres et des suites au décor soigné. Si certaines d'entre elles sont assez chères, on peut bénéficier d'une réduction de prix en fin de saison, l'occasion rêvée de s'offrir un séjour luxueux. **www.nongkhaigrandhotel.net**

PHU KRADUNG Phu Kradung National Park Bungalows ⓑⓑ

Phu Kradung National Park ***Tél.*** *0 2562 0760* ***Chambres*** *40*

Il y a plusieurs bungalows en bois à louer au sommet du Phu Kradung, et quelques autres au pied de la montagne. De grande taille, ils peuvent accueillir des groupes. Il est conseillé de réserver longtemps à l'avance (et notez que le parc national est fermé de juillet à novembre). **www.dnp.go.th**

THAT PHANOM Niyana Guest House ⓑ

Rimkhong Rd. Soi 33, That Phanom ***Tél.*** *0 4254 0880* ***Chambres*** *3*

Peu de visiteurs passent la nuit à That Phanom, mais pour ceux que cela intéresse, cette petite auberge familiale est un bel exemple d'hospitalité thaïe. Les chambres sont simples et les salles de bains à partager, mais la gentillesse des propriétaires compense largement ces petits inconvénients.

THAT PHANOM Kritsada Rimkhong Resort ⓑⓑ

90 93 Rimkhong Rd., That Phanom ***Tél.*** *0 4254 0088* ***Chambres*** *18*

Pour ceux qui ont besoin de l'air conditionné à That Phanom, c'est l'adresse toute indiquée. Le style des chambres est hétéroclite, soit en bois soit en béton, et manque un peu de personnalité, mais certaines d'entre elles sont très spacieuses et possèdent un salon. **www.kritsadaresort.com**

UBON RATCHATHANI Sri Isan ⓑⓑ

62 Phadaeng Rd., Ubon Ratchathani ***Tél.*** *0 4526 1011* ***Chambres*** *32*

Cet hôtel de charme situé au bord de la rivière Mun propose des chambres propres avec air conditionné, TV câblée et réfrigérateur. Elles sont disposées autour d'un atrium à ciel ouvert, qui donne à cet établissement toute sa personnalité. Le restaurant sert de la cuisine thaïlandaise, chinoise et vietnamienne. **www.sriisanhotel.com**

UBON RATCHATHANI Pathumrat ⓑⓑⓑ

337 Chayangkun Rd., Ubon Ratchathani ***Tél.*** *0 4524 1501* ***Chambres*** *169*

Ayant ouvert ses portes à l'époque de la guerre du Vietnam, cet hôtel a un peu vieilli depuis, ce qui fait d'ailleurs tout son charme. Les chambres sont bien équipées et l'hôtel est très bien situé, au nord du centre-ville, une position idéale pour explorer les *wats* d'Ubon.

UBON RATCHATHANI Toh Sang Hotel ⓑⓑⓑ

251 Phalochai Rd., Ubon Ratchathani ***Tél.*** *0 4524 5531* ***Chambres*** *76*

Les immenses chambres de cet hôtel moderne et branché sont ce qui se fait de mieux à Ubon Ratchathani. Installé au cœur d'un domaine de 5 ha de forêt tropicale, à l'ouest du centre-ville, l'atmosphère est très relaxante et le personnel est aux petits soins. **www.tohsang.com**

LA RÉGION DE PATTAYA

CHANTHABURI River Guest House ⓑ

3/5 8 Sri Chan Rd., Chanthaburi ***Tél.*** *0 3932 8211* ***Chambres*** *29*

Cette auberge accueillante est très bien située, à côté du fleuve, dans le quartier des joailliers. Choisissez une chambre avec ventilateur ou avec air conditionné – ces dernières sont situées à l'arrière de l'immeuble et sont plus calmes. L'hôtel dispose de l'accès Internet. **cookadd@yahoo.com**

CHANTHABURI Kasemsarn Hotel ⓑⓑ

98/1 Benchamarachutit Rd., Chanthaburi ***Tél.*** *0 3931 1100* ***Chambres*** *60*

Le *Kasemsarn* a été entièrement refait et, de repère de routards, il s'est métamorphosé en un hôtel de charme assez chic. Situé au nord du centre-ville, c'est la meilleure option pour budget moyen de Chanthaburi. **info@kasemsarnhotel.com**

CHANTHABURI KP Grand ⓑⓑⓑ

35/200 201 Trirat Rd., Chanthaburi ***Tél.*** *0 3932 3201* ***Chambres*** *202*

Cet hôtel spacieux est situé de l'autre côté du pont, au sud de la ville. Les chambres ont de la moquette et sont bien équipées, avec câble et minibar. Il y a une grande piscine, un sauna et un service de massage, ainsi qu'une salle de conférence. **www.kpgrandhotel.com**

KO CHANG Aana ⓑⓑⓑ

Hat Klong Phrao, Ko Chang ***Tél.*** *0 3955 1539* ***Chambres*** *71*

Ce village de vacances est typique de la tendance des hôtels haut de gamme de Ko Chang : deux piscines, une plage privée, un Spa, Internet, des kayaks et une salle de gym : rien ne manque. Luxueuses, toutes les chambres disposent d'un grand balcon et parfois d'un jacuzzi. **www.aanaresort.com**

KO CHANG Ko Chang Lagoon ⓑⓑⓑ

Hat Sai Khao, Ko Chang ***Tél.*** *0 3955 1201* ***Chambres*** *82*

Situé au milieu de la White Sand Beach, ce village de vacances possède de jolis jardins, des chambres décorées avec goût (dans le bâtiment principal) et des bungalows au bord de l'eau. Il y a un accès Internet. Barbecues sur la plage tous les soirs. **www.kohchanglagoonresort.com**

Légende des prix *voir p. 398* **Légende des symboles** *voir le rabat arrière de couverture*

KO CHANG Sea View Resort and Spa ⒷⒷⒷ

Hat Kaibae, Ko Chang ***Tél.*** *0 3955 2888* ***Chambres*** *126*

Dispersées dans un jardin ombragé, toutes les chambres de ce village de vacances, de la plus simple à la plus luxueuse (suite avec Spa), sont décorées avec un goût exquis. Il y a un Spa, une piscine, un centre de remise en forme, un restaurant en terrasse et plusieurs bars près de la piscine et sur la plage. **www.seaviewkohchang.com**

KO CHANG Siam Beach Resort ⒷⒷⒷ

Hat Tha Nam, Ko Chang ***Tél.*** *08 9161 6664* ***Chambres*** *72*

Situé au nord de Hat Tha Nam (la « Plage Solitaire »), tout au sud de la côte oriental de Ko Chang, cet hôtel propose des bungalows confortables avec air conditionné, bâtis à flanc de colline, et des chambres avec balcon au bord de la plage. **www.siambeachresort.in.th**

KO CHANG White Sand Beach Resort ⒷⒷⒷ

Hat Sai Khao, Ko Chang ***Tél.*** *08 6310 5553* ***Chambres*** *99*

Hai Sai Khao (la « Plage de Sable Blanc ») est la plus longue et la plus belle plage de l'île. La pointe sud est bondée en haute saison. Cet hôtel est situé plus au nord, dans sa portion la plus tranquille. Les plus belles chambres offrent une vue superbe sur la plage. **www.whitesandbeach.net**

KO SAMET Naga Ⓑ

Ao Hin Kok, Ko Samet ***Tél.*** *0 3864 4168* ***Chambres*** *35*

Devenu une légende chez les amateurs de voyage à moindre frais, le *Naga* propose des bungalows bâtis à flanc de colline à des prix raisonnables, alors que le reste de l'île se concentre sur le haut de gamme. Il y a une bibliothèque, une salle de gym, un ring de boxe thaïe et un bon restaurant (pains et gâteaux faits maison).

KO SAMET Sai Kaew Villa ⒷⒷ

Hat Sai Kaew, Ko Samet ***Tél.*** *0 3864 4144* ***Chambres*** *100*

Cet hôtel occupe un vaste terrain en bordure de la plage la plus réputée de Ko Samet, et propose les meilleurs prix de la région (pour une chambre avec ventilateur et vue sur les jardins). Les bungalows avec air conditionné et vue sur la mer coûtent un peu plus cher. Réductions pour les séjours prolongés. **www.saikaew.com**

KO SAMET Jep's Bungalow ⒷⒷⒷ

Ao Hin Kok, Ko Samet ***Tél.*** *0 3864 4112* ***Chambres*** *40*

Le *Jep's* est l'une des meilleures affaires de Ko Samet. Il propose un choix de bungalows en bois ou en béton, avec ventilateur ou air conditionné, parsemés sur une colline. Les bungalows avec air conditionné ont aussi la TV câblée. La plage voisine est l'une des plus belles de l'île. **www.jepbungalow.com**

KO SAMET Samed Villa ⒷⒷⒷ

Ao Phai, Ko Samet ***Tél.*** *0 3864 4094* ***Chambres*** *45*

Situé à l'extrémité sud de la « plage des fêtards » de Ko Samet, cet hôtel propose de grands bungalows confortables, certains assez spacieux pour accueillir une famille de quatre personnes. Géré par des Suisses, l'hôtel possède un bon restaurant. Le personnel organise des sorties de *snorkeling*. **www.samedvilla.com**

KO SAMET Sang Thian Beach Resort ⒷⒷⒷ

Ao Thian, Ko Samet ***Tél.*** *0 3864 4255* ***Chambres*** *32*

L'époque où Ao Thian (la « Plage des Bougies ») n'avait pas l'électricité n'est plus qu'un lointain souvenir. L'hôtel propose désormais des chambres confortables dans des bungalows en bois, à flanc de colline. Cette plage est beaucoup plus tranquille que celles situées plus au nord ou à l'est. **www.sangthian.com**

KO SAMET Tub Tim Resort ⒷⒷⒷ

Ao Tub Tim, Ko Samet ***Tél.*** *0 3864 4025* ***Chambres*** *75*

Ayant ouvert ses portes au début des années 1980, c'est l'un des établissements les plus anciens de Ko Samet. Situé sur la rive sud d'une jolie baie de la côte, il propose des chambres très confortables et abrite l'un des meilleurs restaurants de l'île *(p. 442)*. **www.tubtimresort.com**

KO SAMET Vongdeuan Resort ⒷⒷⒷ

Ao Vong Deuan, Ko Samet ***Tél.*** *0 3864 4171 4* ***Chambres*** *49*

L'*Ao Vong Deuan* fut l'un des premiers hôtels des plages de Ko Samet à parier sur le haut de gamme. C'est certainement l'un des plus jolis, avec sa baie en forme de croissant. Il propose un choix de bungalows et de maisons traditionnelles thaïlandaises confortablement équipées, et aussi un bon restaurant. **www.vongdeuan.com**

KO SAMET Moo Ban Talay ⒷⒷⒷⒷ

Ao Noi Na, Ko Samet ***Tél.*** *0 3864 4251* ***Chambres*** *21*

Avec ses bungalows spacieux et son cadre enchanteur, c'est l'un des meilleurs villages de vacances de Ko Samet et l'un des plus beaux. Situé sur une plage privée au nord de l'île, tout y respire le luxe. Toutes les chambres possèdent une salle de bains et certaines une gigantesque terrasse. **www.moobantalay.com**

KO SAMET Paradee Resort and Spa ⒷⒷⒷⒷⒷ

Ao Kiu Na Nok, Ko Samet ***Tél.*** *0 2438 9771 2* ***Chambres*** *40*

Cet hôtel de grand luxe donne une idée de la direction que va prendre Ko Samet à l'avenir. Les belles villas disposent de Jacuzzi, de Spa privés et d'un majordome. Il y a deux plages privées. Cet hôtel se veut idéal pour les couples et n'est pas vraiment approprié aux jeunes enfants. **www.paradeeresort.com**

KO SAMET Sai Kaew Beach Resort ⓑⓑⓑⓑⓑ

Hat Sai Kaew, Ko Samet ***Tél.*** *0 3864 4195* ***Chambres*** *87*

Situé à l'extrémité nord de la plage Diamond Beach (Hat Sai Kaew), voici l'un des villages de vacances les plus fantaisistes de l'île. Vous pouvez choisir un bungalow luxueux un peu à l'écart ou une jolie petite hutte au milieu de la plage. Le décor est soigné. Piscine et restaurant. **www.samedresorts.com**

KO SICHANG Sichang Palace ⓑⓑⓑ

81 Atsadang Rd., Ko Sichang ***Tél.*** *0 3821 6276 9* ***Chambres*** *56*

C'est l'hôtel le plus chic de Ko Sichang, une région qui possède quelques sites historiques intéressants. Le prix des chambres varie en fonction de la vue, mais toutes les chambres disposent d'une TV et d'un réfrigérateur. Il y a également une piscine. C'est le lieu idéal pour échapper aux hordes de touristes. **www.sichangpalace.com**

PATTAYA Ice Inn ⓑ

528/2 3 Second Rd., Pattaya ***Tél.*** *0 3872 0671* ***Chambres*** *32*

Bien situé, en plein centre-ville, proposant des chambres bien entretenues, cette adresse est très bon marché. Vous avez le choix entre des chambres avec air conditionné ou ventilateur, certaines avec TV et réfrigérateur. Il y a un cybercafé au rez-de-chaussée. La plage se trouve à seulement quelques pas. **www.pattayacity.com/iceinn**

PATTAYA Diana Inn ⓑⓑ

216/6 20 Between Soi 11 12, Second Rd., Pattaya ***Tél.*** *0 3842 1623 4* ***Chambres*** *141*

Cet hôtel propose quelques-unes des chambres les moins chères de Pattaya. Le prix comprend un buffet à volonté pour le petit déjeuner. Les chambres manquent un peu de personnalité mais l'adresse, en plein centre-ville, compense largement cet inconvénient. Réductions pour les séjours prolongés. **www.dianapattaya.co.th**

PATTAYA Garden Lodge ⓑⓑ

170 Moo 5 Naklua Rd. Soi 12, Pattaya ***Tél.*** *0 3842 9109* ***Chambres*** *78*

Pour quiconque souhaite trouver un hôtel tranquille à Pattaya, cet établissement situé au nord de la ville est une bonne option. Il y a un bel espace extérieur, une agréable piscine, un chaleureux restaurant et des chambres joliment décorées. **gardenlodge@gmail.com**

PATTAYA Jomtien Boathouse ⓑⓑⓑ

380/5 6 Jomtien Beach Rd., Pattaya ***Tél.*** *0 3875 6143* ***Chambres*** *24*

Un séjour luxueux à des prix raisonnables : voici une excellente affaire. Les chambres sont décorées avec goût et disposent de tout le confort moderne – certaines sont dotées de terrasses privées. Il n'y a pas de piscine mais la plage qui se trouve directement en face de l'hôtel est parfaite pour la baignade. **www.jomtien-boathouse.com**

PATTAYA Lek Hotel ⓑⓑⓑ

284/5 Soi 13, Second Rd., Pattaya ***Tél.*** *0 3842 5552* ***Chambres*** *158*

Si vous cherchez une adresse bon marché qui ait aussi du charme, le *Lek* pourra vous convenir. Les chambres sont assez petites et simples mais on a accès à une piscine, un billard et une belle terrasse sur le toit. L'hôtel est au situé au centre de Pattaya, à quelques pas des plages et des magasins. **lek/hotel@hotmail.com**

PATTAYA Woodlands Resort ⓑⓑⓑ

164/1 Moo 5, Pattaya-Naklua Rd., Pattaya ***Tél.*** *0 3842 1707* ***Chambres*** *133*

Ce village de vacances de style colonial est situé dans une zone calme, au nord de Pattaya – c'est l'endroit idéal pour les familles. Les chambres sont lumineuses, confortables et spacieuses, et le restaurant sert de la cuisine thaïe et internationale. Il y a également un Spa et des cours de cuisine. **www.woodland-resort.com**

PATTAYA Sugar Hut ⓑⓑⓑⓑ

391/18 Moo 10, Thapraya Rd., Pattaya ***Tél.*** *0 3825 1686* ***Chambres*** *33*

Si vous recherchez une atmosphère intime, ce bijou pourrait parfaitement vous convenir. Les villas, construites dans le style thaï traditionnel, sont dispersées dans de vastes jardins habités par des paons et des lapins. Les chambres sont décorées avec goût, avec des moustiquaires, et le restaurant *(p. 443)* sert une cuisine excellente. **www.sugar-hut.com**

PATTAYA Pattaya Marriott ⓑⓑⓑⓑⓑ

218 Moo 10, Beach Rd., Pattaya ***Tél.*** *0 3841 2120* ***Chambres*** *295*

Situé au milieu de la baie de Pattaya, ce très beau village de vacances dispose de chambres élégamment meublées, la plupart avec vue sur la plage, et propose de nombreuses activités : golf, escalade, équitation, plongée sous-marine et sorties en avion. Possibilités de réductions. **www.marriotthotels.com/pyxmc**

PATTAYA Royal Cliff Beach Resort ⓑⓑⓑⓑⓑ

353 Moo 12 Pratumnak Rd., Pattaya ***Tél.*** *0 3825 0421* ***Chambres*** *1,090*

Ce 5 étoiles est une légende parmi les hôtels de Pattaya. Situé entre Pattaya et Jomtien, il possède plusieurs restaurants et bars, deux Spa, cinq piscines, des courts de tennis, un circuit de course à pied et un green – on peut facilement y passer toutes ses vacances. **www.royalcliff.com**

PATTAYA Sheraton Pattaya Resort ⓑⓑⓑⓑⓑ

437 Pratamnak Rd., Pattaya ***Tél.*** *0 3825 9888* ***Chambres*** *156*

Perché sur une jolie petite colline au nord de Pattaya, ce village de vacances luxueux offre plusieurs attraits : une petite plage privée, trois piscines et un jardin luxuriant. Les chambres ont de très belles vues. Le personnel est très attentionné et le service est à la hauteur de l'excellente réputation de la chaîne. **www.starwoodhotels.com**

PATTAYA Siam Bayview ⓑⓑⓑⓑⓑ

310/2 Moo 10, Beach Rd., Pattaya ***Tél.*** *0 3842 3871 7* ***Chambres*** *260*

L'un des hôtels les mieux situés de Pattaya, installé en plein milieu de la baie. Les chambres du neuvième étage offrent une vue sublime sur la mer. Il y a des terrains de tennis, des piscines, des restaurants, un centre d'affaire et un salon de massage. **www.siamhotels.com**

RAYONG Hin Suay Nam Sai ⓑⓑⓑ

250 Moo 2 Klang, Rayong ***Tél.*** *0 3863 8264* ***Chambres*** *174*

Ce village de vacances chic offre un vaste choix de services et dispose d'une plage privée – une alternative intéressante aux plages bondées de Ko Samet. Toutes les chambres, avec air conditionné, ont vue sur la mer et la TV câblée. Il y a aussi des terrains de tennis, de squash, de badminton et des tables de ping-pong. **www.hinsuaynamsai.com**

RAYONG Star Hotel ⓑⓑⓑ

109 Rayong Trade Centre Rd., Rayong ***Tél.*** *0 3861 4901* ***Chambres*** *576*

Ce grand hôtel spécialisé dans les congrès est l'adresse la plus haut de gamme de Rayong. Gigantesque, il propose une vaste panoplie de services : du restaurant chic au café ouvert 24 h/24, sans oublier les deux piscines, un bar karaoké et une salle de bowling. **www.starhotel.th.com**

RAYONG Purimas Beach Hotel ⓑⓑⓑⓑ

4/5 Moo 3 Pae Klag Kam Rd., Rayong ***Tél.*** *0 3863 0382* ***Chambres*** *79*

Cet hôtel de grande classe possède une plage privée, de très bonnes infrastructures et un service d'une qualité irréprochable. Spacieuses et confortables, toutes les suites ont leur balcon privé, un minibar et une TV. On y trouve également un Spa et deux bons restaurants. **www.purimas.com**

TRAT Ban Jaidee ⓑ

67 Chaimongkon Rd., Trat ***Tél.*** *0 3952 0678* ***Chambres*** *8*

Si vous avez besoin de vous arrêter à Trat sur la route de Ko Chang, cette adresse peut être intéressante. Elle propose quelques chambres simples et propres, réparties entre un vieil immeuble et une nouvelle aile – les salles de bains sont à partager. L'espace commun situé au rez-de-chaussée est très accueillant.

DE BANGKOK À SURAT THANI

CHA-AM Nana House ⓑⓑ

208/3 Ruamchit Rd., Cha-am, 76120 ***Tél.*** *0 3243 3632* ***Chambres*** *27*

Derrière la façade violette de ce petit hôtel, la propriétaire anglophone Nana s'active comme à son habitude pour s'assurer que ses chambres aux couleurs vives soient toujours impeccables. La plage se trouve à une courte distance de l'hôtel. La suite, sur le toit, dispose d'un joli patio avec vue sur la mer. **www.nanahousechaam.com**

CHA-AM Regent Cha-am Beach Resort ⓑⓑⓑⓑ

849/21 Phetkasem Rd., Cha-am, 76120 ***Tél.*** *0 3245 1240* ***Fax*** *0 3247 1492* ***Chambres*** *560*

Le grand domaine du *Regent* a beaucoup de succès auprès des familles et des groupes d'amis qui apprécient ses chalets, ses suites et ses bungalows spacieux et confortables, ses infrastructures (squash, tennis, golf, bicyclette et équitation), les dîners au bord de la mer et la proximité de la plage. **www.regent-chaam.com**

CHA-AM Alila Cha-am ⓑⓑⓑⓑⓑ

115 Moo 7, Tambon Bangkao Rd., Cha-am, 76120 ***Tél.*** *0 3270 9555* ***Fax*** *0 3247 3190* ***Chambres*** *70*

C'est le dernier venu des hôtels haut de gamme de la région – difficile d'imaginer plus chic et plus contemporain. Chaque détail de cet hôtel luxueux construit en bord de plage a été pensé avec soin. Ses piscines sur les toits et sa discothèque branchée font de cette adresse un lieu à part. **www.alilahotels.com**

CHA-AM Dusit Resort Hua Hin ⓑⓑⓑⓑⓑ

1349 Phetkasem Rd., Cha-am, 76120 ***Tél.*** *0 3253 0009* ***Fax*** *0 3252 0296* ***Chambres*** *300*

Cet hôtel 5 étoiles se trouve en réalité à Cha-Am et non à Hua Hin, dont les principaux sites ne sont qu'à 10 minutes. Ce splendide village de vacances propose des chambres ultraconfortables avec balcons et vue sur la mer. Il y a deux très belles piscines, un Spa et une offre de services pléthorique. **www.dusit.com**

CHA-AM Sheraton Hua Hin Resort and Spa ⓑⓑⓑⓑⓑ

1573 Phetkasem Rd., Cha-am, 76120 ***Tél.*** *0 3270 8000* ***Fax*** *0 3270 8088* ***Chambres*** *240*

Bâti au sein d'une nature luxuriante, ce village de vacances propose des suites élégantes ; 56 d'entre elles donnent directement sur la gigantesque piscine-lagon (200 m de long !). Ses chambres méritent bien les 5 étoiles. Les clients peuvent profiter du Spa et du bar à cocktail en bord de plage. **www.starwoodhotels.com**

CHUMPHON Chumphon Cabana Resort and Diving Centre ⓑⓑⓑ

69 Moo 8, Hat Thung Wua Laen, 86000 ***Tél.*** *0 7756 0246* ***Fax*** *0 7756 0247* ***Chambres*** *139*

Situé sur une plage au sable immaculé et aux eaux cristallines, ce village de vacances propose un choix de chambres vastes et lumineuses et de bungalows privés. Il y a un restaurant sur la plage et un centre de plongée et de *snorkeling* qui organise des formations PADI et des expéditions vers les meilleurs spots de la côte. **www.cabana.co.th**

HUA HIN K Place ⒷⒷ

116 Naresdamri Rd., Hua Hin, 77100 **Tél.** *0 3251 1396* **Fax** *0 3251 4506* **Chambres** *12*

Situé dans une station balnéaire réputée pour ses hôtels de luxe, le *K Place* est étonnamment bon marché. Ses grandes chambres simples et propres sont toutes équipées d'un réfrigérateur et d'une TV. Situé sur Naresdrami Road, à côté du *Hilton*, il est tout près du centre-ville et à quelques pas de la plage et du bazar de nuit.

HUA HIN Leng Hotel ⒷⒷ

113/14 Phetkasem Rd., Hua Hin, 77100 **Tél.** *0 3251 3546* **Fax** *0 3253 2095* **Chambres** *18*

Cette auberge située tout près de la plage de Hua Hin et du bazar de nuit propose des chambres confortables et propres avec réfrigérateur, TV câblée et Wi-Fi. Il y a une piscine et un café. Le personnel, très serviable, vous aidera à organiser vos déplacements et vos excursions. Réservez à l'avance. **www.lenghotel.com**

HUA HIN Araya Residence ⒷⒷⒷ

15/1 Chomsin Rd., Hua Hin, 77100 **Tél.** *0 3253 1130* **Chambres** *12*

Situé en plein centre, cet hôtel de charme très intime a été décoré dans le style zen minimaliste avec des meubles en teck est un décor thaï contemporain. Les chambres confortables sont dotées d'une TV câblée, d'un minibar et du Wi-Fi. Les chambres du dernier étage disposent de transats et d'une vue sur la mer. **www.araya-residence.com**

HUA HIN Sirin Hotel ⒷⒷⒷ

6/3 Damnoenkasem Rd., Hua Hin, 77100 **Tél.** *0 3251 1150* **Fax** *0 3251 3571* **Chambres** *25*

Situé en plein cœur du quartier des boutiques et des restaurants de Hua Hin, cet hôtel propose des chambres agréables, claires et bien entretenues avec TV satellite, minibar et balcon. Il y a aussi une petite piscine ombragée et un restaurant. **www.sirinhotelhuahin.com**

HUA HIN Thipurai Beach Hotel and Annexe ⒷⒷⒷ

113/27 Phetkasem Rd., Hua Hin, 77100 **Tél.** *0 3253 2731* **Fax** *0 3251 2210* **Chambres** *59*

À une courte distance de la plage de Hua Hin, cet hôtel propose des chambres propres et lumineuses avec balcon, minibar et TV câblée. On a le choix entre les chambres de l'hôtel principal, plus élégantes, et celles de l'annexe qui sont un peu moins chères. Un restaurant sert de la cuisine thaïlandaise et européenne. **www.thipurai.com**

HUA HIN Aleenta Resort and Spa ⒷⒷⒷⒷⒷ

183 Moo 4 Paknampran, Pranburi, 77220 **Tél.** *0 2514 8112* **Chambres** *20*

Cet établissement minimaliste, sur une jolie plage au sud de Hua Hin, est comme un refuge en bord de mer. Avec 21 suites et bungalows et une maison, ayant tous vue sur la mer, cet hôtel est un havre de tranquillité. Mentionnons aussi les docks iPod, le Wi-Fi gratuit et les amuse-gueules quotidiens. **www.aleenta.com**

HUA HIN Anantara Resort and Spa ⒷⒷⒷⒷⒷ

45/1 Phetkasem Rd., Hua Hin, 77100 **Tél.** *0 3252 0250* **Fax** *0 3252 0259* **Chambres** *187*

Avec ses jardins luxuriants et parfumés, son architecture merveilleuse et ses excellents restaurants, ce village de vacances est comme un rêve éveillé. Choisissez parmi des chambres avec vue sur la mer et d'autres s'ouvrant sur la lagune, avec véranda et piscine privée. Le Spa est l'un des meilleurs du pays. **www.anantara.com**

HUA HIN Chiva Som Health Resort ⒷⒷⒷⒷⒷ

73/4 Petchkasem Rd., Hua Hin, 77100 **Tél.** *0 3253 6536* **Fax** *0 3251 1154* **Chambres** *57*

Occupant de paisibles jardins aux lilas et statues de bouddha, ce village de vacances spécialisé dans le Spa et la santé se consacre à la régénération du corps et de l'esprit. Consultation dès l'arrivée, soins de toutes sortes, cours de fitness et nombreuses autres activités. Séjour de trois nuits minimum. **www.chivasom.com**

HUA HIN Evason Hua Hin Resort/Evason Hideaway et Six Senses Spas ⒷⒷⒷⒷⒷ

9 Moo 3 Paknampran Beach, Pranburi, 77220 **Tél.** *0 3263 2111* **Fax** *0 3263 2112* **Chambres** *185*

Occupant une ravissante plage bordée de palmiers au sud de la ville de Hua Hin, ces villages de vacance écologiques sont des lieux de retraite idéals. Avec ses villas luxueuses, le *Hideway* est le plus cher des deux, mais ils partagent leurs très bonnes infrastructures, leurs restaurants et leurs bars. **www.evasonresorts.com**

HUA HIN Hilton Hua Hin Resort and Spa ⒷⒷⒷⒷⒷ

33 Naresdamri Rd., Hua Hin, 77100 **Tél.** *0 3253 8999* **Fax** *0 3253 8990* **Chambres** *296*

Ce grand immeuble moderne qui se dresse sur la plage principale de Hua Hin propose des chambres confortables. La piscine est gigantesque. Arrivez tôt pour avoir des transats ! Bien que conçu comme un hôtel familial, il peut s'animer via son bar piscine. Le buffet du petit déjeuner est excellent. **www.huahinhilton.com**

HUA HIN Sofitel Centara Grand Resort and Villas ⒷⒷⒷⒷⒷ

1 Damnernkasem Rd., Hua Hin, 77100 **Tél.** *0 3251 2021* **Fax** *0 3251 1014* **Chambres** *249*

Ce grand classique figure régulièrement sur la liste des 10 meilleurs hôtels asiatiques. Le grand immeuble de style colonial et son très beau domaine au bord de la plage semblent sortis d'un rêve. Le service est irréprochable et les restaurants de très grande qualité. Les villas avec piscine privée sont très luxueuses. **www.sofitel.com**

KO PHA NGAN Thongtapan Resort ⒷⒷ

22 Moo 5, Baantai, Ko Pha Ngan, 84280 **Tél.** *0 7723 8538* **Fax** *0 7744 5068* **Chambres** *32*

Situé sur la merveilleuse plage de Thong Nai Oan Noi, ce village de vacances tranquille est composé de bungalows en pierre et en bois qui se fondent parfaitement bien dans le paysage. Il y a des restaurants, des cafés, un accès Internet et un vaste choix de chambres. Convient aussi bien aux longs qu'aux courts séjours. **www.thongtapan.com**

Légende des prix *voir p. 398* **Légende des symboles** *voir le rabat arrière de couverture*

KO PHA NGAN Island View Cabana ®®®

106 Moo 7, Mae Haad Beach, Ko Pha Ngan, 84280 ***Tél.*** *0 7737 4173* ***Chambres*** *25*

Les routards adorent ces bungalows bon marché, en bord de plage, avec balcon et vue sur la minuscule baie de Ko Ma. Lors des pluies, il peut y avoir des fuites d'eau à travers les fines parois en bambou, mais la plage et la vue sur la mer compensent ces désagréments. Il y a un bar très relaxant et un restaurant qui sert de succulents fruits de mer.

KO PHA NGAN Green Papaya Resort ®®®®®

64/8 Moo 8, Salad Beach, Ko Pha Ngan, 84280 ***Tél.*** *0 7734 9278* ***Fax*** *0 7737 4230* ***Chambres*** *20*

Dans un joli jardin en bord de plage, ces bungalows au plancher en bois et jolies peintures sont parmi les plus beaux de l'île. Le restaurant, en forme de bateau, et le bar de plage offrent une vue très belle sur le coucher du soleil. La piscine, aux formes arrondies, vaut également le détour. **www.samui-hotels.com/greenpapaya/**

KO SAMUI Coral Cove Chalet ®®®

210 Moo 4, Coral Cove Beach, Tong Takian Beach, Ko Samui, 84320 ***Tél.*** *0 7742 2260* ***Fax*** *0 7742 2496* ***Chambres*** *81*

Perchés sur une colline recouverte de palmiers avec vue sur une plage privée, ces jolis chalets abritent deux chambres spacieuses peintes dans des couleurs pastel avec de grands lits à moustiquaires. On peut faire de la plongée autour de la barrière de corail qui se trouve au large. **www.coralcovechalet.com**

KO SAMUI Golden Sand Resort ®®®

124/2 Lamai Beach, Ko Samui, 84320 ***Tél.*** *0 7745 8111* ***Fax*** *0 7742 4430* ***Chambres*** *63*

Alors que la majorité des hôtes semble ne jamais quitter les transats qui bordent la piscine, le sable blanc immaculé de la plage de Lamai se trouve à seulement quelques pas. Entourés de jardins tropicaux, les chambres et les bungalows sont confortables. Il y a aussi un Jacuzzi et une piscine pour les enfants. **www.goldensand-resort.com**

KO SAMUI Anantara ®®®®®

99/9 Moo 1, Bo Phut Bay, Ko Samui, 84320 ***Tél.*** *0 7742 8300* ***Fax*** *0 7742 8310* ***Chambres*** *106*

Avec son architecture exotique, ses chambres au décor zen minimaliste, son jardin tropical tranquille planté de palmiers, ses nénuphars, ses fleurs de lotus et son pavillon thaï, l'*Anantara* touche au sublime. Il y a aussi une piscine à débordement, un Spa exotique et un excellent restaurant, le *Full Moon* *(p. 445)*. **www.anantara.com**

KO SAMUI Blue Lagoon Hotel ®®®®®

99 Moo 2, Chaweng Beach, Ko Samui, 84320 ***Tél.*** *0 7742 2037* ***Fax*** *0 7742 2401* ***Chambres*** *74*

L'architecture thaïe traditionnelle de ce village de vacances de la plage de Chaweng attire principalement des familles venues profiter des piscines et de l'offre d'activités sportives (plongée, kayak, voile, ski nautique, etc.). Le restaurant *Kantara* est délicieux. Possibilités de pension complète et de demi-pension. **www.bluelagoonhotel.com**

KO SAMUI Centara Villas Samui ®®®®®

38/2 Moo 3, Natien Beach, Ko Samui, 84320 ***Tél.*** *0 7723 0500* ***Chambres*** *204*

Situé à Natien, au sud de Samui, cet hôtel dispose d'une très belle plage de sable blanc bordée de palmiers. Les villas thaïes sont lumineuses et colorées. Certaines sont dotées d'un Jacuzzi et d'une piscine privée. Installé au bord de la plage, le *Reef Café* connaît un franc succès. **www.centralhotelresorts.com**

KO SAMUI Chaweng Regent Hotel ®®®®®

155/4 Moo 3, Chaweng Beach, Ko Samui, 84320 ***Tél.*** *0 7742 2008* ***Fax*** *0 7742 2222* ***Chambres*** *141*

Situé sur la plage de Chaweng, ce joli village de vacances de style thaïlandais propose de nombreux bungalows en bois, des chambres et des suites. Dotées de parquets en bois et de meubles en bambou, les chambres donnent sur un patio ou une véranda. Le restaurant en bord de mer est excellent. **www.chawengregent.com**

KO SAMUI Coral Bay Resort and Spa ®®®®®

9 Moo 2, Tambon Bophut, Ko Samui, 84320 ***Tél.*** *0 7723 4555* ***Fax*** *0 7723 4558* ***Chambres*** *42*

Au nord de la plage de Chaweng, ce village de vacances écologique occupe un jardin tropical luxuriant. Les bungalows ont un toit de chaume, une grande véranda et vue sur la mer. Les chambres sont joliment décorées, avec des meubles en bois de cocotier. Il y a un Spa et l'on peut pratiquer la plongée ou la pêche. **www.coralbay.net**

KO SAMUI Four Seasons Koh Samui ®®®®®

219 Moo 5, Angthong, Ko Samui, 84140 ***Tél.*** *0 7724 3000* ***Fax*** *0 7723 6559* ***Chambres*** *74*

Éparpillées sur la colline, au milieu des palmiers, ces villas luxueuses sur pilotis ont vue sur la mer. Deux excellents restaurants servent de la cuisine thaïe, italienne et des fruits de mer. Un bar au bord de la plage et un Spa dans la jungle complètent le tableau. La meilleure adresse de Samui. **www.fourseasons.com/kohsamui**

KO SAMUI The Library ®®®®®

14/1 Moo 2, Chaweng Beach, Ko Samui, 84320 ***Tél.*** *0 7742 2767* ***Fax*** *0 7742 2344* ***Chambres*** *26*

Le thème principal de cet hôtel chic et original est la lecture. L'établissement possède une grande pièce tout en verre remplie de livres, de magazines et de CDs, à côté d'une très belle piscine. Les chambres, minimalistes et toutes blanches, sont impressionnantes. **www.thelibrary.name**

KO SAMUI Muang Kulaypan Hotel ®®®®®

100 Moo 2, Chaweng Beach, Ko Samui, 84320 ***Tél.*** *0 7723 0850* ***Chambres*** *42*

Cet hôtel branché attire des visiteurs du monde entier avec ses grandes salles de bains noires, ses couvre-lits artistiques et les œuvres d'art qui recouvrent les murs. Il y a des sculptures tout autour de la propriété et une belle piscine en carreaux de faïence noire. La plage de l'hôtel se trouve à deux pas de celle de Chaweng. **www.kulaypan.com**

KO SAMUI Poppies Samui Seaside Cottages ⒷⒷⒷⒷⒷ

21/8 Moo 3, Chaweng Beach, Ko Samui, 84320 ***Tél.*** *0 7742 2419* ***Fax*** *0 7742 2420* ***Chambres*** *24*

À l'extrémité sud de la plage de Chaweng, ce ravissant petit village de maisons thaïlandaises entouré d'un jardin tropical propose des chambres confortables et bien équipées. Si la décoration est un peu fatiguée, la plage de sable blanc et le grand choix de sports nautiques vous raviront. **www.poppiessamui.com**

KO SAMUI Punpreeda Hip Resort ⒷⒷⒷⒷⒷ

199 Moo 1, Bang Rak Beach, Ko Samui, 84320 ***Tél.*** *0 7724 6333* ***Fax*** *0 7724 6388* ***Chambres*** *13*

Du bois naturel, un éclairage chaleureux, des rideaux de perles et des tissus faits main : les chambres et les villas de ce village de vacances en bord de mer ont un charme irrésistible. La piscine vert foncé est très belle. *Punpreeda* signifie « partager le bonheur du cœur » : une belle invitation à la sérénité. **www.punnpreeda.com**

KO TAO Nangyuan Island Dive Resort ⒷⒷⒷⒷⒷ

Ko Nang Yuan, près de Ko Tao, Surat Thani, 84280 ***Tél.*** *0 7745 6088 93* ***Fax*** *0 7745 6088* ***Chambres*** *55*

Faisant partie d'un petit archipel, cette île privée propose de superbes bungalows éparpillés au milieu des rochers, au bord d'une petite crique bleu azur. On peut faire de la plongée sous-marine dans la barrière de corail qui encercle l'île. Selon l'état de la marée, on se rend au bar à pied ou à la nage. **www.nangyuan.com/**

PHETCHABURI Fishermen's Village Resort ⒷⒷⒷⒷⒷ

170 Moo 1, Haad Chao Samran, Phetchaburi, 76100 ***Tél.*** *0 2251 0237* ***Fax*** *0 3244 1380* ***Chambres*** *35*

Cet hôtel de charme propose des villas luxueuses sur les magnifiques plages de Haad Chao Samran, un village de pêcheurs de Phetchaburi. Il y a une agréable piscine, un Spa et un grand choix d'activités comme la pêche, les sports nautiques, la randonnée, la bicyclette et l'ornithologie. **www.fishermansvillage.net**

PRACHUAP KHIRI KHAN Hadthong ⒷⒷ

21 Suseuk Rd., Prachuap Khiri Khan, 77000 ***Tél.*** *0 3260 1050* ***Fax*** *0 3260 1057* ***Chambres*** *140*

Cet hôtel international de grande classe est sans doute le meilleur de la région. Bien qu'un peu tristes, ses chambres spacieuses et confortables offrent une très belle vue sur le golfe de Thaïlande et sur les montagnes des environs. Le restaurant de l'hôtel manque lui aussi de personnalité mais les fruits de mer sont excellents. **www.hadthong.com**

SURAT THANI Grand Saowaluk Hotel ⒷⒷⒷ

99 Karnjanawitee Rd., Bangkung, Surat Thani, 84000 ***Tél.*** *0 7721 3700* ***Chambres*** *175*

Offrant tout le confort moderne, c'est l'un des meilleurs hôtels de la ville. Les chambres et les suites *junior*, *superior* ou *de luxe* sont toutes spacieuses et bien équipées. Les restaurant propose de la cuisine thaïlandaise et internationale avec des musiciens *live* en prime. **www.sawadee.com**

LA CÔTE NORD DE LA MER D'ANDAMAN

KO LANTA Kaw Kwang Beach Resort ⒷⒷ

16 Moo 1, Saladan, Ko Lanta Yai, 81150 ***Tél.*** *0 7566 8260* ***Fax*** *0 7566 8259* ***Chambres*** *60*

Ces petits cottages en bois sont très bon marché. Il y a un vaste choix de chambres, de la plus simple à la plus luxueuse, avec vue sur la mer. Elles sont toutes spacieuses et confortables. Les points forts : une grande piscine ronde, une jolie plage et la nature luxuriante. **www.lanta-kawkwangresort.com**

KO LANTA Narima Bungalow Resort ⒷⒷⒷ

98 Moo 5, Klong Nin, Ko Lanta, 81150 ***Tél.*** *0 7566 2668* ***Fax*** *0 7566 2669* ***Chambres*** *32*

Ce village de bungalows écologiques et design a sa propre école de plongée. Avec ses vérandas et ses hamacs suspendus au beau milieu d'un jardin tropical, l'effet est très réussi. On apprécie aussi l'excellent restaurant et le bar de jazz. L'accueil des propriétaires thaïlandais est particulièrement chaleureux. **www.narima-lanta.com**

KO LANTA Sri Lanta ⒷⒷⒷ

111 Moo 6 Klongnin Beach, Ko Lanta, 81150 ***Tél.*** *0 7566 2688* ***Fax*** *0 7566 2687* ***Chambres*** *49*

Entouré de 6 ha de forêt tropicale et installé sur une colline, cet hôtel de charme au design contemporain associe avec beaucoup de succès l'élégance et la rusticité. La piscine en bord de plage avec ses carreaux de faïence noire est merveilleuse, de même que le Spa. L'atmosphère relaxante du bar et du café est un régal. **www.srilanta.com**

KO LANTA Costa Lanta ⒷⒷⒷⒷ

212 Moo 1, Saladan, Ko Lanta, 81150 ***Tél.*** *0 2325 0927* ***Fax*** *0 2325 0926* ***Chambres*** *22*

Avec son architecture minimaliste contemporaine sans prétention, ce village au bord de la plage a un succès fou auprès des jeunes. Les chambres en béton verni ouvertes sur le jardin ne plairont pas à tout le monde, mais les amateurs de design apprécieront. Le grand restaurant et le bar sont très relaxants. **www.costalantaresort.com**

KO LANTA Pimalai Resort and Spa ⒷⒷⒷⒷⒷ

99 Moo 5, Ba Kan Tiang Beach, Ko Lanta, 81150 ***Tél.*** *0 2320 5500* ***Fax*** *0 2320 5503* ***Chambres*** *121*

En plus de ses luxueuses suites et villas, de ses cafés, de ses bars et de ses restaurants (dont le *Rak Talay*), ce village de vacances possède deux piscines à débordement et propose des randonnées gratuites à bicyclette, des sports nautiques, des excursions sur l'île et des croisières au coucher du soleil. **www.pimalai.com**

Légende des prix *voir p. 398* **Légende des symboles** *voir le rabat arrière de couverture*

KO PHI PHI Ao Toh Ko Bungalows ⒷⒷ

Ao Toh Ko Beach, Ko Phi Phi, 81000 ***Tél.*** *081 537 0528* ***Chambres*** *32*

Une ravissante plage déserte de sable blanc et la pratique de la plongée sous-marine sont les deux grands plaisirs de cet hôtel. Les bungalows sont dotés d'un joli balcon avec une belle vue sur la mer. Le propriétaire et le personnel sont très accueillants. Il y a un bon petit restaurant et un bar avec vue sur la mer. **dreaminfijian@hotmail.com**

KO PHI PHI Phi Phi Island Village Beach Resort and Spa ⒷⒷⒷⒷⒷ

49 Moo 8, T Aonang, Ko Phi Phi, 81000 ***Tél.*** *0 7621 5014* ***Fax*** *0 7622 2784* ***Chambres*** *112*

Jouissant d'une bonne situation sur l'une des plus belles plages de la Thaïlande, au milieu d'une végétation luxuriante, cet hôtel est paradisiaque. Il y a un vaste choix de chambres, de villas et de bungalows sur la plage, ainsi que des restaurants, des bars, plusieurs piscines, des sports nautiques et un centre de plongée PADI. **www.ppisland.com**

KO PHI PHI Zeavola ⒷⒷⒷⒷⒷ

11 Moo 8 Laem Tong, Ko Phi Phi, 81000 ***Tél.*** *0 7562 7000 or 0 7562 7024* ***Fax*** *0 7562 7023* ***Chambres*** *52*

Ces ravissantes villas en teck décorées à la mode thaïlandaise traditionnelle seraient plus à leur place dans l'arrière pays que dans un village de vacances du Sud de la Thaïlande, mais le propriétaire rêvait de créer un village traditionnel luxueux sur une plage et il a réussi ! Une très belle expérience. **www.zeavola.com**

KRABI Krabi Resort ⒷⒷⒷ

232 Moo 2 Tambon Ao Nang, Krabi, 81000 ***Tél.*** *0 7563 7030* ***Fax*** *0 7563 7051* ***Chambres*** *130*

Ce joli village de vacances est plus célèbre pour son vaste choix d'activités – excursions, canoë, pêche, escalade, voile, plongée sous-marine, bicyclette, équitation et trek à dos d'éléphant – que pour ses chambres, villas et bungalows qui, bien que confortables, manquent un peu de charme. **www.krabiresort.net**

KRABI Pakasai Resort ⒷⒷⒷⒷ

88 Moo 3, T Ao Nang, Krabi, 81000 ***Tél.*** *0 7563 7777* ***Fax*** *0 7563 7637* ***Chambres*** *104*

La vue depuis la piscine à débordement sur les jardins tropicaux et la mer est merveilleuse. Situé en bordure du parc naturel marin de Nopparat Thara, cet hôtel propose des chambres simples avec des meubles en rotin, un Spa de qualité et un centre de remise en forme. **www.pakasai.com**

KRABI Phra Nang Inn ⒷⒷⒷⒷ

119 Moo 2, Ao Nang Beach, Krabi, 81000 ***Tél.*** *0 7563 7130* ***Fax*** *0 7563 7134* ***Chambres*** *69*

Avec son architecture rustique charmante (le village est construit en pin et en palmes de cocotiers), ses jardins tropicaux et son décor fantasque, cet hôtel a beaucoup de caractère. Il est aussi très bien situé, avec une très belle vue sur la plage d'Ao Nang, un excellent restaurant et une piscine. **www.vacationvillage.co.th/**

KRABI Railei Beach Club ⒷⒷⒷⒷ

Railay Beach West, Krabi, 81000 ***Tél.*** *08 6685 9359* ***Fax*** *0 7562 2596* ***Chambres*** *24*

Parfaites pour les familles et les groupes, ces maisons thaïlandaises traditionnelles en teck sont très confortables. Situées sur un domaine verdoyant, au bord d'une ravissante plage accessible seulement en bateau, les maisons sont dotées d'une grande véranda et d'un jardin. Plongée sous-marine et pêche. **www.raileibeachclub.com**

KRABI Rayavadee ⒷⒷⒷⒷⒷ

214 Moo 2, Tumbon Ao Nang, Krabi, 81000 ***Tél.*** *0 7562 0740* ***Fax*** *0 7562 0630* ***Chambres*** *103*

Du transfert en hors-bord grande vitesse façon James Bond au débarquement sur l'une des plus belles plages de Thaïlande, avec le personnel qui vous fait une haie d'honneur, en passant par les villas luxueuses et les mille petites attentions, l'expérience *Rayavadee* a été conçue pour que vous vous sentiez vraiment privilégié. **www.rayavadee.com**

PHANGNGA Aleenta Resort and Spa ⒷⒷⒷⒷⒷ

33 Moo 5 T Khokkloy, Phangnga, 82140 ***Tél.*** *0 7658 0333* ***Fax*** *0 7658 0350* ***Chambres*** *50*

Ce village de vacances chic installé sur une plage déserte à 20 minutes au nord de l'aéroport de Phuket a tout d'une retraite de luxe. Les suites, minimalistes et blanches, offrent une très belle vue sur la mer et disposent de tapis de yoga et de piscines privées. Superbe bar en bord de mer et excellent restaurant. **www.aleenta.com**

PHUKET Square One ⒷⒷ

241/34 Ratuthit Rd., Patong Beach, Phuket, 83150 ***Tél.*** *0 7634 1486* ***Fax*** *0 7634 0873* ***Chambres*** *14*

Cet hôtel à petit budget offre un excellent rapport qualité-prix. Les chambres sont décorées simplement mais sont très propres et équipées d'une TV satellite, du Wi-Fi et d'un réfrigérateur. Il y a des suites plus confortables pour les séjours prolongés. Certains préféreront la plage à la piscine. **www.square1.biz**

PHUKET The Taste ⒷⒷⒷ

16 18 Rassada Rd., Phuket Town, Phuket, 83000 ***Tél.*** *0 7622 2812* ***Fax*** *0 7625 6225* ***Chambres*** *10*

Cet hôtel de charme a beaucoup de caractère. Il y a un joyeux café-bar dans le hall, avec des expositions de tableaux, des DJs et des dégustations de vins. Optez pour une suite avec véranda ou une *garden room* plutôt que pour une chambre standard, qui a une salle de bains ouverte sur la salle principale. **www.thetastephuket.com**

PHUKET Diamond Cliff Resort and Spa ⒷⒷⒷⒷ

284 Pra Baramee Rd., Kalim, Patong, Phuket, 83150 ***Tél.*** *0 7634 0501* ***Fax*** *0 7634 0507* ***Chambres*** *333*

Même si l'architecture et le décor paraissent un peu vieillis, ce grand village de vacances est parfait pour les groupes et les familles : huit restaurants et cafés, des soirées à thème et une myriade d'activités parmi lesquelles des cours de cuisine, des peintures sur batik, des massages, du tennis et des leçons de golf. **www.diamondcliff.com**

PHUKET Kamala Dreams ⒷⒷⒷⒷ

74/1 Moo 3 Tambon Kamala, Katu, 83120 ***Tél.*** *0 7627 9131* ***Fax*** *0 7627 9132* ***Chambres*** *18*

Situé sur la ravissante plage de Kamala, non loin de Patong et à 15 minutes de l'aéroport de Phuket, cet hôtel propose des studios confortables avec vue sur la mer, disposés autour d'une piscine. Les chambres ont une petite cuisine. Il y a également un jardin et une passerelle qui mène à la plage. **www.kamaladreams.net**

PHUKET Laguna Beach Club ⒷⒷⒷⒷ

323 Sri Sunthorn Rd., Cherngtalay, Phuket, 83110 ***Tél.*** *0 7632 4352* ***Fax*** *0 7632 4353* ***Chambres*** *252*

Installé au bord d'un lagon tropical, ce vaste village de vacances est très confortable. Les chambres spacieuses ont un décor thaï contemporain avec vue sur le lagon. Il y a plusieurs restaurants à ciel ouvert et un grand choix d'activités sportives pour occuper les familles (parc aquatique et club pour les enfants). **www.lagunabeach-resort.com**

PHUKET Manathai ⒷⒷⒷⒷ

121 Srisuntorn Rd., Surin Beach, Phuket, 83000 ***Tél.*** *0 7627 0900* ***Fax*** *0 7627 0911* ***Chambres*** *52*

Cet hôtel de charme propose des chambres spacieuses, décorées avec des meubles en teck contemporain, des antiquités orientales et quelques extras : CDs, DVDs et Wi-Fi. L'établissement possède une piscine éclairée la nuit, un beau hall avec un bar à cocktail et un agréable restaurant, le *Weaves*. **www.manathai.com**

PHUKET Thara Patong Beach Resort ⒷⒷⒷⒷ

81 Thaweewongse Rd., Patong, Phuket, 83150 ***Tél.*** *0 7634 0135* ***Fax*** *0 7634 0446* ***Chambres*** *172*

Le beau hall d'entrée et l'accueil chaleureux ne sont qu'un début dans ce village de vacances aux multiples restaurants, bars et cafés. Il possède aussi deux piscines, un Jacuzzi, des courts de tennis et des saunas. Il y a même une piscine pour les enfants et un excellent restaurant de fruits de mer. Promotions régulières. **www.tharapatong.com**

PHUKET Amanpuri Resort ⒷⒷⒷⒷⒷ

118 Moo 3, Sri Santhorn Rd., Pansea Beach, Phuket, 83110 ***Tél.*** *0 7632 4333* ***Fax*** *0 7632 4100* ***Chambres*** *40*

Amanpuri signifie « havre de paix » en sanskrit. L'endroit mérite bien son nom, avec son pavillon luxueux et ses très belles villas éparpillées parmi les cocotiers. Les piscines avec vue sur la mer sont fabuleuses ; vous pouvez aussi profiter d'une bibliothèque et de plusieurs restaurants à l'atmosphère romantique. **www.amanresorts.com**

PHUKET Banyan Tree Resort ⒷⒷⒷⒷⒷ

33, 33/27 Moo 4, Srisoonthorn Rd., Cherngtalay, Phuket, 83110 ***Tél.*** *0 7632 4374* ***Fax*** *0 7632 5556* ***Chambres*** *150*

Avec sa vue sur un lagon tranquille et son hall entouré de grands plans d'eau, cet hôtel luxueux respire la sérénité. Le thème de l'eau est omniprésent, des piscines communes jusqu'aux très belles villas avec leur petite piscine privée sans oublier la villa *Spa Pool*, une chambre à coucher en verre qui semble flotter sur l'eau. **www.banyantree.com**

PHUKET Evason Six Senses Spa Resort ⒷⒷⒷⒷⒷ

100 Vised Rd., Moo 2, Tambol Rawai, Phuket, 83100 ***Tél.*** *0 7638 1010* ***Fax*** *0 7638 1018* ***Chambres*** *260*

Installé dans un jardin tropical, ce village de vacances écologique plaira à tout le monde. Il possède des suites avec piscine privée pour les couples et des villas familiales très confortables. Il y a une piscine pour les enfants et un club junior, ainsi qu'une piscine à débordement réservée aux adultes. **www.sixsenses.com/evason-phuket**

PHUKET Indigo-Pearl ⒷⒷⒷⒷⒷ

Nai Yang Beach, adjoining Nai Yang National Park, 83110 ***Tél.*** *0 7632 7006* ***Fax*** *0 7632 7015* ***Chambres*** *277*

Le design de cet hôtel, réalisé avec des objets recyclés collectés après le tsunami et des souvenirs de famille, évoque les mines d'étain de la région. Bien que l'on soit dans un village de vacances, l'architecture parvient à préserver une certaine intimité. Les piscines sont très belles et le village voisin a beaucoup de charme **www.indigo-pearl.com**

PHUKET Sawasdee Village ⒷⒷⒷⒷⒷ

38 Katekwan Rd., Kata Beach, 83100 ***Tél.*** *0 7633 0979* ***Fax*** *0 7633 0905* ***Chambres*** *54*

Ce village de vacances installé dans des jardins tropicaux près de la plage de Kata propose des chambres bien équipées et un beau Spa, spécialisé dans les soins traditionnels (il est considéré comme l'un des meilleurs de l'île). Le restaurant, élégant, propose une cuisine thaïlandaise authentique. **www.phuketsawasdee.com**

LA FRONTIÈRE MALAISE

HAT YAI Louise Guesthouse Ⓑ

21 23 Thamnoonvitti Rd., Hat Yai, 90110 ***Tél.*** *0 7422 0966* ***Chambres*** *22*

Les baroudeurs adorent cette petite auberge, la moins chère de la ville. Le personnel est accueillant et sympathique, et source de très bons conseils, essentiels dans cette région. L'hôtel se trouve près des transports publics, des restaurants et des boutiques de la ville. Si les chambres sont un peu spartiates, elles sont bien entretenues et propres.

HAT YAI Sakura Grand View ⒷⒷ

186 Niphat Uthit 3 Rd., Hat Yay, 90110 ***Tél.*** *0 7435 5700* ***Fax*** *0 7435 5720* ***Chambres*** *230*

Cet hôtel rénové, qui occupe un grand immeuble, propose des chambres propres, confortables, avec TV et réfrigérateur. Sa clientèle d'hommes d'affaires apprécie son karaoké, son billard et son salon de massage. On vous assurera que le système de sécurité de l'hôtel est le meilleur de la région (une considération importante dans le Sud).

Légende des prix *voir p. 398* **Légende des symboles** *voir le rabat arrière de couverture*

HAT YAI Lee Gardens Plaza Hotel ®®®

29 Prachatipat Rd., Hat Yai, 90110 ***Tél.*** *0 7426 1111* ***Fax*** *0 7435 3555* ***Chambres*** *405*

Occupant une grande tour, cet hôtel moderne rattaché à un centre commercial propose des chambres propres et confortables mais sans caractère. Il possède une jolie piscine sur le toit est un centre de remise en forme. Le restaurant chinois *Tian Chwu* est très réputé et offre une belle vue sur la ville. **www.leeplaza.com**

HAT YAI Novotel Centara Hat Yai ®®®

3 Sanehanusorn Rd., Hat Yay, 90110 ***Tél.*** *0 7435 2222* ***Fax*** *0 7435 2223* ***Chambres*** *245*

Ciblant les hommes d'affaire, cet hôtel situé dans un grand immeuble du centre de Hat Yai est très confortable, avec des chambres offrant un confort moderne et des films à la commande ainsi que l'accès à Internet. Il y a plusieurs bons restaurants et bars (le *Ginger* est recommandé) et une très belle piscine sur le toit.**www.centralhotelresorts.com**

KO TARUTAO National Park Bungalows ®

Ko Tarutao and Adang National Marine Park ***Tél.*** *0 7478 3485* ***Chambres*** *16*

Si les bungalows du *National Park* sont simples, la plage est sublime et les amoureux de la nature apprécieront. Il y a des toilettes et des douches, un centre d'information, un mini-supermarché et un restaurant qui sert une cuisine délicieuse et bon marché (bière toute la journée). Le distributeur de devises le plus proche se trouve à La Ngu.

NAKHON SI THAMMARAT Thaksin Hotel ®

1584/23 Sriprad Rd., Nakhon Si Thammarat, 80000 ***Tél.*** *0 7534 2790* ***Fax*** *0 7534 2794* ***Chambres*** *115*

La plupart des hôtels de Nakhon Si Thammarat manquent de personnalité, et celui-ci ne fait pas exception. Il offre cependant un excellent rapport qualité-prix. Ses chambres sont spacieuses et propres, avec réfrigérateur et TV. Le bon restaurant sino-thaïlandais se transforme en karaoké chaque nuit. **www.thaksinhotel.com**

NAKHON SI THAMMARAT Twin Lotus Hotel ®®®

97/8 Pattanakarn, Kukwang Rd., Nakhon Si Thammarat, 80000 ***Tél.*** *0 7532 3777* ***Fax*** *0 7532 3821* ***Chambres*** *400*

Cet hôtel 3 étoiles est particulièrement opulent avec ses fauteuils en cuir, ses colonnades, ses énormes bouquets de fleurs et le dôme étoilé du hall. Les chambres n'ont rien de spécifique et le décor est un peu vieillot, mais on recommande le bon restaurant chinois et la grande piscine. **www.twinlotushotel.net**

NAKHON SI THAMMARAT Racha Kiri Resort and Spa ®®®®

99 Naiplao.Thong Yee Rd., Nai Plad Beach, 80210 ***Tél.*** *0 7552 7847* ***Fax*** *0 7552 7833* ***Chambres*** *33*

Ce village de vacances jouit d'une bonne position au-dessus d'une plage de sable blanc, sur la ravissante péninsule de Nai-Plou, près du ferry de Ko Samui. Les chambres ont des lits à baldaquin modernes avec des coussins en soie et des moustiquaires. Le restaurant à ciel ouvert et la piscine ont une très belle vue sur la mer. **www.rachakiri.com**

NARATHIWAT Tanyong Hotel ®®

16/1 Sophapisai Rd., Narathiwat, 96000 ***Tél.*** *0 7351 1477* ***Fax*** *0 7351 1834* ***Chambres*** *84*

Situé en ville, non loin de la plage, ce grand immeuble sans personnalité propose des chambres confortables et propres avec TV. Les étages supérieurs ont une belle vue sur la mer. Il y a aussi un bon restaurant ouvert 24 h/24, une discothèque, un karaoké, un club de billard et un salon de massage.

PATTANI CS Pattani ®®®

299 Moo 4 Nongjik Rd., Pattani, 94000 ***Tél.*** *0 7333 5093* ***Fax*** *0 7333 1620* ***Chambres*** *125*

Cet hôtel moderne situé en dehors de la ville est le meilleur de la région. Le personnel vous aidera à organiser vos déplacements. Les chambres sont spacieuses et d'un bon rapport qualité/prix. La soupe de l'hôtel est particulièrement recommandée. Les deux piscines sont agréables.

TRANG Coco Cottage ®®®

109/77 Moo 9, Tambol Koke.Lor, Trang, 92000 ***Tél.*** *08 7898 6522* ***Fax*** *0 9724 9225* ***Chambres*** *76*

Ce village de vacances écologique installé sur l'île paradisiaque de Ko Ngai est le lieu idéal pour passer des vacances à la plage. On découvrira l'île à pied ou en bateau (il n'y pas de voiture). Les cottages sont décorés simplement. Il y a de grandes maisons pour les familles. Les propriétaires thaïs sont très accueillants. **www.coco-cottage.com**

TRANG Thumrin Thana Hotel ®®®

69/8 Trang Thana Rd., Trang, 92000 ***Tél.*** *0 7521 1211* ***Fax*** *0 7522 3288* ***Chambres*** *289*

Installé dans une tour du centre de Trang, cet hôtel propose des chambres confortables avec une belle vue sur la ville, un minibar, un journal livré tous les jours et le transport jusqu'à l'aéroport gratuit. Il possède aussi un bon restaurant japonais, une excellente boulangerie, un pub sympathique et un karaoké. **www.thumrin.co.th**

TRANG Koh Mook Sivalai Beach Resort ®®®®

211/1 Moo 2, Ko Mook, Trang, 92110 ***Tél.*** *0 7521 4685* ***Chambres*** *31*

Ces bungalows au toit de chaume installés au milieu des cocotiers, à quelques pas de la plage, sont une image du paradis. Leurs chambres donnent directement sur la plage. L'hôtel comprend également un bon restaurant et une grande piscine et il propose un vaste choix de sports nautiques. **www.komooksivalai.com**

TRANG Anantara Si Kao Resort and Spa ®®®®®

Pak Meng.Chang Lang Rd., Chang Lang Beach, Trang, 92150 ***Tél.*** *0 7520 5888* ***Fax*** *0 7520 5899* ***Chambres*** *138*

Les pains de sucre de Trang, ses plages sablonneuses, sa forêt tropicale, ses cascades et ses cavernes accueillent peu de touristes – ce qui explique leur attrait. Le design élégant de cet hôtel luxueux tient compte de son très bel environnement, avec des chambres qui donnent sur la mer et un restaurant à ciel ouvert. **www.anantara.com**

RESTAURANTS ET CAFÉS

« L'eau regorge de poissons, le riz abonde dans les champs. » C'est ainsi que le roi Ramkamaheng décrivit au XIIIe siècle le royaume de Sukhothai. Il aurait pu en outre mentionner le vaste éventail de fruits, de légumes et d'épices tropicaux déjà cultivés à l'époque et auxquels se sont ajoutés, ces derniers siècles, de nombreuses plantes d'Amérique qui ont trouvé en Asie de nouveaux espaces où prospérer. Hormis en Isan, la fertilité des sols, la douceur du climat et une population relativement réduite ont permis à la Thaïlande de ne pas connaître la famine et de se doter d'une des meilleures cuisines du monde. Les Thaïs aiment manger souvent, jusqu'à six ou sept fois par jour, et partout il y a des restaurants et des stands de plats préparés. Ils apprécient non seulement la fraîcheur des mets et leur saveur, mais aussi leur présentation. Le riz est la base de plats raffinés et parfumés. Toutes les saveurs s'y retrouvent : sucré, salé, acidulé, âcre, pimenté, et les plats les plus délicats sont accessibles à toutes les papilles.

Les couverts les plus utilisés

Le Grand Ballroom du Holiday Inn de Silom Road, Bangkok

RESTAURANTS

Les restaurants de Bangkok sont réputés dans tout le Sud-Est asiatique. Les cuisines française et italienne figurent en bonne place à côté de la cuisine thaïlandaise contemporaine, sans oublier les établissements japonais et mexicains et le brunch du dimanche dans un hôtel 5 étoiles. En ville, la plupart des restaurants, en particulier ceux proposant de la cuisine occidentale, servent de 11 h à 22 h ou minuit. Hors des zones touristiques, il faudra donc parfois, au petit déjeuner, renoncer à ses habitudes pour se rabattre sur un plat thaï. Pratiquement toutes les grandes cités et stations balnéaires possèdent au moins un magazine d'information gratuit destiné aux visiteurs. Disponible notamment dans les hôtels et les bureaux de change, il répertorie les restaurants par type de cuisine et spécialités, indique les numéros de téléphone et explique comment s'y rendre.
Les principaux hôtels de n'importe quelle localité comprennent un restaurant climatisé servant des plats thaïs et chinois. Les enseignes McDonald deviennent de plus en plus visibles. Cependant, les Thaïlandais ont adopté avec encore plus d'entrain les pizzas et les pâtes, et vous pourrez en déguster dans presque toutes les capitales provinciales. La qualité varie toutefois beaucoup.

Restaurant au Sadet Market de Nong Khai, au bord du Mékong

CAFÉS

Au cours des dix dernières années, les coffee shops américains et leurs équivalents locaux sont devenus extrêmement populaires dans les grandes villes, surtout auprès des jeunes gens, qui s'y retrouvent après les cours. Plus âgée, la clientèle des cafés traditionnels préfère le café thaïlandais, qui est fort, sucré et servi avec du lait concentré. L'idéal pour tremper ses *baton go*, des churros chinois.

STANDS DE PLATS PRÉPARÉS

Les plats proposés par les innombrables étals installés en bord de route ou dans les marchés sont non seulement souvent très bon marché, mais aussi délicieux. Ces stands sont généralement propres, leurs propriétaires les nettoyant chaque soir. Des vitres permettent d'apprécier la fraîcheur des ingrédients. Les méthodes de cuisson, en friture, au grill ou à l'eau bouillante,

Carriole d'un marchand de fruits et boissons, Phuket

garantissent des mets sains, toujours servis brûlants. Comme partout dans le monde, un moyen aisé de tester la qualité d'un stand consiste à se fier au nombre de clients. S'ils se pressent autour des tables simples que proposent la plupart de ces établissements, hommes d'affaires et chauffeurs de *tuk-tuks* n'hésitant pas à se côtoyer, la cuisine est certainement bonne. La carte ne porte que très rarement des indications en anglais. Si vous ne parvenez pas à mémoriser les noms de vos spécialités favorites parmi celles des pages 426-427, vous pourrez toujours indiquer un mets du doigt et demander à goûter. Peu de Thaïs s'attendent à ce que les étrangers parlent leur langue et ils se montrent toujours prêts à les conseiller.

DÎNERS KHANTOKE

Ces repas traditionnels du Nord de la Thaïlande se prennent assis sur une plate-forme autour d'une table basse. Arrosés d'une bière locale, ils se composent de plats typiques de la région tels que le *nam phrik num* (une sauce épaisse très épicée), le *kap mu* (couenne de porc) ou le *kaeng kai* (curry de poulet et de légumes) servis avec du *khao niaw* (riz gluant). Un spectacle de danses accompagne souvent le dîner.

PRIX

Se restaurer ne grèvera pas votre budget en Thaïlande. Les alcools qui accompagnent un repas risquent de revenir plus cher que la nourriture. Les prix sont souvent indiqués en caractères numériques arabes. Ils sont fixes, fait surprenant dans un pays dont les habitants adorent marchander. Sur les cartes, ils figurent invariablement à côté des plats. Quand il s'agit de spécialités de fruits de mer, ils dépendent généralement du poids servi. Les établissements les plus chic et les hôtels de classe internationale perçoivent en outre la TVA et un supplément pour le service. Leurs montants apparaissent clairement sur la note.

Enseigne de restaurant

POURBOIRES

La coutume du pourboire, importée par les touristes, connaît un succès grandissant. N'appliquez pas un pourcentage : 10 % pourrait convenir pour une somme de 50 THB, mais deviendrait franchement excessif pour un repas coûteux.

Marchand de rue préparant des brochettes dans un parc de Bangkok

HABITUDES ALIMENTAIRES THAÏLANDAISES

Les Thaïs ont une philosophie simple en ce qui concerne l'alimentation : si tu as faim, mange. Faire trois repas par jour n'est aucunement une règle. Même si les gens prennent bien un petit déjeuner, un déjeuner et un dîner, ils ne se privent pas pour autant de déguster à tout moment un plat de nouilles ou une sucrerie, mangeant peu mais souvent, parfois jusqu'à six ou sept fois par jour. Plaisir simple, se nourrir n'implique pas un rituel complexe, mais les visiteurs doivent respecter quelques règles. Les Thaïlandais mangent avec une fourchette dans la main gauche et une cuillère dans la droite. La fourchette ne sert qu'à pousser les aliments dans la cuillère, la porter à la bouche est impoli. Puisque tout est coupé en morceaux avant la cuisson, en particulier la viande, un couteau n'a pas d'utilité. Influencés par les traditions culinaires chinoises, on mange les plats de nouilles avec des baguettes et une cuillère. Autre exception à la coutume générale, le riz gluant *(khao niaw)* se saisit délicatement avec les doigts. À table, les Thaïs partagent les mets présentés dans des jattes, chacun recevant à côté un petit bol pour le riz. Celui-ci est traditionnellement servi en premier. Il est considéré comme grossier de trop remplir son assiette. Pour ne pas choquer vos compagnons de table, mieux vaut vous resservir plusieurs fois. Rien ne presse, et il reste toujours en cuisine de quoi regarnir les plats.

Les saveurs de la Thaïlande

La cuisine thaïlandaise est réputée pour ses arômes subtils et épicés. Des marchands européens y ont introduit le piment au XVIe siècle. Importé d'Amérique, il fut adopté avec enthousiasme par les Thaïlandais, qui l'aiment petit et fort. Heureusement, il existe aussi des plats moins épicés. L'influence de la Chine et de l'Inde se révèle dans les currys et les *stir fry* (plats sautés au *wok*). La variété des préparations est incroyable. La cuisine thaïlandaise se distingue aussi par la complémentarité des textures et des saveurs, par la qualité de la matière première et par la beauté de la présentation.

Nam pla phrik

Poissons à vendre dans un marché de Chiang Rai

RIZ ET NOUILLES

Comme tous les habitants du Sud-Est asiatique, la base de la nourriture des Thaïlandais est le riz et les nouilles. Le riz le plus populaire est le *khao hom mali* à long grain, appelé riz jasmin parfumé. Dans le Nord et le Nord-Est, on lui préfère le *khao niaw*, ou riz gluant, qui se mange avec les doigts, roulé en boule et trempé dans la sauce. Le gruau de riz (*jok*) se consomme au petit déjeuner avec des œufs, du piment et du vinaigre de riz. Les nouilles à base de riz (*kuaytiaw*), de farine et d'œufs (*bami*) ou de haricots (*wun sen*), sont généralement servies sautées ou dans une soupe. Le plat de nouilles qui a le plus de succès auprès des étrangers et le *phad thai* (littéralement : sauté thaïlandais), mélange de crevettes, d'œufs, de tofu et de soja. Il dispute au *tom yam* le titre de plat national.

LES QUATRE SAVEURS

La cuisine thaïlandaise équilibre les quatre saveurs : le sucré, l'acidulé, le salé et l'épicé. Cet équilibre varie avec les plats. Tout n'est pas pimenté. Il y a un vaste choix de plats à base

Sélection d'épices thaïlandaises

SPÉCIALITÉS RÉGIONALES

Aubergines thaïlandaises

La cuisine du Centre du pays est fortement influencée par la cuisine chinoise. Vous la retrouverez sur presque tous les menus du pays, à commencer par le célèbre *tom yam kung*. La cuisine du Nord s'inspire de celle de la Birmanie et de la province chinoise du Yunnan, comme par exemple le *khao soi* (nouilles croquantes dans un bouillon au curry), et le *kaeng hang le*. Dans le Nord-Est, on aime particulièrement la cuisine épicée, comme la salade *som tam*, originaire du Laos voisin. C'est dans le Sud que les épices se font le plus sentir, comme le curcuma et le tamarin, que l'on retrouve dans des plats typiques tel que le *kaeng luang pla*.

Le **Tom Yam King** *est un bouillon de crevettes avec de la citronnelle, du galanga, du citron vert et des piments.*

Marchands de fruits et de légumes sur le marché flottant de Damnoen Saduak

d'herbes aromatiques et d'épices plus subtiles comme le galanga, la citronnelle, les feuilles de citron vert, le basilic et la coriandre. Ces ingrédients sont passés au pilon et transformés en pâte. La clé de la cuisine thaïe reste cependant la sauce de poisson (*nam pla*), qui lui donne son parfum inimitable. Mélangée à des piments, de l'ail et du citron, elle donne naissance au condiment *nam pla phrik*.

LE REPAS THAÏLANDAIS

Un repas thaïlandais typique consiste en une soupe, un curry, un *stir fry* (mélange de viande et de légumes sautés au wok) et une salade épicée. Le tout accompagné de quelques légumes supplémentaires servis à part avec un grand bol de riz. Le repas suit rarement un ordre prédéterminé, quelque soit la région où vous vous trouvez. En effet, déguster le riz en même temps que le potage et la salade adoucit leurs saveurs épicées. Au restaurant, vous serez donc parfois surpris de voir la salade, la soupe et le riz servis en même temps. La seule exception est le dessert, le plus souvent une assiette de fruits, servie à la fin du repas. Le dessert national et le *khao niaw mamuang*, une mangue accompagnée de riz gluant au lait de coco.

Un melon décoré dans le style thaïlandais

QUE BOIRE ?

Jus de fruits. Ils sont exquis en Thaïlande. Melons, mangues, litchis et papayes, tout est réduit en jus, en *shakes* et en *smoothies*. Le lait de noix de coco glacé bu à la paille est parfait pour se désaltérer au bord de la plage.

Bières. Parmi les nombreuses bières que l'on trouve en Thaïlande, la Singha et la Chang sont les plus populaires.

Vins et spiritueux. En plus du vin de riz local, on trouve de nombreux vins d'Europe et du Nouveau Monde. Les vignobles thaïlandais produisent également quelques bons vins. Les alcools forts locaux comme le Mékong et le Sang Som sont délicieux mélangés avec de la glace et du soda.

Cafés et thés. Bien qu'il ne s'agisse pas de boissons traditionnelles thaïlandaises, ils sont produits dans les collines du Nord.

Le **Kaeng Hang Le** *est un curry de porc légèrement épicé avec du gingembre, des cacahouètes et de l'ail.*

Le **Som Tam** *contient de la papaye, du jus de citron vert, des piments, de la sauce de poisson et des crevettes.*

Le **Kaeng Lueng Pla** *est une soupe de poisson sucrée et épicée, avec des pousses de bambou au tamarin.*

Glossaire de plats typiques thaïs

Khanom khrok – à la noix de coco

La variété et la créativité de la cuisine thaïlandaise *(p. 38-39)* justifient sa réputation. Même les marchands de rue font preuve de talent culinaire. La présentation et l'immense variété de plats peuvent plonger le nouvel arrivant dans l'embarras et on aura peine à distinguer les mets sucrés des salés, sauf dans les restaurants où il existe un menu en anglais. Ce glossaire recense les plus répandus. Pour la prononciation, se reporter à la page 527.

Vendeuse de rue cuisinant au charbon de bois

COMMENT CHOISIR ?

Dans les zones touristiques, les cartes des restaurants donnent la description des plats au moins en anglais. Souvent, les noms des plats thaïs dérivent simplement de leurs principaux ingrédients. Par exemple, *khao mu daeng* a pour traduction littérale : riz, porc, rouge. Il suffit donc généralement de quelques connaissances en thaï pour apprendre la composition de n'importe quel plat. Lorsqu'il n'y a pas de carte, les plats du jour sont exposés. Si vous ne les identifiez pas, tendez le doigt en disant : *nee arai na* ? (qu'est-ce que c'est ?) Les végétariens rencontreront peu de problèmes pour commander des spécialités sans viande *(mai ao nua)*, mais ils doivent savoir que la sauce au poisson, condiment qui se trouve également toujours sur la table, entre dans de nombreuses recettes. La cuisine thaïe n'utilise que rarement les produits laitiers et les végétaliens ne devraient pas avoir plus de difficultés. Les Thaïs ont pris l'habitude de voir des étrangers demander si un plat est pimenté *(phed mai ?)* ou réclamer un plat doux *(mai ao phet na)*.

Satay de poulet

LES EN-CAS

Les stands proposent partout de quoi satisfaire une petite faim.

Bami mu daeng
บะหมี่หมูแดง
Pâtes aux œufs et porc rouge.

Kai ping
ไข่ปิ้ง
Œufs au charbon de bois.

Kai yang
ไก่ย่าง
Poulet au charbon de bois.

Khanom beuang
ขนมเบื้อง
Crêpes fourrées sucrées.

Khanom khrok
ขนมครก
Gâteaux de coco.

Khao tom mud
ข้าวต้มมัด
Riz gluant en feuille de bananier.

Kluay ping
กล้วยปิ้ง
Bananes au charbon de bois.

Look chin ping
ลูกชิ้นปิ้ง
Boulettes de viande pimentée.

Po pia tod
ปอเปี๊ยะ
Rouleaux de printemps frits.

Sai krok
ไส้กรอก
Saucisses de bœuf ou porc.

Satay
สะเต๊ะ
Brochettes de bœuf, de porc ou de poulet, concombre et sauce aux arachides.

Tua thod
ถั่วทอด
Cajous et arachides grillés.

Vendeuses de rue dans un marché de Bangkok

LES NOUILLES

Les nouilles de riz sont *sen yai* (larges), *sen lek* (moyennes) ou *sen mi* (vermicelle). Les *bami* sont des pâtes aux œufs, les *woon sen* du vermicelle de soja.

Bami nam
บะหมี่น้ำ
Pâtes aux œufs en bouillon, légumes et viande ou poisson.

Kuaytiaw haeng
ก๋วยเตี๋ยวแห้ง
Nouilles de riz, légumes et viande ou poisson.

Kuaytiaw nam
ก๋วยเตี๋ยวน้ำ
Idem mais en bouillon.

Kuaytiaw look chin pla
ลูกชิ้นปลา
Boulettes de poisson et nouilles.

Phad thai
ผัดไทย
Nouilles de riz frites et ingrédients variés.

LES PLATS DE RIZ

Le riz reste la base de l'alimentation. « Comment allez-vous ? » se dit littéralement « avez-vous mangé du riz ? ».

Khao man kai
ข้าวมันไก่
Poulet à la chinoise et riz cuit en bouillon.

Khao mok kai
ข้าวหมกไก่
Poulet *biryani* à la thaïe.

Khao mu daeng
ข้าวหมูแดง
Porc rouge à la chinoise sur un lit de riz parfumé.

Khao na ped
ข้าวหน้าเป็ด
Canard rôti sur un lit de riz parfumé.

Khao phad mu/kung
ข้าวผัดหมูหรือกุ้ง
Riz frit et porc ou crevettes.

LES SOUPES

Certains potages, tel le *jok*, se prennent au petit déjeuner. Le mot « *soup* » est généralement compris.

Jok
โจ๊ก
Porridge avec riz pilé, porc haché et gingembre

Khao tom
ข้าวต้ม
Soupe de riz. Légumes et viande servis à côté.

Tom jeud tao hu
ต้มจืดเต้าหู้
Bouillon doux, soja et porc haché.

Tom kha kai
ต้มข่าไก่
Poulet, souchet, lait de coco et citronnelle.

Tom yam kung
ต้มยำกุ้ง
Crevettes, champignons, citronnelle, souchet et coriandre.

LES CURRYS

Les currys se servent *rat khao* (sur une assiette de riz) ou dans un bol pour accompagner un plat principal de riz.

Kaeng kari kai
แกงกะหรี่ไก่
Poulet et pommes de terre à l'indienne.

Kaeng khiaw wan
แกงเขียวหวาน
Curry vert un peu sucré.

Les feuilles vertes servent comme emballage pour le riz gluant

Kaeng matsaman
แกงมัสมั่น
Curry doux du sud musulman : poulet, arachides, pommes de terre et lait de coco.

Kaeng phanaeng
แกงแพนง
Curry du Sud à la noix de coco et au basilic.

Kaeng phed
แกงเผ็ด
Curry fort aux piments rouges, à la citronnelle et à la coriandre.

Kaeng som
แกงส้ม
Curry aigre et pimenté, souvent au poisson.

LES PRODUITS DE LA MER

Le choix, offert à prix raisonnable, est étonnant, surtout dans le Sud.

Hoi malaeng pu op
หอยแมลงภู่อบ
Moules vertes à la vapeur.

Hoi thod
หอยทอด
Huîtres panées sur un lit de pousses de soja.

Hu chalam
หูฉลาม
Soupe d'aileron de requin.

Fruits de mer du Sud

Kung mangkon phao
กุ้งมังกรเผา
Homard grillé.

Pla meuk yang
ปลาหมึกย่าง
Poulpe en tranches rôti.

Pla nung khing
ปลานึ่งขิง
Poisson à la vapeur, piment, gingembre et champignons.

Pla thod
ปลาทอด
Poisson frit.

Pu neung
ปูนึ่ง
Crabe.

SPÉCIALITÉS RÉGIONALES

Kaeng hang le
แกงฮังเล
Curry de Chiang Mai : porc, arachides et gingembre.

Khao soi
ข้าวซอย
Spécialité du Nord : curry de poulet ou de bœuf servi avec des nouilles de blé, du citron vert et du chou en saumure.

Larb ped
ลาบเป็ด
Canard haché et épicé (Nord).

Som tam
ส้มตำ
Salade de papaye verte aux arachides de l'Isan.

Yam thalay
ยำทะเล
Salade de fruits de mer (Sud).

LES DESSERTS

Les « choses sucrées » (*khong wan*) ont surtout pour base fruits et noix de coco.

Foy thong
ฝอยทอง
Jaunes d'œuf sucrés.

Khao niaw mamuang
ข้าวเหนียวมะม่วง
Mangue fraîche, riz gluant et lait de coco.

Kluay buat chi
กล้วยบวดชี
Bananes et lait de coco.

Mo kaeng
หม้อแกง
Flanc aux œufs à la thaïe.

LES BOISSONS

Bia
เบียร์
Bière (souvent en bouteille).

Cha ron
ชาร้อน
Thé au lait concentré.

Kafae
กาแฟ
Café, souvent instantané.

Nam cha
น้ำชา
Thé à la chinoise sans lait.

Nam kuad
น้ำขวด
Eau en bouteille.

Noix de coco sur un marché flottant

Choisir un restaurant

Les restaurants ont été choisis pour leur qualité, l'attrait de leur cuisine et leur situation géographique. Certains atouts ici mentionnés, comme par exemple la possibilité de manger en plein air ou d'assister à un spectacle musical, pourront influencer votre choix. Les lieux sont classés par ordre alphabétique, du moins cher au plus cher.

CATÉGORIES DE PRIX
Pour un dîner d'une personne, sans les boissons.

Ⓑ Moins de 120 THB
ⒷⒷ Entre 120 et 250 THB
ⒷⒷⒷ Entre 250 et 500 THB
ⒷⒷⒷⒷ Entre 500 et 800 THB
ⒷⒷⒷⒷⒷ Plus de 800 THB

BANGKOK

CHINATOWN/CENTRE HISTORIQUE Kor Panich Ⓑ
431 3 Tanao Rd., Saochingcha, Bangkok, 10200 ***Tél.*** *0 2221 3554* **Plan** *2 D5*

Depuis plus de 80 ans, on y sert du riz gluant sucré, un dessert fabuleux, véritable régal incontournable en Thaïlande. Vous pourrez essayer aussi le traditionnel riz gluant à la mangue ou, délicieuse alternative, au durian et au lait de coco, sans oublier la célèbre *sangkhaya* (crème thaï à la noix de coco).

CHINATOWN/CENTRE HISTORIQUE Phad Thai Loong Pha Ⓑ
315 Mahachai Rd., Somranrat, Bangkok, 10200 ***Tél.*** *0 2621 0082* **Plan** *6 D1*

Ce restaurant modeste, logé dans une maison-boutique, propose plusieurs sortes de nouilles à petits prix, dont l'une des grandes spécialités du pays : le *phad thai*. En Occident, ces nouilles sautées sont servies dans les restaurants thaïs chic ; sur place, c'est un plat bon marché. Les amateurs éclairés ne jurent que par le *Phad Thai Loong Pha*.

CHINATOWN/CENTRE HISTORIQUE Punjab Sweets V Ⓑ
436/5 Chakraphet Rd., Phahurat, Bangkok, 10200 ***Tél.*** *0 8186 9381 5* **Plan** *6 D1*

À Bangkok, les restaurants végétariens ne se bousculent pas. La plupart d'entre eux se trouvent dans le quartier indien de Phahurat, à la limite de Chinatown. Ce petit restaurant sommaire sert une authentique cuisine indienne : dosas, puris, samoussas et, bien sûr, douceurs indiennes. Deux adresses du même nom dans le quartier.

CHINATOWN/CENTRE HISTORIQUE Roti Mataba V Ⓑ
136 Pra Ahtit Rd., Chansasongkarm, Bangkok, 10220 ***Tél.*** *0 2282 2119* **Plan** *1 C3*

Un petit restaurant thaï musulman très apprécié des clients de passage et une adresse pas chère pour déguster un *roti* indien ou malais, pain plat frit accompagné d'un bol de *dahl* ou de sauce curry. Bien que ce plat substantiel soit traditionnellement servi au petit déjeuner, le restaurant reste ouvert toute la journée.

CHINATOWN/CENTRE HISTORIQUE Fisherman's Seafood Restaurant ⒷⒷⒷⒷ
1/12 Soi Mahathat, Maharaj Rd., Bangkok, 10200 ***Tél.*** *08 4457 8800* **Plan** *1 C5*

Au bord du Chao Phraya et offrant une vue sur le Royal Palace, ce restaurant réputé a été entièrement refait à neuf. Vous vous y régalerez de crustacés thaïs et occidentaux. Les fruits de mer grillés sauce satay et le crabe bleu à la vapeur sauce au gingembre sont hautement recommandables.

QUARTIER DES AFFAIRES Hai Somtam ⒷⒷ
2/4-5 Convent Rd., Silom, Bangkok, 10500 ***Tél.*** *0 2631 0216* **Plan** *7 C4*

Se précipitent ici les amateurs de cuisine thaïe du Nord-Est, désignée sous le nom de *aharn Issan*. Ouvert sur la rue, ce restaurant sans prétention est bondé à midi et en début de soirée : les habitués s'y régalent d'un *som tam* (salade de papaye) bien relevé, de poulet grillé, de porc séché au soleil et de riz gluant, entre autres spécialités thaïes.

QUARTIER DES AFFAIRES Suda V ⒷⒷ
6 6/1 Sukhumvit Soi 14, Bangkok, 10110 ***Tél.*** *0 2229 4664*

Le soir, la cuisine goûteuse et bon marché de ce restaurant attire les expatriés du quartier. La salle ouverte sur la rue bénéficie d'une situation privilégiée, près de la station du métro aérien Asoke. Le thon aux piments, noix de cajou et curry vert est un incontournable de la maison.

QUARTIER DES AFFAIRES Basilico V ⒷⒷⒷ
8 Soi 33, Sukhumvit Rd., Bangkok, 10110 ***Tél.*** *0 2662 2323*

La cuisine italienne rencontre un franc succès à Bangkok, mais les bonnes pizzas sont rares ! Le *Basilico* ne désemplit pas depuis le jour de son ouverture. Au cœur de l'atrium trône un énorme four au feu de bois d'où sortent de délicieuses pizzas à pâte fine. Pâtes, fruits de mer et bons vins figurent également à la carte.

QUARTIER DES AFFAIRES Bua V ⒷⒷⒷ
1/4 Convent Rd., Silom, Bangkok, 10500 ***Tél.*** *0 2237 6640* **Plan** *7 C4*

Avec sa carte très complète de plats thaïs à prix raisonnables, ce restaurant populaire accueille une clientèle d'habitués et de touristes. Entrées, salades, soupes et fruits de mer proviennent des quatre grandes régions gastronomiques de Thaïlande. Le *pla neung manaow* (bar à la vapeur au citron vert) est l'un des plats-vedette.

Légende des symboles *voir le rabat arrière de couverture*

QUARTIER DES AFFAIRES Cabbages and Condoms ⓑⓑⓑ

6 Sukhumvit Soi 12, Klong Toey, Bangkok, 10110 ***Tél.*** *0 2229 4610*

Ce restaurant est tenu par une association fondée par l'ancien sénateur thaïlandais Mechai Viravaidy, selon lequel « le contrôle des naissances doit être aussi financièrement accessible que les légumes ». Les bénéfices vont au planning familial et à la lutte contre le sida en Thaïlande. Au menu, plats thaïs traditionnels, fruits de mer et spécialités régionales.

QUARTIER DES AFFAIRES Coyote Bar and Grill ⓑⓑⓑ

575-579 Sukhumvit Rd., Klong Toey Nua, Wattana, Bangkok, 10110 ***Tél.*** *0 2662 3838* ***Plan*** *7 C4*

Considéré comme un lieu incontournable, le *Coyote Bar and Grill* est le meilleur tex-mex de Bangkok. Coloré et branché, le restaurant-bar de Sukhumvit Road possède une succursale sur Convent Road. Vous aurez le choix entre 75 sortes de margaritas pour accompagner quesadillas, burritos, enchiladas et travers de porc.

QUARTIER DES AFFAIRES Indus ⓑⓑⓑ

71 Soi 26, Sukhumvit Rd., Bangkok, 10110 ***Tél.*** *0 2258 4900*

Le meilleur de la cuisine indienne s'invite dans le restaurant du chef Kashmiri et de l'auteur culinaire Sonya Sapru. Les mets, simples et légers, privilégient la diététique sans sacrifier au goût. Imprégné d'influences du Nord de l'Inde, le cadre est une vraie réussite. Un bar et un café complètent ce lieu fabuleux.

QUARTIER DES AFFAIRES Le Dalat Indochine ⓑⓑⓑ

14 Soi 23, Sukhumvit Rd., Bangkok, 10110 ***Tél.*** *0 2661 7967*

Dirigé par Madame Doan-Hoa-Ly, issue d'une riche famille franco-vietnamienne, Le *Dalat Indochine* est renommé pour sa cuisine biculturelle. Vous pourrez commencer par un *hue flute* (chair de crabe et herbes roulés dans une feuille de riz et frit) et poursuivre avec un *cua reng mee* (crabe poêlé, sauce tamarin, oignons nouveaux et ail).

QUARTIER DES AFFAIRES Little Hanoi ⓑⓑⓑ

New Food Hall 5F, Emporium Shopping Center, Sukhumvit Soi 24, Bangkok, 10110 **Pas de tél.**

Le restaurant, moderne et décontracté, propose une cuisine vietnamienne succulente. À la carte, *pho* (nouilles au bœuf), crevettes croustillantes à la citronnelle et rouleaux de printemps. Le *Tamarind Express*, du même propriétaire, niché dans le centre commercial Mahboonkrong (MBK), est réservé aux végétariens.

QUARTIER DES AFFAIRES Pandanus Bar Bistro ⓑⓑⓑ

50 Soi Nanta, Sathorn Soi 1, Bangkok, 10120 ***Tél.*** *0 2287 4021* ***Plan*** *8 E4*

Un bar-bistro très tendance, dont le design créatif semble surgi du cœur de Manhattan. Le décor est aussi exquis que la nourriture. La cuisine mêle des influences thaïes et italiennes. Ne manquez pas la glace chocolat et banoffee, ainsi que la *mud pie* au beurre de cacahuète. Élégant bar à cocktail à l'étage.

QUARTIER DES AFFAIRES Somboon Seafood ⓑⓑⓑ

169 Suriwong Rd., Bangrak, Bangkok, 10500 ***Tél.*** *0 2233 3104* ***Plan*** *7 B4*

Les Thaïs n'adorent rien tant que de s'attabler le soir devant une assiette de fruits de mer. Le *Somboon Seafood* propose calmars, poissons, palourdes, crevettes, crabes et homards. Parmi les plats traditionnels figurent du crabe à la poudre de curry et des palourdes sautées à la pâte de piment grillé. Réservation conseillée.

QUARTIER DES AFFAIRES Witch's Oyster Bar ⓑⓑⓑ

20/20 Ruamrudee Village, Ploenchit Rd., Bangkok, 10330 ***Tél.*** *0 2255 5354* ***Plan*** *8 F2*

L'unique bar à huîtres de Bangkok est situé au cœur du quartier des affaires. Il attire une foule dense à la sortie des bureaux. La carte est généreuse : huîtres d'importation, fruits de mer, plats de viande grillée, tapas, pâtes et risottos. Ajoutons à cela une excellente sélection de vins, de whiskys de malt et de bières.

QUARTIER DES AFFAIRES Basil ⓑⓑⓑⓑ

250 Sukhumvit Rd., Bangkok, 10110 ***Tél.*** *0 2649 8888*

L'illustre représentant de la gastronomie thaïe à Bangkok est renommé pour sa cuisine de haute volée et pour son cadre sophistiqué. Le *Basil* propose plus de cent plats de cuisine thaïe traditionnelle présentés avec le plus grand raffinement. Une carte et des menus sont à votre disposition.

QUARTIER DES AFFAIRES BarSu ⓑⓑⓑⓑⓑ

Sheraton Grande Sukhuimvit, 250 Sukhumvit Rd., Klong Toey, Bangkok, 10110 ***Tél.*** *0 2649 8358*

Logé dans le *Sheraton Grande Sukhumvit (p. 400)*, voici un lieu nocturne élégant pour déguster une cuisine branchée. La carte signée Yves Mattagne, chef étoilé au guide Michelin, présente de très bons petits plats à partager : sushis, tempuras, huîtres, viandes et poissons grillés, tapas et douceurs. Belle carte des vins et cocktails maison.

QUARTIER DES AFFAIRES China House ⓑⓑⓑⓑⓑ

Oriental Hotel, 48 Oriental Avenue, Bangkok, 10150 ***Tél.*** *0 2659 9000* ***Plan*** *6 F5*

Inspiré par la période Art déco des années 1930 à Shangaï, le restaurant avant-gardiste du *Mandarin Oriental Hotel (p. 399)* propose une cuisine classique rehaussée d'influences contemporaines. Vous y apprécierez notamment un canard laqué rôti aux condiments traditionnels et des nouilles aux ormeaux et au bouillon doré.

QUARTIER DES AFFAIRES Drinking Tea, Eating Rice ⓑⓑⓑⓑⓑ

Conrad Bangkok, 87 Wireless Rd., Bangkok, 10330 ***Tél.*** *0 2690 9999* ***Plan*** *8 E2*

Un restaurant japonais élégant affichant une carte raffinée. Découvrez la sophistication et la saveur des sashimis, des sushis et des viandes grillées à la flamme, très joliment présentés. La spécialité de la maison est le steak de Kobé teppanyaki aux légumes sautés et trio de sauces. Salles privées à disposition.

QUARTIER DES AFFAIRES Koi ⒷⒷⒷⒷⒷ

26 Sukhumvit Soi 20, Klong Toey, Bangkok, 10110 ***Tél.*** *0 2258 1590*

Restaurant japonais ultrabranché et acteur essentiel de l'éclectisme effréné de la scène gastronomique de Bangkok. Déjà représenté à Los Angeles et à New York, cette succursale est la première en Asie. L'intérieur design est fabuleux. L'endroit attire les stars locales et les fans de sushis et de sashimis à la mode californienne.

QUARTIER DES AFFAIRES Le Normandie ⒷⒷⒷⒷⒷ

Mandarin Oriental Hotel, 48 Oriental Avenue, Bangkok, 10500 ***Tél.*** *0 2237 0041* ***Plan*** *6 F5*

Considéré comme le meilleur restaurant français d'Asie, *Le Normandie* offre un cadre élégant dans la Garden Wing du *Mandarin Oriental Hotel (p. 399)*. Service impeccable, très bonne carte des vins, fruits de mer et viandes à la carte. Fréquenté par des stars, des politiciens et des membres de la famille royale.

QUARTIER DES AFFAIRES Oam Thong ⒷⒷⒷⒷⒷ

7/4.5 Soi 33, Sukhumvit Rd., Bangkok, 10110 ***Tél.*** *0 2279 5958*

Cuisine exquise, décor thaï contemporain, ambiance et musique traditionnelles : voici un lieu idéal pour un dîner romantique ou une soirée entre amis. Soupe de noix de coco au poulet et galanga, salade de haricots ailés au porc émincé et aux crevettes ou assiette chaude de fruits de mer. Le *Naj* est un restaurant jumeau sur Convent Road.

QUARTIER DES AFFAIRES Reflexions ⒷⒷⒷⒷⒷ

Le Méridien Plaza Athénée, 10 Wireless Rd., Bangkok, 10330 ***Tél.*** *0 2650 8800* ***Plan*** *8 E2*

Au troisième étage du *Plaza Athénée (p. 399)* est servie une cuisine française moderne et raffinée. Le talent du chef Thibaut Chiumenti lui a valu le prix du meilleur restaurant français en 2007. Sophistiqués et créatifs, goûteux et copieux, les plats utilisent les meilleurs produits de saison.

QUARTIER DES AFFAIRES Sala Rim Nahm ⒷⒷⒷⒷⒷ

Mandarin Oriental Hotel, 48 Oriental Avenue, Bangkok, 10500 ***Tél.*** *0 2659 9000* ***Plan*** *6 F5*

Au déjeuner, buffet gargantuesque dans le restaurant attitré du *Mandarin Oriental Hotel (p. 399)*. Le soir, l'endroit devient une table gastronomique agrémentée de démonstrations de danse thaïe traditionnelle. Une sélection de vins thaïs vient compléter la cuisine raffinée. Le pavillon ouvert domine le Chao Phraya.

QUARTIER DES AFFAIRES Sirocco ⒷⒷⒷⒷⒷ

1055 State Tower, Silom Rd., Bangkok, 10500 ***Tél.*** *0 2624 9555*

Un restaurant qui vous fera voir les choses d'en haut avec sa belle salle à ciel ouvert juchée au 63e étage de l'un des plus hauts immeubles de la capitale. Vous y apprécierez sa cuisine méditerranéenne et sa vue époustouflante sur Bangkok la nuit. Le bar à cocktails est l'un des plus courus de la ville. Réservation recommandée.

QUARTIER DES AFFAIRES V9 ⒷⒷⒷⒷⒷ

Sofitel Silom, 188 Silom Rd., Bangkok, 10500 ***Tél.*** *0 2238 1991* ***Plan*** *7 B4*

L'élégant restaurant et bar à vins français occupe le 37e étage du *Sofitel Silom (p. 400)*. Les menus proposent chacun six plats à thème, à partager avec les autres convives. Le menu typiquement français et la meilleure carte des vins de Bangkok font du *V9* un lieu inoubliable.

QUARTIER DES AFFAIRES Vertigo Grill and Moon Bar ⒷⒷⒷⒷⒷ

Banyan Tree Hotel, 21/100 South Sathorn Rd., Bangkok, 10120 ***Tél.*** *0 2679 1200* ***Plan*** *8 D4*

Il abrite l'un des meilleurs bars au monde. Logé au 60e étage du *Banyan Tree Hotel*, l'étonnant restaurant à ciel ouvert offre une vue à couper le souffle. C'est un passage obligé à Bangkok, ne serait-ce que pour déguster un plat ou siroter un cocktail. Rouget au thym en papillote et Saint-Jacques grillées au beurre de coriandre.

DUSIT May Kaidee's Vegetarian Restaurant II Ⓑ

33 Soi 1, Samsen Rd., Bangkok, 10300 ***Tél.*** *0 2281 7137* ***Plan*** *2 D3*

La chef May Kaidee s'est forgé une solide réputation parmi les végétariens. La maison mère se trouve sur Tanao Road et il existe une autre succursale à Chiang Mai. Rouleaux de printemps, curry vert au tofu et *phad thai* figurent à la carte, entre autres nombreux plats. May propose des cours de cuisine et dirige une maison d'hôtes.

DUSIT Kaloang Home Kitchen ⒷⒷ

2 Soi Wat Tevarakunchorn, Bangkok, 10300 ***Tél.*** *0 2281 9228* ***Plan*** *2 E2*

Un peu difficile à trouver, le *Kaloang Home Kitchen* mérite pourtant une visite. Caché derrière la National Library, au bord de l'eau, ce modeste restaurant en plein air sert une cuisine thaïe excellente et pas chère. Ne manquez pas le poisson frit et sa salade de mangue verte, le *tom yang* (soupe épicée) et le crabe sauté à la poudre de curry.

DUSIT Spice and Rice Thai Restaurant ⒷⒷⒷ

Siam City Hotel, 477 Si Ayuthaya Rd., Phayathai, Bangkok, 10400 ***Tél.*** *0 2247 0123*

Vous goûterez une cuisine thaïe royale et régionale dans le cadre enchanteur du jardin. Laissez-vous tenter par le *tom som pla chon*, poisson frit dans une soupe aigre-piquante au tamarin et au gingembre, ou succombez au canard sauté au barbecue à la pâte de piment doux. Terminez par un cocktail au *Red Bar Elephant*.

DUSIT TaraTara Thai ⒷⒷⒷ

131/4 Kao Rd., Samsen, Dusit, Bangkok, 10300 ***Tél.*** *0 2241 7900* ***Plan*** *2 E1*

Depuis la vaste terrasse de ce restaurant au bord de l'eau, vous assisterez à la cuisson des plats sur le gril. À la carte, salades, currys et légumes sautés. Essayez le *goong ob wun sen* (nouilles cuites au four avec des crevettes de rivière). À 19h30, un bateau-restaurant vous emmène pour une promenade de 2 h. Buffet de midi avantageux.

THONBURI Brio ⒷⒷⒷⒷⒷ

Marriott Resort and Spa, 257 Chareonnakorn Rd., Bangkok, 10600 ***Tél.*** *0 2476 0022* **Plan** 6 E5

Le *Brio* est l'un des nombreux restaurants que compte le *Marriott Hotel (p. 401)*. Dans le décor décontracté d'une villa toscane, vous apprécierez une authentique cuisine italienne. À la carte, pâtes, risottos et pizzas au feu de bois. L'établissement offre une belle vue sur le Chao Phraya.

THONBURI Prime ⒷⒷⒷⒷⒷ

123 Chareonnakorn Rd., Bangkok, 10600 ***Tél.*** *0 2442 2000* **Plan** 6 F5

Considéré comme l'un des meilleurs steakhouses de Bangkok, le *Prime* sert un bœuf d'importation de grande qualité, du homard frais et des huîtres. La salade César est préparée devant vous. Assiette de fruits de mer inoubliable et belle sélection de vins. Décor chic contemporain et très belles vues sur le fleuve.

THONBURI Supatra River House ⒷⒷⒷⒷⒷ

266 Soi Wat Rakhang, Arun Amarin Rd., Bangkok, 10700 ***Tél.*** *0 2411 0305* **Plan** 5 B1

Pas de séjour à Bangkok sans un dîner sur les rives du Chao Phraya ! Avec sa vue sur le Wat Arun illuminé, le *Supatra River House* est parfait pour festoyer autour d'un plateau de fruits de mer thaïs. Essayez la friture de crabe à l'ail, sauce au poivre, ou la carbonade de fruits de mer. Menus et à la carte.

THONBURI Trader Vics ⒷⒷⒷⒷⒷ

Marriott Resort and Spa, 257 Chareonnakorn Rd., Bangkok, 10600 ***Tél.*** *0 2476 0022*

Pour un dîner d'exception sur une terrasse au bord du fleuve, choisissez le *Trader Vic's*, son ambiance polynésienne, sa table et ses cocktails de qualité. Le dimanche, ne manquez pas le Mai Tai Jazz Brunch. Ce géant de la cuisine gastronomique internationale est l'une des meilleures adresses de la ville. Excellent rapport qualité/prix.

EN DEHORS DU CENTRE Hsien Jong Vegetarian Restaurant Ⓑ

1146/4 5 Thanon Chan, by Thanon Chan Soi 39, Bangkok, 10120 ***Pas de tél.***

Ouvert sur la rue, ce restaurant chinois végétarien offre un large choix de plats savoureux à prix abordables dans une ambiance joyeuse. Le menu est indéchiffrable ? Il vous suffit de pointer du doigt les plats disposés sur les chariots métalliques. Pour s'y rendre, métro aérien jusqu'à la station Surasak, puis taxi.

EN DEHORS DU CENTRE Thip Samai Ⓑ

313 Mahachai Rd., Samranrat, Pranakorn, Bangkok, 10200 ***Tél.*** *0 2221 6280* **Plan** 6 D1

Les Thaïs jurent qu'on y mange le meilleur *phad thai* de la ville. Depuis 40 ans, ce plat est ici décliné en sept versions différentes. Choisissez une déclinaison simple, avec œuf et crevettes séchées, ou bien le *phad thai song kreung*, avec vermicelles de soja, crevettes, œuf, crabe, seiche et mangue.

EN DEHORS DU CENTRE Somtam Nua ⒷⒷ

4/20 Kaset. Nawamin Rd., Ladprao, Bangkok, 10230 ***Tél.*** *0 2570 0067*

S'il y a un plat dont les Thaïs ne peuvent se passer, c'est bien le *som tam*, traditionnelle salade de papaye épicée du Nord-Est. Ce restaurant isan, sophistiqué et spacieux, attire les amateurs de *som tam*, de *larb moo* (salade de porc) et de *kai yang* (carbonade de poulet). Musique à partir de 19h30. Succursale au Siam Square Soi 1.

EN DEHORS DU CENTRE Suan Kularb ⒷⒷ

162 Rama 6 Rd., Soi Ruamrudee 30, Bangkok ***Tél.*** *0 2617 0425*

Le *Suan Kularb* est fréquenté par le personnel du ministère des Finances. Aéré, net et décoré dans un esprit thaï contemporain, il propose une carte généreuse et intéressante comprenant entre autres de l'autruche sautée. À midi, les *dim sum* à petit prix remportent un franc succès, surtout le dimanche. Grand parking.

EN DEHORS DU CENTRE Anotai Vegetarian Restaurant and Bakery ⒷⒷⒷ

976/17 Soi Rama 9 Hospital Rimklong, Samsen Rd., Bangkapi, Bangkok, 10320 ***Tél.*** *0 2641 5366*

L'un des meilleurs restaurants végétariens de Bangkok. *Anotai* est le nom du propriétaire, un chef formé au *Cordon Bleu*. La carte comprend un choix impressionnant de mets thaïs et occidentaux, ainsi que de délicieuses pâtisseries. Les légumes proviennent d'une ferme biologique de Ratchaburi.

EN DEHORS DU CENTRE Good View ⒷⒷⒷ

2525 Charoenkrung Rd., Bang Kho Laem, Bangkok, 10120 ***Tél.*** *0 2689 1393*

Vaste et coloré, le *Good View* propose à la fois une cuisine délicieuse et de la bonne musique tout en jouissant d'une situation enviable au bord de l'eau. C'est l'endroit idéal pour dîner, boire et faire la fête entre amis. Excellents plats thaïs, occidentaux et japonais et bonne carte de cocktails. Concerts de musique thaïe toute la nuit.

EN DEHORS DU CENTRE Indy Trees ⒷⒷⒷ

44/4 Chuaplerng Rd., Chongnonsi Yannawa, Bangkok, 10120 ***Tél.*** *0 2249 0222*

Bar-restaurant original et décontracté. Les plats thaïs, servis sur fond de musique *live*, sont sans prétention. La maison réaménagée dans un style rétro possède une salle couverte et un jardin ravissant. Carte bien fournie avec, entre autres, calmars frits à la sauce aux prunes et *som tam* (salade de papaye). Service rapide et sympathique.

EN DEHORS DU CENTRE La Villa Wine Lounge and Italian Dining ⒷⒷⒷ

131 Soi Sukhumwit 53 (Paidee. Madee), Sukhumvit Rd., Wattana, Bangkok, 10110 ***Tél.*** *0 2712 9991*

Le quartier de Thonglor est le centre créatif de Bangkok depuis plusieurs années. *La Villa* y apporte une touche de chic milanais. Le restaurant est réputé chez les fins gourmets pour sa cuisine italienne traditionnelle de haut vol. L'établissement possède également un bar, une salle familiale et deux salles privées.

EN DEHORS DU CENTRE L'Opera ®®®

53 Soi 39 Sukhumvit Rd., Wattana, Bangkok, 10110 ***Tél.*** *0 2258 5606*

Voici le restaurant italien le plus renommé de Bangkok ! L'accueil chaleureux, l'atmosphère rustique et la cuisine savoureuse attirent une clientèle assidue d'expatriés. Goûtez l'escalope fine de veau Chianina de Toscane et ses légumes grillés. Au dessert, craquez pour le classique tiramisù. Excellente carte des vins.

EN DEHORS DU CENTRE Pola Pola ®®®

150/7 Soi 55, Sukhumvit Rd., Bangkok, 10110 ***Tél.*** *0 2381 3237*

Restaurant réputé proposant des mets thaïs et italiens authentiques. La pizza à pâte fine cuite au four à briques est le plat-vedette. Salades, pâtes et menus thématiques. Les enfants se verront offrir des crayons pour dessiner sur les nappes en papier. Quatre autres adresses à Bangkok.

EN DEHORS DU CENTRE Royal Dragon Restaurant ®®®

35/222 M.4 Bangna.Trad Rd., Bangna, Bangkok, 10260 ***Tél.*** *0 2398 0037*

Il a figuré au *Guiness des records* comme le plus grand restaurant du monde ! Dîner ici est déjà un spectacle en soi, avec une armée de 1 000 serveurs patinant à toute allure entre les tables et fendant les airs accrochés à des câbles ! Les plats de fruits de mer thaïs et chinois sont la spécialité de la maison. Musique et danses thaïes.

EN DEHORS DU CENTRE Spring and Summer ®®®

199 Soi Promsi 2, Soi 39, Sukhumvit Rd., Bangkok, 10110 ***Tél.*** *0 2392 2757*

En quête de lieu romantique ? Vous êtes à la bonne adresse : tenu par un acteur thaï et logé dans deux immeubles de 1950 réaménagés, le restaurant mise sur un nouveau concept culinaire. Au *Spring*, cadre moderne et cuisine thaïe classique ; au *Summer*, desserts et pâtisseries maison.

EN DEHORS DU CENTRE Tawandang German Brewery ®®®

462/61 Rama 3 Rd., Chongnonsi, Yanawa, Bangkok, 10120 ***Tél.*** *0 2678 1114*

Le *Tawandang* a été le premier restaurant à Bangkok abritant une microbrasserie. Salle impressionnante surmontée d'un toit en forme de tonneau de bière, toujours bondée d'habitués attirés par l'animation, la bonne cuisine et les trois bières pression brassées sur place. Plats thaïs et allemands. Idéal pour faire la fête entre copains.

EN DEHORS DU CENTRE Vientiane Kitchen ®®®

8 Soi 36, Sukhumvit Rd., Klong Toey, Bangkok, 10110 ***Tél.*** *0 2258 6171*

Vous y découvrirez la cuisine thaïe rustique du Nord-Est et du Laos. Parmi les plats les plus goûteux et les plus appréciés figurent le curry de légumes aux œufs de fourmi, le poisson tête de serpent aux herbes aromatiques, la salade de fruits du jaquier et le bœuf séché au soleil. Spectacles de danse thaïe et musique d'Isan.

EN DEHORS DU CENTRE Buri Tara Bar and Restaurant ®®®®

762/2 Rama 3 Rd., Chatuchak Rama 2, Bangkok, 10900 ***Tél.*** *0 2682 9457*

Restaurant élégant situé dans un quartier calme au bord du Chao Phraya. Décor moderne, vues sur le fleuve et concerts jazz à partir de 21 h. Choisissez un poisson frit à la citronnelle, suivi d'une douceur à la mangue et d'un riz gluant accompagné d'une glace à la noix de coco. Un peu difficile à trouver : téléphonez pour plus de détails.

LE SUD DE LA PLAINE CENTRALE

AYUTTHAYA Moon Café B80 ®

Soi Thor Kor Sor ***Pas de tél.***

Si la vie nocturne d'Ayutthaya n'est guère trépidante, plusieurs bars et cafés animent le quartier des auberges de jeunesse. Petit mais élégant, le *Moon Café B80* est l'une des meilleures adresses du coin. Carte assez succincte de mets thaïs et occidentaux. Concerts fréquents et facilités pour lier connaissance avec d'autres clients de passage.

AYUTTHAYA Chainam ®®

36/2 U Thong Rd. ***Tél.*** *0 3525 2013*

Situé dans un cadre charmant sur la rive ouest du Pasak, le *Chainam* est particulièrement prisé des étrangers pour sa carte bien fournie de plats thaïs et occidentaux, bien que la cuisine thaïe subisse ici une forte influence occidentale. Grande variété de petits déjeuners, parfaits pour reprendre des forces avant la visite des ruines de la ville.

AYUTTHAYA Malakor ®®

Chikun Rd., en face du Wat Ratchaburana ***Pas de tél.***

Proposant un vaste choix de mets thaïs, ce restaurant local très agréable occupe un bâtiment traditionnel en bois à deux étages. Les clients peuvent y apprécier la cuisine relevée sur le balcon tout en profitant de la vue sur le Wat Ratchaburana. Un lieu particulièrement enchanteur pour le dîner quand le temple est illuminé.

AYUTTHAYA Sombat Chao Phraya ®®

U Thong Rd. ***Pas de tél.***

Le concurrent des restaurants situés au bord de l'eau à Ayutthaya se trouve sur la rive nord du Chao Phraya. Il offre la possibilité de dîner sur la terrasse en plein air ou sur un bateau amarré. Belle vue sur le *chedi* du Wat Phutthaisawan. À la carte, plusieurs plats de fruits de mer à prix d'ami.

Légende des prix *voir p. 428* **Légende des symboles** *voir le rabat arrière de couverture*

AYUTTHAYA Bann Kun Pra ⒷⒷⒷ

48 U Thong Rd. **Tél.** *0 3524 1978*

Rattaché à la maison d'hôtes du même nom *(p. 402)*, ce restaurant avec terrasse jouit d'une situation romantique au bord de l'eau. La carte comporte une foule de mets tous plus tentants les uns que les autres. Snacks appétissants. Les fruits de mer – et notamment les crevettes – sont la spécialité de la maison.

KANCHANABURI Apple's Guest House Ⓑ

52 Soi Rongheabaow **Tél.** *0 3451 2017*

Si vous logez au *Apple's Guest House (p. 403)*, qui dirige également la meilleure école de cuisine de la ville, vous pourrez profiter de son restaurant. Il y a un peu d'attente, mais le jeu en vaut la chandelle, ne serait-ce que pour les très bons currys et les sautés. Carte bien fournie et menus.

KANCHANABURI Nitas Raft House Ⓑ

271/1 Pak Praek Rd. **Tél.** *0 3451 4521*

Au *Nitas Raft House* de Kanchanaburi, vous vivrez une expérience unique : dîner sur un radeau, assis à la thaïe sur des coussins de sol devant des tables basses. Naturellement, vous opterez ici pour des mets thaïs traditionnels, comme le plat national, le *tom yam kung*, soupe épicée aux crevettes.

KANCHANABURI Schluck ⒷⒷ

Maenam Kwai Rd. **Pas de tél.**

Les Occidentaux en quête de plats moins exotiques trouveront leur bonheur dans ce restaurant dirigé par des Allemands. Vous pourrez vous régaler d'un steak, d'une pizza, d'une salade ou même d'une salade thaïe épicée. Bénéficiant d'une situation centrale, le *Schluck* offre un cadre attrayant et quelques tables sur rue. Air conditionné.

LOPBURI Thai Sawang Ⓑ

Sorasak Rd. **Pas de tél.**

Commodément situé à proximité du palais du roi Narai, ce petit restaurant climatisé est l'un des rares à Lopburi à proposer une carte en anglais, des petits déjeuners occidentaux associés à un choix alléchant de mets thaïs et vietnamiens. Très prisé des habitants de la localité, il ferme avant 21 h.

LOPBURI White House Garden Ⓑ

Phraya Kamjat Rd. **Pas de tél.**

Si vous cherchez un restaurant élégant dans la partie non touristique de la ville, vous êtes à la bonne adresse. Situé au centre-ville, cet établissement sert d'excellents plats de fruits de mer à petits prix dans un espace en plein air. La cuisine reste ouverte jusqu'à 22 h, ce qui est une exception à Lopburi où les restaurants ferment tôt.

LE NORD DE LA PLAINE CENTRALE

KAMPHAENG PHET Phae Rim Ping ⒷⒷ

120 Soi 1, Thesa 2 Rd. **Tél.** *0 5571 2767*

Pour un repas romantique en pleine ville, choisissez ce restaurant flottant situé au nord du pont enjambant le Ping. Le *Phae Rim Ping* propose une carte impressionnante de plats thaïs, souvent à base de fruits de mer. Essayez le *miang sawoei* : ce sont de petits roulés au gingembre, à la cacahuète et à la sauce piquante.

MAE SOT Kung's Ⓑ

668/3 Intharakhiri Rd. **Pas de tél.**

Malgré son enseigne extérieure indéchiffrable, le *Kung's* brasse une foule d'expatriés, alléchés par des plats délicieusement exotiques tels que le curry de poisson tête de serpent et tempura de liseron d'eau. L'établissement fait à la fois bar et restaurant : billard à disposition des clients et belle carte des cocktails.

MAE SOT Bai Fern ⒷⒷ

660/2 Inthakhiri Rd. **Tél.** *0 5553 3343*

Rattaché à une maison d'hôtes, le *Bai Fern* offre une atmosphère reposante et un choix intéressant de plats thaïs et occidentaux. Les steaks ont un franc succès, tout comme les pâtes et les currys thaïs traditionnels. Gardez une petite place pour le dessert : la tarte aux pommes est un délice.

MAE SOT Krua Canadian ⒷⒷ

3 Sri Phanit Rd. **Tél.** *0 5553 4659*

L'endroit est apprécié des membres des ONG et des clients de passage, qui apprécient son atmosphère accueillante, la générosité des portions (plats thaïs et occidentaux), son bon café et ses prix abordables. Pour changer, choisissez un curry d'oiseau ou une salade de poisson-chat. Projections de DVD certains soirs.

PHITSANULOK Ban Khun Por Ⓑ

Chao Phraya Rd. **Pas de tél.**

Dans ce restaurant au décor antique, il sera difficile de faire son choix, tant la carte est fournie. Entre les plats occidentaux, japonais et thaïs, les possibilités sont infinies ! Si vous n'arrivez vraiment pas à vous décider, essayez la salade de haricots ailés, croquante et épicée.

PHITSANULOK Rim Nam Food Market Ⓑ

Phuttha Bucha Rd. **Pas de tél.**

Vous y trouverez de nombreux étals vendant des plats de fruits de mer, dont des moules. Le plat-vedette est le *phak bung loy fa*, à base de liseron d'eau. Ce légume riche en fer est sauté à l'ail et au soja. Le cuisinier le lance au serveur qui doit l'attraper sur une assiette.

SI SATCHANALAI Wang Yom Resort ⒷⒷⒷⒷ

500 m S-E de l'entrée du parc historique **Tél.** *0 5563 1380*

La meilleure adresse à proximité du parc historique de Si Satchanalai. Le bâtiment principal abrite de grandes tables assorties de chaises en bois. Vous choisirez parmi une large sélection de plats thaïs savoureux. Le service est parfois lent, aussi prenez soin de commander avant d'être mort de faim !

SUKHOTHAI Khun Tanode Ⓑ

Charodvithitong Rd. **Pas de tél.**

Situé à l'ouest du pont enjambant le Yom, ce restaurant modeste ne s'adresse pas particulièrement aux touristes. Il est très prisé par les gens du coin, notamment pour son poulet croustillant et ses champignons à la vapeur. Les prix pratiqués sont raisonnables.

SUKHOTHAI Naa's Ⓑ

40/4 Charodvithitong Rd. **Pas de tél.**

La propriétaire de ce restaurant, une femme très occupée, dirige également une maison d'hôtes et dispense des cours de cuisine. Originaire du Sud du pays, elle est une spécialiste des currys épicés, même si les influences occidentales viennent adoucir certains plats. La carte propose aussi des mets végétariens.

SUKHOTHAI Marché de nuit Ⓑ

Charodvithitong Rd. **Pas de tél.**

De nombreuses villes thaïes ont un marché de nuit, où des vendeurs en plein air proposent des brochettes et divers plats de nouilles et de riz. Le marché de nuit de Sukhothai ne fait pas exception. Nombre de marchands proposent également une carte en anglais, idéale pour initier les touristes à la cuisine thaïe familiale.

SUKHOTHAI Poo's Ⓑ

24/3 Charodvithitong Rd. **Tél.** *0 5561 1735*

Un établissement lumineux et propre qui complète à merveille la gamme des restaurants de Sukhothai. Copieux petits déjeuners occidentaux, sandwichs goûteux et mets thaïs amoureusement préparés. Mention spéciale pour les préparations à base de chocolat (le propriétaire est belge). Location de motos.

SUKHOTHAI Dream Café ⒷⒷ

86/1 Singhawat Rd. **Tél.** *0 5561 2081*

Le grand rendez-vous gastronomique de Sukhothai. Sur la carte, les pâtes et les steaks – excellents – voisinent avec les classiques thaïs, comme le *tom yam kung* (soupe épicée aux crevettes). Le décor chic est agrémenté de mobilier ancien et d'antiquités. Grand choix de glaces et de liqueurs aux herbes.

UMPHANG Phu Doi ⒷⒷ

637 Pravitpaiwan Rd. **Tél.** *0 5556 1049*

Umphang, guère plus grand qu'un village, n'offre pas un choix renversant de restaurants. Ce point de rencontre pour la visite des chutes d'eau de Thi Lor Su est probablement la meilleure adresse. Très bons *tom yam kung* et currys succulents, accompagnés de bières bien fraîches.

TAK Chom Ping ⒷⒷⒷ

Viang Tak Riverside Hotel, 236 Chompol Rd. **Tél.** *0 5551 2507*

C'est la meilleure table de Tak, avec une situation au bord de l'eau qui ne gâte rien. Grand choix de petits déjeuners continentaux ou américains et plats du jour thaïs et occidentaux ; le soir, on choisit un menu ou à la carte. Craquez pour le poulet frit sauce au vin rouge et le hors d'œuvre pimenté accompagné de légumes vapeur.

LA RÉGION DE CHIANG MAI

CHIANG MAI Galare Food Centre Ⓑ

89/2 Chang Khlan Rd., 50100 **Tél.** *0 5327 2067*

Situé à proximité du bourdonnant marché de nuit, cet ensemble d'étals illuminés présente un vaste choix de mets thaïs du Nord et de la Plaine centrale. Certains stands proposent des fruits de mer et de la cuisine indienne. La préparation des plats est un spectacle en soi, auquel s'ajoute souvent des danses traditionnelles.

CHIANG MAI New Lamduan Faham Khao Soi Ⓑ

352/22 Charoen Rat Rd., North of Rama IX Bridge, 50100 **Tél.** *0 5324 3519*

Un restaurant sans prétention servant en continu de délicieuses spécialités locales, dont le très demandé *kao soi* (poulet et nouilles au bouillon épicé). À Chiang Mai, ce plat-phare est devenu une légende : il a même reçu l'agrément royal. Ne quittez pas la région sans y avoir goûté au moins une fois !

Légende des prix *voir p. 428* **Légende des symboles** *voir le rabat arrière de couverture*

CHIANG MAI Kalare Night Bazaar Food Court ฿฿

Thanon Chang Khlan, 50100 **Pas de tél.**

Le marché alimentaire situé derrière le marché de nuit, un peu plus haut de gamme que le *Galare Food Centre* *(p. 434)*, rassemble des étals proposant des mets du Nord et de la Plaine centrale, des plats indiens et végétariens. Avec son bar et ses animations, l'endroit est idéal pour faire une pause. Système de coupons à chaque stand.

CHIANG MAI Noi's Kitchen ฿฿

227 Tha Phae Rd., 50100 ***Tél.*** *0 5327 2244*

L'endroit est bien connu des étudiants et des baroudeurs. C'est un restaurant thaï informel, avec tables en bois, bancs de jardin et cour verdoyante. Idéal pour une pause fraîcheur par une journée torride, mais aussi le soir, car l'établissement ferme ses portes tard dans la soirée. Excellente salade à la papaye, croquante et relevée.

CHIANG MAI Art Café ฿฿฿

291 Thapae Rd., 50100 ***Tél.*** *0 5320 6365*

Dans un angle de rue animée, en face de la porte Tha Phae, cet agréable café offre une carte internationale éclectique et très fournie dans un cadre moderne. Les spécialités italiennes et mexicaines tiennent la vedette, au milieu des soupes et des salades toujours préparées avec talent. Parfait si la cuisine occidentale vous manque.

CHIANG MAI The Gallery ฿฿฿

25-29 Charoen Rat Rd., 50100 ***Tél.*** *0 5324 8601*

Logé dans une maison séculaire en teck sur les rives du Mae Ping, ce très beau restaurant tire avantage de ses terrasses au bord de l'eau. Cuisine thaïe du Nord. Essayez les plats plébiscités par les habitués, comme le *nam prik ong* (porc émincé aux légumes et tomate épicée). La maison présente souvent des artistes locaux.

CHIANG MAI Heun Phen ฿฿฿

112 Ratchamanka Rd., 50200 ***Tél.*** *0 5381 4548*

Les amateurs de la cuisine thaïe du Nord viennent même de Bangkok pour manger dans cet établissement sans prétention. Plats classiques, comme le *nam prik num* (riz et pâte de piment), le *kaeng hang le* (curry de porc au gingembre), le *kaeng kai* (curry de poulet) et l'excellent *si oua* (saucisse de poulet).

CHIANG MAI Vieng Joom On ฿฿฿

53 Chareonrat Rd., T. Watgate, 50100 ***Tél.*** *0 5330 3113*

Au bord du Ping, un paisible pavillon de thé rose empli d'arômes irrésistibles. Choix substantiel, présenté dans des boîtes anciennes alignées sur les murs. De très bons cakes et sandwichs accompagneront le thé de votre choix. Les différentes sortes de thé ainsi que les accessoires sont disponibles à la vente.

CHIANG MAI Whole Earth ฿฿฿

88 Si Don Chai Rd., 50100 ***Tél.*** *0 5328 2463*

Un restaurant niché dans une adorable maison de style lanna, proche du marché de nuit. On y sert des plats indiens et thaïs, ainsi qu'un choix appréciable de mets végétariens, mais aussi des produits de la mer. Salle élégante avec vérandas ouvrant sur les jardins paysagers, et concerts à l'occasion. Réservez à l'avance.

CHIANG MAI Giorgio ฿฿฿฿

2/6 Prachasamphan Rd., 50000 ***Tél.*** *0 5381 8236*

Près du marché de nuit, ce restaurant décontracté au parfum vénitien domine de loin la masse des établissements italiens de Chiang Mai. Du *carpaccio di manzo* entre autres spécialités vénitiennes jusqu'aux fines pizzas, la cuisine ouverte ne laisse voir aucune fausse note. Bonne sélection de vins italiens.

CHIANG MAI The House ฿฿฿฿

199 Moon Muang Rd., 50100 ***Tél.*** *0 5341 9011*

Raffiné et intime, ce remarquable restaurant dirigé par un chef thaï est l'un des meilleurs de la ville. Le bâtiment de style colonial offre une large vue sur l'océan. Au menu : Pacific Rim, Saint-Jacques à la purée de pois cassés et canard mariné sauce *hoisin* avec son risotto de potiron. Bar et bar à tapas. Le soir, il est préférable de réserver.

CHIANG MAI Mi Casa ฿฿฿฿

60/2 Moo Soi Wat Padaeng, 14 Suthep Rd., 50100 ***Tél.*** *0 5381 0088*

Un restaurant plaisant tenu par le chef espagnol Kike Garcia. Salles intérieure et extérieure. Des tapas classiques aux plats plus élaborés comme le confit de canard ou la paella (commandez 24 h à l'avance), Kike Garcia déborde de talent. Les amateurs de sucré craqueront pour la farandole de desserts. Délicieuse sangria maison.

CHIANG MAI Piccola Roma Palace ฿฿฿฿

144 Charoen Prathet Rd., 50100 ***Tél.*** *0 5327 1256*

Dans un cadre élégant et charmant, le chef et propriétaire Angelo présente une cuisine italienne authentique, fraîche et pleine de saveurs. Les antipasti classiques, comme le melon au jambon de Parme, et les spaghetti aux fruits de mer sont chaudement recommandés. Carte des vins complète et très italienne.

CHIANG MAI The Rachamankha ฿฿฿฿

6 Rachamankha 9, T. Phra Singh, 50100 ***Tél.*** *0 5390 4111*

Un très beau restaurant, décoré de tableaux du XIXe siècle et de grandes lanternes de style lanna. Un mélange réussi de tradition et de modernité en accord avec l'éclectisme d'une cuisine qui conjugue les saveurs thaïes avec des influences japonaises, vietnamiennes et birmanes. Le résultat est un régal pour les yeux comme pour les papilles.

CHIANG MAI Tabeya Japanese Café ⓑⓑⓑⓑ

2Br Office Center Sirimuangklajan Rd., Soi 11, 50100 ***Tél.*** *0 5322 1484*

Dans ce petit restaurant au décor japonais contemporain, l'accent est mis sur le poisson et les fruits de mer. La carte, régulièrement remise à jour, propose quelques plats de cuisine fusion. Toutefois, les sushis accompagnés d'un verre de saké ou de vin de riz restent le meilleur choix. Entrées savoureuses.

CHIANG MAI Weaves ⓑⓑⓑⓑ

Manathai Village, 39/3 Soi 3 Thapae Rd., 50100 ***Tél.*** *0 5328 1666*

Restaurant du *Manathai (p. 406)*, le *Weaves* occupe une maison en teck vieille de 140 ans, décorée dans le style lanna. Cuisine moderne thaïe et quelques mets d'influences occidentale et asiatique. Le soir, vous dînerez à la lueur des bougies au bord de la piscine ; à l'intérieur, musique d'ambiance s'harmonisant à la cuisine contemporaine.

CHIANG MAI Akaligo ⓑⓑⓑⓑⓑ

Mandarin Oriental Dhara Dhevi Resort, 51/4 Moo 1, Chiang Mai.Sankampaeng Rd., 5060 ***Tél.*** *0 5388 8621*

Le restaurant se trouve au cœur du *Mandarina Oriental Dhara Dhevi Resort*. Vous y dégusterez une bonne cuisine méditerranéenne dans un cadre merveilleux offrant des vues sur les jardins paysagers. L'établissement propose également un Sunday Jazz Brunch, avec buffet gastronomique, stands culinaires et orchestre de jazz.

CHIANG MAI Fujian ⓑⓑⓑⓑⓑ

Mandarin Oriental Dhara Dhevi, 51/4 Moo 1, Chiang Mai.Sankampaeng Rd., 50100 ***Tél.*** *0 5388 8888*

Cette maison de style Shanghai des années 1930 possède deux étages richement décorés. Au déjeuner, les *dim sum* tiennent la vedette ; le soir, la carte propose un voyage raffiné dans les provinces chinoises, avec une touche contemporaine. Fruits de mer excellents, carte des vins remarquable et bonne sélection de thés.

CHIANG MAI Le Coq d'Or ⓑⓑⓑⓑⓑ

68/1 Koh Klang Rd., 50100 ***Tél.*** *0 5314 1555*

La maison romantique, ancienne propriété du premier consul britannique, abrite le meilleur restaurant français de la ville. Très bons produits préparés avec talent : foie gras, truffes, caviar et homard. Service de premier ordre. La carte des vins est l'une des meilleures du Nord de la Thaïlande. Réservation recommandée.

CHIANG MAI Moxie ⓑⓑⓑⓑⓑ

D2 Hotel, 100 Changklan Rd., 50100 ***Tél.*** *0 5399 9999*

Restaurant de l'hôtel *D2 (p. 405)*, le *Moxie* a du caractère. Carte éclectique, oscillant entre Thaïlande et Toscane, et assiettes superbement présentées. Vous pourrez goûter les hors-d'œuvre de la maison, puis les spaghetti à la saucisse de Chiang Mai ou le *khao soi* (curry de poulet), et le très bon trio de crème brûlée.

CHIANG MAI The Restaurant ⓑⓑⓑⓑⓑ

The Chedi Chiang Mai, 123 Charoen Prathet Rd., 50100 ***Tél.*** *0 5325 3333*

Au sein de l'élégant hôtel *Chedi (p. 405)*, il occupe la maison de style colonial à deux niveaux qui abrita autrefois le consulat britannique. Table plébiscitée pour sa carte bien fournie, ses spécialités du Nord de la Thaïlande, de la région Pacifique et de l'Inde. Salon de thé. Réservation recommandée.

CHIANG MAI Sala Mae Rim ⓑⓑⓑⓑⓑ

Four Seasons Chiang Mai, Mae Rim. Samoeng Old Rd., Mae Rim, 50180 ***Tél.*** *0 5329 8181*

Dominant les rizières, le restaurant élégant du *Four Seasons (p. 406)*, propose une cuisine haut de gamme du Nord de la Thaïlande dans un cadre enchanteur. Les entrées de style lanna sont relevées à souhait (saucisse de Chiang Mai). Poursuivez avec un *kaeng hang le moo* (curry de porc séché et épicé). Service et carte des vins d'exception.

LAMPANG Baan Rim Nam ⓑⓑⓑ

328 Tipchang Rd., 52000 ***Tél.*** *0 5422 1861*

Réputé de longue date et bien situé au bord de la rivière Yom, l'établissement propose d'excellents plats thaïs et occidentaux. Succombez à l'inoubliable *phat kari pu* (chair de crabe au curry jaune). Le soir, vous profiterez de la présence de groupes de musique folklorique.

LAMPANG Khrua Tai Rim Nam ⓑⓑⓑ

Pamai Rd., Amphur Wiang Neua, 52000 ***Pas de tél.***

Agréablement situé sur les rives de la rivière Wang, dans une maison ancienne en teck, le *Khrua Tai Rim Nam* est le meilleur restaurant de la partie historique de la ville. Parmi les plats thaïs, tous excellents, choisissez le *tot man kung*, des boulettes de crevettes frites accompagnées de sauce tamarin.

LAMPANG Suki Bhami Coca ⓑⓑⓑ

138/72 74 Paholyothin Rd., 52000 ***Tél.*** *0 5431 6440*

L'endroit doit sa grande popularité à sa cuisine thaïe de style *suki*. Ici, les convives cuisent eux-mêmes leurs ingrédients dans une marmite posée sur la table. Vaguement inspiré du *sukiyaki* japonais, ce concept convivial est plus proche du *shabu shabu* (fondue chinoise). Il est très apprécié des habitants de la ville.

LAMPHUN Ba-Mii Kwangtung ⓑⓑ

À l'angle de Rot Kaew Rd. et Inthayongyot Rd., 52000 ***Pas de tél.***

Le remarquable choix de nouilles fraîches explique le succès inégalé de ce petit restaurant de Lampun. L'enseigne est en langue thaïe, comme la plupart d'entre elles dans cette ville, mais vous pourrez trouver l'endroit sans difficulté, car les plats sont préparés tout près de l'entrée.

Légende des prix *voir p. 428* **Légende des symboles** *voir le rabat arrière de couverture*

MAE HONG SON Good Luck Restaurant ⒷⒷ

Khunlum Phraphat Rd., 58000 ***Pas de tél.***

Un choix ahurissant de plats de nationalités différentes dans ce petit établissement, et de quoi largement satisfaire tous les goûts ! À la carte : cuisines thaïe, grecque, turque, juive, arabe et végétarienne. Tous les plats sont de grande qualité sur ce menu étonnamment long.

MAE HONG SON Khai Muk ⒷⒷ

71 Khunlum Prapas Rd., 58000 ***Tél.*** *0 5361 2092*

Dans un cadre simple mais agréable, ce restaurant très couru présente une carte étoffée de mets thaïs et chinois. Les deux tendances culinaires sont bien représentées, mais le *kai phat met mamuang* (poulet frit aux noix de cajou) mérite une mention spéciale. Établissement fréquenté par les habitués comme par les visiteurs.

MAE HONG SON Golden Teak ⒷⒷⒷ

Imperial Tara Hotel, 149 Moo 8, Tambon Pang Moo, 58000 ***Tél.*** *0 5368 4444 9*

La cuisine thaïe de ce village de vacances *(p. 407)* situé à 3 km de la ville vaut le détour. Il est recommandé de choisir une table à l'extérieur afin de jouir de la vue sur la vallée luxuriante en terrasses. Des plats chinois et occidentaux figurent à la carte, mais préférez les spécialités locales. Meilleure carte des vins de la ville.

MAE SARIANG Inthira Restaurant ⒷⒷ

Wiang Mai Rd., 58000 ***Tél.*** *0 5368 1529*

Établissement simple, l'*Inthira* est reconnu, à juste titre, pour servir la meilleure nourriture thaïe et chinoise de cette localité reculée. Les habitants de la ville comme les voyageurs ont un faible pour les *kop krob* (beignets de grenouille). Portions généreuses à prix raisonnables.

PAI Na's Kitchen ⒷⒷ

Ratchadamrong Rd., 58130 ***Pas de tél.***

Apprécié des habitants de Pai, un restaurant sans prétention proposant de très bons classiques de la cuisine thaïe, comme le savoureux *phad thai* et les salades croquantes. Le *Na's Kitchen* se trouve à l'intersection de Ratchadamrong Rd. et de Rungsiyanon Rd. Si vous hésitez face aux nombreuses devantures, demandez aux passants.

PAI Own Home Restaurant ⒷⒷ

Ratchadamrong Rd., 58130 ***Pas de tél.***

Un étonnant mélange d'influences culinaires attend le visiteur dans cet endroit peu banal. La carte comprend par exemple des spécialités du Moyen-Orient, comme les falafel et le houmous, mais aussi des samoussas indiens et des burritos mexicains. Un bon choix de plats thaïs végétariens est proposé.

PAI Tai Yai Restaurant ⒷⒷ

Ratchadamrong Rd., 58130 ***Pas de tél.***

Pour les inconditionnels des petits déjeuners continentaux copieux, le *Tai Yai* offre pain maison, muesli et un très bon café issu des cultures locales. Il est également possible d'y dîner : l'établissement reste ouvert tard, contrairement à la plupart de ses concurrents, qui ferment à 22h.

PAI Laan Taung ⒷⒷⒷⒷ

Rungsiyanon Rd., 58130 ***Pas de tél.***

Autre grand favori de la ville, le restaurant le plus raffiné de Pai est aujourd'hui réputé auprès des voyageurs. Le *Laan Taung* s'est spécialisé dans la cuisine royale thaïe, ses saveurs riches et complexes et sa présentation sophistiquée. Installez-vous en terrasse si le temps le permet et choisissez l'un des plats du jour.

LE TRIANGLE D'OR

CHIANG KHONG Fai Ngeun ⒷⒷ

Nam Khong Hotel, Sai Klang Rd., 57140 ***Tél.*** *0 5379 1796*

C'est le meilleur restaurant de la ville. Il est conseillé de demander une table sous la véranda de l'hôtel *Nam Khong Riverside*, au bord de la rivière. À la carte, on a le choix entre les classiques thaïs, les mets régionaux (souvent à base de porc frit) et quelques plats occidentaux (pâtes et hamburgers, principalement).

CHIANG RAI Baan Chivit Mae Bakery Ⓑ

172 Thanon Prasop Sook, 57000 ***Tél.*** *0 5371 2357*

En face de la station de bus, une boulangerie scandinave proposant pains, croissants, cakes et sandwichs. On y sert aussi de très bons café et thé dans une ambiance climatisée. Dirigée par une ONG suédoise, la boulangerie emploie des jeunes femmes des tribus montagnardes. Elle vient en aide aux jeunes séropositifs et drogués de la région.

CHIANG RAI Marché de nuit Ⓑ

Paholyothin Rd., 57000 ***Pas de tél.***

Aux alentours de 18 h, des dizaines de marchands de plats cuisinés installent leurs étals dans l'agitation du marché de nuit de Chiang Rai. Dès 19 h, les tables minuscules sont prises d'assaut par les gens du coin et par les visiteurs, qui prennent une soupe, un curry épicé, et dévorent des pâtisseries croustillantes. Il y a même un stand de pizzas.

CHIANG RAI Aye's Restaurant ⒷⒷ

879/4 5 Paholyothin Rd., 57000 **Tél.** *0 5375 2534*

Un restaurant discret servant une cuisine thaïe authentique et goûteuse. Les plats sont assez relevés, mais vous pouvez indiquer vos préférences lors de la commande. Vaste choix de plats occidentaux également. L'espace extérieur est très demandé. En arrivant tôt, vous verrez les marchands installer leurs étals au marché de nuit.

CHIANG RAI Mae Oui Kiaw ⒷⒷ

106/9 Ngam Muang Rd., 57000 **Pas de tél.**

Une très bonne adresse pour découvrir la cuisine thaïe du Nord. Au *Mae Oui Kiaw*, vous goûterez aux meilleurs plats régionaux, comme le *nam phrik ong* (émincé de porc accompagné de crudités et sauce très relevée à la tomate) et le *kaeng hang le* (porc parfumé et curry de gingembre).

CHIANG RAI Raan Abaan Islam ⒷⒷ

142 Itsaraphap Rd., 57000 **Pas de tél.**

L'un des meilleurs établissements de la ville. L'endroit attire la communauté musulmane, car on y mange halal. Parmi les spécialités, le *khao mok kai* (poulet biryani) et le *khao soi* (spécialité locale à base de nouilles de blé et de curry au lait de coco accompagnés de bœuf ou de poulet).

CHIANG RAI Cabbages and Condoms ⒷⒷⒷ

620/25 Thanalai Rd. Amphoe Mueang, 57000 **Tél.** *0 5371 9167 ext 111*

Situé près du Hill Tribe Museum, ce restaurant géré par la Population and Community Development Association (PDA) entend promouvoir les rapports sexuels protégés. Les bénéfices alimentent les programmes de développement social du PDA. Vous ferez un geste solidaire tout en dégustant une excellente cuisine thaïe. Quelques spécialités locales.

CHIANG RAI Chinatown ⒷⒷⒷ

Dusit Island Resort, 1129 Kraisorasit Rd., 57000 **Tél.** *0 5371 5777*

Élégant restaurant chinois offrant une vue sur la rivière, qui propose une carte bien fournie où dominent les spécialités cantonaises. À midi, les *dim sum* sont toujours les plats les plus demandés ; le classique canard à la pékinoise – présenté et servi dans les règles de l'art – est à privilégier dans l'ambiance raffinée du soir.

CHIANG RAI Golden Triangle International Café ⒷⒷⒷ

590 Paholyothin Rd., 57000 **Tél.** *0 5371 1339*

L'établissement s'adapte au goût d'une clientèle occidentale en proposant une kyrielle de plats thaïs peu épicés – sauf demande expresse. Si la cuisine thaïe ne vous emballe pas, la carte comporte également de nombreuses recettes occidentales, ainsi que de copieux petits déjeuners.

CHIANG RAI Yunnan ⒷⒷⒷ

2211/9 Khwae Wai Rd., 57000 **Tél.** *0 5371 3263*

Des bateaux chargés de denrées alimentaires en provenance de la province chinoise du Yunnan arrivent quotidiennement dans la région. Ce restaurant propose des spécialités du Sud-Ouest de la Chine, comme le jambon du Yunnan, délicatement salé, ou le lait frit à la mode de Kunming (capitale du Yunnan).

DOI MAE SALONG (SANTIKHIREE) Marché Ⓑ

Mae Salong Rd., 57110 **Pas de tél.**

Il faut se lever à l'aube pour petit déjeuner (ou acheter de l'artisanat des tribus montagnardes) dans le marché animé de Doi Mae Salong, situé dans la rue principale, près de la maison d'hôtes *Shin Sane* : tous les marchands remballent dès 7 h. Peu d'enseignes en anglais. Essayez les desserts frits et le café produit par les gens des montagnes.

FANG Parichat Rd. ⒷⒷ

Rawp Wiang Rd., 57150 **Pas de tél.**

Un petit restaurant thaï, modeste et bien tenu, où l'on sert sans relâche des plats de nouilles aux habitants de la ville et aux visiteurs. Ne manquez pas le *khao soi*, excellente spécialité locale : c'est un bol de nouilles de blé, servie dans un bouillon de curry de bœuf ou de poulet, et généreusement arrosées de jus de citron vert et de piment.

TRIANGLE D'OR/CHIANG SAEN Marché de Chiang Saen Ⓑ

Phaholyothin Rd., 57150 **Pas de tél.**

Exception faite des établissements chic du *Four Seasons* et de l'*Anantara*, les restaurants de qualité restent rares dans cette région. La meilleure solution consiste à se promener au marché assoupi de Chiang Saen, où les vers, les grenouilles et les anguilles voisinent avec de très bons currys, du riz gluant et des snacks frits.

TRIANGLE D'OR/CHIANG SAEN Baan Dahlia ⒷⒷⒷⒷⒷ

Anantara Resort and Spa Golden Triangle, 229 Moo 1, Chiang Saen, 57150 **Tél.** *0 5378 4084*

Les fins gourmets ne manqueront pour rien au monde un repas sur la terrasse du *Baan Dahlia* de l'*Anantara*, avec sa très belle vue sur la vallée du Mékong. La cuisine italienne est la meilleure que l'on puisse trouver dans le Nord de la Thaïlande. Belle carte des vins internationale.

TRIANGLE D'OR/CHIANG SAEN SAEN Nong Yao ⒷⒷⒷⒷⒷ

Four Seasons Tented Camp Golden Triangle, Chiang Saen, 57130 **Tél.** *0 5391 0200*

Seuls les résidents du *Tented Camp* *(p. 408)* auront la chance de dîner dans ce restaurant de charme. Le repas étant inclus dans le séjour, il vaut la peine d'y réserver une chambre. La carte varie chaque jour et propose des spécialités laotiennes, birmanes, thaïes et occidentales.

MAE SAI Rabieng Kaew ⓑⓑⓑ

356/1 Nu 1, Paholyothin Rd., en face du Krung Thai Bank, 57130 **Tél.** *0 5373 1172*

Selon les expatriés, le *Rabieng Kaew* est le meilleur restaurant de cette ville frontalière avec la Birmanie. Dans ce lieu animé, vous dégusterez une excellente cuisine thaïe du Nord et de la Plaine centrale, ainsi que des spécialités asiatiques inattendues, comme le bœuf coréen au barbecue. Musique traditionnelle du Nord certains soirs.

NAN Restaurants au bord de l'eau ⓑ

Sous le pont, du côté de la rivière, 55000 **Pas de tél.**

Nan compte une myriade de petits restaurants et de bars dépourvus d'enseignes, alignés au bord de la rivière. Délicieuses spécialités thaïes du Nord, mais aussi soupes, nouilles et currys. Repérez les adresses les plus appréciées par les gens du coin. Un lieu idéal pour un déjeuner tardif, un dîner ou simplement pour boire un verre.

PHRAE Marché de nuit ⓑ

Intersection Pratuchai, 54000 **Pas de tél.**

Comme dans la plupart des villes thaïes, c'est au marché de nuit que vous goûterez la meilleure cuisine locale. À Phrae, plusieurs étals servent pour trois fois rien des plats thaïs de la Plaine centrale ou sino-thaïs. Chaque marchand est spécialisé dans un plat ou un style de cuisine. Cuisson au wok ou fondues.

PHRAE Ran Jay Jay Noi ⓑ

52/9 10 Thung Tom Rd., Ni Wieng, 54000 **Pas de tél.**

Phrae offre peu d'endroits agréables où se restaurer, car les voyageurs la traversent souvent sans s'y attarder. Ce vaste restaurant végétarien est l'un des établissements les plus intéressants de la ville. La carte comporte des plats thaïs et chinois, tous strictement végétariens. Si vous le demandez gentiment, il est possible d'y ajouter des œufs.

PHRAE Ban Fai ⓑⓑ

Phrae.Den Chai Rd., 54000 **Pas de tél.**

L'endroit n'est guère plus sophistiqué que d'autres établissements modestes de la Phrae, mais c'est sans doute le meilleur restaurant de la ville. Les habitants adorent la cuisine délicieuse servie dans cette grande bâtisse, surtout les spécialités lanna du Nord, comme les saucisses de porc épicé (*nem* en thaï) et le curry de porc.

PHRAE Malakaw ⓑⓑ

Ratsadamnoen Rd., 54000 **Pas de tél.**

Légèrement plus cher que les étals du marché de nuit, le *Malakaw* est réputé à juste titre pour ses soupes thaïes épicées, ses salades, ses nouilles et ses plats de riz. Vous y verrez davantage d'expatriés et de touristes qu'au marché, ne serait-ce qu'à cause d'une carte traduite en anglais.

LE PLATEAU DE KHORAT

BURIRAM Bamboo Bar and Restaurant ⓑⓑⓑ

14/13 Romburi Rd. **Tél.** *0 4462 5577*

Grand favori des expatriés résidents et des visiteurs, le *Bamboo Bar and Restaurant* jouit d'une situation centrale. Il propose des steaks, des *schnitzels* et des pâtes, en plus des plats thaïs classiques. Vous pourrez également y louer une moto si vous souhaitez visiter les environs.

KHON KAEN Huaan Lao ⓑ

39 Pimpasoot Rd. **Pas de tél.**

Il faut se donner un peu de mal pour localiser le *Huaan Lao* (l'enseigne est en lettres thaïes), mais vous tomberez sous le charme de cette maison moderne en bois à l'ambiance sophistiquée, décorée d'antiquités et d'objets artisanaux. La carte propose de nombreux classiques thaïs et une poignée de spécialités laotiennes.

KHON KAEN Lighthouse Pub and Restaurant ⓑ

Charoen Thani Princess, 260 Si Chan Rd. **Pas de tél.**

Donnant sur le parking de l'hôtel *Charoen Thani Princess (p. 409)*, le *Lighthouse* offre la possibilité de dîner à l'extérieur ou dans le confort climatisé d'une salle intérieure. Sa carte bien fournie fait l'unanimité, avec ses petits déjeuners américains et ses plats de riz et de nouilles.

KHON KAEN Bua Luang ⓑⓑⓑ

Rop Bueng Kaen Nakhon Rd. **Tél.** *0 4322 2504*

L'établissement réputé, doté d'une terrasse surplombant un lac paisible, offre une atmosphère délicieusement reposante. Dans un cadre enchanteur, vous vous régalerez d'excellentes spécialités thaïes et chinoises. Les plats à base de fruits de mer sont chaudement recommandés.

KHORAT Suan Sin ⓑ

163 Watcharasarit Rd. **Pas de tél.**

Cet endroit sans prétention situé au sud de la ville fidélise sa clientèle grâce à ses savoureuses spécialités de l'Isan : *kai yang* (poulet grillé), *som tam* (salade de papaye verte) et *khao niaw* (riz gluant). La plupart des étrangers apprécient ces trois mets, mais gare aux piments et aux morceaux de crabe croustillant du *som tam* !

KHORAT VFW (Veterans of Foreign Wars) Café Ⓑ

167 8 Phok Klang Rd. ***Tél.*** *0 4425 3432*

Khorat a servi de base américaine pendant la guerre du Vietnam. Certains GI's se sont installés là, apportant dans leurs bagages le concept du *diner* américain. Le *VFW Café* bénéficie d'une situation centrale et sert de bons petits déjeuners, des hamburgers, ainsi que quelques plats thaïs.

KHORAT Cabbages and Condoms ⒷⒷ

86/1 Seup Siri Rd. ***Tél.*** *0 4425 3760*

Une chaîne de restaurants originale, aujourd'hui implantée dans la plupart des grandes villes de Thaïlande. La qualité croissante de ses repas et de son service est réputée auprès de sa clientèle. *Cabbages and Condoms* contribue au financement des projets de la Population and Community Development Association (PDA), qui gère l'établissement.

KHORAT Chez Andy ⒷⒷⒷ

5-7 Manat Rd. ***Tél.*** *0 4428 9556*

C'est la seconde succursale d'un restaurant suisse établi dans l'île de Ko Samui. Les expatriés le fréquentent pour ses steaks, ses fondues et ses *schnitzels*, mais la carte propose également plusieurs plats typiquement thaïs afin de satisfaire le plus grand nombre.

PHIMAI Bai Teiy ⒷⒷ

Phimai.Chompaung Rd. ***Tél.*** *0 4428 7103*

Situé au sud du centre-ville, le *Bai Teiy* est l'adresse idéale pour se restaurer lors de la visite du temple khmer. Le jardin est agrémenté de reproductions de sculptures en grès. Parmi les spécialités, essayez le poisson de la rivière Mun. Le restaurant se révèle aussi un bon endroit pour glaner des informations locales.

ROI ET White Elephant ⒷⒷⒷ

Robmung Dannok Rd. ***Tél.*** *0 4351 4778*

Établi derrière les anciennes douves entourant Roi Et, le *White Elephant* est un restaurant allemand proposant différentes spécialités d'outre-Rhin, comme la saucisse, la choucroute et les *schnitzels*, en plus de quelques plats thaïs traditionnels. Terrasse attrayante et salle intérieure climatisée.

SURIN Larn Chang ⒷⒷ

199 Siphathai Saman Rd. ***Tél.*** *0 4451 2869*

Logé dans une charmante maison en bois derrière un vestige des anciennes douves, le *Larn Chang* prépare une cuisine thaïe classique et des spécialités de l'Isan comme le *larb*, plat relevé à base de riz moulu grillé et de piments forts. Patio couvert pour les repas en plein air.

UDON THANI Rabiang Phatchanee ⒷⒷ

53 Suphakit Janya Rd. ***Tél.*** *0 4224 1515*

Un restaurant élégant où vous pourrez dîner, selon votre envie, sur la terrasse en bois surplombant le lac de Nong Prachak ou dans l'une des salles climatisées. Vaste choix de plats thaïs à la carte, complété par des spécialités de l'Isan particulièrement prisées par les habitants de la région.

LA VALLÉE DU MÉKONG

CHIANG KHAN Rabiang ⒷⒷ

299 Chai Khong Rd. ***Tél.*** *0 4282 1532*

Chiang Khan étant en retrait du circuit touristique, la ville offre peu de restaurants chic et le *Rabiang* ne possède aucune enseigne en lettres latines. La jolie vue sur la rivière et l'atmosphère reposante sont parfaites pour savourer quelques-uns des nombreux plats thaïs traditionnels figurant à la carte.

LOEI Loei-Danang ⒷⒷⒷ

22/58 60 Soi Pia, Chumsai Rd. ***Tél.*** *0 4283 0413*

La campagne thaïlandaise fourmille de bonnes surprises lorsqu'il s'agit de combler les papilles, et ce restaurant en offre une belle illustration. D'excellents plats vietnamiens viennent ici compléter un large éventail de mets thaïs et de glaces. Les photos sur la carte vous aideront à faire votre choix.

MUKDAHAN Marché de nuit Ⓑ

Song Nang Sathit Rd. ***Pas de tél.***

Si vous avez voyagé jusqu'à Mukdahan sans avoir goûté un repas traditionnel d'Isan – poulet grillé, *som tam* (salade de papaye) et riz gluant – ne laissez pas passer cette occasion ! Autre délice à ne pas manquer ici : les rouleaux de printemps vietnamiens qui se dégustent frais ou frits.

MUKDAHAN Riverside ⒷⒷ

103/4 Samran Chai Khong Rd. ***Tél.*** *0 4261 1705*

Il semble que tous les restaurants à succès en Thaïlande portent le nom de « Riverside » et celui de Mukdahan ne fait pas exception. Le poisson du Mékong est ici le plat le plus demandé : à déguster sur une terrasse aérée offrant une vue au-delà de la rivière jusqu'au Laos.

Légende des prix *voir p. 428* **Légende des symboles** *voir le rabat arrière de couverture*

MUKDAHAN Wine Wild Why? ⒷⒷ

11 Samran Chai Khong Rd. ***Tél.*** *0 4263 3122*

Comme son nom le suggère, ce restaurant de caractère est assez différent des autres établissements de la ville. Logé dans une adorable maison en bois près de la rivière, il sert une excellente cuisine thaïe, en particulier des salades épicées, mais n'attendez pas trop des vins…

NAKHON PHANOM Satang Ⓑ

Sunthorn Wichit Rd. ***Pas de tél.***

Situé près de la rivière, juste au sud du centre-ville, ce restaurant sans chichi est l'endroit parfait pour découvrir quelques plats thaïs inhabituels. Il est recommandé d'essayer le *hor mok talae*, soufflé épicé aux fruits de mer, cuit à la vapeur dans une feuille de bananier.

NAKHON PHANOM View Kong Hotel ⒷⒷ

527 Sunthorn Wichit Rd. ***Tél.*** *0 4251 3564*

C'est l'adresse de prédilection des habitants de la ville lorsqu'ils souhaitent sortir de l'ordinaire. La fraîcheur de la terrasse est idéale pour apprécier les classiques thaïs comme le *tom yam kung*, soupe épicée aux crevettes, ou le *kaeng kiaw wan*, curry vert à la noix de coco.

NONG KHAI Mut Mee Guest House Ⓑ

1111/4 Kaew Worawut Rd. ***Tél.*** *0 4246 0717*

Certaines maisons d'hôtes donnent un nom à leur cuisine comme à leurs chambres. C'est le cas de cet établissement réputé, situé au bord de l'eau *(p. 411)*. Un bon choix de plats occidentaux et un vaste éventail de mets thaïs traditionnels vous sont proposés. Les végétariens ne sont pas oubliés.

NONG KHAI Nobbi's Ⓑ

997 Rimkhong Rd. ***Pas de tél.***

Ce restaurant bénéficie d'une vue dégagée s'étirant au-delà du Mékong jusqu'au Laos. Les amateurs de saucisses maison et de jambon fumé seront ici aux anges : ces spécialités sont d'ailleurs préparées par le propriétaire allemand. Bière à la pression dans la pure tradition germanique.

NONG KHAI Daeng Namnuang ⒷⒷ

526 Rimkhong Rd. ***Tél.*** *0 4241 1961*

Il peut sembler étrange de conseiller un restaurant vietnamien dans un petit bourg de Thaïlande, mais le *Daeng Namnuang* s'est bâti une solide réputation en servant des plats savoureux d'une qualité constante : citons entre autres les brochettes de crevettes sur canne à sucre et les *namnuang*, rouleaux de printemps au porc.

THAT PHANOM That Phanom Pochana ⒷⒷ

31 Phanom Phanarak Rd. ***Tél.*** *0 4254 1189*

Situé au nord de l'arc de triomphe de la ville, ce restaurant discret est parfait pour reprendre des forces devant un très bon *phad thai*, nouilles traditionnelles accompagnées de germes de soja, d'œuf, de crevettes ou de viande, ou un *khao phad*, riz frit avec, au choix, de la viande ou des crevettes. Spécialités de l'Isan à la carte.

UBON RATCHATHANI Chiokee Ⓑ

307 317 Kheuan Thani Rd. ***Tél.*** *0 4525 4017*

Idéalement situé au cœur de la ville, ce café convivial affiche une carte bien fournie où figurent à la fois des plats thaïs et occidentaux. Ses petits déjeuners connaissent un franc succès, qu'il s'agisse du sempiternel *bacon and eggs* ou du *khao tom* (soupe de riz), petit déjeuner thaï typique.

UBON RATCHATHANI Kai Yang Wat Jaeng Ⓑ

228 Suriyat Rd. ***Tél.*** *0 4526 3596*

Ne vous attendez pas à une ambiance sophistiquée dans ce restaurant où l'on sert essentiellement du *kai yang* (poulet grillé) et quelques autres spécialités d'Isan comme le *som tam* (salade de papaye). Il règne dans cet endroit très prisé par la communauté locale une ambiance bourdonnante jusqu'aux alentours de 15 h, heure du repas.

LA RÉGION DE PATTAYA

CHANTHABURI PunJim Restaurant Latte Coffee Cha Cha Hut Ⓑ

Maharat Bridge, Maharat Rd. ***Tél.*** *0 3933 2270*

Ce café-restaurant du centre-ville propose une cuisine correcte et bon marché. La carte se compose surtout de spécialités locales comme le *som tam* (salade de papaye, piment, jus de citron vert et sauce de poisson) ou le poulet frit salé, ainsi que de nombreux plats classiques thaïs du Nord-Est.

CHANTHABURI Le Village de Napoléon ⒷⒷⒷⒷⒷ

74/4 Moo 2 Laem Sing ***Tél.*** *0 3944 4575*

Le seul vrai restaurant international de Chanthaburi offre un éventail de plats européens de qualité. Parmi les nombreuses recettes préparées en cuisine : saucisse anglaise, pâtés en croûte et terrines. Viande importée. La cuisine thaïe n'est pas en reste, avec d'exquises assiettes de fruits de mer. Salle charmante et terrasse avec vue sur la mer.

KO CHANG The Bay ⒷⒷ

Pier, Ban Bang Bao **Pas de tél.**

Dans ce pittoresque village de pêcheurs, *The Bay* est l'un des nombreux restaurants de fruits de mer qui longe la jetée à l'extrémité sud de l'île. Il règne dans cet endroit particulier une ambiance sophistiquée. The Bay est réputé parmi les plongeurs qui séjournent à Ko Chang. Bon choix de cocktails.

KO CHANG Oodie's Place ⒷⒷ

Hat Sai Khao **Tél.** *0 1853 1271*

Donnant sur la jolie plage de sable blanc de l'île, ce lieu animé est tenu par un musicien local qui divertit ses convives en jouant des standards du rock presque tous les soirs vers 22 h. Carte très complète de plats thaïs et de spécialités françaises. Faites votre choix, puis asseyez-vous, détendez-vous et chantez !

KO CHANG Sabay Bar ⒷⒷⒷ

Hat Sai Khao **Tél.** *0 3955 1098*

Depuis quelques années, le *Sabay Bar* est l'un des endroits les plus courus de Hat Sai Khao pour passer la soirée sur la plage de sable blanc. Vous pourrez vous installer dans la salle climatisée où un orchestre joue le soir, ou vous asseoir sur des nattes et des coussins sur la plage pour regarder les étoiles.

KO CHANG Tonsai ⒷⒷⒷ

Hat Sai Khao **Tél.** *08 9895 7229*

Un restaurant style cabanon construit autour d'un grand figuier banian. Le *Tonsai* possède un charme fou : c'est l'endroit rêvé pour prendre un verre ou dîner sur la plage de sable blanc. À la carte, vous sont proposés plats thaïs ou internationaux et nombreux mets végétariens.

KO SAMET Jep's ⒷⒷⒷ

Ao Hin Kok **Tél.** *0 3864 4112*

Plantez vos orteils dans le sable en faisant votre choix parmi les plats thaïs, occidentaux, indiens et mexicains de cet accueillant restaurant. Comme dans la plupart des établissements de Ko Samet, les fruits de mer occupent une place de choix sur la carte. On déguste ici des cocktails en tout genre.

KO SAMET Ploy Talay ⒷⒷⒷ

Hat Sai Kaew **Tél.** *0 3864 4212*

Sur la plage la plus réputée de Ko Samet, il y a plusieurs restaurants de fruits de mer où l'on mange chaque soir assis sur des nattes et des coussins. La plupart d'entre eux sont très chers pour la Thaïlande. En revanche, le rapport qualité/prix du *Ploy Talay* reste excellent.

KO SAMET Tub Tim Resort ⒷⒷⒷ

Ao Tub Tim **Tél.** *0 3864 4025*

Même si vous ne séjournez pas au *Tub Tim Resort (p. 413)*, vous pourrez y découvrir son excellente table tout en appréciant la vue splendide sur la baie. Tout est bon, mais si vous hésitez, essayez le *hor mok talae*, soufflé épicé aux fruits de mer cuits à la vapeur dans une feuille de bananier.

KO SAMET Ao Prao Resort ⒷⒷⒷⒷⒷ

Ao Prao **Tél.** *0 3864 4101*

Aucune tenue particulière n'est exigée ici, mais vous aurez envie de vous habiller très « sport-chic » dans ce restaurant stylé de la côte ouest de l'île. Regardez le soleil se coucher sur la mer en dégustant une sélection de plats thaïs ou internationaux, toujours élégamment présentés, et en sirotant un verre de vin.

KO SI CHANG Pan and David ⒷⒷⒷ

Moo 3 Makhaam Thaew Rd. **Tél.** *0 3821 6629*

Un restaurant raffiné comme le *Pan and David* est une bonne surprise dans cette île peu touristique. Le couple américano-thaï qui tient cet établissement propose un éventail impressionnant de spécialités classiques thaïes, de pâtes, de steaks et de mets végétariens. Choix de glaces et carte des vins.

PATTAYA Food Wave Ⓑ

Top Floor, Royal Garden Plaza, Beach Rd. **Pas de tél.**

Dans cette ville touristique, il est difficile de trouver une table offrant un bon rapport qualité/prix. Heureusement, cet espace de restauration offre un choix infini de plats thaïs, vietnamiens, indiens, japonais et occidentaux, tous à prix raisonnables. La jolie vue sur la baie ne gâte rien.

PATTAYA Ali Baba ⒷⒷⒷ

1/13 14 Central Pattaya Rd. **Tél.** *0 3836 1620*

Si vous rêvez d'un curry indien, précipitez-vous chez *Ali Baba*. Curieusement, les plats typiques d'Inde du Nord, comme les *tandoori* et les *naan*, sont servis à l'intérieur ; à l'extérieur, la carte met l'accent sur les spécialités d'Inde du Sud, parmi lesquelles les currys de légumes et les *dahl*.

PATTAYA Kitchen ⒷⒷⒷ

10 Soi 5, Second Rd. **Tél.** *0 3842 8387*

Vous passerez une soirée inoubliable dans ce restaurant installé dans plusieurs maisons traditionnelles en teck, où l'on savoure une cuisine thaïe classique, assis sur des coussins devant des tables basses. Quelques salles privées, jazz bar à l'étage et danses thaïe traditionnelle certains soirs.

Légende des prix *voir p. 428* **Légende des symboles** *voir le rabat arrière de couverture*

PATTAYA Brasseria La Luna ⒷⒷⒷⒷ

3/333 Moo 6, 3rd Rd., North Pattaya **Tél.** *0 3848 9329*

Dans ce très beau restaurant italien, vous aurez le plaisir de dîner aux chandelles, soit à l'extérieur, au bord de la piscine, soit dans la salle intérieure climatisée. Tous les ingrédients sont achetés chaque jour au marché local. Les pizzas cuites au feu de bois sont invariablement délicieuses. Carte des vins raffinée et variée. Fermé le mardi.

PATTAYA Siam Elephant ⒷⒷⒷⒷ

Siam Bayshore Hotel, 599 Moo 10, Beach Rd. **Tél.** *0 3842 8678 81*

Agrémenté d'un bar en plein air, ce restaurant meublé avec goût est l'une des adresses les plus élégantes de Pattaya. Le *Siam Elephant* est situé près de l'entrée de Walking Street, rue chaude de Pattaya. Cuisine thaïe raffinée et savoureuse, très belle présentation et service attentif.

PATTAYA Sugar Hut ⒷⒷⒷⒷ

391/18 Tappaya Rd. **Tél.** *0 3825 1686*

Si vous ne pouvez pas vous offrir un séjour dans ce village de vacances de charme *(p. 414)* composé de luxueuses maisons thaïes en teck, succombez au moins à la tentation d'y prendre un repas. À la carte, la cuisine thaïe de la Plaine centrale est à l'honneur, toujours merveilleusement présentée et servie avec raffinement.

PATTAYA The Grill House ⒷⒷⒷⒷⒷ

Rabbit Resort, Dongtan Beach, Jomtien **Tél.** *0 3825 1730 2*

Probablement le restaurant le plus romantique de Jomtien. *The Grill House* sert une large variété de plats thaïs et occidentaux, depuis l'impressionnant buffet de petit déjeuner jusqu'aux steaks et brochettes de fruits de mer servis le soir au *Charcoal Beach Grill*. Essayez d'arriver juste avant le coucher du soleil, vous ne le regretterez pas.

PATTAYA Lobster Pot ⒷⒷⒷⒷⒷ

228 Beach Rd. **Tél.** *0 3842 6083*

Les visiteurs de Pattaya ont parfois envie de s'offrir un luxueux repas de fruits de mer et le *Lobster Pot*, situé sur la jetée au sud de la ville, leur offre une belle occasion de réaliser leur rêve. On vous conseille un homard Thermidor ou des crevettes tigres grillées, le tout arrosé d'un verre de vin glacé.

PATTAYA Mantra ⒷⒷⒷⒷⒷ

Amari Orchid Resort, 240 Moo 5, Beach Rd. **Tél.** *0 3842 9591*

Si vous êtes du genre dynamique, élégant et décontracté, vous ne dépareillerez pas au *Mantra*. Vous y prendrez par exemple une soupe *Sichuan* aux fruits de mer servie brûlante ou des côtes d'agneau tandoori. Choix de 140 vins à la carte. Pour vous fondre dans le décor, habillez-vous en rouge et noir.

SI RACHA Grand Seaside ⒷⒷ

Soi 18, Chermchophon Rd. **Tél.** *0 8332 3851*

C'est le lieu idéal pour un dîner de fruits de mer raffiné. Le *Grand Seaside* se trouve près de la jetée des ferrys en partance pour Ko Sichang. Vous dégusterez ici, dans un décor élégant, du riz aux fruits de mer ou un crabe au piment suivi d'un café glacé, tout en admirant la vue sur la mer.

SI RACHA Chua Li ⒷⒷⒷ

46/22 Sukhumvit Rd. **Tél.** *0 3831 1244*

La petite ville de Si Racha est célèbre pour sa sauce épicée et ses restaurants de fruits de mer. Si vous voyagez entre Bangkok et Pattaya, il est recommandé de faire halte dans ce restaurant réputé et d'y commander un homard ou des crevettes grillées, accompagnés de la délicieuse sauce locale, respirez l'air marin et relaxez-vous !

TRAT Cool Corner Ⓑ

Thoncharoen Rd. **Pas de tél.**

Si vous passez à Trat, essayez ce restaurant bien tenu du centre-ville. Simple mais meublé avec goût, il propose des spécialités occidentales – pain fait maison ou crêpes – ainsi que de très bons currys thaïs. Vous y trouverez aussi des livres où les voyageurs laissent commentaires et tuyaux divers sur la ville de Ko Chang située à proximité.

DE BANGKOK À SURAT THANI

CHA-AM Étals de fruits de mer en bord de plage ⒷⒷ

Ruamchit Rd., 76120 **Pas de tél.**

Cha-am est l'une des destinations de vacances préférées des Thaïs. Le plat à privilégier ici est le poisson fraîchement pêché, vendu cru et cuit sur demande le soir dans les modestes étals des bords de plage. Moins important qu'un marché de nuit, car la plupart des stands se résument à des seaux où nagent les poissons et à un wok.

CHA-AM Rabiang-lay ⒷⒷⒷⒷ

Veranda Resort and Spa, 737/12 Mung Talay Rd., Cha Am, 76120 **Tél.** *0 3270 9000*

Un *sala* (pavillon ouvert) tout blanc sur la plage de Cha-am tient lieu de cadre à ce restaurant décontracté proposant une cuisine fusion-thaïe. À la carte dominent les fruits de mer (huîtres excellentes en saison). Le *tom yam kung* (soupe de crevettes aigre-piquante) et le crabe sauté sont très bons.

HUA HIN Chao Lay Seafood ⒷⒷⒷ

15 Naresdamri Rd., 77100 ***Tél.*** *0 3251 3436*

Édifié sur une jetée en bois, ce vaste restaurant en plein air est plébiscité aussi bien par les visiteurs que par les familles habitant la localité. Carte composée presque exclusivement de plats thaïs de fruits de mer. Effet d'une fréquentation constante, les produits sont toujours de première fraîcheur. Service parfois un peu anarchique.

HUA HIN Monsoon ⒷⒷⒷ

62 Naresdamri Rd., 77100 ***Tél.*** *0 6877 7808*

Un intérieur branché, une ambiance sino-vietnamienne et une musique douce sont les meilleurs atouts du *Monsoon*. Le restaurant propose une cuisine raffinée et éclectique essentiellement asiatique. Cuisine ouverte. Commencez par un très bon plateau de hors-d'œuvre et poursuivez avec un magret de canard sauce au gingembre.

HUA HIN Som Moo Joom ⒷⒷⒷ

51/6 Dechanuchit Rd., 77100 ***Pas de tél.***

Un restaurant de fruits de mer sans prétention donnant la possibilité de manger dehors ou à l'intérieur. L'enseigne est difficilement déchiffrable, mais l'endroit vaut bien un petit effort. La soupe de nouilles aux fruits de mer est la spécialité de la maison. Beaucoup d'autres plats de fruits de mer à la carte, toujours frais et pas chers.

HUA HIN Supatra by the Sea ⒷⒷⒷ

122/63 Soi Moo Baan Takiab, Nong Gae, 77100 ***Tél.*** *0 3253 6561*

Entourés d'un très beau jardin tropical en terrasse, les pavillons du *Supatra* offrent une vue panoramique sur la mer. La carte mêle cuisines thaïes traditionnelle et contemporaine, avec une préférence marquée pour les fruits de mer. Il est conseillé d'essayer le crabe et le porc émincé, ainsi que la friture de poisson.

HUA HIN Take 5 ⒷⒷⒷ

121/20 Khao Takiab Rd., 77110 ***Tél.*** *0 3253 7249*

Le chef du *Take 5* prépare la seule cuisine indienne authentique de Hua Hin. L'ambiance est tout à fait décontractée et les tables disposées autour d'un ravissant jardin illuminé le soir. À la carte, vous trouverez entre autres une assiette tandoori, le classique curry d'agneau et un *dahl tarka*.

HUA HIN White Lotus ⒷⒷⒷ

Hilton Hua Hin Resort and Spa, 33 Naresdamri Rd., 77100 ***Tél.*** *0 3253 8999*

Élégant restaurant logé au sommet du *Hilton (p. 416)*, d'où vous profiterez d'une vue éblouissante sur la ville et le littoral. La cuisine chinoise contemporaine met l'accent sur la gastronomie du Sichuan et de la province de Canton. Menus dégustation. Service efficace et remarquable carte des vins.

HUA HIN Let's Sea ⒷⒷⒷⒷ

83/155 Soi Talay 12, Khao Takiab Rd., 77100 ***Tél.*** *0 3253 6888*

Avec une telle situation et sa vue sur la mer, nul ne s'étonnera que le restaurant de ce village de vacances serve surtout des fruits de mer. Cuisine thaïe mâtinée d'influences internationales, en accord avec l'ambiance de l'hôtel. Laissez-vous tenter par le gâteau de poisson en mini-croûtons et le cappuccino de homard.

HUA HIN Coustiero ⒷⒷⒷⒷⒷ

AKA Resort, 152 Moo 7, Baan Nhong Hiang, 77100 ***Tél.*** *0 3261 8900*

Vous tomberez sous le charme du *Coustiero* bien avant d'avoir commandé, tant le cadre est agréable. Les plats raffinés, inspirés de la cuisine française, ont des saveurs incomparables et sont joliment présentés. La carte varie selon les saisons. Misez sur les mets à base de foie gras, de Saint-Jacques et autres fruits de mer.

HUA HIN Hagi ⒷⒷⒷⒷⒷ

Sofitel Centara Grand Resort and Villas, 1 Damnernkasem Rd., 77100 ***Tél.*** *0 3251 2021*

Un restaurant élégant proposant une sélection variée de plats japonais contemporains et traditionnels, cuisinés avec talent et artistiquement présentés. La cuisine teppanyaki à 16 places se transforme en théâtre à grand spectacle, autour duquel les convives voient leurs plats préparés devant eux.

HUA HIN McFarland House ⒷⒷⒷⒷⒷ

Hyatt Regency Hua Hin, 91 Hua Hin Takiab Rd., 77100 ***Tél.*** *0 3252 1234*

Le *McFarland House* compte parmi les meilleurs restaurants de Hua Hin. Crabe bleu et gâteau de maïs accompagné de *salsa* au piment et à la coriandre, rouleaux au canard et au concombre ou bœuf Angus grillé, champignons et brochettes de courgettes. Excellente carte des vins.

HUA HIN Museum Tea Corner ⒷⒷⒷⒷⒷ

Sofitel Centara Grand Resort and Villas, 1 Damnoen Kasem Rd., 77100 ***Tél.*** *0 3251 2021*

L'ambiance coloniale du hall de cet hôtel historique *(p. 416)* est idéale pour prendre un thé accompagné d'une collation. Outre l'excellent choix de cafés et de thés, il y a aussi des cakes au chocolat alléchants et diverses gourmandises sucrées ou salées pour accompagner le thé de l'après-midi.

HUA HIN Palm Seafood Pavilion and Palm Terrace ⒷⒷⒷⒷⒷ

Sofitel Centara Grand Resort and Villas, 1 Damnernkasem Rd., 77100 ***Tél.*** *0 3251 2021*

La bisque de fruits de mer, les Saint-Jacques sautées et le plateau de fruits de mer figurent à la carte de ce restaurant chic. Vous trouverez également un grand nombre d'accompagnements comme la salade César et les spécialités flambées. Carte de vins d'Europe et du Nouveau Monde. Service attentif.

Légende des prix *voir p. 428* **Légende des symboles** *voir le rabat arrière de couverture*

HUA HIN Sala Thai au Sofitel Centara Grand Resort and Villas ⒷⒷⒷⒷⒷ

107/1 Phetkasem Beach Rd., 77100 ***Tél.*** *0 3251 1881*

Comme son nom l'indique, cet excellent restaurant thaï occupe un *sala* (pavillon), mais il s'étend aussi sur la plage où le bruit des vagues remplace avantageusement la musique de fond. La carte propose tous les grands classiques thaïs. Les chefs ajustent l'assaisonnement selon les palais.

KO PHA NGAN The Beach Club Bar and Grill ⒷⒷⒷ

Baan Panburi Village, Thong Nai Pan Noi Beach, 84280 ***Tél.*** *0 7723 8599*

L'une des adresses les plus courues de l'île – et à juste titre. Les pieds dans le sable, vous y mangerez de succulents fruits de mer grillés en admirant les chefs manipuler leur wok avec virtuosité. Les tables et les chaises en bambou sont au bord de l'eau. C'est le lieu idéal pour un dîner romantique.

KO SAMUI Full Moon ⒷⒷⒷⒷ

Anantara, 99/9 Moo 1, Bophut Bay, 84320 ***Tél.*** *0 7742 8300*

Avec un bassin d'un côté et, de l'autre, une piscine à débordement ouvrant sur la mer, le *Full Moon* est le genre de lieu qui ne laisse pas indifférent. Le chef en cuisine, Donald Lawson, conjugue élégamment les classiques italiens avec des ingrédients extravagants comme les truffes ou le bœuf wagyu, incroyablement tendre.

KO SAMUI Kush Bar and Restaurant ⒷⒷⒷⒷ

Soi Kush, Chaweng Beach, 84320 ***Tél.*** *0 8195 6033 7*

Si vous voulez passer la soirée à écouter de la musique funky dans une atmosphère festive, le *Kush Bar and Restaurant* est fait pour vous. Le restaurant propose surtout des plats indiens et thaïs, ainsi qu'un buffet à volonté à prix raisonnable. Des narguilés sont à la disposition des fumeurs sur le balcon de l'étage.

KO SAMUI La Brasserie ⒷⒷⒷⒷ

Beachcomber Hotel, 3/5 Moo 2, Chaweng Beach, 84320 ***Tél.*** *0 7742 2041*

À *La Brasserie*, vous dînerez sur le front de mer au son des vagues. Deux cartes sont à votre disposition : une italienne (la spécialité de la maison) et une thaïe, avec une foule de plats de fruits de mer (comme les crevettes tigres ou la langouste). Parfait pour une soirée romantique, avec réservation préalable.

KO SAMUI Tamarind ⒷⒷⒷⒷ

91/2 3 Moo 3, Chaweng Noi Beach, 84320 ***Tél.*** *0 7742 2011*

Un élégant restaurant célébrant avec faste la rencontre de l'Orient et de l'Occident. Point fort de la carte : le panier de fruits de mer pour deux personnes, comprenant notamment de la langouste et un satay de vivaneau. Néanmoins, le filet croustillant de vivaneau aux plantains et à la sauce curry et noix de coco est un véritable régal.

KO SAMUI The Three Monkeys ⒷⒷⒷⒷ

Chaweng Beach Rd., Chaweng Beach, 84320 ***Tél.*** *0 7742 2584*

Bar-restaurant considéré comme l'une des meilleures adresses familiales de la ville. Dans un décor de pub thaï, les enfants pourront choisir un Mrs Crab (hamburger de crabe) et un riz frit Panda. Pendant ce temps, les plus grands se régaleront de Mango Monkeys (grosses crevettes marinées nappées de sauce mango) dans une ambiance détendue.

KO SAMUI Budsaba ⒷⒷⒷⒷⒷ

Muang Kulaypan Hotel, 100 Moo 2, Chaweng Beach, 84320 ***Tél.*** *0 7723 0850*

Difficile de dénicher un restaurant plus intime sur la plage animée de Chaweng ! Salle intérieure contemporaine et 14 *salas* (pavillons en bois ouverts) privés et bien espacés à l'extérieur. La cuisine thaïe royale est irréprochable. Certains soirs, des spectacles de musique et de danse traditionnelles ajoutent à la magie du lieu.

KO SAMUI Chef Chom's ⒷⒷⒷⒷⒷ

84 Moo 5, Bophut Beach, 84320 ***Tél.*** *0 7724 5480*

Avec sa vue à couper le souffle sur l'océan, ce grand restaurant aéré est l'endroit rêvé pour goûter la cuisine thaïe royale, à la saveur particulièrement épicée. Plats thaïs raffinés de la Plaine centrale, comme les salades (salade *tongsai thai* aux fruits de mer) et les currys délicats. Musique et danse thaïes le vendredi.

KO SAMUI The Cliff Bar and Grill ⒷⒷⒷⒷⒷ

On the cliff between Chaweng and Lamai, 84320 ***Tél.*** *0 7741 4266*

Chic sans être guindé, ce bar-grill serait déjà très bon même dépourvu de sa vue sur la baie ! La carte méditerranéenne privilégie la fraîcheur des produits, tandis que la présentation sobre des plats met les ingrédients à l'honneur. Plateau de fruits de mer et steaks succulents. Lieu idéal pour un apéritif. Pour dîner, pensez à réserver.

KO SAMUI Dining on the Rocks ⒷⒷⒷⒷⒷ

Evason Hideaway, 9/10 Moo 5, Baan Plai Lam, Bophut, 84320 ***Tél.*** *0 7724 5678*

La très belle vue depuis la terrasse du restaurant du *Sila Evasion Hideaway* n'a d'égale que la qualité de la table et de la carte des vins. La carte d'inspiration asiatique est si fournie qu'il vous sera plus facile de choisir un menu à cinq, voire à dix plats, avant de vous laisser aller à contempler la vue. Réservation recommandée.

KO SAMUI Eat Sense ⒷⒷⒷⒷⒷ

11 Moo 2, Tambon Bo Phut, 84320 ***Tél.*** *0 7741 4242*

L'un des restaurants de front de mer les plus réputés de la plage de Chaweng. Sous le balancement des palmiers, le clapotis de l'eau et la voûte étoilée, vous dégusterez d'inoubliables plats de fruits de mer. Le crabe, le poisson entier frit et le homard (spécialité de la maison) sont particulièrement recommandés.

KO SAMUI The Five Islands Restaurant ⓑⓑⓑⓑⓑ

348 Moo 3, Taling Ngam, 84320 ***Tél.*** *0 7741 5359*

Le *Five Islands* occupe un *sala* (pavillon ouvert) dans le style balino-thaï, avec vue sur la plage : l'endroit rêvé pour un dîner en amoureux. L'assiette de hors-d'œuvre (*kantoke*) est un régal ; le reste de la carte est constitué de grands classiques thaïs parfaitement maîtrisés, où les fruits de mer tiennent une place importante.

KO SAMUI Green Olive ⓑⓑⓑⓑⓑ

Buri Rasa Village, Chaweng Beach, 84320 ***Tél.*** *0 7723 0222*

Dans l'île, le *Green Olive* revendique l'exclusivité de sa cuisine fusion méditerranéenne-asiatique. Atmosphère aérée et musique de fond contemporaine. Pour rester dans le ton, choisissez un plat léger, comme la salade tiède de fruits de mer ou la raviole ouverte de homard, suivi d'un vivaneau au *bok choy*. Bons cocktails.

KO SAMUI Padma ⓑⓑⓑⓑⓑ

80/32 Moo 5, Bo Phut Beach, 84320 ***Tél.*** *0 7723 4500*

Sa vue splendide sur l'océan est de bon augure. Le *Padma* propose une alléchante carte thaïe contemporaine, complétée d'une carte du marché. Vous vous régalerez d'un saumon *yam pla* (saumon croustillant à la mangue verte, aux crevettes séchées, à la menthe et à la sauce de poisson) ou d'un canard lentement braisé.

KO SAMUI The Page ⓑⓑⓑⓑⓑ

The Library, 14/1 Moo 2, Bo Phut, 84320 ***Tél.*** *0 7742 2767*

Situé sur le front de mer, le restaurant du *Library (p. 417)* est particulièrement élégant comparé aux autres établissements du bord de plage. La piscine rouge laisse imaginer une cuisine extravagante ; pourtant, la carte propose seulement des plats typiques thaïs et méditerranéens, préparés à l'asiatique. Carte des vins honnête.

KO SAMUI The Pier ⓑⓑⓑⓑⓑ

Fisherman's Village, Bo Phut Beach, 84320 ***Tél.*** *0 7743 0681*

Sur la plage de Bo Phut, au *Fisherman's Village*, ce restaurant chic sert une cuisine éclectique thaïe et internationale. Les plats de fruits de mer et les samoussas avoisinent les travers aux herbes et les fajitas. La star de la maison reste le homard, cuit et servi de diverses manières. Bar et ambiance musicale agréables.

KO SAMUI Prego ⓑⓑⓑⓑⓑ

Amari Palm Reef Resort and Spa, Chaweng Beach Rd., Chaweng Beach, 84320 ***Tél.*** *0 7742 2015*

Pourvu de salles intérieure et extérieure, le restaurant du chef milanais Marco Boscaini est l'un des plus étonnants de Chaweng Beach Rd. La carte italienne, très fournie, comprend des antipasti, des soupes (essayez celle au potiron), des risottos, des pâtes fraîches et des pizzas au feu de bois. Au dessert, succombez au tiramisù maison.

KO SAMUI Rice ⓑⓑⓑⓑⓑ

167/7 Moo 2, Chaweng Beach, 84320 ***Tél.*** *0 7723 1934*

Très branché, le *Rice* se démarque des autres restaurants italiens alignés le long de Chaweng Beach Road. Avec son plan ouvert, ses deux niveaux et son DJ, on finirait presque par oublier de regarder la carte ! Pourtant, le restaurant vous servira de succulentes pâtes maison et de délicieuses pizzas tout juste sorties du four à bois.

KO TAO Ko Tao Cottage ⓑⓑⓑ

19/1 Chalok Ban Khao Beach, 84280 ***Tél.*** *0 7745 6133*

Les visiteurs réguliers affirment que cet établissement est l'un des meilleurs de Ko Tao. Situé en retrait du principal centre d'activités de Ban Hat Sairee, il propose des plats de fruits de mer, des classiques thaïs et quelques plats occidentaux. Le décor est discret, la priorité demeurant la qualité de la table.

PHETCHABURI Ban Khanom Thai ⓑⓑ

130 Petchkasem Rd., 76100 ***Tél.*** *0 3242 8011*

Phetchaburi est réputée pour ses douceurs et le nom de cet établissement signifie littéralement « maisons des desserts thaïs ». La spécialité à ne manquer sous aucun prétexte est le *khanom mo kaen*, flan aux œufs, aux haricots mung et à la noix de coco. Un dessert qu'accompagne à merveille le café local.

PRACHUAP KHIRI KHAN Phloen Samut ⓑⓑⓑⓑ

44 Beach Rd., 77000 ***Tél.*** *0 3260 1866*

Réputé de longue date auprès des habitants du coin comme des visiteurs, le *Phloen Samut* est l'endroit idéal où goûter la spécialité locale, le *pla samli taet diaw*, poisson ébouillanté et séché, accompagné d'une salade de mangue fraîche. Tous les autres plats à base de fruits de mer sont excellents.

LA CÔTE NORD DE LA MER D'ANDAMAN

KO LANTA Funky Fish ⓑⓑ

Ao Phra.Ae (Long Beach), près de Somewhere Else bungalow resort, 81150 **Pas de tél.**

Un petit bistrot branché réputé pour le volume sonore de sa musique et pour ses cocktails préparés à la chaîne. Clientèle de jeunes voyageurs pleins d'enthousiasme. Côté cuisine, on y sert de très bons snacks et des pizzas au fromage accessoirement destinées à absorber le surplus d'alcool.

Légende des prix *voir p. 428* **Légende des symboles** *voir le rabat arrière de couverture*

KO LANTA Sayang Beach Resort ⓑⓑⓑ

Sayang Beach Resort, Ao Phra.Ae (Long Beach), 81150 **Tél.** *0 7568 4156*

Quoi de plus romantique que de dîner sur la plage, les pieds dans le sable, sous des guirlandes lumineuses accrochées aux arbres ? Ce restaurant décontracté sert des fruits de mer fraîchement pêchés et d'authentiques spécialités indiennes (mention spéciale pour les tandooris), ainsi que des plats thaïs et occidentaux.

KO PHI PHI Papaya ⓑⓑⓑ

Laem Hin promontory, Ton Sai, 81000 **Pas de tél.**

Parmi les premiers établissements à rouvrir leurs portes après le tsunami, le *Papaya* comble de bonheur les plongeurs affamés et les visiteurs avec son authentique cuisine thaïe bien épicée (vous pouvez demander un assaisonnement plus doux). Outre les currys, notez l'excellent *phad thai* (nouilles de riz) et les plats de riz frit.

KO PHI PHI Tacada ⓑⓑⓑⓑⓑ

Zeavola, 11 Moo 8 Laem Tong, 81000 **Tél.** *0 7562 7000*

Sur la plage de sable blanc du très chic *Zeavola (p. 419)*, vous aurez le choix entre un dîner à la belle étoile, assis sur des coussins, ou le confort moins romantique des tables et des chaises. Des tapas aux plats complets, la cuisine thaïe et internationale est un délice, mais l'atout principal du lieu reste son atmosphère.

KRABI Baie Toey ⓑⓑ

Kongka Rd., près de Thara Guesthouse, 81000 **Tél.** *0 7561 1509*

Le *Baie Toey* jouit d'une très bonne situation au bord de la rivière Krabi. Arrivez tôt afin de choisir les tables offrant la meilleure vue. La carte thaïe, très complète, propose une foule de basiques : soupes, salades, currys et sautés. Essayez les spécialités locales de fruits de mer ou commandez ce que les habitués semblent le plus apprécier.

KRABI Ruen Mai ⓑⓑⓑ

Maharat Rd., Krabi Town, 81000 **Tél.** *0 7563 1797*

Établi de longue date dans un ravissant jardin, le *Ruen Mai* demeure le meilleur restaurant thaï de Krabi. La carte généreuse comprend de nombreuses spécialités thaïes du Sud. L'excellente réputation du lieu tient avant tout à l'extrême fraîcheur des ingrédients et à la qualité de la préparation des plats.

KRABI Ruan Tip ⓑⓑⓑⓑ

Maharat Rd., Krabi Town, 81000 **Tél.** *0 7561 1635*

Le *Ruan Tip*, l'un des meilleurs restaurants thaïs de la ville, est un concurrent sérieux pour le *Ruen Mai (voir ci-dessus)*. La cuisine thaïe traditionnelle est excellente. Il est conseillé de goûter les spécialités maison, comme la salade Ruan Tip au langsat (*longkong*), aux noix de cajou et à la perche de mer séchée. Service attentif.

PHANGNGA Duang ⓑⓑ

122 Phetkasem Rd., Phangnga, 82140 **Tél.** *0 7641 2216*

La carte appétissante du *Duang* propose des plats chinois et du Sud de la Thaïlande. Les fruits de mer sont excellents, en particulier le *tom yam thalay* (ragoût de fruits de mer épicé) et le *kung phao* (crevettes grillées). Citons également la salade de papaye et crevettes séchées, ainsi que la délicieuse salade de vermicelles de soja.

PHUKET Somjit Noodles ⓑ

214/6 Phuket Rd., Phuket Town, 83000 **Tél.** *0 7625 6701*

Bien tenu, ce modeste restaurant de nouilles a su fidéliser sa clientèle par la qualité de ses plats thaïs et chinois. C'est l'endroit rêvé pour essayer la spécialité de l'île, que le *Somjit Noodles* prépare depuis plus 50 ans : le *khanom chin nam ya phuket*, nouilles chinoises à la sauce de poisson et au curry.

PHUKET China Inn Café ⓑⓑⓑ

20 Thalang Rd., Phuket Old Town **Tél.** *0 7635 6239*

Logé dans une maison sino-portugaise restaurée, le *China Inn Café* ressemble plutôt à une élégante boutique d'antiquaire. L'espace extérieur offre une ambiance reposante. À la carte, mets thaïs et occidentaux. Les rouleaux de printemps et le curry de canard sont particulièrement savoureux. Bon petit déjeuner également.

PHUKET L'Orfeo ⓑⓑⓑⓑ

Baan Sai Yuan Rd., Rawai Beach, 83110 **Tél.** *0 7628 8935*

Une atmosphère paisible, un peu arabisante, règne dans ce restaurant-bar original. En fond sonore, plusieurs genres musicaux se succèdent ; la carte internationale est dans le même esprit. Choisissez les gnocchi maison aux pignons de pin et au beurre persillée ou le tartare de bœuf Angus au chutney de tomates. Le soir, il faut réservez.

PHUKET Ratri Jazztaurant ⓑⓑⓑⓑ

Patak Rd., Kata **Tél.** *0 7633 3538*

Restaurant branché à deux étages offrant une belle vue sur le soleil couchant. Outre un bar à huîtres, vous pourrez profiter d'un pavillon où sont servis les plats thaïs et asiatiques en présence d'un groupe de jazz. À retenir : la salade d'aloyau, les sashimis de saumon et le *kaeng matsaman nuah* ou *kai* (curry musulman de bœuf ou de poulet).

PHUKET Sala Bua ⓑⓑⓑⓑ

Impiana Phuket Cabana Resort and Spa, 41 Taweewong Rd., Patong Beach, 83110 **Tél.** *0 7634 0138*

Ce restaurant primé est installé dans un pavillon romantique et discret s'élevant sur le front de mer. Le chef philippin Ronnie Macuja est une célébrité de l'île ; mêlant Orient et Occident, sa cuisine inventive est d'une grande virtuosité. Essayez son fameux filet de bœuf de Nouvelle-Zélande poêlé au kiwi.

PHUKET Silk ⒷⒷⒷⒷ

Plaza Surin, 5/50 Moo 3, Cherngtalay, 83110 **Tél.** *0 7627 1702*

Le *Silk* offre une ambiance élégante sous une lumière tamisée. À la carte, on trouve des classiques thaïs comme le *tom kha gai* (poulet au bouillon de noix de coco) ou le *goong saroong* (nouilles aux crevettes frites). Le chef, Supreeda Khemkhang, manie les saveurs et la présentation de main de maître. Bar et belle carte des vins du Nouveau Monde.

PHUKET Watermark ⒷⒷⒷⒷ

Phuket Boat Lagoon, 22/1 Moo 2 Thepkasattri Rd., Koh Kaew, 83110 **Tél.** *0 7623 9730*

Dans une marina de style californien, voici l'un des établissements les plus animés de Phuket. La cuisine de ce restaurant moderne est essentiellement inspirée de la région Pacifique, avec quelques plats vietnamiens, japonais et thaïs, comme le thon grillé à l'avocat, et de grands classiques occidentaux (confit de canard).

PHUKET Baan Rim Pa ⒷⒷⒷⒷⒷ

100/7 Kalim Beach Rd., Patong Beach, 83150 **Tél.** *0 7634 0789*

Restaurant réputé, situé sur la falaise au nord de la plage de Patong. Ici, le moindre dîner est un véritable spectacle visuel. La cuisine royale thaïe représente toujours une valeur sûre. Carte très bien fournie, superbe vue et concert jazz. En outre, les menus sont bien étudiés et la carte des vins est de premier ordre.

PHUKET Black Ginger ⒷⒷⒷⒷⒷ

Indigo.Pearl, Nai Yang Beach and National Park, 83110 **Tél.** *0 7632 7006*

Un peu à l'écart de l'*Indigo Pearl (p. 420)*, le *Black Ginger* occupe une maison thaïe au bord du lac, unique concession à la décoration extravagante à dominante noire du village de vacances. On y déguste une cuisine thaïe classique, particulièrement maîtrisée. Les nouilles de Phuket sont vivement recommandées.

PHUKET Boathouse ⒷⒷⒷⒷⒷ

Kata Beach, 83110 **Tél.** *0 7633 0015*

Sa situation sur la plage de Kata est un privilège dont l'élégant *Boathouse* tire magnifiquement avantage. Les plats thaïs et français proposés font la part belle aux fruits de mer ; le choix est difficile, car tout est excellent. Essayez le menu dégustation avec un vin pour chaque plat. Belle carte des vins (possibilité de vin au verre).

PHUKET Da Maurizio ⒷⒷⒷⒷⒷ

223/2 Prabaramee Rd., Patong Beach, 83150 **Tél.** *0 7634 4079*

Bien tenu et bénéficiant d'une situation des plus romantiques à Phuket, au bord d'une plage rocheuse. La carte italienne contemporaine propose tous les grands classiques : plateaux de fruits de mer, pizzas au feu de bois, pâtes maison (essayez la raviole de langouste)… Intéressante carte des vins et service attentif.

PHUKET Flavors ⒷⒷⒷⒷⒷ

Banthai Beach Resort and Spa, 94 Thaveewong Rd., Patong Beach, 83150 **Tél.** *0 7629 2576*

Le chef, Arkom, s'est forgé une belle réputation à Phuket. Son restaurant français, en retrait de l'agitation de Patong Beach Road, est un paradis pour fins gourmets. Dans la grande salle éclairée par une lumière tamisée, savourez un avocat au crabe bleu d'une finesse incomparable. Bons vins européens et crêpes Suzette.

PHUKET Into the Med ⒷⒷⒷⒷⒷ

Evason Six Senses Spa Resort, 100 Vised Rd., Moo 2, Rawai Beach, 83110 **Tél.** *0 7638 1010*

Jouissant d'une vue superbe, le restaurant de ce village de vacances *(p. 420)* est une adresse romantique très prisée. L'accent est mis sur les produits de la mer, comme en témoignent les plateaux de crustacés et le risotto de fruits de mer. Les carnivores choisiront l'agneau au sumac. Remarquable carte des vins et personnel compétent.

PHUKET Joe's Downstairs ⒷⒷⒷⒷⒷ

223/3 Prabaramee Rd., Patong Beach, 83150 **Tél.** *0 7634 4254*

Le *Joe's Downstairs* possède un salon, un bar et une terrasse avec vue sur la baie de Kalim. Parfait pour un déjeuner léger ou un apéritif, le restaurant se remplit à vue d'œil à mesure que la soirée avance. Plats internationaux éclectiques : excellents tapas pour les petits appétits ou hamburgers, steaks et salades. À essayer : le Martini au litchi.

PHUKET La Gaetana ⒷⒷⒷⒷⒷ

352 Phuket Rd., Phuket Town, 83110 **Tél.** *0 7625 0523*

Situé en plein centre-ville dans un immeuble classé, ce restaurant italien rustique et accueillant propose une ardoise de plats du jour. Commencez par de délicieuses Saint-Jacques et poursuivez avec des pâtes fraîches maison ou l'une des spécialités – par exemple, osso bucco ou côtelettes d'agneau. Bonne carte de vins italiens.

PHUKET La Trattoria ⒷⒷⒷⒷⒷ

Dusit Laguna Resort, 390 Sri Sunthorn Rd., Cherngtalay, 83110 **Tél.** *0 7632 4324*

Préférez une table à l'extérieur de ce restaurant italien de qualité. Nappe et vaisselle blanches : le décor est aussi classique que la carte, qui égrène les plats les plus authentiques d'Italie. Salade de tomates et mozzarella, spaghetti aux palourdes, osso bucco et tiramisù, préparés en toute simplicité.

PHUKET Oriental Spoon ⒷⒷⒷⒷⒷ

Twin Palms, 106/46 Moo 3, Surin Beach Rd., Cherngtalay, 83110 **Tél.** *0 7631 6577*

Le restaurant du village de vacances *Twin Palms* abrite un espace très branché, où la salle s'ouvre sur un petit bassin. La carte révèle une cuisine thaïe moderne, avec quelques luxueuses exceptions comme les huîtres fraîches ou le plateau de fruits de mer. Les spécialités de la maison sont à recommander. Carte des vins très complète.

Légende des prix *voir p. 428* **Légende des symboles** *voir le rabat arrière de couverture*

PHUKET Saffron ⓑⓑⓑⓑⓑ

Banyan Tree Resort, 393 Moo 2, Cherngtalay, 83110 ***Tél.*** *0 7632 4374*

Dans une très belle salle avec bougies murales et sièges à haut dossier, le *Saffron* montre une approche créative de la cuisine thaïe. Présentation admirable et saveurs délicieuses. Les spécialités maison, comme le duo de crabe et de porc, le calmar frit croustillant et la crème brûlée à la banane, sont mémorables.

PHUKET Siam Indigo ⓑⓑⓑⓑⓑ

8 Phang Nga Rd., Talad Yai, 83110 ***Tél.*** *0 7625 6697*

Niché dans un élégant bâtiment ancien à triple fronton dans le quartier historique, ce bar-restaurant joue la carte de la fraîcheur et des produits bios en proposant des plats thaïs et internationaux. Côté thaï, retenez la salade de canard ; pour la partie occidentale, les grillades (viande ou produits de la mer) représentent une valeur sûre.

RANONG Marché de nuit de Thanon Ruangrat ⓑ

Thanon Ruangrat ***Pas de tél.***

Ce marché animé est l'archétype du marché de nuit thaï, avec son atmosphère bruyante, son spectacle permanent et ses parfums. Il a toutefois une caractéristique : les étals musulmans sont ici plus nombreux et importants. Goûtez les très bons *byrianis*. Certains stands vendent des pâtisseries chinoises.

RANONG Sophon's Hideaway ⓑⓑ

Thanon Ruangrat ***Pas de tél.***

Avec son salon, son billard et sa TV, ce restaurant thaï sans chichi est très prisé par les habitants de Ranong. Les expatriés l'apprécient tout autant pour ses succulents travers de porc frits et ses currys de fruits de mer épicés. Servies glacées, les bières sont très peu onéreuse.

LA FRONTIÈRE MALAISE

HAT YAI Bamboo Bar and Café ⓑⓑ

239 Seangchan Rd., Songkhla, 90110 ***Tél.*** *0 8763 3597 4*

Ce bar-café décontracté sert de la nourriture anglaise traditionnelle, comme la *Cumberland sausage* accompagnée de purée, les *fish and chips* et les petits déjeuners très *british*. Le dimanche, authentique *roast dinner* avec agneau, porc, poulet ou bœuf. Sandwichs et plats thaïs (soupe *tom yam*) figurent aussi à la carte.

NAKHON SI THAMMARAT Hao Coffee ⓑ

Bovorn Bazaar, Ratchadamnoen Rd., 80000 ***Pas de tél.***

Agréable café amoureusement décoré d'antiquités thaïes. On y sert de savoureux en-cas thaïs, des plats occidentaux roboratifs (petits déjeuners excellents), des gâteaux, des thés et, bien sûr, une belle sélection de cafés internationaux – qui ne sauraient faire oublier le café local ni le café glacé maison.

NAKHON SI THAMMARAT Tamnak Thai ⓑⓑⓑ

378 Omkhai Rd., 80000 ***Tél.*** *0 7534 3225*

Le *Tamnak Thai* est constitué de plusieurs *salas* (pavillons) décorés dans le style lanna, éparpillés sur un lac et reliés entre eux par des passerelles, entourés de fontaines. Cuisine à prédominance thaïe excellente (quoiqu'un peu épicé pour les novices). Très bonne ambiance, surtout lorsqu'un orchestre joue sur place.

NARATHIWAT Rim Nam ⓑⓑⓑ

Jaturong Ratsami Rd., 96000 ***Pas de tél.***

Le meilleur restaurant de Narathiwat, situé à 2 km du centre-ville, vaut bien le déplacement en *tuk-tuk*. À vous les plats de fruits de mer et les currys thaïs et malais, dont l'excellente spécialité locale : le *kaenh matsaman* (curry de bœuf, cacahuètes, pommes de terre et lait de coco).

TRANG Khao Tom Phui ⓑ

11 Talat Rd. ***Tél.*** *0 7521 0127*

Ce restaurant sert de très bons plats thaïlandais et chinois. Il propose une bonne sélection de plats végétariens, comme le *pumpui kha na fai daeng* (légumes verts sautés) et quelques spécialités de fruits de mer, comme le *pla kaphong nam daeng* (bar dans une sauce piquante sucrée).

TRANG Wunderbar ⓑ

Rama VI Rd. ***Tél.*** *0 7521 4563*

Ambiance sans façon dans ce bar-restaurant attirant surtout des expatriés et des voyageurs de passage sur la route des îles. Au menu, pâtes, hamburgers ou nouilles thaïes arrosés d'une bière. Vous pourrez également consulter vos mails ou réserver un moyen de transport et un hôtel, car l'endroit fait aussi agence de voyages.

TRANG Trok Pla Seafood Restaurant ⓑⓑ

Rama 6 Rd., Soi 2 Amphoe Muang ***Tél.*** *0 7521 0025*

Apprécié des gens du coin comme des visiteurs, ce restaurant spécialisé dans les produits de la mer offre un excellent rapport qualité/prix. L'atmosphère est conviviale et décontractée, et le personnel serviable. Le curry de poisson cuit à la vapeur dans une feuille de bananier doit absolument être goûté.

FAIRE DES ACHATS EN THAÏLANDE

La grande variété d'achats que l'on peut faire en Thaïlande constitue un des attraits touristiques du pays. Les objets artisanaux sont probablement les plus tentants, depuis les simples paniers servant à la cuisson à la vapeur jusqu'à de précieuses antiquités, en passant par des articles typiques comme les coussins triangulaires, les créations des tribus et les bijoux en argent. On peut acheter tous ces objets directement sur leurs lieux de production. La soie thaïlandaise se pare de toutes sortes de motifs traditionnels ou modernes. Pour une somme raisonnable, vous pourrez demander à un tailleur de vous confectionner la tenue de votre choix dans tel tissu ou tel autre. Bangkok est aussi un des grands centres mondiaux du négoce des pierres précieuses, mais mieux vaut s'y connaître pour éviter de faire de mauvaises affaires. La capitale thaïlandaise a conservé ses marchés et éventaires de rue séculaires, mais les visiteurs découvriront que les grands centres commerciaux modernes, souvent luxueux, ne manquent pas.

Éventaire d'aromates

Asia Books, l'une des meilleures chaînes de librairies du pays

LES HEURES D'OUVERTURE

La plupart des boutiques ouvrent de 8 h à 20 h ou 21 h et les centres commerciaux et les établissements touristiques de 10 h 30 à 21 h ou 22 h. À Bangkok et dans les lieux touristiques, la majorité des enseignes ouvrent aussi le dimanche et les jours fériés, jours traditionnels de fermeture. De nombreux commerces baissent cependant leurs rideaux pour le nouvel an thaï et le nouvel an chinois (en février et avril). Les marchés de produits frais se tiennent normalement de l'aube jusqu'au milieu de l'après-midi. Les marchés de nuit commencent en début de soirée.

LES MODES DE PAIEMENT

Les cartes bancaires sont des moyens de paiement de plus en plus acceptés. De nombreux commerçants majorent cependant le prix des achats d'une commission (illégale mais quasi universelle) pouvant aller jusqu'à 5 %. Toutefois, l'argent liquide demeure la forme de paiement de très loin la plus répandue. Dans les petites villes et sur les marchés, mieux vaut avoir de petites coupures plus faciles à monnayer.

LES TAXES ET REMBOURSEMENTS

Si vous achetez un objet coûteux, demandez un reçu *(bai set)* portant l'adresse du magasin et son numéro d'enregistrement. Il est théoriquement possible d'obtenir le remboursement des 7 % de TVA en demandant un formulaire à remettre aux douaniers à l'aéroport mais la complexité du processus et l'importance des frais de traitement rendent l'opération sans intérêt, sauf cas exceptionnel. Les remboursements restent quasiment inconnus, mais dans les magasins ayant pignon sur rue, vous devriez pouvoir avec un peu de patience obtenir l'échange d'un article défectueux ou d'un vêtement ne vous allant pas (s'il n'était pas soldé). Dans les petites boutiques et sur les marchés, vous ne pourrez compter que sur votre persuasion.

MARCHANDER

Les prix fixes gagnent du terrain dans les grandes villes, mais il reste souvent indispensable de négocier dans les petites boutiques, les magasins spécialisés et sur les marchés. Bien maîtriser les nombres en thaï vous aidera beaucoup à marchander avec art, ainsi que connaître les tarifs pratiqués, ce qui vous évitera de proposer une somme trop minime. Si le vendeur ne baisse pas assez son offre, mieux vaut feindre le désintérêt que de se laisser emporter par le plaisir du marchandage pour finalement ne pas acheter quand votre interlocuteur se rend à vos exigences.

Étal de bijoux sur Khao San Road, Bangkok

Le gigantesque centre commercial Siam Paragon à Bangkok

LES GRANDS MAGASINS ET GALERIES MARCHANDES

Les grands magasins à l'occidentale se sont multipliés à Bangkok, mais les habitudes des marchés s'y maintiennent par le biais d'éventaires de soldes. Les deux principales chaînes thaïlandaises sont **Robinson's** avec une succursale dans le quartier de Sukhumvit, et **Central**, une enseigne plus chic installée au Silom Complex plus bas sur Silom, Chidlom et Lad Phrao. Les habitudes de consommation évoluent très vite à Bangkok. Les habitants de la grande ville disposent déjà dans le centre de nombreuses galeries marchandes comme **Peninsula Plaza** ou les luxueux **Emporium, Central World Plaza** et **Siam Paragon**. De vastes centres commerciaux tels que **Fashion Island** sur Ramindra Road, sont construits en périphérie. Ils servent de pôle à des banlieues en pleine croissance et comprennent d'immenses lieux de restauration, parcs de loisir, cinémas, salles de concert, patinoires et bowlings. Deux des cinq plus grands centres commerciaux du monde font partie de ces créations récentes. Sur Srinakharin Road, au sud-est de la ville, **Seacon Square** s'étend sur plus d'un kilomètre et comprend une fête foraine. Le reste de la Thaïlande n'a pas encore connu de tels excès, mais quelques galeries marchandes modernes apparaissent dans les villes et stations balnéaires les plus importantes, tels **Kad Suan Kaew** à Chiang Mai, **Mike Shopping Mall** et **Central Pattaya Festival Beach Shopping** à Pattaya.

LES LIBRAIRIES EN LANGUE ANGLAISE

Trois chaînes se sont spécialisées dans la vente de livres et de magazines en anglais, **Asia Books**, **Kinokuniya** et **Bookazine**. Elles ont toutes plusieurs succursales à Bangkok, Dorling Kindersley en possède deux à Chiang Mai et Bookazine une à Pattaya.

LES MARCHÉS ET VENDEURS DE RUE

Il existe un marché au cœur de toute ville thaïlandaise, et même les plus petits offrent un bon choix de produits frais. Les étals des plus grands, tels le Chatuchak Market *(p. 135)*, les marchés de nuit de Chiang Mai *(p. 226)* et de Chiang Rai et le marché flottant de Pattaya, vendent aussi bien artisanat et ustensiles domestiques que fruits et légumes. Pour le centre de la capitale, voir *p. 140-141*. Des éventaires s'installent aussi partout dans la rue. Certains vendent des articles religieux comme les anneaux de jasmin *(p. 31)*, et d'autres des souvenirs parfois intéressants. Ils sont nombreux à Chiang Mai, à Pattaya et à Patpong sur l'île de Phuket. À Bangkok, ils se trouvent sur Silom Road et Sukhumvit Road et dans les quartiers de Banglamphu et Patpong.

LES USINES ET CENTRES D'ARTISANAT

De nombreux établissements, notamment dans le Nord et en Isan, permettent de voir des artisans au travail. Les prix y sont normalement fixes, mais guides et rabatteurs touchent une commission.

LES CONTREFAÇONS

Les contrefaçons thaïlandaises ont acquis une telle notoriété que de nombreux touristes en achètent comme souvenir. Parmi les articles particulièrement recherchés figurent des objets d'une qualité tellement médiocre qu'ils n'auraient manifestement jamais dû porter la marque prestigieuse qu'ils arborent ou, à l'opposé, des répliques à l'identique aux appellations satiriques comme « Live's Jeans ». La défense des marques lésées, d'une part, et la pression exercée par les États-Unis pour faire respecter les droits de propriété intellectuelle, d'autre part, ont réduit ce commerce et même conduit certains contrefacteurs à devenir les agents officiels des entreprises qu'ils copiaient. Attention, la loi française prévoit de sévères amendes pour l'importation, même en petit nombre, de contrefaçons.

Imitations de montres de marque à Pattaya

LA SOIE THAÏLANDAISE

Relancée après la Seconde Guerre mondiale par l'Américain Jim Thompson *(p. 118-119)*, la soie thaïlandaise *(p. 266-267)*, la plus belle du monde de l'avis de maints connaisseurs, est devenue le support d'un commerce très actif. Elle peut posséder diverses trames et motifs, notamment dans sa version *mut mee*, tissée avec des fils noués avant d'être trempée dans la teinture. S'il existe de nombreux articles déjà manufacturés, tels cravates, chemises, robes ou coussins, vous aurez aussi la possibilité de faire faire des vêtements sur mesure. La soie provient principalement du Nord et de l'Isan, mais elle reste tissée dans la région de Bangkok. Dans la capitale, **Shinawatra**, sur Sukhumvit Road, et les boutiques de Surawong Road, notamment **Jim Thompson's**, offrent choix et qualité. À Chiang Mai, promenez-vous sur San Kamphaeng Road où **T. Shinawatra Thai Silk** a son siège. Chaque année, Khon Kaen s'emplit de vendeurs à l'occasion de la foire de la soie qui se tient fin novembre ou début décembre. Si vous manquez cette fête, **Prathamakant** propose toute l'année une superbe sélection.

Une riche sélection de coupons de soie thaïlandaise

LES VÊTEMENTS

Faire faire un costume ou une robe sur mesure reste très bon marché en Thaïlande et, à Bangkok, d'innombrables tailleurs chinois et indiens vantent leur travail dans les magazines touristiques et devant leurs boutiques le long de Sukhumvit Road, Charoen Krung Road et Khao San Road. Évitez toutefois les propositions promettant une livraison en 24 heures. Renseignez-vous avant de choisir un tailleur, puis prenez le temps de bien convenir du modèle, du tissu et de la coupe. Le tailleur peut seulement vous demander un acompte. En prêt-à-porter, les habits typiques comprennent les larges pantalons de pêcheurs, les sarongs en batik (en particulier dans le Sud comme à Ko Yo près de Songkhla) et les gilets et pantalons coupés dans des tissus des tribus montagnardes ou dans de la soie et des cotonnades de l'Isan.

Un costume sur mesure reste bon marché chez un tailleur

L'ARTISANAT

Les grandes régions de production artisanale de Thaïlande sont le Nord et l'Isan, et c'est à Chiang Mai que les visiteurs trouveront le plus large choix, en particulier au Night Bazaar. Les boutiques de San Kamphaeng Road (route 1006) se révèlent souvent un peu chères. Prathamakant propose à Khon Kaen une belle sélection d'articles de l'Isan tels que les oreillers triangulaires. À Ayutthaya, essayez les alentours du Wat Phra Si Sanphet et Si Sanphet Road où **Kim Jeng** vend de remarquables sculptures sur pierre. Non loin, le **Bang Sai Folk Arts and Crafts Centre** de la SUPPORT Foundation créée par la reine Sirikit permet à des villageois de gagner leur vie grâce à des activités traditionnelles *(p. 105)*. Leurs créations s'achètent aussi dans la douzaine de magasins **Chitrlada** implantés dans tout le pays. À Bangkok, les hôtels de standing abritent des boutiques vendant de l'artisanat à prix fixes, à l'instar de **Silom Village** et de **River City**. Le grand magasin **Narayanaphand** est moins cher. Dans le Sud, le **Thai Village and Orchid Farm** à Phuket offre également un bon choix.

L'ARTISANAT DES TRIBUS MONTAGNARDES

Coiffes akha ornées de pièces, couvertures et housses de coussins à motifs géométriques lahu, vestes noires ruchées de rouge hmong, tuniques lisu de couleurs vives, cloches à bétail en bois, vanneries en rotin, boîtes en bambou ou en bois sculpté… Les objets et parures fabriqués par les tribus montagnardes constituent d'attachants souvenirs. Parmi les meilleurs points de vente du Nord figurent la **Hill Tribe Products Foundation, Thai Tribal Crafts** et l'**Old Chiang Mai Cultural Center**, ainsi que le **Chiang Rai Handicraft Center**. À Bangkok, c'est le Chatuchak Market *(p. 135)* qui offre le plus de choix. Acheter à la boutique de **Cabbages and Condoms** garantit que l'argent va bien aux tribus.

Jeune Lisu vendant des objets tribaux à Chiang Rai

Un éventaire de paniers dans une rue du Nord

BOIS, BAMBOU ET ROTIN

Les articles en bois, en bambou et en rotin sont très bon marché en Thaïlande et, avant de renoncer à un paravent ou une panière trop encombrants, renseignez-vous sur les possibilités d'expédition *(p. 464)*. Vous trouverez le meilleur choix à Chiang Mai, notamment à **Pen Phong** pour le bambou et le rotin. Près de Lampang, Mae Tha et Ban Luk ont pour spécialité la sculpture sur bois, à l'instar du quartier de Bo Hang à Chiang Mai. Au sud de Chiang Mai, les vanneries ont établi la réputation de Hang Dong et de Saraphi.

Céramiques bleues et blanches et céladons à Bangkok

LA CÉRAMIQUE

La délicate poterie bencharong était à l'origine fabriquée en Chine et décorée en Thaïlande de motifs floraux utilisant cinq couleurs. Toute l'élaboration a désormais lieu en Thaïlande et vous trouverez des services complets à côté des pots sphériques plus typiques. À Bangkok, le Chatuchak Market offre un plus large choix et de meilleurs prix que les magasins du centre.

Les céladons, poteries au décor gravé en creux sous un épais vernis translucide vert pâle, sont également très appréciés. Si vous ne pouvez les acquérir directement dans les usines de Chiang Mai ou Bangkok comme **Mengrai Kilns** et **Thai Celadon House**, de nombreuses boutiques d'artisanat, entre autres celles de Silom Road et Charoen Krung Road, en proposent. Lampang est réputé pour ses belles céramiques bleues et blanches produites par des manufactures comme **Indra Ceramics**.

LA LAQUE

Spécialité traditionnelle du Nord de la Thaïlande, la laque noire et or sur bambou ou bois est devenue plus rare que celle de style birman à fond rouge, sur bambou ou rotin, à décors figuratifs ou motifs floraux. Les commerces d'artisanat de Bangkok et de Chiang Mai vendent un large éventail d'objets laqués, comme des boîtes à bijoux.

NIELLE ET ÉTAIN

L'artisanat délicat du nielle, incrustation d'émail noir sur du métal gravé, souvent de l'argent, a pour centre Nakhon Si Thammarat. Parmi les objets les plus abordables figurent les boutons de manchettes, les boîtes à pilules et les bijoux. Dans le Sud, de riches filons de minerai ont permis le développement d'une tradition du travail de l'étain. De grands magasins de Bangkok et des boutiques de la ville de Phuket proposent une bonne sélection d'objets tels que chopes, plats, vases et boîtes.

LES TAPISSERIES KALAGA

La tapisserie *kalaga,* où fils multicolores et métalliques, perles, morceaux de tissu et paillettes composent un décor sur un fond matelassé noir, est un art birman vieux de plus de deux cents ans mais qui connaît un nouvel élan. Les pièces anciennes sont rares et très chères, tandis que les modernes se révèlent souvent criardes et bâclées. Les motifs traditionnels les plus soigneusement exécutés (et les plus onéreux) peuvent cependant faire de jolis coussins, tentures ou sacs. Les meilleures occasions se dénichent à Mae Sot et Mae Sai.

LES INSTRUMENTS DE MUSIQUE, MASQUES ET MARIONNETTES

Le Night Bazaar de Chiang Mai et, à Bangkok, Silom Village, Narayanaphand et les marchés de Chatuchak et de Nakorn Kasem permettent d'acheter des instruments de musique, des masques de *khon,* des marionnettes de *hoon krabok* ou des marionnettes de théâtre d'ombre *nang taloong* et *nang yai*. La ville de Nakhon Si Thammarat, dans le Sud, constitue toutefois le meilleur endroit où vous procurer ces dernières, entre autres au **Théâtre d'ombres** où leur créateur vous en expliquera la fabrication si vous lui téléphonez à l'avance.

Grand magasin Narayanaphand à Bangkok

LES ANTIQUITÉS

Tant d'objets anciens thaïlandais ont quitté le pays que ceux qui restent sont très onéreux quand il ne s'agit tout simplement pas de faux ou d'articles obtenus au mépris de la loi. La Thaïlande sert toutefois de point de vente d'antiquités de toute l'Asie du Sud-Est, et certains magasins ressemblent à des musées encombrés de tapisseries, de statues, de meubles, de cloches, de marionnettes, de céramiques, de paniers et de laques. Nul besoin d'acheter pour apprécier la visite. Même si les prix n'atteignent pas ceux pratiqués à Honk Kong ou Singapour, les affaires sont rares. Ta Phae Road et Loi Khro Road à Chiang Mai se révèlent moins chers que les lieux de vente de Bangkok : Charoen Krung Road, River City, le Chatuchak Market et, à Chinatown, Wang Burapha et le marché de Nakorn Kasem. Les boutiques recommandées comprennent **Amaravadee Antiques** et **Borisoothi Antiques** à Chiang Mai, ainsi que **The Fine Arts** et **NeOld** à Bangkok. Des ventes aux enchères ont lieu à River City le premier samedi de chaque mois. Une bonne copie fera souvent un achat plus raisonnable. Les autorisations d'exportation, nécessaires pour les antiquités et tous les bouddhas, s'obtiennent auprès du Department of Fine Arts par l'intermédiaire du **Musée national**. Comptez au moins une semaine *(p. 475)*. Attention, les douaniers se montrent très vigilants.

Chez l'un des plus chic antiquaires de Bangkok

Vente de bijoux en or dans le quartier de Chinatown à Bangkok

LA JOAILLERIE

Les Thaïlandais ont tendance à apprécier les gros bijoux, souvent très ouvragés. Le pays possède une longue tradition du travail de l'argent, en particulier dans le Nord, en Isan et dans les tribus montagnardes. Les boutiques de Wualai Road, à Chiang Mai, en proposent une belle sélection. L'usage de fil d'argent et de détails en filigrane donne un aspect caractéristique aux colliers, aux bracelets et aux boucles d'oreilles, ainsi qu'aux ceintures de style lao. Dans les grandes villes et les stations balnéaires, la joaillerie moderne connaît un succès grandissant. Bijoux fantaisie bon marché peuvent également s'acheter à Bangkok à Siam Square et au Chatuchak Market où se vendent aussi des créations utilisant des matériaux aussi divers que des noix, des graines et des coquillages. Le centre commercial **Peninsula Plaza** ainsi que de grands hôtels comme le Dusit Thani abritent certaines des meilleures bijouteries de Bangkok. Quelques-unes travaillent sur commande, notamment **Uthai's Gems** à Bangkok, et **Shiraz** à Chiang Mai. Les dessins de Richard Brown ont personnalisé la joaillerie astrologique védique d'**Astral Gemstone Talismans**. L'or se présente le plus souvent sous sa forme très jaune, appréciée des Chinois qui tiennent dans toutes les villes d'importance des magasins spécialisés dans les bijoux en or. Les Thaïlandais ne considèrent pas les amulettes comme des ornements et il faut une autorisation pour les exporter.

Pendentif incrusté de pierres précieuses

LES PIERRES PRÉCIEUSES

Dans une région du monde où on extrait rubis, spinelle rouge et bleu, zircon orange et blanc et saphir jaune et bleu *(p. 310-311)*, Bangkok est probablement devenu le grand centre international du commerce des pierres précieuses. Des marchés spécialisés se tiennent autour de Chanthaburi, Kanchanaburi et Mae Sai, ainsi qu'à Mae Sot, à la frontière birmane, où les pierres sont moins chères que dans la capitale. Il n'existe qu'un bon endroit où trouver des perles de qualité : Phuket (essayez **Pearl Center** à Phuket-ville). Les escroqueries aux pierres précieuses ont fait de nombreuses victimes à Bangkok et à Chiang Mai, et mieux vaut fuir toute personne, aussi aimable qu'elle paraisse, vous assurant qu'il faut profiter de ce jour férié où l'État ne perçoit pas de taxe pour réaliser une merveilleuse affaire. Il s'agit toujours d'une arnaque. On peut à Bangkok s'initier à la gemmologie et faire estimer l'authenticité et la qualité d'une pierre (mais pas sa valeur) à l'**Asian Institute of Gemological Sciences**.

ADRESSES

GRANDS MAGASINS ET GALERIES MARCHANDES

Grand magasin Central
Silom Complex, 191 Silom Rd., Bangkok.
Plan 7 A4.
Tél. *0 2231 3333.*

Central Pattaya Festival Beach Shopping
Beach Rd. et 2nd Rd., Pattaya.
Tél. *0 3836 1443 5.*

Central World Plaza
Ratchadamri Rd., Bangkok. **Plan** 8 D1.
Tél. *0 2635 1111.*

Emporium
Sukhumvit Rd., Prompong, Bangkok.
Plan 8 F1.
Tél. *0 2269 1000.*

Fashion Island
5/5 Ramindra Rd., Bangkok.
Tél. *0 2947 5000.*

Kad Suan Kaew
99/4 Mu 2, Huai Kaew Rd., Chiang Mai.
Tél. *0 5322 4444.*

Mike Shopping Mall
262 Mu 10, Pattaya Beach Rd., Pattaya.
Tél. *0 3841 2000.*

Peninsula Plaza
153 Ratchadamri Rd., Bangkok. **Plan** 8 D1.
Tél. *0 2253 9762.*

Robinson's
259 Sukhumvit Rd., North Klong Toey, Bangkok.
Tél. *0 2252 5121.*

Seacon Square
904 Srinakharin Rd., Bangkok.
Tél. *0 2721 8888.*

Siam Paragon
Rana 1 Rd., Bangkok.
Plan 7 C1.
Tél. *0 2690 1000.*

LIBRAIRIES EN LANGUE ANGLAISE

Asia Books
221 Sukhumvit Rd., Bangkok. ***Tél.*** *0 2651 0428.*

Bookazine
1er ét., CP Tower, 313 Silom Rd., Bangkok.
Plan 7 C4.
Tél. *0 2231 0016.*

Kinokuniya
6e ét., Isetan, Ratchadamri Rd., Bangkok.
Plan 8 D1.
Tél. *0 2255 9834.*

SOIE THAÏLANDAISE

Jim Thompson's
9 Surawong Rd., Bangkok.
Plan 7 C3.
Tél. *0 2235 8931.*

Prathamakant
79/2-3 Ruenrom Rd., Khon Kaen.
Tél. *0 4322 4080.*

Shinawatra
94 Sukhumvit Rd., Soi 23, Bangkok.
Tél. *0 2258 0295.*

T. Shinawatra Thai Silk
145/1-2 Chiang Mai-San Kamphaeng Rd., Chiang Mai.
Tél. *0 5333 1187.*

BOUTIQUES D'ARTISANAT

Bang Sai Folk Arts and Crafts Center
Tambon, Bang Sai, province d'Ayutthaya.
Tél. *0 3536 6092.*

Chitrlada Shop
Chitrlada Palace, Bangkok.
Plan 3 B2.
Tél. *0 2229 4611.*

Kim Jeng
12 Mu 2, Kamang, Ayutthaya.

Grand magasin Narayanaphand
127 Ratchadamri Rd., Bangkok.
Plan 8 D1.
Tél. *0 2252 4670.*

River City
23 Trok Rongnamkaeng, Yotha Rd., Bangkok.
Plan 6 F3.
Tél. *0 2237 0077.*

Silom Village
286 Silom Rd., Bangkok.
Plan 7 A4.
Tél. *0 2233 9447.*

Thai Village and Orchid Farm
52/11.Thepkasattri Rd., Muang Phuket.
Tél. *0 7621 4860.*

ARTISANAT DES TRIBUS MONTAGNARDES

Cabbages and Condoms
10 Sukhumvit, Soi 12, Bangkok.
Plan 8 F1.
Tél. *0 2229 4611.*

Chiang Rai Handicrafts Center
732 Mu 5 Rimkok, Phahon Yothin Rd., Chiang Rai.
Tél. *0 5371 3355.*

Hill Tribe Products Foundation
21/17 Suthep Rd., Chiang Mai.
Tél. *0 5327 7743.*

Old Chiang Mai Cultural Center
185 Wualai Rd., Chiang Mai.
Tél. *0 5320 2993.*

Thai Tribal Crafts
208 Bamrung Rad Rd., Chiang Mai.
Tél. *0 5324 1043.*

BOIS, BAMBOU ET ROTIN

Pen Phong
189/25 Nongkaen Rd., Hangdong Chiang Mai.
Tél. *0 5343 3745.*

CÉRAMIQUE

Indra Ceramics
382 Lampang-Denchai Rd., Lampang.
Tél. *0 5422 1189.*

Mengrai Kilns
79/2 Araks Rd., Chiang Mai.
Tél. *0 5327 2063.*

Thai Celadon House
8/3-8/5 Ratchakapisik Rd. Sukhumvit, Bangkok.
Tél. *0 2229 4383.*

MARIONNETTES

Théâtre d'ombres
10/18 Si Thammasok Soi 3, Nakhon Si Thammarat.
Tél. *0 7534 6394.*

ANTIQUITÉS

Amaravadee Antiques
141 Chiang Mai-Hot Rd., Chiang Mai.
Tél. *0 5344 1628.*

Borisoothi Antiques
15/2 Chiangmai-San Kamphaeng Rd., Chiang Mai.
Tél. *0 5333 8460.*

Musée national
Fine Arts Department, 1. Na Phra That Rd., Bangkok.
Plan 1.C4.
Tél. *0 2224 1370.*

NeOld
149/2-3 Surawong Rd., Bangkok.
Plan 7 B4.
Tél. *0 2235 8352.*

The Fine Arts
3/F Room 354 River City, Bangkok.
Plan 6 F3.
Tél. *0 2237 0077.*
Ext. 354

JOAILLERIE

Astral Gemstone Talismans
Sri Hrisikesh Plaza, C3 Building, Joe Louis Theater, Lumpini Night Bazaar, Bangkok.
Tél. *0 2251 1230.*

Shiraz
170 Thapae Rd., Chiang Mai.
Tél. *0 5325 2382.*

Thai Lapidary
1009-11 Silom Rd., Bangkok.
Plan 7 C4.
Tél. *0 2236 2134.*

Uthai's Gems
28/7 Soi Ruam Rudi, Phloen Chit Rd., Bangkok.
Plan 8 F2.
Tél. *0 2253 8582.*

PIERRES PRÉCIEUSES

Asian Institute of Gemological Sciences
33e ét., Jewellery Trade Center, 919/1 Silom Rd., Bangkok.
Plan 7 A4.
Tél. *0 2267 4315.*

Pearl Center
83 Ranong Rd., Soi Phutorn, Phuket town.
Tél. *0 7621 1707.*

Qu'acheter en Thaïlande ?

Tuk-tuk miniature

Marchés et boutiques spécialisées offrent en Thaïlande, notamment dans les grandes villes comme Chiang Mai et Bangkok, un large choix de souvenirs et de cadeaux. Les objets artisanaux sont particulièrement intéressants et rares sont les régions qui ne possèdent pas leur spécialité. Le Sud produit ainsi nielles, étains et marionnettes de théâtre d'ombre, le Nord des laques, des pièces d'argenterie et les parures colorées des tribus montagnardes. L'Isan est réputé pour la soie et les coussins triangulaires.

Marionnette du *Nang taloong*

MASQUES ET MARIONNETTES

Bien que les formes d'art dramatique traditionnelles *(p. 42-43)* ne donnent plus lieu en Thaïlande qu'à de rares représentations, masques et marionnettes de théâtre font de superbes souvenirs. Inspirées du Ramakien *(p. 40-41)*, les marionnettes prennent des formes diverses: silhouettes découpées du *nang yai* et du *nang taloong* et personnages en trois dimensions du *hun krabok* et du *hoon lek*. Elles peuvent s'acheter dans le Sud.

Statuette de musicien

Masque de théâtre *khon*

Rotin et vannerie *n'offrent que l'embarras du choix, du simple panier de cuisson à la vapeur jusqu'aux ensembles complets de meubles. Des éventaires proposent partout à bas prix les articles les plus courants. Les magasins les mieux établis se chargent d'expédier à l'étranger les pièces volumineuses.*

La niellure, *technique déjà connue des Romains et pratiquée dans le Sud depuis des siècles, a pour centre de production Nakhon Si Thammarat et sa province. L'artisan utilise un émail noir, le nielle, pour orner des objets de métal (cuivre, argent, ou or) qu'il a préalablement gravés. Parmi les plus abordables figurent les bijoux et les petites boîtes.*

La sculpture sur bois *est une très ancienne tradition. Elle embellit des objets usuels allant de simples bols jusqu'à des paravents, des bibliothèques et des lits. Les pièces en bois dur proviennent parfois d'arbres abattus illégalement.*

La laque, *résine appliquée sur du bambou ou du bois, décore bracelets, boîtes diverses, bols et plateaux. Elle reste une spécialité du Nord et c'est Chiang Mai qui offre le plus de choix. Le style thaïlandais met en contraste fond noir et parement à la feuille d'or. Des motifs jaunes et verts sur fond rouge caractérisent les laques de style birman.*

L'artisanat des tribus montagnardes *est vendu dans tout le Nord, mais c'est Chiang Mai, encore une fois, qui offre le plus de choix. Les articles les plus séduisants comprennent des sacs en patchwork, des couvertures de couleurs vives, des parures en argent et des vestes et des chapeaux brodés à la main. Un trek vous donnera l'occasion de visiter au moins un village et, peut-être, d'assister à la fabrication des articles.*

Céramique bleu et blanc

La céramique *produite en Thaïlande depuis des siècles présente souvent une influence chinoise mais il existe plusieurs styles typiques : la poterie bencharong (« cinq couleurs »), qui prend surtout la forme de petits pots et de vases, et le céladon, reconnaissable à son délicat vernis vert pâle couvrant d'une patine craquelée des décors gravés en creux.*

Pot Bencharong

Vase céladon

L'argent *sert aux artisans du nord de la Thaïlande à créer des objets tels que bols, vases et boîtes ornés d'un décor en relief finement martelé. De gracieux bijoux aux dessins classiques ou modernes sont également disponibles dans toute la région et à Bangkok.*

Oiseau en argent

Une orchidée de prix

Saphirs jaunes et bleus montés en bague

Sélection de saphirs

Les joyaux et pierres précieuses *se révèlent particulièrement tentants en Thaïlande. Grand producteur mondial de rubis et de saphirs, le pays est aussi réputé pour l'habileté de ses bijoutiers. Ceux qui tiennent boutique dans les grands hôtels proposent souvent des pièces de qualité à prix raisonnables. À moins d'être un expert, mieux vaut éviter d'acheter dans l'espoir de revendre à meilleur prix.*

Bol en argent

Couvercle aux traits d'Hanuman

LES TEXTILES

Proposée dans un large éventail de qualités et de motifs, la soie est sans aucun doute le plus connu des tissus fabriqués en Thaïlande et probablement l'achat le plus populaire auprès des visiteurs *(p. 452)*. Les cotonnades ne manquent pas non plus d'intérêt avec leurs motifs élaborés, qu'il s'agisse de *pha sin* (sarongs pour femme) ou de *mawn sam liam*, coussins typiques de l'Isan. Les tribus montagnardes apprécient les formes géométriques et les couleurs vives, dans le Sud on peut acheter du batik.

Patchwork décoratif en soie

Coussin *Mawn sam liam*

Cravate en soie

Écharpe en soie grège

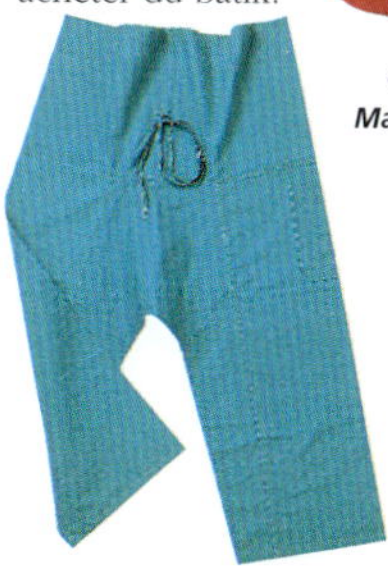

Pantalon de pêcheur en coton

Pha sin en coton

SE DIVERTIR EN THAÏLANDE

Du cinéma hollywoodien au karaoké, les distractions étrangères gagnent du terrain en Thaïlande mais de nombreuses formes de distractions traditionnelles y restent florissantes. Bien que les représentations de *khon (p. 42)* ne s'adressent plus guère qu'aux visiteurs, des manifestations plus populaires comme les combats de *muay thai*, la boxe thaï, rassemblent un public passionné. Un voyage dans un pays où la quête de *sanuk* (amusement) caractérise toutes les activités, jusqu'aux plus sérieuses comme les célébrations religieuses, ne saurait être complet sans partager les plaisirs de ses habitants, que ce soit à un concert lors d'une fête locale ou d'un match de *takraw*.

Danseurs thaïs au Rose Garden, Bangkok

Le Thailand Cultural Center, première salle de concert du pays

SOURCES D'INFORMATIONS

Une brochure diffusée par les bureaux de la TAT recense les principales fêtes et manifestations. C'est dans *Big Chilli* que les anglophones trouveront les programmes les plus détaillés des événements proposés à Bangkok mais aussi des informations concernant le reste du pays. Consultez également deux journaux en anglais, le *Bangkok Post* et *Nation*, ainsi que les nombreuses publications touristiques gratuites.

Magazines de programmes

RÉSERVATIONS

Les principaux hôtels et agences de voyages permettent de réserver des places pour les grandes manifestations culturelles et sportives. Vous pouvez aussi vous adresser au grand magasin **Central** *(p. 455)*, au 0 2262 3456 ou sur Internet : www.thaiticketmaster.com

DANSE ET THÉÂTRE TRADITIONNELS

Assister à un spectacle de *khon* ou de *lakhon (p. 42-43)* donne l'impression de voir s'animer les peintures murales du Wat Phra Kaeo. Malheureusement, ces formes d'art dramatique, dont le Ramakien constitue l'essentiel du répertoire, perdent leur public et les représentations deviennent de plus en plus rares. La situation est encore plus grave pour le théâtre de marionnettes *hoon lek* menacé de disparition. Sanam Luang, la place royale de Bangkok, offre lors de cérémonies comme l'anniversaire du roi ou des funérailles le contexte le plus intéressant où voir des danses traditionnelles. En de telles occasions, le spectacle, sur des douzaines de plateaux, se poursuit tard dans la nuit. Une représentation complète peut durer des jours et ce sont donc des scènes abrégées que présentent le **Théâtre national** (en salle les derniers samedis et dimanches du mois ; en plein air tous les samedis et dimanches de décembre à mai) et le **Théâtre royal Chalermkrung** de Bangkok, ainsi que le **Old Chiang Mai Cultural Center**. Dans les grandes villes et stations balnéaires, des danses traditionnelles animent d'innombrables repas tels les dîners *khantoke (p. 38)* de Chiang Mai que proposent le **Khantoke Palace** et le **Khum Kaew Khantoke Palace**. À Bangkok, les établissements intéressants comprennent le **Rose Garden** et le **Silom Village**. Le restaurant du Mandarin Oriental, le **Sala Rim Nam** présente du *khon* authentique. Vous pouvez voir du *lakkon* au Lak Muang et au sanctuaire Erawan de Bangkok. Des spectacles de marionnettes se donnent au théâtre Joe Louis.Une forme de théâtre dansé reste toutefois largement appréciée des Thaïlandais, dans les fêtes comme à la télévision : le *likay* au contenu satirique et bouffon. Il a pour équivalent dans le Sud le *manora*. Encore répandu en Malaisie et en Indonésie, le théâtre d'ombres *nang talung* ne survit que dans le Sud, à Phatthalung et à Nakhon Si Thammarat *(p. 383)*. Les représentations peuvent durer toute la nuit. Avec ses grandes marionnettes en cuir exigeant plusieurs manipulateurs, le *nang yai* est devenu encore plus rare.

Représentation de *khon*

CONCERTS, EXPOSITIONS ET THÉÂTRE MODERNE

Les principaux lieux de spectacle et d'exposition se trouvent dans la capitale. Le **Thailand Cultural Center** attire des célébrités internationales. Le **Goethe Institut** allemand et l'**Alliance française** ont également un bon programme de concerts et d'expositions. Des têtes d'affiche se produisent dans les salles de bal d'hôtels tels que le **Dusit Thani** *(p. 399)*. Le **Bangkok Playhouse** présente souvent des pièces en anglais et abrite la galerie **Art Corner**. **Art Republic** est le meilleur endroit où voir de l'art contemporain thaïlandais. Le **Théâtre Patravadi**, enfin, produit des comédies musicales très visuelles et faciles à suivre pour les étrangers.

Un spectacle musical au Théâtre Patravadi

CINÉMA

Les Thaïlandais adorent le cinéma et, à côté des nombreux complexes multisalles de Bangkok, il existe toujours 2000 projectionnistes itinérants allant de village en village. Malgré quelques classiques plus ambitieux comme *Luk Isan* (1978), l'industrie cinématographique nationale produit surtout des mélodrames, des comédies et des films d'action stéréotypés. Aujourd'hui, même si la grosse cavalerie hollywoodienne tend à dominer le marché, le cinéma thaï connaît un nouveau souffle. Il est à présent considéré comme l'un des plus créatifs de l'Asie du Sud. Dans la capitale a lieu le prestigieux Bangkok International Film Festival. Des salles de la capitale (comme **The Lido** et le **Siam Cinema**), de Chiang Mai, de Pattaya, de Phuket et de Hat Yai diffusent des films en version originale.

Affiche du Bangkok Film Festival

DISCOTHÈQUES, BARS, CABARETS ET MUSIQUES POPULAIRES

Face au rock international et à la pop thaïe, les musiques traditionnelles ont conservé leur popularité et ont droit de cité aussi bien à la radio et à la télévision que dans les bars et les fêtes, en particulier hors de Bangkok. Cependant, ces concerts ne sont souvent annoncés qu'en thaï. La musique populaire reste également jouée dans les cafés, insalubres et peu accueillants avec les touristes, spécialisés dans le *talok* (comédie). Rythmé, le *rum wong* accompagne souvent une danse enjouée. Le *look thung* (« enfant des champs ») associe grands orchestres, troupes de danse costumées et chansons. Les ballades du *look krung* sont plus sirupeuses. Apprécié des chauffeurs de bus et de taxis, le *mo'lam* de l'Isan se distingue par des vocaux évoquant le rap. On peut découvrir le *kantrum* de style khmer le week-end au **Petchkasem Hotel** de Surin. Engagées, les *phleng phua chiwit* (« chansons pour la vie ») apparurent pendant les révoltes étudiantes des années 1970. Elles ont leurs hauts lieux, tel le **Raintree**. **O'Reilly's Irish Pub** accueille des groupes de rock encore peu connus, tandis que les bars proposant des musiques plus classiques se trouvent souvent dans des hôtels, tels le **Spasso** (Grand Hyatt Erawan) et l'**Angelini** (Shangri-La). Le Mandarin Oriental abrite le **Bamboo Bar** (jazz) et le **Lord Jim's**. Les Thaïlandais à la page apprécient de se retrouver autour d'un verre pour écouter de la musique dans des rues comme Silom Soi 4 ou Sarasin. La scène gay a pour pôles Silom Soi 2 et l'**Utopia**. **Cyberia** est le café Internet le plus marquant. À Chiang Mai, **The Riverside** et d'autres cafés-restaurants au bord du Ping accueillent des musiciens. Toutes les grandes stations balnéaires possèdent leurs discothèques. À Bangkok, vous pourrez notamment choisir le très populaire **Narcissus**. Les « gogo's bar » de Pattaya, de Patong sur l'île de Phuket et, à Bangkok, de Patpong *(p. 116)*, Nana Entertainment Plaza (Sukhumvit Soi 4) et Soi Cowboy (donnant sur Soi Asoke) attirent une partie de leur clientèle pour leurs bizarres exhibitions gynécologiques. Attention, les escroqueries sont fréquentes dans ces établissements. Ceux du King's Group font partie des plus « recommandables ». Les *katoeys* (« dames-garçon ») jouissent d'une grande popularité et les touristes se pressent pour assister aux spectacles de travestis du **Calypso Cabaret** de Bangkok, du **Blue Moon Cabaret** de Chiang Mai, du **Simon Cabaret** de Patong ou encore de l'**Alcazar** de Pattaya.

Bar « pour adultes » du King's Group

FESTIVALS ET FÊTES RELIGIEUSES

Le calendrier thaï abonde en fêtes nationales et locales *(p.46-51)*. Ces fêtes peuvent être religieuses, ou célébrer un héros local, ou servir à promouvoir un produit saisonnier ou encore être dédiées à des activités comme la régate ou les cerfs-volants. La plupart des *wat* sont également au centre d'au moins une célébration annuelle. En dehors des plus importantes, comme la fête de la Montagne d'Or à l'occasion de Loy Krathong à Bangkok *(p. 50)*, se trouver au bon moment au bon endroit pour y assister relève plutôt de la chance. Les à-côtés se révèlent souvent aussi amusants que les cérémonies elles-mêmes, avec des stands vendant nourriture et babioles, des personnages pittoresques tels que bateleurs et *katoey* (travestis), de la musique *likay* ou *lam wong*, des concours de beauté ou des concerts de musique populaire. Des combats de coqs ou de poissons sont aussi parfois organisés. Loy Krathong, dans les ruines de Sukhothai, et la Semaine du pont de la rivière Kwaï, à Kanchanaburi *(p. 50)*, donnent lieu également à des spectacles son et lumière.

Défilé à Lampang pour la fête de Loy Krathong

MUAY THAI ET KRABI-KRABONG

La boxe thaïlandaise, *muay thai*, entretient une véritable fièvre nationale *(p. 44-45)*. Les deux plus grandes salles se trouvent à Bangkok.

Combat de *muay thai*, un sport soulevant des passions dans tout le pays

Le **Lumphini Stadium** accueille des rencontres les mardis, vendredis et samedis et le **Ratchadamnoen Boxing Stadium** les autres jours de la semaine. Si assister aux matchs ne vous suffit pas et que vous voulez apprendre les bases de ce sport, l'**International Amateur Muay Thai Federation** devrait pouvoir vous recommander des instructeurs. Il existe un autre art martial séculaire en Thaïlande : le *krabi-krabong* (« épée-bâton »), qui implique l'usage d'armes telles qu'épée, massue et hallebarde. L'enseignement reste très traditionnel et même si, lors des combats, c'est sur leur talent et leur courage que sont jugés les adversaires, les lames effilées provoquent encore des blessures. Les spectacles culturels destinés aux visiteurs incluent souvent des démonstrations de *krabi-krabong*.

TAKRAW

Le moindre espace libre semble en Thaïlande immédiatement attirer des jeunes gens adeptes de ce sport acrobatique pratiqué en Asie du Sud-Est. Le principe consiste à garder en l'air un ballon en rotang tressé sans jamais le toucher avec les mains. Les joueurs forment traditionnellement un cercle pour faire assaut d'habileté. Une autre manière de s'affronter consiste à lancer le ballon aussi souvent que possible dans un cercle évoquant un panier de basket. Une troisième, appelée *sepak takraw*, fait désormais partie des épreuves des Jeux olympiques et des Jeux asiatiques. Elle suit les mêmes règles que le volley-ball et donne lieu à d'extraordinaires démonstrations d'agilité.

Rencontre de *takraw*

FOOTBALL, RUGBY ET SNOOKER

Les Thaïlandais s'enthousiasment pour le football, et un championnat professionnel existe depuis 1996. Le rugby connaît aussi un grand engouement. Les matchs se déroulent principalement à Bangkok au **Pathumwan Stadium**, aux **Hua Mark Stadiums**, à l'**Army Stadium** et au **Royal Bangkok Sports Club**.
La Thaïlande est en outre le pays non anglophone à avoir adopté le *snooker* (une forme de billard anglo-saxon) avec le plus de succès, et des tournois internationaux s'y déroulent en mars et en septembre. Des paris illicites entachent la réputation du *snooker*, mais il existe quelques clubs sûrs. La relève de champions comme James Wattana tarde cependant à venir.

ADRESSES

DANSE ET THÉÂTRE TRADITIONNELS

Joe Louis Theater
1875 Rama IV Rd., Bangkok.
Tél. *0 2252 9683.*

Khantoke Palace
288/19 Chang Khlan Rd., Chiang Mai.
Tél. *0 5327 2757.*

Khum Kaew Khantoke Palace
252 Phra Pok Klao Rd., Chiang Mai.
Tél. *0 5321 0663.*

Old Chiang Mai Cultural Center
185/3 Wualai Rd., Chiang Mai.
Tél. *0 5327 5097.*

Rose Garden
Près de la route 4, 32 km O de Bangkok.
Tél. *0 2295 3261.*

Théâtre national
1 Na Phra That Rd., Bangkok.
Plan 1 C4.
Tél. *0 2224 1342.*

Théâtre royal Chalermkrung
66 Charoen Krung Rd., Bangkok.
Plan 6 D1.
Tél. *0 2222 0434.*

Sala Rim Nam
Oriental Hotel, 48 Oriental Ave., Bangkok.
Plan 6 F4.
Tél. *0 2236 0400.*

Silom Village
286 Silom Rd., Bangkok.
Plan 7 A4.
Tél. *0 2635 6810.*

CONCERTS, EXPOSITIONS ET THÉÂTRE MODERNE

Alliance française
29 Sathorn Tai Rd., Yannawa, Bangkok.
Plan 8 D4.
Tél. *0 2670 4200.*

Art Republic
Peninsula Plaza, 3e ét., Ratchadamri Rd., Bangkok.
Plan 8 D1.
Tél. *0 2652 1801.*
www.artrepublicbkk.com

Bangkok Playhouse/Art Corner
2884/2 New Phetchaburi Rd., Bangkok.
Tél. *0 2718 0600.*

Goethe Institut
18/1 Soi Atthakan Prasit, Sathorn Tai Rd., Bangkok.
Plan 8 E4.
Tél. *0 2287 0942.*
www.goethe.de/bangkok

Thailand Cultural Center
Ratchadaphisek Rd., Bangkok.
Tél. *0 2247 0028.*

Théâtre Patravadi
69/1 Soi Wat Rakhang, Arun Amarin Rd., Thonburi, Bangkok.
Plan 1 B5.
Tél. *0 2412 7287.*
www.patravaditheatre.com

CINÉMA

The Lido
256 Rama I Rd., Siam Square, Bangkok.
Plan 7 C1.
Tél. *0 2252 6498.*

Siam Cinema
Siam Square, Rama I Rd., Bangkok.
Plan 7 C1.
Tél. *0 2251 1735.*

DISCOTHÈQUES, BARS, CABARETS ET CLUBS POPULAIRES

Alcazar
Pattaya Second Rd., Pattaya.
Tél. *0 3841 0224/5.*

Angelini
Shangri-La Hotel, 89 Soi Wat Suan Phu, Bangkok.
Plan 6 F5.
Tél. *0 2236 7777.*

Bamboo Bar
Oriental Hotel, 48 Oriental Ave., Bangkok.
Plan 6 F4.
Tél. *0 2236 0400.*

WBlue Moon Cabaret
5/3 Mun Muang Rd., Chiang Mai.
Tél. *0 5327 8818.*

Calypso Cabaret
Asia Hotel, 296 Phayathai Rd., Bangkok.
Tél. *0 2216 8937.*

Cyberia
654/8 Sukhumvit Rd., crn Soi 24, Bangkok.
Plan 8 F1.
Tél. *0 2259 3356.*

Lord Jim's
Oriental Hotel, 48 Oriental Ave., Bangkok.
Plan 6 F4.
Tél. *0 2236 0400.*

Narcissus
112 Sukhumvit Soi 23, Bangkok.
Tél. *0 2258 4805.*
www.narcissus clubbangkok.com

O'Reilly's Irish Pub
62 Silom Rd., Bangkok.
Plan 8 C4.
Tél. *0 2632 7515.*

Petchkasem Hotel
104 Chitbumrung Rd., Surin.
Tél. *0 4451 1274.*

Raintree
116/64 Soi Rang Nam, par Phaya Thai Rd., Bangkok.
Tél. *0 2245 7230.*

The Riverside
9-11 Charoenraj Rd., Chiang Mai.
Tél. *0 5324 3239.*

Simon Cabaret
100/6-8 Mu 4, Karon Rd., Patong, Phuket.
Tél. *0 7634 2011.*

Spasso
Grand Hyatt Erawan Hotel, 494 Ratchadamri Rd., Bangkok.
Plan 8 D1.
Tél. *0 2254 1234.*

Utopia
Soi Sukhumvit 23, jnct Soi Sawatdee, Bangkok.
Plan 8 F1.
Tél. *0 2259 9619.*

MUAY THAI ET KRABI-KRABONG

International Amateur Muay Thai Federation
Pathumwan Stadium, 154 Rama I Rd., Bangkok.
Plan 7 B1.
Tél. *0 2215 6212 4.*
www.ifmamuaythai.org

Lumphini Stadium
Rama IV Rd., Bangkok.
Plan 8 E4.
Tél. *0 2252 8765.*

Ratchadamnoen Boxing Stadium
1 Ratchadamnoen Nok Rd., Bangkok.
Plan 2 F4.
Tél. *0 2281 4205.*

FOOTBALL, RUGBY ET SNOOKER

Army Stadium
Wiphawadirangsit Rd., Bangkok.
Tél. *0 2278 5095.*

Hua Mark Indoor and Outdoor Stadiums
2088 Ramkhamhaeng Rd., Bangkok.
Tél. *0 2318 0946.*

Pathumwan Stadium
154 Rama I Rd., Bangkok.
Plan 7 B1.
Tél. *0 2214 0120.*

Royal Bangkok Sports Club
1 Henri Dunant Rd., Pathumwan, Bangkok.
Plan 8 D2.
Tél. *0 2652 5000.*
www.rbsc.org

SÉJOURS À THÈME ET ACTIVITÉS DE PLEIN AIR

La Thaïlande offre un choix impressionnant d'activités de plein air. La côte sud-est l'endroit rêvé pour les sports nautiques comme la voile, le ski nautique, le windsurf, la pêche au gros et la plongée sous-marine dans les récifs de corail. Les montagnes du Nord, elles, sont célèbres pour leurs cascades, leurs cavernes et leur faune sauvage : oiseaux exotiques, macaques, éléphants et tigres. Depuis la polémique sur les voyages organisés dans les zones tribales – on craint qu'un tourisme intensif n'ait un effet néfaste sur les cultures traditionnelles –, de nouvelles formes de « tourisme responsable » ont vu le jour. Assurez-vous de choisir une agence qui respecte ce nouveau concept. La Thaïlande abrite aussi de nombreux parcs naturels. Vous pourrez les visiter en canoë, en rafting, à dos d'éléphant ou y faire de l'escalade. Il y a également de plus en plus de terrains de golf. Parmi les autres activités qui ont le vent en poupe, mentionnons la méditation bouddhiste, les massages traditionnels et l'apprentissage de la cuisine thaïlandaise ou des arts décoratifs.

Barque traditionnelle thaïlandaise

PLONGÉE SOUS-MARINE ET SNORKELING

Des récifs de corail abondants et une riche vie aquatique, que l'on peut admirer grâce à d'innombrables clubs de plongée, font la Thaïlande l'une des destinations les plus belles du monde pour les amateurs de plongée sous-marine. Avec leurs barrières de corail, leurs spectaculaires reliefs sous-marins et leurs pics de calcaire surgissant des eaux calmes, la côte adamantine et les îles environnantes sont particulièrement prisées. La visibilité y est parfois supérieure à 30 m. La diversité de la faune aquatique au large des Burma Banks est exceptionnelle. Vous pourrez notamment y rencontrer des requins baleine. Quelques-uns des meilleurs spots de plongée se trouvent dans les Parcs maritimes nationaux des archipels de Surin, Similan et Tarutao (mer adamantine), Ko Tao dans le golfe de Thaïlande et Ko Chang dans le Golfe oriental. Malheureusement, les richesses de Ko Phi Phi n'ont pas été préservées et l'île a souffert de la surexploitation. De nombreux récifs ont été endommagés par une pêche irresponsable, des plongeurs non respectueux, la pollution et l'usage d'explosifs. Tragique à beaucoup d'autres égards, le tsunami de 2004 n'a heureusement pas beaucoup endommagé la barrière de corail. Peu praticables pendant la mousson *(p. 26-27)*, les spots de la côte adamantine sont accessibles de novembre à avril. Les eaux moins profondes du golfe occidental se visitent de janvier à octobre. La côte orientale est accessible toute l'année. Les excursions peuvent durer d'un à plusieurs jours, et de nombreuses structures accueillent aussi les amateurs d'apnée. Le carnet d'adresses *(p. 468-469)* contient quelques prestataires. Pour une liste plus complète et des renseignements détaillés sur les sites de plongée, référez-vous à l'*Asian Diver Scuba Guide : Thailand* (Asian Diver) ou au *Diving in Thailand* (Asia Books). Des stages de plongée PADI et NAUI sont dispensés un peu partout en Thaïlande. Les centres principaux se trouvent à Phuket, Pattaya,

Rencontre sous-marine au large de la côte adamantine

Plongée autour des récifs de corail sur la côte thaïlandaise

Khao Lak, Ko Tao, Ko Samui, Ko Phi Phi et Krabi. Quelques règles fondamentales de sécurité : vérifiez que votre équipement fonctionne et qu'il est à la bonne taille ; ne plongez pas si vous manquez d'entraînement et si vous n'avez pas confiance en votre formateur ; assurez-vous qu'il y a un système de *buddy* (un recycleur d'air) ; vérifiez que vous n'êtes pas trop nombreux et ne touchez jamais le corail. Si vous ne souhaitez pas suivre cette formation poussée, le snorkeling est une alternative intéressante. La majorité des hôtels et des auberges situés près des côtes louent du matériel de plongée, mais pour en profiter pleinement, autant investir dans un masque et un tube sur place ou avant de partir. Même s'il est difficile de résister à la beauté du corail et à la fascination provoquée par une faune aquatique très colorée, veillez à ne surtout pas trop vous éloigner des côtes.

VOILE

Chaque année en décembre, la King's Cup Regatta attire une foule de plaisanciers à Phuket. Il est possible de louer un voilier avec ou sans skipper, mais les prix sont relativement élevés. Si la côte est, desservie par **Gulf Charters Thailand**, offre des conditions climatiques idéales, Phuket offre un plus grand choix (voir **Phuket Sailing**, **Yachtpro** et **South-East Asia Liveaboards**).

SPORTS NAUTIQUES

Les sports nautiques ont beaucoup de succès en Thaïlande, mais la pollution sonore qu'ils produisent soulève des polémiques : ils ont été interdits à Krabi. Quoiqu'il en soit, il est presque partout possible de louer des planches à voile, des jets ski ou de faire du banana-boat (même dans les parcs maritimes comme à Ko Samet). Les plages de Jomtien, à Pattaya, Hua

Le jet ski : un succès controversé

Hoin, Cha-Am, Patong et Karon, à Phuket, offrent le plus grand choix, du *paragliding* au ski nautique, en passant par la location de hors-bords. On pratique également la pêche au gros à Pattaya et à Phuket (prévoir plus de 10 000 THB par jour). Consultez le carnet d'adresses *(p. 468-469)* pour de plus de détails.

CANOË

Rien de tel qu'un canoë pour visiter les îlots karstiques de Phangnga et de l'archipel d'Angthong. Appelées *hong*, qui signifie « chambre », les anciennes grottes sous-marines, qui abritent de minuscules plages, furent initialement découvertes par **Sea Canoe Thailand**, qui y organise aujourd'hui des excursions. Paddle Asia organise des visites de la baie de Phangnga, du Parc national maritime de Ko Taruato et de l'immense réservoir du Parc national de Khao Sok.

RAFTING ET KAYAK EN EAUX VIVES

Les excursions en radeaux de bambou, particulièrement sur les rivières du Nord du pays, sont très appréciées des visiteurs. Plus excitant encore, le rafting en eaux vives sur embarcations gonflables ne requiert aucune expérience préalable, sauf de savoir nager. Une formation est prévue avant chaque sortie, où l'on vous enseignera l'attitude à adopter en cas d'urgence, et l'activité est bien encadrée. Les hautes vallées des rivières Pai et Moei dans le Nord se prêtent bien au rafting. Dans la région d'Umphang, près de Mae Sot, Mae Klong possède quelques spots de réputation mondiale. Parmi les meilleurs organisateurs, mentionnons **Thai Adventure Rafting**, **Siam Rivers** et **The Wild Lodge**. Plus sportif, le kayak en eaux vives conviendra aux amateurs de sensations fortes. Siam Rivers propose des formations d'une journée pour les débutants, sur la rivière Mae Taeng, au nord de Chiang Mai, et des séjours de cinq jours sur la rivière Nam Wa, dans la province de Nan. La saison propice au rafting et au kayak en eaux vives s'étend de juillet à décembre, lorsque le niveau de l'eau est suffisamment élevé pour assurer une bonne traversée et profiter pleinement de l'expérience.

Explorez la côte thaïlandaise en canoë

GOLF

Pratiquer le golf en Thaïlande revient bien moins cher qu'en Occident, ce qui explique le succès croissant de cette activité auprès des voyageurs. Ce sport est aussi très populaire et très suivi en Thaïlande, et le pays a déjà accueilli plusieurs compétitions internationales. Nombre de parcours ont été conçus par des grands noms du circuit mondial. Dans les environs de Bangkok, les parcours sont généralement assez plats et inintéressants. En revanche, les paysages de Phukhet, Khao Yai et Chiang Mai sont bien plus beaux. Même les clubs les plus exclusifs sont souvent ouverts aux non-membres. Certains villages de vacances, comme ceux de Pattaya, de Phuket et de Hua Hin, proposent une activité golf. Vous trouverez toutes les offres et les informations nécessaires sur www.golfthailand.net. Les meilleurs guides sont le *Thailand Golf Map* et le *Thailand Golf Guide*. Le TAT publie également un guide gratuit des 75 meilleurs terrains de golf. Pour améliorer votre jeu, rendez-vous à l'académie du golf de David Leadbetter au **Thana City Golf and Country Club**. Consultez le carnet d'adresses *(p. 468-469)* pour de plus amples informations.

Excursion à dos d'éléphant

RANDONNÉE À DOS D'ÉLÉPHANT

Suite au déclin de l'activité forestière et son interdiction en 1989, les éléphants se sont retrouvés « au chômage » et leurs *mahouts* réduits à la mendicité. Les randonnées à dos d'éléphant sont une bonne manière de maintenir en vie ce symbole national dont l'habitat naturel est partiellement détruit. Dans le Nord, les éléphants participent généralement à un petit spectacle avant de partir en excursion. Une fois en chemin, les touristes peuvent prendre des photos et ont toutes les chances de se faire asperger en cours de route par le pachyderme facétieux. La majorité des camps d'éléphants se trouvent près de Chiang Mai, à commencer par le **Centre de dressage d'éléphants** *(p. 220)*, le **Mae Sa Elephant Camp** et le **Thai Elephant Conservation Center**. Le **Zoo de Dusit** à Bangkok *(p. 105)* et **Safari World** *(p. 136)* proposent également des excursions. Il est possible de suivre un stage de *mahout* pour apprendre à monter un éléphant et lui faire prendre un bain. De telles formations sont proposées par le **Centre de dressage d'éléphants** et, dans un cadre beaucoup plus luxueux, par le **Four Seasons Tented Camp** *(p. 471)* et l'**Anantara Resort**, tous deux situés dans le Triangle d'or.

TREKKING

Des forêts karstiques vertigineuses de Krabi et de Khao Sok, dans le Sud, aux collines parfumées de Mae Hong Son et Loei, dans le Nord, la Thaïlande se prête bien à la randonnée. En plus de la nature tropicale, ce sont les villages tribaux qui attirent les randonneurs. Hélas, on craint que le tourisme n'ait un effet néfaste sur ces communautés. De nombreux villages près de Chiang Mai, Pai et Mae Hong Son ont été surexploités. Pour ne pas passer pour un « voyeur », essayez d'établir un contact avec les personnes que vous voulez photographier et demandez-leur leur permission, en particulier avec les femmes girafes *(p. 216)*. À la frontière de la Birmanie, surtout autour de Mae Sariang, la prudence est de mise : les accrochages entre l'armée birmane et les indépendantistes sont fréquents. La malaria y sévit à l'état endémique. Plus l'on s'éloigne des villes, plus le risque de contagion augmente. Prenez donc vos précautions. Les amateurs de beaux paysages se dirigeront vers le **Parc national de Khao Yai** *(p. 184-185)*, qui propose des randonnées, des excursions à dos d'éléphant et, si le temps et le niveau d'eau le permettent, des croisières en radeau de bambou. Le voyage peut durer 3 jours ou une semaine, et inclut

Les terrains de golf ne cessent de se multiplier en Thaïlande. Ces espaces réservés traversent de somptueux paysages

Trekking dans la forêt

généralement la visite d'un village. Pour éviter les pièges, demandez au TAT la liste des sociétés agréées par l'association professionnelle des guides de Chiang Mai, ou celle du Jungle Tour Club (**Eagle House** et **Mae Ping Riverside Tours** sont tous les deux membres). Il faut être accompagné par au moins deux guides compétents, parlant une langue tribale et connaissant bien leurs coutumes. Veillez à ce que le groupe ne comprenne pas plus de huit personnes et qu'il soit enregistré auprès de la police. Le transport doit s'effectuer en véhicule privé. Quelques conseils pratiques : isolez votre sac à dos avec des sacs plastiques pour en protéger le contenu de l'humidité, dormez dans des vêtements secs, portez un chapeau, de la crème solaire, un pantalon pour lutter contre les sangsues, des produits contre les insectes et de bonnes chaussures. Les nuits étant fraîches dans les montagnes, prenez quelques affaires chaudes. La meilleure période s'étend de novembre à février et au début de la saison des pluies, en juin-juillet. **Siam Safari**, **The Trekking Collective**, **The Wild Lodge** (voir « Rafting et kayak en eaux vives ») et le **Phuket Trekking Club** ont tous bonne réputation. Le **Friends of Nature** organise des treks écologiques.

DÉCOUVERTE DE LA FAUNE

Malheureusement, la faune thaïlandaise a été extrêmement victime de la chasse, parfois même jusqu'à l'extinction de certaines espèces. Il y a donc peu de chance d'apercevoir un tigre ou un ours si vous ne séjournez que quelques jours dans la région. Les parcs nationaux du pays ont cependant réussi à préserver leur environnement. On y voit parfois de superbes oiseaux aux couleurs vives, d'énormes papillons de toutes sortes et des singes. Le prix d'entrée de ces parcs nationaux est de 400 THB, ce qui pourra vous paraître un peu cher si vous n'y faites qu'une brève excursion. Certains parcs possèdent un camping et des cabanes en rondins. La location s'effectue auprès du **National Park, Wildlife and Plant Conservation Department**. Les parcs qui ont le plus de succès sont le Khao Yai *(p. 184-185)*, le Khao Sok *(p. 356)*, le Phu Kradung *(p. 286-287)* et le Doi Inthanon *(p. 230-231)*. Les sentiers sont généralement bien entretenus mais, avant de vous aventurer dans un parc peu fréquenté, demandez conseil au personnel, qui vous indiquera la promenade la plus intéressante à effectuer.

Faune du Parc national de Khao Yai

VOYAGES EN BATEAU

Avant l'arrivée en Thaïlande de la voiture, le bateau et la marche à pied étaient les principaux moyens de transport. Le réseau des canaux du pays, comme celui des plaines centrales, débordait d'activité et permettait aux habitants de faire leur marché ou de rendre visite à leur famille et amis. Si, de nos jours, les marchés flottants comme celui de Damnoen Saduak *(p. 132)* subsistent encore, c'est surtout pour attirer les touristes, qui apprécient le balai de ces barques colorées se partageant la rivière. Le pays possède également quelques destinations où il est possible de se rendre en bateau. À Bangkok, **Chao Phraya Express Boats** propose une visite guidée des principaux monuments de la ville par la voie des eaux. Dans le Sud, **Sayan Tour** organise des sorties d'une demi-journée ou d'une journée autour des rochers en calcaire de la baie de Phang Nga, avec la possibilité de faire du canoë pendant une heure. Au Nord, des excursions sur la rivière Mae Kok entre Tha Ton et Chiang Rai ont beaucoup de succès. En radeau de bambou, le voyage dure plusieurs jours, en bateau à moteur, quelques heures. Au départ de Tha Ton, les bateaux font escale au village Karen de Ruammit (promenade à dos d'éléphant en prime).

Excursions touristiques en barque traditionnelle

CYCLISME

Un nombre croissant de touristes visitent la Thaïlande à vélo. Certains viennent avec leur bicyclette, d'autre en louent sur place. C'est sportif, bon pour l'environnement et cela permet de faire des rencontres inattendues. Comme les routes principales sont parfois dangereuses, il est possible d'accrocher son vélo à un bus ou un train pour atteindre les régions moins embouteillées.
Le relief de la Thaïlande se prête bien au cyclisme, et plusieurs sociétés organisent des tours avec guide. Vous pouvez consulter les sites www.thaicycling.com et www.mrpumpy.com pour vous renseigner sur les itinéraires. Le circuit qui remporte le plus de succès suit le cours du Mékong de Chiang Khan à Nong Khai, parfois même jusqu'à Mukdahan. La meilleure saison pour faire du vélo en Thaïlande s'étend de novembre à février, quand les températures sont les plus fraîches, particulièrement dans le Nord. Entre mars et mai, il fait trop chaud. Pendant la saison des pluies, de juin à octobre, il ne pleut généralement que quelques heures par jour et les températures sont plus clémentes. La nature est aussi particulièrement luxuriante à cette époque. Consultez le carnet d'adresses *(p. 468-469)* pour de plus amples informations.

ESCALADE

L'escalade en Thaïlande conviendra aux amateurs d'adrénaline. En effet, avec les magnifiques vues qu'offrent ses reliefs calcaires, le pays est l'une des destinations favorites des grimpeurs du monde entier. L'épicentre de l'escalade thaïlandaise se trouve à Krabi, sur la plage de Railay, où plusieurs sociétés proposent des stages pour débutants et louent des équipements aux grimpeurs chevronnés. Parmi les agences les plus réputées, mentionnons **Phuket Cliffshanger**, **King Climbers** et **Hot Rock**. Krabi offre plus de 700 voies équipées, allant du 5a au 8c. Pour plus de détails sur l'escalade et les autres activités pratiquables dans la région, consultez www.railway.com. Ko Phi Phi est également réputée pour ses parois calcaires. Des sociétés locales comme **Cat's Climbing Shop** organisent des cours pour débutants à Ton Sai Tower et Hin Taek. L'escalade se pratique également dans le Nord, où **The Peak Adventure** propose plus de 100 voies équipées, allant du plus simple au plus difficile, autour du Crazy Horse Buttress, près de San Kamphaeng, à 40 km à l'est de Chiang Mai.

Escalade sur la plage de Railay, près de Krabi

SPÉLÉOLOGIE

Les reliefs calcaires de la Thaïlande regorgent de grottes mais rares sont celles qui sont facilement accessibles ou équipées pour accueillir les touristes. La spéléologie en Thaïlande demeure donc une activité réservée aux spécialistes.

Les grottes de Tham Lot, qui remontent à 1 700 ans

L'exception à la règle se vérifie dans la grotte de **Tham Lot** *(p. 219)*, près de Soppong, dans le Nord-Ouest du pays. Vieille de 1700 ans, elle abrite une colonie de martinets qui, chaque nuit, viennent nicher à l'abri des parois. Le spectacle de ces centaines de milliers d'oiseaux est fabuleux. Se rendre à **Cave Lodge** est idéal pour visiter Tham Lot : on peut même y organiser une visite de la grotte en kayak.

SAUT À L'ÉLASTIQUE

Ceux qui apprécient le saut à l'élastique s'adresseront au **Jungle Bungy Jump**, une société qui opère à Phuket, Pattaya et Chiang Mai. Un certificat est délivré après l'exploit.

ÉQUITATION ET COURSES DE CHEVAUX

Les mordus du tiercé peuvent tenter leur chance en Thaïlande. Les tickets sont parfois difficiles à déchiffrer, mais celui qui sait choisir un gagnant à l'intuition a toutes ses chances. Les courses de chevaux sont l'une des rares formes de jeu d'argent autorisé en Thaïlande. Elles attirent donc beaucoup de monde et l'atmosphère y est toujours excellente. Les courses ont lieu tous les week-ends à Bangkok, au **Royal Bangkok Sports Club** *(p. 17)* et au **Royal Turf Club**. Les amateurs d'équitation s'adresseront à l'**International Riding School**, près de Pattaya, au **Phuket Riding Club** et au **Chiang Mai Horse Riding**.

SPORTS AÉRIENS

Comme s'il n'y avait pas assez à faire à Chiang Mai, on y propose des sorties en montgolfière et en ULM quand le temps le permet. Pendant toute la saison sèche, **Chiang Mai Sky Adventure** et **Oriental Balloon Flights** organisent des décollages réguliers depuis leur base au nord-est de Chiang Mai ; c'est l'occasion de découvrir la vallée du Ping vue du ciel et de prendre quelques photos spectaculaires.

APPRENTISSAGE CULTUREL

Les cours de méditation aident à mieux comprendre la culture thaïlandaise. Pratiquée régulièrement, elle permet de gérer le stress de notre monde moderne. Les participants doivent adhérer aux principes fondamentaux du bouddhisme en s'habillant en blanc et en s'abstenant de manger l'après-midi (et, dans un contexte plus étendu, en s'abstenant de mentir, de voler ou de tuer). Ils doivent se lever avant l'aube et diviser leur journée en sessions de méditation assise et en marchant, ainsi que s'abstenir de toute forme de divertissement comme par exemple regarder la télévision ou écouter de la musique. Le bavardage est également proscrit, tout comme l'utilisation des téléphones mobiles. Comme le Dharma (littéralement, « la voie des vérités supérieures ») est enseigné gratuitement, il est suggéré de faire une donation pour couvrir le prix des repas et des autres frais du séjour. Pour des leçons de méditation en anglais et des séjours plus longs et plus encadrés, contactez le **World Fellowship of Buddhists** ou visitez le site www.dhammathai.org. Chaque début de mois, l'**International Dharma Heritage** organise un stage de 10 jours au Wat Suan Mokkh, près de Chaiya, dans le Sud. Le **Northern Insight Meditation Center** organise des séjours d'un mois au Wat Ram Poeng, près de Chiang Mai, au **Wat Mahathat** à Bangkok, au **Wat Kow Tahm** à Ko Pha Ngan et des sessions du dimanche à la **Dhammakaya Foundation**. Certains centres ont des espaces d'apprentissage réservés aux femmes ; d'autres n'acceptent que les hommes. Les visiteurs viennent également en Thaïlande pour étudier le massage thaïlandais traditionnel, un mélange vigoureux de yoga, de réflexologie et d'acupression. Les stages durent une ou deux semaines et comprennent des cours théoriques, ainsi que des démonstrations et de la pratique. On vous décerne, à la fin de votre apprentissage, un certificat de compétence. Le **Wat Pho** *(p. 92-93)* organise des stages en anglais à Bangkok. Plus subtil, le massage de Chiang Mai est enseigné dans l'**Old Medecine Hospital** et dans la **Thai Massage School of Chiang Mai**. Des cours de cuisine thaïlandaise – sculptures de fruits et légumes inclus – sont dispensés dans les écoles de cuisine des hôtels Dusit Thani et Mandarin Oriental *(p. 399-400)*, ainsi qu'au **Blue Elephant** et à la **Baipai Thai Cooking School** de Bangkok. Le Nord du pays possède aussi de bonnes écoles, comme la **Chiang Mai Thai Cookery School** et la **Baan Thai Cookery School**. Les cours peuvent durer une journée ou une semaine. Une journée type commence avec une visite du marché, l'enseignement de quelques plats suivi de la pratique, puis (sans doute la meilleure partie de l'apprentissage) une dégustation de ses propres créations culinaires.

Parachute ascensionnel le long des plages de Chiang Mai

Cours de cuisine thaïlandaise

Légumes sculptés

ADRESSES

PLONGÉE SOUS-MARINE ET SNORKELING

Dive Asia
24 Karon Rd.,
Kata Beach,
Phuket.
Tél. *0 7633 0598.*
www.diveasia.com

Dive Info
Chuancheun Village,
Pattanakarn 57,
Bangkok.
Tél. *0 8182 5960 7.*
www.diveinfo.net

Phi Phi Scuba
Ton Sai Bay, Ko Phi Phi.
Tél. *0 7561 2665.*
www.ppscuba.com

Private Dive Phuket
168/12 Nanai Rd.,
Patong, Phuket.
Tél. *0 8197 9747 3.*
www.privatedive.net

Samui International Diving School
Chaweng Beach,
Ko Samui.
Tél. *0 7724 2386.*
www.samui-diving.com

Santana Diving and Canoeing
49 Thaweewong Rd.,
Patong Beach, Phuket.
Tél. *0 7629 4220.*
www.santanaphuket.com

Sea Dragon Dive Center
5/51 Moo 7,
T Khuk Khak,
Khao Lak.
Tél. *0 7648 5418.*
www.seadragondivecenter.com

VOILE

Gulf Charters Thailand
Ocean Marina,
167/5 Sukhumvit Rd.,
Sattahip.
Tél. *0 3823 7752.*
www.gulfchartersthailand.com

Phuket Sailing
20/28 Soi Suksan, Moo 4,
Tambon Rawai, Phuket.
Tél. *0 8990 96959 ou 0 8189 51826.*
www.phuket-sailing.com

South East Asia Liveaboards
P.O. Box 381, Phuket-ville.
Tél. *0 7652 2807.*
www.seal-asia.com

Yachtpro
Attenant au Yacht Haven Marina, Phuket.
Tél. *0 76 34 8117.*
www.sailing-thailand.com

SPORTS NAUTIQUES

Barracuda Bar
157/132-133 Moo 5,
Pattaya-Naklua Rd.,
Chonburi.
Tél. *0 8434 57177.*
www.barracudabar-pattaya.com

Pattaya Fishing
SEAduction Dive Centre,
Bali Hai Pier, 551/2 Moo 10, Tambon Nongprue,
Banglamung, Chonburi.
Tél. *0 3871 0029.*
www.pattayafishing.com

Phuket Deep Sea Fishing
Chalong Bay, Phuket.
Tél. *0 8690 05341.*
www.phuketdeepseafishing.com

Phuket Fishing
Chalong Bay, Phuket.
Tél. *0 7638 3581.*
www.phuket-fishing.com

CANOË

Paddle Asia
9/71 Rasdanusorn Rd.,
Phuket.
Tél. *0 7624 0952.*
www.paddleasia.com

Sea Canoe Thailand
125/461 Moo 5, Baan Sapan Rd., Muang
Phuket.
Tél. *0 7652 8839/40.*
www.seacanoe.net

RAFTING ET KAYAK EN EAUX VIVES

Siam Rivers
17 Ratchawithi Rd.,
Chiang Mai.
Tél. *0 8951 51917.*
www.siamrivers.com

Thai Adventure Rafting
420/3 Changklaan Rd.,
Chiang Mai.
Tél. *0 5320 46645.*
www.activethailand.com

The Wild Lodge
666 Sukhumvit 24,
Bangkok.
Tél. *0 2261 4412.*
www.thewildlodge.com

GOLF

Blue Canyon Country Club
165 Moo 1, Thepkasattri Rd., Thalang, Phuket.
Tél. *0 7632 8088.*
www.bluecanyonclub.com

Laem Chabang International Country Club
106/8 Moo 4, Beung,
Siracha, près de Pattaya.
Tél. *0 3837 2273.*
www.laemchabanggolf.com

Lanna Golf Club
Chotana Rd.,
Chiang Mai.
Tél. *0 5322 1911.*

Thana City Golf and Country Club
100-100/1 Moo 4,
Bang Na Trat Rd.,
sortie autoroute 34,
km 14, près de Bangkok.
Tél. *0 2336 0568/74.*

RANDONNÉE À DOS D'ÉLÉPHANT

Anantara Resort
Golden Triangle.
Tél. *0 5378 4084.*
www.goldentriangle.anantara.com

Mae Sa Elephant Camp
119/9 Tapae Rd., Muang
Chiang Mai.
Tél. *0 5320 6248.*
www.maesaelephantcamp.com

Thai Elephant Conservation Center
Thung Kwian, 37 km NO de Lampang.
Tél. *0 5422 9042.*

TREKKING

Eagle House
16 Chang Moi Kao,
Chiang Mai.
Tél. *0 5323 5387.*
www.eaglehouse.com

Friends of Nature
133/21 Ratchaprarop Rd.,
Bangkok.
Plan 4 E4-5.
Tél. *0 2642 4426.*
www.friendsofnature93.com

Mae Ping Riverside Tours
101 Chiang Mai-Lamphun Rd., Chiang Mai.
Tél. *0 5330 2121.*
www.tours-chiangmai.com

Phuket Trekking Club
55/779-780 Villa Daowroong Village,
East Chaofah Rd.,
Tambon Vichit, Phuket.
Tél. *0 7637 7344.*
www.phukettrekkingclub.com

ADRESSES

Siam Safari
45 Chao Far Rd., Chalong, Phuket.
Tél. *0 7628 0116.*
www.siamsafari.com

The Trekking Collective
3/5 Loy Kroh Rd. Soi 1, Chiang Mai.
Tél. *0 5320 8340.*
www.trekkingcollective.com

DÉCOUVERTE DE LA FAUNE

National Park, Wildlife and Plant Conservation Department
61 Phaholyothin Rd., Chatuchak, Bangkok.
Tél. *0 2562 0760.*
www.dnp.go.th

VOYAGE EN BATEAU

Chao Phraya Express Boats
78/24-29 Maharaj Rd., Phra Nakhorn, Bangkok.
Tél. *0 2623 6001.*
www.chaophrayaboat.co.th

Sayan Tour
209 Phangnga Bus Terminal, Phangnga.
Tél. *0 7643 0348.*
www.sayantour.com

CYCLISME

Bike and Travel
Prathum Thani.
Tél. *0 2990 0274.*
www.cyclingthailand.com

Click and Travel
158/42 Chiang Mai-Hod Rd., Chiang Mai.
Tél. *0 5328 1553.*
www.clickandtravelonline.com

Spice Roads
14/1-B Soi Promsri 2, Sukhumvit Soi 39, Bangkok.
Tél. *0 2712 5305.*
www.spiceroads.com

ESCALADE

Cat's Climbing Shop
Ton Sai Vilage, Ko Phi Phi.
Tél. *0 8178 75101.*

Hot Rock
Railay Beach, près de Krabi. ***Tél.*** *0 7562 1771.*
www.railayadventure.com

King Climber
Railay Beach, près de Krabi.
Tél. *0 7562 2096.*

Phuket Cliffshanger
6/6 Chaloemphakiet Rd., (Soi Eden) Patong Beach.
Tél. *0 7634 5815.*

The Peak Adventure
302/4 Chiang Mai-Lamphun Rd., Chiang Mai. ***Tél.*** *0 5380 0567.*
www.thepeakadventure.com

SPÉLÉOLOGIE

Cave Lodge
15 Moo 1, Pang Mapha, près de Mae Hong Son.
Tél. *0 5361 7203.*
www.cavelodge.com

SAUT À L'ÉLASTIQUE

Jungle Bungy Jump
Tél. *0 5329 7700.*
www.junglebungy.com

ÉQUITATION ET COURSES DE CHEVAUX

Chiang Mai Horse Riding
Travel Shoppe, 2/2 Chaiyaphum Rd., Chiang Mai. ***Tél.*** *0 5387 4091.*
www.horseriding.chiangmaiinfo.com

International Riding School
100 Moo 9, Tambon Pong, Amphur Banglamung, Chonburi.
Tél. *0 3824 8026.* **www**.ridingschoolasia.com

Phuket Riding Club
Chalong, Phuket.
Tél. *0 7628 8213.*
pemika2006@hotmail.com

Royal Turf Club
Phitsanulok Rd., Dusit, Bangkok.
Tél. *0 2628 1810.*
www.rtcot.com

SPORTS AÉRIENS

Chiang Mai Sky Adventure
Doi Saket, Chiang Mai.
Tél. *0 5386 8460.*
www.skyadventures.info

Oriental Balloon Flights
Doi Saket, Chiang Mai.
Tél. *0 8461 14128.*
www.orientalballoonflights.com

APPRENTISSAGE CULTUREL

Baan Thai Cookery School
11 Rachadamnern Rd., Soi 5, Chiang Mai.
Tél. *0 5335 7339.*
www.cookinthai.com

Baipai Thai Cooking School
150/12 Soi Naksuwan, Nonsee Rd., Chongnonsee, Yannawa, Bangkok. ***Tél.*** *0 2294 9029.* **www**.baipai.com

Blue Elephant
233 South Sathorn Rd., Bangkok.
Tél. *0 2673 9353.*
www.blueelephant.co.th

Chiang Mai Thai Cookery School
47/2 Moon Muang Rd. Chiang Mai.
Tél. *0 5320 6388.*
www.thaicookeryschool.com

Dhammakaya Foundation
40 Moo 8, Khlong Song, Khlong Luang, Pathum Thani.
Tél. *0 2831 1000.*
www.dhammakaya.org

International Dharma Hermitage
Wat Suan Mokkh, Chaiya, Surat Thani.
Tél. *0 7743 1552.*
www.suanmokkh.org

Northern Insight Meditation Center
Wat Ram Poeng, Canal Rd., Chiang Mai.
Tél. *0 5327 8620.*
www.palikanon.com/vipassana/tapotaram/tapotaram.htm

Old Medicine Hospital
238/8 Wualai Rd., Chiang Mai. ***Tél.*** *0 5320 1663.*
www.thaimassageschool.ac.th

Thai Massage School of Chiang Mai
203/6 Mae Jo Rd., Chiang Mai.
Tél. *0 5385 4330.*
www.tmcschool.com

Wat Kow Tahm
Près de Ban Tai, Ko Pha Ngan.
www.watkowtahm.org

Wat Mahathat (Section Five)
Maharat Rd., Bangkok.
Tél. *0 2222 6011.*

World Fellowship of Buddhists
616 Benjasiri Park, Soi Medhinivet, sortie Sukhumvit 24, Bangkok.
Tél. *0 2661 1284.*
www.wfb-hq.org

Les centres de soins en Thaïlande

Les Spa thaïlandais proposent un nombre infini de soins

La Thaïlande possède des milliers de Spa, qui offrent toutes sortes de soins. Des températures élevées et des paysages idylliques en font un lieu idéal pour les Spa. L'architecture traditionnelle thaïlandaise, le décor zen minimaliste et la nature luxuriante se combinent à la nature généreuse et accueillante des Thaïlandais pour donner naissance à une expérience inoubliable. En Thaïlande, on pratique le massage depuis plus de 1 500 ans. S'il est possible de se faire masser le dos dans une échoppe du centre-ville, rien ne vaut le service exceptionnel des Spa de luxe ou un après-midi dans un centre spécialisé.

Relaxation dans le jardin de l'Anantara Resort and Spa

HÔTELS ET VILLAGES SPA

Le Spa était autrefois considéré comme un divertissement, au même titre que le farniente sur la plage ou le restaurant. La création au sein d'hôtels cinq étoiles de certains des meilleurs Spa du monde a changé la donne. Avec leur vaste choix de soins professionnels, les Spa sont parfois le principal objet du voyage. La plus grande concentration de Spa se trouve sur les îles de Phuket et Ko Samui, dans les stations balnéaires de Huan Hin et de Cha-am, et au nord de Chiang Mai. Parmi les meilleurs du pays, mentionnons le **Four Seasons Resort Koh Samui**, le **Banyan Tree Spa Phuket**, le **Evason Phuket Resort and Six Senses Spa** et l'**Anantara Resort and Spa**, à Hua Hin et à Ko Samui. Certains soins sont parfois comptés en extras, mais de nombreux établissements offrent désormais des séjours tout inclus. Les hôtels d'Anantara proposent des programmes de trois à sept jours comprenant de quatre à dix formules différentes.

SÉJOURS SPA

La Thaïlande possède de nombreux hôtels de luxe, le plus souvent situés dans des cadres enchanteurs. Si vous voulez rester à l'abri des regards, sur une plage déserte de sable blanc, rendez-vous au **Six Senses Hideaway Hua Hin**, au sud de Hua Hin, ou à l'**Aleenta Resort and Spa Phang Nga**. Si vous souhaitez résider dans une villa luxueuse, avec une piscine à débordement au milieu de la jungle, une vue sur les rizières ou sur la Birmanie et le Mékong, essayez le **Four Seasons Chiang Mai** ou le **Four Seasons Tented Camp at the Golden Triangle**. Le but est de goûter à la culture locale tout en profitant d'un centre de soins. Ces établissements sont souvent installés dans des lieux accessibles uniquement en bateau (comme le **Rayavadee Spa** près de Krabi, et The Four Seasons Tented Camp at the Golden Triangle), ce qui contribue au charme de l'expérience. Ces établissements offrent également des programmes de soins intensifs pour ceux qui veulent faire de la relaxation le thème principal de leur séjour.

SPAS SPÉCIALISÉS

Revitaliser l'esprit et le corps est l'objectif principal de ces Spa spécialisés. Les hôtes quittent rarement l'établissement pendant leur séjour. Le meilleur Spa de ce genre en Thaïlande, le **Chiva-Som International Health Resort**, offre plus de 150 soins tournants autour de la relaxation, de la régénération, du soulagement du stress, de la détoxification et de la perte de poids. Le séjour commence par une consultation au cours de laquelle un programme est établi conjointement avec l'hôte. Le séjour est de trois nuits minimum ; la plupart des clients y restent une semaine ou plus. Tout est inclus dans le prix. Un autre Spa célèbre est le **Kamalaya Wellness Sanctuary and Holistic Spa** de Ko Samui. Ces Spa proposent aussi souvent

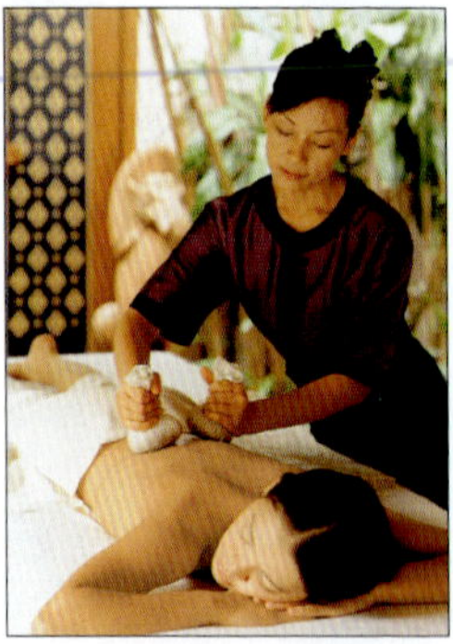

Massage au Banyan Tree Spa Phuket

des activités qui ne sont pas directement liées aux traitements, comme des excursions à dos d'éléphant ou de buffle, et des randonnées en montagne. Le **Four Seasons Tented Camp** propose un massage des cuisses à base de camphre, de citron vert et de citronnelle pour soulager les crampes contractées pendant les randonnées à dos d'éléphant.

SPA À LA JOURNÉE

Dans toute la Thaïlande, on trouve des Spa à la journée, qui ne sont pas reliés à un hôtel et que l'on peut payer à la session. La plupart d'entre eux se trouvent à Bangkok. Mentionnons les élégants **Being Spa** et **Pirom Spa**, ainsi que le **Harnn Heritage Spa** et le **Spa of Qinera**. Chiang Mai a aussi une excellente réputation pour les Spa à la journée.

SOINS

Malgré l'attachement des Thaïlandais aux massages et aux médecines naturelles traditionnelles, le pays se trouve à l'avant-garde en ce qui concerne l'innovation des techniques de soins du corps. On trouve toutes sortes de produits et de procédés, des « aspersions tropicales » et autres « brumes de tranquillité » du Banyan Tree Spa Phuket au célèbre massage à quatre mains Harmony Banyan. D'autres Spa comme le Six Sense Spa et l'Anantara Spa proposent leur propre version de ce massage. Alors que certains soins comme le massage traditionnel sont originaires de Thaïlande, d'autres, comme l'hydrothérapie, la thalassothérapie, l'aromathérapie et les soins ayurvédiques sont importés et se dispensent partout dans le monde. De nombreux Spa ont développé leurs propres techniques de soins. Le Four Seasons Spa, par exemple, pratique une série de soins du corps liée à certains cycles de la lune.

Yoga anti-stress au Chiva-Som International Health Resort

ADRESSES

HÔTELS ET VILLAGES SPA

Anantara Resort and Spa Hua Hin
Phetkasem Beach Rd., Hua Hin.
Tél. 0 3252 0250.
www.anantara.com

Anantara Resort and Spa Koh Samui
99/9 Moo 1, Bo Phut Bay, Ko Samui.
Tél. 0 7742 8340.
www.anantara.com

Banyan Tree Spa Phuket
33 Moo 4, Srisoonthorn Rd., Cherngtalay, Phuket.
Tél. 0 7632 4374.
www.banyantreespa.com

Evason Phuket Resort and Six Senses Spa
100 Vised Rd., Moo 2 Tambol Rawai, Phuket.
Tél. 0 7638 1010.
www.sixsenses.com/evason-phuket

Four Seasons Resort Koh Samui
219 Moo 5, Angthong, Ko Samui.
Tél. 0 7724 3000.
www.fourseasons.com

SÉJOURS SPA

Aleenta Resort and Spa Phang Nga
33 Moo 5, T Khokkloy, Phang Nga.
Tél. 0 7658 0333.
www.aleenta.com

Six Senses Hideaway Hua Hin
9/22 Moo 5, Paknampran Beach, Pranburi.
Tél. 0 3261 8200.
www.sixsenses.com/hideaway-huahin

Four Seasons Chiang Mai
Mae Rim-Old Samoeng Rd., Mae Rim, Chiang Mai.
Tél. 0 5329 8181.
www.fourseasons.com

Four Seasons Tented Camp at the Golden Triangle
Sortie Chaeng Saen Rd., Chaeng Saen.
Tél. 0 5391 0200.
www.fourseasons.com

Rayavadee Spa
214 Moo 2, Tambol Ao-Nang, Amphur Muang, Krabi. *Tél. 0 7562 0740 3.*
www.rayavadee.com

SPAS SPÉCIALISÉS

Chiva-Som International Health Resort
Petchkasem Rd., Hua Hin.
Tél. 0 3253 6536.
www.chivasom.com

Kamalaya Wellness Sanctuary and Holistic Spa
102/9 Moo 3, Laem Set Rd., Na-Muang, Ko Samui.
Tél. 0 7742 9800.
www.kamalaya.com

SPA À LA JOURNÉE

Being Spa
88 Soi Sukhumvit, 51 Klongton Nua, Bangkok.
Tél. 0 2662 6171.

Harnn Heritage Spa
Siam Paragon, 4e ét., Bangkok.
Tél. 0 2610 9715.

Pirom Spa
87 Nai Lert Building, Sukhimvit Rd., Bangkok.
Tél. 0 2655 4177.
www.piromspa.com

Spa of Qinera
172/1 Soi Pipat 2, Chong Nonsi, Bangkok.
Tél. 0 2636 8306.
www.qineraspa.com

RENSEIGNEMENTS PRATIQUES

MODE D'EMPLOI

La Thaïlande prend soin de ses visiteurs et les douze millions de personnes qui s'y rendent chaque année y jouissent de structures d'accueil sans équivalent dans le reste de l'Asie. L'office de tourisme thaïlandais (Tourism Authorithy of Thailand, ou TAT) a son siège dans la capitale, mais il possède également de nombreuses antennes dans tout le pays ainsi qu'à l'étranger. Ce guide indique ses adresses pour chaque localité ou site décrits. L'amélioration des infrastructures, publiques et privées, a rendu l'ensemble des régions plus accessibles aux étrangers, et ceux-ci n'ont plus autant besoin de se restreindre aux voyages organisés ou aux grandes destinations bien équipées comme Bangkok ou Phuket. De nombreuses agences de voyages proposent sur place des conseils, des réservations d'hébergement et de billets de transport, ainsi que des visites organisées. Beaucoup peuvent en outre répondre à des demandes particulières. En pensant à organiser son voyage à l'avance, on évitera la saison des pluies et les périodes de fêtes telles que le Nouvel An chinois *(p. 48-51)*.

Relève de la garde royale à Bangkok

QUAND PARTIR ?

Un climat tropical vaut à la Thaïlande un taux d'humidité élevé toute l'année, des périodes de canicule et des averses diluviennes *(p. 48-51)*. Il n'est donc pas surprenant que la haute saison touristique coïncide avec les mois les plus frais et les plus secs, de novembre à février. La saison chaude, de mars à mai, se révèle pour certains insupportable. La saison pluvieuse, qui dure en général de juin à octobre, est celle qui échappe le plus aux prévisions. Elle peut se prêter à un agréable voyage bien que certaines pistes deviennent impraticables.

RÉSERVATIONS

Bangkok sert de plaque tournante pour d'autres destinations en Asie du Sud-Est, et mieux vaut ne pas attendre la dernière minute pour prendre son billet d'avion, en particulier pendant la haute saison touristique entre novembre et février. Si vous décidez de partir pendant cette période, prévoyez de réserver vol et certains hébergements de trois à six mois à l'avance.

VISAS ET PASSEPORT

Les ressortissants de l'Union européenne, du Canada et de la Suisse n'ont pas besoin de visa pour un séjour de moins de 30 jours en Thaïlande. Ce séjour est extensible (10 jours maximum). Au passage de la frontière, les autorités peuvent demander aux voyageurs de présenter un billet de retour ou un titre de transport vers un autre pays, ainsi que de justifier de fonds suffisants pour leur vie quotidienne pendant leur voyage (présenter une carte de crédit suffit). Avant votre départ, mieux vaut vous renseigner auprès de l'ambassade ou d'un consulat de Thaïlande. Les citoyens de petits États européens doivent demander un visa. Si vous envisagez de rester plus d'un mois, vous pouvez obtenir auprès de l'ambassade ou du consulat de Thaïlande un visa touristique de 60 jours. Comptez deux ou trois jours ouvrables de délai, parfois plus en période chargée. Il existe aussi un visa de 90 jours, mais il faut alors justifier des raisons d'un séjour aussi long. L'entrée en Thaïlande doit avoir lieu dans les 90 jours après l'obtention du visa. Les visas de tous types peuvent être prolongés, mais la décision dépend du bon vouloir du bureau de l'immigration de Bangkok ou de ses antennes provinciales. Le **bureau de l'immigration** de Bangkok peut aussi accorder des visas à double entrée, permettant de sortir du pays et d'y revenir dans un délai de 60 jours. Dépasser la durée de séjour autorisée est puni d'une amende de 200 THB par jour. Ces visas de sortie et de rentrée sur le territoire thaïlandais peuvent être obtenus facilement (le passeport doit être valable 6 mois après la date de retour). L'ouverture des frontières avec les pays

Sur la plage de Patong, Phuket

◁ *Samlor* en attente au marché de Lopburi

voisins dépend de la situation politique du moment *(p. 480)*. L'ambassade de Birmanie (Myanmar) de Bangkok octroie des visas touristiques de 4 semaines (payant). Les visas laotiens de 30 jours s'obtiennent souvent plus rapidement en passant par une agence de voyages dans une grande ville comme Chiang Mai ou Bangkok qu'en s'adressant à l'ambassade. Le Cambodge accorde un visa touristique gratuit de 4 semaines à l'arrivée à l'aéroport de Phnom Penh.

DOUANES

On vous remettra pendant le vol un formulaire de déclaration douanière à rendre, rempli, après avoir récupéré vos bagages. La législation autorise par personne l'importation de 200 cigarettes, d'1 litre de vin ou d'alcool, d'un appareil électrique, d'une caméra vidéo avec trois cassettes et d'un appareil photo. Drogues *(p. 480)*, armes à feu et matériel pornographique sont strictement interdits. La Thaïlande autorise l'importation d'une voiture ou d'une moto pendant une période maximale de six mois. Les formalités se font avant le départ à l'ambassade. Il n'existe pas de limite supérieure à la quantité d'argent que vous pouvez entrer dans le pays, mais une somme minimum est exigée. Une autorisation est nécessaire pour sortir du pays plus de 50 000 THB. L'exportation d'antiquités ou de bouddhas est soumise à autorisation. Vous devez vous adresser au **département des Beaux-Arts** du Musée national au moins cinq jours avant la date d'embarquement de l'objet. Il vous faudra deux photos de face de celui-ci. Certains magasins d'antiquités prennent en charge ces démarches. Les « œuvres d'art » contemporaines et celles achetées sur les marchés, ne requièrent aucune permission. On peut, à certaines conditions, obtenir le remboursement de la TVA. Les marchandises doivent quitter la Thaïlande dans les 60 jours après leur achat. Au retour, vous présenterez à l'aéroport, marchandises, formulaires et factures au service des douanes.

INFORMATIONS TOURISTIQUES

L'office de tourisme thaïlandais, le **Tourism Authority of Thailand (TAT)** a son siège à Bangkok et possède des antennes dans la plupart des capitales provinciales, ainsi qu'à l'étranger (*p. 395* pour la France). Il existe aussi un petit guichet de renseignements à l'aéroport de Don Muang. On y obtient des informations pratiques sur les sites et les manifestations, des plans et des brochures ainsi qu'une liste d'agences de voyages et d'hôtels de bonne réputation.

Logo du TAT

Une agence de voyage locale

ADRESSES

Bureau d'immigration
507 Soi Suanphlu, Sathorn Tai Rd., Bangkok. ***Tél.*** *0 2287 3101.*
www.immigration.go.th

Département des Beaux-Arts
Musée national, 1 Na Phra That Rd., Phra Nakhon, Bangkok.
Tél. *0 2224 1370 ou 0 2224 1333.* **www**.finearts.go.th

Siège du TAT
1600 New Phetburi Rd., Bangkok.
Tél. *1672 ou 0 2250 5500.*
www.tourismthailand.org

AMBASSADES

Ambassade royale de Thaïlande à Paris
8 rue Greuze, 75016.
Tél. *01 56 26 50 50.*
Voir aussi l'office de tourisme p. 395.

Belgique
44 Soi Phiphat, Silom Rd., Bangkok. ***Tél.*** *0 2236 0150.*

Cambodge
518/4 Pracha Uthit Rd., Soi Ramkamhaeng 39, Bangkok.
Tél. *0 2957 5851 (puis le 100).*

Canada
15e ét., Abdulrahim Place, 990 Rama 4 Rd., Bangkok. ***Tél.*** *0 2636 0540.*

France
35 Soi Rong Phasi Ko, Charoen Krung Rd. ***Tél.*** *0 2266 8250/55.*

DROITS D'ENTRÉE

Les droits de visite demandés en Thaïlande sont symboliques, allant de 10 à 50 THB pour les établissements publics. L'entrée des parcs nationaux, cependant, est plus chère : 200 ou 400 THB par personne (les enfants payent moitié prix). Les musées privés sont généralement gratuits, mais peuvent afficher 200 THB l'entrée. Parfois, les étrangers paieront plus cher que les habitants du pays. Conformément à la loi thaïlandaise, ceci n'est pas tout à fait légal, mais pour vous éviter une situation embarrassante, mieux vaut payer la somme demandée. Quelques *wats* touristiques majeurs réclament un droit d'entrée et, dans les autres, une boîte est à la disposition des touristes pour don libre.

HEURES D'OUVERTURE

Les principaux sites ouvrent tous les jours, mais certains musées nationaux ferment les jours fériés et les lundis et mardis. Presque tous les sites peuvent se visiter toute l'année, mais pendant la saison pluvieuse, les liaisons en bateau vers certaines îles du Sud sont restreintes. Certains parcs nationaux ferment à la même période. Les grandes attractions touristiques ouvrent à 8 h ou 9 h et ferment entre 15 h 30 et 18 h. Les grands magasins ouvrent tous les jours de 10 h à 21 h et les petites boutiques de 8 h à 21 h. Les petites villes possèdent un marché quotidien. Les horaires de bureau sont de 8 h à midi et de 13 h à 17 h du lundi au vendredi, ceux des services gouvernementaux de 8 h 30 à midi et de 13 h à 16 h 30 les mêmes jours. Pour les banques, *voir p. 484*.

Tickets d'entrée de grands sites historiques

FAIRE SES BAGAGES

Les vêtements sont vraiment bon marché en Thaïlande. Pour visiter temples et musées, il vous faudra une tenue couvrant épaules et jambes *(p. 479)*. Des chaussures faciles à enlever se révéleront fort utiles. En saison pluvieuse, un imperméable léger offre une protection peu encombrante contre les averses subites. Prévoyez aussi une pharmacie de base *(p. 482)*.

PERSONNES HANDICAPÉES

Il existe peu d'aménagements pour les handicapés en Thaïlande : seuls les hôtels de standing des grandes villes disposent d'un accès en fauteuil roulant. Le moyen le plus simple de visiter le pays consiste donc à s'inscrire à un voyage organisé *(p. 491)*. Renseignez-vous aussi auprès de l'**Association of Physically Handicapped People**.

AMÉNAGEMENTS POUR LES ENFANTS

Les Thaïlandais adorent les enfants et se donneront beaucoup de mal pour vous aider à les satisfaire. Les grands hôtels proposent des services qui leur sont spécialement destinés, et la TAT vous renseignera sur les distractions, telle la visite d'un zoo, à même de les séduire. Dans la plupart des restaurants, le chef acceptera d'adapter un plat pour le rendre moins épicé. Pensez à prévoir chapeau et crème solaire.

SENIORS

Les doyens thaïlandais sont traités avec le plus grand respect, comme le seront ceux des autres pays, à la différence que ce statut ne permettra pas de réductions pour les droits d'entrée.

VOYAGEURS GAYS ET LESBIENS

Face à l'homosexualité, la société thaïlandaise est relativement détendue. Cependant, une partie plus conservatrice s'oppose encore aux démonstrations d'affection publiques (tant de la part des homosexuels que des hétérosexuels). On trouve des clubs et des bars homosexuels à Bangkok, Pattaya, Phuket et Chiang Mai. Le **Long Yang Club** promeut l'amitié entre Asiatiques et Occidentaux. L'**Utopia** est un excellent site Web, où l'on peut se tenir informé des événements gays et lesbiens en Thaïlande.

LIEUX DE CULTE POUR VISITEURS

Plusieurs structures permettent d'approfondir sa connaissance du bouddhisme *(p. 467)*. L'**International Buddhist Meditation Centre** tient une liste détaillée des classes disponibles en anglais dans les *wats* de Bangkok et de sa périphérie. La plupart des autres principales religions possèdent des lieux de culte en Thaïlande. Vous en trouverez les coordonnées dans les annuaires disponibles dans les hôtels et les pensions de Bangkok et des capitales provinciales. La **Holy Redeemer Catholic Church**, la **Christ Church** anglicane, l'**International Church**, le **Jewish Community Centre** et la **Haroon Mosque** proposent à Bangkok des offices en anglais.

LANGUES

Très peu de Thaïlandais parlent français mais, dans les zones touristiques, il est en général possible de se faire comprendre en anglais et les cartes de restaurant portent souvent le nom des plats dans cette langue. Il existe plusieurs systèmes de transcription de l'écriture thaïe en alphabet latin, et l'orthographe d'un nom de lieu peu terriblement varier entre divers guides, cartes ou panneaux indicateurs. Ses nuances tonales *(p. 524-528)* rendent la prononciation du thaï difficile à maîtriser, mais connaître quelques phrases fondamentales se révélera toujours utile, et vos interlocuteurs se montreront enchantés de vous voir faire cet effort.

Panneau indicateur en thaïlandais

HEURE ET CALENDRIERS

Il existe entre la France et la Thaïlande un décalage horaire de six heures en hiver et de cinq heures en été. En décembre, quand il est midi à Paris, il est 18 h à Bangkok. En août, quand il est midi à Paris, il est 17 h à Bangkok. S'ils utilisent les systèmes classiques de mesure du temps sur des bases de 12 et 24 heures, par exemple 5 h de l'après-midi (5 *pm* en anglais) et 17 h, les Thaïlandais divisent aussi la journée en quatre tranches de six heures. « 7 h » devient ainsi 1 h du matin *(p. 528)*. Cette forme traditionnelle d'indication de l'heure s'applique surtout à la période nocturne, de 18 h à 6 h. Le calendrier officiel thaïlandais prend pour point de départ le début de l'ère bouddhiste, soit l'an 543 av. J.-C. Ainsi, à l'an 2000 correspondait l'an 2543.

SYSTÈME MÉTRIQUE

Depuis 1920, la Thaïlande utilise le même système métrique en vigueur dans l'Union européenne (mètres, kilomètres, litres, kilogrammes, etc.), à l'exception de certaines mesures de superficie agricole (comme le *waa*, le *ngaan* et le *râi*).

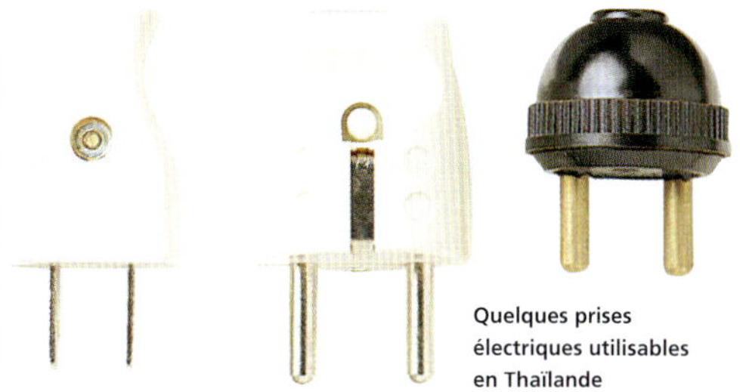

Quelques prises électriques utilisables en Thaïlande

ÉLECTRICITÉ

La Thaïlande est alimentée comme la France en courant alternatif de 220 V et 50 Hz. Les prises encastrées acceptent en général à la fois des fiches rondes et des fiches plates. Les magasins d'équipement électrique vendent des adaptateurs ainsi que des prises protégées contre les surcharges, un accessoire indispensable à ceux qui se déplacent avec un ordinateur portable. Les coupures de courant deviennent de plus en plus rares. Dans certaines zones rurales, posséder une lampe de poche se révèle pratique.

VOYAGE RESPONSABLE

L'attitude des Thaïlandais envers l'environnement tend à évoluer. Les autorités sensibilisent la population sur la conservation des richesses du territoire. Désormais, les pêcheurs ne sont plus autorisés à pêcher à la dynamite, et pour préserver l'écologie, un certain nombre de mesure ont été prises : les visiteurs n'ont pas le droit d'emporter quoi que ce soit (corail ou coquillages par exemple) et l'utilisation de sacs ou de bouteilles en plastique dans les parcs nationaux est en voie d'interdiction. **Open World** propose des voyages écologiques en Thaïlande, et le site Internet du **Thaïland Environnement Institute** procure des informations sur les projets environnementaux et la conservation des ressources naturelles de la Thaïlande. Dans certaines régions, il subsiste de lourds problèmes : entreprises responsables de la disparition de certaines espèces, déboisement des forêts pour les plantations d'huile de palme et élevage de tigres promis à l'abattoir.

ADRESSES

PERSONNES HANDICAPÉES

Association of Physically Handicapped People
73/7-8 Tivanond Rd., Talad Kwan, Nonthaburi.
Tél. *0 2951 0445.*

VOYAGEURS GAYS ET LESBIENS

Long Yang Club
www.lycthailand.com

Utopia
www.utopia-asia.com

LIEUX DE CULTE POUR VISITEURS

Christ Church
11 Covent Rd., Bangkok.
Tél. *0 2234 3634.*
www.christchurch bangkok.org

Haroon Mosque
25 Charoen Krung 36 Rd., Chinatown, Bangkok.
Tél. *0 2630 9435.*

Holy Redeemer Catholic Church
123/19 Soi Ruam Rudi, 5 Witthayu (Wireless) Rd., Bangkok. ***Tél.*** *0 2256 6305.* **www**.holyredeemer bangkok.net

International Buddhist Meditation Center
Wat Mahathat, 3 Maharaj Rd., Bangkok.
Tél. *0 2623 6326.*

International Church
61/2 Soi Saen Sabai, Sukhumvit 36, Bangkok.
Tél. *0 2258 5821.*
www.icbangkok.org

Jewish Community Center
121 Soi Sainamtip 2, Soi 22 Sukhumvit Rd., Bangkok.
Tél. *0 2663 0244*

VOYAGE RESPONSABLE

Open World International Travel Service
89/14-15 Phahonyothin 54/1, Saimai, Bangkok.
Tél. *0 2974 3867.*
www.openworld thailand.com

Thailand Environment Institute
16/151 Muang Thong Thani, Bond Rd., Pakkred, Nonthaburi. ***Tél.*** *0 2503 3333.* **www**.tei.or.th

Savoir-vivre

Ce n'est pas un hasard si la Thaïlande est souvent appelée le « pays des sourires ». Ses habitants se montrent extrêmement accueillants et serviables, et s'entendre avec eux n'a rien de difficile : il suffit de sourire et de rire beaucoup. Le bouddhisme les incite à une grande tolérance, et les situations conflictuelles peuvent aisément être évitées avec de la courtoisie et du bon sens. Quelques tabous, principalement liés à la monarchie et à la religion, existent cependant. Les visiteurs se doivent en particulier de se comporter avec respect dans les *wat* et devant toute image du Bouddha. Maîtriser ses émotions est à la base de l'éducation thaïe. Perdre son sang-froid en public ou se mettre à crier ne peut que causer de l'embarras et ne dénouera jamais un problème.

Le *wai* demeure le salut traditionnel

SALUER

Les Thaïlandais se saluent en pressant les paumes l'une contre l'autre et en inclinant légèrement le buste. Ce geste, appelé *wai*, dérive d'une ancienne salutation destinée à montrer qu'aucune des deux parties ne portait d'arme. Des règles complexes régissent le *wai* en fonction du statut social, du sexe et de l'âge des personnes. Une personne de rang inférieur adresse un salut en premier et le marque de manière plus prononcée. Les Thaïlandais n'attendent toutefois pas des étrangers qu'ils maîtrisent de telles subtilités et l'attitude la plus simple consiste à reproduire à l'identique tout salut qui vous est fait. Normalement, un adulte ne rend toutefois pas un *wai* à un enfant ou à du personnel à son service tel que serveurs de restaurant et vendeurs de rue. Les Thaïlandais s'appellent par leur prénom. Pour les hommes comme pour les femmes, la forme d'adresse polie consiste à faire précéder ce prénom du titre honorifique « *khun* ».

ATTITUDES CORPORELLES

Considérée comme sacrée, la tête ne doit jamais être touchée. À l'inverse, les pieds sont la partie impure du corps. Les tourner vers quelqu'un, ou vers une image du Bouddha, est une forme d'affront. Quand vous vous asseyez sur le sol, repliez les jambes sur le côté, et si vous vous levez au milieu d'autres personnes assises, n'essayez pas de les enjamber mais laissez-leur le temps de se déplacer.

Le roi Bhumibol et la reine Sirikit

MONARCHIE

La famille royale jouit d'un profond respect en Thaïlande et le crime de lèse-majesté y reste passible de prison. Une critique ou une remarque désobligeante offensera toujours des Thaïlandais. De même, il ne faut pas traiter à la légère pièces de monnaie, billets ou timbres car ils portent l'effigie du roi. Il est également interdit de photographier certains lieux sacrés liés à la royauté comme le *bot* du Wat Phra Kaeo qui abrite le Bouddha d'Émeraude.

HYMNE NATIONAL

La radio et des haut-parleurs, dans des petites villes et certains lieux publics comme le parc Lumphini ou la gare Hua Lamphong à Bangkok, diffusent l'hymne national deux fois par jour, à 8 h et à 18 h. La politesse requiert d'interrompre ses occupations et de rester debout. L'hymne ouvre

Les pieds ne doivent jamais être tournés vers une image du Bouddha

Moines mendiant leur nourriture

aussi chaque séance de cinéma et le public se lève alors devant un portrait du roi projeté à l'écran.

MOINES

Le respect porté à la communauté monastique *(sangha)* ne vient qu'en second après celui dû à la monarchie. La majorité des tabous dans les rapports avec les moines tient au fait qu'ils ne doivent avoir aucun contact physique avec les femmes. Celles-ci éviteront donc de s'asseoir à côté d'eux dans les transports publics. Si une femme veut remettre un objet à un moine, elle doit soit le confier à un intermédiaire masculin, soit le poser à proximité du religieux pour qu'il le prenne. Ces règles ne s'appliquent pas aux nonnes. Rien n'interdit de parler aux moines et beaucoup d'entre eux ne demandent qu'à perfectionner leur anglais avec des visiteurs. Ils ne rendent cependant jamais les *wai*.

ÉTIQUETTE DANS LES TEMPLES

Même si vos raisons de visiter un *wat* n'ont rien de religieux, n'oubliez pas en pénétrant dans l'enceinte d'un temple qu'il s'agit d'un lieu de culte et de recueillement, et votre comportement n'a pas à troubler la paix. Vous devrez porter une tenue correcte, des vêtements propres et ne révélant pas les épaules et les jambes au-dessus du mollet. Les chaussures s'enlèvent à l'entrée des édifices. Enjambez le seuil sans poser le pied dessus car, pour les Thaïlandais, l'un des neuf esprits habitant une construction y a sa résidence. Toute image du Bouddha est sacrée, aussi petite ou négligée soit-elle, et il ne faut jamais s'asseoir les pieds pointés dans sa direction. Si une partie d'un *wat* est interdite aux femmes, un panneau l'indique généralement.

Panneau du Wat Phra Kaeo, Bangkok

SAVOIR S'HABILLER

Les Thaïlandais sont pudiques et une tenue décente, à la ville comme en campagne, évitera de les embarrasser. Les femmes, en particulier, devraient prendre soin de ne pas porter de shorts ou de minijupes, ni de hauts trop moulants ou décolletés. Vous ne verrez quasiment jamais au restaurant une Thaïlandaise vêtue d'une robe découvrant ses épaules. La loi interdit de se baigner nu et même dans les stations balnéaires où dominent les Occidentaux, le port du monokini reste considéré comme une attitude offensante envers les gens du pays.

COMMUNIQUER

Le marchandage fait partie des traditions thaïlandaises *(p. 450)* et, bien que chacun développe sa propre technique, qu'elle utilise le sourire ou un visage de marbre, il est important de ne pas se montrer trop âpre ou trop agressif. De même, faites preuve de patience avec les réceptionnistes, les serveurs ou le personnel des hôtels. Élever la voix ou se mettre en colère est perçu comme un manque de savoir-vivre et un signe de faiblesse. Les étrangers habitués à obtenir des résultats en manifestant de l'irritation risquent fort de se retrouver face à des gens qui préféreront les ignorer que régler le différend.

Marchandage sur le quai de la gare de Hua Hin

POURBOIRE

L'habitude du pourboire se répand en Thaïlande, à l'exemple des établissements occidentalisés. Les chauffeurs de taxi s'attendent à un pourboire : une règle simple consiste à arrondir le total à la dizaine de THB supérieure. Portiers, coiffeurs et barbiers attendent souvent également un pourboire *(p. 395 et p. 423)*.

FUMEURS, NON-FUMEURS

Aujourd'hui, il est interdit de fumer dans tous les lieux publics, tels que les salles de spectacles, les grands magasins, les édifices gouvernementaux, les transports publics, les restaurants (sauf en terrasse), les discothèques et les bars. Une amende de 2 000 THB vous sera réclamée en cas de fraude.

Santé et sécurité

La Thaïlande n'est pas un pays dangereux et suivre quelques règles élémentaires de prudence permet à l'immense majorité de ses visiteurs de ne pas y rencontrer de problèmes. Méfiez-vous surtout des rabatteurs vous proposant de spectaculaires bénéfices en cas d'achat de pierres précieuses et ne perdez jamais votre carte bancaire des yeux. Les services sanitaires et de police se montrent efficaces dans tout Bangkok et dans les capitales provinciales. Toutefois, plus vous vous éloignerez des centres urbains et plus les risques sanitaires augmenteront. Les principaux hôpitaux des grandes villes disposent d'un matériel moderne et de médecins bien formés parlant souvent l'anglais.

Agent de la police touristique (béret) et policier

EN CAS D'URGENCE

Il n'existe pas de numéro d'urgence national (sauf pour les ambulances) et les opérateurs de la compagnie de téléphone ne parlent pas anglais. En cas de problème, vous pouvez appeler entre 8 h et minuit le **Tourist Assistance Centre** qui contactera le service approprié, telle la **Police mobile métropolitaine** pour les urgences générales à Bangkok. Pendant les heures d'ouverture, vous pouvez aussi vous adresser au TAT *(p. 475)*. À Bangkok, tous les hôpitaux ont un service d'urgences ouvert 24 h/24.

Camion de pompiers

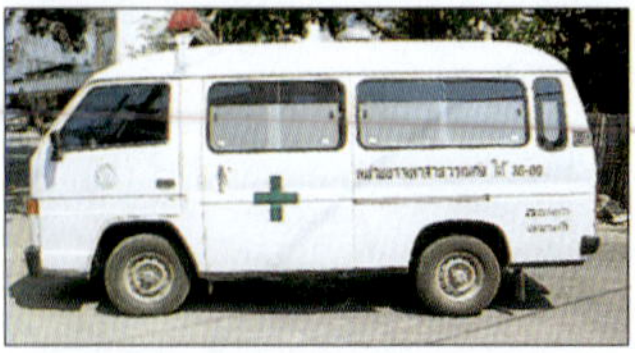

Ambulance

Voiture de police

PRÉCAUTIONS GÉNÉRALES

Selon les statistiques, les agressions sont beaucoup moins fréquentes en Thaïlande qu'en Europe. Restez toutefois vigilant dans les sites touristiques, les aéroports, les gares et les gares routières. Des pickpockets y opèrent et c'est là que des personnes extrêmement sympathiques viennent lier connaissance avec des visiteurs pour les conduire très habilement jusque chez un « cousin » ou un « oncle » qui a, comme par hasard, une affaire exceptionnelle à proposer. Une autre forme d'escroquerie consiste à imprimer plusieurs reçus lors d'un paiement avec une carte bancaire *(p. 485)*. Si vous déposez des objets de valeur dans le coffre d'un hôtel ou d'une pension, exigez un reçu détaillé stipulant en particulier les numéros des chèques de voyage et gardez votre carte bancaire sur vous.

DROGUE

La détention de drogue, même en petite quantité et y compris la marijuana, est très sévèrement punie en Thaïlande. En passer à la frontière entraîne des sanctions encore plus lourdes pouvant aller jusqu'à la peine de mort. Surveillez vos bagages et ne prenez pas en charge celui d'un inconnu, aussi « sympathique » soit-il.

ZONES DANGEREUSES

Même si la situation s'est considérablement apaisée, des risques de troubles continuent d'exister dans certaines régions frontalières, et il est déconseillé de s'y risquer seul sur des routes écartées. S'il s'agit plutôt, près de la Birmanie et du Cambodge, de risques de « débordements » depuis l'étranger, dans les provinces de Narthiwat, Pattani et Yala, les troubles ont pour origine un mouvement musulman, le PULO (Pattani United Liberation Organization), qui rend le voyage très compliqué à effectuer.

FEMMES VOYAGEANT SEULES

Une femme seule risque peu d'être importunée en Thaïlande, notamment à Bangkok. Les Thaïlandais trouvent cependant un voyageur solitaire bien à plaindre et ils chercheront parfois à lui tenir compagnie par compassion. Il reste néanmoins plus prudent de se joindre à un groupe lors de trajets en campagne ou de nuit et de trouver un contact fixe que vous pourrez tenir informé de vos déplacements. Dans les hôtels et les pensions, assurez-vous que la porte de votre chambre ferme à clé.

POLICE TOURISTIQUE

Créée en 1982, la police touristique dépend du TAT et de ses antennes. Tous ses agents parlent au moins l'anglais et parfois le français. C'est à eux que vous devez vous adresser pour un problème tel qu'escroquerie à la carte bancaire ou note de bar indûment augmentée. Ils peuvent aussi se montrer utiles en cas d'urgence et servir d'interprètes. À Bangkok, le siège de la police touristique se trouve en face de l'entrée sud-ouest du parc Lumphini. Le Tourist Assistance Centre est lui aussi habilité à traiter les plaintes concernant des fraudes envers des visiteurs.

Badge de la police touristique

PROBLÈMES JURIDIQUES

En cas d'accident avec une voiture de location, mieux vaut souvent rouler jusqu'au téléphone le plus proche pour appeler la police touristique ou le Tourist Assistance Centre plutôt que rester sur place. Si vous avez un problème grave, contactez votre ambassade *(p. 475)*. Un répondeur vous donnera la nuit le numéro du fonctionnaire de garde. Certaines assurances couvrent les frais juridiques.

ÉQUIPEMENT MÉDICAL

Si votre carte bancaire ou votre assurance voiture ne vous procurent pas déjà un service d'assistance à l'étranger, il est fortement recommandé de prendre avant le départ une assurance médicale, après en avoir lu attentivement les clauses. Les hôpitaux de Bangkok sont modernes, propres et

Sigle de la Croix-Rouge thaïlandaise

efficaces. Certains médecins parlent bien l'anglais. L'ambassade de France *(p. 475)* dispose d'une liste de médecins francophones. En province, ce sont les grandes villes qui disposent des meilleures infrastructures: Khon Kaen en Isan, Chiang Mai dans le Nord et Phuket dans le Sud. En cas d'urgence, vous pouvez vous adresser à un hôpital militaire. Si vous avez un problème oculaire ou dentaire, préférez un traitement à Bangkok. La Croix-Rouge thaïlandaise, sur Rama IV, n'assure pas de soins mais fait des vaccinations.

PHARMACIES

Les pharmacies possèdent la même enseigne dans tout le pays. Elles ouvrent normalement de 8 h à 21 h bien que dans le centre de Bangkok, autour de Silom Road et Sukhumvit Road, certaines ne ferment qu'à 22 h ou 23 h. Elles sont nombreuses dans la capitale et bien fournies en médicaments récents. Certains antibiotiques peuvent s'obtenir sans ordonnance. Les pharmacies sont nettement plus rares et moins approvisionnées en campagne. Dans des régions reculées, il peut ainsi s'avérer difficile de se procurer des serviettes hygiéniques.

Enseigne de pharmacie

TOILETTES PUBLIQUES

Tous les hôtels et beaucoup de pensions possèdent des toilettes à l'occidentale mais l'approvisionnement en papier est souvent aléatoire. Les Asiatiques trouvent son usage très peu hygiénique. Parfois, un jet sert à se laver. Dans certains restaurants et sur de nombreux sites, les toilettes seront à « la turque ». Un seau et une louche posés à côté permettent de se rincer. Le papier se jette dans une corbeille.

ADRESSES

NUMÉROS D'URGENCE

Tourist Assistance Centre
Tél. *1155 (Bangkok).*

Police mobile métropolitaine
Tél. *191 (Bangkok).*

POLICE TOURISTIQUE

Bangkok
Tél. *0 2398 0936 ou 1155.*

Chiang Mai
Tél. *0 5324 7317 8 ou 1155.*

Ko Samui
Tél. *0 7742 1281 ou 1155.*

Pattaya
Tél. *0 3842 9371 ou 1155.*

Phuket
Tél. *0 7625 4693 ou 1155.*

Surat Thani
Tél. *0 7742 1281 ou 1155.*

Trat
Tél. *0 3953 8091 ou 1155.*

HÔPITAUX

Bangkok
Bangkok General Hospital, Soi Soonvijai, New Petchaburi Rd.
Tél. *0 2310 3000.*
www.bangkokhospital.com
Bumrungrad Hospital, Sukhumvit, Soi 3.
Tél. *0 2667 1000.*
www.bumrungrad.com

Chiang Mai
McCormick Hospital, Kaew Nawarat Rd. ***Tél.*** *0 5392 1777.*
www.mccormick.in.th

Phuket
Phuket International Hospital, 44 Chalermprakiat Ror 9 Rd.
Tél. *0 7624 9400.*
www.phuketinternational hospital.com

AMBULANCE

Tél. *1554* (numéro national).

VACCINS

Aucun vaccin n'est exigé, à moins de venir d'un pays où sévit la fièvre jaune mais mieux vaut être immunisé contre la poliomyélite, le tétanos, la typhoïde et l'hépatite A. Pour les visiteurs se rendant dans des zones reculées ou rurales, ou ceux restant plus de deux ou trois semaines, une vaccination contre la tuberculose, l'hépatite B, la rage, la diphtérie et l'encéphalite japonaise est également conseillée. En ce qui concerne le paludisme, votre généraliste ou le service spécialisé d'un hôpital vous renseignera sur les dernières prescriptions en vigueur, elles changent relativement souvent.
Un traitement préventif commence avant le départ et doit être poursuivi une semaine après le retour. Si vous prévoyez plusieurs vaccinations, ne vous y prenez pas à la dernière minute afin de pouvoir les étaler dans le temps.

S'ADAPTER AU CLIMAT

S'habituer à la chaleur et à l'humidité qui règnent en Thaïlande prend souvent du temps et mieux vaut se ménager pendant les premiers jours : buvez beaucoup, de l'eau en bouteille de préférence, reposez-vous et évitez de vous activer en plein soleil aux heures chaudes. Mais même une fois cette étape franchie, les risques de déshydratation ne doivent pas être négligés. Au besoin, salez un peu plus vos aliments. Des vêtements ou des chaussures trop serrés risquent de provoquer des irritations bénignes, portez plutôt des tenues amples et 100 % coton. Un défaut d'évacuation de la sueur peut provoquer la fièvre miliaire *(prickly heat)*, une éruption cutanée. Une médication locale à base de talc apaisera la démangeaison. Elle a aussi un usage préventif. N'oubliez pas la violence du soleil sous les tropiques et protégez-vous avec un chapeau et un écran solaire.

Un bon moyen de se rafraîchir

Traitement de la miliaire

TROUSSE À PHARMACIE

Vous trouverez tout ce dont vous avez besoin dans les grandes villes, mais mieux vaut emporter en zone rurale ou sur des îles reculées : vos médicaments si vous suivez un traitement ; de l'aspirine ou du paracétamol pour les fièvres et douleurs ; un désinfectant ; des comprimés type Alka-Seltzer pour les digestions difficiles ; de l'insectifuge ; des pansements ; des ciseaux ; une pince à épiler et un thermomètre. Le baume du Tigre est en Asie le remède miracle pour les maux de tête, les courbatures et les piqûres d'insectes.

PETITS TROUBLES DIGESTIFS

La diarrhée peut avoir simplement pour cause le changement de climat ou d'alimentation, mais aussi des bactéries présentes dans l'eau ou la nourriture. Au cas où vous en seriez atteint, mangez non épicé pendant quelques jours et buvez beaucoup pour éviter de vous déshydrater. L'eau du robinet est à déconseiller ; vous trouverez de l'eau en bouteille à peu près partout dans le pays. Les glaçons servis dans les hôtels et les restaurants ne devraient pas poser de problème, mais refusez la glace pilée des vendeurs de rue. Parmi ces derniers, choisissez ceux qui jouissent d'une importante clientèle locale. Une précaution simple contre les risques d'infection consiste à manger les fruits pelés et les viandes et les légumes bien cuits. Si votre diarrhée persiste ou si vous remarquez des traces de sang dans les selles, n'hésitez pas à consulter un médecin.
Une solution réhydratante ou un traitement aux antibiotiques pourra s'avérer nécessaire.

Le baume du Tigre fait office de panacée en Asie

PIQÛRES, COUPURES ET MORSURES

Dans les zones rurales, pensez à portez des chaussures montantes ainsi qu'un pantalon pour marcher dans les étendues herbeuses ou en forêt, ne serait-ce que pour décourager les sangsues (présentes en saison pluvieuse) de s'accrocher à vous. Vous trouverez peu de serpents dangereux. Cependant, dans le cas d'une morsure, bandez fermement la plaie, gardez le membre immobile et cherchez immédiatement une assistance médicale. Appliquer du vinaigre apaisera une piqûre de méduse. Le venin léger que sécrète le corail rend les coupures qu'il cause longues à cicatriser. Nettoyez toute plaie avec un désinfectant et laissez-la de préférence autant que possible exposée à l'air afin de lui permettre de sécher.

Insectifuge et tortillons : deux armes contre les moustiques

Les currys épicés sont déconseillés aux estomacs délicats

MALADIES TRANSMISES PAR LES INSECTES

On compte 410 espèces de moustiques en Thaïlande, dont sept qui transmettent le paludisme (ou malaria), maladie dont les symptômes associent migraine, fièvre et frissons. Si vous les éprouvez, consultez immédiatement un médecin. Les grandes villes et stations balnéaires sont considérées comme sûres, et les zones les plus exposées se trouvent aux frontières avec la Birmanie et le Cambodge et, dans une moindre mesure, dans quelques secteurs ruraux au nord de Chiang Mai. Elles varient toutefois constamment. Pour vous renseigner sur les traitements préventifs les plus efficaces, adressez-vous à votre médecin traitant ou à l'Institut Pasteur. La meilleure prévention consiste à ne pas se faire piquer. Les moustiques sont actifs du coucher au lever du soleil. Utilisez insectifuges, tortillons antimoustiques et moustiquaires pour les tenir à l'écart. Portez des vêtements clairs (les couleurs sombres les attirent). Assis à une table, il vaut mieux poser les pieds sur un tabouret (ou une caisse, etc.) que les laisser par terre, surtout si vous portez des sandales ou avez les chevilles dénudées. Une précaution supplémentaire consiste à dormir dans le souffle d'un ventilateur. C'est un moustique diurne qui transmet la dengue, une maladie virale rarement fatale qui provoque fièvre, migraines, douleurs articulaires et musculaires et éruption cutanée. Très peu d'insectes sont toutefois infectés. Il n'existe pas de traitement préventif. Transmise par un moustique nocturne et des tiques, l'encéphalite japonaise sévit dans le Nord et dans certaines zones rurales, en particulier pendant la saison pluvieuse. Ses symptômes sont une poussée de fièvre, des maux de tête, des frissons et des vomissements. Il existe un vaccin, recommandé pour un séjour prolongé dans une zone à risque.

MALADIES TRANSMISES PAR L'HOMME ET LES ANIMAUX

Le sida est un des risques sanitaires majeurs en Thaïlande. Il peut se transmettre par transfusion sanguine (préférez les grands hôpitaux) ou lors d'une injection (assurez-vous que les aiguilles soient neuves ou apportez les vôtres). Tatouage, perçage d'oreilles ou travaux dentaires avec du matériel non stérilisé risquent aussi de l'inoculer. Le principal mode de transmission reste cependant le rapport sexuel. Toute relation sans préservatif fait courir de sérieux risques dans un pays où la prostitution est devenue une industrie *(p. 116)*, d'autant que d'autres maladies sexuellement transmissibles sont courantes en Thaïlande. L'hépatite B a les mêmes modes de transmission que le SIDA et peut provoquer une grave détérioration du foie. Le vaccin est conseillé. Il suffit parfois d'un coup de langue sur une égratignure pour attraper la rage. Toute morsure par un chien, un chat ou un singe doit donc être immédiatement nettoyée et montrée à un médecin. Beaucoup plus répandu dans les pays en voie de développement qu'en Europe, le bacille du tétanos pénètre dans l'organisme par le biais d'une coupure ou d'une morsure. Un vaccin efficace existe. Un ver minuscule présent dans des eaux douces provoque la bilharziose en pénétrant dans la peau. La meilleure prévention consiste à ne pas se baigner dans des endroits à risque.

MALADIES TRANSMISES PAR LA NOURRITURE ET L'EAU

Parmi les diverses affections causées par l'ingestion d'eau ou d'aliments contaminés, la dysenterie, une grave infection intestinale rare en Thaïlande mais bien présente, peut prendre deux formes. Bacillaire, elle se manifeste par une violente diarrhée parfois sanguinolente, des maux d'estomac, de la fièvre et des vomissements. Très contagieuse, elle dure cependant rarement plus d'une semaine. La dysenterie amibienne provoque moins de fièvre mais risque, non traitée, de devenir chronique. Si vous pensez être atteint, en particulier si vous remarquez du sang dans vos selles, consultez au plus vite un médecin. L'hépatite A provoque une grande fatigue, des vomissements et une perte d'appétit. Repos et régime sans matière grasse ni alcool constituent le meilleur traitement.

Bouteille d'eau

Banques et monnaie

Logo de la carte de crédit de la Commercial Bank

Si vous ne pouvez pas vous procurer d'argent thaïlandais avant votre départ, Bangkok et toutes les grandes villes de province ont de nombreux établissements de change bien tenus et faciles d'accès. Les guichetiers parlent le plus souvent anglais. Les banques offrent les meilleurs taux et les euros sont partout acceptés. Une carte bancaire internationale vous permettra d'utiliser les distributeurs de billets (ATM). Hors des destinations touristiques, le change est parfois impossible et mieux vaut prévoir une somme suffisante, en évitant les grosses coupures.

BANQUES ET HORAIRES D'OUVERTURE

Les trois principales banques sont la **Bangkok Bank**, la **Kasikorn Bank** et la **Siam Commercial Bank**, mais la **Bank of Ayudhya** et la **Bankthai** ont aussi des succursales dans tout le pays. Parmi les établissements étrangers figurent la **Bank of America**, la **Calyon Bank**, la **Citibank**, la **Deutsche Bank**, la **Standard Chartered Bank** et la **Hongkong and Shanghai Bank (HSBC)**. Les agences bancaires sont ouvertes de 8 h 30 à 15 h 30 du lundi au vendredi. Les bureaux de change ouvrent tous les jours et ferment plus tard. Les grandes banques permettent d'effectuer des transferts financiers internationaux.

DISTRIBUTEURS ATM

La plupart des distributeurs de billets donnent des instructions en thaï et en anglais. Un panonceau signale ceux qui acceptent les cartes VISA ou MasterCard. Ils permettent de retirer de l'argent en bahts, sous réserve d'une commission. Si vous séjournez plusieurs mois dans le pays, ouvrir un compte dans une banque thaïlandaise évitera ces frais supplémentaires.

Un distributeur automatique de billets (ATM)

HSBC, une banque internationale présente à Bangkok

CHANGE

Les banques offrent les meilleurs taux de change et ils diffèrent peu de l'une à l'autre. Ce sont les hôtels qui proposent les moins avantageux. Les taux peuvent varier grandement d'un bureau à un autre. Vous trouverez ce type d'établissement partout à Bangkok, dans les grands magasins, les centres commerciaux, sur les principales artères et dans des véhicules spécialement aménagés près des attractions et des marchés touristiques. Ils sont ouverts tous les jours de 7 h à 21 h. Le *Bangkok Post* et le *Nation* publient les taux de change.

ADRESSES

BANQUES THAÏLANDAISES

Bangkok Bank
333 Silom Rd., Bangkok.
Tél. *0 2231 4333.*
www.bangkokbank.com

Bank of Ayudhya
1222 Rama 3, Bangkok.
Tél. *0 2296 2000.*
www.krungsri.com

Bankthai
44 North Sathorn Rd., Bangkok. ***Tél.*** *0 2633 9000.* **www**.bankthai.co.th

Kasikorn Bank
1 Kasikornthai Lane, Ratburana Rd., Bangkok.
Tél. *0 2888 8888.*
www.kasikornbank.com

Siam Commercial Bank
9 Rachadaphisak Rd., Bangkok. ***Tél.*** *0 2544 1000.* **www**.scb.co.th

BANQUES ÉTRANGÈRES

Bank of America
All Seasons Place, CRC Tower, 33e ét., 87/2 Wireless Rd., Bangkok.
Tél. *0 2305 2900.* **www**.bankofamerica.com/th

Calyon Bank
152 Wireless Rd., Bangkok.
Tél. *0 2624 8000.*
www.calyon.com

Citibank
82 North Sathorn Rd., Bangkok.
Tél. *0 2232 2000.*
www.citibank.co.th

Deutsche Bank
Athenee Tower, Levels 27-29, 63 Wireless Rd., Bangkok.
Tél. *0 2646 5000.*
www.db.com/thailand

HSBC
HSBC Building, 968 Rama IV Rd., Bangkok.
Tél. *0 2614 4000.*
www.hsbc.co.th

Standard Chartered Bank
90 Fl. 16A Building 3, North Sathorn Rd., Bangkok.
Tél. *0 2724 4777.* **www**.standardchartered.co.th

CARTES

American Express
Tél. *0 2273 5544, 0 2273 5522.*

Diners Club
Tél. *0 2655 7246.*

MasterCard
Tél. *01 800 11 887 0663.*

VISA
Tél. *001 800 441 3485.*

CARTES BANCAIRES

Beaucoup d'hôtels, grands magasins, boutiques et restaurants haut de gamme acceptent les cartes bancaires. C'est un reçu signé qui valide le paiement. Ce système impose certaines précautions : gardez précieusement le carbone, ne laissez pas l'impression du reçu se faire hors de votre présence, ne vous séparez jamais de votre carte. Une escroquerie classique consiste en effet à imprimer d'autres reçus qui serviront à régler à vos frais d'importantes dépenses grâce à une signature imitée. Une carte bancaire permet aussi de retirer de l'argent dans les distributeurs, aux guichets des principales banques et auprès de certains bureaux de change. Les cartes les plus répandues sont la **VISA**, l'**American Express**, la **Diners Club** et la **MasterCard**.

CHÈQUES DE VOYAGE

Les chèques de voyage offrent le moyen le plus sûr de transporter de l'argent et les banques les échangent à un meilleur taux que le liquide. Elles prélèvent cependant une commission qui rend plus coûteux de changer plusieurs petits chèques qu'un gros.

MONNAIE

L'unité monétaire thaïlandaise est le baht (THB en abrégé), lui-même divisé en cent *satang*, bien que le *satang* représente une somme si minime que son usage disparaît. Même le terme *saleung*, correspondant à 25 *satang*, devient superflu. Les billets ont les valeurs suivantes : 10 bahts (peu à peu retiré de la circulation), 20 bahts, 50 bahts, 100 bahts, 500 bahts et 1000 bahts. Obtenir la monnaie de grosses coupures s'avère difficile en campagne. Les pièces sont de 25 *satang* (1 *saleng*), 50 *satang*, 1 baht, 5 bahts et 10 bahts. Sur les plus récentes, la valeur apparaît aussi en chiffres arabes. La pièce de 2 bahts, en or, est plus grosse que celle de 1 baht, en argent. La pièce de 5 bahts, en argent elle aussi, a des bords en cuivre, tandis que celle de 10 bahts possède un centre fait de bronze avec une bordure en argent.

Bangkok Bank
The Asian International Bank

Logo de l'une des grandes banques thaïlandaises

TVA

L'État thaïlandais perçoit une taxe à la valeur ajoutée de 7 % sur les biens et les services. En pratique, seuls les hôtels, les restaurants et les magasins haut de gamme la prélèvent et il est rarement intéressant de la récupérer sur un achat.

20 *bahts*

50 *baht*

100 *bahts*

500 *bahts*

1 000 *bahts*

Les pièces existent dans les valeurs suivantes :

25 *satang*

50 *satang*

1 *baht*

2 *bahts*

5 *bahts*

10 *bahts*

Communications et médias

Appels nationaux

Géré par la Telephone Organization of Thailand (TOT), sous la surveillance de la Communication Authorithy of Thailand (CAT), le réseau téléphonique est en constante modernisation. Il existe plusieurs sortes de téléphones publics, ceux servant aux appels internationaux ne permettent pas d'appeler à l'intérieur du pays et vice versa. Si la poste se révèle pratique pour expédier des paquets, mieux vaut passer par un service de messagerie pour un courrier urgent ou pour des objets précieux. Il est difficile de trouver des journaux français hors de Bangkok et des grandes stations balnéaires, mais plusieurs quotidiens et magazines thaïlandais en anglais ont une diffusion nationale.

APPELS INTERNATIONAUX

La plupart des hôtels et des pensions offrent la possibilité d'appeler à l'étranger. Vous trouverez des cyber-cafés dans les petites villes, ainsi que téléphone, fax et possibilité d'imprimer des documents. La poste centrale (GPO) de Bangkok sur Charoen Krung New Road et certaines grandes postes de province comprennent un bureau de la CAT permettant de régler des communications téléphoniques par carte bancaire et de demander un appel en PCV. Pour appeler directement à l'étranger d'une chambre d'hôtel, passez par la réception ou composez le 001 (ou 007, 008 et 009) suivi de l'indicatif du pays et du numéro de votre correspondant. Faites le 100 pour l'opérateur international. Les publiphones bleus ou jaunes installés dans les rues, les centres commerciaux et les aéroports sont réservés aux appels internationaux. Les bleus acceptent certaines cartes bancaires. Les jaunes acceptent les cartes téléphoniques Lenso vendues dans les postes et les boutiques portant le logo.

APPELS LOCAUX

Les appels locaux peuvent être effectués dans toutes les cabines, à l'exception des cabines jaunes et bleues, réservées aux appels internationaux. Les appels régionaux peuvent être effectués dans les cabines à pièces bleues et argent ou dans les cabines à cartes vertes. Les cabines à pièces acceptent les pièces de 1, 5 et 10 THB (les hôtels n'acceptent parfois que les pièces de 5 THB). Les appels locaux coûtent 1 THB pour trois minutes. Les cartes pour les cabines vertes et oranges sont vendues dans les bureaux de poste, les librairies et les hôtels (25, 50, 100 et 240 THB). Sont compris dans les appels régionaux toute la Thaïlande, la Malaisie et le Laos.

TÉLÉPHONES PORTABLES

Il existe quatre principaux réseaux de téléphonie mobile dans le monde. Si vous voulez être certain que votre téléphone portable sera en service en Thaïlande, assurez-vous d'avoir la quadri-bande sur votre appareil. Les téléphones portables sont très bon marché en Thaïlande. AIS, True et DTAC font partie des nombreux opérateurs. Les cartes SIM s'achètent dans les magasins spécialisés, sur présentation de votre passeport. Les clients ont le choix entre une facturation mensuelle et des cartes à gratter (de 50 à 500 THB).

Publiphone vert à carte pour les appels locaux et interurbains

INTERNET ET E-MAIL

Partout en Thaïlande, on peut se connecter à Internet dans les cyber-cafés, les hôtels et les guesthouses. Le prix s'étend de 20 THB par heure (dans un cyber-café) à 250 THB (dans un hôtel cinq étoiles). Dans certains endroits, des connexions sans fil et gratuites sont possibles (sous réserve d'un code à demander auprès du personnel). Cependant, dans les aéroports et les hôtels haut de gamme, ce service peut être payant (600 THB par jour). Le débit de connexion dans les villes importantes est de bonne qualité, mais plus vous vous éloignez des centres urbains, notamment dans les îles, plus la connexion perdra de sa vitesse.

Un cyber-café à Bangkok

POSTE

Les lettres et les cartes postales mettent généralement au moins une semaine à atteindre l'Europe. Les timbres, disponibles dans toutes les postes, peuvent aussi s'acheter dans de nombreux hôtels. Les colis peuvent être envoyés avec

Express Mail Service (EMS). Vous pourrez faire empaqueter vos colis ou acheter des emballages normalisés dans la plupart des bureaux de poste. Les postes centrales (GPO) du pays conservent le courrier reçu habituellement pendant trois mois. Pour retirer un colis, il vous faudra présenter votre passeport et parfois verser une somme modique. Les lettres doivent porter votre nom écrit en majuscules et souligné et, comme adresse : poste restante, GPO, « adresse de la poste », « ville », « Thaïlande ». Les plus grandes postes sont ouvertes de 8 h à 20 h en semaine et de 8 h à 13 h les week-ends. **DHL**, **FedEx** et **UPS** desservent le pays.

Boîte aux lettres

TÉLÉVISION ET RADIO

La Thaïlande possède plusieurs chaînes de télévision. Certaines, à Bangkok, diffusent des émissions en anglais, retransmises par la radio en FM. Beaucoup de villes de province ne reçoivent qu'une chaîne nationale et une chaîne locale. Les programmes diffusés par satellite ou par câble augmentent considérablement le choix disponible. Beaucoup d'hôtels les proposent. Le *Bangkok Post* et le *Nation* ont une rubrique télévision. La radio nationale, Radio Thailand, propose des programmes en anglais 24 h/24 sur 107 et 105 FM. La section *Outlook* du *Bangkok Post* signale les stations musicales animées en langue anglaise.

QUOTIDIENS ET MAGAZINES

Sur place, les principaux journaux en anglais sont le *Bangkok Post* et *The Nation*. Chacun fournit des informations locales, régionales et internationales ainsi que des conseils aux voyageurs. Vous y trouverez aussi un répertoire pour les restaurants, le cinéma, les concerts et les expositions à Bangkok. On peut se les procurer dans les kiosques à journaux et dans de nombreux magasins partout à Bangkok. L'*International Herald Tribune* et le *Asian Wall Street Journal* sont en vente dans les hôtels et des librairies comme Asia Books et Bookazine. Les journaux français comme *Le Monde*, *Le Point*, *Libération* sont présents dans certains grands hôtels. Parmi les publications mensuelles en anglais, *Big Chilli* fournit de nombreuses informations pratiques. On peut aussi se procurer des guides gratuits, comme le *BK Magazine*, l'*Absolute Lifestyle* et le *Thaiways*, qui proposent une sélection de restaurants, de bars et de librairies.

NUMÉROS UTILES

- Que vous appeliez de la même province ou d'une autre, vous devrez composer un numéro à 9 chiffres pour Bangkok et la province.
- Pour appeler l'étranger, composez le 001, 007, 008 ou 009 suivi de l'indicatif du pays (33 pour la France, 32 pour la Belgique, 41 pour la Suisse, 1 pour le Canada). Il faut ensuite omettre le premier 0 du numéro. Faites de même pour les téléphones portables.
- Les renseignements se joignent par le 1113 où que vous soyez.
- Le 101 permet de joindre un opérateur international ou de signaler un défaut technique.
- L'opérateur des appels intérieurs se joint au 101.
- Pour un appel en PCV, passez par l'opérateur international au 101.
- Tous les services tels que l'horloge parlante ou les renseignements sont en thaï.
- Si vous souhaitez un réveil téléphonique, contactez la réception de votre hôtel.

ADRESSES

RENSEIGNEMENTS

Bangkok et sa région
Tél. *1133.*

En province
Tél. *1133.*

OPÉRATEUR

Interurbain, y compris la Malaisie, la Birmanie, le Cambodge et le Laos
Tél. *007 ou 008.*

SERVICES POSTAUX

DHL
209 K Tower A, 12e ét.,
21 Sukhumvit Rd., Bangkok.
Tél. *0 2345 5000.*
www.dhl.co.th

FedEx
Green Tower, 3656/22
Rama IV, Bangkok.
Tél. *1782.*
www.fedex.com.th

UPS
16/1 Soi 44/1 Sukhumvit Rd.,
Bangkok.
Tél. *0 2762 3300.*
www.ups.com

Vendeur de journaux sur la plage

ALLER EN THAÏLANDE ET Y CIRCULER

C'est par avion que la plupart des visiteurs arrivent en Thaïlande. Les autres moyens de transport sont le ferry et la route en passant par le Cambodge, ou le train en passant par la Malaisie. L'avion offre un moyen rapide de circuler à l'intérieur d'un pays bien doté en aéroports nationaux. Un vol vers une autre nation de l'Asie du Sud-Est vous reviendra souvent moins cher si vous achetez votre billet en Thaïlande plutôt qu'en Europe. Les trains sont confortables et ponctuels, mais le réseau ferroviaire est assez peu développé. Une ligne régulière relie Bangkok à Singapour *via* Kuala Lumpur, Butterworth (pour Penang) et quelques villes du Sud. Des autocars assurent des liaisons entre toutes les grandes villes d'où des autobus desservent les localités environnantes. Les taxis, les *songthaew* et les *tuk-tuk* offrent un large éventail de possibilités pour les petits trajets locaux.

Logo de la Thai Airways

VOYAGE ÉCOLOGIQUE

Se déplacer en Thaïlande est aisé et bon marché, mais pas très écologique. La plupart des Thaïlandais se déplacent en train, en car ou en voiture, qui reste le moyen le plus pratique, car les routes sont bien entretenues (attention, dans certains endroits, la conduite peut être dangereuse). Le seul moyen de se déplacer en respectant au mieux la planète est d'utiliser du Gaz de pétrole liquéfié (GPL). L'utilisation de ce carburant moins polluant permet d'enrayer le pouvoir du pétrole et de limiter la pollution, croissante dans les grandes villes. Cependant, les véhicules utilisant le GPL sont encore peu nombreux. L'alternative est le Gasohol, un mélange de benzène et d'essence dérivée de la canne à sucre. Certains bus de Bangkok utilisent maintenant le GPL, et la ville se sépare peu à peu de ses anciens bus très polluants. Le gouvernement thaïlandais subventionne l'exploitation du GPL et du Gasohol dans le but d'encourager leur utilisation. Grâce au train aérien de Bangkok, la circulation s'est améliorée, et a amenuisé le nombre des utilisateurs de voitures.

Boeing 747 aux couleurs de la Thai Airways

Une station-service thaïlandaise

ARRIVER EN AVION

De nombreuses compagnies aériennes desservent la Thaïlande. Depuis l'Europe, on peut rejoindre le pays par vol direct. **Air France** et **Thai Airways International** proposent des vols sans escale. Parmi les autres compagnies, **Cathay Pacific**, **Lufthansa**, **Malaysia Airlines**, **Singapore Airlines** et **Emirates Airlines** proposent des vols avec escale depuis la France.

Voyages-sncf.com propose ses meilleurs prix sur les billets d'avion, hôtels, location de voitures, séjours clé en main ou Alacarte®. Vous avez également accès à des services exclusifs : l'envoi gratuit des billets à domicile, Alerte Résa qui signale l'ouverture des réservations, le calendrier des meilleurs prix, les offres de dernière minute et promotion. www.voyages-sncf.com

PRIX DES BILLETS

Le prix d'un vol pour la Thaïlande varie, bien sûr, selon la destination, la compagnie aérienne et la saison. Un billet pour Bangkok coûte relativement peu cher, en raison des restrictions gouvernementales et de la concurrence féroce entre les agences de voyages de Bangkok et les différentes compagnies aériennes.

L'AÉROPORT SUVARNABHUMI

Cet aéroport gigantesque et moderne a ouvert ses portes en 2006. Il est situé à Racha Thewa, dans la zone de Bang Phli, dans la province de Samut Prakan, à 30 km à l'est de la capitale. C'est l'un des aéroports d'Asie les plus fréquentés, avec des vols internationaux et nationaux. Ainsi nommé par le roi Bhumibol, *Suvarnabumi* signifie « la Terre D'or ». L'architecture futuriste respecte à la fois design et fonctionnalité. La tour de contrôle est la plus haute du monde. La structure architecturale du toit a été conçue en vue de l'agrandissement à venir de l'aéroport, qui compte aujourd'hui 76 vols par heure et accueille 45 millions de voyageurs par an. Un nombre qui augmentera pour atteindre potentiellement 100 millions de passagers. Les travaux du projet d'agrandissement, dont l'achèvement est prévu entre 2015 et 2020, ont débuté moins d'un mois après l'ouverture officielle de l'aéroport. L'arrivée des passagers se fait au deuxième étage. Après le passage de la douane, ils atteignent le hall d'arrivée, où se trouvent toutes les infrastructures nécessaires : transport, comptoirs d'information, office de tourisme... Le point de rencontre pour les voyageurs se trouve au troisième étage.

L'aéroport international Suvarnabhumi

Avions stationnés à Suvarnabhumi Airport

FAIRE DES ACHATS À L'AÉROPORT

Avec plus de 100 magasins détaxés, Suvarnabhumi est le paradis du shopping. Attention cependant à ne pas toucher ou déplacer les objets d'une boutique car vous pourriez être victime d'une escroquerie. En effet, certains clients ont été accusés à tort de vol à l'étalage, et contraints de payer d'importantes sommes d'argent en guise de « dédommagement ».

ALLER ET VENIR DE L'AÉROPORT

Les taxis se trouvent au premier étage (prévoyez un supplément de 50 THB sur le prix du compteur). Tout compris, un taxi pour le centre ville coûte 400 THB (péages inclus). Comptez 45 minutes en moyenne. Il y a également un service de navettes. Pour vous rendre à l'aéroport, prévoyez une heure par la voie express. Il y a souvent des retards au niveau de l'enregistrement (surtout au comptoir Thai Airways) et le contrôle des passeports est relativement loin des salles d'embarquement. Une ligne directe du train aérien entre l'aéroport et le centre de Bangkok, prévue pour réduire sensiblement la durée de ce trajet, est attendue pour la fin de l'année 2010. Deux types de trajets sont prévus, l'un direct (il faudra compter 15 minutes) et l'autre avec arrêts (comptez 27 minutes). Les visiteurs qui viennent de la province de Bangkok et qui souhaitent se rendre à l'aéroport auront un peu plus de mal et devront compter au moins deux heures de voyage pour parcourir 100 km. Il est recommandé de bien choisir son taxi et de faire jouer la concurrence, car les prix peuvent considérablement varier de l'un à l'autre. Dans les zones touristiques, vous trouverez des minibus climatisés plus abordables que les taxis (comptez 130 THB depuis Pattaya par exemple).

AÉROPORT	RENSEIGNEMENTS	DISTANCE JUSQU'EN VILLE	PRIX MOYEN EN TAXI	DURÉE MOYENNE DU TRAJET
Bangkok : Don Muang	***Tél.*** 0 2535 1111 ***Tél.*** 0 2535 1253	Centre-ville 25 km	300 *THB*	Train : 50 minutes Route : 1-2 heures
Bangkok : Suvarnabhumi	***Tél.*** 0 2132 1888	Centre-ville 30 km	400 *THB*	Route : 45 minutes
Chiang Mai	***Tél.*** 0 5327 0222	Centre-ville 4 km	100 *THB*	Route : 20 minutes
Phuket	***Tél.*** 0 7632 7230 7	Patong 32 km	550 *THB*	Route : 45 minutes
Ko Samui	***Tél.*** 0 7742 8500	Chaweng 26 km	300 *THB*	Route : 30 minutes
Hat Yai	***Tél.*** 0 7422 7000	Centre-ville 12 km	200 *THB*	Route : 30 minutes

VOLS INTÉRIEURS

De nombreux vols intérieurs relient Bangkok à Don Muang, située sur Vibhavadi Rangsit Road et desservie par les compagnies **Nok Air** et **One-Two-Go**. **Thai Airways** et **Bangkok Airways** desservent les grandes destinations provinciales telles que Chiang Mai, Hat Yai, Ko Samui, Phuket et Sukhothai, ainsi que des villes comme Krabi, Mae Hong Son et Chiang Rai. Il existe aussi d'autres compagnies locales comme **Thai Air Asia** et **SGA Airlines**. On peut acheter ses billets auprès des agences de voyages, des compagnies aériennes et des hôtels qui en vendent. Si on a réservé directement auprès de la compagnie, les billets doivent être retirés à l'aéroport une heure avant le décollage. Il est difficile d'obtenir une place en période de vacances, les jours fériés *(p. 51)* et les week-ends car un grand nombre de personnes se déplacent.

ARRIVER PAR LA TERRE OU PAR LA MER

Les pays limitrophes de la Thaïlande sont la Birmanie, le Laos, le Cambodge et la Malaisie. Il y a six postes frontaliers avec la Birmanie, sept avec le Laos, six avec le Cambodge et sept avec la Malaisie. Il est difficile d'entrer en Thaïlande depuis la Birmanie, car les autorités ferment régulièrement les postes de frontière, ce qui cause beaucoup de difficultés à ceux qui effectuent un voyage individuel. Mieux vaut donc éviter d'entrer en Thaïlande depuis la Birmanie par la route. Les différents postes frontaliers qui relient le Laos à la Thaïlande sont Huay Xai vers Chiang Khong, Nam Hong vers Nakasing, Tha Na Leng vers Nong Khai *via* le Pont de l'Amitié, Paksan vers Beung Khan, Tha Khaek vers Nakhon Phanom, Savannakhet vers Mukdahan et Vang Tao vers Chong Mek. Le pont de l'Amitié est très fréquenté car il est tout près de la ville de Vientiane. Se rendre en Thaïlande depuis le Cambodge ne pose pas de difficulté. Les postes frontaliers sont situés à Poipet vers Aranya Prathet, Cham Yeam vers Hat Lek, O'Smach vers Chong Jom, Anlong Veng vers Chong Sa-Ngam, Phsa Prom Pailin vers Ban Pakard et Daun Lem vers Ban Laem. L'arrivée depuis la Malaisie peut poser quelques difficultés, car le pays connaît des troubles dans les provinces à majorité musulmane de Narathiwat, Pattani et Yala. Il est préférable de ne pas se rendre dans ces régions si l'on veut passer la frontière. Deux postes frontaliers, situés dans la province de Satun, sont parfaitement sûrs : Wang Prajan, près du Thale Ban National park, et Kuala Perlis vers Satun-ville. Passer depuis Padang Besar vers Sadao est également sans danger.

Bus en direction du centre-ville de Bangkok

Entrée du pont de l'Amitié, qui relie la Thaïlande au Laos

ADRESSES

COMPAGNIES AÉRIENNES

Air France
Tél. 36 54.
www.airfrance.fr

Bangkok Airways
Tél. 0 2270 6699.
www.bangkok.air.com

Cathay Pacific
Tél. 01 41 43 75 75 (France).
www.cathaypacific.fr

Emirates Airlines
Tél. 01 53 05 35 35.
www.emirates.com

Lufthansa
Tél. 0 892 231 690.
www.lufthansa.com

Malaysia Airlines
Tél. 0 892 350 810.
www.malaysiaairlines.com

Nok Air
Tél. 0 2900 9955.
www.nokair.com

One-Two-Go
Tél. 0 2294 1001.
www.fly12go.com

SGA Airlines
Tél. 0 2641 4190.
www.sga.co.th

Singapore Airlines
Tél. 0 2353 6000.
Tél. 0 821 230 380 (France).
www.singaporeair.fr

Thai Air Asia
Tél. 0 2515 9999.
www.airasia.com

Thai Airways
Tél. 0 2356 1111.
Tél. 01 55 68 80 00 (France).
www.thaiair.com

Voyages SNCF
Tél. 36 35 (France).
www.voyages-sncf.com

Les visites organisées

Des centaines d'agences de voyages installées à Bangkok, Chiang Mai et d'importantes destinations touristiques comme Phuket, ainsi que de nombreux hôtels et pensions proposent dans tout le pays des visites organisées très variées. Il existe des circuits urbains d'une journée offrant un aperçu des principaux monuments, jusqu'à des excursions de plusieurs jours permettant de découvrir des villes différentes. Ces prestations ont naturellement des coûts plus élevés que les transports publics mais simplifient parfois beaucoup les déplacements, par exemple dans la périphérie de Bangkok. Elles laissent toutefois rarement le temps de flâner à sa guise.

S'INSCRIRE À UNE VISITE ORGANISÉE

Participer à un voyage organisé depuis son pays d'origine offre le moyen le plus aisé d'avoir un premier contact avec la Thaïlande. Ces voyages durent le plus souvent une à deux semaines et incluent quelques nuits à Bangkok, avant un séjour dans une station balnéaire ou une excursion à Chiang Mai et dans le Triangle d'or. Il existe aussi des formules plus spécialisées, centrées, par exemple, sur la randonnée dans le Nord *(p. 464)* ou la gastronomie. Parmi les grands organismes ayant leur siège à Bangkok figurent **Diethelm Travel** et **Thai Overland Travel and Tour**. En province, la plupart des hôtels et des pensions proposent des excursions dans la région ou sont en contact avec une agence locale. Les bureaux du TAT tiennent aussi des listes d'agences fiables. Les visites d'une journée peuvent en général se réserver la veille. Pour un voyage plus long, renseignez-vous précisément sur les conditions d'hébergement et de transport. Dans la plupart des cas, on viendra vous chercher à votre hôtel ou à votre pension.

EN CAR ET EN BATEAU

De nombreuses agences utilisent des cars « VIP » climatisés et dotés de sièges inclinables et de toilettes. Des minibus climatisés sont également fréquents, ainsi que des véhicules tout-terrain pour rejoindre des lieux reculés. Les stations balnéaires offrent un large choix de promenades en bateau, mais elles suivent souvent les mêmes itinéraires. Des excursions jusque dans des îles isolées peuvent durer plusieurs jours. Elles incluent généralement la possibilité de pratiquer la plongée sous-marine *(p. 462)* et l'hébergement se fait parfois sur le bateau.

VISITES GUIDÉES

Des guides bilingues vous accompagneront, en particulier dans les principaux sites touristiques. Pour les randonnées dans le Nord comme pour se risquer dans la jungle et visiter les tribus montagnardes, un guide compétent est indispensable. La Professional Guide Association publie une liste de guides à la réputation établie, disponible dans les bureaux du TAT *(p. 475)*.

Promenade à dos d'éléphant, une activité populaire dans le Nord

ADRESSES

PRINCIPALES AGENCES DE VISITES ORGANISÉES

Arlymear Travel
6e ét., CCT Building, 109 Surawong Rd., Bangkok.
Tél. *0 2236 9317.*
www.arlymear.com

Diethelm Travel
12th Fl.Kian Gwan Building II, 140 Wireless Rd., Bangkok.
Tél. *0 2660 7000.*
www.diethelmtravel.com

NS Travel and Tours
133/19-20 Ratchapralop Rd., Makkasan Ratchathewee, Bangkok.
Tél. *0 2642 6627.*
www.nstravel.com

P&O Regale Travel
191/1-2 Soi Suksaviddhaya, North Sathorn Rd., Bangkok.
Tél. *0 2635 2450.*
www.regaleintl.com

STA Travel
14e ét., Wall Street Tower Building, 33/70 Surawong Rd., Bangkok. ***Tél.*** *0 2236 0262 ext. 211.* **www**.statravel.co.th

Thai Orchid Service
71/1 Kampaengdin Rd., Chiang Mai.
Tél. *0 5327 6310.* **www**.thaiorchidservice.com

Thai Overlander Travel and Tour
407 Sukhumvit Rd., Bangkok.
Tél. *0 2258 4778/80.*
www.thaioverlander.com

World Travel Service Ltd
1053 Charoen Krung Rd., Bangkok.
Tél. *0 2233 5900.*
www.wts-thailand.com

Circuler en train, en autocar et en bateau

Gérés par le SRT (State Railway of Thailand), les chemins de fer thaïlandais comprennent quatre lignes principales reliant Bangkok au Nord, au Nord-Est, à l'Est et au Sud. Les trains sont confortables et sûrs, mais les temps de trajet s'avèrent parfois légèrement plus longs qu'en autocar et le réseau ne dessert pas certaines grandes villes comme Phuket et Chang Rai. Les autocars offrent un moyen économique de rejoindre toutes les principales cités d'où des bus locaux rayonnent vers les plus petites localités. Des liaisons maritimes régulières permettent de rejoindre les îles les plus importantes.

RÉSEAU FERROVIAIRE

Hua Lampong, la principale gare de Bangkok, dessert les quatre grandes lignes. La première rejoint **Chiang Mai** par la Plaine centrale, la deuxième, qui se divise ensuite en deux, va jusqu'à Nong Khai et Ubon Ratchathani en Isan, la troisième dessert la région de Pattaya et le Cambodge. La quatrième traverse toute la péninsule jusqu'en Malaisie. La gare de **Thonburi** à Bangkok Noi est la gare principale de départ pour Kanchanaburi.

TRAINS

Les trains sont classés en Special Express, Express, Rapid et Ordinary, selon leur vitesse. Même en Express, les temps de trajets sont parfois plus longs que par la route. Il faut par exemple de onze à treize heures pour rejoindre Chiang Mai depuis Bangkok. La première classe (réservée aux Express et Special Express) offre des cabines individuelles climatisées. Les voitures de seconde classe, ventilées ou climatisées, possèdent des sièges inclinables. Dans les trains de nuit, des banquettes se transforment en couchettes. Les toilettes (il devrait y en avoir au moins une à l'occidentale) se trouvent en queue de wagon. La plupart des visiteurs trouvent la seconde classe suffisamment confortable et bien plus agréable pour de longs parcours que le car. Les bancs en bois de deux ou trois places des troisièmes classes très bon marché les rendent peu adaptées à de longs déplacements, et on ne peut pas acheter ses billets à l'avance. Dotés de wagons-restaurants sur les longues distances, les trains sont, sauf exception, propres et bien entretenus. Des vendeurs y circulent pour proposer des rafraîchissements.

Gare de Hua Lampong, Bangkok

BILLETS DE TRAIN ET TARIFS

Les visiteurs disposent à la gare de Hua Lampong d'un service de réservation dont le personnel parle anglais. En périodes de pointe (week-ends et vacances), certains trains affichent complets très à l'avance. Certaines agences de voyages assurent aussi des réservations ferroviaires. Les tarifs varient en fonction de la rapidité du train. Un voyage en deuxième classe entre Bangkok et Chiang Mai coûte environ 430 THB. Le prix d'un billet aller Bangkok-Ayutthaya ira de 15 THB à 120 THB. Vous pouvez aussi acheter un pass valable pour vingt jours, d'une valeur de 1 500 THB à 3 000 THB. Renseignez-vous à la gare de Hua Lampong.

AUTOCARS

Depuis les gares routières est (**Ekamai**), nord (**Morchit**) et sud (**Pin Klao**) de Bangkok, des autocars climatisés et dotés de toilettes et de sièges inclinables rejoignent directement la plupart des capitales provinciales. De grandes villes comme **Chiang Mai**, Phitsanulok, Khorat et **Surat Thani** servent également de plaques tournantes, aussi bien pour des destinations lointaines que pour des dessertes locales. Un trajet Bangkok-Chiang Mai dure environ dix heures. Les autocars « VIP » comptent moins de places et sont donc plus confortables. Pour les trajets de nuit, mieux vaut prévoir de se couvrir, même si des couvertures sont normalement fournies.

BILLETS D'AUTOCAR ET TARIFS

Un trajet en autocar coûte environ le même prix qu'en train en seconde classe. Les « VIP » sont plus chers. Réservez longtemps à l'avance auprès d'une agence de voyages ou à la gare routière si vous vous déplacez un week-end ou en période de vacances. En temps normal, il suffit de se présenter une

L'EASTERN & ORIENTAL EXPRESS

L'Eastern & Oriental Express qui relie Bangkok à Singapour entretient la tradition de l'Orient Express. Le voyage dure trois jours et comprend une étape à Butterworth (Penang) et à Kuala Lumpur en Malaisie. Les voitures ont une somptueuse décoration Art déco et renferment des cabines simples ou doubles, ainsi que des suites présidentielles. Le train comprend deux wagons-restaurants, un salon, un bar et une plate-forme panoramique. Un tel luxe a un prix dispendieux.

Dîner dans l'Eastern & Oriental Express

demi-heure avant le départ. Les billets sont toujours des allers simples.

BUS LOCAUX

Relativement fréquents et fiables, les autobus de la compagnie nationale (Bor Kor Sor ou BKS) offrent le mode de transport le meilleur marché de Thaïlande. Réserver est rarement nécessaire. Le ticket se paie fréquemment au conducteur ou au receveur. Presque toutes les villes ont un terminus BKS. Moins chers et plus lents, ceux qui ne sont pas climatisés *(rot thamadaa)* s'arrêtent presque partout en chemin. Les véhicules climatisés (*rot aer* ou *AC*) ne fournissent pas toujours de couverture et mieux vaut emporter de quoi se couvrir, surtout la nuit. Les bus locaux permettent de rejoindre de nombreux villages et sites et, souvent, de faire des rencontres intéressantes. Ils se révéleront cependant presque toujours lents et bondés, parfois en mauvais état. Les moines ont priorité sur les sièges situés à l'arrière, tenez-vous prêts à leur céder la place. Les femmes ne doivent pas rester assises à côté d'eux *(p. 479)*.

REJOINDRE LES ÎLES

Il existe des liaisons régulières en bateau pour Ko Samui, Ko Pha Ngan et Ko Tao depuis Chumphon et Surat Thani. On rejoint Ko Phi Phi en ferry depuis Phuket et Krabi. Un autre ferry relie tous les jours Laem Ngop et Ko Chang. Les îles plus petites sont moins desservies, parfois juste par des navettes improvisées par des pêcheurs. Renseignez-vous auprès des agences de voyages comme **Lomprayah**, **Seatran** et **Songserm** pour connaître les horaires, qui sont fluctuants. Certaines proposent des billets combinés train-bateau depuis Bangkok pour Ko Samui, Ko Pha Ngan et Ko Tao.

Ferry desservant les îles

ADRESSES

INFORMATIONS FERROVIAIRES

Gare de Chiang Mai
Charoen Muang Rd., Chiang Mai.
Tél. *0 5324 5363.*

Eastern & Oriental Express
Tél. *01 55 62 18 00.*
Tél. *0 2255 9150 (Bangkok).*
Tél. *(65) 392 3500 (Singapore).*
www.orient-express.com

Gare de Hua Lampong, Bangkok
Rama IV, Bangkok.
Tél. *0 2223 7010.*
www.railway.co.th/English
Comptoir des réservations ouv. t.l.j. 7h-16h.

Gare de Surat Thani
14 km O de Surat Thani à Kha Tham-ville
Tél. *0 7731 1213.*

Gare de Thonburi/ Bangkok Noi
Arun Amarin Rd., Bangkok Noi.
Tél. *0 2411 3102.*

GARES ROUTIÈRES

Chiang Mai
Chiang Mai Arcade, Kaew Nawarat Rd., Chiang Mai.
Tél. *0 5324 2664.*

Eastern/Ekamai Bus Terminal, Bangkok
Sukhumvit Rd., Bangkok.
Tél. *0 2391 8097 (Ekamai).*

Northern and Northeastern/ Morchit Bus Terminal, Bangkok
Kampheng Phet Rd., Morchit, Bangkok.
Tél. *0 2936 3388.*

Southern/Pin Klao Bus Terminal, Bangkok
Nakhon Chai Si Rd., Phra Pin Klao, Bangkok.
Tél. *0 2894 6122 (faites le 0 pour l'opérateur).*

Surat Thani
Talat Kaset Bus Terminal, Tha Thong Rd., Surat Thani
Tél. *0 7720 0032.*

INFORMATIONS POUR FERRYS

Lomprayah
Tél. *0 7742 7765/6 (Ko Samui).*
www.lomprayah.com

Seatran Discovery Ferry
Tél. *0 2240 2582 (Bangkok) et 0 7724 6086 (Ko Samui)*
www.seatrandiscovery

Songserm Express Boat
Khao San Rd. Office, Bangkok
Tél. *0 2280 8073.*
Tél. *0 7750 6205 (Chumphon).*
www.songserm-expressboat.com

Louer une voiture, une moto ou une bicyclette

Borne kilométrique

Conduire en Thaïlande requiert de s'habituer à rouler à gauche et d'affronter nids-de-poule, véhicules en mauvais état et conducteurs indisciplinés. Louer une voiture avec un chauffeur offre un moyen plus sûr de sortir des sentiers battus. La qualité des services proposés par les agences de location varie énormément, mais de grandes sociétés internationales ont des succursales à Bangkok et dans les capitales provinciales. Louer un deux-roues ou une jeep se révèle très pratique dans les zones touristiques.

Enseigne d'une compagnie locale de location de voitures

LOUER UNE VOITURE

Hormis pour les ressortissants de l'Ansea (Association des nations du Sud-Est asiatique), il faut un permis international pour louer une voiture. Les grandes compagnies internationales comme **Avis** et **Budget**, qui ont des agences dans certains aéroports et dans les principales villes, proposent les véhicules les plus sûrs et les meilleurs systèmes d'assurance et d'assistance. Les tarifs s'échelonnent d'environ 1800 THB pour une journée à 35 000 THB le mois. Les contrats des autres compagnies doivent être épluchés avec soin. Exigez un document prouvant que le véhicule est assuré. Gardez sur vous votre passeport et votre permis international, ou à défaut une photocopie des deux documents.

LOUER UNE VOITURE AVEC CHAUFFEUR

De nombreuses agences de location permettent de s'offrir la sécurité d'une voiture conduite par un chauffeur, habitué aux conditions de circulation en Thaïlande, pour un surcoût n'atteignant souvent pas 50 % du prix du véhicule loué seul. Certains chauffeurs se révèlent parfois des guides intéressants. **Siam Express** propose des forfaits incluant voiture, chauffeur et hébergement dans une large gamme d'hôtels.

LOUER UN CYCLOMOTEUR

Des agences spécialisées louent dans les grandes villes et les zones touristiques des cyclomoteurs et des motos de tous types pour des prix modiques, de 200 à 400 THB par jour en moyenne. Les véhicules demandent toutefois à être soigneusement inspectés avant le départ. Vérifiez l'état des pneus, les freins et d'éventuelles fuites d'huile. Et insistez pour avoir une assurance. Quelques précautions élémentaires s'imposent en deux-roues : portez un casque, des chaussures fermées, un pantalon et des manches longues, redoublez d'attention sur les pistes et ne roulez pas seul en campagne.

Motos, scooters et cyclomoteurs en location

STATIONS-SERVICE

Hormis dans les régions les plus reculées, les stations-service sont modernes en Thaïlande et la plupart vendent du carburant sans plomb. Les pompistes vous serviront, nettoieront votre pare-brise et vérifieront la pression des pneus. Certaines ont un mécanicien à demeure. La plupart ont une petite boutique et des toilettes. Beaucoup restent ouvertes 24 h/24, les autres ferment à 20 h.

La compagnie pétrolière PTT a des stations dans tout le pays

STATIONNER

À Bangkok, les parkings à étages sont généralement liés à un hôtel ou à un grand magasin et offrent un stationnement gratuit permanent à leurs hôtes et de deux ou trois heures aux clients faisant tamponner leur ticket à la caisse. Le paiement s'effectue à la sortie. Se garer ailleurs en ville peut s'avérer difficile. En province, de nombreux hôtels et de grandes pensions possèdent un parking gratuit. Dans les villes les plus calmes, on peut généralement laisser sa voiture n'importe où, à condition de ne pas gêner la circulation. Dans tout le pays, des bandes rouges et blanches sur le trottoir signalent une interdiction de stationner.

ROUTES

Les routes nationales à plusieurs voies existent principalement dans Bangkok et sa périphérie. Certaines autoroutes *(expressway)* sont à péage, comme celle conduisant à l'aéroport de Bangkok. Il faut avoir la monnaie exacte pour les guichets à pièces. La somme

Agent de la circulation à un carrefour de Bangkok

est indiquée au-dessus (de 15 à 45 THB). Nombre des rues de la capitale sont à sens unique, mais une voie est parfois réservée aux bus circulant en sens inverse. Les routes nationales (aussi appelées *highway*) possèdent de bons revêtements. L'état des routes provinciales est très variable. Les petites routes reliant les villages ne sont souvent rien de plus que des pistes en terre. Les artères principales dans les villes portent le nom de *thanon*, les ruelles numérotées qui en partent celui de *soi* ou *trok*. Aucune route n'est à l'abri d'une inondation en saison pluvieuse. Les noms des destinations apparaissent à la fois en caractères thaïs et latins. Les chiffres arabes sont toujours utilisés pour les distances. La signalisation ne pose pas de problèmes.

CONDUITE

La vitesse est limitée à 60 km/h en ville, 80 km/h sur route et 110 km/h sur les autoroutes, mais les Thaïlandais n'ont aucune considération envers la réglementation routière hormis, et encore, l'obligation de rouler à gauche. Une seule règle régit réellement les rapports entre conducteurs : le plus gros véhicule a priorité. Les clignotants ont des usages excentriques. À gauche, ils peuvent très bien signifier que la place est libre pour doubler, à droite qu'il vaut mieux attendre. Le sens d'un appel de phare est sans ambiguïté : Cédez-moi la place ! Les avertisseurs résonnent en permanence, en général plus pour signaler sa présence qu'un réel danger. Zigzaguer entre des files ou doubler dans un virage ou en haut d'une côte ne crée aucun problème de conscience à quiconque.
À un croisement, une flèche blanche sur fond bleu donne le droit de tourner à gauche à un feu rouge. Sur les routes de campagne, méfiez-vous des animaux. Vous risquez de vous voir confisquer votre passeport en cas de contravention. Vous le récupérerez au commissariat local en payant l'amende. Dans les régions frontalières, ralentissez à l'approche des contrôles militaires et tenez-vous prêt à vous arrêter.

CARTES ROUTIÈRES

Les cartes touristiques les plus répandues en Thaïlande n'indiquent que les routes principales. Le Prannok Witthaya Map Center diffuse d'excellentes cartes régionales représentant voies de circulation et reliefs, mais peu de points de vente les proposent. Le *Thailand Highways Map* de l'Auto Guide Company et le *Thailand Highway Map* de la Roads Association sont les deux meilleurs atlas.

Circulation à Bangkok

LOUER UNE BICYCLETTE

Pendant la saison fraîche, dans les régions reculées, faire du vélo se révèle très agréable. Les pensions ainsi que de petites agences louent des bicyclettes pour 20 à 100 THB par jour. Des VTT sont également disponibles, mais leur location est parfois plus chère que celle des cyclomoteurs. N'oubliez pas d'emporter avec vous suffisamment d'eau potable et soyez attentifs sur les routes.

ADRESSES

Police routière
Tél. 1193.

LOCATION DE VOITURES

Bangkok

Avis
2/12 Witthayu (Wireless) Rd.
Tél. 0 2251 1131.
www.avisthailand.com

Budget
19/23 Royal City Avenue.
Tél. 0 2203 0250.
www.budget.co.th

Master Car Rental
Rama 4.
Tél. 0 2663 3030.

Chiang Mai

Avis
Chiang Mai Airport
Tél. 0 5320 1574.

Budget
Chiang Mai Airport
Tél. 0 5320 2871.

Hat Yai

Avis
Hat Yai Airport
Tél. 0 7425 0321, 0 7422 7259.

Ko Samui

Avis
Samui Airport
Tél. 08 4700 8161, 08 4724 9530.

Pattaya

Avis
Dusit Resort Pattaya
240 Pattaya Beach Rd., Pattaya, Hotel Lobby.
Tél. 0 3836 1627/8.

Phuket

Avis
Meridien Hotel, Karon Noi Beach.
Tél. 0 7634 0480.

VOITURE AVEC CHAUFFEUR

Siam Express
485/8-10, 2e-4e ét., Silom Rd., Bangkok.
Tél. 0 2238 4412.

Les transports locaux

Tuk-tuk à Bangkok

Dans les provinces, les transports en commun sont plus agréables qu'à Bangkok : les cyclo-pousse *(samlors)* et les *tuk-tuks* colorés jouxtent les *songthaews*, et négocier le prix d'une course en *samlor* est une expérience à ne pas manquer. Ne montez pas avant d'avoir fixé un prix, ou on vous promènera sûrement à travers la ville. Chiang Mai fut l'unique ville de province à posséder un réseau d'autobus pendant quelques années, avant d'adopter à nouveau le *songthaew*, le transport le plus pratique actif dans la plupart des villes.

TAXIS

Il y a des taxis à compteur à Bangkok, Chiang Mai et Hat Yai, reconnaissables à leur panneau « Taxi-meter ». Les chauffeurs tendent à ne connaître que les noms des principaux hôtels et sites. Les taxis sans compteur, que l'on trouve principalement à Ko Samui et à Phuket, imposent de marchander la course. Dans certaines villes, près des marchés et des longs *soi (rues)*, on trouve des motos-taxis aux conducteurs à la veste colorée et numérotée. Le prix de la course est à négocier. Même si les motos-taxis sont rapides et pratiques, n'oubliez pas que c'est un moyen de transport dangereux. En outre, y transporter votre valise peut aussi se révéler problématique. Aux alentours de la frontière malaise, vous trouverez des taxis à partager (d'environ 6 personnes) pour relier Hat Yai à la frontière malaise et au-delà.

SONGTHAEW

Les camionnettes découvertes, appelées *songthaew* (« deux rangs »), car elles sont équipées de deux banquettes à l'arrière, sont plus fréquentes que les bus urbains hors de Bangkok. Lorsqu'elles suivent des lignes régulières, parfois indiquées en anglais sur les côtés, le prix du trajet est fixe, généralement entre 20 et 40 THB. Il arrive que les chauffeurs attendent d'avoir un nombre suffisant de passagers avant de démarrer. Le plus souvent, il n'y a pas de terminus. Les véhicules s'arrêtent près des grands marchés et des centres commerciaux. Vous pouvez héler un *songthaew* quel que soit l'endroit où vous vous trouvez, il s'arrêtera à coup sûr. Pour faire savoir au conducteur où vous souhaitez descendre, actionnez l'une des sirènes situées le long du côté intérieur du toit. Un *songthaew* peut se louer comme un taxi, même s'il est moins confortable.

Panneau sur le toit d'un taxi à compteur de Bangkok

SAMLOR ET TUK-TUK

Les cyclo-pousse, ou *samlor* « trois-roues », sont très appréciés des visiteurs, bien que parfois instables. Leurs versions motorisées ont pris le surnom de *tuk-tuk* à cause du vacarme produit par leurs moteurs à deux temps introduits par les Japonais pendant la Seconde Guerre mondiale. Tous les trajets en *samlor* et *tuk-tuk* se négocient avant le départ. Une somme de 30 à 60 THB est raisonnable pour un court trajet.

Un *songthaew*, moins cher et plus sûr qu'un *tuk-tuk*

CHALOUPES À QUEUES

La Thaïlande possède beaucoup de voies d'eau navigables, en particulier dans les environs de Bangkok. Vous y trouverez des chaloupes à longues queues qui attendent leurs passagers (comptez un maximum de 20 personnes par chaloupe). Dans d'autres villes comme Krabi, vous en trouverez aussi près des berges. Le plus gros inconvénient de ces bateaux élégants est le bruit très désagréable et très sonore du moteur diesel. Vous pouvez louer une chaloupe pour vous seul. Dans ces conditions, le prix de la traversée sera d'environ 200 THB par heure *(p. 74)*.

Cyclo-pousse, ou *samlor*, dans une station balnéaire

Se déplacer à Bangkok

Après avoir souffert des embouteillages pendant des années, Bangkok s'est doté d'un réseau ferré urbain aérien en 1999 (BTS Skytrain) et d'un métro en 2004 (MRT). Conjuguées au réseau de transport fluvial Chao Phraya Express, ces infrastructures ont révolutionné la vie de la capitale (consultez la carte du métro et du métro aérien en rabat arrière de couverture). Hélas, ces services ne couvrant pas toute la ville, un énorme flot de bus envahit souvent les rues. Les plus polluants ont été remplacés par de nouveaux véhicules plus respectueux de l'environnement, même si la guerre contre la pollution à Bangkok ne fait que commencer.

Le métro aérien de Bangkok

MÉTRO AÉRIEN

Dans le quartier des affaires, le métro aérien (**BTS Skytrain**) possède deux lignes. L'une, la Sukhumvit, relie Morchit, dans le nord, à Onnut, à l'est. La seconde, la Silom, part du National Stadium et traverse le fleuve jusqu'à Wongwian Yai, à Thonburi. Les deux lignes se croisent au Siam Center. La ligne Sukhumvit a été étendue jusqu'à Baering, dans le quartier de Bang Na, à l'est de la ville. Les travaux seront achevés fin 2010. Une ligne directe du métro aérien vers l'aéroport Suvarnabhumi est également prévue pour fin 2010. Dans les stations, les trains se succèdent toutes les 3 à 6 minutes, de 6 h 30 à minuit, tous les jours. Le prix est fonction de la distance parcourue. On peut se procurer des cartes magnétiques dans les stations, d'une valeur allant de 15 à 40 THB, ou bien choisir le pass illimité, valable une journée, qui coûte 120 THB.

MÉTRO

Le métro (**MRT**, Mass Rapid Transit) couvre 20 km de lignes et relie Hua Lampong à Bang Sue, dans le nord de Bangkok. Il possède aujourd'hui 18 stations et s'agrandira dans un avenir proche. Aux stations Silom et Sukhumvit, le métro rencontre le métro aérien. Les rames se succèdent toutes les 4 à 10 minutes, de 6 h à minuit, tous les jours. Le prix du ticket est compris entre 16 et 41 THB. Les tickets valables 1, 3 ou 30 jours coûtent respectivement 120, 230 et 800 THB.

PAR LE FLEUVE

Les bateaux de la **Chao Phraya Express** sont réputés. Ils naviguent sur le fleuve Chao Phraya. La société possède différentes lignes, reconnaissables par un drapeau de couleur. On achète les billets à bord, entre 10 à 29 THB selon le drapeau. Les bateaux au drapeau orange sont les plus pratiques

Le Chao Phraya Express

(comptez 13 THB). Ils s'arrêtent à toutes les berges. Des ferrys relient aussi la rive est à la rive ouest.

BUS

Le réseau est décrit dans la *Tourist Map Bangkok City* et la *Tour n' Guide Map Bangkok*. Les bus bleus climatisés (marqués AC dans le guide) et les minibus roses et gris (marqués M) sont confortables et desservent les principales attractions. Les bus standard (non-climatisés) sont bon marché, ils couvrent toute la ville et roulent même la nuit.

TAXIS

Vous trouverez des taxis partout dans Bangkok. Le prix d'une course est de 35 THB pour le premier kilomètre parcouru, puis 5 THB par kilomètre, du second au douzième. Certains chauffeurs vous proposeront un prix, mais mieux vaut s'en tenir à ce qu'affiche le compteur.

À PIED

Bangkok n'est pas une ville qui se prête à la flânerie. Cependant, vous pouvez déambuler dans le quartier de Ratanakosin, autour du Grand Palais et du Wat Pho, ou à Chinatown, entre Sampeng Lane et Yaowarat Road. Pour circuler dans les autres quartiers, mieux vaut utiliser les transports en commun.

ADRESSES

TRANSPORTS À BANGKOK

BTS Skytrain (métro aérien)
1000 Phahonyothin Rd.
Tél. *0 2617 6000* (24 h/24).
www.bts.co.th

Chao Phraya Express
Tél. *0 2623 6143*.
www.chaophrayaboat.co.th

MRT (métro)
189 Rama IX Rd.
Tél. *0 2354 2000*.
www.bangkokmetro.co.th

Index

Les numéros de page en **gras** renvoient aux entrées principales

A

C

N

O

P

W

Y

Z

Remerciements

L'éditeur remercie les organismes, les institutions et les particuliers suivants dont la contribution a permis la préparation de cet ouvrage.

Auteurs

Philip Cornwel-Smith, journaliste spécialisé dans les loisirs et les questions de société, a participé à la rédaction de guides sur Londres. Il vit en Thaïlande depuis 1994 et est un des fondateurs de *Metro*, le magazine de programmes de Bangkok.

Andrew Forbes étudie l'histoire et la culture thaïe depuis plus de vingt ans et vit par période dans le pays depuis 1984. Il écrit entre autres pour l'*Asian Wall Street Journal* et le *Far Eastern Economic Review*.

Tim Forsyth est écrivain et enseigne à la London School of Economics. Il a beaucoup voyagé en Asie du Sud-Est, en particulier en Thaïlande du Nord.

Rachel Harrison, enseignante à la School of Oriental and African Studies de Londres, a contribué au lexique de ce guide. Elle porte un intérêt particulier à l'Isan.

David Henley, directeur du bureau thaïlandais de la Crescent Press Agency, vit dans le pays depuis plus de dix ans. Il fait autorité en matière de cuisine thaïe et écrit régulièrement dans le *Bangkok Post* et *The Australian*.

John Hoskin habite Bangkok depuis 1980. Il a publié plusieurs ouvrages sur les voyages, l'art et la culture en Thaïlande et en Indochine, notamment *The Mekong : a River and Its People*.

Gavin Pattison, auteur résidant à Londres, a contribué à la rédaction du *Blue Guide to Thailand*, entre autres titres. Il a beaucoup voyagé en Thaïlande, en Indonésie et dans d'autres parties de l'Asie du Sud-Est.

Recherche iconographique

Vicky Peel, Ellen Root.

Illustrations d'appoint

Robert Ashby, Graham Bell, Peter Bull, Joanna Cameron, Chris Forsey, Paul Guest, Stephen Gyapay, Ruth Lindsay, Maltings Partnership, Mel Pickering, Robbie Polley, Sally Anne Reisen, Mike Taylor, Pat Thorne, Paul Weston.

Photographies d'appoint

Alberto Cassio, Peter Chadwick, CPA Media, Philip Dowell, Neil Fletcher, Allen Hopkins, Dave King, Alan Newnham, Ian O'Leary, Alex Robinson, Rough Guides/Karen Trist ; Mick Shippen, Harry Taylor.

Cartographie d'appoint

Christine Purcell and Gary Bowes (ERA-Maptec Ltd).

Collaboration artistique et éditoriale

Alexander Allan, Emma Anacootee, Gillian Allan, Douglas Amrine, Vicky Barber, Tessa Bindloss, Vivien Crump, Catherine Day, Lara Dunston, Ron Emmons, Fay Franklin, Silvia Gaillard, Victoria Heyworth-Dunne, Paul Hines, Leanne Hogbin, Laura Jones, Nancy Jones, Priya Kukadia, Esther Labi, Catherine Palmi, Helen Partington, Sudarat Ponpangpa, Rada Radojicic, Mani Ramaswamy, Lee Redmond, Sands Publishing Solutions, Julian Sheather, Ellie Smith, Veronica Wood.

Autres collaborateurs

Parita Boonyoo, Debbie Guthrie Haer, Sathorn Leelakachornjit, Elizabeth Lu, James Mahon, Pharadee Narkkarphunchiwan, Warangkana Nibhatsukit, Larry O'Sullivan, Mick Shippen, Pimalaporn Wongchinsri, Wanee Tipchindachaikul, Somchai Worasart.

Lecteur-correcteur

Denise Heywood.

Responsable de l'index

Helen Peters.

Avec le concours spécial de :

L'éditeur remercie tous les offices régionaux de la Tourism Authority of Thailand (TAT). Il tient également à remercier l'Ayutthaya Historical Studies Centre (Thailand), Dr Peter Barrett (Medical Advisory Service for Travellers Abroad, Londres), William Booth (Jim Thompson's House, Bangkok), Alberto Cassio (Photobank, Bangkok), Crescent Press Agency (Chiang Mai),Gerald Cubitt, John Dransfield (Kew Gardens Herbarium, Londres), Michael Freeman, Helen Goldie (Durham University), Philip Harris (Bahn Thai Restaurant, Londres), Kietisak Itchayanan (National Culture Commission, Bangkok), Elizabeth Moore (London School of Oriental and African Studies), Tony Moore (British Thai Boxing Council), Phra Maha Pradit Panyatulo (Wat Buddhapadipa, Londres), Paisarn Piammattawat, Rattika Rhienpanish (Mai Thai Restaurant, Londres), Vidhisha Nayanthara Samarasekara, Philip Stott (London School of Oriental and African Studies), Dusadee Swangviboonpong (London School of Oriental and African Studies), Thai Airways (Londres), William Warren (Bangkok), Terri S Yamaka (TAT, Londres).

Autorisation de photographie

L'éditeur remercie les responsables qui ont autorisé des prises de vues dans leur établissement : Ancient City, Ayutthaya Historical Park, Ban Chiang National Museum, Ban Phin (House of Opium), Chakra Bongse House, Chan Kasem National Museum, Chao Sam Phraya National Museum, Chiang Mai National Museum, In Buri National Museum, Jim Thompson's Thai Silk Shop, Kamphaeng Phet Historical Park, Khon Kaen National Museum, Khorat (Nakhon Ratchasima) National Museum, Lampang National Museum, Lamphun National Museum, Lop Buri National Museum, Muang Tam Historical Park, Nakhon Pathom National Museum, Nakhon Si Thammarat National Museum, Nan National Museum, Narai Ratchaniwet Palace, National Gallery, National Museum (Bangkok), Oriental Hotel, Pha Taem, Phimai National Museum, Phnom Rung Historical Park, Prasart Museum, Ramkamhaeng National Museum, Ratchaburi National Museum, Royal Barge Museum, Sawankha Woranayok National Museum, Siriraj Hospital, Si Satchanalai-Chalieng Historical Park, Songkhla National Museum, Sukhothai Historical Park, Surin National Museum, Ubon Ratchathani National Museum, U Thong National Museum, et tous les autres temples, musées, hôtels, restaurants, magasins, galeries et sites trop nombreux pour être tous cités.

Crédits photographiques

h = en haut ; hg = en haut à gauche ; hgc = en haut à gauche au centre ; hc = en haut au centre ; hdc = en haut à droite au centre ; hd = en haut à droite ; cgh = au centre à gauche en haut ; ch = au centre en haut ; cdh = au centre à droite en haut ; cg = au centre à gauche ; c = au centre ; cd = au centre à droite ; cgb = au centre à gauche en bas ; cb= au centre en bas ; cdb = au centre à droite en bas ; bg = en bas à gauche ; bc = en bas au centre ; bcg = en bas au centre à gauche ; bd = en bas à droite ; (d) = détail.

L'éditeur remercie également les particuliers, sociétés et bibliothèques qui ont autorisé la reproduction de leurs photographies :

4CORNERS IMAGES : SIME/Mehlig Manfred 304mainc.

ALAMY IMAGES : AA World Travel Library 142bd ; Piti Anchaleesahakorn 138ch ; Roger Arnold 12hd ; Asia 425hg ; Jack Barker 12bg ; Simone van den Berg 424cgh ; Tibor Bognar 13hd ; Ian Buswell 10bd ; William Casey 138cg ; Cassidy Images/Anthony Cassady 11hg ; Emilio Ereza 425c ; Philip Game 487bd ; Henry Westheim Photography 465hg ; Zach Holmes 465bd ; Norma Joseph 138cd ; Simon Reddy 110 ; Royalty Free/Barry Mason 13bg ; Fredrik Renander 486cdh ; Anders Ryman 466cdh ; Nat Sumanatemeya 462bg ; The Photolibrary Wales 11bd, 466bg ; Daan Toner 10cg, 106c ; Topcris 143cdh ; Terry Whittaker 490bg ; Andrew Woodley 463hc ; AMAN RESORTS : 470cg ; AMARI HOTEL AND RESORTS : 39hd ; ARDEA LONDON : Francois Gohier 211hg ; Wardene Weisser 211lb ; ASIA ACCESS : Jeffrey Alford 380h ; Naomi Duguid 238, 380b ; ASIA IMAGES : © 1988 42-43c, 46b ; © 1993 Matthew Burns 47cd, 267bd, 352, 491cdh ; © 1995 Matthew Burns 38bd ; © 1990 Allen W Hopkins 283b, 308hd ; © 1991 Allen W Hopkins 464bg ; © 1995 Allen W Hopkins 87bd ; AUSCAPES INTERNATIONAL : Kevin Deacon 349ch ; AXIOM : © 1995 Jim Holmes 302c/b.

BAN PHIN (HOUSE OF OPIUM) : 233ch, 248b ; BANYAN TREE SPAS : 470bd ; BED SUPPERCLUB 143hg ; BFI STILLS POSTERS AND DESIGNS : © 1974 Danjaq, LLC and

United Artists Corporation Inc. Tous droits réservés 367bd ; THE BOWERS MUSEUM OF CULTURAL ART : 54cg/cgb ; ASHLEY J BOYD : 317c, 323c, 341cg/cd, 345b, 348hg/ch/ch/bg/bd, 349c/bd/bc/bg, 357cd, 359b, 386c/bg ; BY PERMISSION OF THE BRITISH LIBRARY : Manuscript Or 14025 : 30-31c ; BRITISH THAI BOXING COUNCIL : Tony Moore 44hg DEMETRIO CARRASCO : 23bd, 32cgh, 46hg, 47bg, 284, 300-301 ; CHAO PHRAYA EXPRESS BOAT CO. : 497bc ; JEAN-LOUP CHARMET 233cdh, 264-265c, 265bd ; CHIVA-SOM INTERNATIONAL HEALTH RESORTS : 471hd ; BRUCE COLEMAN LTD : © Werner Layer 211c ; © J Zwaenepoel 211hd ; CORBIS : John Van Hasselt 142cgh ; Kevin R. Morris 462h ; Anders Ryman 467hd ; Luca Tettoni 114bd ; JAI/Russell Young 10hc ; CPA MEDIA : 393hg ; Joe Cummings 295b ; Ron Emmons 309c ; David Henley 23c, 26hd, 30hd, 38hg, 40bg/bd, 41bra/bd, 44cgb, 51h, 53b, 61bd, 63cgh, 64hg/cbr, 65h/ch/b, 66hg/ch, 67h, 68b, 75bg, 81cd, 91b, 99h/bra, 120hg/ch, 121ch/bd, 125h, 133h/cdh/cd/cgb/ ch/cg/ cbc/cdh/bg/ bc/bra/bd, 134b, 162hg, 163hg/bd, 175h, 206hg/hd/ch/bd, 207hg/bd, 208hd, 224hg, 225b, 226h/b, 253h, 254h, 275b, 282, 347hg/bd/bg, 376c, 377hd, 391c, 392c, 452bd, 460cd, 473 inset ; John Hobday 28bla, 219cd ; Daniel Kestenholz 102ch ; Rainer Krack 30hg, 355b, 365cd, 396bg, 423h ; 474cd ; GERALD CUBITT : 24hc, 28 toutes sauf bla, 29 toutes sauf cdh/bg, 55hg, 81hg, 83h, 105bd, 131h, 133cgh, 159h/ch, 184hg/ hd/bg, 185h all, 191h, 205b, 207bg, 210h/c/ch, 214b, 219cg/bg, 221h, 223bg, 230hg/ch/b, 231hg/ch/ch, 233bg, 249bg, 254c, 255h, 256bc, 280ch, 286ch, 289h, 297cgh, 306ch/ch, 307bd, 310-311c, 312, 315b, 323b, 326c, 327, 346h, 349hg, 350hg/ch/ ch/bg/bc, 351hg/hd/c, 354bg, 355h, 356c, 370c/b, 373cgb, 381h/cg, 385c, 395b, 453hg, 454bg, 483hg ; MICHAEL CUTHBERT : 370h, 371c, 376bd.

JAMES DAVIS TRAVEL PHOTOGRAPHY : 159b, 308ch, 344c ; JEAN-LEO DUGAST : 30cg.

JOHN EVERINGHAM : 4h, 5h, 26bg, 27hg, 30bd, 38cg, 39hc, 40-41c, 41cdh/cd/cdh/bg, 45cdh, 48b, 79bg, 132hg, 220b, 221cd, 240b, 267ch, 309b, 336b, 337h/b, 338bg, 348hd, 351b, 354cg, 358cg, 362hd, 363h, 364cg, 366ch, 460hd.

FEATURE MAGAZINE : 321h, 381bd ; MICHAEL FREEMAN : 23hg, 26hg, 38hd, 42cgh/cdh, 49ch, 56-57c, 57hg, 58c/cgb, 61h/ch/cdh, 63h/bg, 64bg, 69h, 83b, 84b, 85b, 105h, 107b, 120bc, 136b, 136bg, 160ch/ch/bd/brb, 161cdh/bg, 178h, 179hd, 180hg, 187b, 191b, 200b, 204h, 206ch, 207hd/ch, 208b, 209h/bg/brb, 212, 213b, 225ch, 260-261, 263bd, 264c, 265hg, 270b, 310ch, 311c, 330h, 331b, 357hg, 423c, 454c, 457clc ; TIM FORSYTH : 207ch, 256bg ; FOUR SEASONS HOTELS AND RESORTS : 470hg.

GETTY IMAGES : Chumsak Kanoknan 478hd ; The Image Bank/Angelo Cavalli 489hd ; image.net 459hc ; GRAMMY ENTERTAINMENT PUBLIC COMPANY LTD : 459cg.

ROBERT HARDING PICTURE LIBRARY : 48h, 72cbl, 74c, 82c, 236b, 266hd, 267hg, 289cd/bd, 349hd, 460cgb ; © Alain Evrard 20, 26ch, 47h, 49ch, 116bg ; © Robert McCleod 49b ; © Luca Tettoni 271h, 278b ; © Ken Wilson 181b ; CHRISTINE HEMMET : 31bg, 383bra ; THE HUTCHISON LIBRARY : 3c, © Robert Francis 496hg ; Jeremy Horner 205c.

THE IMAGE BANK : 15hd ; © Peter Hendrie 80hd ; © Andrea Pistolesi 130.

JEWELRY REALTY LTD, BANGKOK : 310hg, 311hd. DR OY KANCHAVANIT : 357bc : SUTHEP KRITSANAVARIN : 129cg.

FRANK LANE PICTURE AGENCY : © D Fleetham/Silvestris 29ch ; © T and P Garner 350bd ; © David Hosking 168b ; © E and D Hosking 184ch, 210b, 363c ; © L Lee Rue 29bg ; © T Whittaker 286hd ; © De Zylva 341b ; LEONARDO MEDIABANK : 396cdh ; 396cg. MAGNUM : © Marc Riboud 265bg ; MANDARIN ORIENTAL : 397cd ; STUART MILLER : 371b.

THE NATIONAL MUSEUM (BANGKOK) : 54hg, 55cg, hc, 62hg, 62-63c, 79cd, 88hg, hd, cg, 89tcb, cd, cdh.

ONASIA : 68-69 ; Peter Charlesworth 136hd ; Vinai Dithajohn 116hg ; 488bg ; Thierry Falise 119ch ; THE ORIENTAL BANGKOK : 112bd.

PATRAVADI THEATRE : 459cgb ; PHOTOBANK (BANGKOK) : 1, 8-9, 24c, 25h, 26-27c, 27hd/cdh, 31hg/cdh, 38-39c, 39bg, 40hd/cg, 41h, 42hg/hd/cgb/bd, 43 all, 46c, 53h, 54ch/cd, 55ch/bla/bra, 56hg,/ch/c, 57ch/ch, 58cgh, 59cdh, 60cgb, 62c/b, 64cgh, 66-67c, 67ch, 69cd, 72hd, 75hc, 80b, 88bg, 89hg, 99c/bg/bd, 129cdh/cdh/b, 140cgh, 141c, 156-157, 158h/b, 159ch, 160-161c, 161ch, 162ch, 163c, 165b, 170b, 176hg, 182-183, 184cg, 195b, 204cg, 216b, 230ch, 233bd, 249bd, 255b, 263c, 264b, 294c, 307b, 308hg, 309h, 310b, 317b, 324, 325b, 328c, 330b, 332bg/ bd, 346bg/bd, 350hd, 359hg, 360b, 365h, 367hg/hd, 372b, 373hg/hd/b, 384c, 422c, 423b, 426hd/bg, 457cdh, 458h/ cgh/bd, 462cd, 489cgb ; PHOTOBANK (SINGAPORE) : 22h, 30bg, 39cd, 42bg, 43cdh/bra, 44ch, 44-45c, 45hc, 52, 54-55c, 55ch/cbr, 56cbc, 58hg, 59hc/cgh, 60cgh/cdh, 63bca, 64ch/cdh, 64-65c, 65cbr, 66ch/bc, 68cd, 73ch/b, 85h, 86b, 92ch, 95h, 106b, 120hd/cg, 121h/cd, 124b, 125b, 161hg/cdh, 162l, 162-163c, 164, 178b, 179hg, 180c, 186, 206bg, 206-207c, 208cgh, 208-209c, 209hd/ch/ch/bra, 224ch, 225h, 226c, 241h, 253 toutes sauf h, 256hd, 257 all, 262cgb/bc, 265c, 267bg/bc, 268, 347c, 383bd, 454hd ; PHOTO EFEO : 265hd ; PHOTOLIBRARY : Halaska Jacob 464hc ; Montgomery Jock 463bd ; JTB Photo 467bg ; PHOTOSHOT/NHPA : Gerald Cubbitt 465c ; PICTOR INTERNATIONAL : 2-3, 4b, 51b, 70-71, 204bd, 344b, 353b, 366bg, 368-369 ; PICTURES COLOUR LIBRARY : 69cdh, 247hd, 306b ; Picture Finders 139ch ; POPPERFOTO : 115b ; PTT PUBLIC COMPANY LIMITED : 496cdh.

REUTERS : Ho New 69bd ; Sukree Sukplang 69cgh ; RIVER BOOKS (BANGKOK) : 31cdh, 68cg, 102cgb, 161hd. SEACO PICTURE LIBRARY : 479cd, 493h ; WWW.SIAMPARAGON.CO.TH : 451hg ; SCIENCE PHOTO LIBRARY : CNE, 1988 Distribution Spot Image 14bg ; SHERATON GRANDE SUKHUMVIT : 397bg ; TONY STONE IMAGES : Glen Allison 48c, 334-345 ; David Hanson 22b ; Hideo Kurihara 108-109 ; Ed Pritchard 497b ; SUPERSTOCK LTD : 126cg, 338h.

THAI AIRWAYS INTERNATIONAL PUBLIC COMPANY LTD : 488h/cd ; JIM THOMPSON'S THAI SILK COMPANY : 266cg/cd/b ; TOURISM AUTHORITY OF THAILAND : 25cd, 50b, 273c/bg ; TRAVEL INK : Alan Hartley 72ch, 127h, 307h, 308ch, 314b, 326b, Pauline Thornton 21ch, 126bg.

WELLCOME INSTITUTE LIBRARY (LONDRES) : 233cgh.

Première page de garde : photos de commande sauf Asia Access/ Naomi Duguid hgc ; Asia Images © 1993 Matthew Burns bg ; CRESCENT PRESS AGENCY : Photo David Henley hd ; GERALD CUBITT crc ; JAMES DAVIS TRAVEL PHOTOGRAPHY blc ; MICHAEL FREEMAN hg ; PHOTOBANK BANGKOK cd ; PHOTOBANK (SINGAPORE) cg, clc, hdc.
Dernière page de garde : toutes photos de commande.
Couverture - Avant : ALAMY IMAGES : Vick Fisher cgb ; HEMISPHERES IMAGES : Franck Guiziou main image. Back : ALAMY IMAGES : Nicholas Pitt bg ; DK IMAGES : Philip Blenkinsop hg ; Stuart Isett cgb ; Kim Sayer cgh. Spine : DK IMAGES : Stuart Isett b ; HEMISPHERE IMAGES : Franck Guiziou h. Arrière : ALAMY IMAGES : Simon Reddy cd.

Couverture

Première de couverture : © Seux Paule/hemis.fr (visuel principal et dos) ; © Guiziou Franck/hemis.fr (détourage).
Quatrième de couverture : © Morandi Bruno/hemis.fr (hg) ; © Steven Vidler/Eurasia Press/Corbis (cg) ; © Peter Adams/Monsoon/Photolibrary/Corbis (bg).

Autres photographies : © Dorling Kindersley. Rendez-vous sur www.dkimages.com pour plus d'information.

Lexique

Le thaï est une langue tonale considérée par de nombreux spécialistes comme la principale représentante d'un groupe linguistique distinct bien qu'elle comprenne de nombreux mots sanskrit de l'Inde ancienne et des mots de l'anglais moderne. Il existe cinq tons : médian, aigu, grave, ascendant et descendant. Le ton d'une syllabe décide de sa signification. Par exemple, «mâi» (ton descendant) signifie «ne pas» et «mäi» (ton ascendant) «soie». L'écriture est d'un abord encore plus difficile. Elle se lit de gauche à droite, mais l'alphabet comprend plus de 80 lettres. Ce lexique donne pour quelques mots et phrases simples une traduction phonétique. Elle ne suit pas le système de romanisation des noms propres, qui applique les recommandations du Thai Royal Institute, utilisé dans le reste du guide.

PRONONCIATION

Le système de transcription phonétique s'efforce de rester proche du français.

e	se prononce comme dans «le»	
ei	comme dans	«p**ei**ne»
i	comme dans	«f**i**l»
ii	comme dans	«g**î**te»
o	comme dans	«b**o**nne»
eu	comme dans	«j**eu**»
a	comme dans	«r**a**re»
ail	comme dans	«th**aï**»
ai	comme dans	«p**aî**tre»
ao	comme dans	«M**ao** Tse Toung»
eil	comme dans	«év**eil**»
eur	comme dans	«fl**eur**»
iou	comme dans	«bin**iou**»
o	comme dans	«l**o**t»
ou	comme dans	«p**ou**»
OO	comme dans	«g**oû**t»
oy	comme dans	«b**oy**»
g	comme dans	«**g**ai»,
	y compris devant	un e ou un i
ng	comme dans	«bi**ng**»

Ces sons n'ont pas d'équivalent en français:

eua peut être comparé à une marque de dégoût proche de «**peuah**»

bp est un son entre «b» et «p»

dt est un son entre «d» et «t»

Les consonnes «p», «t» et «k» «s'avalent» à la fin d'un mot . De nombreux Thaïlandais prononcent un «l» plutôt que «r».

LES CINQ TONS

Les accents n'ont pas dans les transcriptions phonétiques de ce lexique le même usage qu'en français. Ils servent juste à différencier les tons.

Ton médian, voix normale.

á é í ó ú — Le **ton aigu** est légèrement plus haut que le médian.

à è ì ò ù — Le **ton grave** est légèrement plus bas que le médian.

ă ĕ ĭ ŏ ŭ — Le **ton ascendant** évoque une inflexion interrogative comme dans «Tiens donc ?».

â ê î ô û — Le **ton descendant** évoque une marque d'insistance comme sur la dernière syllabe de «Voilà !».

FORMES DE POLITESSE MASCULINE ET FÉMININE

En parlant, utilisez de préférence la forme de politesse : les hommes ajoutent «**kréup**» à la fin de chaque phrase ; les femmes «**kéhp**» à la fin des questions et «**kê**» à la fin des affirmations. «Je» se dit «**pöm**» pour les hommes et «**dii-chéun**» pour les femmes.

En cas d'urgence

Au secours !	ช่วยด้วย	chôu-eil dôu-eil !
Au feu !	ไฟไหม้	fail mâil !
Où est l'hôpital le plus proche ?	แถวนี้มีโรงพยาบาล อยู่ที่ไหน	täi-o níi mii rong pe--ya-ban yòu tîi-näil ?
Appelez une ambulance !	เรียกรถพยาบาล ให้หน่อย	rîi-euk rót pe-ya-ban hâil nòy !
Appelez la police !	เรียกตำรวจให้หน่อย	rîi-euk dteum ròu-eut hâil nòy !
Appelez un docteur !	เรียกหมอให้หน่อย	rîi-euk mör hâil nòy !

L'essentiel

Oui.	ใช่ *ou* ครับ/ค่ะ	châil *ou* kréup/kê
Non.	ไม่ใช่ ไม่ครับ/ไม่ค่ะ	mâil châil *ou* mâil kréup/ mâil kê
Puis-je avoir… ?	*ou* ขอ ...	kör …
Pouvez-vous, s'il vous plaît… ?	ช่วย ...	chôu-eil …
Merci.	ขอบคุณ	kòrp-kOOn
Non, merci.	ไม่เอา ขอบคุณ	mâil ao kòrp-kOOn
Excusez-moi/désolé.	ขอโทษ(ครับ/ค่ะ)	kör-tôt (kréup/kê)
Ce n'est rien.	ไม่เป็นไร	mâil bpein rail
Bonjour.	สวัสดี(ครับ/ค่ะ)	se-wèut dii (kréup/kê)
Au revoir.	ลาก่อนนะ	la gòrn né
Ici.	ที่นี่	tîi-nîi
Là.	ที่โน่น	tîi-nêun
Quoi ?	อะไร	e-rai ?
Pourquoi ?	ทำไม	teum-mai ?
Où ?	ที่ไหน	tîi näi ?
Comment ?	ยังไง	yeung ngai ?

Quelques phrases utiles

Comment allez-vous ?	คุณสบายดีหรือ (ครับ/คะ)	kOOn se-bail dii reua (kréup/kê) ?
Très bien, merci. Et vous ?	สบายดี (ครับ/ค่ะ) แล้วคุณล่ะ	se-bail dii (kréup/kê) – lái-o kOOn lê ?
Comment vous appelez-vous ?	คุณชื่ออะไร (ครับ/คะ)	kOOn chêua e-rail (kréup/kê) ?
Je m'appelle…	(ผม/ดิฉัน) ชื่อ	(pöm/dii-chéun) chêua...
Où est/sont… ?	... อยู่ที่ไหน	… yòu tîi-näi ?
Comment vais-je à …?	... ไปยังไง	… bpail yeung- ngail ?
Parlez-vous anglais ?	คุณพูดภาษาอังกฤษ เป็นไหม	kOOn pôut pa-sä eung-grìt bpein máil ?
Je comprends.	เข้าใจ	kâo-jail
Je ne comprends pas.	ไม่เข้าใจ	mâil kâo-jail
Pourriez-vous parler lentement ?	ช่วยพูดช้าๆหน่อย ได้ไหม	chôu-eil pôut chá chá nòy dâil máil ?
Je ne parle pas thaï.	พูดภาษาไทย ไม่เป็น	pôut pa-sä tail mâil bpein
Je ne sais pas.	ไม่ทราบ *ou* ไม่รู้	mâil sâp *ou* mâil ròu

Quelques mots utiles

épouse	ภรรยา	peun-re-ya
mari	สามี	sä-mii
fille(s)	ลูกสาว	lôuk säo
fils	ลูกชาย	lôuk chail
femme(s)	ผู้หญิง	pôu-yïng
homme(s)	ผู้ชาย	pôu-chail
enfant(s)	เด็ก	dèik
grand	ใหญ่	yàil
petit	เล็ก	léik
chaud	ร้อน	rórn
froid	เย็น *or* หนาว	yein *ou* näo
bon	ดี	dii
mauvais	ไม่ดี	mâil dii
assez	พอ	por
bien	สบายดี	se-bail dii
ouvert	เปิด	bpèurt
fermé	ปิด	bpìt
gauche	ซ้าย	sáil
droite	ขวา	kwä
tout droit	อยู่ตรงหน้า	yòu dtrong nâ
entre	ระหว่าง	re-wàng
à l'angle de	ตรงหัวมุม	dtrong höu-e mOOm
près	ใกล้	glâil
loin	ไกล	glail
en haut	ขึ้น	kêuan
en bas	ลง	long
tôt	เช้า	cháo
tard	ช้า *or* สาย	chá *ou* säil
entrée	ทางเข้า	tang kâo
sortie	ทางออก	tang òrk
toilettes	ห้องน้ำ	hôrng náhm
gratuit	ฟรี	frii

Au téléphone

Où est le plus proche téléphone ?	แถวนี้มีโทรศัพท์อยู่ที่ไหน	täi-o ní mii to-re-sèup yòu tîi-näil ?
Puis-je appeler à l'étranger d'ici ?	จะโทรศัพท์ไปต่างประเทศจากที่นี่ได้ไหม	je to bpail dtàng bpre-têilt jàk tîi nîi dâil máil ?
J'aimerais appeler en PCV.	ขอให้เก็บเงินปลายทาง	kör hâil gèip ngeuarn bplail tang
Allô, ici…	ฮันโล (ผม/ดิฉัน) ... พูด (ครับ/ค่ะ)	heillo (pöm/dii-chéun) … pôut (kréup/kê)
J'aimerais parler à…	ขอพูดกับคุณ ... หน่อย(ครับ/ค่ะ)	kör pôut gèup kheun … nòy (kréup/kê)
Puis-je laisser un message ?	ขอฝากสั่งอะไรหน่อยได้ไหม	kör fàk sèung e-rail nòy dâil máil ?
Pourriez-vous parler un peu plus fort, S.V.P ?	ช่วยพูดดังๆหน่อยได้ไหม	chôu-eil pôut deung deung nòy dâil máil ?
Ne quittez pas !	รอสักครู่	ror sèuk krôu
Je rappellerai plus tard.	เดี๋ยวจะโทรมาใหม่	dïi-o je to ma màil
Appel local	โทรศัพท์ภายในท้องถิ่น	to-re-sèup pail nail tórng tìn
Publiphone	ตู้โทรศัพท์	dtôu to-re-sèup
Carte téléphonique	บัตรโทรศัพท์	beut to-re-sèup

Les achats

Combien cela coûte-t-il ?	นี่ราคาเท่าไร	nîi ra-ka tâo-ràil ?
Je voudrais …	ต้องการ ...	dtôrng-gan …
Avez-vous … ?	มี ... ไหม	mii … máil ?
Je ne fais que regarder.	ชมดูเท่านั้น	chom dou tâo-néun
Acceptez-vous les cartes de crédit/ chèques de voyage ?	รับบัตรเครดิต/เช็คเดินทางไหม	reub beut creil-dit/ chéik deuarn teng máil ?
À quelle heure ouvrez- fermez-vous ?	เปิด/ปิดกี่โมง	bpèurt/bpìt gìi mong ?
Pouvez-vous l'expédier ?	ส่งของนี้ไปต่างประเทศได้ไหม	sòngkhöng nii bpail dtàng bpre-têilt dâil máil ?
Y a-t-il d'autres couleurs ?	มีสีอื่นอีกไหม	mii sïi èieunì ik máil?
noir	สีดำ	sïi deum
bleu	สีน้ำเงิน	sïi néum ngeuarn
vert	สีเขียว	sïi kïi-o
rouge	สีแดง	sïi daing
blanc	สีขาว	sïi käo
jaune	สีเหลือง	sïi lëieu-eung
bon marché	ถูก	tòuk
cher	แพง	paing
or	ทอง	torng
artisanat des tribus montagnardes	หัตกรรมชาวเขา	hèut-te-geum chao käo
vêtements féminins	เสื้อผ้าสตรี	sêieu-pâ se-dtrii
argent	เงิน	ngeuarn
soie thaïe	ผ้าไหมไทย	pâ-mäil tail
librairie	ร้านขายหนังสือ	rán käil néung-sëua
pharmacien	ร้านขายยา	rán käil ya
grand magasin	ห้าง	hâng
marché	ตลาด	dte-làt
vendeur de journaux	ร้านขายหนังสือพิมพ์	rán käil néung-sëua pim
magasin de chaussures	ร้านขายรองเท้า	rán käil rorng táo
supermarché	ซุปเปอร์มาเก็ต	sÓOp-bpêuar-ma-gêit
tailleur	ร้านตัดเสื้อ	rán dtèut sêieu-e

Le tourisme

agent de voyages	บริษัทนำเที่ยว	bor-ri-sèut neum tîi-o
office du tourisme	สำนักงานการท่องเที่ยว	sëum-néuk ngan gan tôrng tîi-o
police touristique	ตำรวจท่องเที่ยว	dteum-ròu-eut tôrng tîi-o
fermé les jours fériés	ปิดวันหยุดราชการ	bpìt weun yÒOt rât-che-gan
plage	หาด *ou* ชายหาด	hàt *ou* chail-hàt
grotte	ถ้ำ	thêum
falaise	หน้าผา	nâ pä
corail	หินปะการัง	hïn bpe-ga-reung
camp d'éléphants	ค่ายช้าง	kâil cháng
fête	งานออกร้าน	ngan òrk rán
colline/montagne	เขา	kèo
village montagnard	หมู่บ้านชาวเขา	mòu bân chao käo
Parc historique	อุทยานประวัติศาตร์	ÒO-te-yan bpre wèut sàt
île (*ko*)	เกาะ	gòr

lac	ทะเลสาบ	te-leil sàp
temple *(wat)*	วัด	wéut
musée	พิพิธภัณฑ์	pí-pít-te-peun
parc national	อุทยานแห่งชาติ	ÒO-te yan hàing chât
vieille ville	เมืองเก่า	meieu-eung gòw
palais	วัง	weng
parc/jardin	สวน	söu-eun
rivière	แม่น้ำ	mâi nám
ruines	โบราณสถาน	bo-ran se-tèn
boxe thaïlandaise	มวยไทย	mou-eil tail
massage thaïlandais	นวด	nôu-eut
randonnée	การเดินทางเท้า	gan deuarn tang táo
cascade	น้ำตก	nám dtòk
zoo	สวนสัตว์	söu-eun sèt

Les transports

Quand part le train pour… ?	รถไฟไป ... ออกเมื่อไร	rót fail bpail … òrk meieu-ràil ?
Combien de temps faut-il pour aller à ?	ใช้เวลานาน เท่าไรไปถึงที่ ...	cháil weil-la nan tâo-ràil bpail tëuang tîi …?
Un billet pour… S.V.P.	ขอตั๋วไป ... หน่อย (ครับ/ค่ะ)	kör dtöu-e bpail … nòy (kréup/kê)
Dois-je changer ?	ต้องเปลี่ยนรถ หรือเปล่า	dtôrng bplìi-eun rót réua bplào ?
J'aimerais réserver une place, S.V.P.	ขอจองที่นั่ง	kör jorng tîi nêung
Quel quai pour le train… ?	รถไฟไป ... อยู่ ชานชาลาไหน	rót fail bpail … yòu chan che-la näil ?
Quelle gare est-ce ?	ที่นี่สถานีอะไร	tîi nîi se-tän-nii e-rail ?
Où est l'arrêt de bus ?	ป้ายรถเมล์อยู่ที่ไหน	bpâil rót meil yòu tîi-näil ?
Où est la gare routière ?	สถานีรถเมล์อยู่ที่ไหน	se-tän-nii rót meil yòu tîi-näil ?
Quel bus va à… ?	รถเมล์สายไหนไป ...	rót meil säil näil bpail …?
À quelle heure part le bus pour… ?	รถเมล์ไป ... ออกกี่โมง	rót meil bpail … òrk gìi mong ?
Quand nous arrivons à…, pouvez-vous me prévenir ?	ถึง ... แล้ว ช่วยบอกด้วย	tëuang … lái-o chôu-eil bòrk dôu-eil ?
Connaissez-vous … Road ?	รู้จักถนน ... ไหม	róu-jèuk te-nön … máil ?
Est-ce loin ?	ไกลไหม	glail máil ?
Tournez à gauche.	เลี้ยวซ้าย	líi-o sáil
Tournez à droite.	เลี้ยวขวา	líi-o kwä
Allez tout droit.	เลยไปอีก	leuar-ii bpail ìik
Garez-vous là-bas.	จอดที่โน่น	jòrt tîi-nôn
Garez-vous juste ici.	จอดตรงนี้	jòrt dtrong níi
bus climatisé	รถปรับอากาศ	rót bprèup a-gàt
arrivées	ถึง	tëuang
bureau de réservation	ที่จองตั๋ว	tîi jorng dtöu-e
gare routière	สถานีรถเมล์	se-tän-nii rót meil
départs	ออก	òrk
consigne	ที่ฝากของ	tîi fàk körng
bus ordinaire	รถธรรมดา	rót teum-me-da
bus d'excursion	รถทัวร์	rót tou-e
ticket	ตั๋ว	dtöu-e
bateau	เรือข้ามฟาก	reieu-e kâm fâk
train	รถไฟ	rót fail
gare	สถานีรถไฟ	se-tän-nii rót fail
vélomoteur	รถมอเตอร์ไซค์	rót mor-dteuar-sail
bicyclette	รถจักรยานต์	rót jèuk-gre-yan
taxi	แท็กซี่	táik-sîi
aéroport	สนามบิน	se-näm bin

Le marchandage

Combien cela coûte-t-il ?	นี่ราคาเท่าไร	nîi ra-ka tâo-rail ?
Combien pour aller à…?	ไป ... เท่าไร	bpail … tâo-ràil ?
C'est un peu cher.	แพงไปหน่อย	paing bpail nòy
Pourriez-vous baisser un peu le prix ?	ลดราคาหน่อยได้ไหม	lót ra-ka nòy dâil máil ?
Que diriez-vous de… bahts ?	... บาทได้ไหม	… bàt dâil máil ?
Acceptez-vous… bahts ?	... บาทไปไหม	… bàt bpail máil ?
D'accord pour… bahts.	... บาทก็แล้วกัน	… bàt gôr lái-o geun

À l'hôtel

Avez-vous une chambre libre ?	มีห้องว่างไหม	mii hôrng wâng máil ?
chambre double	ห้องคู่	hôrng kôu
chambre simple	ห้องเดี่ยว	hôrng dìi-o
chambre climatisée	ห้องแอร์	hôrng ai
J'ai une réservation.	จองห้องไว้แล้ว	jorng hôrng wáil lái-o
J'aimerais une chambre pour une nuit/trois nuits	(ผม/ดิฉัน)จะพักอยู่ คืนหนึ่ง/สามคืน	(pöm/dii-chéun) je péuk yòu keuan nèieung/s ä m keuan
Combien coûte une nuit ?	ค่าห้องวันละเท่าไร	kâ hôrng weun le tâo-ràil ?
Je ne sais pas encore combien de temps je resterai.	ไม่ทราบว่าจะอยู่นาน เท่าไร	mâil sâp wâ je yòu nan tâo-ràil
Puis-je voir la chambre d'abord, S.V.P ?	ขอดูห้องก่อนได้ไหม	kör dou hôrng gòrn dâil máil ?
Puis-je laisser quelque chose dans le coffre ?	ขอฝากของไว้ในตู้เซฟ ได้ไหม	kör fàk körng wáil nail dtôu séilf dâil máil ?
Pourriez-vous diffuser de l'insecticide, S.V.P ?	ช่วยฉีดยากันยุงให้ หน่อยได้ไหม	chôu-eil chîit ya geun yOOng hâil nòy dâil mâil ?
climatiseur	เครื่องปรับอากาศ	krêieeu-eung bprèup a-gàt
chambre	ห้องนอน	hôrng norn
note	บิล	bin
ventilateur	พัดลม	pèut lom
hôtel	โรงแรม	rong-raim
clé	กุญแจ	gOOn-jai
directeur	ผู้จัดการ	pôu-jèut-gan
moustiquaire	มุ้งลวด	mÓOng lôu-eut
douche	ฝักบัว	fèuk bou-e
piscine	สระว่ายน้ำ	sè wâil nám
toilettes/salle de bains	ห้องน้ำ	hôrng nám

Au restaurant

Une table pour	ขอโต๊ะสำหรับ	kör dtó sëum-rèup
deux, S.V.P.	สองคน	sörng kon
Puis-je voir la carte ?	ขอดูเมนูหน่อย	kör dou meil-nou nòy
Avez-vous… ?	มี … ไหม	mii … máil ?
J'aimerais…	ขอ	kör …
Pas trop pimenté,	ไม่เอาเผ็ดมากนะ	mâi ao pèit mâk ne
d'accord ?		
Est-ce pimenté ?	เผ็ดไหม	pèit máil ?
Je peux manger thaï.	ทานอาหารไทยเป็น	tan a-h ä n tail bpein
Puis-je avoir un	ขอน้ำแข็งเปล่า	kör néum käing
verre d'eau, S.V.P ?	แก้วหนึ่ง	bplào gâi-o nèieung
Je n'ai pas	นี่ไม่ได้สั่ง	nîi mâil dâil sèung
commandé ça.	(ครับ/คะ)	(krêup/kê)
Serveur/serveuse !	คุณ (ครับ/คะ)	kOOn (kréup/kê)
J'ai très bien	อร่อยมาก (ครับ/ค่ะ)	e-ròy mâk
mangé.		(kréup/kê)
La note, S.V.P.	ขอบิลหน่อย	kör bin nòy
	(ครับ/ค่ะ)	(kréup/kê)
cendrier	ที่เขี่ยบุหรี่	tîi-kïi-e bOO-rïi
pousses de bambou	หน่อไม้	nòr máil
banane	กล้วย	glôu-eil
bœuf	เนื้อวัว	néieu-e wou-e
bière	เบียร์	bii-e
bouilli	ต้ม	dtôm
bouteille	ขวด	kòu-eut
bol	ชาม	cham
grillé au charbon	ย่าง	yâng
de bois		
poulet	ไก่	gàil
piment	พริก	prìk
pâte de piment	น้ำพริก	néum prìk
baguettes	ตะเกียบ	dte-gïi-eup
noix de coco	มะพร้าว	me-práo
café	กาแฟ	ga-fai
crabe	ปู	bpou
nouilles croquantes	หมี่กรอบ	mïi gròrp
anone	น้อยหน่า	nóy-nà
frit	ทอด	tôrt
boisson(s)	เครื่องดื่ม	krêieu-eung dèieum
nouilles sèches	ก๋วยเตี๋ยวแห้ง	göu-eil dtïi-o hâing
canard	เป็ด	bpèit
durian	ทุเรียน	tÓO-rii-eun
œuf	ไข่	kàil
nouilles aux œufs	บะหมี่	be-mïi
poisson	ปลา	bpla
sauce au poisson	น้ำปลา	néum bpla
fourchette	ส้อม	sôrm
fruit	ผลไม้	pön-le-máil
jus de fruits	น้ำผลไม้	néum pön-le-máil
gingembre	ขิง	kïng
verre	แก้ว	gâi-o
café glacé	กาแฟเย็น	ge-fai yein
eau glacée	น้ำแข็งเปล่า	néum k ä ing bplào
jaque	ขนุน	ke-nÖOn
mangue	มะม่วง	me-môu-eung
Whisky Mékong	แม่โขง	mâi-köng
menu	เมนู	may-noo
volubilis	ผักบุ้ง	pèuk bÔOng
champignon	เห็ด	hèit
soupe aux nouilles	ก๋วยเตี๋ยวน้ำ	göu-eil dtïi-o nám
cuit au four	อบ	meil-nou
papaye	มะละกอ	me-le-gor
ananas	สับปะรด	sèup-bpe-rót
assiette	จาน	jan
pomelo	ส้มโอ	sôm o
porc	เนื้อหมู	néu-a môo
crevettes	เงาะ	gÔOng
rambutan	ร้านอาหาร	ngór
restaurant	ข้าว	rán a-h ä n
riz	ก๋วยเตี๋ยว	kâo
nouilles de riz	กุ้ง	göu-eil dtïi-o
snack	อาหารว่าง	a-h ä n wâng
soja	น้ำซีอิ๊ว	néum sii ìou
cuillère	ช้อน	chórn
légumes verts	ผักคะน้า	pèuk ke-ná
calmar	ปลาหมึก	bpla-mèieuk
riz gluant	ข้าวเหนียว	kâo-nïi-o
sauté	ผัด	pèut
maïs doux	ข้าวโพด	kâo pôt
thé	น้ำชา	néum cha
légumes	ผัก	pèuk
vinaigre	น้ำส้ม	néum sôm
serveur	คนเสริฟ	kon sèurp
serveuse	คนเสริฟหญิง	kon sèurp yïng
eau	น้ำ	nám

La santé

Je ne me sens pas	รู้สึกไม่สบาย	róu-sèieuk mâil se-
bien.		bail
J'ai mal à…	เจ็บที่...	jèip tîi …
Ça fait mal ici.	เจ็บตรงนี้	jèip dtrong nìi
Ça fait mal tout le	เจ็บตลอดเวลา	jèip dte-lòrt weil-la
temps.		
Ça fait mal de	เจ็บเป็นบางครั้ง	jèip bpein bang
temps en temps.	บางคราว	kréung bang krao
J'ai de la	ตัวร้อนเป็นไข้	dtou-e rórn bpein
température.		kâil
Je suis allergique à…	(ผม/ดิฉัน) แพ้...	(pöm/dii-chéun) pái
Combien est-ce que	ต้องกินยากี่เม็ด	dtôrng gin ya gïi
je prends de cachets	ต่อครั้ง	méit dtòr kréung
accident	อุบัติเหตุ	OO-bèut-dti-hèilt
acupuncture	ฝังเข็ม	fëung këim
ambulance	รถพยาบาล	rót pe-ya-ban
aspirine	แอสไพริน	ai-se-bprin
	ou ยาแก้ไข้	*ou* ya-gâi-kâil
asthme	โรคหืด	rôk hèieut
morsure	หมากัด	mä gèut
piqûre (d'insecte)	แมลงกัด	me-laing gèut
sang	เลือด	lêieu-eut
brûlure	ไหม้	mâil
choléra	อหิวาต์	e-hi-wa
toux	ไอ	ail
dentiste	ทันตแพทย์	teun-dte-pâit *ou*
	ou หมอฟัน	mör feun
diabète	โรคเบาหวาน	rôk bao wän
diarrhée	ท้องเสีย	tórng sïi-e
vertiges	เวียนหัว	wii-eun höu-e
docteur	หมอ	mör
dysenterie	โรคบิด	rôk bít

Bangkok : le centre-ville

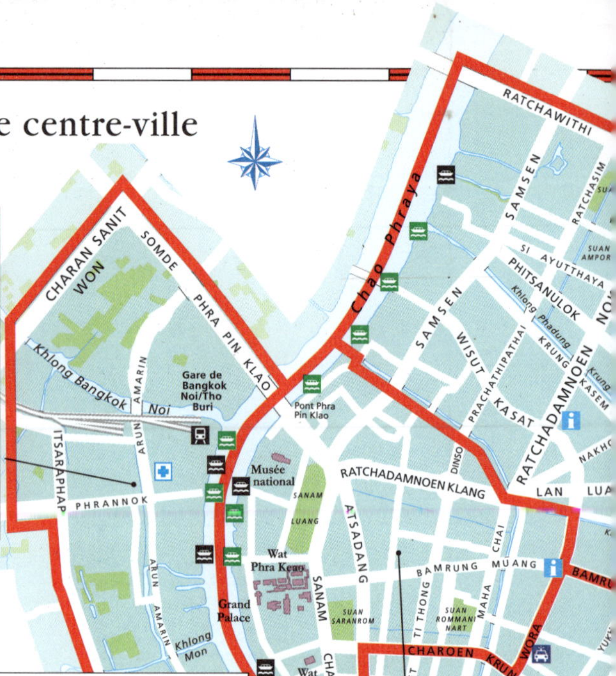

THONBURI
Pages 122-129
Atlas des rues, plans 1, 5, 6

CENTRE HISTORIQUE
Pages 76-93
Atlas des rues, plans 1, 2, 5

CHAO PHRAYA EXPRESS

Tous les jours de 6 h à 18 h, les bateaux desservent les quais indiqués ici environ toutes les 10 mn aux heures de pointe et toutes les 20 mn le reste du temps.